Schriften zum Prozess- und Verfahrensrecht

herausgegeben von

Band 4

Adrian E. Oehmig

Die Rechtsstellung des angemeldeten Verbrauchers in der Musterfeststellungsklage

Nomos

Die Veröffentlichung der Druckausgabe wurde ermöglicht mit finanzieller Unterstützung des Graduiertenzentrums der Universität Passau. Die Open-Access-Veröffentlichung der elektronischen Fassung wurde ermöglicht mit finanzieller Unterstützung der Universität Passau.

Die Deutsche Nationalbibliothek verzeichnet diese Publikation in der Deutschen Nationalbibliografie; detaillierte bibliografische Daten sind im Internet über http://dnb.d-nb.de abrufbar.

Zugl.: Passau, Univ., Diss., 2020

1. Auflage 2021

Publiziert von
Nomos Verlagsgesellschaft mbH & Co. KG
Waldseestraße 3–5 | 76530 Baden-Baden
www.nomos.de

Gesamtherstellung:
Nomos Verlagsgesellschaft mbH & Co. KG
Waldseestraße 3–5 | 76530 Baden-Baden

ISBN (Print): 978-3-8487-7074-8
ISBN (ePDF): 978-3-7489-2464-7

DOI: https://doi.org/10.5771/9783748924647

Onlineversion
Nomos eLibrary

Vorwort

Der folgenden Abhandlung liegt meine Dissertation zugrunde, die im April 2020 bei der juristischen Fakultät der Universität Passau eingereicht wurde. Literatur und Rechtsprechung wurden bis zu diesem Zeitpunkt berücksichtigt.

Das Bundesverfassungsgericht betont in BVerfGE 35, 79, 157 f. zurecht, dass ein prinzipiell unabgeschlossener, dialogischer Prozess im Wesen der Wissenschaft liegt. Schon daraus ergibt sich zwingend, dass die Menschen im Umfeld des Forschenden – sei es bewusst oder unbewusst – im täglichen Miteinander fachlich und persönlich unterstützen und Blicke über den Tellerrand ermöglichen. Diese Menschen tragen entscheidend zum Erfolg des Projekts bei.

Zunächst möchte ich meine tiefste Dankbarkeit dem Betreuer meiner Dissertation, *Prof. Dr. Thomas Riehm*, aussprechen. Bei der Vorstellung des möglichen Dissertationsthemas, welches sich im Umfeld der Musterfeststellungsklage und des rechtlichen Gehörs bewegen sollte, gab er die entscheidenden Impulse und Ansätze, welche eine gezielte Forschung erst ermöglichten. Doch auch danach stand er unter Belassung größtmöglicher wissenschaftlicher Freiheiten stets als Ansprechpartner und Ideengeber zur Seite. Als extern Promovierender hat er es mir ermöglicht, die Dissertation vom Exposé bis zur Abgabe bei der Fakultät in 16 Monaten zu verfassen. Großer Dank gebührt an dieser Stelle auch *Prof. Dr. Markus Würdinger* für die sehr konstruktive und erfreuliche Zweitbegutachtung.

In persönlicher Hinsicht empfinde ich allergrößte Dankbarkeit für meine Familie. So war eine finanzielle und emotionale Unterstützung für meine Eltern, *Johannes* und *Sibylle*, eine bare Selbstverständlichkeit – auch nach sieben Jahren Studium und Referendariat. Als selbstloseste Menschen, die mir bisher begegnet sind, haben sie unablässig Kraft und Rückhalt gespendet. Auch mein Bruder *Moritz*, mit dem ich nunmehr das Arbeitsfeld der Strafrechtspflege teile, war nie um einen guten Ratschlag und aufmunternde Worte verlegen.

Einen gewichtigen Beitrag zum Gelingen des Dissertationsvorhabens leistete auch meine Peergroup an und von der Universität Passau, wofür ich meine tiefe Dankbarkeit ausdrücken möchte. *Stanislaus Meier* las nicht nur weite Teile der Dissertation Korrektur, sondern half unablässig bei jeglicher – auch zeitraubender – Formatierungsarbeit und gewährte mir einen

Arbeitsplatz in seinem Büro an der Universität Passau, als die Bibliothek aufgrund der Beschränkungen schließen musste. Auch *Thimo Brand* und *Felix Hein* lasen große Teile Korrektur und schafften es durch ein gesundes Konkurrenzverhalten in sportlicher und fachlicher Hinsicht immer wieder neue Antriebe und Impulse zu geben. *Andreas Herdt*, den ich seit dem ersten Tag meines Studiums an der Universität Passau kenne, las ebenso einen großen Teil der Abhandlung Korrektur und half erheblich bei der Verfassung der Werbetexte zur Publikation.

Ohne ein solch engmaschiges Netzwerk hätte ich meine Ziele nicht – und vor allem nicht im anvisierten zeitlichen Rahmen – erreicht!

Ochsenhausen/Passau, im Dezember 2020 *Adrian Oehmig*

Inhaltsübersicht

Inhaltsverzeichnis

Teil Eins: Einleitung

Mehr als 400.000 Anmeldungen in den Monaten November, Dezember und Januar 2018/2019[1] im Vergleich zu 25.000 Individualverfahren[2] in den Jahren 2015 bis 2018 – das ist die beeindruckende Bilanz der am 01.11.2018 vom Verbraucherzentrale Bundesverband (vzbv) mit Unterstützung des ADAC eingereichten Musterfeststellungsklage.

In den §§ 606 ff. ZPO hat der Gesetzgeber mit Wirkung zum 01.11.2018 eine neue, eigenständige Klageart eingeführt, um den Verbrauchern eine effektive prozessuale Wahrnehmung ihrer materiellen Rechte zu ermöglichen.[3] Hintergrund für die Einführung war der VW-Abgasskandal, von dem weltweit knapp 11 Millionen und deutschlandweit rund 2,5 Millionen Kraftfahrzeuge betroffen waren.[4] Seit Einreichung der Musterfeststellungsklage Anfang November 2018 bis zum 01.02.2019 meldeten sich mehr als sechzehnmal so viele Verbraucher zum Klageregister an, um eine gerichtliche Klärung von Teilfragen ihrer Ansprüche gegen den VW-Konzern herbeizuführen, als Individualverfahren in den Jahren 2015 bis 2018 angestrengt wurden. Die Vorstellungen des Gesetzgebers, durch eine erleichterte prozessuale Durchsetzungsmöglichkeit mehr Verbraucher zur Geltendmachung ihrer Ansprüche zu bewegen[5], scheinen aufzugehen – auch wenn dieser mit 450 Musterfeststellungsprozessen pro Jahr mit durchschnittlich 75 Anmeldungen pro Prozess[6] von einer ganz anderen Größenordnung ausgegangen ist.

Auf nationaler Ebene stand das Thema Kollektivrechtsschutz schon länger im Fokus[7], doch hat der Gesetzgeber die Musterfeststellungskla-

1 *Heese*, JZ 2019, 429.

2 *Sievers*, DAR Extra 2018, 730.

3 BT-Drs. 19/2439, S. 14.

4 *Sievers*, DAR Extra 2018, 730.

5 BT-Drs. 19/2439, S. 14.

6 BT-Drs. 19/2439, S. 19; deswegen als Zwischenstand ein Zurückbleiben hinter den Erwartungen konstatierend: *Gängel*, NJ 2019, 378, 379.

7 *Balke/Liebscher/Steinbrück*, ZIP 2018, 1321; daher den Kollektivrechtsschutz als „Dauerbrenner“ bzw. „Klassiker“ bezeichnend: *Magnus*, NJW 2019, 3177.

ge durch einen „legislativen Parforceritt“[8] vor der Verjährung etwaiger Ansprüche der Verbraucher aus dem VW-Abgasskandal eingeführt. Vom Gesetzesentwurf der Bundesregierung am 04. und 05.06.2018 bis zur Verabschiedung des Gesetzes durch den Bundestag am 14.06.2018 vergingen gerade einmal zehn Tage.[9] Außer Acht gelassen hat der Gesetzgeber dabei die europäischen Bestrebungen zum kollektiven Rechtsschutz. Am 11.04.2018 hat die EU-Kommission einen Vorschlag für eine EU-Richtlinie veröffentlicht[10], die erheblich weiter geht als die deutsche Musterfeststellungsklage.[11] Unklar ist folglich, ob die Musterfeststellungsklage länger Bestand haben wird oder ob nicht doch größere Anpassungen durch einen europäischen Rechtsakt erforderlich werden.[12]

Angesichts dieser Entwicklungen wird mit Fug und Recht von einem „Tauwetter“[13] im kollektiven Rechtsschutz gesprochen.

Ausgangspunkt für die Einführung kollektiver Rechtsschutzinstrumente ist, dass die herkömmlichen Strukturen zivilprozessualer Verfahren immer weniger den tatsächlichen und wirtschaftlichen Verhältnissen gerecht werden. Im alltäglichen Leben steht nicht mehr der Einzelunternehmer mit einem Kunden im Mittelpunkt, der in einem jahrelangen Gerichtsprozess seine materiellen Rechte prozessual durchsetzt. Vielmehr bieten global agierende Unternehmen massenhaft Produkte und Dienstleistungen an. Die Technik schreitet dabei schneller voran als die juristische Aufarbeitung von Gewährleistungs- und Haftungsfragen. Dies erzeugt eine Hemmschwelle[14] für den einzelnen Kunden, einen jahrelangen Gerichtsprozess mit ungewissem Ausgang für ein Produkt anzustrengen, welches bei Abschluss des Gerichtsverfahrens schon veraltet sein wird. Die „einfachere“ und risikoärmere Lösung liegt in der Nichtgeltendmachung des eigenen Anspruchs und einer Klärung auf dem Vergleichsweg mit dem Verkäufer,[15] der sich der prozessualen Hürden einer juristischen Klage ebenfalls

8 *Baus/Schaper*, Legislativer Parforceritt (https://www.lto.de/recht/hintergruende/h/musterfeststellungsklage-entwurf-beschlossen-regierung-klagen-unternehmen-vergleiche-verbraucher/) (geprüft am 14.04.2020).

9 *Hettenbach*, WM 2019, 577.

10 Richtlinienvorschlag COM (2018) 184 final, vom 11.04.2018.

11 *Thiery/Schlingmann*, DB 2018, 2550, 2554.

12 Von vornherein ausschließend, dass die Musterfeststellungsklage Vorbild für eine europäische Sammelklage sein kann: *Gängel*, NJ 2019, 378, 380.

13 *Leupold*, VuR 2018, 201.

14 *Reiter/Methner/Schenkel*, DAR Extra 2018, 733.

15 Das geschäftsinterne Beschwerdemanagement im Dunstkreis zwischen Kulanz und Kundenbindung als Gefahr für die Durchsetzungskraft des Rechts ausmachend: *Meller-Hannich/Nöhre*, NJW 2019, 2522, 2522 f.

durchaus bewusst[16] ist. Nachteil dieser Lösung ist, dass das Recht mit seinem Anspruch auf Verbindlichkeit nach und nach durch alternative Regelungsmodelle ersetzt wird und so seine Steuerungsfunktion einbüßt.

Der Kollektivrechtsschutz soll eine Antwort auf die moderne Massenversorgung liefern[17], indem er in prozessökonomischer Weise eine juristische Aufarbeitung ermöglicht und so dem Recht wieder seine verhaltenssteuernde Funktion zukommen lässt.[18] Besonders im Blickpunkt stand bei der Musterfeststellungsklage der Verbraucher[19], sodass als weiterer verfolgter Zweck auch der Verbraucherschutz zu nennen ist.

Doch auch der aus lauteren Gründen eingeführte Kollektivrechtsschutz erfordert die Wahrung der Prozessmaximen und der prozessualen Rechte der Parteien.[20] Dieses Spannungsverhältnis wird besonders deutlich, wenn man sich das von der ZPO vorausgesetzte Zweiparteienprinzip vor Augen führt.[21] Prozessuale Rechte wie der Justizgewährungsanspruch, der Anspruch auf rechtliches Gehör, die prozessuale Waffengleichheit und der Dispositionsgrundsatz gehen von einer eigenverantwortlichen Individualrechtsdurchsetzung aus. Wer klagt, bekommt Rechtsschutz, wird vor Gericht gehört, muss gleich behandelt werden und darf über Einleitung, Beendigung und Fortführung seines Verfahrens selbst entscheiden. Doch wie kann ein Verbraucher gehört werden, der aus Effizienz- und Verbraucherschutzgesichtspunkten gerade nicht am Verfahren beteiligt[22] sein soll? Wie soll der Verbraucher über die Beendigung seines Verfahrens entscheiden, wenn der Zeitpunkt der letztmöglichen Anmeldungsrücknahme gem. § 608 III ZPO bereits verstrichen ist? Wie kann jemand an ein Urteil gem. § 613 I 1 ZPO gebunden werden, ohne dass er selbst oder ein Prozessbevollmächtigter steuernd auf den Prozess Einfluss nehmen konnte?

Viele dieser Fragen wurden in dem mit heißer Nadel gestrickten[23] Gesetz zur Einführung der Musterfeststellungsklage nicht ausdrücklich beantwortet. Dies führte zu einer sehr unterschiedlichen Bewertung des jungen, prozessualen Instituts. So wurde die Musterfeststellungsklage als wichtigs-

---

16 *Reiter/Methner/Schenkel*, DAR Extra 2018, 733.
17 *Gurkmann/Wernicke*, DRiZ 2018, 92.
18 *Wundenberg*, ZEuP 2007, 1097, 1103.
19 BT-Drs. 19/2439, S. 1.
20 *Balke/Liebscher/Steinbrück*, ZIP 2018, 1321, 1331.
21 *Habbe/Gieseler*, BB 2017, 2188, 2191; *Haß*, Die Gruppenklage, 1996, S. 3; *Höland*, FS Bepler, 2012, S. 221, 223.
22 *Jansen/Birtel*, FS Graf-Schlicker, 2018, S. 63, 67.
23 *Hettenbach*, WM 2019, 577.

te Verbrauchermaßnahme des vergangenen Jahres[24] bzw. der aktuellen Legislaturperiode[25] und als Antwort auf die moderne Massenversorgung[26] bezeichnet. Ihr wurde aber auch schon das Siegel der Verfassungswidrigkeit[27] aufgedrückt sowie Harmlosigkeit[28] und Wirkungslosigkeit[29] attestiert. Auch wurden die Missbrauchsrisiken hervorgehoben, die von Verbraucherseite zu erwarten seien.[30] Gewissermaßen vermittelnd wurde sie auch schon als gute Grundlage für die Lückenschließung zur Bewältigung von Massenverfahren[31] deklariert. Schließlich wurde in der Einreichung der Musterfeststellungsklage am 01.11.2018 auch schon ein historisch bedeutsames Ereignis erblickt.[32]

Angesichts des Zeitdrucks der drohenden Verjährung der Ansprüche aus dem VW-Abgasskandal und der damit einhergehenden enormen Geschwindigkeit der Gesetzgebung fand eine vertiefte dogmatische Auseinandersetzung in den Gesetzgebungsmaterialien mit grundlegenden Fragen nicht statt.[33] Unerörtert blieb weitgehend insbesondere die Vereinbarkeit der Bindungswirkung gem. § 613 I 1 ZPO mit dem Anspruch auf rechtliches Gehör. Der Gesetzgeber zieht sich auf die pauschale Behauptung zurück, es sei die freie Entscheidung des Anmelders, ob er sich im Klageregister anmelde oder seine Ansprüche selbst verfolge; die Musterfeststellungsklage biete nur einen weiteren, zusätzlichen Weg der Rechtsverfolgung.[34] Vermissen lässt diese Begründung die Beantwortung der Frage der prinzipiellen Anwendbarkeit des Anspruchs auf rechtliches Gehörs, der rechtlichen Qualifizierung der Anmeldung, der Verzichtbarkeit des Anspruchs auf rechtliches Gehör sowie der Rechtfertigbarkeit eines eventuellen Eingriffs. Es finden sich auch keinerlei Ausführungen zu einer repräsentativen Wahrnehmung des rechtlichen Gehörs der Verbraucher durch die qualifizierten Einrichtungen, die ja immerhin versuchen die

---

24 *Gansel*, VuR 2019, 1; das Potential der Musterfeststellungsklage zur Herbeiführung einer „Revolution" im Datenschutzvollzug proklamierend: *Kühling/Sackmann*, DuD 2019, 347, 348.

25 *Gängel*, NJ 2019, 378.

26 *Gurkmann/Wernicke*, DRiZ 2018, 92.

27 Statt vieler: *Guggenberger/Guggenberger*, MMR 2019, 8.

28 *Halfmeier/Rott*, VuR 2018, 243, 250; *Stadler*, VuR 2018, 83.

29 *Jung*, AnwBl 2017, 185.

30 So zur Ausnutzung der Verjährungshemmung: *Deiß/Graf/Salger*, BB 2019, 1674.

31 *Verbraucherzentrale Bundesverband*, Eine für alle – Musterfeststellungsklage einführen, 29.09.2017, S. 7.

32 *Sievers*, DAR Extra 2018, 730.

33 *Augenhofer*, VuR 2019, 83.

34 BT-Drs. 19/2439, S. 28.

Interessen der Verbraucher prozessual durchzusetzen. Des Weiteren ist zu überlegen, ob das Gesetz in seiner jetzigen Ausgestaltung durch die Gewährung der Austrittsmöglichkeit gem. § 608 III ZPO und der Information über das Klageregister (§ 609 ZPO) dem grundrechtsgleichen Recht des Art. 103 I GG genügt.

Unerörtert blieb ebenso der pauschale Verweis des § 610 V 1 ZPO auf die im ersten Rechtszug für das Verfahren vor dem Landgericht geltenden Vorschriften. Durch diese Regelungen werden die §§ 253–494a ZPO, abgesehen von den in § 610 V 2 ZPO explizit aufgezählten Ausnahmen, für anwendbar erklärt. Von einer Anwendbarkeit der allgemeinen Vorschriften der §§ 1–252 ZPO scheint der Gesetzgeber auszugehen, da diese ohne Weiteres auch für die in Bezug genommenen Vorschriften für Verfahren vor den Landgerichten gelten.[35]

Virulent wird der Pauschalverweis besonders bei den Instituten der Klageänderung und der Widerklage.

Die Klageänderungsvorschriften der §§ 263 f., 267 ZPO fügen sich in Kollektivverfahren nicht nahtlos ein, da der Schutz nicht unmittelbar beteiligter Dritter keinen originären Regelungsgegenstand dieser Normen darstellt. So kann durch immer neue, nachgeschobene Musterfeststellungsanträge eine Verfahrensverschleppung erreicht werden[36], die den angemeldeten Verbraucher u.U. jahrelang an der individuellen Durchsetzung seiner Ansprüche hindert, zumal eine Individualklage gem. § 610 III ZPO durch die Musterfeststellungsklage gesperrt ist. Eine Sonderregelung wie § 15 KapMuG, der § 263 ZPO als speziellere Regelung verdrängt[37], lassen die §§ 606 ff. ZPO vermissen. Der uneingeschränkte Verweis des § 610 V 1 ZPO erscheint daher unter dem Blickwinkel des Art. 103 I GG diskussionsbedürftig, um die angemeldeten Verbraucher vor ungeahnten Prozesssituationen und Bindungen zu schützen. Ein vor diesem Hintergrund denkbarer pauschaler Ausschluss von Klageänderungen ist jedoch abzulehnen. Zum einen entspricht es dem durch den Pauschalverweis ausgedrückten Willen des Gesetzgebers, dass die allgemeinen Regelungen der §§ 253–494a ZPO anwendbar sein sollen, sodass Abweichungen davon rechtfertigungsbedürftige Ausnahmen sind.[38] Zum anderen dienen die §§ 263 f., 267 ZPO einer effizienten Verfahrensführung[39], indem auf Ver-

---

35 BeckOK ZPO/*Lutz*, § 610 Rn. 1; *Beck*, WPg 2019, 586, 588.
36 *Schneider*, BB 2018, 1986, 1992.
37 *Liebscher/Steinbrück*, ZIP 2016, 893, 895.
38 BT-Drs. 19/2507, S. 25.
39 *Merkt/Zimmermann*, VuR 2018, 363, 373.

änderungen flexibel reagiert werden kann, ohne dass ein neuer Prozess angestrengt werden muss. Gerade diesem Ziel dient auch die Musterfeststellungsklage, indem eine möglichst umfassende Klärung der in Streit stehenden Ansprüche erreicht werden soll.[40] Bei einer pauschalen Versagung der Klageänderungsmöglichkeiten muss entweder für jeden neu auftretenden Aspekt eine neue Musterfeststellungsklage angestrengt werden – was mit einer enormen zeitlichen Verzögerung und weiteren Prozess- und Kostenrisiken für die qualifizierte Einrichtung einhergeht – oder die Bindungswirkung gem. § 613 I 1 ZPO erstreckt sich nicht auf entscheidende Fragen. Diese Fragen sind dann wiederum im Individualverfahren zwischen dem Verbraucher und der vormaligen Musterfeststellungsbeklagten zu klären, was durch die Einführung des Instituts doch gerade vermieden werden sollte. Eine zu restriktive Handhabung kann den mit der Musterfeststellungsklage verfolgten Zweck ernstlich gefährden. Diesen Konflikt zwischen Verfahrenseffizienz und Schutz der angemeldeten Verbraucher gilt es unter Berücksichtigung der allgemeinen Wertungen des Institutes der Klageänderung zu lösen. In den Gesetzgebungsmaterialien finden sich dazu keine Ausführungen.

Auch Ausführungen zur Möglichkeit der Erhebung von Widerklagen lässt die Gesetzesbegründung vermissen. Es fehlt an einer klaren Regelung der Zulässigkeit von Widerklagen bzw. negativen Feststellungsanträgen.[41] Wenn die gesetzliche Grundlage der Widerklage in § 33 ZPO gesehen wird, fällt diese unter die allgemeinen Vorschriften der §§ 1–252 ZPO und ist darüber schon anwendbar, sodass es des Verweises in § 610 V 1 ZPO für deren Anwendbarkeit gar nicht bedarf. Falls die Widerklage als allgemein anerkanntes, aber nicht explizit geregeltes prozessuales Institut angesehen wird, ist sie aufgrund ihres unterlassenen Ausschlusses anwendbar. Ähnlich wie bei der Klageänderung läuft der angemeldete Verbraucher bei Zulassung von Widerklagen Gefahr, dass er an für ihn bei der Anmeldung nicht vorhersehbare Feststellungen gebunden wird. Er kann seinen Anspruch in einem viel weiteren Umfang verlieren, was gegen die Zulassung von Widerklagen im Musterfeststellungsprozess spricht. Auf der anderen Seite dient auch die Widerklage der Prozess- und Verfahrensökonomie, indem zusammenhängende Fragen in einem Rechtsstreit geklärt werden können.[42] Dieser – wiederum dem Zweck der Musterfeststellungsklage

40 BT-Drs. 19/2507, S. 15.

41 *Hettenbach*, WM 2019, 577, 581.

42 MüKo ZPO/*Patzina*, § 33 Rn. 1.

entsprechende[43] – Ansatz würde durch eine pauschale Verneinung der Widerklagemöglichkeit konterkariert. Darüber hinaus streitet der Gesichtspunkt der prozessualen Waffengleichheit zwischen Kläger und Beklagter für die Zulassung von Widerklagen.[44] Auf diese Weise kann die Musterfeststellungsbeklagte selbst zum Angriff übergehen und aus ihrer Sicht klärungsbedürftige Fragen in den Prozess einführen. Ohne diese Möglichkeit wäre sie auf eine reine Verteidigung gegen die geltend gemachten Feststellungsziele beschränkt; diese rein defensive Rolle widerspricht dem sonst geltenden Bild der eigenverantwortlich und selbstbestimmt handelnden Prozesspartei. Problematisch daran erscheint jedoch, ob die qualifizierte Einrichtung überhaupt zur Verhandlung über Ansprüche der Verbraucher in einem Maß befugt ist, welches nicht durch die Anmeldung zum Klageregister gedeckt ist. Immerhin sind für den Verbraucher bei der Anmeldung die veröffentlichten Feststellungsziele entscheidend; eine Widerklage ist in diesem Stadium gegebenenfalls noch nicht absehbar. Das Einverständnis zur Prozessführung über die eigenen Ansprüche könnte insofern von vornherein auf die bei der Anmeldung veröffentlichten Feststellungsziele begrenzt sein. Dieses Spannungsverhältnis ist näher zu beleuchten und unter Berücksichtigung der prozessualen Stellung der Beteiligten zu einem versöhnlichen und praktisch handhabbaren Ausgleich zu bringen.

Bei einem Perspektivenwechsel auf die Phase nach rechtskräftigem Abschluss des Musterfeststellungsverfahrens fällt auf, dass die Frage der Haftung der qualifizierten Einrichtungen für eine unzureichende Prozessführung völlig ungeklärt ist.[45] Durch die Bindungswirkung des § 613 I 1 ZPO geht der angemeldete Verbraucher auch bei einer schlechten Prozessführung seines Anspruchs de facto verlustig. Er kann zwar noch einen eigenen Individualprozess anstrengen, dieser wird jedoch angesichts der verbindlichen Klärung von Kernelementen seines Anspruchs nicht sehr aussichtsreich sein. In dieser misslichen Situation wird sich der Verbraucher in seiner Enttäuschung an die qualifizierte Einrichtung wenden, um Regressansprüche geltend zu machen.[46] Auch diese Frage wird in den Gesetzesmaterialien nicht behandelt, sondern der Klärung durch Wissenschaft und Rechtsprechung überlassen. Dieser Aspekt ist für die qualifizierte Einrichtung von entscheidender Bedeutung, da das Haftungsrisiko bei einer Vielzahl von Verbrauchern immens ist. Bei Erhebung der Mus-

---

43 BT-Drs. 19/2507, S. 15.

44 *Schneider*, BB 2018, 1986, 1990.

45 *Schmidt*, WM 2018, 1966, 1970.

46 *Meller-Hannich*, Stellungnahme vom 07.06.2018, S. 5.

terfeststellungsklage ist dieses Risiko darüber hinaus für die qualifizierte Einrichtung nicht kalkulierbar, zumal die Zahl der Anmeldungen nicht feststeht.[47]

Geklärt werden sollte als Vorfrage der Haftung zunächst die Frage nach dem Vorliegen einer Rechtsbeziehung und deren Qualifizierung zwischen dem einzelnen Verbraucher und der klageführenden qualifizierten Einrichtung. Die prozessualen Wirkungen der Anmeldung sind in den §§ 606 ff. ZPO festgelegt; für das Innenverhältnis zwischen Angemeldetem und qualifizierter Einrichtung ist die Anmeldung als einziger Kontakt von entscheidender Bedeutung. Ob und inwieweit dieser Akt zu einer Sonderverbindung führt, ist anhand der Interessen der Beteiligten mitsamt den Begleitumständen zu beurteilen. Davon strikt zu trennen ist die Frage einer etwaigen Haftungsprivilegierung, die erst erörtert werden kann, wenn das zugrunde liegende Rechtsverhältnis feststeht. Gedanken der Fremdnützigkeit und der unzureichenden finanziellen Ausstattung der qualifizierten Einrichtungen sprechen dabei prima facie durchaus für die Annahme eines Haftungsprivilegs.[48]

Zuletzt wird die Haftung des Anwalts der qualifizierten Einrichtung gegenüber den Verbrauchern virulent. Über die Institute der Drittschadensliquidation oder des Vertrags mit Schutzwirkung zugunsten Dritter könnte eine direkte Haftung gegenüber den vormals Angemeldeten in Betracht kommen.[49] Als gedankliche Vorfrage dazu steht die Haftung der qualifizierten Einrichtung selbst, zumal diese gegebenenfalls Auswirkungen auf die Institute der Drittschadensliquidation und des Vertrags mit Schutzwirkung zugunsten Dritter zeitigt.

Für diese kurz aufgeworfenen Fragen, die von der Wissenschaft bereits sporadisch angesprochen worden sind und welche die Rechtsprechung in allernächster Zukunft bei der Behandlung der bereits anhängigen Musterfeststellungsklagen beschäftigen werden, soll die nachfolgende Abhandlung einen verfassungsgemäßen, praxistauglichen und dennoch effizienten Weg zu deren Behandlung aufzeigen. Besonderer Wert wird dabei auf die Beachtung der allgemeinen Grundsätze und Prinzipien gelegt sowie auf die konsequente und stringente Lösung der aufgeworfenen Probleme, die zum Teil untereinander in wechselbezüglicher Beziehung stehen.

---

47 *Verbraucherzentrale Bundesverband*, Eine für alle – Musterfeststellungsklage in Sicht, S. 9 f.

48 *Merkt/Zimmermann*, VuR 2018, 363, 371.

49 *Weinland*, Die neue Musterfeststellungsklage, 2019, Rn. 225.

Genau auseinandergehalten wird dabei die verfassungsrechtliche Zulässigkeit, die praktische Realisierbarkeit, die wirtschaftliche Zweckmäßigkeit und die politische Wünschbarkeit[50]; Kategorien, die in der Diskussion um die Musterfeststellungsklage leider allzu oft unzulässigerweise vermischt werden. Allein die Kennzeichnung als neu oder ungewohnt vermag weder für noch gegen die rechtliche Zulässigkeit der Musterfeststellungsklage zu sprechen.[51] Erforderlich ist vielmehr eine fundierte, wissenschaftliche Auseinandersetzung mit der neuen Klageart.

Im Interesse der terminologischen Genauigkeit und der einheitlichen Begriffsverwendung sollen vor der inhaltlichen Abhandlung die wesentlichen Begriffe festgelegt werden. Vom Musterfeststellungsprozess bzw. der Musterfeststellungsklage wird – der Terminologie des Gesetzes in den §§ 606 ff. ZPO folgend – gesprochen, wenn es um den Prozess zwischen der qualifizierten Einrichtung im Sinne des § 606 I 1 ZPO und der Musterfeststellungsbeklagten geht. Das Individual- bzw. Folgeverfahren bezeichnet den sich anschließenden Prozess zwischen dem einzelnen Verbraucher und der vormals Musterfeststellungsbeklagten. In diesem Prozess greift grundsätzlich die Bindungswirkung gem. § 613 I 1 ZPO. Das Parallelverfahren bezeichnet ein Verfahren zwischen einem nicht zum Klageregister angemeldeten Verbraucher und der Musterfeststellungsbeklagten, welches anmeldefähig im Sinne von § 608 I ZPO gewesen wäre. Nicht gemeint ist damit der Prozess eines Unternehmers, der denselben Streitgegenstand bzw. dieselben Feststellungsziele betrifft. Dieser wird im Hinblick auf § 148 II ZPO als aussetzungsfähiger Parallelprozess bezeichnet.

50 *Gottwald*, ZZP 91 (1978), 1, 3.
51 *Ders.*, ZZP 91 (1978), 1, 3.

Teil Zwei: Die Bindung des Einzelklägers an das Ergebnis der Musterfeststellungsklage

Dreh- und Angelpunkt der Musterfeststellungsklage ist die in § 613 I 1 ZPO normierte Bindungswirkung. Diese transportiert das Ergebnis des Musterfeststellungsprozesses in den Individualprozess, indem das Musterfeststellungsurteil als bindend ausgestaltet wird. Aufgrund ihrer Neuartigkeit wird sie als Herzstück der Musterfeststellungsklage bezeichnet.[52] Sie erlaubt der qualifizierten Einrichtung die Prozessführung mit Wirkung für und gegen die angemeldeten Verbraucher. Neu ist dabei, dass der angemeldete Verbraucher – im Gegensatz zum Beigeladenen im KapMuG – keinerlei Einfluss mehr auf den Musterfeststellungsprozess nehmen kann.[53] Nach einer erfolgten Anmeldung zum Klageregister sieht lediglich § 613 I 2 ZPO einen Entfall der Bindungswirkung des § 613 I 1 ZPO vor. Dafür ist jedoch eine wirksame Rücknahme der Anmeldung erforderlich, die gem. § 608 III ZPO nur bis zum Ablauf des Tages des Beginns der mündlichen Verhandlung in der ersten Instanz möglich ist. Nach dem Ablauf dieses Tages ist der Verbraucher gefangen[54], d.h. er kann sich der Bindungswirkung nicht mehr entziehen, wenn es zu einem Musterfeststellungsurteil kommt. Die Bindungswirkung hindert ihn also nicht daran ein Individualverfahren anzustrengen; im Gegenteil setzt sie ein solches geradezu voraus, da der Verbraucher nur auf diese Weise in den Genuss eines Leistungstitels kommt. Für das Folgeverfahren ist aber das Ergebnis des Musterfeststellungsprozesses verbindlich, was bei negativem Ausgang des Musterfeststellungsverfahrens zu schlechten Erfolgsaussichten im Individualprozess führt. Auf der anderen Seite profitiert der Verbraucher bei wirksamer Anmeldung[55] im Folgeverfahren von einem für ihn positiven Ausgang des Musterfeststellungsprozesses, weil der Inhalt der Entscheidung bei Wirksamkeit der Anmeldung zu seinen Gunsten zugrunde gelegt wird.

---

52 BeckOK ZPO/*Augenhofer*, § 613 Rn. 1; den vor der Einführung der §§ 606 ff. ZPO fehlenden Übertragungseffekt zwischen Individual- und Kollektivverfahren kritisierend: *Höland*, FS Bepler, 2012, S. 221, 238.

53 *Schneider*, BB 2018, 1986, 1994 f.

54 *Ders.*, BB 2018, 1986, 1994 f.

55 *Mekat/Nordholtz*, NJW 2019, 411, 413.

Die Kombination aus Bindungswirkung und mangelnden Beteiligungsrechten im Musterfeststellungsprozess führt zur Frage der Vereinbarkeit mit Prozess- und Verfassungsgrundsätzen. Bevor auf die besonderen Konstellationen wie die Klageänderung, die Widerklage und die Haftungsfragen eingegangen wird, soll im ersten Kapitel die Zulässigkeit der Bindungswirkung gem. § 613 I 1 ZPO generell beurteilt werden. Dabei orientiert sich die Darstellung der Übersichtlichkeit halber an dem für die Prüfung von Grundrechten üblichen Schema, indem zuerst auf die Anwendbarkeit, dann auf den Schutzbereich mitsamt Eingriff und schließlich die Rechtfertigung eingegangen wird. Der besonderen Struktur des Art. 103 I GG ist es sodann noch geschuldet, daran die Auswirkungen eines etwaigen Verstoßes anzuknüpfen.

Kapitel Eins: Die Bindung des angemeldeten Verbrauchers an den Prozessausgang

Die ersten Passagen widmen sich der Bindungswirkung gem. § 613 I 1 ZPO im Allgemeinen, unterschieden nach den möglichen Verfahrensabschlüssen und den möglicherweise verletzten Rechten. Als betroffene Prozessgrundsätze und Verfassungsrechte kommen der Dispositionsgrundsatz, der Justizgewährungsanspruch, der Vorrang des Individualrechtsschutzes und der Anspruch auf rechtliches Gehör in Betracht. Zunächst wird jedoch auf den Abschluss eines Vergleichs eingegangen, der im Musterfeststellungsprozess eine Sonderrolle einnimmt. Initial wird der allgemeine Verfahrensgang und der Verfahrensgegenstand einer Musterfeststellungsklage dargestellt.

§ 1 Darstellung des allgemeinen Verfahrensgangs und des Verfahrensgegenstandes

A. Der allgemeine Verfahrensgang

Der Musterfeststellungsprozess beginnt mit der Einreichung der Musterfeststellungsklage am gem. § 119 III 1, 2 GVG zuständigen Oberlandesgericht bzw. Obersten Landesgericht.[56] Bei Vorhandensein mehrerer Oberlandesgerichte in einem Bundesland oder eines Obersten Landesgerichts kann einem dieser Oberlandesgerichte bzw. dem Obersten Landesgericht die Zuständigkeit für Musterfeststellungsprozesse durch Rechtsverordnung gem. § 119 III 2, 3 GVG zugewiesen werden.[57] Diese Regelung

---

56 Zur einer möglichen Lösung des Konflikts mit den kartellrechtlichen Zuständigkeitsvorschriften: *Schäfers*, ZZP 132 (2019), 231, 255 ff.

57 So z.B. geschehen in Nordrhein-Westfalen. Durch die Verordnung über die Konzentration der Verhandlung und Entscheidung von Musterfeststellungsverfahren vom 16.10.2018 wurden Musterfeststellungsprozesse landesweit beim OLG Hamm konzentriert. Die Verordnung ist abrufbar unter: https://recht.nrw.de/lmi/owa/br_vbl_detail_text?anw_nr=6&vd_id=17305&ver=8&val=17305&sg=0&menu=1&vd_back=N (geprüft am 14.04.2020). Zur dogmatischen Einordung der Zuständigkeitsbestimmung nach § 119 III 2 GVG: *ders.*, ZZP 132 (2019), 231, 244 f.

betrifft derzeit Bayern, Baden-Württemberg, Nordrhein-Westfalen, Rheinland-Pfalz und Niedersachsen. Ob und welche Bundesländer neben Nordrhein-Westfalen auch von der Konzentrationsmöglichkeit Gebrauch machen, bleibt abzuwarten.

Zulässigkeitsvoraussetzung bei Einreichung der Musterfeststellungsklage ist nach § 606 III Nr. 1 ZPO, dass es sich beim Kläger um eine qualifizierte Einrichtung im Sinne des § 606 I 1 ZPO handelt. Neben der Eintragung in eines der Verzeichnisse des § 3 I 1 Nr. 1 UKlaG, auf welchen § 606 I 2 ZPO verweist, müssen kumulativ die in § 606 I 2 Nr. 1–5 ZPO[58] gestellten Anforderungen erfüllt sein. Durch diese Kriterien will der Gesetzgeber sicherstellen, dass die Verbraucher adäquat repräsentiert werden und keine missbräuchlichen Musterfeststellungsklagen erhoben werden.[59] Des Weiteren muss gem. § 606 III Nr. 2 ZPO bei Einreichung der Musterfeststellungsklage glaubhaft gemacht werden, dass mindestens zehn Verbraucheransprüche bzw. -rechtsverhältnisse von den Feststellungszielen abhängen.

Sodann hat das Gericht gem. § 2 II 1 MFKRegV dem Bundesamt für Justiz und Verbraucherschutz die für die Veröffentlichung erforderlichen Angaben nach dem gem. § 2 II 2 MFKRegV vorgegebenen Muster zu übermitteln.[60] Dies hat, sofern die Voraussetzungen des § 606 II 1 ZPO gegeben sind, gem. § 607 II ZPO innerhalb von 14 Tagen nach Erhebung der Musterfeststellungsklage und Prüfung der Zulässigkeitsvoraussetzungen zu geschehen.[61] Die Erhebung der Musterfeststellungsklage im Sinne von § 607 II ZPO wird nach den §§ 610 V 1, 253 I ZPO durch die Zustellung der Klageschrift an die Musterfeststellungsbeklagte bewirkt.[62] Das

---

58 Eine schöne Auslegung des Mitgliedschaftsbegriffes anhand des Musterfeststellungsurteils des OLG Stuttgart (Az. 6 MK 1/18) vornehmend: *Riesner*, ZIP 2019, 1507, 1511 ff.; dem OLG Stuttgart zustimmend, indem für eine Mitgliedschaft mehr verlangt wird als eine finanzielle Unterstützungstätigkeit: *Vollkommer*, MDR 2019, 725, 726. Das Musterfeststellungsurteil, welches selbst auch eine ausführliche und anschauliche Auslegung beinhaltet, ist downloadfähig bereitgestellt unter: https://www.bundesjustizamt.de/DE/SharedDocs/Publikationen/Klageregister/20190320_Musterfeststellungsurteil.pdf (geprüft am 14.04.2020).

59 BT-Drs. 19/2439, S. 23.

60 Die öffentliche Bekanntmachung aufgrund der vom OLG Braunschweig verneinten Frage der Erforderlichkeit einer gerichtlichen Schlüssigkeitsprüfung als bedenklich im Hinblick auf die Wirkungen auf die Beklagte bezeichnend: *Schweiger/Wiedeck*, CB 2019, 335, 336.

61 Insofern von einer Ausführungsfrist sprechend, die erst zu laufen beginnt, wenn alle Zulässigkeitsvoraussetzungen erfüllt sind: *Mekat*, GWR 2019, 92.

62 OLG Braunschweig, VuR 2019, 106, 107.

Bundesamt für Justiz und Verbraucherschutz, welches nach §§ 609 I 2 ZPO, 1 I, II 1 MFKRegV das Klageregister für die Musterfeststellungsklage führt, veranlasst die öffentliche Bekanntmachung mit den nach § 607 I Nr. 1–8 ZPO erforderlichen Angaben. Aufgrund dieser Informationen trifft der Verbraucher bis zum Ablauf des Tages vor dem ersten Termin zur mündlichen Verhandlung die Entscheidung, ob er seine Ansprüche bzw. Rechtsverhältnisse im Klageregister anmeldet oder nicht. Ab der öffentlichen Bekanntmachung gem. § 607 I ZPO müssen innerhalb von zwei Monaten mindestens 50 Verbraucher ihre Ansprüche oder Rechtsverhältnisse zur Eintragung in das Klageregister wirksam angemeldet haben, § 606 III Nr. 3 ZPO. Diese Zulässigkeitsvoraussetzung kann somit abweichend von der gewöhnlichen Dogmatik erst im Laufe des Verfahrens eintreten. Die Musterfeststellungsklage wächst also erst in ihre Zulässigkeit hinein.[63] Zum Zeitpunkt der Anmeldung ist es für den einzelnen Verbraucher somit nicht sicher vorhersehbar, ob die Musterfeststellungsklage in einen Musterfeststellungsprozess münden wird. Zutreffend beschreibt der Begriff Sammelfeststellungsklage[64] diesen Teil des Ablaufs der Musterfeststellungsklage.

Im Fortgang gelten gem. § 610 V 1 ZPO mangels abweichender Regelungen überwiegend die im ersten Rechtszug für das Verfahren vor den Landgerichten geltenden Vorschriften entsprechend auch für das erstinstanzlich zuständige Oberlandesgericht bzw. Oberste Landesgericht. Ausgeschlossen sind gem. § 610 V 2 ZPO lediglich die §§ 128 II, 278 II–V, 306 und 348–350 ZPO und nach § 610 VI ZPO die §§ 66–74 ZPO in bestimmten Konstellationen. Gem. § 611 VI ZPO ist der Abschluss eines gerichtlichen Vergleichs vor dem ersten Termin unzulässig. Im Übrigen wird sich das zuständige Gericht zwischen einem frühen ersten Termin und einem schriftlichen Vorverfahren entscheiden und sodann eine Beweisaufnahme durchführen, die Möglichkeiten eines Vergleichs ausloten, verfahrensleitende Anordnungen treffen usw. Nach Ablauf des Tages des ersten mündlichen Verhandlungstermins kann der Angemeldete nach § 608 III ZPO seine Anmeldung zum Klageregister nicht mehr zurücknehmen.

Besonderheiten gelten noch hinsichtlich der im Klageregister bekannt zu machenden Informationen. So sind gem. § 607 III 1 ZPO Terminbestimmungen, Hinweise und Zwischenentscheidungen durch Veranlassung des Gerichts im Klageregister zu veröffentlichen, wenn dies zur Information der Verbraucher erforderlich ist. Termine müssen dabei nach § 607

63 *Waclawik*, NJW 2018, 2921, 2923.
64 *Habbe/Gieseler*, BB 2017, 2188, 2189.

III 2 ZPO spätestens eine Woche vor dem jeweiligen Termintag veröffentlicht werden. Gerichtliche Vergleiche bedürfen nach § 611 III 1 ZPO der gerichtlichen Genehmigung[65] und sind nach Erteilung derselben gem. § 611 IV 1 ZPO den angemeldeten Verbrauchern mitsamt Belehrung über deren Wirkung, über ihr Recht zum Austritt aus dem Vergleich sowie der einzuhaltenden Form und Frist für den Austritt zuzustellen. Treten weniger als 30 % der angemeldeten Verbraucher aus dem Vergleich aus, ist dessen Wirksamkeit durch unanfechtbaren Beschluss gem. § 611 V 2 ZPO festzustellen, wobei dieser nach § 611 V 3 ZPO im Klageregister zu veröffentlichen ist. Die Bekanntmachung verleiht dem Vergleich nach § 611 V 4 ZPO rechtliche Wirksamkeit.

Nach § 612 I ZPO ist schließlich das Musterfeststellungsurteil nach seiner Verkündung im Klageregister öffentlich bekannt zu machen.

Die öffentlichen Bekanntmachungen können von jedermann unentgeltlich im Klageregister eingesehen werden, § 609 III ZPO. Die angemeldeten Verbraucher haben einen Auskunftsanspruch über die zu ihrer Anmeldung erfassten Angaben nach § 609 IV 1 ZPO, der sich nach Abschluss des Verfahrens in einen Anspruch auf einen schriftlichen Auszug mit diesen Angaben umwandelt, § 609 IV 2 ZPO. Schließlich kann das Gericht gem. § 609 V 1 ZPO zur Kontrolle der Hürde des § 606 III Nr. 3 ZPO einen Auszug mit allen zu diesem Zeitpunkt angemeldeten Personen verlangen, wovon sodann das Gericht den Parteien eine formlose Abschrift übermittelt, § 609 V 2 ZPO. Den Parteien steht auf Anforderung ein schriftlicher Auszug mit allen bis zum Zeitpunkt des § 608 I ZPO angemeldeten Verbrauchern zu, um sich der Breitenwirkung des Prozesses gewahr werden zu können.

Das Klageregister hat damit zum einen eine Bekanntmachungsfunktion und zum anderen ermöglicht es den Verbrauchern die Anmeldung ihrer Ansprüche und Rechtsverhältnisse.[66]

Gegen das Musterfeststellungsurteil ist gem. § 614 S. 1 ZPO die Revision statthaft, wobei diese nach § 614 S. 2 ZPO stets grundsätzliche Bedeutung im Sinne des § 543 II Nr. 1 ZPO hat. Zuständiges Revisionsgericht ist gem. § 133 GVG der BGH.

---

65 Das Erfordernis der Genehmigung als Ausnahme zum Dispositionsgrundsatz einordnend: *Kühling/Sackmann*, DuD 2019, 347, 350.

66 *Sievers*, DAR Extra 2018, 730, 731; daher das Klageregister als Verbindung zwischen dem Anspruch des Einzelnen und dem Musterfeststellungsprozess bezeichnend: *Klüsener*, JurBüro 2018, 617, 618.

Insgesamt lässt sich festhalten, dass der Musterfeststellungsprozess über weite Teile einem gewöhnlichen Zivilprozess gleicht. Die soeben dargestellten Abweichungen sind vor allem den nicht beteiligten, aber angemeldeten Verbrauchern, der Missbrauchsprävention hinsichtlich der klagenden qualifizierten Einrichtungen und der Kontrolle der besonderen Zulässigkeitsvoraussetzungen geschuldet. Als zivilprozessuales Novum wird das Klageregister eingeführt. Dieses nimmt im Musterfeststellungsprozess eine zentrale Rolle ein, indem es das Vehikel für die Anmeldung darstellt und notwendige Informationen liefert.

B. Der Verfahrensgegenstand

Den Verfahrensgegenstand bilden Feststellungsziele nach § 606 I 1 ZPO, die tatsächliche oder rechtliche Voraussetzungen über das (Nicht-)Bestehen eines Anspruchs oder Rechtsverhältnisses zwischen einem Unternehmen und einem Verbraucher zum Gegenstand haben können. Insofern unterscheiden sie sich erheblich von gewöhnlichen Feststellungsanträgen, zumal auch einzelne Tatsachen und abstrakte Rechtsfragen für musterfeststellungsfähig erklärt werden, was weit über die herkömmlichen Feststellungen nach § 256 ZPO hinausgeht.[67] Aus § 606 II Nr. 2, III Nr. 3 ZPO folgt das Erfordernis einer gewissen Abstraktheit der Feststellungen. Bei Einreichung der Klageschrift muss nach § 606 II Nr. 2 ZPO dargelegt werden, dass mindestens zehn Verbraucheransprüche bzw. -rechtsverhältnisse von den Feststellungen abhängen. Gem. § 606 III Nr. 3 ZPO ist für die Zulässigkeit der Musterfeststellungsklage von Nöten, dass sich binnen zweier Wochen nach der öffentlichen Bekanntmachung zumindest 50 Verbraucher wirksam zum Klageregister angemeldet haben. Dieses Maß an Abstrahierung war der sonst auf die Ausurteilung individueller Rechte angelegten ZPO bislang fremd. Über die Bindungswirkung der Musterfeststellungsentscheidung gem. § 613 I 1 ZPO werden die abstrakten Feststellungen für den Individualprozess des vormals angemeldeten Verbrauchers für bindend erklärt, was diesen zur Bedeutung für einen konkret-individuellen Anspruch verhilft.

67 Statt vieler: *Ring*, NJ 2018, 441, 442.

§ 2 Bindung des Verbrauchers an einen Vergleich der qualifizierten Einrichtung

Als erste in den Blick zu nehmende Prozesskonstellation soll die Bindung der Angemeldeten an Vergleiche dienen, welche die qualifizierte Einrichtung geschlossen hat. Dieses Thema zog viel Aufsehen auf sich, indem im Prozess gegen die VW AG am 28.02.2020 eine vergleichsweise Einigung erzielt wurde und der vzbv daraufhin ankündigte, die von ihm angestrengte Musterfeststellungsklage zurückzunehmen.[68] Trotz der Tatsache, dass es sich dabei um einen außergerichtlichen Vergleich[69] handelte, wurde das im Individualverfahren alltägliche prozessuale Institut auch für die Musterfeststellungsklage in das Bewusstsein der Öffentlichkeit gerufen. Dabei ist ein Vergleichsschluss, der denklogisch im Rahmen des gegenseitigen Nachgebens auch Nachteile für die Angemeldeten beinhaltet[70], nicht über jeden Zweifel erhaben und muss im Hinblick auf die neue prozessuale Klage einer eingehenden Betrachtung unterzogen werden.

Unterschieden wird im Folgenden zwischen einem außergerichtlichen und einem gerichtlichen Vergleich, wobei zunächst der in § 611 ZPO speziell geregelte Vergleich behandelt wird.

A. Abschluss eines gerichtlichen Vergleichs

Der Abschluss eines gerichtlichen Vergleichs vor dem ersten Termin eines Musterfeststellungsprozesses wird von § 611 VI ZPO für unzulässig erklärt. Der Gesetzgeber will auf diese Weise eine möglichst weitreichende befriedende Wirkung des Vergleichs erreichen, indem er einen solchen erst nach Ablauf des letztmöglichen Zeitpunkts der Anmeldung gem. § 608 I ZPO zulässt.[71]

---

68 Den unerwarteten Vergleichsschluss sowie die Ausgestaltung der Musterfeststellungsklage im Allgemeinen kritisierend: *Pollmann*, VW-Musterfeststellungsklage: Der Vergleich aus rechtsökonomischer Sicht (https://www.zpoblog.de/musterfeststellungsklage-vergleich-oekonomische-analyse-des-rechts-tobias-pollmann/) (geprüft am 14.04.2020).

69 Kritik dahingehend übend, dass dadurch die in den §§ 606 ff. ZPO vorgesehenen Sicherungsmechanismen unterlaufen wurden: *Kähler*, FAZ 2020 (06.04.2020).

70 Musielak/Voit/*Stadler*, § 611 Rn. 6; auch den Vergleich als verfassungsrechtlich nicht unproblematisch bezeichnend: *Magnus*, NJW 2019, 3177, 3178; den Vergleich im Musterfeststellungsverfahren immer als eine Kombination aus einem Vertrag zugunsten und zulasten Dritter einordnend: *Magnus*, NJW 2019, 3177, 3180.

71 BT-Drs. 19/2439, S. 28.

I. Der Vergleichsschluss im Musterfeststellungsverfahren

Die Besonderheit des gerichtlichen Vergleichs im Musterfeststellungsprozess ist, dass dieser durch die qualifizierte Einrichtung mit Wirkung für und gegen die angemeldeten Verbraucher geschlossen werden kann, § 611 I ZPO. Diese besondere Anordnung einer gesetzlichen Vertretungsmacht[72] ist notwendig für den Vergleichsschluss, da die qualifizierte Einrichtung nicht über eigene Ansprüche verhandelt. Sie erhält von den angemeldeten Verbrauchern durch die Anmeldung lediglich das Mandat, die im Vorhinein formulierten Feststellungsziele gerichtlich klären zu lassen. Dazu passt spiegelbildlich, dass das Gericht bei der Erteilung der Genehmigung nach § 611 III 2 ZPO[73] auch die angemeldeten Ansprüche der Verbraucher in den Blick nehmen muss, um die es im Kern geht[74], da mit dem Vergleich gerade über diese verfügt wird.[75] Dogmatisch lässt sich der Vergleichsschluss auch als eine Handlung eines Vertreters ohne Vertretungsmacht im Sinne von § 177 I BGB begreifen, die durch Nichtgeltendmachung der Austrittsmöglichkeit gem. § 611 IV 2 ZPO genehmigt wird.

II. Anwendungsbereich des § 611 ZPO

Nicht überzeugend ist die Auffassung, dass die Regelung des § 611 ZPO nur auf einen Vergleich anwendbar sei, der Leistungen zuspreche, nicht aber auf einen Vergleich über das Feststellungsprogramm.[76] Einzig das formale Argument, dass die qualifizierte Einrichtung nicht mit unmittelbarer Wirkung über die Ansprüche der Verbraucher disponiert, sondern nur über „ihr" Feststellungsprogramm verhandelt, vermag für eine Begren-

---

72 *Schmidt*, in: Baumbach/Lauterbach/Albers u.a. (Hrsg.), Zivilprozessordnung, [77]2019, Beilage zur 77. Auflage § 611 Rn. 2; Musielak/Voit/*Stadler*, § 611 Rn. 1; eine solche in gewisser Weise voraussetzend, indem über das Eingreifen der Grundsätze zum Missbrauch der Vertretungsmacht nachgedacht wird: *Magnus*, NJW 2019, 3177, 3181.

73 Zur Frage, ob die Genehmigung durch das Gericht die Rechtsnatur des Vergleichs verändert: *Magnus*, NJW 2019, 3177, 3179.

74 *Beckmann/Waßmuth*, WM 2019, 89, 91; Musielak/Voit/*Stadler*, § 611 Rn. 2.

75 *Mekat*, in: Nordholtz/Mekat (Hrsg.), Musterfeststellungsklage, 2019, § 7 Rn. 34.

76 So aber: *Merkt/Zimmermann*, VuR 2018, 363, 370. Für die Zulässigkeit eines gerichtlichen Vergleiches über das Feststellungsprogramm: Musielak/Voit/*Stadler*, § 611 Rn. 6.

zung auf leistungszusprechende Vergleiche zu sprechen. Jedoch handelt es sich bei § 611 II ZPO – der Vorschrift zum Vergleichsinhalt – angesichts ihres Wortlauts nicht um eine zwingende Vorgabe[77], sondern vielmehr um eine „Soll-Vorschrift", von der in begründeten Ausnahmefällen abgewichen werden kann, was eine flexible Handhabung ggf. auch unter Ausblendung individueller Besonderheiten einzelner Fälle beim Aushandeln des Vergleichsinhaltes ermöglicht.[78] Diese Flexibilität ist im Musterfeststellungsprozess besonders von Nöten, zumal den vergleichsschließenden Parteien nur die Informationen der angemeldeten Verbraucher zur Verfügung stehen, von denen die Angabe zur Höhe der individuellen Forderung gem. § 608 II 2 ZPO keine zwingende Voraussetzung ist.[79] Durch Aushandeln abstrakter Regelungen oder lediglich der Eckpunkte können die Einzelheiten in das Verteilungsverfahren verschoben werden.[80] Im KapMuG ist die Möglichkeit eines Vergleichsschlusses über das Feststellungsprogramm anerkannt, obwohl auch dort als Soll-Vorschrift eine Leistung an die Kapitalanleger vorgesehen ist.[81] Auch stellt § 611 I ZPO, der die prinzipielle Zulässigkeit des Abschlusses gerichtlicher Vergleiche regelt, lediglich auf gerichtliche Vergleiche ab. Eine Differenzierung nach dem Vergleichsinhalt findet gerade nicht statt. Darüber hinaus ist nicht einzusehen, warum bei einem Vergleich über das Feststellungsprogramm die besonderen Sicherungsrechte des § 611 ZPO nicht greifen sollen. Immerhin ruft die Wirkung bei Vergleichen über das Feststellungsprogramm mindestens dieselbe Schutzbedürftigkeit für die angemeldeten Verbraucher hervor. Sie sind an den Vergleich gebunden und müssen, um eine Leistung zu erlangen, entweder einen weiteren Vergleich schließen oder einen Prozess anstrengen. In beiden Situationen sind sie an den ausgehandelten Vergleich gebunden, ohne dass sie sich dagegen zur Wehr setzen konnten. Die gerichtliche Entscheidung, die sie durch die Anmeldung zum Klageregister erreichen wollten, ist durch eine privatautonome Regelung ersetzt worden. Das gerichtliche Genehmigungserfordernis bietet nur einen schwachen Schutz, da der Kontrollumfang nach § 611 III 2 ZPO

---

77 Ohne Weiteres von einem über § 611 II ZPO hinausgehenden Feststellungsprogramm ausgehend: *Hartmann*, VersR 2019, 528, 529; den nicht zwingenden Charakter des § 611 II ZPO deutlich hervorhebend: *Schäfers*, ZZP 132 (2019), 231, 238.

78 *Mekat*, in: Nordholtz/Mekat (Hrsg.), Musterfeststellungsklage, 2019, § 7 Rn. 9.

79 Musielak/Voit/*Stadler*, § 611 Rn. 6.

80 Musielak/Voit/*Dies.*, § 611 Rn. 6.

81 *Reuschle*, in: Hess/Kruis (Hrsg.), Kölner Kommentar zum KapMuG, ^{2}2014, § 17 Rn. 8 ff.

klar vorgegeben ist. Dieses vermag deshalb an der Schutzbedürftigkeit der Angemeldeten nichts zu ändern.

Es sprechen die besseren Gründe dafür, jeglichen gerichtlichen Vergleich ungeachtet seines Inhaltes den Schutzmechanismen des § 611 ZPO zu unterwerfen.

III. Sicherungsmechanismen des § 611 ZPO

Zu überprüfen bleibt, ob die in § 611 ZPO vorgesehenen Sicherungsmechanismen die Rechte der angemeldeten Verbraucher in ausreichendem Maße wahren.

1. Die gerichtliche Genehmigungsprüfung gem. § 611 III ZPO

Zur Sicherung der prozessualen Rechte der angemeldeten Verbraucher genügt die gerichtliche Genehmigungsprüfung des Vergleichsinhalts gem. § 611 III ZPO nicht.[82] Diese Überprüfung gibt dem Verbraucher keinerlei Möglichkeit, selbst Einfluss auf seinen Anspruch oder den Prozess zu nehmen, was der Unrechtsabwehrtendenz[83] der prozessualen Rechte und insbesondere Art. 103 I GG nicht gerecht wird. Stattdessen werden seine Rechte durch die Gewährung einer einmonatigen Austrittsmöglichkeit gewahrt.[84] Das gerichtliche Genehmigungserfordernis stellt eine prozessuale Sicherungsmaßnahme[85] auf der ersten Stufe dar, die noch der Bestätigung durch den angemeldeten Verbraucher bedarf.

2. Die Übersendung des Vergleichstextes mitsamt Belehrungen

Der angemeldete Verbraucher erhält mit der Übersendung des Vergleichstextes mitsamt Belehrungen gem. § 611 IV 1 ZPO einen bereits vollständig ausgehandelten Vorschlag zur gütlichen Regelung seines Anspruchs bzw.

82 *Waclawik*, NJW 2018, 2921, 2924.

83 *Baur*, AcP 153 (1954), 393, 402.

84 *Waclawik*, NJW 2018, 2921, 2924; *Verbraucherzentrale Bundesverband*, Eine für alle – Musterfeststellungsklage einführen, 29.09.2017, S. 19; *Stadler*, VuR 2018, 83, 89; *Sievers*, DAR Extra 2018, 730, 732; *Halfmeier*, ZRP 2017, 201, 203.

85 Musielak/Voit/*Stadler*, § 611 Rn. 9.

Rechtsverhältnisses. Er kann autonom darüber entscheiden, ob er diesen gelten lassen will oder nicht. Im Gegensatz zur später zu thematisierenden Anmeldung zum Klageregister stehen keine prozessualen Unwägbarkeiten mehr entgegen, womit der Verbraucher seine Chancen und Risiken realistisch beurteilen kann. Die Annahme des Vergleichsvorschlags stellt sich somit als eigenverantwortliche[86] prozessuale Entscheidung über seinen Anspruch dar und wahrt durch die Austrittsmöglichkeit die prozessualen Rechte des Verbrauchers. Auch ist die Zustellung des Vergleichs gem. § 611 IV 1 ZPO an die angemeldeten Verbraucher zwingend; eine Einstellung in das Register wie im KapMuG-Verfahren ist gerade nicht möglich.[87] Auf diese Weise wird sichergestellt, dass sich der Verbraucher mit der Möglichkeit eines Austritts aktiv befasst und eine informierte Entscheidung trifft.[88]

Gegen eine eigenverantwortliche Austrittsentscheidung spricht auch nicht, dass der Vergleich vor Zustellung an den Verbraucher einer Genehmigung durch das Gericht bedarf gem. § 611 III 1 ZPO. Diese ist konstitutiv für den Vergleich und zugleich Tatbestandsvoraussetzung für die Zustellung an den Verbraucher, § 611 IV 1 ZPO. Falls die Genehmigung nicht erteilt wird, kommt es zu keinerlei Bindung des Verbrauchers. Zuzugeben ist dabei zwar, dass dem Gericht dadurch ein der ZPO bisher fremder Eingriff in eine privatautonom ausgehandelte Regelung erlaubt wird.[89] Doch stellt sich dieser als zusätzlicher Abwehrmechanismus – ähnlich einer AGB-Kontrolle[90] – gegen ungerechtfertigt erscheinende Vergleiche dar. Bei Verweigerung der Genehmigung bleibt es bei der durch die Anmeldung der Verbraucher legitimierten Prozessführung durch die qualifizierte Einrichtung.

Auch vermag die Autorität der Erteilung der Genehmigung durch das Gericht keinen faktischen Zwang zur Nichtgeltendmachung der Austrittsmöglichkeit zu begründen.[91] Dem Verbraucher wird begleitend zum genehmigten Vergleich eine Belehrung über die Austrittsmöglichkeit zuge-

---

86 BT-Drs. 19/2439, S. 28.

87 Musielak/Voit/*Stadler*, § 611 Rn. 13; *Rathmann*, in: Saenger (Hrsg.), Zivilprozessordnung, [8]2019, § 611 Rn. 3.

88 BT-Drs. 19/2439, S. 28.

89 *Thiery/Schlingmann*, DB 2018, 2550, 2554.

90 *Beckmann/Waßmuth*, WM 2019, 89, 91.

91 Auf eine Vorprogrammierung der Verbraucher durch die Erteilung der Genehmigung mangels anwaltlicher Vertretung derselben hinweisend: Musielak/Voit/*Stadler*, § 611 Rn. 9, 19; auf ein Vertrauen der Angemeldeten in die Angemessenheitsprüfung des Gerichts abstellend: *Magnus*, NJW 2019, 3177, 3178.

stellt aus der ersichtlich wird, dass das Recht zum Austritt durch die Genehmigung nicht beeinflusst wird. Die Angemessenheitskontrolle wirkt vielmehr wie eine Sicherung gegen verzerrende Darstellungen der Parteien des Musterfeststellungsprozesses. Die eigenen Einschätzungen und Stellungnahmen der vergleichsschließenden Parteien präjudizieren die Angemessenheitskontrolle in keiner Weise.[92]

3. Das Austrittsquorum des § 611 V 1 ZPO

Dasselbe gilt für das Austrittsquorum von weniger als 30 % gem. § 611 V 1 ZPO. Auch dieses führt bei Überschreitung desselben zu einem Entfall, nicht zum Entstehen einer Bindungswirkung. Ein prozessuales Recht auf einen Vergleich bestimmten Inhalts, welches durch den Entfall der Bindungswirkung wegen Überschreitung des Austrittsquorums nach § 611 V 1 ZPO tangiert sein könnte, existiert nicht.

Bemängelt wurde in diesem Zusammenhang, dass der angemeldete Verbraucher keine ausreichende Kenntnis von den Einzelheiten des Musterfeststellungsprozesses habe, um eine ausgewogene Entscheidung hinsichtlich des Austritts treffen zu können.[93] Es sei nur fair, wenn der Verbraucher bzw. sein Anwalt Einsicht in die Prozessakten nehmen könnten.[94] Ein solches Einsichtsrecht würde das Musterfeststellungsgericht bei der noch vorliegenden papiergebundenen Aktenführung vor nahezu unüberwindbare praktisch-logistische Schwierigkeiten stellen bei Verfahren mit massenhaft Angemeldeten (wie z.B. im Prozess gegen die VW AG). Zudem spricht entscheidend dagegen, dass vor allem Hinweise, die für den Fortgang des Verfahrens erforderlich sind, über § 607 III 1 ZPO im Klageregister bekannt zu machen sind. Unter diese Vorschrift sollen vor allem solche Informationen fallen, die der Verbraucher deshalb benötigt, weil er am Verfahren selbst nicht unmittelbar beteiligt ist.[95] Aufgrund der mangelnden Einflussnahmemöglichkeit auf den Prozess nach dem Verstreichen des letztmöglichen Austrittszeitpunktes gem. § 608 III ZPO sind die Hinweise zur Beurteilung der Prozessaussichten allein relevant für die Austrittsmöglichkeit nach § 611 IV 2 ZPO. Das Klageregister ist

92 *Beckmann/Waßmuth*, WM 2019, 89, 91.

93 *Habbe/Gieseler*, BB 2017, 2188, 2190.

94 *Halfmeier*, ZRP 2017, 201, 203; *Deutscher Anwaltverein*, Stellungnahme vom Februar 2017, S. 10.

95 BT-Drs. 19/2439, S. 24.

hinsichtlich dieser Hinweise gem. § 609 III ZPO für jedermann unentgeltlich einsehbar, da es sich nach § 607 III 1 ZPO um öffentliche Bekanntmachungen handelt. Wenn sich das Gericht verfahrensfehlerfrei verhält – wovon auszugehen ist – bieten diese Hinweise also eine zureichende und verlässliche Grundlage zur Abwägung des Für und Wider eines Austritts aus dem geschlossenen Vergleich, sodass es einer weiteren Einsicht in die Prozessakten nicht bedarf.

4. Materielle Nachteile durch Austritt aus dem Vergleich?

Zuletzt drohen dem Verbraucher auch keine materiellen Nachteile aus einem vollzogenen Austritt aus dem Vergleich. Nach § 611 IV 4 ZPO bleibt die Wirksamkeit der Anmeldung vom Austritt unberührt. Bezweckt wird damit, dass die Verjährungshemmung gem. § 204 I Nr. 1a BGB vom Austritt nicht tangiert wird und damit nicht nachträglich wegfällt. Dadurch wird dem angemeldeten Verbraucher die Möglichkeit gegeben seinen Anspruch selbst gerichtlich geltend zu machen. Die Hemmung bleibt nach § 204 II BGB noch weitere sechs Monate bestehen und läuft dann, der Wirkung gem. § 209 BGB entsprechend, an der Stelle weiter, an der sie vor der Hemmung stehen geblieben war. Verlustig geht der angemeldete Verbraucher somit lediglich der Prozessführung durch die qualifizierte Einrichtung, da diese einen für ihn nicht akzeptablen Vergleich ausgehandelt hat. Er fällt auf den Stand vor seiner Anmeldung zurück und hat die Möglichkeit gerichtlich mehr zu erstreiten als die angebotene Vergleichssumme. Da die prozessualen Rechte keinen Anspruch auf Besserstellung begründen, ist ihnen Genüge getan, wenn der angemeldete Verbraucher nachteilsfrei aus dem Vergleich austreten kann, was soeben nachgewiesen wurde.

Insgesamt lässt sich somit festhalten, dass die Schutzmechanismen in § 611 ZPO die Rechte der Verbraucher wahren.

B. Abschluss eines außergerichtlichen Vergleichs

Keine ausdrückliche Normierung in den §§ 606 ff. ZPO hat der außergerichtliche Vergleich erfahren. Daher ist versucht worden aus der Regelung des § 611 VI ZPO herzuleiten, dass ein außergerichtlicher Vergleich im Musterfeststellungsprozess generell unzulässig sei, weil er sich zum einen außerhalb der Verfahrensöffentlichkeit vollziehe und zum anderen die Hemmung der Verjährung gem. § 204 I Nr. 1a BGB entfallen lasse.[96]

Bei näherer Betrachtung sind diese Argumente gegen einen außergerichtlichen Vergleich jedoch nicht stichhaltig, wie in der rein praktischen Anwendung der Vorschriften der Vergleichsschluss im Prozess gegen die VW AG demonstriert hat. Es findet keine ausreichende Differenzierung zwischen der prinzipiellen Zulässigkeit des Vergleichs und den Wirkungen desselben statt.

I. Zulässigkeit eines außergerichtlichen Vergleichs

Die prinzipielle Zulässigkeit kann meines Erachtens kaum in Abrede gestellt werden. Zunächst fehlt eine gesetzliche Regelung, die einen außergerichtlichen Vergleichsschluss einschränkt oder für unzulässig erklärt.[97] Mit der Regelung des § 611 VI ZPO wollte der Gesetzgeber keine Vergleiche unter Ausschluss der Öffentlichkeit verbieten, sondern eine möglichst große Breitenwirkung eines abgeschlossenen Vergleichs sicherstellen.[98] Eine öffentlichkeitswirksame Aufarbeitung von Massenprozessen ist zwar wünschenswert, jedoch steht im Kollektivrechtsschutz immer noch eine effiziente gerichtliche Aufarbeitung im Vordergrund und keine *Prangerwirkung* zulasten der Beklagten. Auch kann eine derart tiefgreifende Beschneidung der Dispositionsmaxime der klageführenden qualifizierten Einrichtung nicht ohne gesetzliche Grundlage angenommen werden. Diese muss Herrin ihres eigenen Verfahrens bleiben und z.B. bei existenzvernichtenden drohenden Sachverständigenkosten eine einverständliche (außergerichtliche) Verfahrensbeendigung mit der Musterfeststellungsbeklagten vereinbaren können. Andernfalls wird sie zum Betreiben eines Prozesses genötigt, den sie unter Umständen gar nicht mehr will oder nicht mehr für aussichtsreich hält. Eine Klagerücknahme nach §§ 610 V 1, 269 I ZPO ist angesichts der Kostenregelung des § 269 III 2 ZPO wenig reizvoll für die qualifizierte Einrichtung. Eine einseitige Erledigungserklärung setzt den Eintritt eines erledigenden Ereignisses voraus, was bei einem auf Breitenwirkung angelegten Verfahren nur schwer vorstellbar ist. Ein Anschluss an die einseitige Erledigungserklärung durch die Musterfeststellungsbeklagte

---

96 *Schneider*, BB 2018, 1986, 1995.

97 *Weinland*, Die neue Musterfeststellungsklage, 2019, Rn. 166; *Sievers*, DAR Extra 2018, 730, 732; *Waclawik*, NJW 2018, 2921, 2924.

98 BT-Drs. 19/2439, S. 28.

erscheint bei schlechten Prozessaussichten für die Musterfeststellungsklägerin eher utopisch. Ein gerichtlicher Vergleich droht an den Hürden des § 611 ZPO zu scheitern, zumal die Musterfeststellungsklägerin für die Flucht aus dem Prozess erhebliche Zugeständnisse machen müssen wird, die sowohl an dem Genehmigungserfordernis nach § 611 III 1 ZPO als auch am Austrittsquorum des § 611 V 1 ZPO zu scheitern drohen. Ein außergerichtlicher Vergleich verbleibt insofern als einzige Möglichkeit einer flexiblen Verfahrensbeendigung, wenn sich die Parteien z.B. auf eine Klagerücknahme verständigen.

Der Entfall der Hemmung der Verjährung nach § 204 I Nr. 1a BGB ist für den angemeldeten Verbraucher zwar deshalb misslich, weil er sodann einen eigenen gerichtlichen Prozess zur Geltendmachung seiner Rechte anstrengen muss. Wie jedoch bereits gesagt wurde, gibt es keinen Anspruch auf eine Repräsentation durch die qualifizierte Einrichtung. Das Klageregister gibt gem. § 607 III 3 Hs. 1 ZPO zuverlässig Auskunft über die Beendigung des Verfahrens. Dieses ist für jedermann unentgeltlich nach § 609 III ZPO einsehbar, sodass sich der Angemeldete von dem Ende der Prozessführung durch die qualifizierte Einrichtung ohne großen Aufwand Kenntnis verschaffen kann. Dem angemeldeten Verbraucher kommt darüber hinaus noch die sechsmonatige Hemmung gem. § 204 II BGB zugute, die eventuelle Verzögerungen bei der Einsicht in das Klageregister aufzufangen geeignet ist. Der Entfall der Hemmung der Verjährung erscheint gegenüber der massiven Einschränkung der Dispositionsmöglichkeit der Musterfeststellungsklägerin, die bei einem Ausschluss der Möglichkeit eines außergerichtlichen Vergleichsschlusses eintreten würde, als marginal.

Gesetzestechnisch handelt es sich bei der Untersagung außergerichtlicher Vergleiche um eine Analogie aus § 611 VI ZPO. Diese kann nicht um ihrer selbst Willen vorgenommen werden, sondern bedarf eines sie legitimierenden Grundes.[99] Voraussetzung ist mithin eine planwidrige Regelungslücke und eine vergleichbare Interessenlage. Eine Lücke kann dabei nur angenommen werden, wenn sich vom Standpunkt des zu beurteilenden Gesetzes selbst und der ihm zugrundeliegenden Regelungsabsicht eine Unvollständigkeit ergibt, mithin der gesetzgeberische Plan als nicht umfassend erfüllt erscheint.[100]

§ 611 ZPO befasst sich angesichts seines eindeutigen Wortlauts nur mit gerichtlichen Vergleichen. Diese sollen einem Sicherungsmechanismus

---

99 *Larenz/Canaris*, Methodenlehre der Rechtswissenschaft, ^{3}1995, S. 247.
100 *Dies.*, Methodenlehre der Rechtswissenschaft, ^{3}1995, S. 194 f.

unterworfen werden als Korrektiv für die gesetzliche Vertretungsmacht[101] des Musterfeststellungsklägers in § 611 I ZPO. Mit alternativen Verfahrensbeendigungen hat sich der Gesetzgeber befasst, indem er in § 610 V 2 ZPO die Möglichkeit eines Verzichts gem. § 306 ZPO ausgeschlossen hat. Des Weiteren ist die gesetzliche Vertretungsmacht in § 611 I ZPO ausdrücklich nur für den gerichtlichen Vergleich erteilt worden. Dass bei diesen Ansätzen eine Befassung mit dem Institut des außergerichtlichen Vergleichs aus Nachlässigkeit nicht stattfand, erscheint sehr unwahrscheinlich. Das Vorliegen einer Lücke ist zu verneinen.

Es handelt sich bei dem Gedanken der Öffentlichkeitswirksamkeit zwar um ein rechtspolitisch ggf. wünschenswertes Anliegen. Ein solches Anliegen muss jedoch von einer Lücke des Gesetzes unterschieden werden, um nicht die Grenze zwischen Rechtsfortbildung und Rechtssetzung zu verwischen; letztere ist zweifelsfrei Aufgabe des Gesetzgebers.[102]

Doch selbst wenn man eine Lücke annehmen wollte, mangelt es an einer vergleichbaren Interessenlage zwischen der Situation des § 611 VI ZPO und einem außergerichtlichen Vergleich. Entscheidend für die vergleichbare Interessenlage ist, dass die im Gesetz zum Ausdruck kommende Wertung mit der durch den Analogieschluss zu bildenden Regelung übereinstimmt; die ratio legis des geregelten und des nicht geregelten Tatbestandes müssen übereinstimmen, um eine Analogie bilden zu können.[103] Die Vorstellungen des Gesetzgebers sind für die Ermittlung der ratio legis zwar nicht verbindlich, sollten jedoch insoweit Beachtung finden, als ihnen vernünftige Erwägungen zugrunde liegen.[104] Die Grundlage des § 611 ZPO liegt darin, dass neben der Sicherung prozessualer Rechte eine größtmögliche Breitenwirkung durch den Vergleichsschluss erzielt wird. Dieses Anliegen kommt zum einen in dem Austrittsquorum in § 610 V 1 ZPO zum Ausdruck, indem der Vergleich nur Verbindlichkeit erlangt, wenn weniger als 30 % der angemeldeten Verbraucher austreten. Zum anderen ist die Möglichkeit des Vergleichsschlusses gem. § 611 VI 1 ZPO erst nach dem letztmöglichen Anmeldezeitpunkt zugelassen worden, um allen interessierten Verbrauchern eine Chance auf Anmeldung vor der gütlichen Einigung zu geben.[105] Die Absätze stehen in direktem

---

101 *Schmidt*, in: Baumbach/Lauterbach/Albers u.a. (Hrsg.), Zivilprozessordnung, [77]2019, Beilage zur 77. Auflage § 611 Rn. 2.

102 *Larenz/Canaris*, Methodenlehre der Rechtswissenschaft, [3]1995, S. 194 f.

103 *Dies.*, Methodenlehre der Rechtswissenschaft, [3]1995, S. 202 f.

104 *Dies.*, Methodenlehre der Rechtswissenschaft, [3]1995, S. 207.

105 BT-Drs. 19/2439, S. 28.

systematischen Zusammenhang und dienen mit der Sicherstellung der Breitenwirkung demselben gesetzgeberischen Anliegen. Zwar kann die Öffentlichkeitswirksamkeit in § 611 VI ZPO als Nebeneffekt deklariert werden, doch gehört diese keinesfalls zum ursprünglichen oder nunmehr verfolgten Plan des Gesetzes. Der Zweck der Öffentlichkeitswirksamkeit kann folglich keinen Analogieschluss rechtfertigen.

II. Reichweite der Bindungswirkung eines außergerichtlichen Vergleichs

Die Wirkungen eines außergerichtlichen Vergleichs sind strikt von denen eines gerichtlichen Vergleichs zu unterscheiden. § 611 I ZPO bezieht sich ausdrücklich nur auf den gerichtlichen Vergleich. Wie bereits erwähnt ist diese Regelung notwendig, da nur auf diese Weise eine Wirkung unmittelbar für und gegen die Verbraucher erzielt werden kann. Mangels einer solchen Regelung für den außergerichtlichen Vergleich zeitigt dieser die gewöhnlichen prozessualen Folgen. Er bindet somit nur die direkt an ihm Beteiligten, vorliegend den Musterfeststellungskläger und die -beklagte.[106] Dies deckt sich wiederum mit der obigen Argumentation zur Erhaltung der Dispositionsfreiheit des Musterfeststellungsklägers. Ohne Eingreifen der Schutzmechanismen kann er nur Regelungen aushandeln, die ausschließlich ihn selbst berechtigen[107] und verpflichten. Die schlimmste Auswirkung, die den angemeldeten Verbraucher treffen kann, ist das Ende der Hemmung der Verjährung gem. § 204 I Nr. 1a BGB, welches jedoch um weitere sechs Monate abgefedert ist nach § 204 II BGB. Das Verjährungsrisiko droht dabei jedoch nur, wenn die Musterfeststellungsklage tatsächlich zurückgenommen wurde und der Vergleich keinen Verjährungsverzicht zugunsten der Angemeldeten enthält.

III. Materiellrechtliche Wirkungen eines außergerichtlichen Vergleichs

Eine von der Reichweite und der Zulässigkeit zu differenzierende Frage ist diejenige nach den materiellrechtlichen Wirkungen eines außergerichtlichen Vergleichs. Da die Parteien in der inhaltlichen Ausgestaltung frei

106 *Waclawik*, NJW 2018, 2921, 2924.

107 Eine Ausnahme dazu bildet die Ausbedingung eines Vertrags zugunsten Dritter für die Angemeldeten, der jedoch ausschließlich Regelungen enthalten darf, welche für die Angemeldeten vorteilhaft sind.

sind, kommen verschiedene Vorgehensweisen in Betracht, welche diverse Vor- und Nachteile in sich tragen.

Zunächst kommt ein außergerichtlicher Vergleichsschluss der qualifizierten Einrichtung als Vertreter ohne Vertretungsmacht in Betracht. Demzufolge hätten die Angemeldeten nach § 177 I BGB die Wahl, durch ihre Genehmigung die Regelung wirksam werden zu lassen.

Doch erscheint eine solche Vorgehensweise als nicht besonders praktikabel. Die qualifizierte Einrichtung wird nicht als Vertreter der Angemeldeten auftreten und den Vergleich in fremden Namen[108] schließen. Zum Zeitpunkt des Vergleichsschlusses kann die qualifizierte Einrichtung noch nicht absehen, ob die Anmeldungen zum Klageregister wirksam vonstatten gingen und die Ansprüche der Angemeldeten tatsächlich von den Feststellungszielen abhängen. Die Anmeldungen werden vom Bundesamt für Justiz gem. § 608 II 3 ZPO ohne inhaltliche Prüfung übernommen und für eine Nachprüfung seitens der qualifizierten Einrichtung werden vor allem in größeren Verfahren die Kapazitäten fehlen. Eine direkte Wirkung gegenüber den Angemeldeten wird daher in aller Regel nur gewünscht sein, wenn die Berechtigung der Anmeldung zuvor geprüft werden konnte. Die Wirksamkeit der Regelung von einer Genehmigung nach § 177 I BGB abhängig zu machen, erscheint darüber hinaus als unnötiger Zwischenschritt.

Als weitere Möglichkeit kommt der Abschluss eines außergerichtlichen Vergleichs als Vertrag zugunsten Dritter nach den §§ 328 ff. BGB in Betracht. So könnten für die nicht direkt am Vergleichsschluss beteiligten Angemeldeten günstige Regelungen ausbedungen werden, welche sie in Anspruch nehmen können.

Doch spricht dagegen – neben dem bereits angeführten Argument der Notwendigkeit einer vorherigen Prüfung der Anspruchsberechtigung – die fehlende Möglichkeit der Ausbedingung einer für die Angemeldeten belastenden Regelung. Der Beklagte hat ein Interesse daran nach dem Vergleichsschluss nicht mehr von den Angemeldeten im Wege der Individualklage in Anspruch genommen zu werden. Ein privatautonom möglicher Anspruchsverzicht kann als belastende Regelung jedoch nicht Gegenstand eines Vertrags zugunsten Dritter sein. Den Angemeldeten dennoch unmittelbar Vergünstigungen aus dem Vergleich zukommen zu lassen – wenn auch unter dem Vorbehalt der Zustimmung zu einem individuellen Anspruchsverzicht – erscheint nicht interessengerecht.

---

108 Zu dieser Voraussetzung: BeckOK BGB/*Schäfer*, § 177 Rn. 1.

Schließlich bleibt es den Parteien überlassen einen Vergleich ohne direkte materiellrechtliche Wirkung für die Angemeldeten zu schließen. Wie im Prozess gegen die VW AG geschehen, verpflichtet sich die Beklagte dazu, den berechtigterweise Angemeldeten bis zu einer gewissen Frist individuelle Vergleichsangebote zu unterbreiten.[109] In dem angebotenen Vergleich ist es der Beklagten ohne Weiteres möglich einen Anspruchsverzicht mit den Angemeldeten zu vereinbaren und auf diese Weise eine befriedende Wirkung zu erzielen[110], indem nachfolgende Individualklagen aufgrund des Verzichts als unbegründet abgewiesen werden. Der Beklagte kann auf diese Weise individuell jede Anmeldung prüfen und den berechtigterweise Angemeldeten Angebote unterbreiten, deren Inhalt er zuvor mit dem Musterfeststellungskläger festgelegt hat. Diese Vorgehensweise ist letztlich Ausfluss aus dem bewussten Ausschluss der Angemeldeten[111] aus dem Musterfeststellungsverfahren, welcher auf materieller Ebene eine individuelle Behandlung der Angemeldeten erforderlich werden lässt. Die vom Gesetzgeber erstrebte Bündelung[112] wird bei einem außergerichtlichen Vergleich nicht erreicht, da wieder auf jedes einzelne Rechtsverhältnis eingegangen werden muss.

Unabhängig von den Individualvergleichen sollte im Vergleich mit der Musterfeststellungsklägerin eine Regelung über die Beendigung des Musterfeststellungsverfahrens getroffen werden. Der außergerichtliche Vergleich hat im Gegensatz zum gerichtlichen Vergleich keine die Rechtshängigkeit beendende Wirkung[113], sodass eine explizite Verpflichtung zur Klagerücknahme oder zur Abgabe einer einseitigen Erledigungserklärung in den Vergleichstext aufgenommen werden sollte, die von der Klägerin prozessual umzusetzen ist. So hat sich auch der vzbv im Vergleich mit der VW AG dazu verpflichtet, die Musterfeststellungsklage zurückzunehmen.[114]

---

109 *Dunkel*, Neue Runde in der VW-Klageschlacht (https://www.capital.de/wirtschaft-politik/neue-runde-in-der-vw-klageschlacht) (geprüft am 14.04.2020); Kritik an dieser Vorgehensweise übend: *Kähler*, FAZ 2020 (06.04.2020).

110 MüKo BGB/*Habersack*, § 779 Rn. 2.

111 Statt vieler zum bewussten Ausschluss: *Jansen/Birtel*, FS Graf-Schlicker, 2018, S. 63, 67.

112 BT-Drs. 19/2439, S. 15.

113 BGH NJW 2002, 1503, 1504.

114 *Verbraucherzentrale Bundesverband*, Vergleich zwischen vzbv und Volkswagen steht: Wie es jetzt weitergeht (https://www.verbraucherzentrale.de/wissen/vertraege-reklamation/kundenrechte/vergleich-zwischen-vzbv-und-volkswagen-steht-wie-es-jetzt-weitergeht-29738) (geprüft am 14.04.2020).

Letztlich stellt sich damit ein außergerichtlicher Vergleich ohne direkte materiellrechtliche Wirkungen für die Angemeldeten mit im Voraus festgelegten individuellen Vergleichsangeboten als die praktikabelste Lösung dar.

C. Fazit zur Bindung an Vergleiche

Bei Zugrundelegung der erörterten Ansicht stellt die Regelung zum Vergleich ein stimmiges Gesamtkonzept dar:

Der Gesetzgeber verleiht der qualifizierten Einrichtung über § 611 I ZPO die Rechtsmacht unmittelbar für und gegen die angemeldeten Verbraucher gerichtliche Vergleiche zu schließen. Als Ausgleich dafür gewährt er die Sicherungsmechanismen des gerichtlichen Genehmigungsvorbehalts (§ 611 III 1 ZPO) und die einmonatige Austrittsfrist (§ 611 IV 2 ZPO). Die Rechtsmacht ist dabei nicht nur auf Vergleiche begrenzt, die dem Verbraucher Leistungen zusprechen, sondern umfasst auch Vergleiche über das Feststellungsprogramm.

Bei außergerichtlichen Vergleichen wird diese Rechtsmacht gerade nicht gewährt, ausgeschlossen sind sie jedoch nicht. Der Musterfeststellungskläger kann also außergerichtliche Vergleiche den allgemeinen Grundsätzen entsprechend mit Wirkung für die gerichtlich beteiligten Parteien schließen. § 611 VI ZPO kann nicht für einen Analogieschluss gegen die Zulässigkeit außergerichtlicher Vergleiche herangezogen werden, da er im Zusammenspiel mit § 611 V 1 ZPO nicht die Öffentlichkeit, sondern eine größtmögliche Breitenwirkung sichern will. Die Wirkungen eines außergerichtlichen Vergleichs treffen den angemeldeten Verbraucher nur mittelbar und führen nicht zur Verschlechterung des status quo ante. Als Abfederung greift § 204 II BGB. Der Musterfeststellungskläger behält seine Dispositionsfreiheit und kann flexibel auf überraschende Prozesssituationen reagieren. Inhaltlich empfiehlt sich, dass zwischen den Musterfeststellungsparteien eine Verpflichtung zur Prozessbeendigung ausbedungen wird und die Beklagte im Übrigen mit den Angemeldeten individuelle Vergleiche schließt, wobei der Inhalt der Angebote zuvor mit der Musterfeststellungsklägerin festgelegt werden sollte.

§ 611 ZPO bzw. die allgemeinen Grundsätze zum außergerichtlichen Vergleich wahren die Rechte der angemeldeten Verbraucher. Es liegt somit kein Verstoß gegen prozessuale oder verfassungsmäßige Rechte derselben vor.

§ 3 Bindung des angemeldeten Verbrauchers an ein für ihn negatives Urteil

Eine weitere bindungsauslösende Quelle stellt der Erlass eines Musterfeststellungsurteils dar. Dabei konzentriert sich die Betrachtung auf für die Angemeldeten negative Urteile, zumal bei einem für sie positiven Urteil keine Rechtsbetroffenheit zu erwarten steht. Im Gegensatz zum Abschluss eines Vergleiches sind keine gerichtlichen Genehmigungsvorbehalte oder Zustimmungserfordernisse durch die Angemeldeten vorgesehen. Vielmehr tritt die Bindung für den Folgeprozess gem. § 613 I 1 ZPO mit Eintritt der Rechtskraft der Entscheidung ein. Kritisch ist diese vor allem wegen der Begrenzung der Rücknahmemöglichkeit der Anmeldung gem. § 608 III ZPO auf den Ablauf des Tages des ersten mündlichen Verhandlungstermins. Diese – doch sehr weitgehende – Bindung dient auf der einen Seite der effizienten und rechtssicheren Beilegung von Rechtsstreitigkeiten, wofür sie auch Zustimmung[115] erfahren hat. Auf der anderen Seite muss sie sich trotz aller Vorteile am Prozess- und Verfassungsrecht messen lassen. Nicht alles Wünschenswerte ist verfassungsrechtlich um- und durchsetzbar. Auch die Musterfeststellungsklage muss sich an den ihr vorgegebenen Rahmen halten.

A. Die Feststellungsziele in der Struktur des Rechtsanwendungsmodells

Bevor ein konkreter Vergleich des Streitgegenstandes und der Bindungswirkung mit den bekannten Instituten der ZPO und des KapMuG vorgenommen wird, soll auf einer normtheoretischen Ebene herausgestellt werden, worin die Besonderheiten des neuen prozessualen Institutes liegen.

I. Deskriptive Darstellung

Als Novum ermöglicht § 606 I 1 ZPO den qualifizierten Einrichtungen im Musterfeststellungsprozess Feststellungsziele einer rechtskräftigen Klärung zuzuführen. Diese betreffen Feststellungen, die das Vorliegen oder Nichtvorliegen von tatsächlichen oder rechtlichen Voraussetzungen für das Bestehen oder Nichtbestehen von Ansprüchen oder Rechtsverhältnissen zwischen Verbrauchern und einem Unternehmer zum Gegenstand haben.

---

115 Positive Bewertung gerade der kurzen Rücknahmemöglichkeit: *Ring*, NJ 2018, 441, 446.

Weitere Voraussetzung ist jedoch, dass den Feststellungszielen eine gewisse Überindividualität innewohnt, welche normativ durch die Etablierung der Quoren in § 606 II Nr. 2, III Nr. 3 ZPO untermauert wird. In deutlicher Erweiterung der bisher in der ZPO vorgesehenen Antragsmöglichkeiten lässt § 606 I 1 ZPO auch die Klärung abstrakter Rechtsfragen und die Feststellung einzelner Tatsachen zu.[116]

Der Erkenntnisgewinn aus dem Musterfeststellungsprozess in Form der rechtskräftig verbeschiedenen Feststellungziele erlangt eine herausragende Bedeutung für den Folgeprozess der vormals Angemeldeten: Er wird, sofern die Entscheidung im Individualprozess die Feststellungsziele und den Lebenssachverhalt der Musterfeststellungsklage betrifft, in den neuen Prozess transferiert.[117] Dieser Wirkmechanismus hebt sich deutlich von der Vorgehensweise im KapMuG ab, welches Pate für den Begriff des Feststellungszieles stand.[118] Im KapMuG entwickeln sich die Feststellungsziele aus den konkret anhängigen Rechtsstreitigkeiten und werden mittels Vorlagebeschlusses gem. § 6 I, III KapMuG dem Oberlandesgericht zur Prüfung vorgelegt. Dagegen besteht bei der Musterfeststellungsklage die Notwendigkeit die Feststellungsziele abstrakt im Voraus zu definieren, was der qualifizierten Einrichtung eine durchaus weitgehende schöpferische Macht einräumt.

Durch die Einführung der §§ 606 ff. ZPO erhofft sich der Gesetzgeber eine leichtere prozessuale Problembewältigung, die mit der modernen Massenversorgung einhergeht.[119] Der Abwicklung in standardisierten Rechtsverhältnissen soll durch die abstrahierte Feststellungsmöglichkeit von Tatsachen- und Rechtsfragen begegnet werden. Doch birgt eine solche reaktionäre Gesetzgebung die Gefahr in sich, dass sie sich nicht nahtlos in die gewachsenen Strukturen einfügen lässt. Es stellt sich mithin die Frage, wie sich die abstrakte Feststellungsfähigkeit im Musterfeststellungsprozess in ein System einordnen lässt, welches vom Anspruchsdenken und damit von der Titulierung eines zwischen zwei Parteien bestehenden Rechtsverhältnisses geprägt ist. Aufschluss soll insofern eine epistemologische Untersuchung geben.

---

116 *Schmidt*, in: Baumbach/Lauterbach/Albers u.a. (Hrsg.), Zivilprozessordnung, [77]2019, Beilage zur 77. Auflage § 606 Rn. 14 ff.

117 *Jansen/Birtel*, FS Graf-Schlicker, 2018, S. 63, 70.

118 *Rohls*, in: Nordholtz/Mekat (Hrsg.), Musterfeststellungsklage, 2019, § 3 Rn. 46.

119 BT-Drs. 19/2439, S. 1.

II. Einbettung in die Struktur des Rechtsanwendungsvorgangs

Um die Feststellungsziele gem. § 606 I 1 ZPO und damit einhergehend die Bindungswirkung nach § 613 I 1 ZPO etwas plastischer zu machen, sollen sie in die herkömmliche Struktur des Rechtsanwendungsvorgangs eingeordnet werden. Damit können der Wirkmechanismus und der Ansatzpunkt der Feststellungsziele illustriert werden. Ausgangspunkt ist dabei die Frage, auf welchen Ebenen die Feststellungsziele ansetzen können und damit einhergehend inwiefern die Entscheidung des Gerichts des Folgeprozess vorgezeichnet ist. Zu unterscheiden ist zwischen der Auslegung des Gesetzes (Obersatz), der Ermittlung der Tatsachen (Untersatz) und dem Abgleich zwischen diesen beiden (Subsumtion).[120]

1. Die Auslegung des Gesetzes (Obersatz)

Zunächst soll untersucht werden, inwiefern die Auslegung des Gesetzes in Form der Formulierung eines Obersatzes Gegenstand von Feststellungszielen nach § 606 I 1 ZPO sein kann und welche Konsequenzen sich daraus für das Gericht des Individualprozesses ergeben.

a) Wesen und Funktion des Obersatzes

Der Obersatz dient als Bindeglied zwischen der abstrakt-generellen gesetzlichen Regelung und dem konkret-individuell zu entscheidenden Fall.[121] Ohne sich auf die konkret-individuelle Ebene zu begeben, liefert er Leitlinien zur Entscheidung ähnlich gelagerter Fälle. Daraus ergibt sich, dass die Umstände des konkreten Einzelfalls allenfalls als Anschauungsmaterial dafür dienen herauszudestillieren, was die typischen Merkmale für ähnlich gelagerte Fälle sind. Er muss noch einen gewissen Grad an Abstraktheit beinhalten, um eine beispielgebende Wirkung für eine Vielzahl von Fällen aufzuweisen. Seiner Funktion nach bereitet er die gesetzliche Norm in einem ersten Schritt im Hinblick auf den zu subsumierenden Sachverhalt

120 Einen weitreichenden Überblick über die Struktur des Rechtsanwendungsvorgangs bietet: *Riehm*, Abwägungsentscheidungen in der praktischen Rechtsanwendung, 2006, S. 16 ff.

121 Dazu und zu den in diesem Absatz insgesamt enthaltenen Gedanken: *ders.*, Abwägungsentscheidungen in der praktischen Rechtsanwendung, 2006, S. 16 ff.

auf. Seinem abstrakt-generellen Wesen ist es geschuldet, dass er nicht Teil des konkret-individuellen Entscheidungsausspruchs ist. Er nimmt deshalb als abstraktes Abwägungsergebnis grundsätzlich nicht an der Rechtskraft teil und unterliegt einer ständigen Prüfung, die zu seiner jederzeitigen Abänderbarkeit führen kann.

Der Obersatz ist im Hinblick auf die Struktur des Entscheidungsfindungsprozesses das Ergebnis eines Abwägungsvorgangs.[122]

Je nach Konkretisierungsgrad kann zwischen offenen und geschlossenen Obersätzen unterschieden werden.[123] Ein geschlossener Obersatz zeichnet sich dadurch aus, dass er lediglich Begriffe enthält, die auf der Ebene der Subsumtion einer weiteren Wertung nicht mehr zugänglich sind. Die Bedingungen für das Vorliegen des gesetzlichen Merkmals können durch einen bloßen Abgleich mit dem festgestellten Sachverhalt ermittelt werden. Dies ist zumeist bei deskriptiven Tatbestandsmerkmalen möglich, wobei auch normative Tatbestandsmerkmale im Obersatz so gefasst sein können, dass sie das Gericht ohne weiteren Abwägungsspielraum anzunehmen hat, wenn der Untersatz unter die gesetzliche Auslegung gefasst werden kann. Dahingegen enthalten offene Obersätze Merkmale, die auf der Ebene der Subsumtion des konkret-individuellen Sachverhalts einer weiteren Wertung des Gerichts zugänglich sind. Ein bloßer Abgleich mit den festgestellten Tatsachen genügt insofern nicht. So muss das Gericht bei einem Fall, der nicht von einer Fallgruppe zur Sittenwidrigkeit im Sinne des § 138 I BGB abgedeckt wird, seine eigenen Wertungen zur Annahme eines Sittenwidrigkeitsverdikts offenbaren und im Wege der wertenden Abwägung zu einem Ergebnis in dem ihm vorliegenden Fall gelangen.

b) Die Auslegung des Gesetzes als taugliches Feststellungsziel im Sinne von § 606 I 1 ZPO

Die Auslegung des Gesetzes und damit auch der Obersatz ist taugliches Feststellungsziel im Sinne des § 606 I 1 ZPO. Darauf deutet schon die Formulierung des Gesetzes hin, welche das Vorliegen oder Nichtvorliegen von *rechtlichen Voraussetzungen* für das Bestehen oder Nichtbestehen eines Anspruchs für feststellungsfähig erklärt. In Kombination mit den erfor-

---

122 *Engisch*, Wahrheit und Richtigkeit im juristischen Denken, S. 19 f.

123 Auch dazu: *Riehm*, Abwägungsentscheidungen in der praktischen Rechtsanwendung, 2006, S. 26 ff.

derlichen Quoren in § 606 II Nr. 2, III Nr. 3 ZPO ist ein gewisses Maß an Überindividualität erforderlich, welches die für Obersätze notwendige Abstraktheit sicherstellt. Somit müssen die auszulegenden Merkmale ein Mindestmaß an Betroffenen aufweisen, was diese in zwei Kategorien teilt: Jene, die musterfeststellungsfähig sind und andere, die zwar auch einen gewissen Grad an Abstraktheit aufweisen, jedoch nicht genug, um die Quoren zu erfüllen. Es war gerade das erklärte Ziel des Gesetzgebers, dass Rechtsfragen, die in einer Vielzahl von Fällen immer wieder auftauchen, verbindlich entschieden werden.[124] Damit soll es gerade möglich sein Auslegungsfragen mit Breitenwirkung zu entscheiden.[125] Auf diese Weise können dem Gericht des Individualprozesses in abstrakter Weise Parameter vorgeschrieben werden, an denen es sich zu orientieren hat. Es steht ihm nicht mehr frei in eigener Gesetzesauslegung zu einem eigenen Auslegungsergebnis zu gelangen.

In Abweichung zur herkömmlichen Obersatzbildung, die als abstraktes Auslegungsergebnis einer jederzeitigen Abänderbarkeit unterlag, gewährleistet § 613 I 1 ZPO im Rahmen seines Anwendungsbereichs eine höhere Kontinuität. Das Auslegungsergebnis steht mit Bindungswirkung fest und kann auch bei einer anderen Auffassung des entscheidenden Gerichts nicht mehr abgeändert werden. So kann die erstrebte Breitenwirkung des Musterfeststellungsurteils erreicht werden.

Die Gewährung der Möglichkeit der Formulierung der Feststellungsziele erlaubt es der qualifizierten Einrichtung schöpferisch tätig zu werden. Diese muss prognostisch abschätzen, welche potentiellen Obersätze im Individualverfahren Bedeutung erlangen können und ihre Feststellungsziele danach ausrichten diese möglichst umfassend abzudecken. Aus dieser Perspektive erlangt der Hinweis auf die besondere Bedeutung der Formulierung der Feststellungsziele[126] eine weitere Dimension: Die nicht von den Feststellungszielen abgedeckten Elemente des Obersatzes können von dem Gericht des Individualprozesses im Wege einer abwägenden Gesetzesauslegung selbst festgelegt werden. Dies führt gerade bei der Verfolgung eines Anspruchs zugunsten der Verbraucher dazu, dass möglichst viele Elemente des Obersatzes im Musterfeststellungsprozess geklärt werden sollten, um den Folgeprozess weitestgehend vorhersehbar und für den vormals Angemeldeten risikolos zu gestalten.

---

124 BT-Drs. 19/2439, S. 22.

125 BT-Drs. 19/2439, S. 22.

126 Statt vieler: *Weinland*, Die neue Musterfeststellungsklage, 2019, Rn. 152.

Zur Verdeutlichung der Wirkungsweise sollen zwei aktuelle Beispiele herangezogen werden:

Im Prozess gegen die VW AG wurde mit dem Feststellungsziel 1. a) bb) die Feststellung begehrt, dass die Entwicklung und Verwendung einer Software – mit dem anschließenden Inverkehrbringen des PWK – gegen die guten Sitten im Sinne des § 826 BGB verstößt.[127]

Im selben Prozess wurde mit dem Feststellungsziel 5 beantragt, die Berechnungsweise einer etwaigen Vorteilsausgleichung mit einer bestimmten Formel vorzunehmen.[128]

Gegenstand des ersten Beispiels war das normative Tatbestandsmerkmal der guten Sitten in § 826 BGB, welches dem entscheidenden Gericht, sofern nicht eine vorher gebildete Fallgruppe eingreift, einen großen Raum für eine eigene, wertende Entscheidung belässt. Durch die Festlegung des Verhaltens als sittenwidrig im hypothetisch rechtskräftig verbeschiedenen Feststellungsziel wird dem Gericht des Individualprozesses diese wertende Entscheidung abgeschnitten. Bei Vorliegen der tatsächlichen Voraussetzungen hat es das Sittenwidrigkeitsverdikt auszusprechen. Somit wird ein normatives Tatbestandsmerkmal hinsichtlich seiner Abwägungsmöglichkeit zu einem rein deskriptiven modifiziert.

Im zweiten Beispiel sollte in abstrakt-genereller Weise der Berechnungsmodus für eine etwaige Vorteilsausgleichung vorgegeben werden. Die lineare Berechnung ist sehr käuferfreundlich, da sie nicht den realen Wertverlust – vor allem bei Neuwagen – abbildet.[129] Bei einer rechtskräftigen Stattgabe dieses Feststellungsziels kann das Gericht des Individualprozesses keinen anderen Berechnungsmaßstab mehr zugrunde legen – auch wenn die gesetzliche Auslegung einen solchen zuließe. Die Prämisse, von der das Gericht des Individualprozesses ausgehen muss, ist insofern vorgezeichnet.

---

127 Dieses Feststellungsziel ist online einsehbar unter: https://www.bundesjustizamt.de/DE/Themen/Buergerdienste/Klageregister/Klagen/201802/KlagRE_2_2018_node.html;jsessionid=0AF0020C88B9D0925C0CA0E45B342CDA.1_cid370 (geprüft am 14.04.2020).

128 Dieses Feststellungsziel ist online einsehbar unter: https://www.bundesjustizamt.de/DE/Themen/Buergerdienste/Klageregister/Klagen/201802/KlagRE_2_2018_node.html;jsessionid=0AF0020C88B9D0925C0CA0E45B342CDA.1_cid370 (geprüft am 14.04.2020).

129 Kritik an dieser Berechnungsmethode übend und Alternativen dazu aufzeigend: *Riehm*, NJW 2019, 1105, S. 1108 f.

2. Die Ermittlung der Tatsachen (Untersatz)

Der Untersatz wird von der Ermittlung der empirischen Tatsachen bestimmt, die für die Subsumtion des Obersatzes notwendig sind.[130] Er wird im herkömmlichen Zivilprozess aufgrund des Beibringungs- und Verhandlungsgrundsatzes von den Parteien beherrscht. Obwohl es sich um die Ermittlung von Tatsachen handelt, ist auch hier ein Akt der Abwägung zu verzeichnen: Die Würdigung des Vortrages und der Beweise erlauben dem Gericht eine eigene abwägende Entscheidung.

Auch der Untersatz kann Gegenstand von Feststellungszielen im Sinne des § 606 I 1 ZPO sein. Dafür spricht wiederum der Wortlaut der Vorschrift, welcher auch die Feststellung von *tatsächlichen Voraussetzungen* erlaubt. Allerdings ist mehr noch als beim Obersatz – dem ohnehin ein abstrakt-generelles Element innewohnt – auf die Überindividualität zu achten. Nur Tatsachen, die mindestens 50 Rechtsverhältnisse betreffen, erfüllen das Quorum des § 606 III Nr. 3 ZPO und sind damit einer Musterfeststellung zugänglich. Damit werden die Tatsachen – wie auch zuvor schon die Rechtsfragen – in zwei Kategorien unterteilt: Jene, die aufgrund ihrer Überindividualität einer Musterfeststellung zugänglich sind und andere, die aufgrund ihrer Beschränkung auf ein bzw. nur wenige Rechtsverhältnisse nicht Gegenstand der Feststellungsziele sein können.

Ähnlich wie bei den abstrakten Rechtsfragen nehmen Tatsachen für gewöhnlich nicht am Entscheidungsausspruch teil und erwachsen somit nicht in Rechtskraft.[131] Abweichende Wertungen sind aufgrund der verbleibenden Abwägungsspielräume in anderen Prozessen zu den gleichen Untersätzen denkbar. Auch hier gewährleisten rechtskräftig verbeschiedene Feststellungsziele eine höhere Kontinuität, indem auch Tatsachen an der Bindungswirkung partizipieren. Eine abweichende Entscheidung im Hinblick auf überindividuelle Tatsachen wird dem Gericht des Folgeprozesses verunmöglicht. Auch insofern werden feststehende Prämissen vorgegeben, an welche sich das Folgegericht halten muss.

Inwiefern bindende Feststellungen hinsichtlich des Untersatzes möglich sind, soll anhand zweier Beispiele, die wiederum den Prozess gegen die VW AG betreffen, dargestellt werden.

---

130 Dazu und zu den Gedanken im folgenden Absatz: *ders.*, Abwägungsentscheidungen in der praktischen Rechtsanwendung, 2006, S. 36 ff.

131 Statt vieler: *Rosenberg/Schwab/Gottwald*, Zivilprozessrecht, [18]2018, § 154 Rn. 9.

Im Feststellungsziel 1. f) cc) begehrte der vzbv die Feststellung, dass die Beschreibung der On-Board Diagnosesysteme falsch war.[132]

Das Feststellungsziel 7 ist darauf gerichtet, dass eine Schätzung der prognostizierten Gesamtlaufleistung nach § 287 ZPO jedenfalls dann zulässig ist, wenn der Käufer für den entsprechenden Fahrzeugtyp Indizien vorträgt, aus denen sich mit überwiegender Wahrscheinlichkeit entnehmen lässt, dass Motoren des fraglichen Typs mit gleichem Hubraum generell eine entsprechende Gesamtlaufleistung erreichen können.[133]

Im ersten Beispiel begehrte der vzbv die Feststellung einer bestimmten Tatsache, die überindividuell festgestellt werden kann. Dem Gericht des Folgeprozesses soll es verwehrt werden die Tatsache selbst ggf. mit abweichendem Ergebnis festzustellen. Die Inkorrektheit der Beschreibung kann vom Folgegericht nicht mehr abweichend beurteilt werden.

Das zweite Beispiel betrifft die Zulässigkeit der Anwendung eines anderen Beweismaßes als in § 286 ZPO vorgesehen. Bei dem Vorliegen entsprechender Indizien kann bzw. muss das Gericht den Maßstab des § 287 ZPO anwenden. Ähnlich wie beim Obersatz werden dem Gericht damit Prämissen für die Entscheidung des konkreten Falles gegeben.

3. Der Abgleich des Sachverhaltes mit dem Obersatz (Subsumtion)

a) Die Subsumtion als taugliches Feststellungsziel?

Nach der Ermittlung des Ober- und Untersatzes, die gewissermaßen als Vorstufen der Subsumtion angesehen werden können, bleibt der Abgleich der Tatsachen mit dem gebildeten Obersatz.[134] Erst diese Stufe schließt die Lücke zwischen abstrakt-generellen Prämissen und dem konkret zu beurteilenden Fall.[135] Auf dieser Ebene sind somit alle konkret-individuellen

---

132 Dieses Feststellungsziel ist online einsehbar unter: https://www.bundesjustizamt.de/DE/Themen/Buergerdienste/Klageregister/Klagen/201802/KlagRE_2_2018_node.html;jsessionid=0AF0020C88B9D0925C0CA0E45B342CDA.1_cid370 (geprüft am 14.04.2020).

133 Dieses Feststellungsziel ist online einsehbar unter: https://www.bundesjustizamt.de/DE/Themen/Buergerdienste/Klageregister/Klagen/201802/KlagRE_2_2018_node.html;jsessionid=0AF0020C88B9D0925C0CA0E45B342CDA.1_cid370 (geprüft am 14.04.2020).

134 *Rüthers/Fischer/Birk*, Rechtstheorie, ^{10}2018, Rn. 683.

135 Dazu und zu den Gedanken im folgenden Absatz: *Riehm*, Abwägungsentscheidungen in der praktischen Rechtsanwendung, 2006, S. 42 ff.

Umstände des Einzelfalls zu berücksichtigen. Der Entscheidungsausspruch erwächst in Rechtskraft. Inwiefern noch eigene Abwägungsspielräume bei der Subsumtion verbleiben, hängt von der Konkretheit des Obersatzes ab: Enthält dieser ausschließlich deskriptive Merkmale beschränkt sich die Einzelfallrechtsanwendung auf einen Abgleich der Tatsachen mit dem Obersatz (Subsumtion im engeren Sinne). Belässt der Obersatz Abwägungsspielräume, indem er offen gehalten ist, kann das Gericht diese im Rahmen der Subsumtion nutzen (Subsumtion im weiteren Sinne). Dabei kann der Raum für Abwägungen durch abwägungslenkende Obersätze eingeschränkt sein, indem berücksichtigungsfähige Gesichtspunkte, abstrakte Gewichtungen, das Abwägungsmaß usw. vorgegeben werden.

Diese Ebene kann nicht Gegenstand von Feststellungszielen nach § 606 I 1 ZPO sein. Aufgrund der Notwendigkeit, alle Umstände des Einzelfalles zu berücksichtigen, gleicht kein Fall dem anderen, womit die Quoren des § 606 II Nr. 2, III Nr. 3 ZPO von vornherein nicht erreicht werden können. Der Abgleich der Tatsachen mit dem Obersatz bleibt eine Aufgabe der konkreten Rechtsanwendung und kann nicht mit Bindungswirkung abstrakt ohne Berücksichtigung des Einzelfalls vorgenommen werden. So kann zwar im Musterfeststellungsprozess mit Bindungswirkung ausgeurteilt werden, dass bestimmte Umstände einen Mangel nach § 434 I 2 Nr. 2 BGB darstellen. Ob im konkreten Einzelfall jedoch eine abweichende Beschaffenheitsvereinbarung gem. § 434 I 1 BGB vorliegt oder gar der Kaufvertrag aufgrund einer vorübergehenden Störung der Geistestätigkeit aufgrund Trunkenheit nach § 105 II BGB nichtig ist, muss dem Gericht, welches den konkreten Rechtsfall entscheidet, überlassen bleiben.

Dieser Wirkungsmechanismus lässt sich exemplarisch an den bereits dargestellten Beispielen verdeutlichen. Es kann im ersten Beispiel zum Obersatz zwar abstrakt festgestellt werden, dass die Verwendung und Entwicklung der Software gegen die guten Sitten im Sinne von § 826 BGB verstoßen. Ob die Software jedoch im Fahrzeug des im Folgeprozesses Klagenden installiert ist und damit die festgestellte Prämisse im Grundsatz greift, muss der Beurteilung des Gerichts des Folgeprozesses überlassen bleiben.

Ähnlich verhält es sich auch im zweiten Beispiel zum Obersatz. Dem Gericht des Folgeprozesses kann zwar die Berechnungsmethode zur Vorteilsausgleichung vorgeschrieben werden. Ob der PKW jedoch überhaupt bewegt wurde, bleibt der Beurteilung des Folgegerichts überlassen.

b) Folgen aus dem beschränkten Anwendungsbereich der Feststellungsziele

Es lässt sich festhalten, dass dem Gericht des Folgeprozesses zwar die Prämissen seiner Prüfung vorgeschrieben werden können, indem sowohl der Ober- als auch Untersatz mit Bindungswirkung festgestellt werden. Allerdings bleibt die Subsumtion originäre Aufgabe des Gerichts, welchem der konkret zu entscheidende Fall vorliegt. Dieser Spielraum kann zwar auf ein Minimum beschränkt werden, wenn der Obersatz geschlossen ist und die relevanten, überindividuellen Tatsachen bindend feststehen. Er verbleibt jedoch auch dann in Form des Abgleichs der Tatsachen mit den aufgestellten Prämissen. Dies ist letztlich auch die Konsequenz der Ausgestaltung der Musterfeststellungsklage, da mangels Abtretung[136] der Ansprüche der Verbraucher an die qualifizierte Einrichtung die konkreten Rechtsverhältnisse nicht Gegenstand des Musterfeststellungsprozesses sind. Über sie kann daher nicht abschließend befunden werden. Um das Risiko für die Angemeldeten im Folgeverfahren niedrig und vorhersehbar zu machen, sollte die qualifizierte Einrichtung darauf bedacht sein die Prämissen so weit wie möglich festzulegen. Eine direkte Einwirkung auf ein Rechtsverhältnis im Wege der Feststellungsziele ist nicht möglich.

Daraus ergibt sich, dass die potentielle Überindividualität bereits eine Zulässigkeitsvoraussetzung für ein Feststellungsziel darstellt, die tatsächliche hingegen in der Begründetheit des Musterfeststellungsurteils zu prüfen ist. Falls die Überindividualität zu verneinen ist, liegt schon kein Gegenstand vor, der vom Musterfeststellungsgericht entschieden werden darf. Er ist dann vielmehr dem Gericht des Folgeprozesses vorbehalten. Diese Prüfung kann nicht dem Gericht des Folgeprozesses überlassen bleiben, da ihm durch die Entscheidung des Musterfeststellungsgerichts diese Prämissen rechtskräftig vorgegeben sind. Die Rechtskraft der Musterfeststellungsentscheidung sperrt eine abweichende Bewertung der Überindividualität auch dann, wenn sie tatsächlich nicht vorgelegen hat. Auf diese Weise wird auch der angestrebten Effektivität der Musterfeststellungsklage[137] Vorschub geleistet, indem eine isolierte und ggf. im Ergebnis abweichende Prüfung eines jeden Folgegerichts vermieden wird.

---

136 *Dietsche*, in: Schäfer (Hrsg.), Der Gesetzesentwurf zur "Musterfeststellungsklage", 2018, S. 76, 80.

137 BT-Drs. 19/2439, S. 16.

B. Die Bindungswirkung gem. § 613 I 1 ZPO

Nachdem eine rechtstheoretische Einordnung der Feststellungsziele stattgefunden hat, soll in einem weiteren Schritt näher auf die Feststellungsziele und die Bindungswirkung eingegangen werden, indem diese mit den bereits in der ZPO vorhandenen Instituten verglichen werden.

Die Anordnung der Bindungswirkung ist unter anderem auch deshalb notwendig, weil sich mangels Parteiidentität die Rechtskraft des Musterfeststellungsurteils nicht auf die angemeldeten Verbraucher im Folgeprozess bezieht.[138] Aus demselben Grund ist § 613 II ZPO erforderlich. Infolge der fehlenden Parteiidentität greift die Rechtshängigkeitssperre des § 261 III Nr. 1 ZPO nicht. Es bedarf somit einer Norm im objektiven Recht, welche die Erstreckung der Urteilswirkungen auf Dritte konstatiert, was an die Anordnung der Gestaltungswirkung von Urteilen erinnert.[139] Die §§ 606 ff. ZPO haben auf diese Weise die Figur der gebundenen Nichtpartei geschaffen, die dem Zivilprozessrecht bis dahin fremd war.[140]

Als Kernelement[141] des neuen prozessualen Instituts soll zunächst der Bezugspunkt der Bindungswirkung gem. § 613 I 1 ZPO nähere Betrachtung erfahren.

I. Anknüpfungspunkt für die Bindungswirkung: der Streitgegenstand

Die Bindung des Gerichts des Individualrechtsstreits ist nicht allumfassend, sondern reicht nur soweit dessen Entscheidung die Feststellungsziele und den Lebenssachverhalt der Musterfeststellungsklage betrifft, § 613 I 1 ZPO.

Durch diese Formulierung wird die Bindungswirkung in sachlicher Hinsicht auf den Streitgegenstand begrenzt, den § 610 I 1 ZPO als eine Kombination aus Feststellungsziel und Lebenssachverhalt definiert.[142] Eine weitere Konkretisierung durch den Gesetzgeber, insbesondere eine Anknüpfung an den zweigliedrigen Streitgegenstandsbegriff oder eine Festlegung des Rangverhältnisses zwischen den Feststellungszielen und

---

138 *Mekat*, in: Nordholtz/Mekat (Hrsg.), Musterfeststellungsklage, 2019, § 8 Rn. 42.

139 Vgl. *Schlosser*, Gestaltungsklagen und Gestaltungsurteile, 1966, S. 159.

140 *Röthemeyer*, MDR 2019, 6, 11.

141 *Schmidt*, in: Baumbach/Lauterbach/Albers u.a. (Hrsg.), Zivilprozessordnung, [77]2019, Beilage zur 77. Auflage § 613 Rn. 2.

142 *Mekat*, in: Nordholtz/Mekat (Hrsg.), Musterfeststellungsklage, 2019, § 8 Rn. 51.

dem Lebenssachverhalt, hat im Gesetzestext keinen Niederschlag gefunden. Dies ist insofern misslich, als der Streitgegenstand als Vehikel der Bindungswirkung gem. § 613 I 1 ZPO entscheidend für die Transferierung der Ergebnisse aus dem Musterfeststellungsprozess in das Individualverfahren ist. Unklarheiten über den Streitgegenstand führen somit zu Rechtsunsicherheiten und Klärungsaufwand, was den Zweck der Musterfeststellungsklage in Form der effektiven Verfahrenserledigung und erleichterten Anspruchsdurchsetzung für die Verbraucher[143] in gewisser Weise konterkariert. Der praktische Erfolg der Musterfeststellungsklage hängt in großen Teilen von einem rechtssicheren Umgang mit dem Streitgegenstandsbegriff ab. Über die Bindungswirkung hinaus hat er auch noch Bedeutung für das Institut der Klageänderung nach §§ 263 f. ZPO, die Sperrwirkung gem. § 610 I 1 ZPO und letztlich auch das Haftungsrisiko der qualifizierten Einrichtung bei einem Unterliegen im Musterfeststellungsprozess, da der faktische Verlust der Ansprüche der Verbraucher wesentlich vom Umfang der rechtskräftigen Feststellungen abhängt. Die Bestimmung des Streitgegenstandes wird insofern in der Literatur und Rechtsprechung noch für einiges Kopfzerbrechen sorgen.[144]

Es ist daher angezeigt, die Untersuchung des Streitgegenstandes an den Beginn der Darstellung zu stellen, um für den Fortgang eine sichere Beurteilungsgrundlage zu schaffen.

1. Der Streitgegenstandsbegriff bei der Musterfeststellungsklage

Die Formulierung der Feststellungsziele gem. § 606 I 1 ZPO, die zum einen die Verbraucher zur Anmeldung im Klageregister motivieren soll und zum anderen den Umfang der Bindungswirkung gem. § 613 I 1 ZPO bestimmt, liegt in der alleinigen Verantwortung der den Musterfeststellungsprozess anstrengenden qualifizierten Einrichtung.[145] Aus dieser Tatsache folgt ein großes Risiko für die qualifizierte Einrichtung und den die Feststellungsziele formulierenden Anwalt.[146] Bei der Einreichung der Klage kann noch nicht vorhergesehen werden, ob das notwendige Quorum des § 606 III Nr. 3 ZPO erreicht werden wird. Bei unzulässigen oder

143 BT-Drs. 19/2439, S. 14.

144 *Heese*, JZ 2019, 429, 435.

145 *Weinland*, Die neue Musterfeststellungsklage, 2019, Rn. 152.

146 Auf die Schwierigkeiten bei der Formulierung der Feststellungsziele hinweisend: *Heese*, JZ 2019, 429, 435.

im Musterfeststellungsverfahren nicht statthaften Feststellungszielen wird das OLG die Klage abweisen.[147] Bei einer zu kleinteiligen Bestimmung der Feststellungsziele besteht das Risiko, dass der gewünschte Konzentrationseffekt durch weitere Musterfeststellungsklagen anderer qualifizierter Einrichtungen mit abweichenden Feststellungszielen zunichte gemacht wird.[148] Bei einer zu großzügigen Feststellungszielbestimmung läuft der Kläger Gefahr, dass nicht nur überindividuelle Aspekte eine Rolle spielen und daraus eine zumindest teilweise Abweisung der Klage resultiert.

Das Risiko im Individualprozess hängt maßgeblich von der geschickten und umfassenden Formulierung der Feststellungsziele ab.[149] Je mehr Voraussetzungen der Ansprüche im Musterfeststellungsprozess mit Bindungswirkung erfolgreich für den Verbraucher festgestellt werden, desto weniger Unvorhergesehenes kann im Individualverfahren passieren. Um Fehler, Lücken und Haftungsrisiken zu vermeiden, ist höchste Sorgfalt auf die Formulierung der Feststellungsziele samt vorzutragendem Lebenssachverhalt und demzufolge auf die Bestimmung des Streitgegenstandes zu verwenden.[150] Eine rechtssichere Handhabung des Streitgegenstandsbegriffs liegt also nicht nur im Interesse der angemeldeten Verbraucher, sondern auch in dem der klagenden qualifizierten Einrichtung.

Zur Annäherung an den Streitgegenstand im Musterfeststellungsprozess soll zunächst eine Erörterung von zwei Streitgegenständen stattfinden, die mit der Musterfeststellungsklage in engem Zusammenhang stehen: der Streitgegenstand im Feststellungsprozess und der Streitgegenstand im KapMuG. Im Vergleich und in Abgrenzung zu diesen ist der Streitgegenstand im Musterfeststellungsprozess zu betrachten.

a) Der Streitgegenstand der Feststellungsklage

Ausweislich des Wortlauts des § 606 I 1 ZPO lässt die Musterfeststellungsklage lediglich die Feststellung des Vorliegens oder Nichtvorliegens von tatsächlichen oder rechtlichen Voraussetzungen zu. Die Erlangung eines auf Leistung gerichteten Urteils ist somit ausgeschlossen, womit es bei der

---

147 *Mekat*, in: Nordholtz/Mekat (Hrsg.), Musterfeststellungsklage, 2019, § 8 Rn. 15.

148 *Schneider*, BB 2018, 1986, 1992.

149 Musielak/Voit/*Stadler*, Vorbemerkung vor §§ 606 ff. Rn. 1; einen weitgehenden Entfall des Prozesskostenrisikos im Folgeverfahren behauptend: *Freitag/Lang*, ZZP 132 (2019), 329, 346.

150 *Schneider*, BB 2018, 1986, 1992.

Erforderlichkeit eines Individualverfahrens bleibt, wenn der Verbraucher ein gerichtliches Leistungsurteil erlangen will.

Dies erinnert an die in § 256 ZPO geregelte Feststellungsklage, welche ebenfalls auf Feststellungen gerichtet ist. Diese geht von ihrem Ziel zwar weniger weit als die Leistungsklage, hat jedoch einen umfassenderen Gegenstand.[151] Gemeint ist damit, dass eine Vollstreckung aus einem Feststellungsurteil – abgesehen von der Kostenentscheidung – nicht möglich ist, dafür aber jedes andere Recht und Rechtsverhältnis rechtskräftig festgestellt werden kann und nicht nur Ansprüche im Sinne des § 194 I BGB wie bei der Leistungsklage.

Allerdings sind der Feststellungsfähigkeit Grenzen gesetzt. So können Tatsachen nicht isoliert festgestellt werden, was sich aus einem Umkehrschluss zur Ausnahme der Feststellungsfähigkeit der Echtheit oder Unechtheit einer Urkunde ergibt, die § 256 I ZPO explizit zulässt.[152] Auch sind Vorfragen, die zu keiner konkreten Rechtsfolge führen, nicht feststellungsfähig, da insofern das nach § 256 I ZPO erforderliche Rechtsverhältnis nicht gegeben ist.[153] Aus dem gleichen Grund können abstrakte Rechtsfragen nach § 256 ZPO keiner gerichtlichen Feststellung unterzogen werden; es fehlt an der Herleitung einer konkreten Rechtsfolge aus einem bestimmten Sachverhalt.[154] Möglich bleibt nur eine Umdeutung in eine Zwischenfeststellungsklage gem. § 256 II ZPO, wenn die scheinbar abstrakte Rechtsfrage doch vorgreiflich und damit konkret für den Fall bedeutsam ist.[155]

Erweiternd im Vergleich zur Leistungsklage ist die Feststellung von Drittrechtsverhältnissen möglich, ohne dass der Kläger in Prozessstandschaft handelt.[156] Erforderlich ist insoweit lediglich, dass die beantragte Feststellung für das Rechtsverhältnis der Prozessparteien von Bedeutung sein kann und keine speziellere Rechtsschutzmöglichkeit eingreift.[157] Dem Wortlaut des § 322 I ZPO folgend bezieht sich die Rechtskraft aber grundsätzlich nur auf die Prozessparteien, es sei denn, der Dritte wird über eine

---

151 *Rosenberg/Schwab/Gottwald*, Zivilprozessrecht, [18]2018, § 91 Rn. 5.

152 Statt vieler: Stein/Jonas/*Roth*, § 256 Rn. 29.

153 Ganz h.M., statt vieler: *Geisler*, in: Prütting/Gehrlein (Hrsg.), Zivilprozessordnung, [10]2018, § 256 Rn. 9; die Feststellungsfähigkeit von Vorfragen bejahend: Stein/Jonas/*Roth*, § 256 Rn. 27 f.

154 Mit einem umfassenden Überblick über die Kasuistik: Stein/Jonas/*Roth*, § 256 Rn. 30.

155 BAGE 56, 357, 360.

156 *Rosenberg/Schwab/Gottwald*, Zivilprozessrecht, [18]2018, § 91 Rn. 11.

157 BGH NJW 1994, 459, 459 f.; BGHZ 169, 270 = NJW 2007, 589, 592.

gesetzliche oder gewillkürte Prozessstandschaft nach allgemeinen Grundsätzen an den Ausgang des Prozesses gebunden. Diese Möglichkeit ist bei der Leistungsklage nicht gegeben. Wenn der Kläger nicht in Prozessstandschaft handelt, wird die Klage mangels Prozessführungsbefugnis als unzulässig abgewiesen. Bei der Behauptung eines Prozessführungsrechts wird die Klage spätestens an der Aktivlegitimation scheitern.

Diese Besonderheiten sind bei der Formulierung des Klageantrags zu berücksichtigen. Im Übrigen bestimmt sich der Streitgegenstand der Feststellungklage aus dem Antrag und dem zugrundeliegenden Lebenssachverhalt als gleichwertigen Elementen, es gilt mithin der zweigliedrige Streitgegenstandbegriff.[158] Seine normative Verankerung liegt in § 253 II Nr. 2 ZPO, der gleichwertig sowohl die Angabe des Grundes als auch die Stellung eines bestimmten Antrages verlangt. Insofern passt diese Streitgegenstandsbestimmung für alle herkömmlichen Rechtsschutzformen.[159]

b) Vergleich zum KapMuG

aa) Allgemeiner Verfahrensgang im KapMuG

Erklärtes Ziel bei der Einführung des KapMuG war es, in Kapitalanlagestreitigkeiten eine in verschiedenen Prozessen auftretende Frage mit Breitenwirkung durch ein Musterverfahren entscheiden zu lassen.[160] Dazu kann sowohl der Kläger als auch die Beklagte einen Musterverfahrensantrag beim Ausgangsgericht stellen gem. § 2 I 2 KapMuG. Das Ausgangsgericht veranlasst sodann bei Zulässigkeit des Musterverfahrensantrags die Veröffentlichung desselben im Bundesanzeiger, § 3 II 1 KapMuG. Wenn innerhalb von sechs Monaten mindestens weitere neun Musterverfahrensanträge im Bundesanzeiger bekannt gemacht werden, hat das Gericht, bei dem der erste bekannt gemachte Musterverfahrensantrag gestellt wurde (§ 6 II KapMuG), eine Entscheidung des übergeordneten OLG herbeizuführen, § 6 I 1 KapMuG. Dazu muss durch das Ausgangsgericht ein Vorlagebeschluss formuliert werden, der nach § 6 III KapMuG Feststellungsziele und eine knappe Darstellung des den Musterverfahrensanträgen zugrunde liegenden gemeinsamen Lebenssachverhalts enthält.

---

158 BGHZ 198, 294, 298 = NJW 2014, 314. 315.

159 *Rosenberg/Schwab/Gottwald*, Zivilprozessrecht, [18]2018, § 93 Rn. 11.

160 BT-Drs. 15/5091, S. 20.

Beachtenswert dabei ist, dass nicht die Parteien den Streitgegenstand des Musterverfahrens vorgeben. Vielmehr übernimmt diese Aufgabe das Gericht durch die Formulierung des Vorlagebeschlusses, da es selbst gem. § 6 III Nr. 1 KapMuG die Feststellungsziele mitsamt vorzutragendem Lebenssachverhalt nach § 6 III Nr. 2 KapMuG formuliert und vorlegt.[161] Der Vorlagebeschluss tritt im Musterverfahren an die Stelle einer verfahrenseinleitenden Klageschrift.[162] Durch diese Vorgehensweise wird der Tatsache Rechnung getragen, dass nicht nur der den Antrag Stellende von der Entscheidung betroffen ist, sondern nach § 22 I 1 KapMuG alle Prozessparteien, deren Prozess nach § 8 I 1 KapMuG ausgesetzt wurde. Voraussetzung der Aussetzung ist nur, dass die Entscheidung des Rechtsstreits von den Feststellungszielen abhängt, unabhängig von einer Musterverfahrensantragsstellung im konkreten Prozess, § 8 I 1, 2 KapMuG. Auf diese Weise soll eine möglichst weitreichende Breitenwirkung des Musterprozesses erreicht werden.

bb) Der Streitgegenstand im KapMuG

Die Formulierung der Feststellungsziele und des vorzutragenden Lebenssachverhalts werden aus den gleichgerichteten Musterfeststellungsanträgen gebildet.[163] Daraus ergibt sich, dass nur überindividuelle Tatsachen Gegenstand des Musterprozesses sein können, nicht jedoch nur einzelne Kläger betreffende individuelle Feststellungen.[164] Allein schon aus dieser Tatsache ergibt sich, dass der Streitgegenstand im Musterprozess ein anderer als im Ausgangsprozess ist.[165] Jedes Feststellungsziel gem. § 2 I 1 KapMuG bildet im Musterverfahren einen eigenständigen Streitgegenstand.[166]

Auch der mögliche Inhalt der Feststellungsziele weist auf eine Streitgegenstandsverschiedenheit hin. § 2 I 1 KapMuG erlaubt die Feststellung des Vorliegens oder Nichtvorliegens anspruchsbegründender oder anspruchsausschließender Voraussetzungen sowie die Klärung von Rechtsfragen. Demnach werden einzelne tatsächliche oder rechtliche Voraussetzungen dem Individualverfahren entnommen und einer zentralen Feststellung

---

161 BGH NJW 2017, 3777, 3779; *Schneider*, BB 2005, 2249, 2253.
162 BGH NJW 2017, 3777, 3783.
163 *Vollkommer*, NJW 2007, 3094, 3097.
164 *Ders.*, NJW 2007, 3094, 3097; *Schneider*, BB 2005, 2249, 2251.
165 *Meller-Hannich*, ZBB 2011, 180, 183 ff.
166 BGH NJW 2017, 3777, 3779.

durch das OLG zugeführt.[167] Durch die Erfassung einzelner Voraussetzungen und Rechtsfragen geht der Streitgegenstand über den des § 256 II ZPO hinaus.[168] Im Interesse einer weitreichenden Entscheidungswirkung werden die noch bei der Feststellungsklage aufgezählten Beschränkungen aufgegeben und die Gleichgerichtetheit einer tatsächlichen oder rechtlichen Frage als entscheidendes Kriterium für die Streitgegenstandsbestimmung hervorgehoben.

Durch die Konzentration auf die Gleichgerichtetheit entsteht eine große Parallelität zwischen Streitgegenstand und materiellem Recht, zumal gerade die einzelnen Elemente der Ansprüche zum Gegenstand des Musterprozesses gemacht werden.[169] Materielles Recht und Prozessrecht werden auf diese Weise eng miteinander verwoben[170], was im KapMuG zu einem sonderbaren Streitgegenstand[171] führt.

Auch wenn die Streitgegenstandsbestimmung im KapMuG weit weniger virulent ist als bei der Musterfeststellungsklage, da sich die Bindungswirkung gem. § 22 III KapMuG auch auf die tragenden Gründe erstreckt, soll für eine vergleichende Betrachtung der Streitgegenstand des KapMuG näher betrachtet werden.

Zentraler Anknüpfungspunkt ist zunächst der Begriff der Feststellungsziele in §§ 2 I 1, 6 III Nr. 1 KapMuG, die – transportiert durch den Vorlagebeschluss des Ausgangsgerichts – dem OLG das Feststellungsprogramm vorgeben. Die Fixierung auf die Feststellungsziele wird auch in § 22 II KapMuG deutlich, der nicht den Streitgegenstand, sondern die Feststellungsziele zum Bezugspunkt der Rechtskraft macht. Nichtsdestotrotz verlangt § 6 III Nr. 2 KapMuG als notwendigen Inhalt des Vorlagebeschlusses auch den Vortrag eines Lebenssachverhaltes. Im Unterschied zum Individualprozess beschränkt sich der Lebenssachverhalt im KapMuG auf den gemeinsamen Lebenssachverhalt der Anträge, was durch die Überindividualität und dem Charakter als Kollektivrechtsschutz zwanglos erklärbar ist. Ansonsten erinnert die Aufzählung in § 6 III KapMuG stark an die des § 253 II Nr. 2 ZPO, welche auch einen Antrag und einen Lebenssachverhalt fordert.

Die Fixierung in § 22 II KapMuG ist im Zusammenhang mit den zulässigen Anträgen im KapMuG zu sehen. Abweichend zu einem regulären An-

167 *Schneider*, BB 2018, 1986, 1988.
168 *Gebauer*, ZZP 119 (2006), 159, 170.
169 *Ders.*, ZZP 119 (2006), 159, 164 f.
170 *Wundenberg*, ZEuP 2007, 1097, 1117.
171 *Gebauer*, ZZP 119 (2006), 159, 172 f.

trag im Zivilprozess erlaubt das KapMuG die Klärung konkreter Rechtsfragen oder die Feststellung genau umschriebener Tatsachen und Merkmale. Da das Feststellungsziel durch seine Konkretisierung bereits aus sich heraus verständlich ist, bedarf es des Lebenssachverhalts zur Abgrenzung des Geschehens von anderen tatsächlichen Vorgängen nicht in gleicher Weise wie im herkömmlichen Zivilprozess. Auch verliert der Lebenssachverhalt seine individuelle Abgrenzungskraft, wenn er aus vielen Sachverhalten lediglich die Gemeinsamkeiten herausgreift. Die Normierung in § 22 II KapMuG will demzufolge keinen neuartigen Streitgegenstand definieren, sondern lediglich die praktische Handhabung abbilden. Die Festlegung des Streitgegenstandes erfolgt vielmehr durch den Vorlagebeschluss[172], der in § 6 KapMuG geregelt ist und in III Nr. 1 und 2 KapMuG Feststellungsziele und Lebenssachverhalt als gleichrangige Elemente vorsieht. Die Bedeutung des Lebenssachverhaltes wird auch noch durch § 15 I Nr. 2 KapMuG verstärkt, indem die Erweiterung auf neue Feststellungsanträge vom Vorliegen des gleichen Lebenssachverhaltes abhängig gemacht wird.

Es herrscht somit auch im KapMuG der zweigliedrige Streitgegenstandsbegriff.[173]

c) Gemeinsamkeiten und Unterschiede der Feststellungsklage im Hinblick auf die Musterfeststellungsklage

Bevor eine eigenständige Streitgegenstandsbestimmung vorgenommen wird, soll zunächst in Abgrenzung zu den Feststellungsklagen und anschließend zum KapMuG eine erste Annäherung an den Streitgegenstandsbegriff erfolgen.

Durch die Schaffung der Musterfeststellungsklage hat der Gesetzgeber auf den ersten Blick eine Hybridform aus Feststellungsklage und KapMuG-Musterprozess geschaffen. Auf der einen Seite wird die Musterfeststellungsklage mit ihrem unbegrenzten Anwendungsbereich allen Streitigkeiten zwischen Verbrauchern und Unternehmern zugänglich[174], wobei das

---

172 BGH NJW 2017, 3777, 3779.

173 So auch: *Meller-Hannich*, ZBB 2011, 180, 183 ff.

174 Sie ist z.B. auch auf Verstöße gegen das AGG anwendbar. Dies in den Blick nehmend: *Braunroth*, VuR 2018, 455; zur Anwendung auch auf kartellrechtliche Sachverhalte: *Schäfers*, ZZP 132 (2019), 231, 240 f.; die theoretische Anwendbarkeit der Musterfeststellungsklage auch auf Datenschutzverstöße feststellend: *Dünkel*, DuD 2019, 483, 484; zur Problematik der Anwendung der §§ 606 ff. ZPO auf Verstöße gegen die DSGVO: *Amam*, in: Taeger (Hrsg.), Die Macht

Ziel der Klage auf die Feststellung beschränkt ist. Auf der anderen Seite beabsichtigte der Gesetzgeber mit der Formulierung der Feststellungsziele in § 606 I 1 ZPO eine Anlehnung an die Feststellungsziele im Sinne von § 2 I KapMuG.[175] Auch die Zweistufigkeit des Verfahrens erinnert an den Musterprozess des KapMuG.

Es ist augenfällig, dass die feststellungsfähigen Fragen durch § 606 I 1 ZPO erheblich weiter sind als bei § 256 I ZPO.[176] Die Beschränkungen, die das Erfordernis des Rechtsverhältnisses in § 256 I, II ZPO mit sich bringt, enthält § 606 I 1 ZPO nicht. Dies wird besonders an der Formulierung deutlich. Diese verlangt im Unterschied zu § 256 ZPO kein Rechtsverhältnis an sich, sondern nur tatsächliche und rechtliche Voraussetzungen für ein Rechtsverhältnis. Feststellungsfähig sind somit auch Vorfragen, einzelne Voraussetzungen der Ansprüche und Rechtsfragen.[177]

d) Gemeinsamkeiten und Unterschiede des KapMuG im Hinblick auf die Musterfeststellungsklage

Ihrem Charakter als Kollektivverfahren folgend und parallel zum Musterprozess im KapMuG ist auch für die einzelnen Feststellungsziele eine Kollektivrelevanz notwendig; individuelle Streitfragen können im Musterfeststellungsprozess nicht entschieden werden.[178] Falls ein Feststellungsziel nicht für alle angemeldeten Verbraucher relevant ist, muss dargelegt wer-

der Daten und der Algorithmen, 2019, S. 101, 106 ff.; ohne Weiteres von einer Anwendbarkeit der §§ 606 ff. ZPO auf Verstöße gegen die DSGVO ausgehend: *Kühling/Sackmann*, DuD 2019, 347.

175 BT-Drs. 19/2439, S. 22.

176 *Würtenberger/Freischem*, GRUR 2017, 1101, 1102; *Stadler*, ZHR 2018, 623, 633; *Meller-Hannich*, 72. DJT, Band 1, 2018, A 1, A 69; *Koch*, MDR 2018, 1409, 1412; *Waclawik*, NJW 2018, 2921, 2922; *Ring*, NJ 2018, 441, 442; *Beckmann/Waßmuth*, WM 2019, 45, 48; *Schmidt*, in: Baumbach/Lauterbach/Albers u.a. (Hrsg.), Zivilprozessordnung, [77]2019, Beilage zur 77. Auflage § 606 Rn. 14 ff.; *Schroeder*, in: Nordholtz/Mekat (Hrsg.), Musterfeststellungsklage, 2019, § 11 Rn. 9; *Salger*, jurisPR-BKR 10/2018 Anm. 1.

177 *Röthemeyer*, Musterfeststellungsklage, [2]2020, § 606 Rn. 11; *Heese*, JZ 2019, 429, 435; die Musterfeststellungsklage insofern als kleinteiliger im Vergleich zur herkömmlichen Feststellungsklage bezeichnend: *Schweiger/Wiedeck*, CB 2019, 335, 338.

178 *Habbe/Gieseler*, BB 2017, 2188, 2189 f.; *Jansen/Birtel*, FS Graf-Schlicker, 2018, S. 63, 69; *Kruis*, ZIP 2019, 393, 402 f.

den, dass das Quorum des § 606 II 1 Nr. 2 ZPO von zehn Verbrauchern auch für dieses Feststellungsziel erreicht ist.[179]

Wie auch im KapMuG-Verfahren ist der Streitgegenstand bei der Musterfeststellungsklage und dem Individualprozess nicht derselbe. Dies folgt zum einen schon daraus, dass die Feststellungsziele im Sinne des § 606 I 1 ZPO nur durch Musterfeststellungsprozess, nicht durch Individualprozess feststellungsfähig sind. Zum anderen gibt der Gesetzgeber in § 610 III ZPO implizit zu verstehen, dass es sich um zwei Streitgegenstände handelt. Ginge der Gesetzgeber vom gleichen Streitgegenstand und einer Art gewillkürter Prozessstandschaft aus, würde schon § 261 III Nr. 1 ZPO greifen und § 610 III ZPO wäre überflüssig.[180] Auch stellt er in § 610 III ZPO den Streitgegenstand des Individualverfahrens und den Lebenssachverhalt inklusive Feststellungsziele der Musterfeststellungsklage nebeneinander, sodass er schon denklogisch nicht von einer Identität derselben ausgehen kann.

Als nicht uneingeschränkt tragfähig stellt sich die Anlehnung der Feststellungsziele an § 2 I KapMuG dar.[181] Zwar ist zuzugeben, dass durch die Klärung einzelner Vorfragen in einem Musterprozess, der anschließend Bindungswirkung für den Folgeprozess entfalten soll, eine ähnliche Struktur der beiden Institute vorliegt. Auch wurde mit den „Feststellungszielen" derselbe Begriff für § 2 I 1 KapMuG und § 606 I 1 ZPO gewählt, die jeweils die Feststellung einzelner Voraussetzungen einer Anspruchsgrundlage erlauben.

Doch bestehen Unterschiede in der Formulierung, in der prozessualen Situation und in der zugrunde liegenden Interessenlage.

§ 2 I 1 KapMuG legt den Feststellungszielen zwingend einen Anspruch zugrunde, während § 606 I 1 ZPO alternativ zum Anspruch auch das Rechtsverhältnis aufzählt. Durch die Nennung des Rechtsverhältnisses

179 *Waßmuth/Asmus*, ZIP 2018, 657, 659. Auch der BGH verlangt, dass alle Feststellungsziele die Quoren des § 606 II 1 Nr. 2, III Nr. 2 ZPO erreichen, da jedes Ziel einen eigenen Streitgegenstand bilde: BGH WM 2019, 1900, 1901 f.; diesem zustimmend: *Halfmeier*, EWiR 2019, 737, 737 f.

180 Auf die fehlende Parteiidentität abstellend: *Müller*, GWR 2019, 399, 400.

181 Auf diese Parallele abstellend u.a.: BT-Drs. 19/2409, S. 22; *Rathmann*, in: Saenger (Hrsg.), Zivilprozessordnung, [8]2019, § 606 Rn. 3; *Halfmeier*, ZRP 2017, 201, 203; *Kranz*, NZG 2017, 1099, 1100; *Jansen/Birtel*, FS Graf-Schlicker, 2018, S. 63, 67; *Heese*, JZ 2019, 429, 435; *Rohls*, in: Nordholtz/Mekat (Hrsg.), Musterfeststellungsklage, 2019, § 3 Rn. 66 ff.

wird eine inhaltliche Nähe zu § 256 ZPO hergestellt.[182] Dies wird vor dem Hintergrund der Einführung der Musterfeststellungsklage verständlich. Als Reaktion auf die drohende Verjährung der Ansprüche aus dem VW-Abgasskandal stand vor allem die Aufklärung komplexer tatsächlicher Fragen im Vordergrund, wie z.B. der Schadstoffausstoß bestimmter PKW-Modelle, das Wissen des Vorstandes um die Manipulation usw. Unter anderem diese Fragen sollen durch die Musterfeststellungsklage mit Breitenwirkung geklärt werden.[183] Die Wahl des Begriffs des Rechtsverhältnisses alternativ zum Anspruch legt sprachlich nahe, dass es zumindest auch um die Klärung solcher tatsächlicher Fragen geht. Dagegen ging es bei der Einführung des KapMuG um die Bewältigung massenhafter Verfahren im Zusammenhang mit dem dritten Börsengang der Telekom.[184] Bei diesem standen vor allem rechtliche Fragen im Vordergrund[185], was die Fixierung auf Ansprüche und die explizite Normierung der Zulässigkeit der Klärung von Rechtsfragen in § 2 I 1 KapMuG erklärt. Auch im Musterfeststellungsprozess ist ohne ausdrückliche Normierung die Klärung von Rechtsfragen zulässig, da sie sich als Voraussetzungen im Sinne des § 606 I 1 ZPO verstehen lassen.[186]

Auch wenn im Endeffekt beide Institute sowohl die Klärung tatsächlicher als auch rechtlicher Elemente erlauben, so ist doch durch die Formulierung im Gesetzestext die unterschiedliche Stoßrichtung bereits in der Norm angelegt.

Die prozessuale Situation, aus der die Kollektivrechtsbehelfe jeweils entstehen, ist grundverschieden. Bei der Musterfeststellungsklage erfolgt nach der Einreichung der Klageschrift eine öffentliche Bekanntmachung im Klageregister, woraufhin sich die Verbraucher für das Musterfeststellungsverfahren anmelden können.[187] Vorher bereits eingeleitete Prozesse durch die Anmelder werden nach § 613 II ZPO zwingend ausgesetzt. Beim

---

182 *Schmidt*, in: Baumbach/Lauterbach/Albers u.a. (Hrsg.), Zivilprozessordnung, [77]2019, Beilage zur 77. Auflage § 606 Rn. 13.

183 Zu den Feststellungszielen im Musterfeststellungsprozess gegen die VW AG: https://www.bundesjustizamt.de/DE/Themen/Buergerdienste/Klageregister/Klagen/201802/KlagRE_2_2018_node.html#doc12200748bodyText4 (geprüft am 14.04.2020).

184 *Meller-Hannich*, ZBB 2011, 180.

185 Der Vorlagebeschluss des LG Frankfurt/Main umfasste knapp 200 Seiten. Eine stark verkürzte Darstellung des Beschlusses findet sich unter ZIP 2006, 1730 f.

186 *Waßmuth/Asmus*, ZIP 2018, 657, 658.

187 Allerdings prüft das OLG, ob zumindest potentiell zehn Ansprüche bzw. Rechtsverhältnisse von jedem geltend gemachten Feststellungsziel abhängen können: BGH WM 2019, 1900, 1901.

Verfahren nach dem KapMuG hingegen entsteht der Musterprozess durch eine Vielzahl bereits laufender Verfahren, aus denen sich gleichgerichtete Fragen ergeben, die vom vorlegenden Gericht durch einen Vorlagebeschluss dem OLG vorgelegt werden. Die Feststellungsziele im KapMuG dienen somit der Klärung von Vorfragen bereits konkret anhängiger Anträge im Individualverfahren. Die Feststellungsziele in § 606 I 1 ZPO stellen jedoch vom Musterfeststellungskläger selbst formulierte Anträge dar, die lediglich mutmaßlich in Zukunft im Individualverfahren eine Rolle spielen können. Es handelt sich bei den Feststellungszielen im Sinne des § 606 I 1 ZPO somit, im Gegensatz zum KapMuG, um verfahrenseinleitende Anträge, wie auch §§ 606 II 3 ZPO durch seine Bezugnahme auf § 253 II ZPO und § 610 IV ZPO durch die Verwendung des Begriffs der Klageanträge zeigt.[188] § 606 I 1 ZPO modifiziert durch die Regelung der Feststellungsziele die nach der ZPO üblicherweise zulässigen Anträge, was beim KapMuG mangels eines vom Kläger zu formulierenden Antrages nicht der Fall ist.[189] Die Musterverfahrensanträge nach § 2 I 1 KapMuG dienen lediglich der Formulierung eines Vorlagebeschlusses und der Erreichung des Quorums gem. § 6 I 1 KapMuG.

Aus der Verschiedenheit der prozessualen Situationen resultieren somit unterschiedliche Zwecke. Die Feststellungsziele in § 606 I 1 ZPO stellen eine echte Modifizierung des zivilprozessualen Antrages nach § 253 II Nr. 2 ZPO dar, wohingegen die §§ 2 I 1, 6 I 1 KapMuG Regeln zur Abfassung des Vorlagebeschlusses aufstellen und sich somit vornehmlich an das vorlegende Gericht wenden.

Schließlich resultiert auch aus dem unterschiedlichen Umfang der Bindungswirkung eine abweichende Interessenlage. Die Bindung auch an tragende Begründungselemente gem. § 22 III KapMuG vermag Unzulänglichkeiten bei der Formulierung der Feststellungsziele auszugleichen. Einzig die Ausnahmen des § 22 III Nr. 1 und 2 KapMuG erlauben eine Abwehr der Bindung an die tragenden Feststellungen. Durch die zwingende Aussetzung gem. § 8 I 1 KapMuG und der damit verbundenen Beteiligtenstellung mit Einwirkungsmöglichkeiten auf den Prozess erscheint die praktische Relevanz dieser Einschränkung eher gering. Auch bei einer engen Formulierung der Feststellungsziele erfolgt eine umfassende Bindung an die Entscheidung des OLG für die Individualverfahren.

Anders ist die Situation bei der Musterfeststellungsklage. Mangels einer Norm wie § 22 III KapMuG erwächst gem. § 613 I 1 ZPO nur der Entschei-

---

188 *Schmidt*, WM 2018, 1966, 1968.

189 *Ders.*, WM 2018, 1966, 1968.

dungsausspruch in Bindungswirkung. Es kommt für eine Risikominimierung des angemeldeten Verbrauchers im Folgeverfahren somit auf eine möglichst umfassende Bindungswirkung und damit eine genaue Formulierung der Feststellungsziele an.[190] Im Gegensatz zum KapMuG muss die klagende qualifizierte Einrichtung darauf bedacht sein, alle wesentlichen und feststellungsfähigen Voraussetzungen auch tenorieren zu lassen. Dies verleiht den Feststellungszielen gem. § 606 I 1 ZPO eine andere, herausgehobenere Bedeutung. Die Feststellungsziele nach den §§ 2 I 1, 6 III Nr. 1, 22 I 1 KapMuG stellen nur eine von mehreren möglichen Bindungswirkungen dar.

Insgesamt ist eine Anlehnung der Feststellungsziele der Musterfeststellungsklage an § 2 I 1 KapMuG nicht überzeugend. Es sollte vielmehr eine eigenständige Bestimmung der Feststellungsziele stattfinden.

e) Fazit zum Vergleich des Streitgegenstandes mit der Feststellungsklage und dem KapMuG

Zusammenfassend lässt sich Folgendes festhalten: Gemeinsam hat die Musterfeststellungsklage mit dem KapMuG-Verfahren die notwendige Überindividualität der Feststellungsziele und die unterschiedlichen Streitgegenstände im Muster- und Individualverfahren. Mit der Feststellungsklage teilt die Musterfeststellungsklage den Begriff des Rechtsverhältnisses und die Feststellungsfähigkeit von Rechtsverhältnissen Dritter.

Unterschiede ergeben sich – auch bei ähnlichem Wortlaut – im Hinblick auf die Feststellungsziele im KapMuG. Die Feststellungsfähigkeit von Vorfragen, einzelnen Anspruchselementen und Rechtsfragen wird von § 606 I 1 ZPO zugelassen und weicht somit erheblich von § 256 ZPO ab.

Die Musterfeststellungsklage vereinigt somit Elemente der Feststellungsklage und des KapMuG in sich, ohne sich nahtlos in ein Institut einzufügen. Der Streitgegenstand ist mithin eigenständig zu bestimmen.

f) Eigenständige Streitgegenstandsbestimmung für die Musterfeststellungsklage

Der Streitgegenstand ist das einzige festzustellende Element, das gem. § 613 I 1 ZPO die Bindungswirkung auszulösen vermag. Eine weitere

---

190 Musielak/Voit/*Stadler*, Vorbemerkung vor §§ 606 ff. Rn. 1.

Bindung auch an die tragende Begründung ist nicht vorgesehen. Bei der Formulierung der Feststellungsziele samt Sachverhalt durch den einzig dazu befugten Kläger ist auch deshalb höchste Vorsicht geboten, weil die Widerklagemöglichkeit der Beklagten unklar bzw. eingeschränkt ist.[191] Die Beklagte kann somit nicht ohne Weiteres Einfluss auf das Feststellungsprogramm nehmen. Auch die Möglichkeit der nachträglichen Änderung des Streitgegenstandes ist ungeklärt und mit Rechtsunsicherheiten behaftet.[192] Es kann somit durchaus sein, dass die Formulierung der Feststellungsziele samt Lebenssachverhalt nach dem ersten Termin zur mündlichen Verhandlung für den Rest des Prozesses unveränderlich ist.

Ganze Ansprüche sind nach der Definition in § 606 I 1 ZPO einer Feststellung durch die Musterfeststellungsklage nicht zugänglich[193], eine eigenständige Definition des Streitgegenstandsbegriffs hat der Gesetzgeber aber unterlassen.[194] Es muss deshalb eine am Zweck des neuen Instituts orientierte Auslegung stattfinden, um den Streitgegenstand zu eruieren.

Die Feststellungsziele sind eine spezielle Ausformung des klägerischen Antrags gem. § 253 II Nr. 2 ZPO.[195] Durch sie bringt der Kläger den vom Gericht gewünschten Tenor zum Ausdruck. § 606 I 1 ZPO normiert insofern eine Abweichung zum gewöhnlichen Antrag, als zum einen durch die Quoren der §§ 606 II 1 Nr. 2, III Nr. 3 ZPO eine Überindividualität des einzelnen Feststellungsziels gefordert wird. Zum anderen werden durch die Formulierung in § 606 I 1 ZPO auch einzelne Voraussetzungen von Anspruchsgrundlagen und Rechtsverhältnissen für feststellungsfähig erklärt. Geleitet durch diese beiden wesentlichen Elemente sollte eine Anlehnung der Feststellungsziele im Sinne des § 606 I 1 ZPO weniger an § 2 I 1 KapMuG erfolgen, als vielmehr an § 256 ZPO. Die Musterfeststellungsklage ist mehr eine besondere Form der Feststellungsklage[196] und keine Unterart des Musterverfahrens nach dem KapMuG. Der Regelungsgehalt des § 606 I 1 ZPO bringt eine Erweiterung in sachlicher und eine Verengung in persönlicher Hinsicht im Vergleich zu § 256 ZPO mit sich.

---

191 Pauschal die Widerklagemöglichkeit verneinend: *Weinland*, Die neue Musterfeststellungsklage, 2019, Rn. 152.

192 Auf das Problem der Klageänderung hinweisend: Musielak/Voit/*Stadler*, § 610 Rn. 7.

193 *Hettenbach*, WM 2019, 577, 578; *Röthemeyer*, VuR 2019, 87; *Kruis*, ZIP 2019, 393, 402 f.

194 *Rohls*, in: Nordholtz/Mekat (Hrsg.), Musterfeststellungsklage, 2019, § 3 Rn. 63.

195 *Schroeder*, in: Nordholtz/Mekat (Hrsg.), Musterfeststellungsklage, 2019, § 11 Rn. 8.

196 *Beckmann/Waßmuth*, WM 2019, 45, 48.

In sachlicher Hinsicht erweitert § 606 I 1 ZPO die Feststellungsfähigkeit auf Vorfragen, Tatsachen und Rechtsfragen[197], in persönlicher Hinsicht verengt § 606 I 1 ZPO den Anwendungsbereich der Musterfeststellungsklage auf Rechtsverhältnisse und Ansprüche zwischen Unternehmern und Verbrauchern.[198]

Das rechtliche Interesse, welches bei Feststellungsklagen von § 256 I ZPO gefordert wird, ergibt sich bei der Musterfeststellungsklage aus dem überindividuellen Interesse an der Feststellung. Die Überindividualität ergibt sich dabei aus den Quoren des § 606 II Nr. 2, III Nr. 3 ZPO. Diese ist dem besonderen Zweck der §§ 606 ff. ZPO geschuldet, einzelne Elemente mit Breitenwirkung[199] feststellen zu lassen. Das individuelle Interesse des § 256 I ZPO weicht insofern dem kollektiven Klärungsinteresse des Kollektivrechtsschutzes.

Doch kann abgesehen von den aufgezählten Parallelen kein Gleichlauf zum zweigliedrigen Streitgegenstandsbegriff der ZPO hergestellt werden.[200] Die Besonderheiten des Musterfeststellungsverfahrens erfordern es vielmehr, den Streitgegenstand eigenständig zu bestimmen, sodass von einem Streitgegenstand sui generis auszugehen ist. Dies ergibt sich bereits aus den möglichen Feststellungszielen. Bei der Klärung rechtlicher Fragen wird der Antrag in Form des Feststellungsziels eine weit größere Rolle spielen als der dahinterstehende Lebenssachverhalt. Bei einem Feststellungsziel, das ausschließlich auf eine Tatsache gerichtet ist, bleibt die Abgrenzung zum Lebenssachverhalt gänzlich schleierhaft. Dennoch von einer pauschal gleichrangigen Bedeutung beider Elemente auszugehen, wird den gänzlich verschiedenen Konstellationen bei der Feststellung von Tatsachen einerseits und abstrakten Rechtsfragen andererseits nicht gerecht.

Dafür spricht auch die vorgenommene epistemologische Einordung der Feststellungsziele.[201] Im herkömmlichen Zivilprozess ist der Antrag von der maßgeblichen Anspruchsgrundlage vorgezeichnet. Der Lebenssachverhalt dient dem Gericht dabei zur Spezifizierung des klägerischen Begeh-

---

197 *Schmidt*, in: Baumbach/Lauterbach/Albers u.a. (Hrsg.), Zivilprozessordnung, ^{77}2019, Beilage zur 77. Auflage 606 Rn. 14 ff.; *ders.*, WM 2018, 1966, 1968.

198 Musielak/Voit/*Stadler*, § 606 Rn. 12.

199 BT-Drs. 19/2439, S. 16.

200 Dagegen für eine Heranziehung des zweigliedrigen Streitgegenstandsbegriffs auch im Musterfeststellungsverfahren: *Schroeder*, in: Nordholtz/Mekat (Hrsg.), Musterfeststellungsklage, 2019, § 11 Rn. 8; *Schmidt*, WM 2018, 1966, 1968.

201 Teil Zwei Kapitel Eins § 3 A. Die Feststellungsziele in der Struktur des Rechtsanwendungsmodells (59).

rens. Gänzlich anders ist die Ausgangslage im Musterfeststellungsprozess. Bei diesem muss die qualifizierte Einrichtung prognostisch tätig werden, indem sie mögliche Anspruchsgrundlagen der Verbraucher ermittelt und einzelne rechtliche wie tatsächliche Elemente feststellen lässt. Sie ist daher in der Wahl und Formulierung ihrer Feststellungsziele wesentlich freier als im herkömmlichen Zivilprozess.[202] Dies ist letztlich auch dem Bezugspunkt der Feststellungsziele geschuldet: Im Gegensatz zum zweigliedrigen Streitgegenstandsbegriff setzen sie nicht auf der Ebene der Subsumtion an, sondern vielmehr schon beim Ober- und Untersatz. Dieser Ansatz führt dazu, dass der Fokus des Prozesses nicht auf einem konkreten Rechtsverhältnis liegt, sondern vielmehr auf der abstrakt-generellen Ebene angesiedelt ist. Die Abkehr von der Individualität und die Zuwendung hin zur Überindividualität ziehen einen eigenen Streitgegenstand nach sich.

Die Musterfeststellungsklage besitzt einen eigenen Streitgegenstand, der nicht mit dem herkömmlichen zweigliedrigen Streitgegenstand übereinstimmt.

2. Notwendigkeit der Kongruenz

Als tatbestandliche Voraussetzung der Bindungswirkung stellt § 613 I 1 ZPO das Erfordernis des „Betroffenseins“ der Entscheidung des Gerichts des Individualprozesses von den Feststellungszielen und dem Lebenssachverhalt des rechtskräftig entschiedenen Musterfeststellungsprozesses auf. Wenn dieses Erfordernis nicht erfüllt ist, tritt keine Bindungswirkung im Folgeprozess ein.[203]

a) Prüfung des Kriteriums durch das Musterfeststellungsgericht oder das Gericht des Individualprozesses?

Problematisch daran ist, dass diese notwendige Kongruenz zwischen Individual- und Musterfeststellungsprozess nur sehr eingeschränkt vom Gericht des Musterfeststellungsprozesses überprüfbar und zu überprüfen ist.[204] Zwar erfordert auch § 608 I ZPO bei der Anmeldung eine Abhängig-

202 Deshalb zur Einhaltung der höchsten Sorgfalt bei der Formulierung der Feststellungsziele auffordernd: *Schneider*, BB 2018, 1986, 1992.

203 *Mekat*, in: Nordholtz/Mekat (Hrsg.), Musterfeststellungsklage, 2019, § 8 Rn. 61.

204 Musielak/Voit/*Stadler*, § 608 Rn. 4.

keit der Ansprüche bzw. Rechtsverhältnisse von den Feststellungszielen. Doch erfolgt vom registerführenden Bundesamt für Justiz und Verbraucherschutz gem. § 608 II 3 ZPO keinerlei inhaltliche Prüfung der Angaben, sodass auch die Tatsache des Abhängens von den Feststellungszielen vernünftigerweise nicht geprüft werden kann. Das Gericht des Musterfeststellungsprozesses hätte zwar die Möglichkeit nachzuprüfen, doch muss diese Abhängigkeit nicht explizit vom Verbraucher dargelegt werden und die alleinige Angabe von Gegenstand und Grund des Anspruchs oder Rechtsverhältnisses gem. § 608 II 1 Nr. 4 ZPO erlaubt nur eine kursorische Prüfung. Auch fällt diese Prüfung nicht in den Aufgabenbereich des Gerichts des Musterfeststellungsprozesses.[205] Aus einem Umkehrschluss aus § 606 III Nr. 3 ZPO ergibt sich, dass lediglich die wirksame Anmeldung von 50 Verbrauchern für die Musterfeststellungsklage relevant ist. Gegenstand des Musterfeststellungsprozesses ist der von der klagenden qualifizierten Einrichtung dargebotene Streitgegenstand, nicht die Ansprüche der angemeldeten Verbraucher. Eine umfassende Prüfung des Gerichts des Musterfeststellungsprozesses würde – wie beim VW-Verfahren mit weit über 470.000 Anmeldungen – zum einen das Gericht in puncto Ressourcen und Zeit überfordern, zum anderen die vom Gesetzgeber angestrebten Ziele der Effektivität des Prozesses und der Justizentlastung[206] konterkarieren. Schließlich richtet sich § 613 I 1 ZPO als einzige Norm in den §§ 606 ff. ZPO nur an das Gericht des Individualprozesses. Die Norm verbietet es dem Gericht des Individualprozesses, von den rechtskräftigen Feststellungen des Musterfeststellungsurteils abzuweichen.[207] Es erscheint somit als notwendig, die Prüfung der Merkmale dieser Norm allein in den Verantwortungsbereich des verpflichteten Gerichts zu legen, nicht zuletzt auch deshalb, um widersprüchliche Entscheidungen zu verhindern.

b) Das Kriterium des „Betroffenseins" im Kontext der Begriffsverwendung in den §§ 606 ff. ZPO

Durch die Zuweisung der Prüfung der Wirksamkeit der Anmeldung sowie des „Betroffenseins" im Sinne des § 613 I 1 ZPO an das Gericht des Folgeverfahrens liegt das Risiko des Nichtvorliegens beider Voraussetzungen

---

205 Auf die Möglichkeit einer Prüfung durch das Gericht des Musterfeststellungsprozesses hinweisend: Musielak/Voit/*dies.*, § 608 Rn. 4.
206 BT-Drs. 19/2439, S. 16.
207 *Thiery/Schlingmann*, DB 2018, 2550, 2553.

im Verantwortungsbereich des Angemeldeten. Dieses wird vom Gesetzgeber in Bezug auf die Verjährungshemmung ein wenig abgemildert.[208] Durch die Formulierung in § 204 I Nr. 1a BGB wird die Verjährung der Ansprüche der Verbraucher auch dann gehemmt, wenn diese zwar vom Musterfeststellungsverfahren berührt sind, aber vom Musterurteil nicht mehr erfasst werden.[209] Dennoch ist die Wirksamkeit der Anmeldung Tatbestandsvoraussetzung für § 204 I Nr. 1a BGB.

Vor diesem Hintergrund ist das Merkmal des „Betroffenseins" in § 613 I 1 ZPO auszulegen. Umso weiter dies verstanden wird, desto geringer ist das Risiko, dass die Bindungswirkung nicht eingreift.

Unzweifelhaft ist das Merkmal erfüllt, wenn aus demselben Sachverhalt Leistungsansprüche geltend gemacht werden, deren Tatbestandsmerkmale oder Einwendungen explizit in den Feststellungszielen ausgeurteilt worden sind.[210] Der Wortlaut der Vorschrift legt jedoch nahe, dass eine solche Identität[211] keine zwingende Voraussetzung für das Eingreifen der Bindungswirkung ist. Der Gesetzgeber hat bei der Einführung der Musterfeststellungsklage genau zwischen den Begriffen *betreffen*, *abhängen* und *zugrunde liegen* unterschieden. In § 608 I ZPO wird gefordert, dass die Ansprüche oder Rechtsverhältnisse von den Feststellungszielen abhängen. Diese Anforderung vermittelt ein Kausalitätserfordernis zwischen Feststellungsziel und Anspruch oder Rechtsverhältnis des Verbrauchers.[212] Es wird vor dem Hintergrund des § 607 I Nr. 3 ZPO verständlich: Im Klageregister werden die Feststellungsziele öffentlich bekannt gemacht. Der anwaltlich nicht zwingend vertretene Verbraucher[213] soll allein anhand der Feststellungsziele entscheiden, ob sein Anspruch damit steht und fällt, m.a.W. ob sein Anspruch etwas damit zu tun hat. Auffällig ist dabei,

---

208 Dabei steht jedoch das Eingreifen der Hemmungswirkung unter dem Vorbehalt des § 242 BGB: *Mansel*, WM 2019, 1621, 1624. Mit Rückgriff auf den Zweck des Gesetzes ein treuwidriges Verhalten nur unter sehr restriktiven Voraussetzungen annehmend: LG Saarbrücken, Urteil vom 13.12.2019, BeckRS 2019, 33068.

209 Zum inhaltsgleichen Entwurf der Einführung einer Musterfeststellungsklage: *Krausbeck*, DAR 2017, 567, 569.

210 Musielak/Voit/*Stadler*, § 613 Rn. 2.

211 Eine solche fordernd: *Rathmann*, in: Saenger (Hrsg.), Zivilprozessordnung, ^{8}2019, § 613 Rn. 1.

212 Insofern von dem Erfordernis einer Konnexität sprechend: *Röthemeyer*, Musterfeststellungsklage, ^{2}2020, § 613 Rn. 6.

213 Auf die Schwierigkeiten für den Verbraucher ohne anwaltliche Beratung hinweisend: Musielak/Voit/*Stadler*, § 608 Rn. 4; *Deiß*, Chaos bei der Anmeldung von Forderungen zum Klageregister?, 2019 (www.zpoblog.de/?p=7323) (geprüft am 14.04.2020).

dass auf die Nennung des Lebenssachverhalts verzichtet wurde, obwohl dieser gem. § 607 I Nr. 4 ZPO auch öffentlich bekannt zu machen ist. Das strenge Kriterium des Abhängens wird durch eine vereinfachte Prüfung allein anhand der Feststellungsziele abgemildert. Eine Modifizierung oder Unsicherheit durch die Zuhilfenahme des Lebenssachverhalts wird ausgeschlossen. Die prägnanten Feststellungsziele sind klarer formuliert und deshalb einfacher zu erfassen.

Als weitester der drei Begriffe erscheint das *zugrunde liegen* in § 204 I Nr. 1a BGB. Dieses Merkmal erlaubt die Annahme einer Verjährungshemmung selbst dann, wenn die Feststellungsziele im Musterurteil die Ansprüche oder Rechtsverhältnisse nicht mehr erfassen.[214] Auch wird bewusst der Lebenssachverhalt des angemeldeten Anspruchs mit den Feststellungszielen der Musterfeststellungsklage ins Verhältnis gesetzt, um eine möglichst weitreichende Verjährungshemmung zu erreichen.[215] Diese wirkt dem bereits beschriebenen Risiko des Verbrauchers der späten Prüfung des „Betroffenseins“ im Sinne von § 613 I 1 ZPO entgegen, indem lediglich ein gemeinsamer Faktor zwischen den Tatsachen, die dem Anspruch des Verbrauchers zugrunde liegen, und dem Feststellungsziel genügt, um die Verjährung zu hemmen und eine weitere gerichtliche Rechtsverfolgung aussichtsreich erscheinen zu lassen. Auf den Eintritt der Bindungswirkung kommt es für die Einschlägigkeit des § 204 I Nr. 1a BGB gerade nicht an.

Als dritter Begriff steht das *Betreffen* in § 613 I 1 ZPO dem *Abhängen* im Sinne des § 608 I ZPO wesentlich näher als dem *Zugrundeliegen* nach § 204 I Nr. 1a BGB. Im Gegensatz zu § 204 I Nr. 1a BGB reicht keine irgendwie geartete Gemeinsamkeit in der Form gewisser tatsächlicher Berührungspunkte. Erforderlich ist vielmehr eine Entscheidungserheblichkeit für das Folgeverfahren.[216] Als Maßstab müssen dafür sowohl die Feststellungsziele als auch der Lebenssachverhalt herangezogen werden. Diese Auslegung wird dem Wortlaut gerecht, der deutlich mehr als ein *Zugrundeliegen* verlangt. Sinnvoll und zweckmäßig ist das Kriterium, weil damit auch bei der Formulierung der Feststellungsziele nicht bedachte Ansprüche und

---

214 *Krausbeck*, DAR 2017, 567, 569.

215 Insbesondere aufgrund der rückwirkenden Verjährungshemmung die Verfassungswidrigkeit des § 204 I Nr. 1a BGB annehmend; *Grzeszick*, NJW 2019, 3269, 3269 ff.

216 Eine bloße Relevanz für ausreichend haltend: *Thiery/Schlingmann*, DB 2018, 2550, 2553.

Rechtsverhältnisse mit abgedeckt werden, sofern die Feststellungsziele für die Entscheidung im Individualprozess entscheidungserheblich sind.

Gegen diese Auslegung bestehen im Hinblick auf den Beklagtenschutz keine Bedenken, da sie gleichermaßen für eine Entscheidung zulasten der Verbraucher[217] gilt. Sie kann somit sowohl den angemeldeten Verbrauchern als auch der Beklagtenseite zugutekommen.

c) Einordnung des Kriteriums des „Betroffenseins“ anhand des Bezugspunktes der Feststellungsziele im Rechtsanwendungsvorgang

Das Kriterium der Entscheidungserheblichkeit bestätigt sich auch bei einem Abgleich zu der bereits vorgenommenen epistemologischen Untersuchung.[218] Durch die Feststellungsziele können sowohl auf rechtlicher als auch tatsächlicher Ebene abstrakt-generelle Feststellungen getroffen werden, die es im Individualprozess umzusetzen gilt. Das Bindeglied zwischen den abstrakten Feststellungen und dem konkret zu entscheidenden Sachverhalt ist das Kriterium des *Betroffenseins*. Insofern bietet es sich an, die vorher aus den prognostizierten Ansprüchen abstrahierten Fragen wieder prozessspezifisch über das Kriterium der Entscheidungserheblichkeit einzupassen.[219] Dies trägt zum einen der Bindung an die Prämissen in Form der Feststellungsziele Rechnung, da diese gerade im Hinblick auf die Ansprüche im Individualprozess formuliert worden sind. Zum anderen spiegelt es die Subsumtion im konkret-individuellen Fall zutreffend wider, indem die Notwendigkeit einer Entscheidung in den Blickpunkt der Betrachtung gerückt wird. Schließlich zeichnet sich die Auslegung des *Betroffenseins* als Entscheidungserheblichkeit durch ihre leichte Handhabbarkeit aus, da das Gericht im Folgeprozess ausschließlich über die individuellen Ansprüche des vormals Angemeldeten befinden muss. Es muss die Feststellungsziele nur dann berücksichtigen, wenn sie für die Entscheidung im konkreten Fall eine ausschlaggebende Rolle spielen.

---

217 *Dies.*, DB 2018, 2550, 2553; *Rathmann*, in: Saenger (Hrsg.), Zivilprozessordnung, [8]2019, § 613 Rn. 1.

218 Teil Zwei Kapitel Eins § 3 A. Die Feststellungsziele in der Struktur des Rechtanwendungsmodells (59).

219 Von einer Vorgreiflichkeit sprechend: *Salger*, jurisPR-BKR 10/2018 Anm. 1; eine Präjudizialität fordernd: *Müller*, GWR 2019, 399.

Ausschlaggebend ist somit für die Bejahung des „Betroffenseins" im Sinne des § 613 I 1 ZPO, dass das Ergebnis des Musterfeststellungsprozesses im Individualprozess entscheidungserheblich ist.

II. Begriff der Bindung

Der deutsche Gesetzgeber hat sich für eine umfassende Bindungswirkung entschieden.[220] In gewisser Weise wurde damit der Schutz nicht beteiligter Parteien durch die Begrenzung der Rechtskraft in § 325 I ZPO durchbrochen. Die Urteilswirkungen sollen sich nach dieser Regelung nur auf solche Rechte beziehen, um die im Prozess gestritten worden ist.[221] Die Anordnung des § 613 I 1 ZPO macht abstrakte Voraussetzungen der Ansprüche der angemeldeten Verbraucher zum Gegenstand des Musterfeststellungsprozesses, ohne dass die qualifizierte Einrichtung zur Inhaberin der Ansprüche wird. Dieses Auseinanderfallen von materieller Anspruchsinhaberschaft und gerichtlicher Rechtsdurchsetzung zieht das Instrument der Bindungswirkung gem. § 613 I 1 ZPO nach sich, welches von den herkömmlichen Formen der Urteilswirkungen abgegrenzt und mit ihnen verglichen werden soll.

1. Abgrenzung zur Rechtskraft

Genau differenziert werden muss zwischen der materiellen Rechtskraftwirkung und der Bindungswirkung des Musterfeststellungsurteils.

Die formelle Rechtskraft soll im Folgenden außer Betracht bleiben, zumal diesbezüglich keine Besonderheiten für das Musterfeststellungsverfahren zu verzeichnen sind. Sie tritt gem. § 705 S. 1 ZPO nach Ablauf der Rechtsmittelfrist ein. Die Einlegungsfrist für das statthafte Rechtsmittel der Revision gem. § 614 S. 1 ZPO ist nach § 548 Hs. 1 ZPO ein Monat ab Zustellung des vollständigen Urteils bzw. nach § 548 Hs. 2 ZPO höchstens fünf Monate nach dessen Verkündung.

---

220 Teil Zwei Kapitel Eins § 3 B. IV. § 613 I 1 ZPO: umfassende Bindungswirkung (115).

221 *Jacoby*, Der Musterprozeßvertrag, 2000, S. 69 f.

a) Differenzierung hinsichtlich der gebundenen Subjekte

Zumindest bei einem Urteil in der Sache weist das Musterfeststellungsurteil beide Wirkungen auf. Zu unterscheiden sind die von der Wirkung betroffenen Personen.[222] § 325 I ZPO bestimmt positiv, wem gegenüber die Rechtskraft eines Urteils wirkt. Dies sind in erster Linie die Parteien des Prozesses und deren Rechtsnachfolger. Im Musterfeststellungsprozess wirkt die Rechtskraft somit zwischen dem Musterfeststellungskläger und der Musterfeststellungsbeklagten nach allgemeinen zivilprozessualen Grundsätzen. Die klagende qualifizierte Einrichtung ist deshalb aufgrund entgegenstehender Rechtskraft daran gehindert nach rechtskräftiger Entscheidung erneut Klage über denselben Streitgegenstand zu erheben. Gleiches gilt für eine durch die Musterfeststellungsbeklagte begehrte Feststellung des kontradiktorischen Gegenteils. Die angemeldeten Verbraucher sind gerade nicht Partei des Musterfeststellungsprozesses[223], sodass sich die Rechtskraftwirkung auf sie nicht bezieht. Eine automatische Rechtskrafterstreckung ist dem auf zwei Parteien ausgerichteten Zivilprozess fremd und wäre erheblichen verfassungs- und prozessrechtlichen Bedenken ausgesetzt.[224] Damit muss die Bezeichnung der Bindungswirkung als Rechtskrafterstreckung[225] zumindest als ungenau abgetan werden.

Die Bindungswirkung vermag somit das zu leisten, wozu die Rechtskraft nicht imstande ist. Sie erklärt den Tenor des Musterfeststellungsurteils auch im Verhältnis zwischen den angemeldeten Verbrauchern und der Musterfeststellungsbeklagten für verbindlich. Voraussetzung für die Bindungswirkung gem. § 613 I 1 ZPO ist dabei die Beklagtenidentität, die Wirksamkeit der Anmeldung im Klageregister durch den Verbraucher, die Abhängigkeit der Entscheidung im Folgeprozess von den Feststellungszielen und dem Lebenssachverhalt der Musterfeststellungsklage und die Rechtskraft des Musterfeststellungsurteils.

---

222 *Schneider*, BB 2018, 1986, 1993; Musielak/Voit/*Stadler*, § 613 Rn. 2; *Mekat*, in: Nordholtz/Mekat (Hrsg.), Musterfeststellungsklage, 2019, § 8 Rn. 42; *de Lind van Wijngaarden*, in: Nordholtz/Mekat (Hrsg.), Musterfeststellungsklage, 2019, § 6 Rn. 27.

223 Statt vieler: Musielak/Voit/*Stadler*, § 608 Rn. 1.

224 BT-Drs. 15/5091, S. 16.

225 So aber: *Röthemeyer*, Musterfeststellungsklage, [2]2020, § 613 Rn. 3.

b) Umfang der Bindungswirkung

Abgesehen von den unterschiedlichen Personenkreisen weisen Rechtskraft- und Bindungswirkung hinsichtlich ihres Umfangs Ähnlichkeiten auf.[226] Beide Institute knüpfen an die Sachentscheidung des Gerichts an, sodass nur der Entscheidungsausspruch Rechtskraft- und Bindungswirkung[227] entfaltet. Nicht überzeugend ist es daher die Reichweite der Bindungswirkung in Parallele zur Bindungswirkung im KapMuG auch auf die tragenden tatsächlichen und rechtlichen Begründungselemente zu erstrecken.[228] Der Umfang der Rechtskraftwirkung ergibt sich aus § 322 I ZPO, der für Urteile die Rechtskraftwirkung nur insoweit vorsieht, als über den durch die Klage oder Widerklage erhobenen Anspruch entschieden worden ist. Ausgangspunkt für die Bestimmung der Reichweite der Rechtskraft ist somit der „erhobene Anspruch" im Sinne von § 322 I ZPO. In Rechtkraft erwächst nur die Entscheidung über den unmittelbaren Streitgegenstand und nicht auch die Begründung des Entscheidungsausspruchs.[229] Der Streitgegenstand ist dabei der prozessuale Anspruch, der sich nach fast einhelliger Ansicht aus Antrag und vorgetragenem Lebenssachverhalt bestimmt.[230]

Nicht überzeugend ist der Ansatz, die Bindungswirkung gem. § 613 I 1 ZPO in Parallele zur Bindungswirkung eines Grundurteils im Sinne von §§ 304 I, 318 ZPO zu sehen.[231] Das Grundurteil ist zwar der formellen, nicht aber der materiellen Rechtskraft fähig, sodass sich seine Bindungswirkung aus § 318 ZPO ergibt.[232] Für die Bindungswirkung ist das tatsächlich Erkannte maßgeblich, sodass bei der Auslegung und Berücksichtigung der Bindungswirkung auch den Entscheidungsgründen eine bindende Wirkung zukommt.[233] Im Gegensatz zur Bestimmung der Rechtskraftwirkung, bei der die Entscheidungsgründe allenfalls als Auslegungshilfe bei Unklarheiten hinsichtlich des Umfangs der Rechtkraft

226 Von einer Nachbildung der Rechtskraft durch das Institut der Bindungswirkung sprechend: *Müller*, GWR 2019, 399.
227 BeckOK ZPO/*Lutz*, § 608 Rn. 26 f.
228 So aber: *Weinland*, Die neue Musterfeststellungsklage, 2019, Rn. 196.
229 *Rosenberg/Schwab/Gottwald*, Zivilprozessrecht, [18]2018, § 154 Rn. 9.
230 *Dies.*, Zivilprozessrecht, [18]2018, § 93 Rn. 10 f.
231 In diese Richtung deutend: *Schneider*, BB 2018, 1986, 1993.
232 BGH NJW-RR 1987, 1196, 1197.
233 BGH NJW-RR 1997, 188, 189; BGH NJW 2011, 3242, 3243.

herangezogen werden können[234], kommt den Entscheidungsgründen unmittelbar bindende Wirkung zu.

Für die Parallele zu § 318 ZPO spricht zwar, dass die Zweistufigkeit des Verfahrens der Musterfeststellungsklage mitsamt Folgeprozess der Situation des Grundurteils nicht unähnlich ist. Auch bei einem Grundurteil liegt eine bereits formell rechtskräftige Entscheidung vor, an welcher sich die nachfolgende Entscheidung zu orientieren hat.

Dagegen sprechen jedoch entscheidend die mangelnde Feststellungsfähigkeit von Ansprüchen dem Grunde nach und die unterschiedlichen Prozesskonstellationen.

Die Feststellung des Grundes des Anspruchs ist kein taugliches Feststellungsziel im Sinne von § 606 I 1 ZPO.[235] Dieser stellt nach seinem eindeutigen Wortlaut auf das Vorliegen oder Nichtvorliegen von tatsächlichen oder rechtlichen Voraussetzungen ab, nicht auf das Bestehen oder Nichtbestehen von Ansprüchen oder Rechtsverhältnissen insgesamt. Dies wird besonders deutlich durch die Verbindung mit dem Wort „für" zwischen den einzelnen Voraussetzungen und dem Anspruch insgesamt. Es können einzelne Voraussetzungen festgestellt werden, soweit sie *für* den Anspruch insgesamt von Bedeutung sind. Eine Feststellungsmöglichkeit des Anspruchs dem Grunde nach hätte der Gesetzgeber sprachlich durch die Verwendung des Wortes „und" zulassen können. Durch diese Formulierung wird zum Ausdruck gebracht, dass die Erwähnung der Ansprüche und Rechtsverhältnisse nur dienende Funktion im Sinne einer Verdeutlichung der Notwendigkeit eines Kausalzusammenhangs zwischen der einzelnen Voraussetzung und dem Anspruch hat. Dafür spricht auch, dass der Gesetzgeber mit der Schaffung der Feststellungsziele eine Konzentration auf die Klärung grundsätzlicher, in einer Vielzahl von Fällen wiederkehrender Fragen ermöglichen wollte.[236] Dieser Zweck würde vereitelt, wenn sehr einzelfallbezogene Fragen – wie z.B. typischerweise die Kausalität – Gegenstand eines Musterfeststellungsprozesses über den Grund des An-

234 BGH NJW 2008, 2716, 2716f.; BGH NJW 1982, 2257; BGHZ 34, 337 = NJW 1961, 917.

235 BeckOK ZPO/*Lutz*, § 608 Rn. 28ff.; für die Zulässigkeit der Feststellung der Haftung dem Grunde nach: Musielak/Voit/*Stadler* § 606 Rn. 12; *Kühling/Sackmann*, DuD 2019, 347, 350; eine Feststellungsfähigkeit von Ansprüchen dem Grunde nach im Musterfeststellungsverfahren mit dem Argument verneinend, dass andernfalls auch die Einreden der Beklagten zu prüfen wären, die im Einzelfall aufgrund individueller Umstände abweichen können: *Schweiger/Wiedeck*, CB 2019, 335, 338.

236 BT-Drs. 19/2439, S. 22.

spruches sein könnten. Der erstrebte Effizienzvorteil durch Abstrahierung des Falles würde im Keim erstickt.

Zudem ist auch die Prozesssituation zwischen § 318 ZPO und § 613 I 1 ZPO nicht identisch. In § 318 ZPO geht es um die Entscheidungen desselben Gerichts im selben Rechtsstreit. Ein Teil der Fragen wird zur Reduzierung des Prozessstoffs durch eine vorgelagerte Entscheidung verbindlich festgestellt. Bei der Musterfeststellungsklage steht jedoch gar nicht der Anspruch der Verbraucher zur gerichtlichen Entscheidung, sondern vielmehr soll von vornherein nur über die gestellten Feststellungsziele entschieden werden. Allein der gemeinsame Grundgedanke, dass zur Entlastung des Folgeverfahrens einzelne Elemente vorab geklärt werden, vermag eine Anwendung des § 318 ZPO nicht zu rechtfertigen, da § 318 ZPO nur auf die Entlastung eines, § 613 I 1 ZPO hingegen auf die Entlastung einer Vielzahl von Verfahren abstellt. Auch ist im Musterfeststellungsprozess das feststellende Gericht keinesfalls identisch mit dem Gericht des Folgeprozesses. Gem. § 119 III 1, 2 GVG ist zwingend entweder das OLG oder das ObLG eines Bundeslandes zur Entscheidung über die Musterfeststellungsklage berufen. Die Zuständigkeit für das Folgeverfahren hat je nach Wert des Streitgegenstandes gem. §§ 23, 71 GVG entweder das Amtsgericht oder das Landgericht. Es handelt sich beim Musterfeststellungsverfahren somit nicht um ein Vor-, Zwischen- oder Rechtsmittelverfahren.[237] Auch insofern ist eine wesentliche Voraussetzung des § 318 ZPO nicht gegeben.

Insgesamt ist es überzeugender die Bindungswirkung ähnlich dem Umfang der Rechtskraft zu beurteilen[238] und nicht an der Bindungswirkung von Grundurteilen. Somit erlangt nur der Entscheidungsausspruch Verbindlichkeit. Aufgrund dieser Ähnlichkeit ist es auch geboten, die §§ 325 ff. ZPO für die Erstreckung der Bindungswirkung auf den Rechtsnachfolger entsprechend anzuwenden.[239]

c) Zweck und Ansatzpunkt der Bindungswirkung

Allerdings lässt sich allein aus dem ähnlichen Umfang der Bindungs- und Rechtskraftwirkung nicht schließen, dass diese Institute deckungsgleich

---

237 *Mekat*, in: Nordholtz/Mekat (Hrsg.), Musterfeststellungsklage, 2019, § 8 Rn. 67.

238 So auch: *de Lind van Wijngaarden*, in: Nordholtz/Mekat (Hrsg.), Musterfeststellungsklage, 2019, § 6 Rn. 27.

239 BeckOK ZPO/*Lutz*, § 608 Rn. 26 f.

wären. Sie verfolgen bereits ganz verschiedene Zwecke. Die Rechtskraft ist im Zusammenhang mit § 322 I ZPO zu sehen, der vom herkömmlichen zweigliedrigen Streitgegenstandsbegriff ausgeht.[240] Ansatzpunkt ist daher das konkret-individuelle Rechtsverhältnis, über welches das Gericht im Prozess abschließend befindet. Im Interesse des Rechtsfriedens soll über den entschiedenen prozessualen Anspruch endgültig geurteilt werden.[241] Die Bindungswirkung nach § 613 I 1 ZPO, welche bereits einen eigenen Streitgegenstand zur Entscheidung des Musterfeststellungsgerichts stellt[242], setzt an abstrakten Voraussetzungen von Verbraucheransprüchen an. Die Bindungswirkung lebt gerade davon, dass sie noch im Folgeverfahren Leitlinien vorgibt.[243] Sie stellt nicht den Schlusspunkt dar, sondern ermöglicht durch ihren abstrakten Ansatzpunkt die vorhersehbarere Prozessführung in weiteren Gerichtsverfahren. Rechtskraft- und Bindungswirkung dienen mithin schon im Grundsatz ganz unterschiedlichen Zwecken.

Darüber hinaus ist der Ansatzpunkt ein anderer. Die Entscheidung über abstrakte Rechtsfragen in Form der Obersatzbildung ist der Rechtskraft von vornherein nicht zugänglich, sodass diese einem stetigen Wandel unterworfen sein kann.[244] Demgegenüber erfasst die Bindungswirkung eben diese Konstellation, um dem Gericht des Folgeprozesses verbindliche Leitlinien für seine Entscheidung zu geben. Gleiches kann für die Feststellung tatsächlicher Voraussetzungen verzeichnet werden: Während die Feststellung von Tatsachen nicht der Rechtskraft fähig ist, können diese bei Erreichen des Quorums des § 606 II Nr. 2, III Nr. 3 ZPO mit Bindungswirkung festgestellt werden. Dies ist nicht lediglich der Zulassung der Feststellungsziele als taugliche Anträge im Zivilprozess geschuldet, sondern dem abstrakten Ansatzpunkt, der den Tatsachenfeststellungen über den Musterfeststellungsprozess hinaus Bedeutung verleiht.

Der Zweck und der Ansatzpunkt zwischen Rechtskraft und Bindungswirkung sind grundverschieden, sodass eine Vergleichbarkeit ausscheidet.

---

240 *Rosenberg/Schwab/Gottwald*, Zivilprozessrecht, [18]2018, § 154 Rn. 9.

241 Thomas/Putzo/*Reichold*, § 322 Rn. 1.

242 Teil Zwei Kapitel Eins § 3 B. I. 1. f) Eigenständige Streitgegenstandsbestimmung für die Musterfeststellungsklage (81).

243 Teil Zwei Kapitel Eins § 3 A. Die Feststellungsziele in der Struktur des Rechtsanwendungsmodells (59).

244 *Riehm*, Abwägungsentscheidungen in der praktischen Rechtsanwendung, 2006, S. 24.

2. Abgrenzung zur faktischen Bindungswirkung

Das Musterfeststellungsurteil wird entweder von einem OLG oder einem ObLG gefällt. Diese Gerichte sind die höchsten Gerichte der Bundesländer, sodass ein Vergleich mit der faktischen Bindungswirkung angezeigt erscheint.

Nach Art. 97 I GG ist jeder Richter in seiner rechtsprechenden Funktion unabhängig und nur dem Gesetz unterworfen. Dies garantiert dem Richter auch von einer Rechtsprechung eines übergeordneten bzw. seines eigenen Gerichts abweichen zu dürfen und seine eigene Rechtsauffassung zugrunde legen zu können.[245] Bei einem Wechsel seiner rechtlichen Auffassung kann er auch von seiner eigenen, bisherigen Rechtsprechung Abstand nehmen und den ihm vorliegenden Fall nach seiner neuen Überzeugung entscheiden. Allerdings ist es in der Praxis unbestreitbar, dass insbesondere Urteilen höherer und höchster Gerichte eine starke faktische Bindungswirkung innewohnt. Dies beruht zum einen darauf, dass ihnen aufgrund ihrer Begründung eine sog. persuasive Authority[246] zukommt. Allein die Schlüssigkeit und Nachvollziehbarkeit der eigenen Begründung vermag andere Richter von der Richtigkeit des eingenommenen Standpunktes zu überzeugen. Zum anderen dient die Einnahme des höchstrichterlichen Standpunktes dem Schutz vor Aufhebung in der Rechtsmittelinstanz. Bei der Berufung und der Revision hat das übergeordnete Gericht die Möglichkeit das angegriffene Urteil aufzuheben und nach seiner eigenen Sichtweise zu urteilen bzw. das Urteil aufzuheben und es an die Ursprungsinstanz zurückzuverweisen. Um dies zu vermeiden, orientieren sich viele Gerichte und Richter von vornherein an der obergerichtlichen Rechtsprechung.

Mit dieser ohnehin eingreifenden faktischen Bindungswirkung könnte auf die geringe praktische Bedeutung der rechtlichen Bindungswirkung gem. § 613 I 1 ZPO hingewiesen werden.[247] Auch setzt der Gesetzgeber selbst in § 148 II ZPO auf die faktische Bindungswirkung, da er auf Antrag die Aussetzung eines Prozesses erlaubt, für den der Musterfeststellungsprozess in keiner Weise vorgreiflich oder bindend ist.[248] Dasselbe gilt,

---

245 BVerfGE 87, 273, 278 = NJW 1993, 996; BVerfGE 98, 17, 48.

246 *Schroeder*, in: Nordholtz/Mekat (Hrsg.), Musterfeststellungsklage, 2019, § 11 Rn. 42.

247 Für die geringe praktische Bedeutung der Rechtskrafterstreckung bei Annahme einer persuasive authority: *Stadler*, in: Meller-Hannich (Hrsg.), Kollektiver Rechtsschutz im Zivilprozess, 2008, S. 93, 110; *Gottwald*, ZZP 91 (1978), 1, 21.

248 Musielak/Voit/*Stadler*, § 606 Rn. 1.

auch wenn diese Situation keine ausdrückliche Regelung erfahren hat, für ein späteres Individualverfahren durch einen nicht angemeldeten Verbraucher.[249]

Auch wenn sich praktisch oftmals dasselbe Ergebnis einstellt, so ist doch rechtlich die Bindungswirkung strikt von der faktischen Präzedenzwirkung zu unterscheiden. Durch die Anordnung der rechtlichen Bindungswirkung gem. § 613 I 1 ZPO wird dem Gericht des Folgeprozesses die Möglichkeit genommen, rechtsfehlerfrei mit eigener überzeugender Begründung vom Musterfeststellungsurteil abzuweichen. Aus einer persuasive Authority wird eine legal Authority. Allein die Nichtbeachtung der Bindungswirkung führt zu einem rechtsfehlerhaften Urteil.[250] Der Eingriff in die Rechte des vom Urteil negativ Betroffenen entspringt aus verschiedenen Quellen. Bei der faktischen Bindungswirkung folgt das Gericht aus eigener Überzeugung einer Auffassung und greift selbsttätig in Rechte der Betroffenen ein. Bei der rechtlichen Bindungswirkung gem. § 613 I 1 ZPO steht bereits mit Rechtskraft des Musterfeststellungsurteils fest, dass dieses bei Vorliegen der Voraussetzungen des § 613 I 1 ZPO uneingeschränkte Berücksichtigung finden muss. Der Eingriff in die Rechte der Betroffenen erfolgt demzufolge schon auf der Ebene des Musterfeststellungsprozesses und wird nur noch technisch durch das Gericht des Folgeprozesses vollzogen, falls der angemeldete Verbraucher überhaupt noch ein Folgeverfahren anstrengt. Positiv gewendet, trägt die rechtliche Bindungswirkung sowohl zur Reduzierung der Gefahr abweichender Entscheidungen bei und ist damit der Rechtssicherheit zuträglich als auch zur Zahlungsbereitschaft auf Seiten der Beklagten, da diese bereits hinsichtlich einer Voraussetzung eine rechtlich bindende Entscheidung erhalten hat.[251]

Die faktische und die rechtliche Bindungswirkung sind somit grundlegend verschieden. Das Institut der faktischen Bindung vermag das der rechtlichen Bindung nicht zu relativieren, da der Eingriff in die Rechte der Betroffenen jeweils von anderen Instanzen ausgeht.

---

249 Musielak/Voit/*Stadler*, § 613 Rn. 6; *Mekat*, in: Nordholtz/Mekat (Hrsg.), Musterfeststellungsklage, 2019, § 8 Rn. 85 f.

250 *Rohls*, in: Nordholtz/Mekat (Hrsg.), Musterfeststellungsklage, 2019, § 3 Rn. 88.

251 *Gurkmann*, in: Schäfer (Hrsg.), Der Gesetzesentwurf zur "Musterfeststellungsklage", 2018, S. 46, 71.

3. Abgrenzung zur Musterprozessabrede

Auch mit einer Musterprozessabrede ist es möglich, Wirkungen eines Prozesses auf einen anderen zu übertragen. Die Rechtskraft steht dabei jedoch nicht zur Disposition der Parteien[252], sodass eine privatautonome Rechtskrafterstreckung ausscheidet. Rechtstechnisch stellt die Musterprozessabrede einen materiell-rechtlichen Vertrag dar, wonach sich die zwischen den Vertragsschließenden streitige Forderung nach dem Ergebnis eines anderen Prozesses richten soll.[253] Auf diese Weise wird die Entscheidung in einem anderen Rechtsstreit für die Parteien des Musterprozessvertrags bindend.

Parallel dazu wird beim Musterfeststellungsprozess ein Urteil gefällt, welches für die Angemeldeten in ihrem Folgerechtsstreit verbindlich ist. Allerdings beruht die Anordnung der Verbindlichkeit nicht auf der privatautonomen Gestaltungsfreiheit der Parteien. Die Anmeldung zum Klageregister begründet keinen Vertrag zur Musterfeststellungsbeklagten, welche als Partei eines etwaigen Folgerechtsstreits Partei einer Musterprozessabrede sein müsste. Inwieweit die Anmeldung ein Rechtsverhältnis zum Musterfeststellungskläger begründet, wird später näher beleuchtet.[254] Mangels rechtsgeschäftlichen Handelns der Musterfeststellungsbeklagten kann zu dieser kein Vertrag zustande kommen. Vielmehr stellt sich die Anmeldung als Inanspruchnahme des Instituts der Musterfeststellungsklage dar, für welche der Gesetzgeber in § 613 I 1 ZPO die Bindungswirkung im Hinblick auf den Folgerechtsstreit angeordnet hat. Wiederum geht der Eingriff, den der Gesetzgeber in § 613 I 1 ZPO zulässt, vom Gericht des Musterfeststellungsprozesses aus und nicht von den ihre Rechtsverhältnisse selbst regelnden Parteien des Folgerechtsstreits.

Die Musterprozessabrede ist mit dem Institut der Musterfeststellungsklage nicht vergleichbar.

---

252 *Rosenberg/Schwab/Gottwald*, Zivilprozessrecht, [18]2018, § 157 Rn. 2; *Schäfer*, in: Basedow/Hopt/Kötz u.a. (Hrsg.), Die Bündelung gleichgerichteter Interessen im Prozeß, 1999, S. 67, 71.

253 Stein/Jonas/*Althammer*, § 325 Rn. 10.

254 Teil Zwei Kapitel Vier § 2 A. III. Entstehen einer prozessualen Sonderverbindung (463).

4. Abgrenzung zur Gestaltungswirkung

Als weitere Ausnahme von der inter-partes-Wirkung von Urteilen ist die Gestaltungswirkung heranzuziehen und mit der Bindungswirkung nach § 613 I 1 ZPO zu vergleichen.

Ähnlich wie bei der Bindungswirkung ist Kernelement der Gestaltungswirkung, dass eine Gerichtsentscheidung weitere Gerichte bindet.[255] Das Urteil wirkt über den Kreis der Prozessparteien hinaus; es hat erga-omnes Wirkung. Häufig kommen Gestaltungsklagen und dementsprechend Gestaltungsurteile im Gesellschafts- und Familienrecht vor. So hat das Urteil, welches einen Gesellschafter gem. § 140 I HGB ausschließt oder eine OHG gem. § 133 I HGB auflöst gestaltende Wirkung und wirkt damit für und gegen jedermann. Auch die Nichtigkeitserklärung eines Beschlusses der Hauptversammlung einer AG gem. § 241 Nr. 5 AktG und die Scheidung gem. § 1564 S. 2 BGB werden per Gestaltungsurteil bzw. Gestaltungsbeschluss ausgesprochen.

a) Öffentliches Interesse an der Gestaltungswirkung

An dieser Stelle liegt zugleich der entscheidende Unterschied zwischen Bindungs- und Gestaltungswirkung. Die Bindungswirkung der Musterfeststellungsklage soll Anreize für die gerichtliche Klärung von Rechtsverhältnissen schaffen, die ansonsten – mit gewissen Kosten und Mühen – vom Individuum geltend gemacht werden müssten. Dass diese Ansprüche durchaus vor Gericht getragen werden, zeigen die in der Einleitung erwähnten 25.000 Individualverfahren um den VW-Abgasskandal allein in den Jahren 2015 bis 2018[256], die nach dem Austritt etlicher zur Musterfeststellungsklage Angemeldeter sogar noch auf 60.000 angestiegen sind.[257] Die Gestaltungsurteile hingegen betreffen Konstellationen, in denen aufgrund der Vielzahl der potentiell Betroffenen eine gestaltende Entscheidung schlichtweg unabdingbar ist, sie ergibt sich schon aus der Natur des zu gestaltenden Verhältnisses.[258] Man denke nur an die Gläubiger einer

---

255 *Schlosser*, Gestaltungsklagen und Gestaltungsurteile, 1966, S. 157.

256 Teil Eins: Einleitung (29).

257 *Votsmeier*, Mehr als 206.000 Dieselkläger haben ihre Rechtsschutzversicherung in Anspruch genommen (https://www.handelsblatt.com/unternehmen/industrie/dieselskandal-mehr-als-206-000-dieselklaeger-haben-ihre-rechtsschutzversicherung-in-anspruch-genommen/25382352.html) (geprüft am 14.04.2020).

258 *Calavros*, Urteilswirkungen zu Lasten Dritter, 1978, S. 127.

OHG, die aufgelöst wurde oder an die Privatgläubiger eines ehemaligen Gesellschafters, der gem. § 133 I HGB aus der Gesellschaft ausgeschlossen wurde. Eine rechtssichere Klärung dieser Rechtsverhältnisse ist nur möglich, wenn sie für und gegen jedermann erfolgt. Es besteht aufgrund der Vielzahl der von der Gestaltung abhängigen Rechtsverhältnisse ein öffentliches Interesse daran, durch eine präventive richterliche Kontrolle eine rechtssichere Entscheidung in der Sache zu erhalten.[259] Die präventive richterliche Kontrolle bietet Gewähr für die ordnungsgemäß herbeigeführte Gestaltung der Rechtslage.[260] Zwar liegt auch der ressourcensparende Umgang mit der Justiz und die effektive Klärung von Verbraucherrechten[261] im öffentlichen Interesse, doch ist dieses bei weitem nicht so zwingend wie das öffentliche Interesse, welches den Gestaltungsurteilen zugrunde liegt. Die Notwendigkeit für die Einführung der Musterfeststellungsklage entstand erst mit dem Aufkommen der modernen Massenversorgung[262] und könnte durch anderweitige Maßnahmen gelöst werden. Die Notwendigkeit gestaltender Entscheidungen im Gesellschaftsrecht bestand jedoch schon mit der Zulassung – z.B. der OHG – und ist kaum durch andere Maßnahmen lösbar. Eine nur relative Gestaltungswirkung würde den Bedürfnissen des Rechtsverkehrs und der Rechtssicherheit in keiner Weise gerecht.

Ähnlich zwingende Überlegungen liegen den Gestaltungsurteilen im Familienrecht zugrunde. Auch bei diesen besteht ein öffentliches Interesse an der rechtssicheren Gestaltung von Statussachen, wobei dabei verstärkend Art. 6 I GG auch verfahrensrechtlich die besondere Berücksichtigung der Schutzbedürftigkeit der Ehe und Familie verlangt.[263] Eine Ehe soll mit Wirkung gegenüber jedermann, mithin absolut, geschieden werden und nicht noch gegenüber einzelnen Personen Rechtswirkungen entfalten. Wohingegen bei der Musterfeststellungsklage die Durchsetzung von Leistungsansprüchen im Vordergrund steht, die nicht denselben besonderen verfassungsrechtlichen Schutz genießen.[264] Auch in diesem Bereich sind die Gründe für eine verfahrensübergreifende Urteilswirkung

---

259 *Ders.*, Urteilswirkungen zu Lasten Dritter, 1978, S. 124 ff.

260 *Ders.*, Urteilswirkungen zu Lasten Dritter, 1978, S. 127.

261 Zu diesen Aspekten bei der Musterfeststellungsklage: BT-Drs. 19/2439, S. 22.

262 *Gurkmann/Wernicke*, DRiZ 2018, 92.

263 *Calavros*, Urteilswirkungen zu Lasten Dritter, 1978, S. 117 ff.

264 Die Unterscheidung zwischen familienrechtlichen Statusverfahren und Leistungsbegehren hervorhebend: *ders.*, Urteilswirkungen zu Lasten Dritter, 1978, S. 117 ff.

im Familienrecht weitaus zwingender als bei der Bindungswirkung gem. § 613 I 1 ZPO.

b) Umgestaltung eines konkret-individuellen Rechtsverhältnisses

Charakteristisch an Gestaltungsurteilen bzw. -beschlüssen ist, dass die materielle Rechtslage nach Rechtskraft derselben schlicht umgestaltet ist[265], was zu ihrem allgemeinverbindlichen Geltungsanspruch führt. Es wird direkt auf ein konkret-individuelles Rechtsverhältnis eingewirkt. Im Gegensatz dazu steht die Bindungswirkung, welche über die Vorgabe von Leitlinien für eine Vielzahl von Fällen durch Festlegung des Ober- und Untersatzes für den Folgeprozess keine direkte Einwirkung auf ein konkretes Rechtsverhältnis zu verzeichnen vermag.[266] Vielmehr bleibt der Anspruch des Angemeldeten auch bei Erlass der Musterfeststellungsentscheidung unverändert. Erst bei Anstrengung eines Folgeprozesses wirkt die Bindungswirkung mittelbar auf die Ansprüche des vormals Angemeldeten ein, indem die zuvor abstrakt festgestellten Voraussetzungen bei Entscheidungserheblichkeit[267] im Folgeverfahren Verbindlichkeit erlangen. Eine Einwirkung auf den konkreten Anspruch erfolgt daher erst durch das Gericht des Folgeprozesses. Der Wirkungsmechanismus beider Institute ist daher verschieden.

Bindungs- und Gestaltungswirkung unterscheiden sich daher sowohl beim verfolgten Interesse als auch beim angeordneten Wirkungsmechanismus.

5. Abgrenzung zur Interventionswirkung

Die Interventionswirkung findet ihre normative Grundlage in § 68 S. 1 ZPO und wird entweder durch einen Beitritt als Nebenintervenient zum Ausgangsrechtsstreit gem. § 70 ZPO oder durch eine Streitverkündung durch eine der Parteien des Ausgangsrechtsstreits gem. § 72 I ZPO hervorgerufen. Bei einem Beitritt nach einer Streitverkündung gelten gem.

---

265 *Schlosser*, Gestaltungsklagen und Gestaltungsurteile, 1966, S. 160.

266 Dazu genauer: Teil Zwei Kapitel Eins § 3 A. Die Feststellungsziele in der Struktur des Rechtsanwendungsmodells (59).

267 Zu dieser Auslegung: Teil Zwei Kapitel Eins § 3 B. I. 2. Notwendigkeit der Kongruenz (84).

§ 74 I ZPO die Regelungen über die Nebenintervention, die Streitverkündung ist dann prozessual überholt.[268] Bei einem unterlassenen Beitritt nach der Streitverkündung wird die Interventionswirkung nach den §§ 74 III, 68 S. 1 ZPO angeordnet.

Die Interventionswirkung gem. § 68 S. 1 ZPO geht dabei auf der einen Seite weiter als die Rechtskraftwirkung, da sie auch tragende Tatsachen aus den Entscheidungsgründen erfasst und für den Folgeprozess bindend feststellt; auf der anderen Seite ist sie enger als die Rechtskraft, zumal sie die exceptio mali processus gem. § 68 S. 2 ZPO vorsieht, die bei einer Rechtskrafterstreckung nicht einschlägig sein kann[269] und vor allem auch bei § 613 I ZPO nicht vorgesehen ist. Sie wirkt nur im Verhältnis Nebenintervenient bzw. Streitverkündungsempfänger und unterstützter Partei und dabei wiederum nur zugunsten der unterstützten Partei.[270]

Gemeinsam ist der Bindungs- und Interventionswirkung, dass es einen Ausgangsrechtsstreit zwischen anderen Parteien gibt, der sodann Wirkungen in einem Folgeprozess zeitigt. Es werden in beiden Fällen Wirkungen eines Urteils auf eine Nicht-Partei erstreckt.[271] Auch treten weder die Interventions- noch die Bindungswirkung automatisch ein, sondern bedürfen eines sie legitimierenden Aktes. Bei der Interventionswirkung ist dies der Beitritt gem. § 70 I ZPO oder die Streitverkündung nach §§ 72 ff. ZPO. Die Auslösung der Bindungswirkung gem. § 613 I 1 ZPO bedarf einer wirksamen Anmeldung eines Verbrauchers und kann somit im Gegensatz zu einer durch Streitverkündung herbeigeführten Nebenintervention nicht gegen den Willen eines Verbrauchers eintreten.

Insgesamt überwiegen aber die Unterschiede zwischen den beiden Instituten. Zweck der Interventionswirkung ist es, einerseits einem Dritten, dessen Rechte von einem Prozess betroffen werden können, Beteiligungsrechte und damit eine Einflussnahmemöglichkeit zu eröffnen.[272] Andererseits soll der Hauptpartei das Risiko divergierender Entscheidungen abgenommen werden, indem die Wirkungen des einen Prozesses in einen Folgeprozess transferiert werden.[273] Um diese Zwecke zu erreichen sehen die §§ 64–74 ZPO ein System abgestufter Beteiligungsrechte vor, bei dem § 68 Hs. 2 ZPO sicherstellt, dass der Dritte nicht an Feststellungen im

---

268 *Knöringer*, JuS 2007, 335, 340.
269 *Stadler*, FS Rechberger, 2005, S. 663, 675.
270 Statt vieler: Thomas/Putzo/*Hüßtege*, § 68 Rn. 1; Zöller/*Althammer*, § 74 Rn. 7.
271 *Mekat*, in: Nordholtz/Mekat (Hrsg.), Musterfeststellungsklage, 2019, § 8 Rn. 67.
272 *Musielak/Voit*, Grundkurs ZPO, [14]2018, Rn. 626.
273 *Dies.*, Grundkurs ZPO, [14]2018, Rn. 652.

Ursprungsrechtsstreit gebunden ist, die er nicht beeinflussen konnte.[274] Im Gegensatz dazu steht § 613 I 1 ZPO. Dieser gewährt dem angemeldeten Verbraucher gerade keine Beteiligungsrechte im Ausgangsrechtsstreit. Vielmehr ist der Verbraucher nach dem Verstreichen der letztmöglichen Austrittsmöglichkeit gem. § 608 III ZPO gefangen[275], indem er ohne Partizipationsrechte oder Einflussmöglichkeiten an den Ausgang des Prozesses gebunden ist, den die qualifizierte Einrichtung führt. Verstärkt wird dieser Effekt noch dadurch, dass § 610 VI ZPO die §§ 66–74 ZPO im Hinblick auf angemeldete oder potentiell anspruchsberechtigte Verbraucher ausschließt. Die Interventionswirkung soll die Abwehr bzw. Geltendmachung eines einzelnen Anspruchs gewährleisten, wohingegen die Bindungswirkung eine massenhafte Klärung von Rechtsverhältnissen zum Gegenstand hat.

Ein weiterer bedeutender Unterschied ist der Umfang der Bindung im Folgeprozess. Bei § 613 I 1 ZPO beschränkt sich die Bindung, wie bereits ausgeführt[276], auf den Entscheidungsausspruch, wohingegen sich die Interventionswirkung auch auf die tragenden Feststellungen in den Urteilsgründen bezieht. Dafür lässt nur die Interventionswirkung den Einwand des § 68 Hs. 2 ZPO zu. Auch sind die zeitlichen Grenzen der Wirkungen der beiden Institute andere. Die Bindungswirkung gem. § 613 I 1 ZPO klärt mit verbindlicher Wirkung nur die Lage bis zum Zeitpunkt der letzten mündlichen Verhandlung. Später entstandene Tatsachen können noch vorgebracht werden. Eine solche zeitliche Begrenzung sieht die Interventionswirkung nicht vor, lässt dafür aber die exceptio mali processus zu.[277]

Zuletzt wirkt die Bindungswirkung gem. § 613 I 1 ZPO zugunsten wie zulasten der Angemeldeten im Folgeprozess, wobei die Interventionswirkung nur zugunsten der unterstützten Partei wirkt.[278]

Es lässt sich an dieser Stelle feststellen, dass die Gemeinsamkeiten zu der Interventionswirkung nicht allzu groß sind. Letztlich ist allein die Erstreckung auf einen Dritten mitsamt zweistufigem Verfahren und eines diese Bindung legitimierenden Aktes der Interventions- und der Bindungswirkung gemein. Im Übrigen liegen den Instituten verschiedene Zwecke und Wirkungsmechanismen zugrunde.

---

274 *Schultes*, FS Schilken, 2015, S. 469, 470 f.; *Gaul*, FS Zeuner, 1994, S. 317, 341 f.

275 *Schneider*, BB 2018, 1986, 1994 f.

276 Dazu: Teil Zwei Kapitel Eins § 3 B. II. 1. Abgrenzung zur Rechtskraft (89).

277 *Wieser*, ZZP 79 (1966), 246, 284.

278 Statt vieler: Thomas/Putzo/*Hüßtege*, § 68 Rn. 1; Zöller/*Althammer*, § 74 Rn. 7.

6. Abgrenzung zur Bindungswirkung im KapMuG

Ähnliche Schwierigkeiten bei der dogmatischen Einordnung löst die Bindungswirkung gem. §§ 325a ZPO i.V.m. 22 I 1, III KapMuG aus.[279] Dies wird besonders vor dem Hintergrund deutlich, dass bei der Schaffung der Musterfeststellungsklage eine Orientierung an den Erfahrungen mit dem KapMuG stattgefunden hat.[280]

a) Einordnung der Bindungswirkung im KapMuG

Eingeordnet wurde sie deshalb unter anderem als eigenständige Bindungswirkung, die der Beiladung im Verwaltungsverfahrensrecht entspricht.[281] Übersehen wird dabei jedoch, dass die Formulierung in § 22 III KapMuG weitestgehend dem § 68 ZPO entspricht, weshalb sich die Bindung auch auf die tragenden Feststellungen in den Entscheidungsgründen bezieht. Es war erklärtes Ziel des Gesetzgebers, eine an § 68 ZPO orientierte Bindungswirkung im KapMuG zu regeln.[282] Der Zwangscharakter der Aussetzung der Prozesse gem. § 8 I 1 KapMuG mit anschließender Bindungswirkung gem. § 22 I 1 KapMuG wird durch die Einräumung weitreichender Beteiligungsrechte kompensiert.[283] Zugelassen wird zudem die dem § 68 Hs. 2 ZPO nachempfundene exceptio mali processus, welche die Bindungswirkung nach dem KapMuG näher an die Interventionswirkung heranrücken lässt.[284] Dennoch wird überwiegend angenommen, dass sich die Bindungswirkung nicht nahtlos in die bestehenden Strukturen einordnen lässt, sondern vielmehr eine Bindung eigener Art darstellt.[285] Dies resultiert vor allem aus der Tatsache, dass die Bindungswirkung im KapMuG umfassender ausgestaltet ist als in § 68 Hs. 1 ZPO, indem sie zugunsten wie zuungunsten der Beigeladenen auch gegenüber der Beklagten

---

279 *Mekat*, in: Nordholtz/Mekat (Hrsg.), Musterfeststellungsklage, 2019, § 8 Rn. 65 ff.

280 *Steineke*, in: Schäfer (Hrsg.), Der Gesetzesentwurf zur "Musterfeststellungsklage", 2018, S. 112, 117 f.

281 *Stadler*, FS Rechberger, 2005, S. 663, 667.

282 BT-Drs. 15/5091, S. 31.

283 *Halfmeier*, ZIP 2016, 1705, 1711 f.

284 *Schilken*, FS Picker, 2010, S. 709, 724.

285 Einen Überblick über den Meinungsstand gebend: *Meller-Hannich*, ZBB 2011, 180, 188.

eintritt.[286] Eine Beschränkung auf das Verhältnis zur Hauptpartei und eine ausschließlich zuungunsten des Beigeladenen angeordnete Bindung haben im KapMuG nicht stattgefunden und verleihen ihr somit Elemente einer subjektiven Rechtskrafterstreckung.

Bei Würdigung aller Umstände ist zuzugeben, dass sich die Bindung gem. §§ 325a ZPO i.V.m. 22 I 1, III KapMuG zwar nicht vollends einem bereits bestehenden Institut zuordnen lässt, die Gemeinsamkeiten mit der Nebenintervention aber weitaus größer sind als die mit der Rechtskrafterstreckung. Es bietet sich deshalb an, diese Bindung als Interventionswirkung sui generis zu bezeichnen, um die Anknüpfung und Nähe zu § 68 ZPO zu betonen.

b) Gemeinsamkeiten und Unterschiede zur Bindungswirkung

Folglich kann grundsätzlich auf die soeben beschriebene Abgrenzung zur Interventionswirkung verwiesen werden. Besonderheiten ergeben sich jedoch aus dem Charakter des KapMuG als Massenverfahren, auf die im Folgenden genauer eingegangen wird.

Gemeinsam ist der Bindungswirkung nach dem KapMuG gem. § 22 I 1 KapMuG und der Musterfeststellungsklage nach § 613 I 1 ZPO, dass sie umfassend ausgestaltet sind. Auch liegen den jeweiligen Musterverfahren durch die vorherige Formulierung von festzustellenden Zielen eigenständige Streitgegenstände zugrunde, die strikt von im Individualverfahren geltend gemachten Ansprüchen zu unterscheiden sind.[287] Dabei ist der Streitgegenstand entgegen der allgemeinen Dogmatik weiter, indem er auch die Klärung bloßer Vor- und Rechtfragen ermöglicht.[288] Beide Musterprozesse sollen durch eine Klärung zentraler Streitfragen zu einer effektiven und verfahrensökonomischen Bewältigung der Folgeverfahren führen[289], sodass das von ihnen verfolgte Grundanliegen dasselbe ist. Erforderlich für die Feststellungsfähigkeit der Ziele sind für beide Verfahren überindividuelle Tatsachen und Rechtsfragen, sodass die Erfahrungen aus

286 *Dies.*, ZBB 2011, 180, 188.

287 BT-Drs. 15/5091, S. 30. Dies im Hinblick auf die §§ 13 GVG, 3 ArbGG feststellend: *Zimmer/Weigl*, BB 2019, 183, 184.

288 *Meller-Hannich*, ZBB 2011, 180, 183 ff.

289 Für das KapMuG: *Schilken*, in: Meller-Hannich (Hrsg.), Kollektiver Rechtsschutz im Zivilprozess, 2008, S. 21, 38 f.

dem KapMuG insofern auf das Musterfeststellungsverfahren übertragen werden können.[290]

Bei genauerer Betrachtung ergeben sich jedoch gravierende Unterschiede.[291] So wird das Feststellungsprogramm bei der Musterfeststellungsklage vorab von der qualifizierten Einrichtung festgelegt und die Verbraucher können sich durch die Anmeldung im Klageregister anschließen. Im KapMuG sind bereits Rechtsstreitigkeiten anhängig, die aufgrund eines vom Vorlagegericht formulierten Vorlagebeschlusses gem. § 6 KapMuG ausgesetzt werden; das Vorlagegericht gibt somit das Feststellungsprogramm vor.[292] Auch bezieht sich die Bindungswirkung bei der Musterfeststellungsklage nur auf den Entscheidungsausspruch, nicht wie im KapMuG auch auf die tragenden Feststellungen.[293]

Entscheidender Unterschied ist zudem die Beteiligungsmöglichkeit im Musterprozess. Im KapMuG stellt sich das Ergebnis des Musterprozesses als ein auch von den Beigeladenen erstrittenes Urteil dar, wohingegen bei der Musterfeststellungsklage ein an Stelle der Verbraucher von der qualifizierten Einrichtung erstrittenes Urteil die Angemeldeten im Folgeverfahren bindet. Die Bindung weist demzufolge eine andere Qualität auf, die § 22 I 1, III KapMuG im Gegensatz zu § 613 I 1 ZPO in die Nähe der Interventionswirkung rücken lässt. Schließlich stellt sich die Bindung des KapMuG im Ausgangspunkt durch die zwingende Aussetzung des Individualrechtsstreits als tiefgreifender dar als die freiwillige Anmeldung im Klageregister, die § 613 I 1 ZPO erfordert.

Insgesamt steht die Bindungswirkung der §§ 325a ZPO i.V.m. 22 I 1, III KapMuG der des § 613 I 1 ZPO durch ihre umfassende Geltung zwar näher als die Interventionswirkung der Bindungswirkung gem. § 613 I 1 ZPO. Dennoch sind beide Institute grundverschieden im Hinblick auf den Umfang und die Beteiligungsmöglichkeiten. Für die im Ausgangspunkt ähnlichen Anliegen hat der Gesetzgeber konzeptionell unterschiedliche Ansatzpunkte zur Bewältigung von Massenverfahren entwickelt.[294]

---

290 *Mekat*, in: Nordholtz/Mekat (Hrsg.), Musterfeststellungsklage, 2019, § 8 Rn. 34.

291 Feststellend, dass die Bindungswirkung im KapMuG kaum vergleichbar zu § 613 I 1 ZPO ist: *Windau*, jM 2019, 404.

292 *Halfmeier*, ZIP 2016, 1705, 1710. Durch die Formulierung des Vorlagebeschlusses bestimmt das vorlegende Gericht über den Streitgegenstand, zumal dieser an die Stelle einer verfahrenseinleitenden Klageschrift tritt: BGH NJW 2017, 3777, 3783.

293 Insofern unzutreffend: *Schroeder*, in: Nordholtz/Mekat (Hrsg.), Musterfeststellungsklage, 2019, § 11 Rn. 15 f.

294 *Beckmann/Waßmuth*, WM 2019, 45, 46.

7. Vergleich zu alternativen Formen von Entscheidungswirkungen

Es steht dem Gesetzgeber frei, Gerichtsentscheidungen einen weit über den einzelnen Fall verbindlichen Charakter zu verleihen. So wurde der Normenkontrolle gem. § 47 V 2 Hs. 2 VwGO erga-omnes Wirkung verliehen. Dem Oberverwaltungsgericht bzw. Verwaltungsgerichtshof kommt somit die Kompetenz zu, Normen, welche unter die Voraussetzungen des § 47 I Nr. 1 und 2 VwGO fallen, mit allgemeinverbindlicher Wirkung für unwirksam zu erklären.

Auch § 31 I BVerfGG verleiht Entscheidungen des Bundesverfassungsgerichts einen allgemeinen Geltungsanspruch, § 31 II 1 BVerfGG in den enumerativ aufgezählten Fällen sogar Gesetzeskraft.

Mit diesen Urteilen wird jeweils ein besonderer verfassungsrechtlicher Zweck verfolgt, was ihre allgemeinverbindliche Wirkung rechtfertigt. Das Normenkontrollverfahren ist ein objektives Rechtsschutzverfahren, welches sicherstellen soll, dass eine für unwirksam erklärte Norm in keiner Beziehung mehr Anwendung findet.[295] Auf diese Weise wird Rechtssicherheit in Bezug auf die Wirksamkeit von unter dem Landesgesetz stehenden Normen gewährleistet. Dabei kommt, wie aus dem Wortlaut des § 47 V 2 VwGO deutlich wird, nur einem stattgebenden Urteil allgemeinverbindliche Wirkung zu.

§ 31 I, II BVerfGG ist Ausfluss der Verfassungsstaatlichkeit Deutschlands.[296] Durch die Geltung über den konkreten Einzelfall hinaus wird die Effektivität der Verfassungsgerichtsbarkeit und die Durchsetzbarkeit der Entscheidungen des BVerfG sichergestellt.[297]

Auch die Bindungswirkung gem. § 613 I 1 ZPO verfolgt Zwecke, die verfassungsrechtlich relevant sind. So soll unter anderem ein funktionsfähiger und sicherer Rechtsverkehr gewahrt werden.[298] Im Unterschied zu §§ 47 V 2 Hs. 2 VwGO, 31 I, II BVerfGG erfasst sie jedoch nicht automatisch jeden Betroffenen, sondern bedarf einer sie legitimierenden wirksamen Anmeldung zum Klageregister. Die Bindungswirkung ist nicht zwingendes Erfordernis der Verfassungsstaatlichkeit oder der Rechtssicherheit, sondern ein fakultativ zur Verfügung gestellter Weg[299] zur effektiven

---

295 *Giesberts*, in: Posser/Wolff (Hrsg.), BeckOK VwGO, ^{52}2020, § 47 Rn. 83.

296 *Bethge*, in: Maunz/Schmidt-Bleibtreu/Klein u.a. (Hrsg.), Bundesverfassungsgerichtsgesetz, ^{57}2019, § 31 Rn. 1.

297 *Ders.*, in: Maunz/Schmidt-Bleibtreu/Klein u.a. (Hrsg.), Bundesverfassungsgerichtsgesetz, ^{57}2019, § 31 Rn. 3.

298 BT-Drs. 19/2439, S. 14.

299 BT-Drs. 19/2439, S. 16.

Verfolgung der eigenen Ansprüche. Dass dabei auch verfassungsrechtliche Aspekte eine Rolle spielen, rechtfertigt die Bindungswirkung nicht schon aus sich heraus, da diese nicht im Vordergrund stehen, sondern nach wie vor die Ansprüche der angemeldeten Verbraucher. Die Musterfeststellungsklage ist lediglich einer von mehreren möglichen Wegen zur Bereitstellung effektiven Rechtsschutzes, sie muss sich somit an der Verfassung messen lassen und ist nicht deren zwingendes Petitum.

Die Bindungswirkungen der Urteile gem. §§ 47 V 2 Hs. 2 VwGO, 31 I, II BVerfGG beruhen auf gänzlich anderen Erwägungen als die des § 613 I 1 ZPO. Durch das Anmeldeerfordernis in § 613 I 1 ZPO wird der Anspruch des Einzelnen in den Mittelpunkt gerückt und nicht die allgemeine Rechtssicherheit oder Rechtsstaatlichkeit. Der Musterfeststellungsprozess dient in stärkerem Maße dem Individualrechtsschutz.

8. Vergleich mit dem selbständigen Beweisverfahren nach den §§ 485 ff. ZPO

Das selbständige Beweisverfahren weist auf den ersten Blick eine große Ähnlichkeit zu der in § 613 I 1 ZPO geregelten Bindungswirkung auf. Sowohl bei der Musterfeststellungsklage als auch im selbständigen Beweisverfahren werden prozessual relevante Tatsachenfragen noch vor dem Prozess um den Leistungstitel Gegenstand eines eigenständigen Verfahrens. Es handelt sich dabei um einzelne Elemente, die voraussichtlich im Folgeprozess eine ausschlaggebende Rolle spielen werden. Auch hat der Gesetzgeber bei der Einführung beider Verfahren eine ähnliche Zwecksetzung verfolgt, indem es zumindest auch um die Förderung der gütlichen Streitbeilegung zur Vermeidung gerichtlicher Streitigkeiten ging.[300]

Doch wird bei genauer Betrachtung die funktionale Ähnlichkeit von gravierenden Unterschieden übertroffen. So ist nach § 485 I, II ZPO das selbständige Beweisverfahren auf Zeugenvernehmungen und Sachverständigengutachten beschränkt, wohingegen § 606 I 1 ZPO jegliche für das Bestehen eines Verbraucheranspruchs oder -rechtsverhältnisses relevanten tatsächlichen oder rechtlichen Voraussetzungen für musterfeststellungsfähig erklärt.

Zudem setzt die Verwertbarkeit des Ergebnisses des selbständigen Beweisverfahrens nach § 493 I ZPO die Parteiidentität im Folgeverfahren

300 Für die Musterfeststellungsklage: BT-Drs. 19/2439, S. 16; für das selbständige Beweisverfahren: BT-Drs. 11/3621, S. 2.

voraus.[301] Demgegenüber ist die Musterfeststellungsklage gerade darauf angelegt, dass die klagende qualifizierte Einrichtung im Musterfeststellungsprozess von dem klagenden Verbraucher im Individualprozess personenverschieden ist. Die Anstrengung eines Individualprozesses seitens der qualifizierten Einrichtung zur Erlangung eines Leistungstitels unter Nutzung der zuvor von ihr erstrittenen rechtskräftigen Feststellungen ist ohne eine Abtretung des Verbraucheranspruchs nicht erfolgsversprechend.

Zuletzt unterscheidet sich auch der Wirkungsmechanismus. § 613 I 1 ZPO etabliert eine umfassende und zwingende Bindungswirkung für den Folgeprozess, wohingegen § 493 I ZPO nur den Transfer eines Teils der Beweisaufnahme ermöglicht. Das selbständige Beweisverfahren steht einer Beweisaufnahme vor dem Prozessgericht gleich. Dem Gericht des Folgeprozesses steht es folglich frei anders zu urteilen, als es das Beweisergebnis des selbständigen Beweisverfahrens vorzugeben scheint. Dies kann z.B. bei der Würdigung mit weiteren, erst im Folgeprozess erhobenen Beweisen geschehen. Dies ist bei rechtskräftigen Feststellungszielen, die den Untersatz betreffen, nicht möglich, da diese unter den Voraussetzungen des § 613 I ZPO bindend sind. Abweichende Wertungen hinsichtlich der Feststellungsziele sind nicht mehr möglich.

Trotz der prima facie bestehenden Ähnlichkeiten überwiegen die Unterschiede derart, dass die Wirkungen des selbständigen Beweisverfahrens nicht mit denjenigen des § 613 I 1 ZPO vergleichbar sind.

9. Die Bindungswirkung gem. § 613 I 1 ZPO als Institut sui generis

Bei den angestellten negativen Abgrenzungen von herkömmlichen „Bindungswirkungen“ ist noch keine positive Zuordnung der Bindungswirkung gem. § 613 I 1 ZPO vorgenommen worden, was im Folgenden bewerkstelligt werden soll.

a) Abgleich mit den bisher festgestellten Ergebnissen

Keine große Ähnlichkeit wies die Bindungswirkung zu der Interventionswirkung, zur innerprozessualen Bindung, zur faktischen Bindung, zur Musterprozessabrede und zur Bindungswirkung im KapMuG gem. § 22 I 1, III KapMuG auf. Dies führt zu der Annahme, dass es sich bei der

301 Statt vieler: BeckOK ZPO/*Kratz*, § 493 Rn. 1; Musielak/Voit/*Huber*, § 485 Rn. 3.

Bindungswirkung gem. § 613 I 1 ZPO um eine solche eigener Art handelt, die sich nicht in bestehende Strukturen einordnen lässt.[302]

Parallel zur Rechtskraft entzieht auch die Bindungswirkung die verbindlich festgestellten Tatsachen und Rechtsfragen der Entscheidungsbefugnis des Gerichts des Folgeprozesses, sodass der Entscheidungsausspruch dem Urteil zugrunde gelegt werden muss.[303] Wie bereits bei der Abgrenzung zur Rechtskraft dargestellt, richtet sich der Umfang des in Rechtskraft erwachsenden Teils nach denselben Maßstäben, sodass nur der Tenor für den Folgeprozess bindend ist. Die Entscheidungsgründe sind allenfalls als Auslegungshilfe heranzuziehen. Dies stellt den größten Unterschied zur Interventionswirkung gem. § 68 ZPO und Bindungswirkung nach §§ 325a ZPO i.V.m. 22 I 1 KapMuG dar, welche auch die tragenden Erwägungen der Entscheidungsgründe der Bindung unterwerfen. Der Einwand mangelhafter Prozessführung bleibt den Instituten der Interventionswirkung und der ihr nachempfundenen[304] Bindungswirkung im KapMuG vorbehalten. Die Bindungswirkung gem. § 613 I 1 ZPO tritt vielmehr unabhängig von der Möglichkeit des Vorbringens eigener Rechte im Prozess ein.

Dass auch Rechtsfragen und Vorfragen taugliche Feststellungsziele im Sinne des § 606 I 1 ZPO sind, rückt die Bindungswirkung nicht näher an die Interventionswirkung. Zwar sind diese Punkte typischerweise tragende Erwägungen des Urteils, sodass sachlich in vielen Fällen eine Deckungsgleichheit zwischen von der Interventionswirkung erfassten Fällen und tauglichen Feststellungszielen bestehen kann. Doch resultiert dies nicht aus demselben Umfang der Bindung, sondern aus dem besonderen Streitgegenstand der Musterfeststellungsklage. Dieser erlaubt eine rechtskraftfähige Tenorierung von Rechts- und Vorfragen, die nach allgemeinen Grundsätzen nicht möglich wäre. Nur auf diesen Tenor, nicht auf die tragenden Erwägungen, bezieht sich sodann die Bindungswirkung gem. § 613 I 1 ZPO.

Wie auch die Rechtskraft ist die Bindungswirkung von Amts wegen zu berücksichtigen.[305] Nicht überzeugend ist es hingegen, einen Verzicht des Verbrauchers auf eine aus seiner Sicht günstige Bindungswirkung als

302 Musielak/Voit/*Stadler*, § 613 Rn. 2; *Mekat*, in: Nordholtz/Mekat (Hrsg.), Musterfeststellungsklage, 2019, § 8 Rn. 72.

303 *Schroeder*, in: Nordholtz/Mekat (Hrsg.), Musterfeststellungsklage, 2019, § 11 Rn. 6.

304 BT-Drs. 15/5091, S. 31.

305 *Schroeder*, in: Nordholtz/Mekat (Hrsg.), Musterfeststellungsklage, 2019, § 11 Rn. 25.

Ausfluss seiner materiell-rechtlichen Privatautonomie zuzulassen.[306] Dagegen spricht der Zweck der Bindungswirkung. Diese Bindungswirkung soll verhindern, dass über gleichgelagerte Fragen mehrmals entschieden wird, um auf diese Weise besonders effizient eine befriedende Entscheidung aller Streitigkeiten zu erreichen.[307] Diesem Zweck widerspricht es, eine erneute Verhandlung aufgrund eines Verzichts des Verbrauchers zuzulassen. Es würde genau die Situation eintreten, die durch die Bindungswirkung vermieden werden sollte und Gerichtsressourcen würden doppelt in Anspruch genommen. Dies gilt aufgrund der schutzwürdigen Interessen der Gegenseite erst recht für eine nur einseitige Erklärung, mag diese auch nur zum Vorteil des Geschützten erklärt worden sein. Es geht hier auch nicht um einen nach allgemeinen Regeln zulässigen Verzicht auf einen rechtskräftig zugesprochenen Anspruch[308], da das Musterfeststellungsurteil einen solchen Anspruch gar nicht zusprechen kann. Vielmehr steht bei der Musterfeststellungsklage noch stärker als im gewöhnlichen Zivilprozess die Prozessökonomie im Vordergrund, indem über verallgemeinerungsfähige Vorfragen mit verbindlicher Wirkung vorab entschieden werden können soll. Diese einzelnen Anspruchselemente sind keine Rechtsverhältnisse im Sinne des § 397 BGB, da sie noch keine schuldrechtlichen Ansprüche[309] darstellen. Auf sie kann mithin auch bei Geltung der allgemeinen Regeln nicht verzichtet werden.

Auf die rechtskräftig festgestellten Vor- und Rechtsfragen kann weder einseitig noch in Übereinstimmung mit dem Prozessgegner verzichtet werden. Dies gilt aufgrund des dargestellten Zwecks und der Berücksichtigung von Amts wegen[310] auch dann, wenn die prozessualen Handlungen de facto auf einen Verzicht abzielen, wie z.B. das Unstreitigstellen von Tatsachen, die abweichend in rechtskräftigen Feststellungszielen ausgeurteilt wurden.

306 *Mekat*, in: Nordholtz/Mekat (Hrsg.), Musterfeststellungsklage, 2019, § 8 Rn. 83 f.
307 BT-Drs. 19/2439, S. 17.
308 BeckOK ZPO/*Gruber*, § 322 Rn. 19.
309 Zum Erfordernis eines schuldrechtlichen Anspruchs: MüKo BGB/*Schlüter*, § 397 Rn. 1.
310 *Schroeder*, in: Nordholtz/Mekat (Hrsg.), Musterfeststellungsklage, 2019, § 11 Rn. 25.

b) Die Bindungswirkung als besonderer Fall der Rechtskrafterstreckung?

Zu widersprechen ist auch der Auffassung, § 613 I 1 ZPO sei eine lex specialis zur Regelung der subjektiven Rechtskraft in § 325 I ZPO.[311] Für die Überzeugungskraft dieser Argumentation spricht zwar, dass auf den ersten Blick schlicht die Wirkungen des Musterfeststellungsurteils auf die angemeldeten Verbraucher erstreckt werden. Übersehen wird dabei jedoch der eigentliche Regelungsgehalt des § 613 I 1 ZPO, der nicht an § 325 I ZPO ansetzt. Durch die Anmeldung zum Klageregister beauftragt der Verbraucher die qualifizierte Einrichtung Teilaspekte seines materiellen Anspruchs einer gerichtlichen Klärung zuzuführen, die ihn in einem Folgeprozess binden wird.[312] Diese Konstellation ähnelt derjenigen einer gewillkürten Prozessstandschaft, bei welcher die Rechtskraft der Entscheidung den Rechtsinhaber trifft. Auch dabei geht es nicht um eine Ausweitung der subjektiven Grenzen der Rechtskraft, sondern darum, dass dem Rechtsinhaber die Aufbürdung der Urteilswirkungen zumutbar ist, weil der Prozessstandschafter die Prozessführungsbefugnis in seinem Interesse wahrnimmt.[313] Aufgrund dieses repräsentativen Elements kann nicht von einer bloßen Erstreckung ausgegangen werden.

Davon zu unterscheiden ist selbstverständlich die Frage, ob die §§ 325 ff. ZPO entsprechend auf eine Rechtsnachfolge auf Verbraucherseite anzuwenden sind. Aufgrund der großen Ähnlichkeit der Rechtskraft und der Bindungswirkung ist es überzeugend, die §§ 325 ff. ZPO auch auf die Bindungswirkung anzuwenden.[314] Gleiches gilt für die §§ 319 ff. ZPO[315] und die zeitliche Begrenzung der Rechtskraft auf den Zeitpunkt der letzten mündlichen Verhandlung des Musterfeststellungsprozesses.[316] Nach diesem Zeitpunkt eingetretene Tatsachen können vom angemeldeten Verbraucher somit im Folgeprozess noch vorgebracht werden. Angriffs- und Verteidigungsmittel, die vor dem Schluss der mündlichen Verhandlung

---

311 *Ders.*, in: Nordholtz/Mekat (Hrsg.), Musterfeststellungsklage, 2019, § 11 Rn. 9.

312 Zur genauen dogmatischen Einordnung der Stellung der klagenden qualifizierten Einrichtung: Teil Zwei Kapitel Eins § 3 C. IV. 2. e) dd) Repräsentative Wahrnehmung des rechtlichen Gehörs durch die qualifizierte Einrichtung? (229).

313 So: *Jacoby*, Der Musterprozeßvertrag, 2000, S. 75 ff.

314 BeckOK ZPO/*Lutz*, § 608 Rn. 26 f.

315 *Röthemeyer*, Musterfeststellungsklage, ^{2}2020, § 613 Rn. 15.

316 *Mekat*, in: Nordholtz/Mekat (Hrsg.), Musterfeststellungsklage, 2019, § 8 Rn. 80.

hätten vorgebracht werden können, sind hingegen gem. § 296a ZPO präkludiert.[317]

c) Einordnung der Bindungswirkung als Institut sui generis

Wie die bisherigen Ausführungen gezeigt haben, lässt sich die Bindungswirkung keinem der bestehenden prozessualen Institute zuordnen. Zwar bestehen partikular Überschneidungen, die jedoch durch gravierende Unterschiede überschattet werden. Die wesentliche Modifikation, die § 613 I 1 ZPO mit sich bringt, ist die Veränderung des Streitgegenstandes, der auch die Klärung von Vor- und Rechtsfragen zulässt. Durch die Zulassung der Feststellung von Rechts- und Tatsachenfragen wird im Musterfeststellungsprozess eine andere, abstraktere Ebene beurteilt als dies bisher im gewöhnlichen Zivilprozess der Fall war. Es wird damit nicht lediglich das Ergebnis eines Prozesses auf einen anderen erstreckt, sondern abstrahiert Leitlinien für eine noch anstehende Entscheidung geschaffen. Prozessuales Novum ist dabei, dass auch die Entscheidungen abstrakter Rechts- und Tatsachenfragen im Hinblick auf den Kreis der Angemeldeten mit bindender Wirkung versehen werden. Dies steht in krassem Gegensatz zu der ansonsten jederzeitigen Abänderbarkeit abstrakter Auslegungen.[318] Auch die Feststellung von Tatsachen war für gewöhnlich dem Prozessgericht anheimgestellt, welches sich in jedem neuen Individualprozess die Überzeugung vom Vorliegen der relevanten Tatsachen bilden musste. Durch § 613 I 1 ZPO kann dies für Tatsachen, die eine Vielzahl von Fällen betreffen, vermieden werden.

Diese neuartige Bindung auf einer abstrakten Ebene macht die Bindungswirkung gem. § 613 I 1 ZPO zu einer solchen eigener Art.

III. Absage an die im Entwurf vorgesehene hinkende Bindungswirkung

Bereits im Vorfeld des Erlasses des Gesetzes zur Einführung der Musterfeststellungsklage, welches im Juli 2018 im Bundesgesetzblatt verkündet

317 *De Lind van Wijngaarden*, in: Nordholtz/Mekat (Hrsg.), Musterfeststellungsklage, 2019, § 6 Rn. 90.

318 Was zu einer ständigen Prüfung der Validität des Abwägungsergebnisses führt: *Riehm*, Abwägungsentscheidungen in der praktischen Rechtsanwendung, 2006, S. 24.

wurde[319], gab es Bestrebungen zur Einführung kollektiven Rechtsschutzes in der jüngsten Vergangenheit.[320] Diese sollen in aller Kürze dargestellt werden, da zum einen nur so die Brisanz der Bindungswirkung erfasst und zum anderen nur aus dieser historischen Entwicklung die Gesetzesbegründung umfassend nachvollzogen werden kann.

Außer Betracht gelassen werden soll der Gesetzesentwurf der Fraktion Bündnis 90/Die Grünen BT-Drs. 18/1464 aus dem Jahre 2014, welcher letztendlich keine Auswirkungen auf die aktuelle Gesetzeslage zeitigte.[321]

Im Jahre 2016 wurde ein ressortübergreifend abgestimmter Referentenentwurf diskutiert, welcher aber letztlich scheiterte. Dieser sah vor, dass die Bindungswirkung nur eintreten sollte, wenn sich der angemeldete Verbraucher im Folgeverfahren auf sie berufen hätte.[322] Als Vorbild dafür diente § 11 S. 1 UKlaG.[323] In der Praxis sollte damit die Wirkung erzielt werden, dass lediglich ein für den angemeldeten Verbraucher positives Urteil Bindungswirkung entfaltet.[324] Dadurch wäre jeder Konflikt mit dem Anspruch auf rechtliches Gehör der angemeldeten Verbraucher vermieden worden. Auch bei einem Ausschluss der Partizipationsrechte am Musterfeststellungsprozess wird das rechtliche Gehör nicht verletzt, wenn die Entscheidung ausschließlich zugunsten der anspruchsberechtigten, angemeldeten Verbraucher wirken kann.[325] Darüber hinaus sah § 609 III 1 ZPO-RefE vor, dass die Rücknahme der Anmeldung zum Klageregister bis zum Schluss der mündlichen Verhandlung möglich sein sollte.[326] Auch die Anmeldung zum Klageregister war bis zum Schluss der mündlichen Verhandlung möglich. Diese langen Anmelde- und Rücknahmezeiträume hätten dem Verbraucher ein taktisches Vorgehen ermöglicht, indem er

---

319 BGBl. 2018 I, S. 1151 ff.

320 Auf die seit 2013 anhaltende rechtspolitische Debatte hinweisend: *Winkelmeier-Becker/Dietsche*, ZG 2018, 47.

321 Dieser ist abrufbar unter: https://www.bundestag.de/resource/blob/356150/b47bab89b198448e132e983b96400d0c/gesetzentwurf-data.pdf (geprüft am 14.04.2020).

322 *Meller-Hannich*, 72. DJT, Band 1, 2018, A 1, A 51 ff.; *Schroeder*, in: Nordholtz/Mekat (Hrsg.), Musterfeststellungsklage, 2019, § 11 Rn. 10 f.

323 *Stadler*, JZ 2018, 793, 797 f.

324 *Schroeder*, in: Nordholtz/Mekat (Hrsg.), Musterfeststellungsklage, 2019, § 11 Rn. 10 f.

325 *Stadler*, FS Schilken, 2015, S. 481, 494 f.

326 Musielak/Voit/*dies.*, § 613 Rn. 3.

seine Anmeldung erst sehr spät bei guten Prozessaussichten erklärt oder diese bei schlechten Prognosen wieder zurückzieht.[327]

Der vom Bundesministerium für Justiz und Verbraucherschutz veröffentlichte Diskussionsentwurf 2017[328] sah dieselben Anmelde- und Rücknahmezeiträume in §§ 609 I 1, III 1 ZPO-DiskE vor. Hinsichtlich der Bindungswirkung stellte er in § 614 I 1 ZPO-DiskE zwei Alternativen zur Verfügung. Zum einen wurde eine – dem Referentenentwurf gleichende – hinkende Bindungswirkung vorgeschlagen. Zum anderen wurde eine umfassende, ohne weiteres eintretende Bindungswirkung in den Raum gestellt. Die Alternativen unterschieden sich gesetzestechnisch durch die Einfügung eines weiteren Halbsatzes.[329]

Der im Mai 2018 veröffentlichte Regierungsentwurf[330] sah in § 613 I 1 ZPO-RegE eine umfassende Bindungswirkung vor. An- sowie Abmeldung zum Klageregister sollten nach § 608 I, III ZPO-RegE bis zum Ablauf des Tages vor Beginn des ersten Termins zur mündlichen Verhandlung möglich sein.

Gesetz geworden ist die umfassende Bindungswirkung gem. § 613 I 1 ZPO.[331] Der Anmeldezeitraum ist gegenüber dem Regierungsentwurf derselbe geblieben, § 608 I ZPO. Der Rücknahmezeitraum ist nach § 608 III ZPO auf den Ablauf des Tages des ersten mündlichen Verhandlungstermins in erster Instanz verschoben worden.

Die jetzige Gesetzeslage ist durch die umfassende Bindung und die kurzen Anmelde- und Rücknahmezeitpunkte strenger für die Verbraucher als der Referenten- und der Diskussionsentwurf. Eine vertiefte dogmatische Auseinandersetzung hinsichtlich der auftretenden Probleme hat in der Gesetzesbegründung nicht stattgefunden. Diese stellt vielmehr darauf ab, dass der Verbraucherschutz gestärkt wird und die Verbraucher von den Wirkungen der Musterfeststellungsklage durch eine Anmeldung profitieren

---

327 Auf die taktischen Möglichkeiten beim insofern identischen Diskussionsentwurf aus dem Jahre 2017 hinweisend: *Steineke*, in: Schäfer (Hrsg.), Der Gesetzesentwurf zur "Musterfeststellungsklage", 2018, S. 112, 120 f.

328 Dieser ist abrufbar unter: https://www.bmjv.de/SharedDocs/Gesetzgebungsverfahren/Dokumente/DiskE_Musterfeststellungsklage.pdf (geprüft am 14.04.2020).

329 Auf die Notwendigkeit von Folgeänderungen bei der Einführung einer umfassenden Bindungswirkung hinweisend: *Verbraucherzentrale Bundesverband*, Eine für alle – Musterfeststellungsklage einführen, 29.09.2017, S. 16.

330 Dieser ist abrufbar unter: http://dipbt.bundestag.de/dip21/brd/2018/0176-18.pdf (geprüft am 14.04.2020).

331 Auf die abgelehnte Möglichkeit einer zu § 11 UKlaG parallelen hinkenden Bindungswirkung als Ausgleich für den Ausschluss von Partizipationsrechten im Musterfeststellungsprozess hinweisend: *Heese*, JZ 2019, 429, 436.

können.[332] Auf die damit einhergehenden Probleme wird an anderer Stelle nur in äußerster Knappheit hingewiesen.[333] Dies ist lediglich dadurch erklärbar, dass die Passage zum Verbraucherschutz und Profitieren von der Musterfeststellungsklage wortgleich aus der damaligen Begründung zum Diskussionsentwurf übernommen wurde.[334] In diesem war durch die angedachte Wahlmöglichkeit noch die Alternative vorhanden, dass die angemeldeten Verbraucher lediglich vom Ausgang der Musterfeststellungsklage profitieren können. Auch waren die Anmelde- und Rücknahmezeiträume ganz andere. § 613 I 1 ZPO erlaubt nun jedoch auch negative Wirkungen für die Verbraucher, wozu die Begründung nicht mehr passt. Die Gesetzesbegründung ist bei ihrer Heranziehung daher stets kritisch auf die zuvor diskutierten Entwürfe zu untersuchen und abzugleichen, da trotz zum Teil tiefgreifender Änderungen die Gesetzesbegründung stellenweise schlicht wörtlich übernommen wurde.

IV. § 613 I 1 ZPO: umfassende Bindungswirkung

§ 613 I 1 ZPO statuiert eine Bindungswirkung, die sowohl zugunsten als auch zulasten des angemeldeten Verbrauchers wirkt.[335] Dabei hindert die Bindungswirkung keinesfalls die anschließende Klage im Folgeprozess. Lediglich parallel zur Musterfeststellungsklage laufende Individualklagen angemeldeter Verbraucher sollen über § 613 II ZPO vermieden werden. Die Individualklage wird während des laufenden Musterfeststellungsprozesses ausgesetzt. Auf diese Weise wird die alleinige Maßgeblichkeit der Entscheidung im Musterfeststellungsprozess für die angemeldeten Verbraucher sichergestellt.

Eine anschließende Individualklage nach einem für den Verbraucher negativen Urteil hat in Bezug auf diejenigen Anspruchsgrundlagen, auf welche die Feststellungsziele ausgerichtet sind, nur wenig Erfolgsaussichten. Ohne einen neuen rechtlichen Ansatzpunkt wird bei guter anwaltli-

---

332 BT-Drs. 19/2439, S. 25.

333 BT-Drs. 19/2439, S. 28.

334 DiskE 2017 des BMJV, S. 16, abrufbar unter: https://www.bmjv.de/SharedDocs/Gesetzgebungsverfahren/Dokumente/DiskE_Musterfeststellungsklage.pdf (geprüft am 14.04.2020).

335 BT-Drs. 19/2439, S. 28; *Schweiger/Meißner*, CB 2018, 240, 246; *Rathmann*, in: Saenger (Hrsg.), Zivilprozessordnung, [8]2019, § 613 Rn. 1; *Stadler*, ZHR 2018, 623, 634; *Schroeder*, in: Nordholtz/Mekat (Hrsg.), Musterfeststellungsklage, 2019, § 11 Rn. 10 f.

cher Beratung eine Individualklage zumeist nicht angestrengt werden.[336] Obwohl über die Ansprüche bzw. Rechtsverhältnisse der Verbraucher im Musterfeststellungsprozess nicht entschieden wird, führt die Bindungswirkung bei einem negativen Ausgang zu einem faktischen Anspruchsverlust im Hinblick auf die von den Feststellungszielen erfassten Anspruchsgrundlagen, da entsprechende Vorfragen verbindlich geklärt wurden.

Sinn und Zweck dieser umfassenden Bindungswirkung ist eine effektive und abschließende Beilegung aller Streitigkeiten.[337] Dies dient auch den Interessen der Beklagtenseite, da diese mit für sie positivem Abschluss des Musterfeststellungsprozesses zumindest im Hinblick auf die angemeldeten Verbraucher keine weiteren rechtlichen Schritte mehr zu befürchten hat.[338] Neben dem Schutz der Beklagten[339] wird auch der Rechtssicherheit und der Prozessökonomie Vorschub geleistet, weil mit einem Prozess die Rechtslage – zumindest faktisch – verbindlich geklärt wird. Einer weiteren Inanspruchnahme von Justizressourcen bedarf es nicht mehr.

Ungeachtet dieser Vorteile erzeugt die umfassende Bindungswirkung vor allem verfassungsrechtliche Spannungslagen, die im folgenden Kapitel näher dargestellt werden.

C. Verstoß der Bindungswirkung gegen Verfassungsrecht oder unzulässige Einschränkung von Prozessgrundsätzen

Wie bereits bei der Einführung des KapMuG erkannt wurde, ist eine automatische Rechtskrafterstreckung auf am Prozess nicht beteiligte Dritte den individualistisch geprägten Rechtsgrundsätzen des deutschen Verfassungs- und Prozessrechts nicht nur fremd, sondern würde diesen sogar zuwiderlaufen.[340] Im Raum stehen dabei vor allem der Dispositionsgrundsatz, der Grundsatz des Vorrangs des Individualrechtsschutzes, der Justizgewährungsanspruch und der Anspruch auf rechtliches Gehör.

Zwischen diesen Grundsätzen bzw. Rechten und der effektiven Gewährleistung kollektiven Rechtsschutzes besteht mithin ein Spannungsverhältnis.[341] Je effektiver das Verfahren und je umfassender die Bindungswir-

336 *Schroeder*, in: Nordholtz/Mekat (Hrsg.), Musterfeststellungsklage, 2019, § 11 Rn. 3; *Thiery/Schlingmann*, DB 2018, 2550, 2553.

337 BT-Drs. 19/2439, S. 28.

338 *Woopen*, NJW 2018, 133, 137.

339 *Gottwald*, ZZP 91 (1978), 1, 19.

340 BT-Drs. 15/5091, S. 17 f.

341 *Schneider*, BB 2018, 1986, 1996; *Merkt/Zimmermann*, VuR 2018, 363, 372.

kung ausgestaltet werden, desto weniger werden die Beteiligungsrechte der angemeldeten Verbraucher gewährleistet; je stärker die Verbraucherrechte sind, desto ineffektiver und zeitintensiver ist der Musterfeststellungsprozess.[342]

Es muss insoweit eingeräumt werden, dass es kein perfektes Verfahren gibt, welches ein Maximum an Effektivität und Rechtsgewährleistung zu bieten vermag; die gegenläufigen Interessen müssen für jeden Konflikt neu austariert werden mit neuen Kompromissen und Einschränkungen.[343]

Diese gegenläufigen Positionen versucht der Gesetzgeber durch die §§ 606 ff. ZPO in Ausgleich zu bringen. Er hat hierfür die Bindungswirkung gem. § 613 I 1 ZPO auf Verbraucher beschränkt, die sich zuvor im Klageregister nach § 608 I ZPO angemeldet und ihre Anmeldung nicht wieder wirksam nach § 608 III ZPO zurückgenommen haben. Durch die Kombination aus zwingender Bindungswirkung und beschränktem An- und Abmeldezeitraum werden die Rechte der Angemeldeten deutlich verkürzt.[344] Gegenstand des folgenden Kapitels ist eine genaue Betrachtung eben jener Verkürzung und daran anschließend die Frage, ob der Gesetzgeber damit einen gangbaren Kompromiss[345] geschaffen oder die ihm aufgezeigten Grenzen überschritten hat.

I. Einschränkung des Dispositionsgrundsatzes

Die §§ 606 ff. ZPO gewähren der qualifizierten Einrichtung das Recht einen Prozess mit den vorab definierten Feststellungszielen anzustrengen. Durch die Sperrwirkung anderer, gleichgerichteter Musterfeststellungsprozesse gem. § 610 I 1 ZPO steht die Ausübung dieses Rechts nach Eintritt der Sperrwirkung unter Ausschluss jeder anderen qualifizierten Einrichtung der Klageführenden zu deren freien Belieben zu, was das Prozessführungsrecht in die Nähe eines subjektiven Rechts rückt.[346]

In diesem Kapitel soll es allerdings nicht um dieses Recht der qualifizierten Einrichtung gehen, sondern um das Dispositionsrecht der angemeldeten Verbraucher. Das Dispositionsrecht ist der prozessuale Ausdruck der Grundentscheidung des materiellen Zivilrechts zugunsten der Privat-

---

342 *Meller-Hannich*, 72. DJT, Band 1, 2018, A 1, A 62 f.
343 *Dies.*, 72. DJT, Band 1, 2018, A 1, A 62 f.
344 *Dies.*, Stellungnahme vom 07.06.2018, S. 8.
345 So: *Merkt/Zimmermann*, VuR 2018, 363, 365.
346 *Walsmann*, Der Verzicht, 1912, S. 64 f.

autonomie.[347] Allein dem Anspruchsinhaber soll die Herrschaft über den Streitgegenstand zustehen, indem er bestimmt ob, und wenn ja in welchem Umfang sich das Gericht mit seinen ihm verliehenen materiellen Rechten beschäftigt.[348] Im Zivilprozess ist dafür die Verfahrenseinleitung, der Verfahrensgang sowie -ausgang den Parteien in verfügungsanaloger Weise anheimgestellt.[349]

Dieser in Teilen verfassungsrechtlich verbürgte Grundsatz[350] könnte durch die Konzeption der Musterfeststellungsklage unzulässig eingeschränkt worden sein.

Zum einen entscheidet nicht der angemeldete Verbraucher über den Umfang und die Einleitung des Verfahrens, sondern die qualifizierte Einrichtung durch Einreichung der Musterfeststellungsklageschrift. Der Verbraucher kann sich diesem Verfahren lediglich nach § 608 I ZPO durch Anmeldung zum Klageregister anschließen. Insofern ist zu untersuchen, ob eine Einschränkung des Dispositionsgrundsatzes im Hinblick auf die Freiheit der Verfahrenseinleitung angenommen werden kann.

Zum anderen steht die vom Dispositionsgrundsatz umfasste Verfahrensbeendigungsfreiheit[351] im Raum. Der Angemeldete kann nach Verstreichen des letztmöglichen Austrittszeitpunkts gem. § 608 III ZPO keinen Einfluss mehr auf die Beendigung des Verfahrens nehmen. Es liegt somit nicht mehr in seiner Macht, dem Gericht die Entscheidung über den materiellen Anspruch zu entziehen. Daher ist zunächst zu klären, ob die Verfassung die Möglichkeit zum Rückzug aus dem Verfahren gewährleistet und daran anschließend, ob diese Einschränkung als gerechtfertigt angesehen werden kann.

Zunächst sollen jedoch die opt-out Elemente der Musterfeststellungsklage eine nähere Betrachtung erfahren und auf ihre Vereinbarkeit mit dem Dispositionsgrundsatz geprüft werden. Dabei liegt der Fokus auf der Tatsache, dass durch einen Vergleichsschluss über Ansprüche der Angemeldeten verfügt werden kann, obwohl diese nicht Gegenstand der gerichtlichen Klärung waren. Dies ruft Bedenken im Hinblick darauf hervor, dass der

---

347 *Braun*, Lehrbuch des Zivilprozeßrechts, 2014, S. 71 f.

348 *Ders.*, Lehrbuch des Zivilprozeßrechts, 2014, S. 71 f.

349 *Grunsky*, Grundlagen des Verfahrensrechts: eine vergleichende Darstellung von ZPO, FGG, VwGO, FGO, SGG, ^{2}1974, S. 162.

350 Dazu, inwieweit die Verfassung den Dispositionsgrundsatz verbürgt und inwiefern er außerhalb dieses Bereichs der Ausgestaltung durch den Gesetzgeber anheimgestellt ist: *Stürner*, FS Baur, 1981, S. 647, 651 ff.

351 Statt vieler: *Schilken*, Zivilprozessrecht, ^{7}2014, Rn. 340.

Dispositionsgrundsatz den Betroffenen grundsätzlich anheimstellt, ob sie ihre Ansprüche überhaupt verfolgen wollen.[352]

1. Grundlegende Unterscheidung zwischen opt-in und opt-out Verfahren

Zur ersten Annäherung an den Dispositionsgrundsatz soll zunächst eine Unterscheidung zwischen dem opt-in und dem opt-out Prinzip vorgenommen werden, zumal die Musterfeststellungsklage beide Elemente in sich trägt.

Das opt-in Verfahren erfordert eine explizite Zustimmung zur Prozessführung, sodass nur die „Beigetretenen" von den Wirkungen des Prozesses betroffen werden.[353] Auf diese Art wird es jedem freigestellt, ob er sich an dem Verfahren beteiligen will oder nicht.[354] Die Musterfeststellungsklage beruht grundsätzlich auf diesem opt-in Modell.[355] Die ausdrückliche Zustimmung erfolgt durch eine elektronische Online-Anmeldung zum Klageregister[356], die allerdings auch in postalischer Form möglich bleibt.

Nicht übersehen werden darf, dass die Musterfeststellungsklage auch Elemente eines opt-out Verfahrens in sich trägt. Dieses ist dadurch gekennzeichnet, dass Ansprüche von Geschädigten in den Prozess einbezogen werden, ohne dass deren Einverständnis hierzu erteilt wurde.[357] § 611 IV 2 ZPO erlaubt es den Verbrauchern aus einem abgeschlossenen Vergleich innerhalb eines Monats ab Zustellung des genehmigten Vergleichs auszutreten. Die Anmeldung zum Klageregister, welche die Prozessführung durch die klageführende qualifizierte Einrichtung legitimiert, bezieht sich dabei lediglich auf die zu diesem Zeitpunkt veröffentlichten Feststellungsziele. Ein Vergleichsschluss ist für die Verbraucher zu diesem Zeitpunkt – zumal auch gem. § 611 VI ZPO noch gar nicht möglich – in keiner Weise vorhersehbar. Um dennoch einen solchen durch die qualifizierte Einrichtung zu ermöglichen, verleiht § 611 I ZPO eine genuine gesetzliche

352 Statt vieler: *ders.*, Zivilprozessrecht, [7]2014, Rn. 340.

353 *Ders.*, FS 200 Jahre Carl Heymanns Verlag, 2015, S. 125, 131 f.; *Lange*, Das begrenzte Gruppenverfahren, 2011, S. 129 ff.

354 *Winkelmeier-Becker*, in: Schäfer (Hrsg.), Der Gesetzesentwurf zur "Musterfeststellungsklage", 2018, S. 92, 103.

355 *Habbe/Gieseler*, BB 2017, 2188, 2189; *Gurkmann*, in: Schäfer (Hrsg.), Der Gesetzesentwurf zur "Musterfeststellungsklage", 2018, S. 46, 50; *Habbe/Gieseler*, BB 2017, 2188, 2189; *Geissler*, GWR 2018, 189, 191.

356 *Meller-Hannich*, DRiZ 2018, 298, 301.

357 *Stadler*, FS Schütze, 2015, S. 561, 577 f.

Vertretungsmacht.[358] Durch den Abschluss eines gerichtlichen Vergleichs wird folglich eine Handlung vollzogen, die nicht durch die Anmeldung der Verbraucher zum Klageregister gedeckt ist. Eben dieses Handeln ohne ausdrückliches Einverständnis ist Kennzeichen des opt-out Verfahrens, womit § 611 IV 2 ZPO als Norm zur Gewährung einer opt-out Erklärung seitens der Verbraucher einzuordnen ist.[359] Die Qualifikation der Musterfeststellungsklage als alleiniges opt-in Modell[360] ist deshalb verfehlt.

Die Musterfeststellungsklage vereint opt-in und opt-out Elemente in sich, wobei das opt-in Prinzip überwiegt.

a) Opt-out Verfahren

Wie bereits ausgeführt[361] wahrt die Regelung des § 611 ZPO die Rechte der angemeldeten Verbraucher. Zur Konkretisierung dieser allgemeinen Aussage soll in aller Kürze auf die Spezifika des Dispositionsgrundsatzes in Kombination mit dem opt-out Grundsatz eingegangen werden. Die Darstellung beschränkt sich dabei auf den Abschluss und den damit verbundenen Austritt aus dem Vergleich im Hinblick auf eine eigenverantwortliche Bestimmung der Beendigung eines eingeleiteten Prozesses.

Das opt-out Prinzip, welches oft im Kontext mit der amerikanischen Class Action gesehen wird, wurde schon oft als problematisch im Hinblick auf verfassungsrechtliche Aspekte und den Dispositionsgrundsatz eingeordnet.[362] Dabei lag der Fokus vor allem auf der Verfahrenseinleitung, die hohe Anforderungen an die Benachrichtigung möglicher Betroffener stellt, welche vom deutschen Recht mangels vorprozessualen Aufklärungsverfahrens nicht erfüllbar seien.[363]

Diese – durchaus problematische – Konstellation liegt bei § 611 IV 2 ZPO von vornherein gar nicht vor. Die Regelung bezieht

358 Zu dieser Argumentation: Teil Zwei Kapitel Eins § 2 A. Abschluss eines gerichtlichen Vergleichs (45).

359 So unter vielen auch: Musielak/Voit/*Stadler*, § 611 Rn. 2.

360 Diese Auffassung vertretend: *Gurkmann*, in: Schäfer (Hrsg.), Der Gesetzesentwurf zur "Musterfeststellungsklage", 2018, S. 46, 50.

361 Teil Zwei Kapitel Eins § 2 Bindung des Verbrauchers an einen Vergleich der qualifizierten Einrichtung (45).

362 Statt vieler: *Stadler*, FS Schütze, 2015, S. 561, 567; *Schilken*, FS 200 Jahre Carl Heymanns Verlag, 2015, S. 125, 127 f.; *Ebbing*, ZVglRWiss 103 (2004), 31, 52; *Bruns*, NJW 2018, 2753, 2755.

363 *Haß*, Die Gruppenklage, 1996, S. 320.

sich nur auf angemeldete Verbraucher. Dies geht zwar nicht eindeutig aus dem Wortlaut hervor, ergibt sich jedoch in der Zusammenschau mit § 611 I, IV 1 ZPO, der den Abschluss eines Vergleichs mit Wirkung für und gegen die Verbraucher und die Zustellung des genehmigten Vergleichs samt Belehrung auf diejenigen beschränkt, die sich zuvor im Klageregister angemeldet haben. Nur die angemeldeten Verbraucher haben somit ein Interesse am Austritt aus dem Vergleich. Diese sind jedoch bereits im Vorfeld durch die Anmeldung gem. § 608 I ZPO mit dem Verfahren in Kontakt gekommen. Ihren Namen und ihre Anschrift mussten sie dabei gem. § 608 II 1 Nr. 1 ZPO zwingend angeben, sodass sie ohne weiteres durch das Gericht ermittelbar sind. Eines vorprozessualen Aufklärungsverfahrens bedarf es somit nicht. Durch die zwingend angeordnete Zustellung nach § 611 IV 1 ZPO wird sichergestellt, dass jeder angemeldete Verbraucher vom Inhalt des gerichtlich genehmigten Vergleichs erfährt und eine Belehrung über seine Rechte erhält. Die problematische Situation, dass jemand gar nichts über sein Austrittsrecht erfährt und somit auch in keiner Weise über das *ob*, *wie* und *wann* der Durchsetzung seines Anspruchs disponieren kann[364], kann schlicht nicht eintreten. Durch die individuelle Benachrichtigung stellt sich die Austrittsentscheidung als eigenverantwortliche[365] und in voller Freiheit[366] getroffene Ausübung der Dispositionsfreiheit des angemeldeten Verbrauchers dar.

Die Kombination aus vorherigem opt-in und anschließendem opt-out wahrt somit die Dispositionsfreiheit des angemeldeten Verbrauchers, indem er in freier Selbstbestimmung innerhalb eines Monats gem. § 611 IV 2 ZPO über den Austritt aus dem bereits ausgehandelten Vergleich entscheiden kann. § 611 IV 2 ZPO stellt sich mithin nicht als eine Beschränkung der Dispositionsfreiheit, sondern als eine Gewährleistung derselben dar.

b) Opt-in Verfahren (zugleich überwiegendes Element der Musterfeststellungsklage)

Im Vergleich zum opt-out Verfahren wird dem opt-in Verfahren generell eine weit bessere Verträglichkeit mit dem Dispositionsgrundsatz zuge-

364 Auf diese Situation hinweisend: *Stadler*, FS Schütze, 2015, S. 561, 577 f.
365 BT-Drs. 19/2439, S. 28.
366 *Stadler*, FS Schütze, 2015, S. 561, 577 f.

schrieben[367], da dieses eine ausdrückliche Entscheidung des Betroffenen erfordert. Als Herr des Verfahrens erscheint somit kein Dritter, sondern der eigentlich Berechtigte legitimiert den Dritten, für ihn das Verfahren zu führen. Diese Sichtweise und Argumentation erscheinen jedoch als zu pauschal. Es ist zunächst zwischen der Verfahrenseinleitung und der Verfahrensbeendigung zu unterscheiden. Dies ist vor allem deshalb wichtig, weil es auch aus der Sicht des sich Anmeldenden einen Unterschied macht, ob er die Einleitung des Prozesses durch die qualifizierte Einrichtung billigt oder ob er nicht mehr in der Lage ist das Verfahren durch Rücknahme der Mandatierung der qualifizierten Einrichtung für sich zu beenden. Zwischen Verfahrenseinleitung und -beendigung bestehen derart unterschiedliche Interessenlagen durch den Fortgang des Prozesses, dass eine Einheitsbetrachtung ausgeschlossen erscheint.

aa) Verfahrenseinleitung

Zunächst ist die Situation bei der Verfahrenseinleitung der Musterfeststellungsklage zu betrachten.

Die Einreichung der Klageschrift beim zuständigen OLG bzw. ObLG, die zur Disposition der klagenden qualifizierten Einrichtung steht, führt zu einer öffentlichen Bekanntmachung des Inhalts der Klage im Klageregister gem. § 607 I ZPO. Diese Tatsache zeitigt, im Gegensatz zur zwingenden Aussetzung der Prozesse im KapMuG gem. § 8 I 1 KapMuG, keine Auswirkungen für die Verbraucher. Zwar ist eine parallele Anmeldung und Geltendmachung im Individualprozess, die den Dispositionsgrundsatz in jedem Fall wahren würde[368], aufgrund der Regelung des § 613 II ZPO nicht möglich.[369] Doch spricht allein diese Tatsache nicht für die Annahme einer unzulässigen Einschränkung des Dispositionsrechts der angemeldeten Verbraucher, da dieses keinen Anspruch auf Durchführung von zwei Verfahren gewährt.

Es ist jedem Verbraucher freigestellt, ob er seinen Anspruch zum Klageregister anmelden, einen Individualprozess anstrengen oder untätig blei-

367 *Stadler*, in: Meller-Hannich (Hrsg.), Kollektiver Rechtsschutz im Zivilprozess, 2008, S. 93, 111; *dies.*, FS Schilken, 2015, S. 481, 482 f.; *Lange*, Das begrenzte Gruppenverfahren, 2011, S. 140.

368 *Schilken*, FS 200 Jahre Carl Heymanns Verlag, 2015, S. 125, 135.

369 Generell dazu, dass nur entweder eine Beteiligung am Musterfeststellungsprozess oder ein Individualverfahren gewählt werden kann: *Beck*, WPg 2019, 586, 589.

ben will. Einen Zwang zur Beteiligung am Musterfeststellungsprozess gibt es nicht.[370] Wie aus der Gesetzesbegründung deutlich wird, soll die Musterfeststellungsklage für den Verbraucher gerade einen weiteren, zusätzlichen Weg zur gerichtlichen Geltendmachung seines Anspruchs zur Verfügung stellen.[371] Entscheidet sich der Verbraucher zur Individualklage oder zur Untätigkeit, kann an der Gewährleistung seiner Dispositionsfreiheit kein Zweifel bestehen, zumal dies auch seine gewöhnlichen Optionen vor Einführung der §§ 606 ff. ZPO waren.

Die Möglichkeit der Anmeldung seiner Ansprüche zum Klageregister mit einer anschließenden Bindungswirkung gibt dem Verbraucher eine Gelegenheit ohne Prozesskostenrisiko und ohne Mühen seinen Anspruch zumindest ausschnittsweise gerichtlich klären zu lassen. Seine Dispositionsmöglichkeiten werden somit nicht beschränkt, sondern sogar um eine weitere Option erweitert. An der von der Dispositionsfreiheit geforderten freien Entscheidung des Verbrauchers[372] wird nichts geändert. Das zur Rechtfertigung des Eingriffs in den Anspruch auf rechtliches Gehör verwendete Argument der freien Teilhabemöglichkeit am Musterfeststellungsprozess[373] verfängt an dieser Stelle voll und ganz, da gerade dies Ausfluss der prozessualen Verfügungsfreiheit ist. Genauso wie der Verbraucher sich zur Untätigkeit entschließen kann, ist es ihm möglich einen Dritten mit der gerichtlichen Geltendmachung zu betrauen. Die Mandatierung bzw. in diesem Fall die Anmeldung ist Ausfluss einer eigenverantwortlich getroffenen Entscheidung. Seine Dispositionsbefugnis übt der Verbraucher im Hinblick auf die Verfahrenseinleitung mit der Anmeldung zum Klageregister aus.

Bei der Verfahrenseinleitung liegt somit schon keine Einschränkung des Dispositionsgrundsatzes vor.

bb) Verfahrensbeendigung

Wesentlich problematischer erscheint die Wahrung des Dispositionsgrundsatzes bei der Verfahrensbeendigung. Nach Ablauf des Zeitpunktes des § 608 III ZPO kann der angemeldete Verbraucher – außer im Falle des

---

370 *Winkelmeier-Becker*, in: Schäfer (Hrsg.), Der Gesetzesentwurf zur "Musterfeststellungsklage", 2018, S. 92, 103.
371 BT-Drs. 19/2439, S. 16 f.
372 *Ebbing*, ZVglRWiss 103 (2004), 31, 46.
373 BT-Drs. 19/2439, S. 28.

§ 611 IV 2 ZPO – vom Musterfeststellungsprozess keinen Abstand mehr nehmen.

Die Möglichkeit der Verfahrensbeendigung ist im gleichen Maß verfassungsrechtlich verbürgt, wie die Freiheitsrechte Handlungen erlauben, die zur Veränderung der materiellen Rechtslage führen und damit einen Prozess obsolet werden lassen.[374] Als Kehrseite der rechtgeschäftlichen Handlungsfreiheit nach Art. 2 I GG muss es daher eine grundsätzliche Möglichkeit geben, einer Veränderung der materiellen Rechtslage prozessual Rechnung zu tragen. Die prozessuale Ausgestaltung der Beendigungsmöglichkeit obliegt demgegenüber der gesetzgeberischen Gestaltung nach Zweckmäßigkeit; diese ist nicht verfassungsrechtlich abgesichert.[375]

Vorliegend geht es um die Anmeldungsrücknahmemöglichkeit für die Verbraucher. Zwar führt diese nicht zu einer Beendigung der Musterfeststellungsklage, doch hat sie für die Angemeldeten ähnliche Wirkungen wie die Verfahrensbeendigung einer Partei: Der Verbraucher wird nicht an das Urteil gebunden. Die Verfahrensbeendigung durch eine Partei erreicht dieses Ziel durch die Verhinderung einer Entscheidung über den Streitgegenstand; die Anmeldungsrücknahme durch die gesetzliche Anordnung in § 613 I 2 ZPO. Dieser Entzugsmöglichkeit sind nach § 608 III ZPO zeitliche Grenzen gesetzt, was die grundsätzliche Beendigungsmöglichkeit betrifft und damit einen Eingriff in den verfassungsrechtlich gewährleisteten Kern darstellt.

Doch ist dieser Eingriff durch die Zwecke des Musterfeststellungsverfahrens gerechtfertigt. Als Rechtfertigungsgründe können der Zweck des Verfahrens[376] und das Entscheidungsinteresse des Prozessgegners[377] herangezogen werden. Ein Beispiel für Letzteres ist der im allgemeinen Zivilverfahrensrecht verankerte § 269 I ZPO. Die Klagerücknahmemöglichkeit ist Ausdruck der Dispositionsmaxime des Klägers[378], da er auf diese Weise das Verfahren nach seinem Willen beenden kann. Eingeschränkt wird dieses Recht nach Beginn der mündlichen Verhandlung der Beklagten zur Hauptsache. Ab diesem Zeitpunkt ist aufgrund des Anspruchs der

374 *Stürner*, FS Baur, 1981, S. 647, 655.

375 *Ders.*, FS Baur, 1981, S. 647, 655.

376 *Leufgen*, Kollektiver Rechtsschutz zugunsten geschädigter Kapitalanleger, 2007, S. 144.

377 *Stürner*, FS Baur, 1981, S. 647, 655 f.

378 Statt vieler: Musielak/Voit/*Foerste*, § 269 Rn. 1.

Beklagten auf Entscheidung in der Sache eine Klagerücknahme nur noch mit deren Einwilligung möglich.[379]

Ähnlich verhält es sich bei der Einschränkung der Rücknahmemöglichkeit der Anmeldung bei der Musterfeststellungsklage. Das Interesse der Beklagten an einer abschließenden Entscheidung kann als Grund für die Beschränkung angeführt werden. Doch auch der Zweck des Musterfeststellungsverfahrens in Form der Stärkung des Verbraucherschutzes, der Justizentlastung und der einheitlichen Entscheidung über identische Vor- und Teilfragen[380] sprechen für eine Beschränkung. Diese Interessen sind als Rechtfertigungsgründe jedoch nur geeignet, wenn sie zum Eingriff in einem angemessenen Verhältnis stehen.[381]

Ohne diese Einschränkung wäre der Zweck der Musterfeststellungsklage nicht erreichbar. Die einheitliche Entscheidung von Vor- und Teilfragen ist nur dann zielführend, wenn die angemeldeten Verbraucher mit Breitenwirkung daran gebunden sind. Bei einer verlängerten Austrittsmöglichkeit könnte der Verbraucher im Falle einer sich abzeichnenden Niederlage taktisch vorgehen und durch die Rücknahme der Anmeldung einer für ihn negativen Entscheidung entgehen.[382] Parallel zum Anspruch auf Sachentscheidung in § 269 I ZPO zugunsten der Beklagten hat auch die Musterfeststellungsbeklagte ein Recht darauf, dass ihre investierten Kosten und Mühen letztendlich den Effekt zeitigen, der sich am Anfang des Verfahrens abzeichnete.

Bei Lichte betrachtet ist die Beschränkung der Rücknahmemöglichkeit kein tiefgreifender Eingriff in die Rechte der Anmelder. Einerseits hat sich der Angemeldete bei Einleitung des Verfahrens aus freien Stücken für die Anmeldung entschlossen, was es gerechtfertigt erscheinen lässt, ihn an dieser Entscheidung festzuhalten. Andererseits erscheint der Eingriff in die Dispositionsfreiheit als deutlich weniger gravierend, wenn man sich vor Augen führt, dass dem angemeldeten Verbraucher nach einem rechtskräftigen Abschluss des Musterfeststellungsprozesses immer noch die Möglichkeit einer Individualklage verbleibt.[383] De facto wird die Dispositionsmöglichkeit nicht ausgeschlossen, sondern nur zeitlich aufgeschoben.

---

379 Unter anderen: Stein/Jonas/*Roth*, § 269 Rn. 17; Musielak/Voit/*Foerste*, § 269 Rn. 1; *Zeiss/Schreiber*, Zivilprozessrecht, [12]2014, Rn. 486.

380 Zu diesen Zwecken: BT-Drs. 19/2439, S. 16 f.

381 *Leufgen*, Kollektiver Rechtsschutz zugunsten geschädigter Kapitalanleger, 2007, S. 144.

382 Auf diese Möglichkeit hinweisend: *Lange*, Das begrenzte Gruppenverfahren, 2011, S. 143 ff.

383 *Stadler*, FS Schütze, 2015, S. 561, 577 f.

Der Dispositionsgrundsatz gibt keinen Anspruch auf einen bestimmten Verfahrensausgang oder eine vorteilhafte Prozesskonstellation. Dass die Bindungswirkung gem. § 613 I 1 ZPO somit den Anspruch im Individualprozess vorzeichnet, spielt bei der Betrachtung der Dispositionsfreiheit noch keine Rolle.

Es bleibt somit festzuhalten, dass der relativ schwache, vornehmlich in einer zeitlichen Verzögerung bestehende Eingriff in die Dispositionsfreiheit der angemeldeten Verbraucher hinsichtlich der Rücknahme der Anmeldung durch den Zweck des Musterfeststellungsprozesses gerechtfertigt ist. Auch das Sachentscheidungsinteresse der Beklagten ist nur durch die Beschränkung der Rücknahmemöglichkeit erreichbar, was den Rechtfertigungsgründen besonderes Gewicht verleiht und den Eingriff als verhältnismäßig erscheinen lässt.

Die Einschränkung der Rücknahmemöglichkeit der Anmeldung ist durch den Zweck des Verfahrens und das Sachentscheidungsinteresse der Beklagten gerechtfertigt.

2. Fazit zum Dispositionsgrundsatz

Die §§ 606 ff. ZPO schränken den Dispositionsgrundsatz nicht unzulässigerweise ein.[384] Das in § 611 IV 2 ZPO vorgesehene opt-out Verfahren ermöglicht eine eigenverantwortliche und informierte Entscheidung der angemeldeten Verbraucher, da jeweils eine individuelle Benachrichtigung mitsamt Belehrung über das Recht zum Austritt erfolgt. Die Kombination aus opt-in und opt-out beim Vergleichsschluss entschärft die verfassungsrechtlichen Bedenken, die gegen ein opt-out Verfahren bestehen, erheblich.

Die Ausgestaltung der Verfahrenseinleitung mit der Option zur Anmeldung zum Klageregister schränkt die Dispositionsfreiheit nicht ein, sondern fördert sie sogar durch die Zurverfügungstellung einer weiteren Alternative.

Die Einschränkung des Dispositionsgrundsatzes hinsichtlich der Beendigungsmöglichkeit des Verfahrens durch den Ausschluss der Rücknahmemöglichkeit der Anmeldung nach § 608 III ZPO ist durch den Zweck des Verfahrens gerechtfertigt.

---

384 So auch: *Beck*, WPg 2019, 586, 592.

II. Verstoß gegen den Justizgewährungsanspruch

Durch den Ausschluss jeglicher Partizipationsrechte der Angemeldeten im Rahmen des Musterfeststellungsprozesses, welcher in den §§ 606 ff. ZPO angelegt ist, liegt ein Verstoß gegen den allgemeinen Justizgewährungsanspruch nahe. Virulent wird in diesem Zusammenhang vor allem die Abgrenzung zum ebenfalls verfassungsrechtlich verbürgten und mit dem Justizgewährungsanspruch zusammenhängenden Anspruch auf rechtliches Gehör.

Auf den ersten Blick lassen sich die Anwendungsbereiche des rechtlichen Gehörs und des Justizgewährungsanspruch trennscharf abgrenzen. Art. 103 I GG soll den angemessenen Ablauf im Verfahren sichern, während der Justizgewährungsanspruch den Zugang zum Verfahren garantiert: Wer also bei Gericht formell durch den Justizgewährungsanspruch ankommt, muss materiell aufgrund der Gewährleistung des rechtlichen Gehörs angehört werden.[385] Auf diese Weise wird ein funktionaler Zusammenhang zwischen den Verfassungsrechten hergestellt.[386]

Verkompliziert wird dieses Verhältnis jedoch durch die offene Formulierung des Art. 103 I GG. Durch die Verwendung des Begriffs „jedermann“ werden auch Dritte in Bezug auf ein anhängiges Gerichtsverfahren in den Anwendungsbereich des Art. 103 I GG einbezogen. Der zentrale Anwendungsbereich des Justizgewährungsanspruchs in Form der Gewährung eines Zugangs zu einer Rechtsschutzmöglichkeit[387] führt zu sich überlagernden Anwendungsbereichen[388] zwischen den Vorschriften. Auf der anderen Seite erstreckt das BVerfG die Justizgewährleistung nicht nur auf den ersten Zugang zum Gericht, sondern auf die Ausgestaltung des gesamten Verfahrens.[389] Eine dogmatische Aufklärung des Konkurrenzverhältnisses des Justizgewährungsanspruch zum Anspruch auf rechtliches Gehör hat seitens der Rechtsprechung noch nicht stattgefunden.[390] Viel-

---

385 BVerfG NJW 2007, 2242, 2243.

386 *Leufgen*, Kollektiver Rechtsschutz zugunsten geschädigter Kapitalanleger, 2007, S. 132.

387 *Zuck*, NJW 2013, 1132, 1133.

388 *Ders.*, NJW 2013, 1132, 1134.

389 BVerfGE 40, 272, 275; 88, 118, 125; 112, 185, 207.

390 Unter Nennung eines mangelnden Interesses als Grund: *Zuck*, FS Krämer, 2009, S. 85, 98 ff.

mehr wurden auftretende Überschneidungen mit einer Zusammenfassung dieser Vorschriften zu einem Grundrechtsverbund überwunden.[391]

Dies führt zu Unsicherheiten gerade in den Grenzbereichen dieser Vorschriften, vor allem wenn es um die Beteiligung am oder den Ausschluss Dritter vom Prozess geht wie bei der Musterfeststellungsklage. Je nach eingenommener Perspektive lässt sich eine Einschlägigkeit entweder des Justizgewährungsanspruchs oder des Anspruchs auf rechtliches Gehör vertreten. Aus dem Blickwinkel der angemeldeten Verbraucher geht es vor allem um den Zugang zum Musterfeststellungsprozess, was für die Einschlägigkeit des Justizgewährungsanspruchs spricht. Aus der Perspektive der Parteien des Musterfeststellungsprozesses geht es um die Ausgestaltung ihres Gerichtsverfahrens, indem eine Beteiligung der angemeldeten Verbraucher am Prozess in Betracht kommt, was wiederum eher für Art. 103 I GG spricht.

Nach einer Darstellung der dogmatischen Herleitung des Justizgewährungsanspruchs wird die Perspektive der Angemeldeten eingenommen und die §§ 606 ff. ZPO auf ihre Konformität mit dem Justizgewährungsanspruch geprüft.

1. Dogmatische Herleitung

Das Zivilrecht verbietet die eigenmächtige Durchsetzung von Ansprüchen, indem es die zwangsweise Durchsetzbarkeit derselben grundsätzlich abhängig macht vom Vorliegen eines gerichtlichen Vollstreckungstitels gem. § 704 ZPO. Auch die weiteren Vollstreckungstitel nach § 794 I ZPO erfordern die Mitwirkung einer staatlichen Stelle. Abweichungen davon sind lediglich in eng begrenzten Ausnahmefällen wie den §§ 227–229, 562b I, 859, 904, 962 BGB vorgesehen, wenn Gefahr im Verzug herrscht, obrigkeitliche Hilfe nicht rechtzeitig zu erlangen ist oder eine Notwehrsituation vorliegt. Als Ausgleich für diesen Ausschluss der Selbstjustiz stellt der Justizgewährungsanspruch den Bürgern Gerichte zur verbindlichen Streitentscheidung zur Verfügung, welche die Streitigkeiten objektiv nach abstrakt-generellen Normen zu entscheiden haben.[392] Dem Bürger wird ein

391 *Bethge*, in: Maunz/Schmidt-Bleibtreu/Klein u.a. (Hrsg.), Bundesverfassungsgerichtsgesetz, [57]2019, § 90 Rn. 275 f.

392 *Saenger*, in: ders. (Hrsg.), Zivilprozessordnung, [8]2019, Einleitung Rn. 9; *Adolphsen*, Zivilprozessrecht, [6]2020, § 2 Rn. 2; Stein/Jonas/*Brehm*, vor § 1 Einleitung

grundgesetzlich verbürgter Anspruch auf Gewährung von Rechtsschutz durch die Gerichte eingeräumt.[393]

Da Art. 19 IV GG den Rechtsschutz nur gegen Akte der öffentlichen Gewalt garantiert[394], greift dieser beim Vorliegen einer rein zivilrechtlichen Streitigkeit nicht unmittelbar ein. Aus der unterlassenen expliziten Normierung lässt sich jedoch kein Umkehrschluss in Richtung eines bewussten Verzichts auf eine solche Regelung ziehen, zumal dies dem Zweck des Justizgewährungsanspruchs (Ausgleich für den Ausschluss der Selbstjustiz) zuwiderlaufen würde.[395] Normativ behilft sich das BVerfG in zivilrechtlichen Streitigkeiten mit Art. 20 III i.V.m. 2 I GG[396] zur Lückenschließung.[397] Über Art. 2 I GG als „Transportgrundrecht" wird das Rechtsstaatsprinzip für den einzelnen Bürger zum subjektiven Recht.[398]

2. Prüfung der §§ 606 ff. ZPO am Maßstab des Justizgewährungsanspruchs

In der konkreten Situation einer Musterfeststellungsklage können die angemeldeten Verbraucher am Musterfeststellungsprozess in keiner Weise teilnehmen. Aus ihrer Sicht geht es um den Zugang zum Verfahren. Der sodann in Rede stehende Justizgewährleistungsanspruch ist nach seinen unterschiedlichen Schutzdimensionen zu untersuchen: Zum einen gewährleistet er die Existenz und den Zugang zu einem Gericht generell, zum anderen muss der gewährleistete Rechtsschutz wirkungsvoll sein.[399]

Rn. 284; *Lüke*, Zivilprozessrecht I, ^{11}2020, § 1 Rn. 1; BeckOK GG/*Huster/Rux*, Art. 20 GG Rn. 199.

393 Musielak/Voit/*Musielak*, Einleitung Rn. 6 ff.

394 BeckOK GG/*Huster/Rux*, Art. 20 GG Rn. 199; *Zuck*, FS Krämer, 2009, S. 85, 88; Thomas/Putzo/*Seiler*, Einleitung I Rn. 29.

395 Stein/Jonas/*Brehm*, vor § 1 Einleitung Rn. 287 f.

396 BVerfGE 107, 395, 406 f. = NJW 2003, 1924; BVerfG NJW 2011, 2276, 2277; BVerfG NJW 2012, 2869.

397 *Zuck*, Die Grundrechtsrüge im Zivilprozess, 2008, Rn. 84.

398 *Ders.*, NJW 2013, 1132, 1133.; *ders.*, Die Grundrechtsrüge im Zivilprozess, 2008, Rn. 117.

399 BVerfGE 61, 82, 110 f. = NJW 1982, 2173, 2175; BVerfG NJW 2011, 2276, 2277; *Saenger*, in: ders. (Hrsg.), Zivilprozessordnung, ^{8}2019, Einleitung Rn. 9; *Zuck*, NJW 2013, 1132.

a) Existenz und Zugang zum Gericht

Der Anspruch auf die Existenz eines Gerichtsverfahrens, der dem weitgehenden Ausschluss der Selbsthilferechte Rechnung tragen soll[400], wird durch die Einführung nicht tangiert. Durch die §§ 606 ff. ZPO wird gerade eine neue, eigenständige zivilprozessuale Klage[401] geschaffen und nicht ein bestehender Gerichtsweg vollkommen ausgeschlossen.

Auch der weitere Aspekt des Anspruchs auf Zugang zu Gerichtsverfahren wird durch die Einführung des Musterfeststellungsverfahrens nicht berührt. Dieser fordert lediglich, dass der Zugang zu den verfahrensmäßig eröffneten Gerichtsverfahren nicht in unzumutbarer, aus Sachgründen nicht mehr zu rechtfertigender Weise erschwert wird.[402] Es war gerade das erklärte Ziel bei der Einführung der §§ 606 ff. ZPO, die bestehenden Hürden abzubauen und dementsprechend die Inanspruchnahme einer gerichtlichen Klärung zu vereinfachen.[403] Dafür wurde der Angemeldete von jeglichem Prozesskostenrisiko freigestellt[404], welches jedoch in seiner degressiven Ausgestaltung ohnehin mit dem Justizgewährungsanspruch vereinbar ist.[405] Auch wurde dem Verbraucher die freie Wahl gelassen, ob er sich zum Musterfeststellungsverfahren anmeldet oder ob er seine Rechte von vornherein im Individualrechtsstreit durchsetzen will. Dem Zugang zu Gericht wird auf diese Weise Vorschub geleistet, was dem Justizgewährungsanspruch zugute kommt, anstatt ihn unzulässig zu beschränken. Eben diesen Gedanken greift der Gesetzgeber auf, indem er darauf abstellt, dass die verfahrensrechtlichen Möglichkeiten für die Verbraucher ausschließlich erweitert werden.[406]

Durch die Einführung des neuen Kollektivverfahrens wird auch kein faktischer Teilnahmezwang begründet, der die Individualrechtsdurchsetzung unzulässig beschneiden würde.[407] Zwar ging z.B. von dem Musterfeststellungsverfahren gegen die VW AG eine erhebliche Wirkung aus. Doch zwang diese potentielle Anspruchsinhaber nicht zur Anmeldung ihrer Ansprüche im Klageregister oder gar zum Verbleib im Musterfeststel-

---

400 S. dazu: Teil Zwei Kapitel Eins § 3 C. II. 1. Dogmatische Herleitung (128).
401 BT-Drs. 19/2439, S. 16.
402 Statt vieler: BVerfG NJW 2011, 2276, 2277.
403 BT-Drs. 19/2439, S. 14.
404 BT-Drs. 19/2439, S. 16.
405 BVerfGE 80, 103, 106 f. = NJW 1989, 1985.
406 BT-Drs. 19/2439, S. 28.
407 Diese Bedenken bei altruistisch handelnden Verbandsklägern anmeldend: *Scholz*, ZG 2003, 248, 260 f.

lungsverfahren. Im Gegenteil war die gegenläufige Tendenz zu verzeichnen, da viele Angemeldete vor dem letztmaligen Rücknahmezeitpunkt ihre Anmeldung zurückzogen, was sich in dem Anstieg auf 60.000 Individualklageverfahren beobachten ließ.[408]

b) Wirkungsvoller Rechtsschutz

Die weitere Dimension des Justizgewährungsanspruchs gebietet, dass ein eingerichteter Gerichtsweg auch effektiv ausgestaltet sein muss.[409] Das angerufene Gericht hat eine umfassende tatsächliche und rechtliche Prüfung des Streitgegenstands vorzunehmen und eine verbindliche Entscheidung zu erlassen.[410] Wenn das Prozessrecht eine neue Instanz eröffnet, muss auch diese eine wirksame gerichtliche Kontrolle gewährleisten.[411]

Auch diesen Anforderungen genügt das Musterfeststellungsverfahren. Im Rahmen des Streitgegenstandes des Musterfeststellungsverfahrens[412] erfolgt eine vollständige Prüfung der vorab formulierten Feststellungsziele. Die Verbindlichkeit der Entscheidung wird sogar noch über den Rechtskraftumfang nach § 613 I 1 ZPO auf die wirksam zum Klageregister Angemeldeten ausgedehnt. Hinsichtlich des Verfahrensablaufs verweist § 610 V 1 ZPO pauschal auf die allgemeinen Vorschriften, sodass das Musterfeststellungsverfahren in weiten Teilen einem – dem Anspruch auf effektiven Rechtsschutz genügenden – herkömmlichen Zivilprozess entspricht. Die Abweichungen in § 610 V 1 ZPO sollen lediglich den Besonderheiten des Musterfeststellungsverfahrens Rechnung tragen[413], jedoch nicht die Effektivität des Verfahrens beeinträchtigen.

---

408 *Votsmeier*, Mehr als 206.000 Dieselkläger haben ihre Rechtsschutzversicherung in Anspruch genommen (https://www.handelsblatt.com/unternehmen/industrie/dieselskandal-mehr-als-206-000-dieselklaeger-haben-ihre-rechtsschutzversicherung-in-anspruch-genommen/25382352.html) (geprüft am 14.04.2020).

409 Musielak/Voit/*Musielak*, Einleitung Rn. 6 ff.; *Zuck*, NJW 2013, 1132; *Adolphsen*, Zivilprozessrecht, ^{6}2020, § 2 Rn. 2.

410 BVerfGE 54, 277, 291 = NJW 1981, 39, 41; BVerfG NJW 2011, 2276, 2277; *Saenger*, in: ders. (Hrsg.), Zivilprozessordnung, ^{8}2019, Einleitung Rn. 9.

411 BVerfGE 40, 272, 274 f. = NJW 1976, 141; BVerfGE 96, 27, 39 = NJW 1997, 2163, 2164.

412 Zu diesem: Teil Zwei Kapitel Eins § 3 B. I. 1. f) Eigenständige Streitgegenstandbestimmung für die Musterfeststellungsklage (81).

413 BT-Drs. 19/2439, S. 26.

Ob der Gesetzgeber mit seiner Einschätzung der Effektivitätssteigerung Recht behält[414], unterliegt bei dem einem einfachen Gesetzesvorbehalt unterstehenden Justizgewährungsanspruch zunächst seiner Einschätzung. Eine offensichtliche Ungeeignetheit ist jedenfalls nicht gegeben.

Zugunsten der Effektivität von Kollektivverfahren kann schließlich noch angeführt werden, dass diese zur Gewährleistung eines effektiven Rechtsschutzes geboten sein können[415], zumal eine gebündelte Klärung einheitlicher Fragen zumindest prima facie einen Effizienzgewinn verspricht.

Es bleibt mithin festzuhalten, dass der Justizgewährungsanspruch durch die Einführung der §§ 606 ff. ZPO nicht verletzt ist.

III. Verstoß gegen den Vorrang des Individualrechtsschutzes

Eine grundlegende Anforderung an jegliches staatliche Handeln und somit auch an jedes Gesetz, das ein neues Institut des kollektiven Rechtsschutzes etabliert, liegt in der Wahrung der verfassungsrechtlichen Vorgaben, wobei der Fokus in diesem Abschnitt auf dem Vorrang des Individualrechtsschutzes liegt.

Dieser aus Art. 1 III, 19 IV, 20 III in Verbindung mit dem Justizgewährungsanspruch hergeleitete Anspruch stellt den Kollektivrechtsschutz im Hinblick auf den Individualrechtsschutz in ein Subsidiaritätsverhältnis.[416] Hergeleitet wird dieser Vorrang als Ausprägung des allgemeinen Justizgewährungsanspruchs mit Fokus auf die gem. Art. 1 III GG zu schützenden Grundrechte.[417] Diese Grundrechte stellen in erster Linie Rechte des Einzelnen dar, sodass die Ausformung des gerichtlichen Verfahrens auch zuvörderst dem Schutz dieser Individualrechte zu dienen bestimmt ist.[418] Die individuelle Klageerhebung darf daher grundsätzlich nicht durch die kollektiven Rechtsschutzinstrumente ausgeschlossen oder verkürzt werden.[419]

---

414 S. dazu: BT-Drs. 19/2439, S. 16.

415 *Heese*, JZ 2019, 429, 439.

416 *Lange*, Das begrenzte Gruppenverfahren, 2011, S. 106 ff.

417 Einen solchen nicht weiter aufgegriffenen Vorrang des Individualrechtsschutzes herleitend: *Scholz*, ZG 2003, 248, 258; einen Vorrang des Individualrechtsschutzes allenfalls andeutend: *Stürner*, FS Baur, 1981, S. 647, 652 f.

418 *Scholz*, ZG 2003, 248, 258.

419 *Geiger*, Kollektiver Rechtsschutz im Zivilprozess, 2015, S. 251; *Scholz*, ZG 2003, 248, 258.

Die Musterfeststellungsklage wahrt diese Anforderungen. Zum einen ist sie als opt-in Verfahren ausgestaltet. Eine Inanspruchnahme des Instruments der Musterfeststellungsklage bedarf einer ausdrücklichen Erklärung des Verbrauchers in Form der Anmeldung zum Klageregister gem. § 608 I ZPO. Anderenfalls wird – zumindest rechtlich – die weiterhin mögliche Individualklage nicht von dem Musterfeststellungsprozess betroffen. Dies gilt umso mehr, als eine Aussetzung des Prozesses eines nicht angemeldeten Verbrauchers aufgrund eines Umkehrschlusses aus der expliziten Aussetzungsmöglichkeit des § 148 II ZPO nicht möglich ist, da der Gesetzgeber eine solche nur in dem speziell geregelten Fall zulassen wollte.[420] Auf diese Weise bleibt der Verbraucher, der sich gegen eine Anmeldung und für eine Individualklage entscheidet, völlig von der Bindungswirkung verschont. Bei der realistischen Annahme einer zeitlich schnelleren Erledigung des Individualverfahrens vor dem Musterfeststellungsprozess zeitigt dieser auch keine faktische Präjudizwirkung. Ähnlich der Argumentation beim Dispositionsgrundsatz überlässt das Institut der Musterfeststellungsklage dem Verbraucher die Wahl, was dem Vorrang des Individualrechtsschutzes Genüge tut.[421]

Darüber hinaus bleibt eine Individualrechtsverfolgung nach Abschluss des Musterfeststellungsprozesses dank seiner zweistufigen Ausgestaltung möglich. Auch diese weitere Rechtsverfolgungsmöglichkeit wahrt den Vorrang des Individualrechtsschutzes[422] und ist deshalb vorzugswürdig.[423] Ähnlich wie der Justizgewährungsanspruch und der Dispositionsgrundsatz gewährleistet der Vorrang des Individualrechtsschutzes keine inhaltlich ungebundene Entscheidung des Gerichts des Folgeprozesses, sondern nur die Möglichkeit der Individualrechtsverfolgung überhaupt. Dies gilt umso mehr, wenn man sich das bereits beschriebene Wahlrecht vor Augen hält. Die Bindungswirkung gem. § 613 I 1 ZPO ist somit nicht am Vorrang des Individualrechtsschutzes zu messen. Ungeachtet der rechtspolitischen Kritik der Zweistufigkeit[424] und der mit der Notwendigkeit von Indivi-

420 OLG Köln, NJW-RR 2018, 1388, 1389 f.; *Schweiger/Wiedeck*, CB 2019, 335, 339; eine Aussetzungsmöglichkeit des Individualverfahrens eines nicht angemeldeten Verbrauchers generell verneinend: OLG Schleswig, NJW-RR 2019, 1151 f.; für eine Aussetzungsmöglichkeit analog § 148 I ZPO: *Nordholtz/Wiebking*, GWR 2019, 251.

421 *Merkt/Zimmermann*, VuR 2018, 363, 364.

422 *Dies.*, VuR 2018, 363, 373.

423 *Winkelmeier-Becker/Dietsche*, ZG 2018, 47, 55 f.

424 Diese z.B. als Webfehler bezeichnend: *Heese*, JZ 2019, 429, 433.

dualprozessen einhergehenden Gefahr divergierender Entscheidungen[425] ist sie ein gangbarer Weg den Vorrang des Individualrechtsschutzes des einzelnen Verbrauchers zu wahren.

Es liegt somit schon kein Eingriff in den Grundsatz des Vorrangs des Individualrechtsschutzes vor, da dem Verbraucher sowohl bei erfolgter Anmeldung als auch bei Unterlassen derselben die Möglichkeit eines Individualprozesses verbleibt.

Auch bei einer gedanklichen Annahme eines Eingriffs ist der weite Gestaltungsspielraum des Gesetzgebers bei der Einschränkung des Vorrangs des Individualrechtsschutzes zu beachten, soweit die intendierte Justizentlastung und die Verfahrensbeschleunigung diesen rechtfertigen.[426] Bei der Musterfeststellungsklage stehen die Justizentlastung und die effektive Verbraucherrechtsdurchsetzung im Vordergrund.[427] Ob diese Aspekte tatsächlich eingreifen und zur Rechtfertigung eines Eingriffs herangezogen werden können, wird an späterer Stelle diskutiert.[428] Jedenfalls bei der vorliegenden marginalen Einschränkung überwiegt die Prärogative des Gesetzgebers.

Ein Verstoß gegen den Vorrang des Individualrechtsschutzes liegt daher nicht vor.

IV. Verstoß gegen den Anspruch auf rechtliches Gehör, Art. 103 I GG

Zum Anspruch auf rechtliches Gehör nach Art. 103 I GG gibt es eine nahezu unüberblickbare Kasuistik an Rechtsprechung und Unmengen von Literatur. Dies beruht nicht zuletzt auf der Tatsache, dass Art. 103 I GG an der Spitze der vom BVerfG festgestellten Verstöße steht.[429] Auf diese Weise konnte eine ausdifferenzierte und umfangreiche Rechtsprechung die Konturen des „prozessualen Urrechts“[430], dem eine „herausragende Bedeutung“[431] beigemessen wird, umreißen. Als grundlegende Vorausset-

425 Auf dieses Risiko hinweisend: *Rohls*, in: Nordholtz/Mekat (Hrsg.), Musterfeststellungsklage, 2019, § 3 Rn. 89.

426 *Geiger*, Kollektiver Rechtsschutz im Zivilprozess, 2015, S. 251.

427 BT-Drs. 19/2439, S. 15 f.

428 Teil Zwei Kapitel Eins § 3 C. IV. 2. f) Rechtfertigung des Eingriffs in das rechtliche Gehör (246).

429 Stein/Jonas/*Brehm*, vor § 1 Einleitung Rn. 283.

430 BVerfGE 55, 1, 6 = NJW 1980, 2698; BVerfGE 70, 180, 188 = NJW 1986, 371, 372.

431 BVerfGE 70, 180, 188 = NJW 1986, 371, 372.

zung sinnvoller Verfahrensgestaltung beruhen die meisten Vorschriften der ZPO auf der Ausgestaltung des rechtlichen Gehörs.[432]

Trotz der umfangreichen Kasuistik stellen sich mit der Einführung neuer Vorschriften immer wieder neue Probleme[433], welche das Recht in einem neuen Blickwinkel erscheinen lassen und die Grenzen neu ausloten. Gerade die bei Kollektivrechtsbehelfen häufig zu verzeichnende Erstreckung der Urteilswirkungen auf am Verfahren nicht unmittelbar Beteiligte muss das rechtliche Gehör derselben wahren.[434] Der Akzent des Art. 103 I GG liegt nicht in der objektiven Rechtserkenntnis und Rechtsfortbildung, sondern auf dem Parteienschutz.[435]

Im folgenden Kapitel soll dem Gang einer Grundrechtsprüfung folgend zunächst die Anwendbarkeit des rechtlichen Gehörs auf die angemeldeten Verbraucher untersucht werden. Sodann wird die von den §§ 606 ff. ZPO vorgesehene Verfahrensgestaltung mit den Gewährleistungen des Art. 103 I GG abgeglichen. Es schließen sich Fragen der Verzichtbarkeit des Art. 103 I GG und der repräsentativen Wahrnehmung des rechtlichen Gehörs für die Verbraucher durch die qualifizierte Einrichtung an. Danach steht die Rechtfertigung des Grundrechtseingriffs im Vordergrund, die differenziert nach Streu- und Massenschäden beleuchtet werden soll. Schließlich werden mögliche Auswirkungen eines anzunehmenden Verstoßes gegen Art. 103 I GG eruiert und auf Verfassungskonformität und Praktikabilität untersucht, dargestellt und bewertet.

1. Anwendbarkeit des Anspruchs auf rechtliches Gehör auf die angemeldeten Verbraucher

Gegenstand dieses Kapitels ist die Anwendbarkeit des Anspruchs auf rechtliches Gehör auf die angemeldeten Verbraucher. Strikt getrennt wird diese Frage von den Rechtswirkungen der Anmeldung, einer etwaigen Repräsentation, einer Rechtfertigung eines Eingriffs usw., die in den folgenden Kapiteln erörtert werden sollen. Allein die prinzipielle Anwendbarkeit des Art. 103 I GG und die damit verbundene Auslegung des Begriffs „jedermann“ stellen den Mittelpunkt der nachfolgenden Untersuchung dar.

---

432 *Henkel*, ZZP 77 (1964), 321, 362.

433 *Waldner*, Aktuelle Probleme des rechtlichen Gehörs im Zivilprozess, 1983, S. 3 f.

434 *Schilken*, in: Meller-Hannich (Hrsg.), Kollektiver Rechtsschutz im Zivilprozess, 2008, S. 21, 49.

435 *Lerche*, ZZP 78 (1965), 1, 12.

Art. 103 I GG gewährt „jedermann“ Anspruch auf rechtliches Gehör. Diese außerordentlich weite Formulierung der prozessualen Generalklausel bedarf der Konkretisierung[436], da eine wörtliche Anwendung den Zweiparteiengrundsatz der ZPO in sein Gegenteil verkehren würde. Die Formulierung soll nicht positiv einen Anspruchsträger festsetzen, sondern vielmehr verhindern, dass jemand als möglicher Anspruchsinhaber von vornherein ausscheidet.[437] Der Begriff ist in Zusammenhang mit dem „Gericht“ zu sehen. Wer formell bei Gericht ankommt, soll auch substanziell ankommen, also wirklich gehört werden.[438] Insofern ist Art. 103 I GG als Sicherung der Rechtsstaatlichkeit des Verfahrens zu sehen.[439]

Das Problem entfaltet deswegen seine volle Wirkung, weil durch die Feststellungsziele in Kombination mit der Bindungswirkung gem. § 613 I 1 ZPO auf die materiellen Ansprüche der Verbraucher eingewirkt wird. Diese finden sich in einer ähnlichen Lage wie die Parteien eines herkömmlichen Rechtsstreits wieder, nur dass ihnen diese Parteistellung nicht gewährt wird.[440] In dem Spannungsverhältnis zwischen Effektivität des Musterfeststellungsverfahrens und dem Anspruch auf rechtliches Gehör[441] hat sich der Gesetzgeber durch den Ausschluss der Beteiligungsrechte der Verbraucher im Musterfeststellungsprozess für eine Betonung der Effektivität des Verfahrens entschieden. Eben diese Entscheidung ist am verfassungsrechtlichen Maßstab des Art. 103 I GG zu messen.

Durch die verfassungsrechtliche Gewährleistung des rechtlichen Gehörs steht die Einräumung einer formellen Verfahrensbeteiligung nicht im Belieben des Gesetzgebers, sondern ist ggf. bei einer verfassungswidrigen Verwehrung unmittelbar aus der Verfassung herzuleiten.[442] Mit anderen Worten verbürgt Art. 103 I GG einen nicht durch einfaches Recht ausschließbaren Anspruch auf Gehörsgewährung, der bei Vorliegen der Tat-

---

436 *Henkel*, ZZP 77 (1964), 321, 363.

437 *Waldner*, Aktuelle Probleme des rechtlichen Gehörs im Zivilprozess, 1983, S. 213.

438 BVerfG NJW 2003, 1924, 1926.

439 *Brüning*, in: Stern/Becker (Hrsg.), Grundrechte-Kommentar, ^{3}2019, Artikel 103 GG Rn. 4 ff.

440 *Braun*, Lehrbuch des Zivilprozeßrechts, 2014, S. 115 f.

441 *Geiger*, Kollektiver Rechtsschutz im Zivilprozess, 2015, S. 252 f.

442 *Wolf*, JZ 1971, 405; *Calavros*, Urteilswirkungen zu Lasten Dritter, 1978, S. 27 f.; *Zeuner*, Rechtliches Gehör, materielles Recht und Urteilswirkungen, 1974, S. 12 f.

bestandsvoraussetzungen des Art. 103 I GG jedem zusteht, ungeachtet seiner Organisationsform oder Herkunft.[443]

a) Begriff des Gerichts im Sinne des Art. 103 I GG

Als erste Tatbestandsvoraussetzung nennt Art. 103 I GG das Gericht. Entsprechend seiner systematischen Stellung im Abschnitt über die Rechtsprechung (Art. 92–104 GG) ist darunter die rechtsprechende Gewalt im Sinne des Art. 92 GG zu verstehen. Dieses Merkmal erfüllt das Gericht des Musterfeststellungsprozesses ohne Weiteres.

Zu überlegen ist jedoch, ob die vom Gericht zu erwartende Entscheidung auch unter Art. 103 I GG fällt. Immerhin steht es den Verbrauchern frei ein Individualverfahren mit individueller Endentscheidung herbeizuführen. Das Urteil des Musterfeststellungsprozesses stellt eher eine Art Zwischenentscheidung für den Anspruch des Verbrauchers dar.

Im Gegensatz zum Dispositionsgrundsatz und dem Justizgewährungsanspruch ist gerade diese inhaltliche Vorprägung des Individualverfahrens genuiner Anwendungsbereich des Anspruchs auf rechtliches Gehör. Ausgangspunkt ist nicht die Klage des Verbrauchers in einem neuen Prozess, sondern die Entscheidung des Gerichts im Musterfeststellungsprozess ohne die Beteiligung des Dritten. In diesem Prozess muss ein verbindlicher Erkenntnisakt[444] gefällt werden, der zu einer rechtsbeeinträchtigenden Entscheidung führen kann.[445] Das Kriterium der Rechtsbeeinträchtigung soll dabei sicherstellen, dass der Betroffene überhaupt ein schützenswertes Interesse an der Einflussnahme auf die zu erlassende Entscheidung hat.[446] Die Natur der Entscheidung als End- oder Zwischenentscheidung ist für die Einschlägigkeit des Anspruch auf rechtliches Gehör irrelevant, solange irgendeine Rechtsbeeinträchtigung von ihr ausgehen kann.[447]

Durch die Bindungswirkung gem. § 613 I 1 ZPO ergibt sich eine inhaltliche Vorprägung auf den anschließenden Individualprozess des Verbrau-

---

443 *Röhl*, NJW 1964, 273, 275.

444 BVerfGE 6, 12, 15; 62, 320, 322.

445 *Waldner*, Aktuelle Probleme des rechtlichen Gehörs im Zivilprozess, 1983, S. 209 f.; *Graßhof*, in: Merten/Papier (Hrsg.), Handbuch der Grundrechte in Deutschland und Europa, 2013, § 133 Rn. 23.

446 *Waldner*, Aktuelle Probleme des rechtlichen Gehörs im Zivilprozess, 1983, S. 172.

447 *Brüning*, in: Stern/Becker (Hrsg.), Grundrechte-Kommentar, ^{3}2019, Artikel 103 GG Rn. 14.

chers. Angesichts der umfassenden Gestaltung der Bindungswirkung[448] greift diese auch bei einer für den Verbraucher negativen Entscheidung, sodass die latente Gefahr einer Rechtsbeeinträchtigung über dem Musterfeststellungsprozess für den Verbraucher schwebt. Die einzunehmende Perspektive ist dabei für die Einschlägigkeit des Merkmals „Gericht" im Sinne des Art. 103 I GG gleichgültig. Bei Betrachtung des Musterfeststellungsprozesses droht ein Endurteil, welches die Verbraucher betrifft. Bei Einnahme der Perspektive des Individualprozesses liegt zwar auch ein Endurteil des Musterfeststellungsgerichts vor, welches seinen Wirkungen nach allerdings keinem herkömmlichen Urteil entspricht. Da dieses jedoch durchaus negative Wirkungen für den Angemeldeten entfalten kann, liegt eine rechtsbeeinträchtigende Entscheidung auch insoweit vor.

Das Merkmal des Gerichts und der von ihm ausgehenden Entscheidung sind aus diesen Gründen erfüllt.

b) Anspruchsberechtigung aus Parteistellung

Einigkeit besteht in Rechtsprechung und Literatur dahingehend, dass jedenfalls die in partei- oder parteiähnlicher Stellung formal am Verfahren Beteiligten Anspruch auf rechtliches Gehör haben.[449] Aus diesem zwischen den Parteien und parteiähnlichen Akteuren bestehenden Spannungsverhältnis[450] ergibt sich, dass vor einer in die Rechte einer Partei eingreifenden Entscheidung rechtliches Gehör gewährt werden muss.

Eine Begründung der Anspruchsinhaberschaft über die Partei oder parteiähnliche Stellung ist bei der Musterfeststellungsklage für die angemeldeten Verbraucher gerade ausgeschlossen. Lediglich die qualifizierte Einrichtung erlangt eine formale Parteistellung; die angemeldeten Verbraucher erhalten auch bei Anmeldung ihrer Ansprüche zum Klageregister keine

448 S. Teil Zwei Kapitel Eins § 3 B. IV. § 613 I 1 ZPO: umfassende Bindungswirkung (115).

449 So u.a.: BVerfGE 17, 356, 361; 21, 362, 373; 75, 201, 215; Zöller/*Vollkommer*, Einleitung Rn. 100d; *Bettermann*, JZ 1962, 673, 676; MüKo ZPO/*Rauscher*, Einleitung Rn. 241; *Zeuner*, FS Nipperdey, 1965, S. 1013, 1037 ff.

450 *Bettermann*, JZ 1962, 673, 675.

eigene prozessuale Stellung im Musterfeststellungsprozess.[451] Es findet vielmehr eine Mediatisierung der Ansprüche statt.[452]

Aus einer Partei oder parteiähnlichen Stellung ergibt sich keine Anwendbarkeit des Art. 103 I GG auf die angemeldeten Verbraucher.

c) Anspruch aus Stellung als Dritter

Eine Anwendbarkeit des Art. 103 I GG kann sich auch ohne eine förmliche Verfahrensbeteiligung aus der Stellung als Dritter ergeben. Es reicht in vielen Prozesskonstellationen nicht aus nur dem Kläger rechtliches Gehör zu gewähren, da auch andere als die Prozessparteien von den Wirkungen des Urteils betroffen sein können.[453] Diese Erkenntnis korreliert auch mit der Tatsache, dass die Anwendbarkeit des Anspruchs auf rechtliches Gehör der Entscheidung durch den einfachen Gesetzgeber entzogen ist, da Art. 103 I GG als ranghörere Norm den Begriff des „jedermanns“ verfassungsautonom festlegt.[454] Die Anwendbarkeit des rechtlichen Gehörs ist somit unabhängig von der einfachgesetzlich geregelten Verfahrensbeteiligung zu beurteilen.

Aus dieser autonomen Begriffsbestimmung des Art. 103 I GG ergeben sich erhebliche Unsicherheiten, zumal dadurch für das Prozessrecht verfassungsrechtliche Wertungen entscheidend werden, die in der ZPO keinen Niederschlag gefunden haben. So wird die Anspruchsberechtigung Dritter oftmals im Zusammenhang mit dem Begriff der Betroffenheit diskutiert. Diese Kategorie ist der auf den formellen Parteibegriff abstellenden prozessrechtlichen Nomenklatur fremd.[455]

Aus dieser Fremdheit erwächst zum einen ein breites Meinungsspektrum an Auslegungsmöglichkeiten; zum anderen mangelt es oftmals an der klaren Herausstellung der zugrundeliegenden Interessen und Prinzipien. Überwiegend wird in neuerer Zeit eine Anspruchsberechtigung von

---

451 Statt vieler: *Mekat*, in: Nordholtz/Mekat (Hrsg.), Musterfeststellungsklage, 2019, § 7 Rn. 60; *Koch*, MDR 2018, 1409, 1412.

452 *Waßmuth/Asmus*, ZIP 2018, 657, 659; diesen Begriff auch für ein insoweit gleichartiges Vorhaben auf EU-Ebene verwendend: *Halfmeier/Rott*, VuR 2018, 243, 244.

453 *Meller-Hannich*, 72. DJT, Band 1, 2018, A 1, A 80 ff.

454 *Schlosser*, JZ 1967, 431, 432; *Calavros*, Urteilswirkungen zu Lasten Dritter, 1978, S. 21 f.; *Schultes*, Beteiligung Dritter am Zivilprozeß, 1994, S. 13 ff.

455 *Haß*, Die Gruppenklage, 1996, S. 321.

betroffenen Dritten ohne eine vertiefte dogmatische Auseinandersetzung mit dem Problem schlicht behauptet.[456]

Dabei ist die Frage der Anwendbarkeit des Anspruchs auf rechtliches Gehör auf die angemeldeten Verbraucher für die Musterfeststellungsklage von entscheidender Bedeutung. Erst nach deren Klärung stellen sich Folgefragen, wie z.B. die der Verzichtbarkeit oder der repräsentativen Wahrnehmung.

Die sporadische Aufarbeitung in letzter Zeit mag zum einen daran liegen, dass das Problem oft übersehen wird[457] und zum anderen, dass es sich um ein durchaus schwieriges und lange Zeit umstrittenes Thema handelt.[458] Dabei ist es für die Betroffenen von entscheidender Bedeutung klar herauszuarbeiten, warum ein Urteil im Prozess eines Dritten in ihrem Rechtsverhältnis ungeprüft zugrunde gelegt wird. In der Gewährung rechtlichen Gehörs kann die innere Rechtfertigung[459] für diese Tatsache liegen.

Es bietet sich für die dogmatische Aufarbeitung an auf bereits diskutierte, ähnliche Situationen zurückzugreifen. So ist das Phänomen des unbeteiligten, aber gebundenen Dritten auch in Fällen der Rechtskrafterstreckung auf Dritte, der Drittwirkung der Rechtskraft, bei der Tatbestandswirkung und bei Nebenaussprüchen der Urteile aufgetreten.[460] Anhand dieser bereits geführten Auseinandersetzungen soll die Auslotung der Grenzen für die Anwendbarkeit des Art. 103 I GG auf die angemeldeten Verbraucher im Musterfeststellungsprozess erfolgen.

aa) Die Formel des Bundesverfassungsgerichts

Art. 103 I GG gilt als verfassungsrechtliche Bestimmung in allen Rechtsgebieten[461] und kommt bei nicht ausreichender Gehörsgewährleistung un-

---

456 So z.B.: *Koch*, Prozeßführung im öffentlichen Interesse, 1983, S. 299 f.; *Fölsch*, DAR Extra 2018, 736, 738; *Röthemeyer*, Musterfeststellungsklage, ²2020, § 610 Rn. 50; *ders.*, MDR 2019, 6, 7; *Stadler*, FS Schilken, 2015, S. 481, 494 f.

457 *Schlosser*, JZ 1967, 431.

458 *Marotzke*, ZZP 100 (1987), 164, 208.

459 *Gaul*, FS Zeuner, 1994, S. 317, 319 f.

460 *Schlosser*, Gestaltungsklagen und Gestaltungsurteile, 1966, S. 164.

461 Einen Fall aus dem Strafprozessrecht darstellend: *ders.*, Gestaltungsklagen und Gestaltungsurteile, 1966, S. 177.

mittelbar zur Anwendung[462]. Durch diese Kombination gibt es eine schier unüberblickbare Kasuistik zum Anspruch auf rechtliches Gehör, die nicht in Gänze nachgezeichnet werden kann und soll. Vielmehr soll anhand der allen Entscheidungen zugrundeliegenden Formel eine Abgleichung mit der Konstellation bei der Musterfeststellungsklage vorgenommen werden.

Anspruch auf rechtliches Gehör hat jeder, der entweder als Partei bzw. in parteiähnlicher Stellung an einem Gerichtsverfahren beteiligt ist oder unmittelbar rechtlich von dem Verfahren betroffen wird.[463] Für die Anspruchsberechtigung eines Dritten wird statt einer formellen Beteiligung am Prozess somit auf eine unmittelbare materiellrechtliche Wirkung abgestellt. Die Formel des BVerfG besteht damit zum einen aus dem Erfordernis einer rechtlichen Wirkung und zum anderen aus dem Kriterium der Unmittelbarkeit.

(1) Rechtliche Betroffenheit

Die Voraussetzung der rechtlichen Betroffenheit soll Fälle ausschließen, in denen nur eine ideelle, wirtschaftliche oder sonstige Interessenberührung vorliegt.[464] Durch § 613 I 1 ZPO wird der Inhalt des Musterfeststellungsurteils rechtlich zwingend in den Folgeprozess transferiert. Bei einem für den angemeldeten Verbraucher negativen Urteil im Musterfeststellungsprozess muss er sich die für ihn ungünstigen Feststellungsziele entgegenhalten lassen. Verstärkt wird diese Wirkung noch durch die amtswegige Berücksichtigung[465] des Urteils. Insgesamt ist eine rechtliche Betroffenheit der angemeldeten Verbraucher daher zu bejahen.

---

462 BVerfGE 8, 253 = NJW 1958, 2011; BVerfGE 9, 89, 96 = NJW 1959, 427; BVerfGE 17, 356, 361 = NJW 1964, 1412; BVerfGE 21, 132 = NJW 1967, 492, 493.

463 BVerfGE 17, 356, 361 = NJW 1964, 1412; BVerfGE 21, 362, 373 = NJW 1967, 1411; BVerfGE 65, 227, 233 = NJW 1984, 719, 720; BVerfGE 75, 201, 215 = NJW 1988 125; BVerfGE 89, 381, 390 f. = NJW 1994, 1053.

464 Maunz/Dürig/*Schmid-Aßmann*, Art. 103 Rn. 38 ff.

465 *Schroeder*, in: Nordholtz/Mekat (Hrsg.), Musterfeststellungsklage, 2019, § 11 Rn. 25.

(2) Unmittelbarkeit

Schwieriger zu beantworten ist das Vorliegen der Unmittelbarkeit. Durch diese soll eine Nähebeziehung zwischen den Wirkungen des Urteils und den betroffenen Rechtspositionen sichergestellt werden, wobei durchaus auch Wertungsfragen bei diesem Kriterium eine Rolle spielen können.[466] An der Unmittelbarkeit könnte gezweifelt werden, weil einerseits eine Anmeldung der Verbraucher und damit ein voluntativer Zustimmungsakt notwendig ist und andererseits die §§ 606 ff. ZPO eine zwingende Zweistufigkeit zwischen Musterfeststellungsprozess und Individualverfahren vorsehen.

Doch vermag das Erfordernis einer Anmeldung der Unmittelbarkeit nicht entgegenzustehen. Der Denkansatz, welcher die Anmeldung als eigenverantwortliche Übernahme der Urteilswirkungen qualifiziert, verkennt den Zweck des Unmittelbarkeitserfordernisses. Dieses soll den Betroffenen vor ihn direkt treffenden Urteilswirkungen schützen. Nicht darunter fallen z.B. die Frau des gekündigten Arbeitgebers im Kündigungsschutzprozess oder die bloße Nennung in einem Urteil[467] als rein faktische Auswirkungen. Die Bestimmung der Unmittelbarkeit setzt teilweise auch an den rechtlichen Wirkungen an, sodass zwischen den Kriterien ein nahtloser und nicht ganz trennscharfer Übergang besteht. Die Anmeldung zum Klageregister muss dabei von der Rechtsfolge – der Bindungswirkung gem. § 613 I 1 ZPO – strikt unterschieden werden. Die Anmeldung ist lediglich die Voraussetzung der Bindungswirkung, vermag diese jedoch in ihren rechtlichen Wirkungen nicht zu ändern. Durch die Anmeldung wird ein Teil des Anspruchs des Verbrauchers in Form der Feststellungsziele ausgeschält und Gegenstand des Musterfeststellungsprozesses. Diese Teilelemente der Ansprüche werden für den Folgeprozess bindend festgestellt, sodass die ausgeschälten Elemente wieder in die Ansprüche im Folgeprozess eingepasst werden. Eben vor dieser Wirkung soll der Anspruch auf rechtliches Gehör schützen. Die Anmeldung ist mithin als Voraussetzung nur das Vehikel der Bindungswirkung, die sodann automatisch und unmittelbar eintritt. Dafür spricht auch der Zeitraum der möglichen Anmeldung. In einem solch frühen Stadium kann der Verbraucher noch nicht absehen wie sich der Prozess entwickeln wird.[468] Die Anmeldung stellt sich nicht als autonome Übernahme eines feststehenden Ergebnisses

466 Maunz/Dürig/*Schmid-Aßmann*, Art. 103 Rn. 38 ff.

467 So in BGH NJW 1982, 1652, 1653.

468 Daher die Metapher der Katze im Sack verwendend; *Gsell*, WuM 2018, 537, 542.

dar, sondern vielmehr als Mandatierung zur Durchsetzung eigener Ansprüche. Die Frage, ob dem Rechtsinhaber sodann auch rechtliches Gehör zu gewähren ist, stellt eine solche der repräsentativen Wahrnehmung des rechtlichen Gehörs für die Angemeldeten mitsamt deren Einwirkungs- und Einflussnahmemöglichkeiten dar und nicht schon der prinzipiellen Anwendbarkeit des rechtlichen Gehörs. Um eine verfassungsrechtlich zulässige Ausgestaltung der Mandatierung zu gewährleisten, ist von einer Anwendbarkeit des Anspruchs auf rechtliches Gehör auf die angemeldeten Verbraucher auszugehen. Andernfalls entfiele die Möglichkeit das Verfahren am Maßstab des Art. 103 I GG zu messen.

Auch die Zweistufigkeit[469] der Musterfeststellungsklage steht der Anwendbarkeit nicht entgegen. Zum einen ist diese Ausgestaltung, wie bereits erörtert, eine Frage der Wahrung des Dispositionsgrundsatzes und des Justizgewährungsanspruchs. Für den Anspruch auf rechtliches Gehör, der gerade eine Einflussnahmemöglichkeit auf das Verfahren sichern soll, welches die eigene Rechtsstellung betrifft, kann die Zweistufigkeit keine Rolle spielen. Zum anderen soll durch diese Ausgestaltung dem einfachen Gesetzgeber nicht die Anwendbarkeit des Art. 103 I GG anheimgestellt werden. Auch bei der Zweistufigkeit ist das rechtliche Gehör zu wahren. Unmittelbar ist mithin nicht in einem streng formalen Sinn zu verstehen, sondern nach seinen materiellen Wirkungen zu bestimmen. Auch wenn diese in einem anderen Prozess eintreten, ist Art. 103 I GG anwendbar. Dafür spricht des Weiteren eine Parallele zum Verwaltungsprozessrecht.[470] Auch im Verwaltungsrecht kommt es für die rechtliche Betroffenheit in der Klagebefugnis gem. § 42 II VwGO auf die materielle Rechtsbeeinträchtigung an.[471] Ob der Dritte im vorherigen Verwaltungsverfahren zugezogen worden ist, spielt keine Rolle. Allein die mögliche Verletzung subjektiver Rechte verleiht ihm die Klagemöglichkeit zur Sicherung derselben. Wie auch bei Art. 103 I GG wird auf diese Weise eine effektive Durchsetzbarkeit der gewährleisteten Rechte ermöglicht.

Der Unmittelbarkeit kann schließlich noch entgegenstehen, dass sich die Bindungswirkung in abstrakt-genereller Regelungstechnik gesetzes-

---

469 Zu diesem Begriff statt vieler: *Schroeder*, in: Nordholtz/Mekat (Hrsg.), Musterfeststellungsklage, 2019, § 11 Rn. 26 f.; von einem Zweiphasenmodell sprechend, ohne dem Begriff einen anderen Bedeutungsgehalt beizumessen: *Müller*, GWR 2019, 399, 401.

470 Auf diese hinweisend: *Bettermann*, JZ 1962, 673, 677.

471 *Wahl/Schütz*, in: Schoch/Schneider/Bier (Hrsg.), Verwaltungsgerichtsordnung, [37]2019, § 42 II VwGO Rn. 111.

gleich vollzieht.[472] Doch liegt auch diese Konstellation bei der Musterfeststellungsklage nicht vor. Zwar wird die Bindungswirkung durch Gesetz in § 613 I 1 ZPO angeordnet. Sie vollzieht sich aber zum einen durch die Anmeldung und durch das Musterfeststellungsurteil, welche wiederum Entscheidungen in konkret-individuellen Situationen darstellen. Eine umfassende, abstrakt-generelle Bindungswirkung liegt somit gerade nicht vor.

Nach der Formel des BVerfG sind die angemeldeten Verbraucher anspruchsberechtigt nach Art. 103 I GG, da sie sowohl rechtlich als auch unmittelbar von der Entscheidung im Musterfeststellungsprozess betroffen werden.

Aufgrund der Tatsache, dass diese Kriterien der Rechtsprechung im Einzelfall nicht sicher prognostizierbar und griffig sind, haben sich in der Literatur Strömungen entwickelt, welche diese Kriterien zu konkretisieren versuchen. Die gängigsten sollen im Fortgang dargestellt werden.

bb) Lehre von der materiellrechtlichen Abhängigkeit

Ein zulässiger Ausschluss des Dritten von dem ihn betreffenden Prozess wurde zum Teil angenommen, wenn einer der prozessführenden Parteien die materiellrechtliche Verfügungsbefugnis über das in Streit stehende Recht zukommt.[473] Die Prozessführung sei im Verhältnis zur materiellrechtlichen Verfügung ein Minus, sodass der Prozess ohne Beteiligung des materiellen Rechtsinhabers geführt werden könne.[474]

Ungeachtet der Überzeugungskraft dieser Lehre, liegt keine materiellrechtliche Verfügungsbefugnis der qualifizierten Einrichtung über die Ansprüche und Rechtsverhältnisse der angemeldeten Verbraucher vor. Die genaue Einordnung der Anmeldung und des damit begründeten Rechtsverhältnisses soll zwar erst an späterer Stelle vorgenommen werden,[475] doch ergeben sich bereits aus den §§ 606 ff. ZPO Anhaltspunkte, dass die qualifizierte Einrichtung nicht zur Verfügung über die Ansprüche berechtigt ist. Zwar melden die Verbraucher nach dem Wortlaut des § 608 I ZPO ihre Ansprüche und Rechtsverhältnisse zum Klageregister an, sodass von einer Ermächtigung der qualifizierten Einrichtung zur Durch-

472 Maunz/Dürig/*Schmid-Aßmann*, Art. 103 Rn. 38 ff.
473 *Waldner*, Aktuelle Probleme des rechtlichen Gehörs im Zivilprozess, 1983, S. 234.
474 *Walsmann*, Die streitgenössische Nebenintervention, 1905, S. 165 f.
475 Teil Zwei Kapitel Vier § 2 B. IV. Prozessuales Treuhandverhältnis (479).

setzung derselben ausgegangen werden könnte. Doch erfolgt diese Anmeldung nur in Bezug auf die gem. § 607 I Nr. 3 ZPO öffentlich bekannt gemachten Feststellungsziele. Diese Feststellungsziele werden Gegenstand des Musterfeststellungsprozesses nach § 606 I 1 ZPO und nur über diese wird durch das Musterfeststellungsgericht entschieden. Für weitergehende Verhandlungen über die Ansprüche sieht § 611 I ZPO eine gesetzliche Vertretungsmacht[476] der qualifizierten Einrichtung mit Austrittsoption für die angemeldeten Verbraucher gem. § 611 IV 2 ZPO vor. Aus einem Umkehrschluss zu dieser Regelung ergibt sich, dass die klagende qualifizierte Einrichtung sonst nicht mit Wirkung für und gegen die Verbraucher über die Ansprüche verfügen kann. Gegen eine materiellrechtliche Verfügungsbefugnis spricht auch die Regelung in § 610 V 2 ZPO. Diese schließt selbst für die Feststellungsziele einen Verzicht gem. § 306 ZPO aus. Nach der Gesetzesbegründung ist der Ausschluss der Struktur des Musterfeststellungsverfahrens geschuldet[477], was auch an der Grundannahme der prozessualen Handlungsmöglichkeit als Minus zur materiellrechtlichen Verfügungsbefugnis insgesamt zweifeln lässt. Im Kollektivrechtsschutz spielen neben der Individualrechtsverwirklichung auch noch andere Zwecke eine Rolle[478], die einen zwingenden Schluss vom materiellen Recht zur prozessualen Verfügungshoheit verbieten. Das Musterfeststellungsklagerecht wurde den qualifizierten Einrichtungen generell gerade im Hinblick auf öffentliche Zwecke wie Justizentlastung und Prozessökonomie verliehen.[479]

Auch ergibt sich aus dem Ausschluss des § 306 ZPO implizit, dass die qualifizierte Einrichtung nicht faktisch die materiellen Ansprüche der angemeldeten Verbraucher uneinbringbar machen darf. Es wird somit selbst die prozessuale Handlungsbefugnis im Hinblick auf die Feststellungsziele eingeschränkt, was dann erst recht für die nicht direkt in Rede stehenden Ansprüche der Verbraucher gelten muss. Die (hier schon gar nicht vorliegende) materiellrechtliche Verfügungsbefugnis enthält bei der Musterfeststellungsklage somit nicht ohne Weiteres als Minus die prozessuale Hoheit über den Anspruch. Es liegen mithin zum einen nicht die Voraussetzungen der Lehre der materiellrechtlichen Abhängigkeit vor; zum anderen ist der Schluss von der materiellrechtlichen Verfügungsbefugnis auf die

---

476 *Schmidt*, in: Baumbach/Lauterbach/Albers u.a. (Hrsg.), Zivilprozessordnung, [77]2019, Beilage zur 77. Auflage § 611 Rn. 2.

477 BT-Drs. 19/2439, S. 27.

478 Zu den Zwecken des Kollektivrechtsschutzes: *Münch*, in: Bruns/Münch/Stadler (Hrsg.), Die Zukunft des Zivilprozesses, 2014, S. 5, 46 ff.

479 BT-Drs. 19/2439, S. 16.

prozessuale Handlungsmacht als Minus im Kollektivrechtsschutz generell nicht uneingeschränkt zulässig.

Die Lehre der materiellrechtlichen Abhängigkeit spricht vorliegend nicht gegen die Anwendbarkeit des Anspruchs auf rechtliches Gehör hinsichtlich der angemeldeten Verbraucher.

cc) Anspruchsberechtigung aus dem Schutzcharakter des Art. 103 I GG

Baur bestimmt den Kreis der anspruchsberechtigten Dritten durch seine Auffassung, Art. 103 I GG weise eine Unrechtsabwehrtendenz[480] auf. Wenn der Staat den Menschen die Selbsthilfe bei einer gefühlten Rechtsverletzung verweigert, muss er nicht nur einen Gerichtsweg zur Verfügung stellen, sondern auch Einflussnahmemöglichkeiten auf den Prozess gewähren, der in die Rechte der Betroffenen eingreifen kann.[481] Der Anspruch auf rechtliches Gehör wird somit ähnlich wie der Justizgewährungsanspruch begründet. Diesem Ansatz folgend seien alle materiell Beteiligte und somit anspruchsberechtigt, die – ohne eine formelle Parteistellung inne zu haben – von der Entscheidung in ihrer Rechtsstellung betroffen worden sind oder betroffen werden können.[482] Eine genauere Einordnung anhand konkreter Beispiele nimmt *Baur* nicht vor.[483]

Schlosser schließt sich zur Bestimmung des Kreises der anspruchsberechtigten Dritten im Grundsatz der These *Baurs* an.[484] Der Kreis der potentiell Anspruchsberechtigten wird weit gezogen. Um den praktischen Erfordernissen gerecht zu werden nimmt *Schlosser* allerdings Einschränkungen vor. So könne von einer Anhörung abgesehen werden, wenn der Kreis der materiell Beteiligten in der konkreten Situation unüberschaubar groß und eine Einschränkung daher für das Funktionieren der Rechtspflege unerlässlich sei.[485] Als weitere Voraussetzung für die Einschränkung sei die Geltung des Untersuchungsgrundsatzes zu fordern, um sicherzustellen, dass von Amts wegen auch Umstände berücksichtigt werden können, die sich zugunsten der nicht am Prozess Beteiligten auswirken.[486] Diese Einschränkung deklariert *Schlosser* offen als teleologische Reduktion, die aber

480 *Baur*, AcP 153 (1954), 393, 402.
481 *Ders.*, AcP 153 (1954), 393, 402.
482 *Ders.*, AcP 153 (1954), 393, 407 f.
483 *Schlosser*, Gestaltungsklagen und Gestaltungsurteile, 1966, S. 175 f.
484 *Ders.*, Gestaltungsklagen und Gestaltungsurteile, 1966, S. 175 f.
485 *Ders.*, JZ 1967, 431, 432.
486 *Ders.*, Gestaltungsklagen und Gestaltungsurteile, 1966, S. 184 ff.

aufgrund der Generalität und weitreichenden Wirkung des Verfassungsrechtes auch dort anzuerkennen sei, um Situationen Rechnung tragen zu können, welche der Verfassungsgeber nicht vorhergesehen hat.[487]

Nach Ausklammerung der Fälle der materiellrechtlichen Verfügungsbefugnis richtet auch *Brüggemann* die Auslegung des Art. 103 I GG vornehmlich an dessen Charakter als Grundrecht aus.[488] Dritte seien insofern anspruchsberechtigt, als die Entscheidung unmittelbar und von Rechts wegen gestaltend in ihre Rechtsposition eingreife. Art. 103 I GG käme eine hochwichtige Funktion als präventivem Rechtsschutzinstrument zu. Doch sei das Verfahrensgrundrecht nicht verletzt, wenn der Richter entweder keine Kenntnis von den weiteren Anspruchsberechtigten habe oder eine Beteiligung derselben auch bei Kenntnis des Richters nicht zumutbar sei, weil sie das Gefüge des Zivilprozesses sprengen würde. Für diese Sichtweise führt *Brüggemann* an, es sei nicht Aufgabe des Zivilrichters von Amts wegen nach weiteren Anspruchsberechtigten zu forschen und es ergäben sich ungerechtfertigte Ungleichbehandlungen, wenn der Richter nur einen Teil der Anspruchsberechtigten zu ermitteln vermag.

Einen ähnlichen Ansatz verfolgt *Calavros*, indem er zur Bestimmung des anspruchsberechtigten Personenkreises vornehmlich die Wirkungen des Urteils in den Mittelpunkt stellt und das Hauptanliegen des Art. 103 I GG darin sieht die Ungerechtigkeit auszugleichen, die jede Erstreckung von Urteilswirkungen auf Dritte naturgemäß mit sich brächte.[489] Entscheidend sei, ungeachtet der Tatsache ob das bindende Urteil direkt oder präjudiziell wirke, ob der Dritte individuell durch das Urteil betroffen sei.[490] Zur Konkretisierung der individuellen Betroffenheit führt *Calavros* an, es sei zum einen Voraussetzung, dass ein Urteil eines Prozesses ohne die Beteiligung eines Dritten diesen bindet. Zum anderen muss sich dieses Urteil unmittelbar oder mittelbar in einem Folgerechtsstreit zwischen dem Dritten und einem oder beiden Parteien auswirken. Darüber hinaus ist Voraussetzung, dass es sich um ein Fehlurteil im bindenden Prozess handelt. Aufgrund des Rechtzeitigkeitsgedankens des Art. 103 I GG reiche ein potentielles Fehlurteil zur Auslösung des Anhörungsanspruches aus. Diese Sichtweise sei zwingend, weil es aufgrund des fehlenden Gesetzesvorbehal-

---

487 *Ders.*, Gestaltungsklagen und Gestaltungsurteile, 1966, S. 184 ff.

488 Insgesamt zu der in diesem Absatz dargestellten Ansicht: *Brüggemann*, JR 1969, 361, 363 f.

489 *Calavros*, Urteilswirkungen zu Lasten Dritter, 1978, S. 29 f.

490 Auch zu den folgenden Kriterien: *ders.*, Urteilswirkungen zu Lasten Dritter, 1978, S. 34 ff.

tes in Art. 103 I GG dem Gesetzgeber nicht anheimgestellt werden dürfe die Anwendbarkeit des Art. 103 I GG von der Einräumung einer formellen Verfahrensstellung abhängig zu machen.[491] Nicht einschlägig sei das rechtliche Gehör bei der Tatbestandswirkung eines Urteils, da auch bei privatrechtlichen Gestaltungserklärungen der Dritte ohne Einwirkungsrecht die geänderte Rechtslage anerkennen müsse.[492]

(1) Anwendbarkeit des Art. 103 I GG aus dem Gedanken des Schutzcharakters

Aus der Weite des Schutzkriteriums folgt eine Anspruchsberechtigung der angemeldeten Verbraucher, zumal sie materiell Betroffene sind. Sie werden vom Musterfeststellungsprozess in ihrer Rechtsstellung betroffen, indem die Feststellungsziele gem. § 613 I 1 ZPO bindend für ihren Folgeprozess ausgeurteilt werden. Um potentielles Unrecht abwehren zu können ist ihnen eine Einflussnahmemöglichkeit auf den Musterfeststellungsprozess zu gewähren in Form eines Anspruchs auf rechtliches Gehör.

Bei einer Ausrichtung am Schutzcharakter des Art. 103 I GG haben die angemeldeten Verbraucher daher Anspruch auf rechtliches Gehör.

(2) Einschränkung des anspruchsberechtigten Personenkreises?

Zu überlegen ist sodann, ob eine Einschränkung nach *Schlossers* Kriterien gerechtfertigt ist. Dies ist abzulehnen: Zum einen gilt im Musterfeststellungsprozess nicht der Untersuchungsgrundsatz. Er wird zwar durchaus auch im öffentlichen Interesse geführt[493], jedoch in privatrechtlichem Gewand.[494] Es gelten folglich die allgemeinen zivilprozessualen Regeln und damit auch der Beibringungsgrundsatz. Abgesehen von diesem Kriterium liegt kein im konkreten Fall unüberschaubarer Personenkreis vor, der zur Funktionsfähigkeit der Rechtspflege ein Zurücktreten des Anspruchs auf rechtliches Gehör rechtfertigen würde. Dies gilt selbst im Prozess gegen den VW-Konzern mit weit über 470.000 angemeldeten Verbrauchern.

---

491 *Ders.*, Urteilswirkungen zu Lasten Dritter, 1978, S. 21 f.; im Besonderen zum fehlenden Gesetzesvorbehalt: *Hamann*, AnwBl 1958, 141, 142 f.

492 *Calavros*, Urteilswirkungen zu Lasten Dritter, 1978, S. 169 f.

493 *Stadler*, ZHR 2018, 623, 653 f.

494 *Schmidt-Kessel*, Stellungnahme vom 08.06.2018, S. 4 f.

Bei der Anmeldung müssen die Verbraucher zwingend gem. § 608 II 1 Nr. 1 ZPO Namen und Anschrift angeben. Sie können jederzeit individualisiert werden, sodass schon von vornherein keine Unüberschaubarkeit eintreten kann. Bei einer unterlassenen Adressänderung kann mit dem Institut der Obliegenheitsverletzung und einer damit einhergehenden Verwirkung des Anspruchs auf rechtliches Gehör argumentiert werden. Eine Ausforschung eines nicht feststehenden Personenkreises, wie sie *Schlosser* beispielsweise bei Schlüsselgewaltgeschäften befürchtet[495], wird aufgrund der hinterlegten Daten nicht nötig werden.

Auch eine Unerlässlichkeit für das Funktionieren der Rechtspflege muss verneint werden: Zwar erfordert eine postalische Benachrichtigung von zum Beispiel mehr als 470.000 Verbrauchern durchaus Sach- und Personalaufwand. Doch kann zum einen beispielsweise mit Formbögen gearbeitet und zum anderen kann die elektronische öffentliche Bekanntmachung für eine solche Einflussnahmemöglichkeit nutzbar gemacht werden. Den angemeldeten Verbrauchern können online alle nötigen Informationen zur Ausübung ihres Gehörsrechts zur Verfügung gestellt werden, sodass eine Einschränkung nicht zwingend geboten erscheint. Eine teleologische Reduktion des Art. 103 I GG ist für die Musterfeststellungsklage nicht angezeigt.

Aus denselben Gründen scheidet eine prinzipielle Ablehnung einer Verletzung des Art. 103 I GG nach den Kriterien *Brügemanns* aus. Weder sind die Angemeldeten dem Musterfeststellungsgericht unbekannt, noch liegt eine Unzumutbarkeit der Einbeziehung vor.

dd) Anknüpfung an die Entscheidungswirkungen

Zeuner ist darauf bedacht den Kreis der Anspruchsberechtigten von vornherein klein zu halten. Zur Bestimmung desselben zieht er maßgeblich die spezifischen Entscheidungswirkungen heran.[496] Der Anspruch auf rechtliches Gehör sei als Befugnis zur Mitwirkung am Vorgang der Konkretisierung und Ausgestaltung der vom Verfahren erfassten Rechte zu deuten, sodass auch die Bestimmung des anspruchsberechtigten Dritten auf diese gegenstandsbezogene Weise zu erfolgen habe.[497] So stellt *Zeuner*

495 *Schlosser*, JZ 1967, 431, 432.

496 *Zeuner*, Rechtliches Gehör, materielles Recht und Urteilswirkungen, 1974, S. 24 ff.

497 *Ders.*, Rechtliches Gehör, materielles Recht und Urteilswirkungen, 1974, S. 17 ff.

eine enge Verbindung zwischen materiellem Recht und prozessualer Anspruchsberechtigung her. Die Anspruchsberechtigung ergebe sich aus der Zuständigkeit für die materiellen Rechte, die Gegenstand des gerichtlichen Verfahrens sind.[498] Nur wenn zwischen dem Gericht und dem betroffenen Dritten eine Rechtsfindungsbeziehung bestehe im Sinne einer rechtlichen Einwirkung auf die Sphäre des Betroffenen werde die Anspruchsberechtigung ausgelöst; eine rein faktische Betroffenheit durch das Urteil reiche dafür nicht aus.[499] Einschränkend führt *Zeuner* an, dass die Einwirkung auf das Recht nicht ihren spezifischen Grund im Verhältnis zwischen Drittem und Prozessbeteiligten haben dürfe, sodass die materiellrechtliche Verfügungsbefugnis des Prozessbeteiligten den Anspruch auf rechtliches Gehör für den Dritten entfallen lasse.[500] Eine Einschränkung des Anspruchs auf rechtliches Gehör wegen einer Unüberschaubarkeit der Anspruchsberechtigten, wie *Schlosser* sie vornimmt, lehnt *Zeuner* mangels Geeignetheit des Kriteriums ab.[501]

Grunsky erkennt zunächst die Notwendigkeit ein Kriterium heranzuziehen, welches bisher in keinem Gesetz einen Niederschlag gefunden hat.[502] Mangels einer präziseren Lösung hält er die gegenstandsbezogene Auffassung *Zeuners* für überzeugend, erkennt jedoch die Unbestimmtheit des Kriteriums der Zuständigkeitsformel.[503] Zur Konkretisierung derselben führt *Grunsky* an, dass ein Gesetz – gleich der Prüfung eines Schutzgesetzes im Sinne des § 823 II BGB und eines subjektiven öffentlichen Rechts – dazu bestimmt sein muss die Interessen des Geschädigten zu schützen, wobei wiederum die materiellrechtliche Verfügungsberechtigung den Gehörsanspruch ausschließt.[504] Die Prüfung soll sich dabei an die Kriterien des § 823 II BGB anlehnen. Ein Schutzgesetz liegt dann vor, wenn die Norm entsprechend ihrem Zweck zumindest auch neben dem Schutz der

498 *Ders.*, FS Nipperdey, 1965, S. 1013, 1037 ff.

499 *Ders.*, Rechtliches Gehör, materielles Recht und Urteilswirkungen, 1974, S. 21 ff.

500 *Ders.*, Rechtliches Gehör, materielles Recht und Urteilswirkungen, 1974, S. 56 f.

501 *Ders.*, Rechtliches Gehör, materielles Recht und Urteilswirkungen, 1974, S. 41 f.

502 *Grunsky*, Grundlagen des Verfahrensrechts: eine vergleichende Darstellung von ZPO, FGG, VwGO, FGO, SGG, [2]1974, S. 228 ff.

503 *Ders.*, Grundlagen des Verfahrensrechts: eine vergleichende Darstellung von ZPO, FGG, VwGO, FGO, SGG, [2]1974, S. 228 ff.

504 *Ders.*, Grundlagen des Verfahrensrechts: eine vergleichende Darstellung von ZPO, FGG, VwGO, FGO, SGG, [2]1974, S. 228 ff.

Allgemeinheit dazu bestimmt ist den Einzelnen oder einzelne Personenkreise gegen die Verletzung eines bestimmten Rechtsguts zu schützen.[505]

Eine materiellrechtliche Verfügungsbefugnis liegt für die qualifizierte Einrichtung nicht vor, sodass ein Ausschluss der Anspruchsberechtigung für die angemeldeten Verbraucher aus diesem Grund nicht in Betracht kommt. Es kommt für diese Formeln entscheidend auf das dem Prozess zugrundeliegende materielle Recht an. Es lässt sich an dieser Stelle jedoch eine generelle Weichenstellung vornehmen, indem der Maßstab festgelegt wird, der für die Prüfung der Zuständigkeit ausschlaggebend sein soll. Denn es erscheint unklar, auf welche rechtliche Beziehung für die Bestimmung der Zuständigkeit abzustellen ist. Würde auf die materiellrechtlichen Ansprüche der Verbraucher abgestellt, ergibt sich die Zuständigkeit und die Rechtsfindungsbeziehung bereits aus der materiellen Rechtsträgerschaft. Demgegenüber könnte auch auf den Inhalt der Feststellungsziele abgestellt werden, für welche in erster Linie die qualifizierte Einrichtung zuständig ist. Da *Zeuner* explizit auf die Rechtsträgerschaft abstellt[506], erscheint es überzeugender auch auf die den Verbrauchern zustehenden materiellen Ansprüche abzustellen. Die von der qualifizierten Einrichtung formulierten Feststellungsziele bilden zusammen mit dem zugrundeliegenden Lebenssachverhalt den besonderen Streitgegenstand der Musterfeststellungsklage.[507] Dieser Streitgegenstand entspringt mehr einer prozessualen Notwendigkeit als einer materiellen Rechtsgewährung. Er soll die ausschnittweise Klärung der Ansprüche der Verbraucher ermöglichen und stellt sich insofern als prozessuale Hilfskonstruktion dar. Im Vordergrund stehen nach wie vor die Ansprüche der angemeldeten Verbraucher, sodass auch auf diese für die Zuständigkeitsprüfung *Zeuners* und *Grunskys* abgestellt werden muss. Dadurch entsteht auch die notwendige Rechtsfindungsbeziehung zwischen den angemeldeten Verbrauchern und dem Musterfeststellungsgericht.

Auch bei einer Anknüpfung an die Entscheidungswirkungen ist eine Anspruchsberechtigung der angemeldeten Verbraucher zu bejahen.

---

505 BGHZ 197, 227 (st. Rspr.); *Larenz/Canaris*, Schuldrecht II/2, S. 433; zur Prüfung der Schutzgesetzeigenschaft orientiert am Individualschutzzweck: Jauernig/*Teichmann*, § 823 Rn. 45.

506 *Zeuner*, FS Nipperdey, 1965, S. 1013, 1037 ff.

507 Dazu: Teil Zwei Kapitel Eins § 3 B. I. 1. f) Eigenständige Streitgegenstandsbestimmung für die Musterfeststellungsklage (81).

ee) Parallele zur verwaltungsrechtlichen Beiladung

Auch *Bettermann* ist darum bemüht den Kreis der Anspruchsberechtigten klein zu halten, um zu vermeiden, dass Prozesse zu Mannschaftskämpfen ausarten.[508] Zur Eingrenzung zieht er eine Parallele zur verwaltungsrechtlichen Beiladung: Auch diese sei nur dann obligatorisch, wenn sich die materielle Rechtskraft, die Gestaltungswirkung oder die Vollstreckbarkeit auf die betreffenden Personen erstreckt.[509] Bei einer alleinigen tatsächlichen Interessenberührung, einer Reflex- oder Tatbestandswirkung habe der Gesetzgeber die Freiheit darüber zu entscheiden, wem Beteiligungsrechte im Prozess eingeräumt werden sollen; zwingend seien diese mangels Einschlägigkeit des Art. 103 I GG dann jedoch nicht.[510]

Die Bindungswirkung gem. § 613 I 1 ZPO stellt ein prozessuales Institut sui generis dar, welches verbindliche Entscheidungen auch auf abstrakter Ebene erlaubt.[511] Es liegt somit mehr als eine nur tatsächliche Interessenberührung vor, die im Verwaltungsprozess auch eine obligatorische Beiladung gem. § 65 II VwGO nach sich ziehen würde – abgesehen von der rechtlichen Einordnung der Anmeldung zum Klageregister, die eine solche wiederum überflüssig machen könnte. Auch wenn der Kreis der Anspruchsberechtigten klein gehalten werden soll, so sind die Angemeldeten aufgrund der starken Rechtsbeeinträchtigung hinzuzuziehen, da die Entscheidung unmittelbare Wirkungen in ihrer Rechtssphäre zeitigt.

Auch nach der Ansicht *Bettermanns* ist Art. 103 I GG auf die angemeldeten Verbraucher anwendbar.

ff) Abwägung zwischen dem Beteiligungsinteresse des Dritten und dem Interesse an einer alleinigen Prozessführung seitens der Prozessparteien

Zunächst ordnet *Waldner* die Anwendbarkeit des Anspruchs auf rechtliches Gehör als eine der schwierigsten Fragen des Art. 103 I GG ein[512]

508 *Bettermann*, JZ 1962, 673, 677.

509 *Bettermann*, JZ 1962, 673, 677; eine umfassende Darstellung der verwaltungsprozessualen Beiladung bietend: *Czybulka/Kluckert*, in: Sodan/Ziekow (Hrsg.), Verwaltungsgerichtsordnung, [5]2018, § 65 Rn. 110 ff.

510 *Bettermann*, JZ 1962, 673, 678.

511 S. dazu: Teil Zwei Kapitel Eins § 3 B. II. 9. Die Bindungswirkung gem. § 613 I 1 ZPO als Institut sui generis (108).

512 *Waldner*, Aktuelle Probleme des rechtlichen Gehörs im Zivilprozess, 1983, S. 221.

und stellt heraus, dass diese immer bei einer Wirkungserstreckung auf am Verfahren nicht beteiligte Personen auftritt.[513] Er geht davon aus, dass die Gewährung des rechtlichen Gehörs für Dritte immer notwendig auf Kosten des rechtlichen Gehörs der Prozessparteien geht.[514] Das Beteiligungsinteresse der Dritten müsse somit gegen das Interesse an einer alleinigen Prozessführung der Prozessparteien abgewogen werden. Es handle sich um eine Kollision des Anspruchs auf rechtliches Gehör auf der einen und der effektiven Gewährleistung des Anspruchs auf rechtliches Gehör auf der anderen Seite. Einschränkungen erfahre das Recht der Dritten von vornherein, wenn eine anderweitige Abwehrmöglichkeit gegeben war oder sie der Beeinträchtigung hätten auf andere Weise entgehen können. In diesen Situationen entstehe keine Lücke im Rechtsschutz, die eine Anwendung des Art. 103 I GG rechtfertigen würde. Eine weitere Einschränkung wird bei bestehender materiellrechtlicher Verfügungsbefugnis angenommen. Schließlich sei eine die Wirkungserstreckung einschränkende Auslegung des Prozessrechts vorrangig vor der Gewährung des rechtlichen Gehörs.

Die angemeldeten Verbraucher sind durch die Musterfeststellungsentscheidung rechtlich betroffen. Eine einschränkende Auslegung der Bindungswirkung kommt angesichts der Eindeutigkeit der Regelung nicht in Betracht. Auf andere Weise können die angemeldeten Verbraucher der Bindungswirkung nicht entkommen. Im Musterfeststellungsprozess können sie mangels vorgesehener Beteiligungsrechte keinen Einfluss auf den Prozess nehmen. Nach Ablauf des in § 608 I ZPO genannten Zeitpunktes können die Angemeldeten der Bindungswirkung auch nicht durch Rücknahme ihrer Anmeldung entgehen. Die Anmeldung an sich kann noch nicht als Abwehr- oder Auswegmöglichkeit im Sinne der Einschränkung angesehen werden, da sich in diesem Zeitpunkt in der Regel noch kein Eingriff in die Rechte der angemeldeten Verbraucher abzeichnet. Die vorherige Anmeldung berührt mehr die Frage der Disponibilität[515] des Anspruchs auf rechtliches Gehör als diejenige nach einer effektiven Gewährleistung desselben, um welche es bei der Einschränkung in erster Linie geht. Es führt nicht zu einer Einschränkung der grundsätzlichen Anwendbarkeit des Art. 103 I GG, wenn sich der Verbraucher ohne effektive Gewährleistung seines Anspruchs aus Art. 103 I GG begibt, da andernfalls

---

513 *Ders.*, Aktuelle Probleme des rechtlichen Gehörs im Zivilprozess, 1983, S. 222.

514 Insgesamt zu der in diesem Absatz dargestellten Ansicht: *ders.*, Aktuelle Probleme des rechtlichen Gehörs im Zivilprozess, 1983, S. 223 ff.

515 Dazu: Teil Zwei Kapitel Eins § 3 C. IV. 2. d) Verzicht durch die Anmeldung zum Klageregister? (197).

die weiteren Voraussetzungen, wie z.B. die einer ordnungsgemäßen Repräsentation bei der Wahrnehmung des rechtlichen Gehörs, nicht kontrollierbar wären.

Mangels Einschlägigkeit der Einschränkungen ist die von *Waldner* vorgeschlagene Abwägung vorzunehmen. Auf der Seite der qualifizierten Einrichtung ist zu berücksichtigen, dass sie mittelbar Ansprüche der Verbraucher geltend machen, sie also nicht von dem Ausgang des Prozesses in eigenen Rechten betroffen ist.[516] Eine zeitliche Verzögerung, welche durch die Wahrnehmung der Rechte durch die Verbraucher im Prozess entstehen könnte, betrifft die klageführende qualifizierte Einrichtung somit nicht in eigenen materiellen Rechten. Des Weiteren wird ihr prozessuales Recht der selbstständigen Formulierung der Feststellungsziele durch eine mögliche Partizipation der angemeldeten Verbraucher nicht beeinträchtigt, da die Feststellungsziele bereits vor Beginn des Prozesses festgelegt wurden.[517] An der Möglichkeit eines verfahrensbeendenden Vergleichsabschlusses gem. § 611 ZPO ändert eine mögliche Beteiligung nichts, da die Regelungen in § 611 ZPO eigenständig für die Gewährleistung der Rechte der Angemeldeten sorgen.[518] Auch kann die Information und Wahrnehmung der Rechte der angemeldeten Verbraucher auf öffentlich zugänglichen Portalen und durch vorformulierte Anhörungsschreiben so ausgestaltet werden, dass das Interesse an der alleinigen Prozessführung seitens der qualifizierten Einrichtungen nur minimal beeinträchtigt wird.

Demgegenüber steht das Beteiligungsinteresse der angemeldeten Verbraucher. Zwar wird dieses durch die Notwendigkeit einer vorherigen Anmeldung relativiert, da sich der Verbraucher insofern mit einer fremden Prozessführung einverstanden erklärt. Doch wird das Interesse massiv durch die materielle Anspruchsinhaberschaft und die Unvorhersehbarkeit möglicher Prozesssituationen verstärkt. Ohne das Recht aus Art. 103 I GG ist der angemeldete Verbraucher den Wirkungen des Musterfeststellungsurteils schutzlos ausgeliefert.[519] Eine Einflussnahme auf den Musterfeststellungsprozess ist mithin die einzige Möglichkeit für die angemeldeten Verbraucher selbst ihren Anspruch auf rechtliches Gehör wahrzunehmen. Im

516 Die unterschiedlichen Interessen zwischen qualifizierter Einrichtung und den angemeldeten Verbrauchern hervorhebend: *Dietsche*, in: Schäfer (Hrsg.), Der Gesetzesentwurf zur "Musterfeststellungsklage", 2018, S. 76, 85 f.

517 Zu der umstrittenen Möglichkeit der Klageänderung: Teil Zwei Kapitel Zwei: Die Klageänderung im Musterfeststellungsprozess (328).

518 Vgl. dazu: Teil Zwei Kapitel Eins § 2 A. Abschluss eines gerichtlichen Vergleichs (45).

519 *Calavros*, Urteilswirkungen zu Lasten Dritter, 1978, S. 17 f.

Folgeprozess tritt die Bindungswirkung des § 613 I 1 ZPO automatisch ein, ohne dass der Inhalt des Musterfeststellungsurteils nochmals in Abrede gestellt werden kann.

Angesichts der schwerwiegenden Gefährdung materieller Rechte seitens der angemeldeten Verbraucher und der Möglichkeit einer prozessual schonenden Ausgestaltung der Anhörungsrechte ist dem Beteiligungsinteresse der angemeldeten Verbraucher der Vorrang vor dem Interesse an der alleinigen Prozessführung seitens der qualifizierten Einrichtung zuzusprechen.

Nach der vorgenommenen Abwägung ist auch nach *Waldner* das rechtliche Gehör auf die angemeldeten Verbraucher anwendbar.

gg) Fazit

Letztlich ist nach allen Kriterien die Anwendbarkeit des Art. 103 I GG zu bejahen. Überzeugend erscheint dabei die Anknüpfung an den Schutzcharakter des Art. 103 I GG, zumal diese dem Anliegen des Grundrechts am besten Rechnung trägt. Auch werden durch die weitgehende Bejahung der Anwendbarkeit Schutzlücken vermieden, die eine einschränkende Auslegung des Art. 103 I GG zwangsläufig mit sich bringt.

Gegen eine Anknüpfung an die Entscheidungswirkungen spricht, dass sie zum einen Prozessführungsbefugnis und prozessuale Anspruchsberechtigung unzulässig vermischt, da beiden Instituten unterschiedliche Wertungen zugrunde liegen und prozessuale Rechte nicht ausschließlich unter Rückgriff auf materielle Rechtspositionen gewährt werden.[520] Des Weiteren erlaubt das zu vage Zuständigkeitskriterium je nach eingenommener Perspektive eine Begründung entgegengesetzter Ergebnisse zu derselben Frage[521], was an dessen Geeignetheit erheblich zweifeln lässt. Ebenso lässt die Abwägung zwischen dem Beteiligungsinteresse und dem Interesse an einer alleinigen Prozessführung klare Maßstäbe vermissen und wird dementsprechend dem Schutz potentiell Anspruchsberechtigter nicht gerecht. Durch die wertungsoffenen Kriterien wird Rechtsunsicherheit in die Anwendbarkeit der Verfassungsnorm getragen.

Die Parallele zur verwaltungsgerichtlichen Beiladung trägt den Besonderheiten des Zivilprozesses nicht ausreichend Rechnung und knüpft an

---

520 *Ders.*, Urteilswirkungen zu Lasten Dritter, 1978, S. 32.

521 *Ders.*, Urteilswirkungen zu Lasten Dritter, 1978, S. 32; *Grunsky*, Grundlagen des Verfahrensrechts: eine vergleichende Darstellung von ZPO, FGG, VwGO, FGO, SGG, ^{2}1974, S. 228 ff.

Kriterien an, welche der Gesetzgeber selbst beeinflussen kann (unterlassene Anordnung einer Rechtskrafterstreckung oder Gestaltungswirkung). So wird eine in Art. 103 I GG nicht vorgesehene Einschränkungsmöglichkeit kreiert, welche das Entstehen erheblicher Schutzlücken befürchten lässt.

Grundsätzlich ist dem Angemeldeten somit rechtliches Gehör bereits im Musterfeststellungsprozess zu gewähren. Eine Verletzung des Anspruchs auf rechtliches Gehör geht damit noch nicht zwingend einher, zumal die Gewährleistungen des Art. 103 I GG auch auf andere Weise erfüllt werden können.

2. Betroffene Gewährleistungen des Art. 103 I GG; zugleich: Eingriff in Art. 103 I GG

Nach der Darstellung der Anwendbarkeit soll im folgenden Kapitel auf den genauen Inhalt des Anspruchs auf rechtliches Gehör eingegangen werden. Nach einem Überblick über die generellen Gewährleistungen des Art. 103 I GG soll zunächst eine Differenzierung nach den betroffenen Sphären vorgenommen werden. Die dort herausgearbeiteten Anforderungen werden sodann an den §§ 606 ff. ZPO gemessen.

a) Allgemeine Dogmatik des Art. 103 I GG – Drei Sphären

Das rechtliche Gehör hat aufgrund der Weite in seiner Formulierung – die in Art. 103 I GG ihren Niederschlag gefunden hat – den Charakter einer prozessualen Generalklausel, welche der Konkretisierung bedarf.[522] In seinen Auswirkungen auf den Zivilprozess soll das rechtliche Gehör eine Mindestgarantie bieten, die nicht unterschritten werden darf.[523] Für eine rechtsstaatliche richterliche Aufgabenbewältigung ist es unentbehrlich.[524] Im kontradiktorischen, individualistisch geprägten Zivilprozess[525] soll jedem Beteiligten die Möglichkeit gegeben werden seinem Anliegen vor Gericht Ausdruck zu verleihen. Dies resultiert aus der Tatsache, dass im Zivilprozess nicht um abstrakte, sondern um subjektive Rechte zwi-

---

522 *Henkel*, ZZP 77 (1964), 321, 363.

523 BVerfGE 60, 310; 89, 36; NJW 2001, 2531.

524 *Bettermann*, JZ 1962, 673, 676.

525 *Micklitz/Stadler*, Das Verbandsklagerecht in der Informations- und Dienstleistungsgesellschaft, 2005, S. 1383.

schen einzelnen Rechtsträgern auf Augenhöhe gestritten wird, welche die Chance haben sollen ihr Recht zu verteidigen.[526] Die Betroffenen sollen ihr Verhalten im Prozess eigenbestimmt und situationsspezifisch gestalten können.[527] Aus dem Zusammenspiel zwischen Äußern und Gehörtwerden[528] und den sich daraus ergebenden Prozesssituationen entsteht und verwirklicht sich der Anspruch auf rechtliches Gehör mit dem Anwachsen des Prozessstoffs immer wieder neu, sodass es nicht nur einen – zeitlich fixierbaren – Anlass zur Gewährung des rechtlichen Gehörs im Prozess gibt[529]. Die Anspruchsberechtigten müssen sich auf eine sich wandelnde und wachsende richterliche Entscheidungsvorstellung fortgesetzt einstellen.[530]

aa) Geltungsgründe des Anspruchs auf rechtliches Gehör

Die Geltungsgründe des Art. 103 I GG bestehen gleichrangig aus dem Rechtsstaatsprinzip und der Menschenwürde[531], was zu unterschiedlichen Zwecken des rechtlichen Gehörs führt.

So lässt sich aus dem Menschenwürdegehalt ableiten, dass die Einräumung der Subjektstellung kein Selbstzweck ist. Die Gewährung rechtlichen Gehörs muss sowohl rechtzeitig als auch effektiv erfolgen.[532] Effektivität ist dabei in dem Sinn zu verstehen, dass dem Betroffenen die Möglichkeit gegeben wird tatsächlich auf das Verfahren und dessen Ergebnis Einfluss zu nehmen.[533] Rechtzeitigkeit gebietet in der Regel eine Anhörung vor dem Erlass der Entscheidung, welche in die Rechte des Betroffenen einzugreifen droht.[534]

Eine weitere Dimension des rechtlichen Gehörs besteht in der Abwehr von möglichen Fehlurteilen durch die Einflussnahme auf den Tatsachen-

---

526 *Grunsky*, Grundlagen des Verfahrensrechts: eine vergleichende Darstellung von ZPO, FGG, VwGO, FGO, SGG, ^{2}1974, S. 226 f.

527 BVerfG NJW 2007, 2242, 2243.

528 BVerfGE 64, 135, 143 f. = NJW 1983, 2762, 2763.

529 *Graßhof*, in: Merten/Papier (Hrsg.), Handbuch der Grundrechte in Deutschland und Europa, 2013, § 133 Rn. 5.

530 Maunz/Dürig/*Schmid-Aßmann*, Art. 103 Rn. 66.

531 Beide Zwecke als gleichrangig anerkennend: BVerfGE 9, 89, 95 = NJW 1959, 427.

532 *Lerche*, ZZP 78 (1965), 1, 17 ff.

533 BVerfGE 101, 397, 405 = NJW 2000, 1709, 1709 f.

534 Statt vieler: BVerfGE 7, 53, 56 f. = NJW 1957, 1228; BVerfGE 7, 275, 278 f. = NJW 1958, 665; BVerfGE 39, 156, 168 = NJW 1975, 1013, 1015.

stoff und damit einhergehend auf die Entstehung des Urteils.[535] Auf diese Weise kann unberechtigten Engriffen in subjektive Rechte entgegengewirkt werden.

Aus der rechtsstaatlichen Geltungskomponente fließen wiederum anderweitig ausgerichtete Zwecke des rechtlichen Gehörs. So wird die Akzeptanz des Urteils erhöht, wenn die Betroffenen zuvor Einfluss auf dieses nehmen konnten.[536] Die Beteiligten sollen als wirkliche Mitträger des Verfahrens und damit auch der Entscheidung agieren können.[537]

Aus der Rechtsstaatskomponente resultiert auch, dass das rechtliche Gehör nicht nur den status negativus bewahren soll, sondern vielmehr einen status positivus garantiert.[538] Art. 103 I GG ist demzufolge nicht nur auf die Abwehr von Eingriffen und die damit verbundene Folgenbeseitigung bei einem erfolgten Eingriff angelegt, sondern verpflichtet den Staat von vornherein zu einer positiven Handlung in Form der aktiven Gewährung der Äußerungsmöglichkeit im Prozess, was das rechtliche Gehör wesentlich von den Freiheitsgrundrechten unterscheidet.[539]

Der zentrale Aspekt des rechtlichen Gehörs, der grundsätzlich in allen soeben angeführten Zwecken zumindest mittelbar Niederschlag gefunden hat, lässt sich in der Ermöglichung einer informativen Einflussnahme[540] auf die Entscheidung des Gerichts erblicken. Auf den Vorgang der Rechtsanwendung sollen Betroffene sowohl dispositiv als auch informativ Einfluss nehmen können.[541] Denn Rechtsfindung erfolgt nicht nur durch Erkennen, sondern wird zumeist auch durch Streit beeinflusst.[542]

---

535 BGH WM 2018, 1252, 1253; *Wolf*, JZ 1971, 405, 406; *Calavros*, Urteilswirkungen zu Lasten Dritter, 1978, S. 140 f.; *Baur*, AcP 153 (1954), 393, 402.

536 *Haß*, Die Gruppenklage, 1996, S. 39; *Graßhof*, in: Merten/Papier (Hrsg.), Handbuch der Grundrechte in Deutschland und Europa, 2013, § 133 Rn. 67.

537 *Zeuner*, FS Nipperdey, 1965, S. 1013, 1031.

538 *Waldner*, Aktuelle Probleme des rechtlichen Gehörs im Zivilprozess, 1983, S. 22 f.

539 *Ders.*, Aktuelle Probleme des rechtlichen Gehörs im Zivilprozess, 1983, S. 22 f.; *Zeuner*, Rechtliches Gehör, materielles Recht und Urteilswirkungen, 1974, S. 16.

540 *Koch*, Prozeßführung im öffentlichen Interesse, 1983, S. 299 f.

541 *Ders.*, Prozeßführung im öffentlichen Interesse, 1983, S. 299 f.

542 *Lerche*, ZZP 78 (1965), 1, 9.

bb) Gewährleistungsgehalte des Art. 103 I GG

Diese Einflussnahme soll durch die von Art. 103 I GG garantierten Gewährleistungsgehalte ermöglicht werden. Weiter kann zwischen einer offensiven und defensiven Komponente unterschieden werden.[543] Die offensive Komponente erlaubt es dem Betroffenen durch eigene Äußerungen, Anträge, Tatsachenvorträge etc. selbst den Prozess anzureichern. Die defensive Komponente hingegen zielt darauf ab den gegnerischen gerichtlichen Vortrag zu entkräften und ihm so den Einfluss zu nehmen.

Erreicht wird dieses Ziel durch die sowohl offensiv wie auch defensiv garantierten Gewährleistungsgehalte des rechtlichen Gehörs, die sich grob in drei Kategorien aufteilen lassen: Information, Äußerung, Berücksichtigung.[544] Diese Kategorien dürfen nicht isoliert voneinander betrachtet werden und können auch nicht schematisch im Prozess erfüllt werden. Vielmehr besteht ein Wechselwirkungsverhältnis. Ob man dabei das Äußerungsrecht als den ursprünglichen Inhalt ansieht, der durch die vor- und nachgelagerten Pflichten der Information und Berücksichtigung abgesichert wird[545] oder die einzelnen Komponenten in eine Art Stufenabfolge einordnet[546], ist angesichts der Tatsache, dass Art. 103 I GG ohnehin alle Gewährleistungsbereiche umfasst[547], nicht von praktischer Bedeutung. Vorzugswürdig erscheint an dieser Stelle die Gewährleistungsgehalte als separat abgesicherte Rechte zu betrachten, zumal diese sich gegenseitig bedingen und beeinflussen. So ist eine fundierte Äußerung nur bei ausreichender Information möglich.[548] Anhand einer Äußerung kann das Gericht aber auch erkennen, dass es seiner Pflicht zur Unterrichtung der Beteiligten noch nicht ausreichend nachgekommen ist und dies nachholen. Berücksichtigt werden darf wiederum nur das, zu was sich die Parteien fundiert äußern konnten. Ein Vorrangverhältnis eines Rechts kann nicht konstatiert werden.

---

543 Zu dieser Unterscheidung: *Baur*, AcP 153 (1954), 393, 408 ff.

544 *Kingreen/Poscher*, Grundrechte, [35]2019, Rn. 1240 f.

545 So: *Waldner*, Aktuelle Probleme des rechtlichen Gehörs im Zivilprozess, 1983, S. 62.

546 In diese Richtung gehend: *Graßhof*, in: Merten/Papier (Hrsg.), Handbuch der Grundrechte in Deutschland und Europa, 2013, § 133 Rn. 21; *Brüning*, in: Stern/Becker (Hrsg.), Grundrechte-Kommentar, [3]2019, Artikel 103 GG Rn. 15 f.

547 *Graßhof*, in: Merten/Papier (Hrsg.), Handbuch der Grundrechte in Deutschland und Europa, 2013, § 133 Rn. 21.

548 MüKo ZPO/*Rauscher*, Einleitung Rn. 244.

Zu den einzelnen Gewährleistungsgehalten existiert eine umfangreiche Kasuistik[549], die jedoch für die später vorzunehmende Einordnung der Gehalte in die Musterfeststellungsklage keine Rolle spielt und deshalb an dieser Stelle nicht weiter verfolgt werden soll.

Eine Pflicht zur Wahrnehmung des rechtlichen Gehörs besteht für die Berechtigten nicht. Erforderlich und ausreichend ist, dass ihnen die Gelegenheit zur Wahrnehmung desselben geboten wurde.[550] Auch müssen die Prozessparteien sich bietende prozessuale Möglichkeiten – die nicht von vornherein offensichtlich aussichtslos sind – ergreifen, um sich rechtliches Gehör zu verschaffen.[551] Dies resultiert aus dem Gedanken der Verwirkung, welcher den Parteien abverlangt bei Kenntnis der Umstände selbstständig für eine Gewährung ihres Rechts zu sorgen; andernfalls kann keine Gehörsverletzung geltend gemacht werden.[552] Es werden den Prozessparteien somit durchaus prozessuale Anstrengungen abverlangt, um ihren Anspruch auf rechtliches Gehör nicht zu verlieren.

Eine verfassungsrechtlich vorgeschriebene Form für die Erfüllung der Gewährleistungsgehalte ist nicht vorgesehen, womit diese grundsätzlich im Ermessen des Gerichts steht.[553] Das BVerfG erlegt den Instanzgerichten jedoch die Pflicht auf sich vor Erlass der Entscheidung zu vergewissern, ob den Beteiligten rechtliches Gehör gewährt worden ist.[554]

Die besondere Struktur des Art. 103 I GG als Verfahrensgrundrecht zur Sicherung des status positivus führt zu einer besonderen Eingriffsdogmatik. Jedes Zurückbleiben hinter dem Gewährleistungsgehalt des Art. 103 I GG stellt einen Eingriff dar, es sei denn das Vorbringen ist nachgeholt worden oder offensichtlich unerheblich.[555] Daher bietet es sich an, die Bestimmung der Gewährleistungsgehalte und den Eingriff – wie geschehen – unter einem gemeinsamen Punkt zusammenzufassen.

---

549 Einen Überblick über diese gebend: *Wagner*, BauR 2018, 23, 23 ff.; *ders.*, BauR 2014, 461, 463 ff.

550 Statt vieler: BVerfGE 83, 24, 35 = NJW 1991, 1283, 1285; *Zeuner*, FS Nipperdey, 1965, S. 1013, 1021.

551 Musielak/Voit/*Musielak*, Einleitung Rn. 28; *Habbe/Gieseler*, BB 2017, 2188, 2190.

552 Statt vieler: BVerfGE 3, 359, 365 = MDR 1954, 282, 283; *Henkel*, ZZP 77 (1964), 321, 340 ff.

553 Für die Form zur Gewährung des Äußerungsrechts: BVerfGE 89, 381, 391 = NJW 1994, 1053.

554 BVerfGE 36, 85, 88 = NJW 1974, 133.

555 *Kingreen/Poscher*, Grundrechte, [35]2019, Rn. 1245.

Im Folgenden sollen die bei der Musterfeststellungsklage betroffenen Gewährleistungssphären genauer betrachtet und differenziert herausgearbeitet werden.

b) Betroffene Sphäre(n)

Die grundsätzliche Beschränkung der Urteilswirkungen auf die Parteien des Rechtsstreits (Wirkung *inter partes*) dient dem Schutz derer, die auf das Verfahren keinen Einfluss nehmen konnten.[556] Sie sollen nicht an ein Urteil gebunden sein, in dem sie nicht gehört worden sind. Aufgrund dieser Tatsache steht der Kollektivrechtsschutz generell in einem Spannungsverhältnis zum rechtlichen Gehör[557], zumal es dort gerade zu einem Ausschluss von Beteiligtenrechten zur Effektivierung der Gerichtsverfahren kommt.

Unproblematisch ist die Bindungswirkung zu rechtfertigen, wenn sich die Dritten freiwillig im Wege eines opt-in Verfahrens dafür entscheiden und ihnen gleichzeitig eine Verfahrensrolle mit Beteiligungsrechten im Prozess zukommt.[558] Um dem rechtlichen Gehör im KapMuG Genüge zu tun, wurde den später von der Bindungswirkung Betroffenen die Beigeladenenstellung eingeräumt, die ihnen interventionsähnliche Rechte im Musterprozess gewährte.[559] Insofern erzwingt das rechtliche Gehör Beteiligungsrechte. Dies wird auch deutlich, wenn man sich den Hauptzweck des Art. 103 I GG nochmals vor Augen führt. Der Betroffene soll nicht nur zur passiven Entgegennahme verpflichtet werden, sondern seiner Stellung als Verfahrenssubjekt folgend aktiv auf das Prozessgeschehen Einfluss nehmen können.[560]

Die §§ 606 ff. ZPO beschreiten in dieser Hinsicht neues Terrain, sodass zunächst auszuloten ist, welche Gewährleistungsgehalte speziell bei der Musterfeststellungsklage betroffen sind.

---

556 *Marotzke*, ZZP 100 (1987), 164, 164 f.

557 *Balke/Liebscher/Steinbrück*, ZIP 2018, 1321, 1324.

558 *Dies.*, ZIP 2018, 1321, 1324.

559 BT-Drs. 15/5091, S. 19; *Gebauer*, ZZP 119 (2006), 159, 166; *Stadler*, FS Rechberger, 2005, S. 663, 674.

560 Maunz/Dürig/*Schmid-Aßmann*, Art. 103 Rn. 80.

aa) Informationsgewährleistung

Zunächst soll das Recht auf Information betrachtet werden. Dabei ist zwischen der Information über ein anhängiges Verfahren und der Informationsgewährung im Prozess zu unterscheiden. Durch die zwingende Anmeldung zum Klageregister gem. § 608 I ZPO zur Auslösung der Bindungswirkung ist sichergestellt, dass die Angemeldeten über die Anhängigkeit des Verfahrens informiert sind (Information über ein anhängiges Verfahren). Ohne Kenntnis über die Anhängigkeit des Verfahrens wäre eine Anmeldung schlicht nicht möglich. Doch erschöpft sich die Informationspflicht, die grundsätzlich Aufgabe des Gerichts ist, nicht in der Kenntnis der Betroffenen von der Anhängigkeit des Verfahrens.[561] Mit dem Anwachsen des Prozessstoffs entsteht immer wieder eine Pflicht zur Informationsgewährung im Prozess gegenüber den Beteiligten (Information im Prozess).[562] Diese bezieht sich auf den gesamten tatsächlichen Verfahrensstoff[563], wie z.B. tatsächliche Ausführungen des Prozessgegners, eine Änderung der Rechtsauffassung des Gerichts, neue Anträge im Prozess etc. Die Informationen bei der Anmeldung zum Klageregister stellen zwar die Kenntnis über die Anhängigkeit des Verfahrens sicher, sind aber im Hinblick auf notwendige Informationsgewährung im laufenden Verfahren nicht ausreichend. Sie wahren die Informationspflicht lediglich in diesem frühen Stadium des Verfahrens.

Im Fortgang des Verfahrens verpflichtet § 607 III 1 ZPO das Gericht dazu Terminbestimmungen, Hinweise und Zwischenentscheidungen im öffentlich einsehbaren Klageregister vorzunehmen. Im Musterfeststellungsprozess gegen die VW AG hat das OLG Braunschweig Hinweise bei der Einführung neuer Feststellungsziele gegeben.[564]

Es stellt sich somit die Frage, ob diese Verpflichtung des Gerichts geeignet ist das Informationsrecht der angemeldeten Verbraucher zu wahren. Das Informationsrecht wird vom BVerfG durch eine weite Auslegung

561 *Waldner*, Aktuelle Probleme des rechtlichen Gehörs im Zivilprozess, 1983, S. 55 f.

562 *Graßhof*, in: Merten/Papier (Hrsg.), Handbuch der Grundrechte in Deutschland und Europa, 2013, § 133 Rn. 5.

563 BVerfGE 109, 13, 37 f. = NJW 2004, 141, 146; BVerfGE 109, 279, 370 = NJW 2004, 999, 1017.

564 Diese sind abrufbar unter: https://www.bundesjustizamt.de/DE/Themen/Buergerdienste/Klageregister/Klagen/201802/Verfahren/Verfahrensstand.html?nn=11994364 (geprüft am 14.04.2020).

streng gehandhabt.[565] So genügt es grundsätzlich nicht, dass lediglich mit einer Kenntnisnahme zu rechnen ist, sondern es muss eine tatsächliche Kenntnisnahme bewerkstelligt werden.[566]

Dem scheint auf den ersten Blick die lediglich öffentliche Bekanntmachung zu widersprechen. Gerade bei einer nur öffentlichen Bekanntmachung ist eine tatsächliche Kenntnisnahme nicht gewährleistet. Doch steht auch der Informationsanspruch im Kontext anderer verfassungsrechtlicher Gewährleistungen und kann deshalb durch andere Verfassungsgüter eingeschränkt werden. Bei Massenverfahren ließ das BVerfG in der Vergangenheit die öffentliche Bekanntmachung aus Gründen der Sachgerechtigkeit als Informationsquelle generell ausreichen.[567] Nicht anders verhält es sich bei der Musterfeststellungsklage: Auch bei dieser ist der Kreis der Betroffenen sehr groß und kann keineswegs von vornherein überschaut werden[568], sodass eine öffentliche Bekanntmachung sachgerecht zur Erhaltung der Funktionsfähigkeit des Verfahrens ist.[569] Erneut zeigt sich, dass die öffentliche Bekanntmachung auf Seiten des Gerichts ein passabler Weg zur Informationsgewährung zu sein scheint. Die damit einhergehenden Einschränkungen der Angemeldeten erscheinen auch nicht allzu gravierend: Die Verbraucher sind durch ihre Anmeldung bereits in Kontakt mit dem Verfahren getreten. Es ist davon auszugehen, dass ihnen bekannt ist, dass im Musterfeststellungsprozess Ausschnitte ihrer Ansprüche und Rechtsverhältnisse mit Bindungswirkung für und gegen sie festgestellt werden. Der Gesetzgeber geht auch konsequenterweise davon aus, dass die angemeldeten Verbraucher eine Obliegenheit zur selbstständigen Informierung aus dem Klageregister trifft.[570] Zur Gewährleistung der Funktionsfähigkeit des Musterfeststellungsverfahrens erscheint es verfassungsrechtlich unbedenklich die Informationspflicht des Gerichts zur Bekanntmachungspflicht im Klageregister umzuwandeln, verbunden mit der Obliegenheit des angemeldeten Verbrauchers sich die Informationen aus dem Klageregister selbst zu beschaffen.

---

565 *Wundenberg*, ZEuP 2007, 1097, 1113.

566 *Eichholtz*, Die US-amerikanische Class Action und ihre deutschen Funktionsäquivalente, 2002, S. 230; *Stadler*, in: Brönneke (Hrsg.), Kollektiver Rechtsschutz im Zivilprozeßrecht, 2001, S. 1, 18.

567 BVerfGE 77, 275, 285 = NJW 1988, 1255, 1256.

568 Argumentation übernommen aus BVerfG NJW 1988, 1255, 1256.

569 Anderenfalls müsste das Gericht im Prozess gegen die VW AG beispielsweise sicherstellen, dass die über 470.000 Angemeldeten jeweils individuell über sämtliche Schriftsätze und Anträge informiert werden.

570 BT-Drs. 19/2439, S. 25.

Doch auch wenn der Weg generell gangbar erscheint, so bestehen Bedenken hinsichtlich der inhaltlichen Ausgestaltung. Ungeachtet einer genaueren Betrachtung des Klageregisters als Informationsquelle lässt sich an dieser Stelle jedenfalls feststellen, dass die öffentliche Bekanntmachung nur bei Erfüllung bestimmter Voraussetzungen das Informationsrecht der angemeldeten Verbraucher wahrt. Auf diese Anforderungen ist an späterer Stelle einzugehen[571], wenn es um die Einhaltung eben dieser geht.

An dieser Stelle verbleibt es festzuhalten, dass das aus Art. 103 I GG resultierende Informationsrecht durch die vorgesehene öffentliche Bereitstellung der Informationen jedenfalls berührt ist. Im Gegensatz zur Situation bei Einleitung des Verfahrens (Information über ein anhängiges Verfahren) ist der Informationsanspruch der Angemeldeten im Fortgang des Verfahrens (Information im Prozess) nicht offensichtlich gewahrt.

bb) Äußerungsgewährleistung

Als nächster, eng mit dem Informationsanspruch verwobener[572], Gewährleistungsgehalt ist das Äußerungsrecht zu betrachten. Dieses verlangt die Einräumung der Gelegenheit zur Äußerung für die Betroffenen im Prozess.[573] Davon sind beispielsweise Ausführungen zum Sachverhalt, zur Beweisaufnahme und zur Rechtslage umfasst, mithin soll damit im Kern eine sachangemessene und effektive Einflussnahmemöglichkeit gewährleistet werden.[574]

Bei der Musterfeststellungsklage wird dem angemeldeten Verbraucher aber weder im Musterfeststellungsprozess noch im Folgeverfahren die Möglichkeit eingeräumt seinen eigenen Standpunkt zur Geltung zu bringen und vor Gericht gehört zu werden.[575] Die Dimension der Äußerungsgewährleistung ist somit betroffen.

---

571 Teil Zwei Kapitel Eins § 3 C. IV. 2. c) bb) Das Klageregister als Informationsquelle (169).

572 MüKo ZPO/*Rauscher*, Einleitung Rn. 244.

573 BVerfGE 89, 381, 392 = NJW 1994, 1053, 1054.

574 *Graßhof*, in: Merten/Papier (Hrsg.), Handbuch der Grundrechte in Deutschland und Europa, 2013, § 133 Rn. 38.

575 *Fölsch*, DAR Extra 2018, 736, 738.

cc) Berücksichtigungsgewährleistung

Schließlich ist noch das Recht auf Berücksichtigung des eigenen Vorbringens näher zu beleuchten. Dieses verlangt vom Gericht den Vortrag der Anspruchsberechtigten erkennbar zur Kenntnis zu nehmen und in Erwägung zu ziehen.[576] Das BVerfG geht dabei grundsätzlich davon aus, dass die Instanzgerichte dieser Pflicht nachgekommen sind – auch wenn eine explizite Befassung mit dem Vorbringen nicht stattgefunden hat – und stellt einen Verstoß nur dann fest, wenn besondere Umstände deutlich machen, dass das Gericht das Vorbringen des Anspruchsberechtigten entweder überhaupt nicht zur Kenntnis genommen oder bei der Entscheidung nicht erwogen hat.[577]

Diese besonderen Umstände liegen bei der Musterfeststellungsklage vor. Mangels vorherigen Äußerungsrechts der Anspruchsberechtigten ist eine spätere Berücksichtigung von vornherein ausgeschlossen. Prinzipiell ist der Gewährleistungsgehalt betroffen.

Doch stellt sich vorliegend die Frage der Konkurrenz der Gewährleistungsgehalte. Genuiner Anwendungsbereich der Berücksichtigungspflicht ist die Nichtbehandlung von prozessualem Vorbringen im Urteil. Die Anspruchsberechtigten konnten sich zwar äußern, doch hat das Gericht dieses Vorbringen entweder nicht zur Kenntnis genommen oder nicht in Erwägung gezogen. Diese Fallkonstellation ist vorliegend nicht gegeben. Den Äußerungsberechtigten ist schon die Möglichkeit zur Äußerung genommen worden, sodass die mangelnde Berücksichtigung zwangsläufige Folge hiervon ist. Der Schwerpunkt der Verkürzung der Gewährleistungsinhalte liegt schon in der verweigerten Äußerungsmöglichkeit, verbunden mit möglicherweise nur sporadisch gewährten Informationen. Es kann nicht zur Aufgabe des Gerichts gemacht werden gesetzlich nicht zu berücksichtigende Informationen im Urteil doch zu verwerten. Der Eingriff findet somit schon auf gesetzlicher Ebene statt und wird durch den Erlass des Urteils nur weiter vollzogen. Die Berührung des Rechts auf Berücksichtigung tritt daher hinter die bereits festgestellten Gewährleistungsverkürzungen zurück.

Betroffen ist somit das Recht auf Information und das Recht auf Äußerung.

---

576 BVerfGE 11, 218, 220 = MDR 1960, 734; BVerfGE 98, 218, 263 = NJW 1998, 2515, 2523; BVerfG NJW 2003, 1655.

577 BVerfG NJW 2009, 1584.

c) Erfüllung der verfassungsrechtlichen Vorgaben

Nach Feststellung der betroffenen Gewährleistungsbereiche soll im Folgenden geprüft werden, ob die §§ 606 ff. ZPO diesen gerecht werden. Herausgegriffen werden dafür einzelne prozessuale Momentaufnahmen, welche für die Erfüllung der gestellten Anforderungen tauglich erscheinen.

aa) Beteiligungsrechte im Musterfeststellungsprozess

Grundsätzlich ist rechtliches Gehör in dem Verfahren zu gewähren, welches die Bindungswirkung erzeugt.[578] Es liegt somit nahe zunächst nach den Rechten der angemeldeten Verbraucher im Musterfeststellungsverfahren zu fragen.

(1) Keine Beteiligungsrechte in partei- oder parteiähnlicher Stellung

Wie bereits angedeutet, stellt bei Verfahren, die sich eine möglichst große Breitenwirkung zum Ziel gesetzt haben, die persönliche Beteiligung der von der Bindung Betroffenen einen neuralgischen Punkt dar.[579] Der Gesetzgeber hat die Abwägung für die §§ 606 ff. ZPO bewusst dahingehend getroffen, den Verbraucher aus dem Musterfeststellungsprozess auszuschließen.[580] Im Gegensatz zur Bindungswirkung, die zeitweise eine nur zugunsten des angemeldeten Verbrauchers eingreifende Wirkung vorsah, war der Ausschluss der Beteiligung der angemeldeten Verbraucher vom Musterfeststellungsprozess von Anfang an auch in den Entwürfen vorgesehen.[581] Er zählte somit von vornherein zum Konzept der §§ 606 ff. ZPO.

Verstärkt wird der Ausschluss noch durch die Sperrung der Nebenintervention und der Streitverkündung in § 610 VI ZPO. Dadurch wird angemeldeten (§ 610 VI Nr. 1 ZPO) wie nicht angemeldeten (§ 610 VI Nr. 2 ZPO) Verbrauchern zum einen die Möglichkeit der Nebenintervention genommen, zum anderen werden sie vor einer Streitverkündung

578 *Meller-Hannich*, Stellungnahme vom 07.06.2018, S. 5.

579 *Lange*, Das begrenzte Gruppenverfahren, 2011, S. 145.

580 BT-Drs. 19/2439, S. 1 f.

581 Den Ausschluss der Angemeldeten bereits im Entwurf diskutierend: *Halfmeier*, ZRP 2017, 201, 203; *Verbraucherzentrale Bundesverband*, Eine für alle – Musterfeststellungsklage einführen, 29.09.2017, S. 16; *Stadler*, ZHR 2018, 623, 634.

geschützt.[582] Auf diese Weise wird dem Verbraucher eine weitere Möglichkeit genommen in Partei- oder parteiähnlicher Stellung am Musterfeststellungsprozess mitzuwirken.[583]

(2) Beteiligung als Zeuge im Musterfeststellungsprozess

Möglich bleibt jedoch die Mitwirkung der Verbraucher in einer anderen Prozessrolle. Der strikte Ausschluss jeglicher Parteistellung erlaubt es die Verbraucher im Musterfeststellungsverfahren als Zeugen zu benennen.[584] Die Stellung als Zeuge genügt jedoch nicht den Anforderungen des Art. 103 I GG.[585] Dies ergibt sich schon aus den Zwecken des Art. 103 I GG. Es soll gerade sichergestellt werden, dass der Betroffene als Verfahrenssubjekt eigenbestimmt und situationsspezifisch[586] auf das Verfahren Einfluss nehmen kann. Zwar nimmt auch der Zeuge Einfluss auf den Prozess; dies aber zum einen nur im Rahmen der von den Parteien gestellten Anträge und zum anderen nur auf die Tatsachengrundlage, indem er von seiner Wahrnehmung berichtet. Er ist zum Erscheinen und zur Aussage grundsätzlich verpflichtet, was auch über §§ 380, 390 ZPO erzwungen werden kann.[587] Dieser Zwang widerspricht der Eigenbestimmtheit und der situationsangemessenen Reaktion auf Verfahrenssituationen, welche der Anspruch auf rechtliches Gehör gerade fordert. Er wird nur zu dem befragt, was Thema des Beweisbeschlusses ist.

Auch ist nicht sichergestellt, ob der Verbraucher überhaupt als Zeuge benannt wird. Der Beweisantritt erfolgt gem. § 373 ZPO durch Benennung des Zeugen und Angabe des Beweisthemas durch die Prozessbeteiligten. Als Einziges der fünf Strengbeweismittel kann der Zeuge nicht vom Gericht von Amts wegen geladen werden. Eine Vorschrift wie §§ 142–144 ZPO für den Urkundenbeweis bzw. § 448 ZPO für die Parteivernehmung fehlt für den Zeugenbeweis gänzlich. Es ist somit schon gar nicht sichergestellt, ob der Verbraucher aus praktischen Gesichtspunkten über-

---

582 BT-Drs. 19/2439, S. 27; *Rathmann*, in: Saenger (Hrsg.), Zivilprozessordnung, ^{8}2019, § 610 Rn. 4; Musielak/Voit/*Stadler*, § 613 Rn. 3; *Schneider*, BB 2018, 1986, 1993.

583 Musielak/Voit/*Stadler*, § 610 Rn. 9.

584 BT-Drs. 19/2439, S. 17; *Röthemeyer*, Musterfeststellungsklage, ^{2}2020, § 608 Rn. 21 f.; *Witte/Wetzig*, WM 2019, 52, 54; *Salger*, jurisPR-BKR 10/2018 Anm. 1.

585 So auch im Ergebnis: *Schlosser*, JZ 1967, 431, 434.

586 BVerfG NJW 2007, 2242, 2243.

587 *Ahrens*, Der Beweis im Zivilprozess, 2015, Kap. 31 Rz. 5.

haupt die Stellung eines Zeugen im Musterfeststellungsprozess erhalten kann.

Sowohl die grundsätzliche Stellung als Zeuge als auch die Unsicherheit der Erlangung der Stellung als solcher sprechen vehement gegen eine Erfüllung der durch Art. 103 I GG gestellten Anforderungen allein durch Einnahme einer Zeugenstellung.

(3) Freie Wahl der Verbraucher; drohende Rechtsschutzlücken

In der wissenschaftlichen Diskussion werden im Kontext der mangelnden Beteiligungsrechte vielmals Argumente vorgebracht, die auf der vorliegenden Ebene noch keine Rolle spielen. So wird angeführt, das rechtliche Gehör sei nicht verletzt, da es trotz nicht vorhandener Beteiligungsrechte der freien Wahl der Verbraucher überlassen bleibe, ob sie sich im Klageregister anmelden oder nicht.[588] Auch wird vorgebracht, dass die umfassende Bindungswirkung zwar bedenklich, im Hinblick auf die Bewältigung von Streu- und Massenschäden jedoch akzeptabel sei.[589]

Die vorgebrachten Einwände spielen eine Rolle bei der Verzichtbarkeit des Anspruchs auf rechtliches Gehör bzw. der repräsentativen Wahrnehmung des Anspruchs aus Art. 103 I GG. Eine derartige Argumentation setzt denklogisch voraus, dass Art. 103 I GG grundsätzlich nicht Genüge getan wird. Eine Auseinandersetzung mit der Rechtfertigung darf erst nach der Konstatierung eines Eingriffs stattfinden. Auch die repräsentative Wahrnehmung wird nur in Situationen virulent, in denen der originär Anspruchsberechtigte nicht ausreichend gehört wird.

Insgesamt lässt sich feststellen, dass es sich beim Musterfeststellungsprozess vielmehr um einen reinen Zweiparteienprozess zwischen qualifizierter Einrichtung und Beklagter handelt.[590] Partizipations- oder Einflussnahmemöglichkeiten sind für die angemeldeten Verbraucher generell nicht

---

588 *Weinland*, Die neue Musterfeststellungsklage, 2019, Rn. 197 f.

589 *Heese*, JZ 2019, 429, 436.

590 Statt vieler: BT-Drs. 19/2439, S. 1; Musielak/Voit/*Stadler*, § 608 Rn. 1; *Dietsche*, in: Schäfer (Hrsg.), Der Gesetzesentwurf zur "Musterfeststellungsklage", 2018, S. 76, 80; *Schweiger/Meißner*, CB 2018, 240, 244; *Heigl/Normann*, in: Nordholtz/Mekat (Hrsg.), Musterfeststellungsklage, 2019, § 2 Rn. 12 f.; dies mit der Natur der Musterfeststellungsklage als Verbandsklage begründend: *Schweiger/Wiedeck*, CB 2019, 335.

vorgesehen.[591] Die Angemeldeten werden grundsätzlich auf eine Zuschauerrolle verwiesen. Sie können allenfalls ihre Anmeldung zurücknehmen, wenn sie bei Verfolgung des Musterfeststellungsprozesses doch nicht an der Bindungswirkung teilhaben wollen und der Zeitpunkt des § 608 III ZPO noch nicht verstrichen ist. Die Konstruktion der §§ 606 ff. ZPO bewirkt eine vollständige Mediatisierung[592] der Verbraucheransprüche.

Es bleibt somit an dieser Stelle festzuhalten, dass die (nicht vorhandenen) Beteiligungsrechte im Musterfeststellungsprozess den verfassungsrechtlichen Anforderungen nicht genügen.

bb) Das Klageregister als Informationsquelle

Durch § 609 ZPO und der auf Grundlage des § 609 VII ZPO erlassenen Musterfeststellungsklagenregisterverordnung (MFKRegV)[593] hat der Gesetzgeber ein Register geschaffen, welches sowohl zur Anmeldung der Ansprüche bzw. Rechtsverhältnisse als auch zur Informierung der angemeldeten Verbraucher dient. Im Vordergrund der Betrachtung soll demzufolge die Informationsgewährleistung des Art. 103 I GG stehen; auf das Äußerungsrecht wird am Ende des Gliederungspunktes eingegangen.[594] Der Schwerpunkt liegt dabei auf der inhaltlichen Ausgestaltung der Regelungen zum Klageregister.

(1) Zulässigkeit der öffentlichen Bekanntmachung generell

Da sich der Gesetzgeber bei der persönlichen Beteiligung im Musterfeststellungsprozess gegen eine Partizipation des Verbrauchers entschied, hat er sich der Informationsgewährleistung mit besonderer Akribie[595] zugewandt. Durch die Regelung in § 609 II 1 ZPO verpflichtet der Gesetzgeber die registerführende Behörde und mittelbar auch das Gericht Eintragun-

---

591 Statt vieler: *Meller-Hannich*, DRiZ 2018, 298, 300 f.; *Thiery/Schlingmann*, DB 2018, 2550, 2552 f.; *Kilian*, ZRP 2018, 72, 73; *Schmidt*, WM 2018, 1966, 1972.

592 *Waßmuth/Asmus*, ZIP 2018, 657, 659.

593 Diese ist abrufbar unter: https://www.gesetze-im-internet.de/mfkregv/BJNR180400018.html (geprüft am 14.04.2020).

594 Dazu Näheres ab Seite 175.

595 Auf die Wichtigkeit der Informationsgewährung bei Ausschluss der Beteiligungsrechte hinweisend: *Micklitz/Stadler*, Das Verbandsklagerecht in der Informations- und Dienstleistungsgesellschaft, 2005, S. 1406.

gen unverzüglich vorzunehmen, um so eine zeitnahe Information der Verbraucher zu ermöglichen.[596] Doch ist die Wahl der Onlinebereitstellung von Informationen nicht über jeden Zweifel erhaben. Auch wenn bereits die grundsätzliche Zulässigkeit einer öffentlichen Bekanntmachung via Internet herausgearbeitet wurde, so ist nicht zu verkennen, dass damit eine Rechtsverkürzung vorgenommen wird[597], die nicht ohne Weiteres zulässig ist.

So wird gegen die öffentliche Bekanntmachung eingewandt, sie allein wahre nicht den Informationsanspruch, zumal sie nicht die nötige Breitenwirkung besitze; zusätzlich sei etwa eine Medienberichterstattung über die mündliche Verhandlung erforderlich.[598] Dagegen spricht speziell bei der Musterfeststellungsklage, dass diese ein vorheriges opt-in erfordert. Der Angemeldete ist somit schon darüber im Bilde, dass ein Verfahren anhängig ist. Daran kann – der Vorstellung des Gesetzgebers entsprechend[599] – die Obliegenheit zur Informierung seitens des Angemeldeten geknüpft werden. Eine weitergehende mediale Aufbereitung, wie sie bei opt-out Verfahren nötig sein kann, ist verfassungsrechtlich nicht geboten.

Des Weiteren wird eingewandt, erforderlich sei grundsätzlich die individuelle Bekanntmachung, es sei denn die Betroffenen sind nicht persönlich identifizierbar.[600] Die öffentliche Bekanntmachung sei auch dann zulässig, wenn eine nahezu unüberblickbare Zahl an Betroffenen im Raum steht, deren Ermittlung einen erheblichen Aufwand unter Mitwirkung der Beklagten erfordere bzw. die individuelle Benachrichtigung unzumutbare Kosten verursachen würde. Dabei wird gesehen, dass ein breiterer Anwendungsbereich des Verfahrens auch ein flexibleres Bekanntgabeerfordernis nach sich ziehen sollte.

Die Musterfeststellungsklage ist in ihrem Anwendungsbereich nicht beschränkt. Einziges Erfordernis ist das Vorliegen eines Rechtsverhältnisses zwischen einem Verbraucher und einem Unternehmer gem. § 606 I 1 ZPO. Diese sehr weite Fassung des Anwendungsbereichs der Norm zieht zwangsläufig nach sich, dass die Diversität der Fälle im Einzelnen sehr

---

596 *Rathmann*, in: Saenger (Hrsg.), Zivilprozessordnung, [8]2019, § 609 Rn. 2; *Weinland*, Die neue Musterfeststellungsklage, 2019, Rn. 158 f.

597 *Stadler*, FS Rechberger, 2005, S. 663, 676.

598 *Micklitz/Stadler*, Das Verbandsklagerecht in der Informations- und Dienstleistungsgesellschaft, 2005, S. 1229.

599 Dieser geht implizit von einer Obliegenheit zur Informierung aus: BT-Drs. 19/2439, S. 25.

600 Zu dieser These und den folgenden Gedanken im selben Absatz: *Stadler*, FS Schütze, 2015, S. 561, 571 f.

hoch ist.[601] Die sich fallspezifisch ergebenden erheblichen Unterschiede machen eine großzügige Ausgestaltung des Bekanntmachungserfordernisses erforderlich, um jedem Einzelfall gebührend Rechnung tragen zu können. Eine Grenze, ab wann eine öffentliche Bekanntmachung zulässig ist, setzt sich zwangsläufig dem Vorwurf der Beliebigkeit aus. Gerade in Grenzbereichen käme es zu nicht rechtfertigbaren Ungleichbehandlungen. Auch zieht das Argument der Unüberblickbarkeit bei der auf ein opt-in Verfahren angelegten Musterfeststellungsklage nicht. Gem. § 608 II 1 Nr. 1 ZPO ist jeder Angemeldete mit Namen und Adresse im Klageregister hinterlegt, womit eine Unüberblickbarkeit des Personenkreises von vornherein nicht vorliegt. Der Adressatenkreis steht fest.[602] Dem Gesetzgeber steht bei der Ausgestaltung des Verfahrens ein Pauschalierungsspielraum zu, den er bei der Musterfeststellungsklage zugunsten der Einrichtung und Vorhaltung eines durchaus kostenträchtigen Klageregisters[603] ausgeübt hat. Die Entscheidung des Gesetzgebers hin zu einem einheitlichen System ist zu respektieren.

Die Einrichtung des Klageregisters ist im Grundsatz ein gangbarer Weg zur Erfüllung des Informationsanspruchs der angemeldeten Verbraucher.

Generell ist in Massenverfahren durch die Bindung nicht am Prozess Beteiligter ein Höchstmaß an Publizität und Transparenz zu gewährleisten[604] und ein System zu errichten, in welchem Informationen schnell und unkompliziert weitergeleitet werden können.[605] Die Bindung von nicht mit prozessualen Mitwirkungsmöglichkeiten ausgestatteten Beteiligten an ein Urteil hat unter rechtsstaatlichen Vorzeichen einen hohen verfahrensrechtlichen Preis.[606]

Das Klageregister – mit welchem diese Ziele erreicht werden sollen – stellt ein zivilprozessuales Novum dar[607], auf welches die Verbraucher

---

601 Daher die Musterfeststellungsklage als Querschnittsinstrument bezeichnend: *Röthemeyer*, MDR 2019, 1421, 1424.

602 *Stadler*, in: Meller-Hannich (Hrsg.), Kollektiver Rechtsschutz im Zivilprozess, 2008, S. 93, 112 f.

603 Zu den geschätzten Kosten der manuellen Führung sowie der Einrichtung des elektronischen Registers samt Unterhaltung: BT-Drs. 19/2439, S. 2 f.

604 *Micklitz/Stadler*, Das Verbandsklagerecht in der Informations- und Dienstleistungsgesellschaft, 2005, S. 1229.

605 *Dies.*, Das Verbandsklagerecht in der Informations- und Dienstleistungsgesellschaft, 2005, S. 1243; *Lange*, Das begrenzte Gruppenverfahren, 2011, S. 179 f.

606 *Stadler*, FS Rechberger, 2005, S. 663, 672 f.

607 Musielak/Voit/*dies.*, § 607 Rn. 1; *Boese/Bleckwenn*, in: Nordholtz/Mekat (Hrsg.), Musterfeststellungsklage, 2019, § 4 Rn. 2.

aufgrund ihrer Passivität im Prozess zwingend angewiesen sind.[608] Gem. § 609 III ZPO besteht hinsichtlich öffentlicher Bekanntmachungen ein jedermann zustehendes, kostenfreies Einsichtsrecht. Darüber hinaus haben angemeldete Verbraucher gem. § 609 IV ZPO Anspruch auf Auskunft über ihre Angaben, die bei ihrer Anmeldung erfasst wurden.

(2) Die Ausgestaltung der öffentlichen Bekanntmachung im Einzelnen

Unabhängig von der grundsätzlichen Zulässigkeit der öffentlichen Bekanntmachung erscheint die konkrete Fassung des § 607 III 1 ZPO konfliktträchtig. Diese Norm regelt, dass Terminbestimmungen, Hinweise und Zwischenentscheidungen unverzüglich öffentlich bekannt zu machen sind, wenn dies zur Information der Verbraucher über den Fortgang des Verfahrens erforderlich ist. Mit dem Begriff der Erforderlichkeit hat der Gesetzgeber einen unbestimmten Rechtsbegriff in einem grundrechtssensiblen Bereich gewählt. In der Gesetzesbegründung zieht sich der Gesetzgeber darauf zurück, dass dadurch die Information der angemeldeten Verbraucher sichergestellt sei und potentiell betroffene, noch nicht angemeldete Verbraucher über das weitere Vorgehen durch die Information entscheiden können.[609] Weitere Anhaltspunkte für die Auslegung werden nicht gegeben. Zu beachten ist dabei zunächst, dass sich die *erforderlichen* Informationen je nach Stand des Verfahrens verändern können.[610] Es erscheint daher angezeigt zwischen der Phase einer noch möglichen Anmeldung und der Zeit danach (nach Ablauf der Frist gem. § 608 III ZPO) zu differenzieren.

(a) Die Erforderlichkeit vor Ablauf der Rücknahmefrist

Im laufenden Anmeldezeitraum soll das Klageregister dem betroffenen Verbraucher die Informationen liefern, die ihm eine freie Auswahl zwischen der Anmeldung zum Klageregister und der Individualrechtsverfol-

608 *Röthemeyer*, Musterfeststellungsklage, ^{2}2020, § 607 Rn. 14.
609 BT-Drs. 19/2439, S. 24.
610 Dazu: *Micklitz/Stadler*, Das Verbandsklagerecht in der Informations- und Dienstleistungsgesellschaft, 2005, S. 1409.

gung ermöglichen.[611] Die Terminologie *erforderlich* kann in diesem Zeitraum also wörtlich verstanden werden. Öffentlich bekannt zu machen sind alle Informationen, die für die Entscheidung der betroffenen Verbraucher relevant sind. Auch bereits angemeldete Verbraucher können sich durch weitere Informationen zur Rücknahme der Anmeldung gem. § 608 III ZPO veranlasst sehen. Aufgrund des breiten Anwendungsbereichs der §§ 606 ff. ZPO muss Erforderlichkeit in diesem Stadium auch möglichst weit verstanden werden, zumal sie alle potentiell Betroffenen erfasst.

(b) Die Erforderlichkeit nach Ablauf der Rücknahmefrist

Anders ist die Situation nach Ablauf des letztmöglichen Anmeldezeitraums. Da ab diesem Zeitpunkt keine Handlungsmöglichkeiten für die Verbraucher mehr bestehen, ist ein anderes Verständnis von Erforderlichkeit angezeigt, wenn der Gehalt der Norm in diesem Stadium nicht vollständig ausgehöhlt werden soll. So wurde vorgeschlagen zwischen dem Transparenzerfordernis und dem Recht auf Datenschutz der Verfahrensbeteiligten abzuwägen.[612] Auch wurde ein Informationserfordernis mangels Handlungsmöglichkeiten insgesamt in Abrede gestellt.[613]

Der Wortlaut der Norm deutet auf die Relevanz der Information für die Angemeldeten hin. Relevanz kann nunmehr zum einen als prozessrechtliche und zum anderen als informative Relevanz verstanden werden. Verstünde man die Erforderlichkeit als Prozessrechtsrelevanz, müsste nach Ablauf des letztmöglichen Abmeldezeitpunktes gem. § 608 III ZPO keinerlei Information mehr öffentlich bekannt gemacht werden, da keine prozessuale Handlungsmöglichkeit der Verbraucher mehr besteht. Dies widerspricht jedoch erkennbar dem Sinn und Zweck des Klageregisters. Dieses soll Transparenz gewährleisten und die mangelnde Beteiligung der Verbraucher durch Informationsgewährung kompensieren. Würde überhaupt keine Information mehr bekannt gemacht, bestünde kaum eine Möglichkeit für die Angemeldeten von den Terminbestimmungen, Hinweisen usw. Kenntnis zu nehmen. Eine Informierung durch Besuch der Verhandlung ist für die meisten Angemeldeten mit erheblichem Aufwand verbun-

611 *Ring*, NJ 2018, 441, 443; *Boese/Bleckwenn*, in: Nordholtz/Mekat (Hrsg.), Musterfeststellungsklage, 2019, § 4 Rn. 46; BeckOK ZPO/*Lutz*, § 607 Rn. 15 ff.

612 BeckOK ZPO/*dies.*, § 607 Rn. 15 ff.

613 *Schmidt*, in: Baumbach/Lauterbach/Albers u.a. (Hrsg.), Zivilprozessordnung, ^{77}2019, Beilage zur 77. Auflage § 607 Rn. 5.

den, zumal der Wohnsitz der Angemeldeten und der ausschließliche Gerichtsstand gem. § 32c ZPO nur in den seltensten Fällen übereinstimmen werden. Gegen dieses restriktive Verständnis der Erforderlichkeit spricht auch § 607 III 2 ZPO. Dieser schreibt den Zeitpunkt der Bekanntmachung der Terminbestimmung zwingend vor, knüpft jedoch hinsichtlich der generellen Bekanntmachungspflicht an § 607 III 1 ZPO an. Auch § 607 III 2 ZPO hätte keinen Anwendungsbereich, wenn mangels Handlungsmöglichkeiten keine Termine mehr öffentlich bekannt gegeben würden. Auch würde bei dieser Auslegung offensichtlich gegen die Informationspflicht des Gerichts aus Art. 103 I GG verstoßen, da die Angemeldeten sich nicht einmal selbstständig aus dem Klageregister informieren könnten.

Für diese Auslegung könnte § 607 III 3 HS. 1 ZPO sprechen. Dieser gewährleistet ohne Erforderlichkeitskriterium die öffentliche Bekanntmachung einer Verfahrensbeendigung, sodass die Angemeldeten zumindest auf diese Weise die für sie notwendigen Informationen zu erhalten scheinen. Dagegen spricht jedoch, dass die Beendigung des Verfahrens mit dem Ende der Hemmung der Verjährung zusammenhängt gem. § 204 I Nr. 1a, II 1 BGB. Dieser Rechtseingriff führt insofern die Erforderlichkeit automatisch herbei.

Es erscheint angezeigt die Erforderlichkeit gem. § 607 III 1 ZPO im Sinne eines Rechtseingriffs zu verstehen. Die Angemeldeten haben dann ein berechtigtes Interesse am Verfahren, wenn sich eine Veränderung ihrer materiellen Rechte ergibt. Zwar bleiben die Angemeldeten auch bei laufendem Verfahren Anspruchsinhaber, weil eine Abtretung ihres Anspruchs nicht stattfindet.[614] Doch schlägt das Musterfeststellungsurteil über die Bindungswirkung gem. § 613 I 1 ZPO auf ihren Anspruch durch. Verändert sich durch diese Konstruktion die Rechtslage der Angemeldeten, müssen sie darüber informiert werden, auch wenn sie prozessual darauf nicht reagieren können. Nur diese Sichtweise wird der Informationsgewährleistung des Art. 103 I GG gerecht, da über Rechte einer Person nicht kurzerhand von Obrigkeits wegen verfügt[615] werden darf. Bei einem sich abzeichnenden hoheitlichen Eingriff in Rechte oder einem hoheitlichen Zuspruch von Rechten muss der Angemeldete informiert werden. Dasselbe muss für Terminbestimmungen gelten, wenn in den Terminen über wesentliche Punkte für die Angemeldeten verhandelt wird.

---

614 *Dietsche*, in: Schäfer (Hrsg.), Der Gesetzesentwurf zur "Musterfeststellungsklage", 2018, S. 76, 80.

615 BVerfGE 9, 89, 95 = NJW 1959, 427

Auf diese Weise wird der Informationsgewährleistung des Art. 103 I GG entsprochen.

(c) Äußerung durch öffentliche Bekanntmachung?

Eine davon zu unterscheidende Frage ist, ob durch diese Auslegung auch der Äußerungsgewährleistung des Art. 103 I GG genügt wird. Das Informationsrecht über das laufende Verfahren ist untrennbar mit dem Äußerungsrecht verbunden[616], zumal eine Information ohne Teilnahme nutzlos[617] erscheint. Allein die Information wird der von Art. 103 I GG geforderten Subjektstellung nicht gerecht. Die Betroffenen sollen an der sich im Verfahren vollziehenden Konkretisierung der Rechtslage mit Einflussnahmemöglichkeiten teilhaben können.[618] Dies ist bei den §§ 606 ff. ZPO in keiner Weise gewährleistet. Den Angemeldeten wird keinerlei Recht zum Vortrag oder sonst eine Möglichkeit eingeräumt im Prozess Beachtung zu finden, sodass das rechtliche Gehör in Form des Äußerungsrechts nicht ausreichend gewährleistet ist.[619]

Es bleibt also festzuhalten, dass bei einer restriktiven Auslegung der Erforderlichkeit gem. § 607 III 1 ZPO gegen die Informationspflicht verstoßen wird. Bei einer extensiven, vorzugswürdigen Auslegung wird jedoch auch gegen Art. 103 I GG verstoßen, allerdings in der Ausprägung der Äußerungsgewährleistung.

(d) § 609 IV ZPO als kompensatorisches Recht?

Darüber hinaus bestehen erhebliche Bedenken gegen die Ausgestaltung der Informationsgewährung im Einzelnen: Der Gesetzgeber beabsichtigte mit der Einrichtung des Klageregisters eine niederschwellige Informationsquelle für Betroffene zu schaffen.[620] Dafür hat er in § 609 III ZPO ein unentgeltliches, jedermann zustehendes Einsichtsrecht normiert. Ein besonderes, nur den Angemeldeten zustehendes Einsichtsrecht besteht lediglich im Hinblick auf die von ihnen erfassten Daten gem. § 609 IV 1

616 *Lange*, Das begrenzte Gruppenverfahren, 2011, S. 174 ff.
617 *Dies.*, Das begrenzte Gruppenverfahren, 2011, S. 148 f.
618 *Zeuner*, FS Nipperdey, 1965, S. 1013, 1021 f.
619 *Röthemeyer*, MDR 2019, 6, 7; *Fölsch*, DAR Extra 2018, 736, 738.
620 BT-Drs. 19/2439, S. 26.

ZPO, was sich nach dem rechtskräftigen Abschluss des Verfahrens in einen Anspruch auf Auszugserteilung umwandelt.[621] Der Angemeldete hat somit keine anderen Rechte als ein beliebiger Dritter, der in das Klageregister Einsicht nimmt.[622] Die Frage, die sich in dieser Hinsicht stellt, ist, ob ein jedermann zustehendes Recht einen individuellen Grundrechtseingriff zu rechtfertigen vermag. Dabei soll diese Frage unabhängig von der Auslegung der Erforderlichkeit erfolgen.

Die Beeinträchtigung eines verfassungsmäßigen Rechts lässt eine besondere Beziehung zwischen der eingreifenden Stelle und dem Betroffenen entstehen. Der Betroffene erbringt ein individuelles Sonderopfer. In diesem Fall ist dies die mangelnde Beteiligung am Prozess, obwohl Rechte des Anmelders im Raum stehen. Dieses Sonderopfer muss mit Sondervorteilen ausgeglichen werden. Um einen solchen handelt es sich bei dem Einsichtsrecht gem. § 609 III ZPO gerade nicht, da es jedermann voraussetzungslos zusteht. Es wäre ohne Weiteres möglich im Klageregister einen nicht öffentlichen, zugangsgeschützten Bereich einzurichten, welcher den Angemeldeten exklusiv zur Verfügung steht.[623] Auf diese Weise könnte das individuelle Sonderopfer durch individuelle Rechtsgewährung ausgeglichen werden.

Auch stellt der Anspruch aus § 609 IV ZPO kein besonderes Recht der Angemeldeten[624] dar, welches ihnen aus dem System der Musterfeststellungsklagevorschriften gewährt werden würde. Ein Auskunftsanspruch hinsichtlich der im Klageregister erfassten Daten folgt bereits aus Art. 15 I Hs. 2 DSGVO, der in seinem persönlichen Anwendungsbereich auch Behörden als Verantwortliche im Sinne des Art. 4 Nr. 7 DSGVO[625] erfasst. Die sachliche Bereichsausnahme nach Art. 2 II lit. d DSGVO ist nicht einschlägig, zumal es sich bei der Registerführung um eine Verwaltungstätigkeit ohne Bezug zu sicherheitsrechtlichen Aspekten handelt. Der Anspruch wird daher bereits als zwangsläufige Folge der Erfassung der Daten der Angemeldeten gegen die registerführende Behörde gewährt und nicht erst durch § 609 IV 1 ZPO. Beschränkungen des Auskunftsanspruchs aus Art. 15 I Hs. 2 DSGVO, welche gem. Art. 23 I lit. j DSGVO auch zur

---

621 Auf diesen Umstand hinweisend: *Boese/Bleckwenn*, in: Nordholtz/Mekat (Hrsg.), Musterfeststellungsklage, 2019, § 4 Rn. 64 ff.

622 *Beckmann/Waßmuth*, WM 2019, 89, 93 f.

623 Zu diesem Ansatz: *Micklitz/Stadler*, Das Verbandsklagerecht in der Informations- und Dienstleistungsgesellschaft, 2005, S. 1245.

624 So aber: BT-Drs. 19/2439, S. 25.

625 Dazu: *Schild*, in: Wolff/Brink (Hrsg.), BeckOK Datenschutzrecht, [30]2019, Art. 4 Rn. 87 ff.

Durchsetzung zivilrechtlicher Ansprüche möglich sind und § 609 IV ZPO einen selbständigen Anwendungsbereich eröffnen würden, greifen vorliegend nicht ein. Weder das BDSG noch die Datenschutzanpassungs- und Umsetzungsgesetze sehen Ausnahmen vor, welche das Klageregister bei der Musterfeststellungsklage betreffen. Vor allem dient das Klageregister nicht nur Statistikzwecken im Sinne von § 27 II DS-AnpUG, weil es über die bloße Erfassung der Zahl der Angemeldeten auch prozessuale Wirkungen gem. § 606 III Nr. 3 ZPO zeitigt.

§ 609 IV ZPO gewährt somit kein kompensatorisches Recht, sondern normiert eine datenschutzrechtliche Selbstverständlichkeit. Ein Ausgleich für einen Eingriff in Art. 103 I GG kann in dieser Regelung daher schon im Grundsatz nicht erblickt werden.

Insgesamt ist das Klageregister aus zwei Gründen zur Gewährleistung des rechtlichen Gehörs ungenügend: Zum einen vermag es als reine Informationsquelle keine Einflussnahme der Angemeldeten zu eröffnen. Zum anderen gewährt es den Angemeldeten keine exklusiven Rechte, obwohl ein individueller Eingriff in ihr Recht aus Art. 103 I GG vorliegt.

cc) Die Austrittsmöglichkeit gem. § 608 III ZPO

Der nächste Umstand, der zur Wahrung des rechtlichen Gehörs beitragen könnte, ist die durch § 608 III ZPO gewährte Austrittsmöglichkeit. So geht der Gesetzgeber davon aus, dass die Möglichkeit zur Rücknahme den Anforderungen an das rechtliche Gehör gerecht wird.[626] Als Ausgleich zu den mangelnden Teilhaberechten wird den Verbrauchern die Möglichkeit der Rücknahme der Anmeldung gewährt.[627]

Durch die Gewährung der Rücknahmemöglichkeit bis zum Ablauf des Tages des Beginns der mündlichen Verhandlung in der ersten Instanz gem. § 608 III ZPO kommt diesem Zeitpunkt eine besondere Bedeutung zu.[628] Der einzige Ausweg der zwingenden Bindungswirkung nach Anmeldung zum Klageregister zu entgehen ist – abgesehen von der opt-out Möglichkeit gem. § 611 IV 2 ZPO bei einem gerichtlichen Vergleich –

---

626 BT-Drs. 19/2439, S. 28.

627 *Boese/Bleckwenn*, in: Nordholtz/Mekat (Hrsg.), Musterfeststellungsklage, 2019, § 5 Rn. 5 f.

628 *Hettenbach*, WM 2019, 577, 578 f.

die Rücknahme der Anmeldung[629]; nach dem Ablauf dieses Zeitpunktes ist die Anmeldung festgeschrieben.[630] Aus diesem Umstand erklärt sich auch die Regelung des § 610 IV ZPO, die inhaltlich eine Wiederholung des § 139 I 2 ZPO darzustellen scheint. Allerdings soll mit ihr bewirkt werden, dass die angemeldeten Verbraucher durch die Prozessleitung des Gerichts einen möglichst umfassenden Eindruck und Überblick über das am Beginn stehende Musterfeststellungsverfahren gewinnen.[631]

Als Ausgangspunkt zur Prüfung der Verfassungsmäßigkeit der §§ 606 ff. ZPO könnte auch direkt auf die kurze Rücknahmefrist des § 608 III ZPO abgestellt werden, wenn man es für die Grundrechtkonformität für ausreichend erachtet, dass der Verbraucher seine Anmeldung noch bindungsvermeidend zurücknehmen kann.[632] Ausgangspunkt soll jedoch auch an dieser Stelle die Bindungswirkung gem. § 613 I 1 ZPO sein. Als mögliche Erfüllung der Gewährleistung des Art. 103 I GG sind sodann die §§ 613 I 2, 608 III ZPO heranzuziehen.[633]

Ob die Möglichkeit der Rücknahme der Anmeldung dem Anspruch auf rechtliches Gehör gerecht wird, erscheint zweifelhaft.[634]

(1) Pro und Contra der Beschränkung der Rücknahmemöglichkeit

Auf der einen Seite hat die Beschränkung der Rücknahmemöglichkeit Zustimmung erfahren.[635] Auch im Gesetzgebungsverfahren wurde darauf hingewiesen, dass die Rücknahmemöglichkeit auf den Zeitraum vor Beginn der mündlichen Verhandlung zu beschränken sei, da andernfalls der Richter schon Tendenzen erkennen lassen könnte, was die prozessuale Waffengleichheit zuungunsten der Beklagten verschieben würde.[636] Die-

629 *Rathmann*, in: Saenger (Hrsg.), Zivilprozessordnung, [8]2019, § 613 Rn. 1; *Koch*, MDR 2018, 1409, 1413.

630 BeckOK ZPO/*Lutz*, § 608 Rn. 1.

631 Auf eine Anregung zur umfassenden Antragstellung hinweisend: *Hettenbach*, WM 2019, 577, 578 f.

632 Zu diesem Gedanken: *Röthemeyer*, MDR 2019, 6, 9 f.

633 Hingegen in der 34. Edition noch auf die kurze Rücknahmefrist aufgrund der Überforderung der Angemeldeten abstellend: BeckOK ZPO/*Augenhofer*, § 613 Rn. 8.

634 *Merkt/Zimmermann*, VuR 2018, 363, 366 f.

635 So ohne den Anspruch auf rechtliches Gehör überhaupt zu diskutieren: *Ring*, NJ 2018, 441, 446.

636 *Industrie- und Handelskammer*, Entwurf eines Gesetzes zur Einführung einer zivilprozessualen Musterfeststellungsklage, S. 6.

ser Befund wird durch die Regelung in § 610 IV ZPO noch verstärkt, zumal das Gericht gerade umfassende Anträge anregen soll, sodass der angemeldete Verbraucher einen möglichst weitreichenden Blick auf den Musterfeststellungsprozess erhält. Durch den Zeitpunkt nach Beginn des ersten Termins zur mündlichen Verhandlung kann der Angemeldete das öffentliche Verfahren abwarten, um so zu entscheiden, ob er an seiner Anmeldung festhalten möchte oder nicht.[637] Durch das Unverzüglichkeitserfordernis bei den Eintragungen gem. § 607 III 1 ZPO ist sichergestellt, dass der Angemeldete frühzeitig Kenntnis von den für die Rücknahmeentscheidung relevanten Umständen erhält.[638] Dies ermöglicht dem Angemeldeten ein taktisches Vorgehen in Form eines „cherry pickings", indem er bei schlechten Erfolgsaussichten seine Anmeldung nach der letzten Verhandlung zurücknehmen könnte.[639] Aus diesen Gründe sei die Beschränkung der Rücknahmemöglichkeit erforderlich.

Auf der anderen Seite wird insbesondere vorgebracht, dass der Zeitpunkt noch keine wirkliche Prognose mangels vorhandener Informationen über den Musterfeststellungsprozess zulasse, sodass die Beschränkung zu früh einsetze und einen Ausschluss des rechtlichen Gehörs nicht rechtfertige.[640] Die bloße Entscheidung zur Rücknahme des Antrags sei mit den von Art. 103 I GG geforderten Beteiligungsrechten in keiner Weise gleichzusetzen.[641] Auch ist es schon organisatorisch trotz des Unverzüglichkeitserfordernisses in § 607 III 1 ZPO nicht möglich, dass die Ergebnisse der ersten mündlichen Verhandlung noch am selben Tag im Klageregister veröffentlicht werden. Erforderlich dafür ist eine Übermittlung der ausformulierten Hinweise des Gerichts an das BMJV und die Veröffentlichung durch Letzteres. Dies ist an einem Tag nicht zu bewerkstelligen. Dem Verbraucher stehen somit auch bei Abwarten des ersten Tages der münd-

637 *Weinland*, Die neue Musterfeststellungsklage, 2019, Rn. 105.

638 *Ders.*, Die neue Musterfeststellungsklage, 2019, Rn. 158 f.; Musielak/Voit/*Stadler*, § 609 Rn. 2.

639 *Weinland*, Die neue Musterfeststellungsklage, 2019, Rn. 218; *Boese/Bleckwenn*, in: Nordholtz/Mekat (Hrsg.), Musterfeststellungsklage, 2019, § 5 Rn. 79; *Steineke*, in: Schäfer (Hrsg.), Der Gesetzesentwurf zur "Musterfeststellungsklage", 2018, S. 112, 120 f.

640 BR-Drs. 176/1/18, S. 11; *Röthemeyer*, Musterfeststellungsklage, ^{2}2020, § 608 Rn. 3; *Bund der Versicherten e.V.*, Stellungnahme Bund der Versicherten e.V. (BdV) zum "Entwurf eines Gesetzes zur Einführung einer zivilprozessualen Musterfeststellungsklage" (RegE), S. 2; *Schmidt*, in: Baumbach/Lauterbach/Albers u.a. (Hrsg.), Zivilprozessordnung, ^{77}2019, Beilage zur 77. Auflage § 613 Rn. 4; *Schneider*, BB 2018, 1986, 1998; Musielak/Voit/*Stadler*, § 613 Rn. 3.

641 *Fölsch*, DAR Extra 2018, 736, 738.

lichen Verhandlung nur Erkenntnisse aus dieser zur Verfügung, wenn er selbst der öffentlichen Hauptverhandlung beiwohnte oder durch die Medien von ihr erfährt und dieser Berichterstattung Vertrauen schenkt.[642] Ein unbedingter Informationsvorteil ist damit nicht sichergestellt.

(2) Subjektstellung der Angemeldeten?

Letztere Sichtweise überzeugt. Art. 103 I GG fordert die Stellung als Subjekt im Verfahren in Form von aktiven Teilnahme- und Beteiligungsrechten.[643] Die bloße Rücknahme gestaltet sich dagegen als reine Defensivhandlung. Sie ist keine aktive Einflussnahme, sondern passiver Schutzmechanismus vor der von § 613 I 1 ZPO drohenden Bindungswirkung. Sie kann somit nicht als eine Art. 103 I GG genügende Handlung angesehen werden. Des Weiteren handelt es sich bei dem Argument der freien Entscheidung der Rücknahme mehr um ein solches, welches den Dispositionsgrundsatz zu wahren geeignet ist. Es geht beim Anspruch auf rechtliches Gehör um Beteiligungsrechte im anhängigen Prozess, nicht um die freie Entscheidung hinsichtlich der Einleitung oder Beendigung eines Verfahrens. Dies zeigt auch ein Vergleich mit der Möglichkeit der Klagerücknahme gem. § 269 ZPO.[644] Nur weil eine Klagerücknahme nach § 269 ZPO möglich ist, heißt das nicht, dass im gerichtlichen Verfahren kein rechtliches Gehör zu gewähren wäre. Diese Konstellation ist zwar nicht uneingeschränkt übertragbar, zumal der Dritte durch die Rücknahme seiner Anmeldung nicht das Verfahren beendet. Doch verdeutlicht das Beispiel das Nebeneinander von Dispositionsgrundsatz und rechtlichem Gehör. Die Klagerücknahme beendet das Verfahren, wohingegen das rechtliche Gehör den Umgang mit den Betroffenen im Prozess betrifft. Auch verfängt das Argument des gewährten Vorteils durch Abwarten des ersten Termins zur mündlichen Verhandlung nicht uneingeschränkt. Zum einen ist – wie soeben ausgeführt – nicht sichergestellt, dass der Angemeldete Kenntnis vom Inhalt der mündlichen Verhandlung nimmt. Ihm kann zwar eine Obliegenheit zur regelmäßigen Einsichtnahme in das Klageregister aufgebürdet werden, jedoch nicht die Pflicht an dem öffentlichen Hauptverhandlungstermin teilzunehmen. Dies würde bei einer großen

642 Auf diesen Umstand hinweisend: *Weinland*, Die neue Musterfeststellungsklage, 2019, Rn. 105; Musielak/Voit/*Stadler*, § 610 Rn. 7.

643 Maunz/Dürig/*Schmid-Aßmann*, Art. 103 Rn. 80.

644 Zu diesem Gedanken: *Meller-Hannich*, DRiZ 2018, 298, 300 f.

Zahl von Angemeldeten zu praktischen Schwierigkeiten (wie Kapazitätsbegrenzungen in Gerichtssälen) führen und schließlich auch teilweise den Sinn der Musterfeststellungsklage konterkarieren, indem sich die Angemeldeten letztlich doch partiell selbst um die Durchsetzung ihrer Rechte kümmern müssten. Zum anderen geht es beim Festlegen des Zeitpunktes der möglichen Anmeldungsrücknahme nicht um die Gewährung von Vorteilen gegenüber der Gegenseite, sondern um die Wahrung elementarer prozessualer Rechte. Diese beanspruchen Geltung schlicht aufgrund ihrer Natur als verfassungsmäßige Rechte innerhalb einer rechtsstaatlichen Ordnung und sind nicht durch die Gewährung scheinbarer Vorteile aufwiegbar.

Allein die Rücknahmemöglichkeit gem. § 608 III ZPO vermag den Anforderungen des Art. 103 I GG daher nicht zu genügen.

dd) Wahlrecht als Kompensation für mangelnde Beteiligungsrechte

Im selben Kontext wie die Austrittsmöglichkeit wird die Erfüllung des Art. 103 I GG durch die Gewährung einer Wahlmöglichkeit zwischen Musterfeststellungsklage und Individualrechtsschutz genannt.[645] Der Verbraucher treffe durch seine Anmeldung zum Klageregister eine freie Entscheidung zugunsten der Prozessführung durch die qualifizierte Einrichtung.[646]

Einzuräumen ist dabei, dass der Anmeldung zum Klageregister für das Institut der Musterfeststellungsklage eine zentrale Rolle[647] zukommt. Unabhängig von der konkreten Auslegung und Einordnung derselben spielt diese jedoch nicht auf der Ebene der Erfüllung der Anforderungen aus Art. 103 I GG eine Rolle. Spiegelbildlich zur Möglichkeit der Anmeldungsrücknahme gem. § 608 III ZPO entspricht die Gelegenheit zur Anmeldung nicht dem Bild eines selbstbestimmten Verfahrenssubjekts. Das Recht der Einleitung eines gerichtlichen Verfahrens sagt noch nichts über die Behandlung der Betroffenen im Prozess aus. Abermals kann auf das Nebeneinander zwischen Dispositionsmaxime und rechtlichem Gehör hingewiesen werden. Vielmehr geht es um Fragen wie die Qualifikation als Verzicht auf das rechtliche Gehör, einer repräsentativen Wahrnehmung desselben durch die qualifizierte Einrichtung oder eine Rechtfertigung

---

645 BT-Drs. 19/2439, S. 28.
646 BT-Drs. 19/2439, S. 28.
647 *Weinland*, Die neue Musterfeststellungsklage, 2019, Rn. 90.

eines zu unterstellenden Eingriffs. Auf diesen Ebenen ist dem Argument der freien Entscheidung zugunsten der Prozessführung der qualifizierten Einrichtung näher nachzugehen.

An dieser Stelle gelten weitgehend die bei der Austrittsmöglichkeit gem. §§ 608 III ZPO angeführten Argumente entsprechend. Verschärfend kommt bei der Anmeldung noch hinzu, dass diese gem. § 608 I ZPO nur bis zum Ablauf des Tages vor Beginn der mündlichen Verhandlung möglich ist, wodurch die An- und Abmeldezeiträume nicht synchron laufen. Dadurch greift das Argument des vermeintlichen Vorteils durch Abwarten des ersten Termins zur mündlichen Verhandlung bei der Anmeldung schon im Grundsatz nicht, sodass die Erfüllung der durch Art. 103 I GG gestellten Anforderungen noch klarer zu verneinen ist.

Mangels Einflussnahmemöglichkeiten auf den Musterfeststellungsprozess erfüllt auch die Wahlmöglichkeit nicht die Anforderungen des Art. 103 I GG.

ee) Erfüllung der Gewährleistung durch „Case Management" des Gerichts

Bereits bei der Einführung der Musterfeststellungsklage wurde Skeptikern mit dem Argument begegnet, dass etwaige Mängel durch die Evaluierung, die frühestens fünf Jahre nach dem Inkrafttreten stattfinden soll[648], ausgemerzt werden können und in der Zwischenzeit vor allem die Richter durch entsprechende Auslegung und Anwendung der neuen Vorschriften Mängeln wirksam begegnen könnten.[649] Eine gefestigte Rechtsprechung zu der Auslegung der Normen dürfte aber – wenn man sich den Ablauf des KapMuG-Verfahrens vor Augen hält – durchaus Jahre in Anspruch nehmen.[650]

(1) Case Management im Allgemeinen

Damit sind die Gerichte aufgerufen in ihren jeweiligen Verfahren sowohl die praktische Wirksamkeit als auch die Verfassungskonformität des neuen Gesetzes im Blick zu behalten und zu bewahren. Dieses Phänomen wird auch als *Case Management* bezeichnet, da das Gericht während der

648 BT-Drs. 19/2439, S. 33.
649 *Gansel*, VuR 2019, 1, 2.
650 *Beckmann/Waßmuth*, WM 2019, 89, 96.

Bewältigung des Verfahrens mit dieser Aufgabe betraut ist. Dies ergibt sich nicht zuletzt aus dem Menschenwürdekern des Anspruchs auf rechtliches Gehör, der gem. Art. 1 I 2 GG auch vom Gericht zu schützen ist.[651] Die prozessualen, mithin die auf die Prozessleitung bezogenen Regeln, sind so auszulegen, dass der Anspruch aus Art. 103 I GG verwirklicht wird[652], was besonders für das gehörskritische Musterfeststellungsverfahren[653] gilt. Voraussetzung für das Eingreifen dieser Befugnis des Gerichts ist jedoch, dass dem Gericht Spielräume[654] eröffnet werden, etwa in Form von fakultativen Anhörungsmöglichkeiten oder Ermessensvorschriften.[655]

Dies steht im Einklang mit der gesteigerten Verantwortung des Richters in Prozessen, die auch im Interesse nicht unmittelbar Beteiligter geführt werden, um Transparenz und Kontrolle des Verfahrens sicherzustellen sowie die Prozessführung des Repräsentanten zu überwachen.[656] Dem Gericht wird auf diese Weise eine weit aktivere Rolle in der Prozessführung zugeschrieben als in gewöhnlichen Zweiparteienprozessen. Diese geht dabei weit über die anerkannte Pflicht der Gerichte hinaus, sich vor Erlass eines Urteils von der Einhaltung des rechtlichen Gehörs zu überzeugen[657] und etabliert somit eine positive Pflicht des Gerichts zur Ergreifung von Maßnahmen zur Wahrung des Anspruchs auf rechtliches Gehör.

(2) Case Management im Musterfeststellungsverfahren

In den §§ 606 ff. ZPO finden sich keine abweichenden Vorschriften über die Vorbereitung der mündlichen Verhandlung, sodass nach § 610 V 1 ZPO die allgemeinen Vorschriften für erstinstanzliche Verfahren vor den Landgerichten Anwendung finden. Die allgemeinen Vorschriften der §§ 1–252 ZPO sind wiederum aufgrund der Geltung der Vorschriften für

---

651 *Waldner*, Aktuelle Probleme des rechtlichen Gehörs im Zivilprozess, 1983, S. 154; *Brüggemann*, JR 1969, 361, 367.

652 *Schulze-Fielitz*, in: Dreier (Hrsg.), Grundgesetz-Kommentar, ^{3}2018, Art. 103 Rz. 43.

653 *Röthemeyer*, MDR 2019, 6, 9 f.

654 *Schweiger/Meißner*, CB 2018, 240, 247; *Röthemeyer*, Musterfeststellungsklage, ^{2}2020, § 610 Rn. 52 ff.

655 *Waldner*, Aktuelle Probleme des rechtlichen Gehörs im Zivilprozess, 1983, S. 170.

656 Dazu: *Stadler*, ZHR 2018, 623, 653 f.; *Geiger*, Kollektiver Rechtsschutz im Zivilprozess, 2015, S. 257.

657 Zu dieser Pflicht: BVerfGE 36, 85, 88 = NJW 1974, 133, 134; BVerfGE 42, 243, 246 = NJW 1976, 1837, 1839; BVerfGE 50, 280, 285.

erstinstanzliche Verfahren vor den Landgerichten anwendbar.[658] Eine implizite Abweichung hingegen bringt § 610 IV ZPO mit seiner inhaltlichen Wiederholung des § 139 I 2 ZPO, da dadurch dem Gericht eine umfassende und möglichst abschließende Vorbereitung des ersten Termins zur mündlichen Verhandlung aufgrund der hohen Bedeutung für die Angemeldeten nahegelegt wird.[659] Diese Vorschrift deutet zumindest in Richtung erweiterter Befugnisse des Gerichts bzw. abweichender Handhabung der bestehenden Vorschriften diesbezüglich.

Ziel zur möglichst umfassenden Gewährleistung rechtlichen Gehörs ist die Schaffung einer möglichst breiten Entscheidungsgrundlage für den angemeldeten Verbraucher bis zum Zeitpunkt der letztmaligen Rücknahmemöglichkeit.[660] Dafür geben mehrere Vorschriften dem Gericht Spielräume, die es in Richtung einer effektiven Gehörsgewährung nutzen sollte: Zum einen sollte auf eine möglichst genaue Sachverhaltsdarstellung in der Klageschrift geachtet werden, zumal diese die Grundlage für die Anmeldung der Verbraucher darstellt. Um den Zeitraum für die Anmeldung zu verlängern, kann das Gericht gehörsfreundlich terminieren und die erste mündliche Verhandlung erst nach längerem schriftlichem Vorverfahren anberaumen. Entscheidend wirkt sich hier nochmals der Begriff der Erforderlichkeit in § 607 III 1 ZPO aus, den das Gericht möglichst weit verstehen sollte. Damit können den potentiell Betroffenen umfassende Hinweise gegeben werden. Durch eine extensive Handhabung der §§ 273, 358a ZPO kann der Prozess bereits im Vorfeld des ersten Termins zur mündlichen Verhandlung sehr weit betrieben werden. Schließlich kann das Gericht auch praktische Aspekte erwägen und beispielsweise darauf achten, dass für den Musterfeststellungsprozess ein großer Gerichtssaal zur Verfügung steht, um den interessierten Angemeldeten eine Möglichkeit zur Teilnahme an dem öffentlichen Prozess zu geben.

Es stellt sich an dieser Stelle die Frage, ob bei Ergreifung all dieser Maßnahmen den Anforderungen des Art. 103 I GG Genüge getan wird. Dies ist letztendlich zu verneinen, da auch bei all diesen Maßnahmen grundsätzliche Bedenken, die letztlich aus der Struktur der Musterfeststellungsklage resultieren, nicht ausgeräumt werden können.

---

658 BeckOK ZPO/*Lutz*, § 610 Rn. 1; *Beck*, WPg 2019, 586, 588; zur im Ergebnis überzeugend verneinten Frage der Anwendbarkeit der §§ 38 ff. ZPO auf die nunmehr erstinstanzlich zuständigen OLG: *Loyal*, ZIP 2019, 2049, 2049 f.

659 BeckOK ZPO/*Lutz*, § 610 Rn. 8 ff.; *Röthemeyer*, MDR 2019, 6, 11.

660 Zur extensiven Auslegung der einzelnen Vorschriften und zum Verfahrensmanagement allgemein: *ders.*, MDR 2019, 6, 10 f.

Die gesetzlichen Vorschriften müssen sicherstellen, dass die Anforderungen des Art. 103 I GG eingehalten werden.[661] Dies ist auch bei einem gehörsfreundlichen Verfahrensmanagement des Gerichts nicht gewährleistet. Zwar kann in der Theorie eine weitgehende Aufbereitung des Prozesses bereits im Vorfeld stattfinden. Doch werden dabei die Beklagtenrechte vernachlässigt. Durch eine extensive Ausübung derselben kann die Gegenseite die Beweisaufnahme auf den zweiten Verhandlungstag verschieben, wodurch der Zeitpunkt des § 608 III ZPO verstreicht und dadurch der Zweck der Vorschrift unterlaufen wird.[662] Damit können die erhofften Effekte durch prozessual legitime Mittel unterminiert werden.

Auch ist das rechtliche Gehör nicht als einmalig entstehender Anspruch zu verstehen, sondern entsteht mit Anwachsen des Prozessstoffes immer wieder neu, um dem Betroffenen zu allen neuen Punkten Informations- und Äußerungsmöglichkeiten zu gewähren.[663] Die gehörsfreundliche Auslegung der besagten Vorschriften beschränkt sich vor allem auf den Zeitraum vor Ablauf der letztmöglichen Rücknahmemöglichkeit gem. § 608 III ZPO. Diese ist – abgesehen von der gem. § 611 IV 2 ZPO vorgesehenen opt-out Möglichkeit beim Vergleichsschluss – die einzige Möglichkeit der Bindungswirkung zu entgehen. Umso breiter die Entscheidungsbasis dafür ist, desto autonomer erscheint die Entscheidung zum Verbleib im Verfahren. Jedoch können auch nach diesem Zeitpunkt Konstellationen eintreten, die eine Information oder Äußerung der Angemeldeten verfassungsrechtlich nötig machen. In diesen Situationen können auch durch ein gehörsfreundliches Management keine Reaktionsmöglichkeiten der Angemeldeten mehr geschaffen werden. Eine derart umfassende Aufarbeitung eines Musterfeststellungsprozesses, dass nach dem ersten Termin zur mündlichen Verhandlung die wesentlichen Streitpunkte bereits geklärt sind, erscheint ohnehin in der Praxis nicht umsetzbar. Aufgrund der Breitenwirkung der Prozesse werden sich neu einstellende Prozesssituationen mehr die Regel als die Ausnahme sein. Dies zeigte schon die Einführung der neuen Feststellungsziele seitens des Musterfeststellungsklägers im Pro-

661 Maunz/Dürig/*Schmid-Aßmann*, Art. 103 Rn. 70, 72; zum KapMuG: *Stadler*, FS Rechberger, 2005, S. 663, 673.

662 *Weinland*, Die neue Musterfeststellungsklage, 2019, Rn. 105.

663 *Waldner*, Aktuelle Probleme des rechtlichen Gehörs im Zivilprozess, 1983, S. 76 f.; *Schlosser*, JZ 1967, 431, 435.

zess gegen die VW AG mit Schriftsatz vom 07.05.2019[664], die zu neuem Prozessstoff und somit zu einem neuen Anspruch aus Art. 103 I GG führte.

Schließlich betrifft das Case Management ausschließlich die Informationsgewährleistung der Verbraucher. Diese soll durch die umfassenden Maßnahmen verbessert werden. Die Äußerungsmöglichkeit bleibt jedoch nach wie vor abgeschnitten und kann auch mangels Spielraums in den §§ 606 ff. ZPO nicht verfahrensrechtlich umgesetzt werden. Wie bereits dargestellt, sind die Informations- und die Äußerungsgewährleistung eng miteinander verknüpft, sodass eine bloße Information ohne Handlungsmöglichkeiten dem rechtlichen Gehör nicht genügt.[665]

Insgesamt kann also auch durch eine gehörsfreundliche Auslegung der Vorschriften die Einhaltung des Art. 103 I GG nicht sichergestellt werden.

ff) Erfüllung der Gewährleistung durch die qualifizierte Einrichtung

Die Informierung der Beteiligten ist nicht alleinige Aufgabe des Gerichts, sondern kann auch anderen Verfahrensbeteiligten aufgebürdet werden, verbunden mit einer Mitwirkungslast der Berechtigten.[666] Ein solcher Informationsfluss zwischen qualifizierter Einrichtung und Angemeldeten erscheint für die Prozessführung der qualifizierten Einrichtung sinnvoll, da auf diese Weise den Betroffenen gegebenenfalls Reaktionsmöglichkeiten wie z.B. die Rücknahme der Anmeldung aufgezeigt und nahe gelegt werden können.[667]

Weder die §§ 606 ff. ZPO noch die Gesetzesbegründung gehen auf eine entsprechende Pflicht der qualifizierten Einrichtung ein. Unklar bleibt auch das Rechtsverhältnis zwischen den Angemeldeten und der qualifizierten Einrichtung, aus welchem Informations- oder Einflussnahmegewährungspflichten resultieren könnten.[668]

---

664 Die hierzu veröffentlichten Hinweise des OLG Braunschweig sind abrufbar unter: https://www.bundesjustizamt.de/DE/Themen/Buergerdienste/Klageregister/Klagen/201802/Verfahren/Verfahrensstand.html (geprüft am 14.04.2020).

665 *Lange*, Das begrenzte Gruppenverfahren, 2011, S. 148 f.

666 Maunz/Dürig/*Schmid-Aßmann*, Art. 103 Rn. 70, 72.

667 *Koch*, Prozeßführung im öffentlichen Interesse, 1983, S. 280.

668 Zu der Einordnung dieses Rechtsverhältnisses: Teil Zwei Kapitel Vier § 2 B. IV. Prozessuales Treuhandverhältnis (479); zu den daraus resultierenden Pflichten: Teil Zwei Kapitel Vier § 2 C. II. Pflichtenprogramm der qualifizierten Einrichtung aus § 241 II BGB (497).

Es mangelt jedoch schon an der erforderlichen gesetzlichen Sicherstellung[669] dieser Verpflichtung, sodass schon aus diesem Grund Art. 103 I GG nicht seitens der qualifizierten Einrichtung erfüllt wird. Es ist daher nicht gewährleistet, dass den Angemeldeten über die qualifizierte Einrichtung hinreichende Informations- und Einflussnahmerechte zuteilwerden.

gg) Gewährung der Möglichkeit zur Verschaffung rechtlichen Gehörs?

Art. 103 I GG liegt der Gedanke zugrunde, dass die Anspruchsberechtigten ihre Prozesssache vor Gericht verfechten, womit sich der Gedanke der Passivität nicht verträgt.[670] Es obliegt ihnen somit jede sich bietende tatsächliche und rechtliche Möglichkeit zu nutzen, die nicht offensichtlich ausgeschlossen ist, um sich rechtliches Gehör zu verschaffen.[671] Wer diese Möglichkeiten nicht nutzt, kann sich im Nachhinein nicht auf eine Verletzung des rechtlichen Gehörs berufen.[672] Die Verfahrensordnungen schützen nicht denjenigen, welcher der Wahrnehmung seiner Rechte mit vermeidbarer Gleichgültigkeit gegenübersteht.[673]

Es fragt sich somit, ob einer Berufung auf das rechtliche Gehör entgegensteht, dass den Angemeldeten eine Verschaffung rechtlichen Gehörs durch eigene Maßnahmen möglich ist. Ausreichend ist, weil Art. 103 I GG ein Recht und keine Pflicht begründet, die Möglichkeit zur Wahrnehmung des rechtlichen Gehörs. Es müssen somit durchaus auch prozessuale Nebenwege beschritten werden.[674] Die Anforderungen, welche an die Bemühungen der Anspruchsberechtigten gestellt werden, unterscheiden sich je nach Kenntnis- und Verfahrensstand.[675]

Eine Möglichkeit zur Verschaffung rechtlichen Gehörs im Musterfeststellungsverfahren besteht für die angemeldeten Verbraucher nicht. Sie haben keine Chance auf die Gestaltung des Verfahrens oder die Rechts-

---

669 Maunz/Dürig/*Schmid-Aßmann*, Art. 103 Rn. 70, 72.

670 *Lerche*, ZZP 78 (1965), 1, 12.

671 *Habbe/Gieseler*, BB 2017, 2188, 2190; Musielak/Voit/*Musielak*, Einleitung Rn. 28; Maunz/Dürig/*Schmid-Aßmann*, Art. 103 Rn. 146.

672 BVerfGE 5, 9, 10 = NJW 1956, 985; BVerfGE 15, 256, 267; 21, 132, 137 = NJW 1967, 492.

673 *Graßhof*, in: Merten/Papier (Hrsg.), Handbuch der Grundrechte in Deutschland und Europa, 2013, § 133 Rn. 43.

674 *Brüggemann*, JR 1969, 361, 368.

675 Zu den unterschiedlichen Anforderungen je nach Konstellation: *Henkel*, ZZP 77 (1964), 321, 340 ff.

findung des Gerichts Einfluss zu nehmen.[676] Der Ausschluss jeglicher Partizipationsmöglichkeit der Angemeldeten ist zur Effizienzsteigerung des Musterfeststellungsverfahrens bereits in der Konzeption der §§ 606 ff. ZPO angelegt.[677] Die Verbraucher bringen sich durch die Anmeldung im Klageregister um jegliche Einflussnahmemöglichkeit hinsichtlich des Prozesses. Verstärkend zu diesem Befund kommt hinzu, dass zur Wahrung ihres besonderen Charakters und zur Vermeidung einer personellen Aufblähung[678] gem. § 610 VI ZPO die Anwendbarkeit der §§ 66 bis 74 ZPO ausgeschlossen ist. Angemeldeten sowie nicht angemeldeten Verbrauchern mit einem rechtlichen Bezug zum Verfahren ist somit auch der Weg einer Nebenintervention verschlossen. Sie können auch aus eigener Initiative nicht auf das Verfahren einwirken. Eine Einflussnahme über die klagende qualifizierte Einrichtung ist gesetzlich nicht vorgesehen und wegen der potentiell unüberschaubaren Zahl an Angemeldeten auch nicht praktikabel.

Auch greift das Argument der Gleichgültigkeit hinsichtlich der Verfolgung eigener Rechte in der vorliegenden Situation nicht. Durch die Anmeldung zum Klageregister haben die Verbraucher gerade zum Ausdruck gebracht, dass sie auf eine gerichtliche Klärung einzelner Elemente ihrer Ansprüche Wert legen. Die mangelnde Einflussnahme auf das Verfahren beruht nicht auf einer individuellen Nachlässigkeit, sondern auf einem systematischen, kollektiven Ausschluss von Partizipationsrechten.

Mangels Einflussnahmemöglichkeit auf das Musterfeststellungsverfahren ist eine Berufung auf Art. 103 I GG für die Angemeldeten nicht ausgeschlossen.

hh) Heilung durch nachträgliche Gewährung

Der Anspruch auf rechtliches Gehör ist in Art. 103 I GG vorbehalts- und schrankenlos gewährleistet. Ausnahmen sind im Normtext nicht vorgesehen.

Doch gibt es immanente Beschränkungen der Norm. So ist in Verfahren, die durch eine vorherige Gehörsgewährung ihren notwendigen Zweck verfehlen würden – wie z.B. im Eilrechtsschutz – anerkannt, dass eine vorläufige Entscheidung ohne vorherige Anhörung ergehen kann, wenn der Betroffene sich dagegen noch in derselben Instanz wehren

676 *Fölsch*, DRiZ 2018, 214, 215; *Balke/Liebscher/Steinbrück*, ZIP 2018, 1321, 1325.
677 *Fölsch*, DRiZ 2018, 214, 216.
678 *Waclawik*, NJW 2018, 2921, 2923.

kann.[679] Auch genügt eine Anhörung in der Rechtsmittelinstanz[680], zumal verfassungsrechtlich kein Anspruch auf mehrere Instanzen besteht.[681]

Es bestehen somit besondere Prozesskonstellationen, in denen eine spätere Anhörung einen früheren Gehörsverstoß ausgleichen kann. Aufgrund der Zweistufigkeit des Musterfeststellungsverfahrens, die ein Folgeverfahren gerade voraussetzt, könnte eine spätere Gehörsgewährung eine frühere Unterlassung ausgleichen.

Doch ist den genannten Situationen gemeinsam, dass auch bei einer erst nachträglichen Gehörsgewährung noch auf die Ursprungsentscheidung Einfluss genommen werden kann. Art. 103 I GG will verhindern, dass über den Kopf von Anspruchsberechtigten hinweg entschieden wird.[682] Es handelt sich bei der nachträglichen Gewährung der Anhörung also nicht um eine Veränderung des Inhalts des Anspruchs, sondern lediglich um einen zeitlichen Aufschub desselben, da die Betroffenen durch die Gewährung rechtlichen Gehörs nach wie vor effektiven Einfluss auf die (vorläufige) Endentscheidung nehmen können.[683] Art. 103 I GG dient also nach wie vor dem Mitsteuern der richterlichen conclusio im Hinblick auf die Aufarbeitung des Tatsachenstoffs sowie der Einflussnahme auf die rechtliche Würdigung.[684]

Diese Situation liegt bei der Musterfeststellungsklage nicht vor. Dem Betroffenen wird auch im Folgeverfahren nicht die Möglichkeit eingeräumt sich zu den Feststellungszielen zu äußern oder die Wirkungen des Musterfeststellungsurteils zu überwinden.[685] Die Entscheidung im Musterfeststellungsprozess ist im Umfang der Bindungswirkung bei Eingreifen der Tatbestandsvoraussetzungen des § 613 I 1 ZPO verbindlich. Dem Angemeldeten bleibt allein diese Tatbestandsvoraussetzungen, wie z.B. die Kongruenz zwischen tenoriertem Ausspruch des Musterfeststellungsurteils und Tatbestandsvoraussetzung im Folgeverfahren, in Abrede zu stellen. Die Geltendmachung der Nichtanwendbarkeit einer Entscheidung stellt aber keine aktive Einflussnahme auf den Inhalt derselben dar, sodass eine Heilung durch nachträgliche Gewährung des rechtlichen Gehörs ausschei-

---

679 Stein/Jonas/*Brehm*, vor § 1 Einleitung Rn. 283.

680 Maunz/Dürig/*Schmid-Aßmann*, Art. 103 Rn. 148 ff.

681 Statt vieler: *Lorenz*, FS Menger, 1985, S. 143, 153 f.

682 *Lerche*, ZZP 78 (1965), 1, 17 ff.

683 BVerfGE 9, 89, 98 = NJW 1959, 427, 428; *Waldner*, Aktuelle Probleme des rechtlichen Gehörs im Zivilprozess, 1983, S. 211.

684 *Brüggemann*, JR 1969, 361, 362.

685 *Fölsch*, DRiZ 2018, 214, 216.

det. Die Ursprungsentscheidung steht im Folgeverfahren für den vormals angemeldeten Verbraucher ohne Abweichungsmöglichkeit fest.

Auch eine Heilung durch nachträgliche Gehörsgewährung scheidet aus.

ii) Historisches Argument: allmähliche Reduzierung der Beteiligungsrechte durch den Gesetzgeber

Interessant und als gewisses Indiz für die Nichterfüllung der verfassungsrechtlichen Anforderungen erscheint die sich stetig wandelnde Einstellung des Gesetzgebers zum Anspruch auf rechtliches Gehör bei Verfahren mit kollektivem Einschlag. Ein zwingender Schluss von der Einstellung des Gesetzgebers in einem früheren Gesetzgebungsverfahren auf ein neueres ist jedoch nicht möglich, zumal es diesem für jedes neue Vorhaben ohne Weiteres offen steht die betroffenen Interessen und Rechtsgüter neu auszutarieren. Auch können neue gesellschaftliche oder politische Strömungen eine neue Akzentuierung und damit das Zurücktreten früher hochgehaltener Prinzipien nach sich ziehen. Dennoch ist es bemerkenswert, wenn bei gleichbleibender verfassungsrechtlicher Lage die Norm des Art. 103 I GG immer wieder neu interpretiert wird, obwohl zuvor die Grenzen derselben als unumstößlich und zwingend dargestellt wurden. Diese Entwicklung soll an dieser Stelle kurz nachgezeichnet werden.

(1) Einführung kollektiver Rechtsschutzinstitute in das AGBG (nunmehr UKlaG), UWG und GWB

Bei der Einführung der Unterlassungsklage nach dem UKlaG – zu der damaligen Zeit ohne entscheidende inhaltliche Abweichungen im AGBG geregelt – hat sich der Gesetzgeber in § 21 AGBG (nunmehr § 11 UKlaG) zu einer lediglich auf Einrede zu beachtenden Erstreckung der Urteilswirkungen auf Dritte entschieden. Zwar wurde erkannt, dass bei massenhaft auftretenden AGB eine uneingeschränkte Erstreckung der Urteilswirkungen auf den Individualprozess vorteilhaft und prozessökonomisch wäre.[686] Doch sah sich der Gesetzgeber daran gehindert auch klageabweisenden Urteilen eine rechtskrafterstreckende Wirkung beizumessen, zumal dies nach seiner im Jahre 1975 vertretenen Ansicht gegen den Anspruch auf

686 BT-Drs. 7/3919, S. 55.

rechtliches Gehör verstoßen hätte.[687] Er deklarierte die angedachte weitgehende Urteilswirkung explizit als Fremdkörper im zivilprozessualen System.[688] Bedenken dieser Art haben sich bei der Musterfeststellungsklage nicht durchgesetzt, da bei dieser auch klageabweisende Urteile Bindungswirkung gem. § 613 I 1 ZPO entfalten. Zuzugeben ist dabei jedoch, dass es Unterschiede zwischen der Unterlassungsklage und der Musterfeststellungsklage gibt. So erfordert die Unterlassungsklage keine Anmeldung zur Erstreckung der Urteilswirkungen; diese tritt somit ohne opt-in Entscheidung der Betroffenen ein. Dennoch ist eine Vergleichbarkeit insoweit gegeben, als den Betroffenen keinerlei Einflussnahmemöglichkeit auf den Prozess gegeben wird, zumal es sich auch bei der Unterlassungsklage lediglich um einen Zweiparteienprozess handelt, der sich dann jedoch auf Dritte auswirkt. Es wäre aus prozessökonomischer Sicht gerade auch bei AGB-Regelungen sinnvoll gewesen deren Wirksamkeit in einem gerichtlichen Verfahren abschließend mit Bindungswirkung für weitere Prozesse zu klären; m.a.W. auch UKlaG-Urteilen eine umfassende Bindungswirkung beizumessen. Gerade daran sah sich der Gesetzgeber aber aufgrund verfassungsrechtlicher Bedenken gehindert.

Ähnliches gilt bei den Unterlassungs- und Beseitigungsklagen nach §§ 8 UWG, 33 GWB. Auch bei diesen ist eine Teilnahme des Betroffenen am Verbandsprozess nicht vorgesehen. Dennoch entfaltet ein für den Dritten positives Urteil Bindungswirkung. Da die Rechtsposition der Betroffenen insofern nicht unmittelbar negativ beeinflusst werden kann, bestehen verfassungsrechtlich keine Bedenken.[689] Ähnlich wie im UKlaG wurde durch eine allein positive Wirkung ein tieferer Konflikt mit Art. 103 I GG vermieden.[690]

(2) Einführung und Reform des KapMuG

Als nächster Meilenstein im kollektiven Rechtsschutz wurde 2005 das KapMuG eingeführt. Weil dieses auch eine Bindungswirkung zulasten der nicht Beteiligten vorsieht, musste sich der Gesetzgeber bei dessen

687 BT-Drs. 7/3919, S. 55.
688 BT-Drs. 7/3919, S. 55.
689 *Kruis*, ZIP 2019, 393, 401; *Stadler*, FS Schilken, 2015, S. 481, 494 f.
690 Zur Zulässigkeit der Bindung an ausschließlich für den Betroffenen positive Urteile: *Krausbeck*, Der Enwurf für eine Musterfeststellungsklage liegt vor (https://verfahrensrecht.uni-halle.de/2017/01/05/der-entwurf-fuer-eine-musterfeststellungsklage-liegt-vor/) (geprüft am 14.04.2020).

Einführung mit der Sicherung der Rechte aus Art. 103 I GG befassen. Dafür wurde ein eigenartiges Beteiligungssystem[691] kreiert. Die durch die Bindungswirkung Betroffenen erhalten nach Aussetzung ihrer Parallelprozesse gem. § 8 I 1 KapMuG nach § 9 III KapMuG automatisch die prozessuale Stellung als Beigeladene. Über § 14 S. 2 KapMuG sollte den Beigeladenen dabei gerade die Möglichkeit gegeben werden Angriffs- und Verteidigungsmittel beizubringen und auf diese Weise Einfluss auf den Prozess nehmen zu können.[692] Wert wurde dabei auf die Begründung gelegt, dass die Stellung als Beigeladener eine zulässige Modifikation des Anspruchs auf ein individuelles Verfahren darstelle.[693] Das Institut der Beiladung wurde dabei eigens für die Wahrung des Anspruchs auf rechtliches Gehör eingeführt; soweit der Beigeladene keinen Einfluss auf das Verfahren nehmen konnte, sollte gerade aus Gründen des rechtlichen Gehörs die Bindungswirkung nicht greifen.[694] Entscheidend ist an dieser Stelle, dass der Gesetzgeber klargestellt hat, dass eine Bindung an ein anderes Urteil Einflussnahmemöglichkeiten im Musterprozess voraussetzt. Zwar unterscheidet sich der Eingriff des KapMuG in Art. 103 I GG von dem der Musterfeststellungsklage, da im KapMuG gem. § 8 I 1 KapMuG eine zwingende Aussetzung der Parallelprozesse stattfindet, wohingegen die bloße Anmeldung zum Klageregister bei der Musterfeststellungsklage als Form eines freiwilligen opt-in Aktes bindungsauslösend wirkt. Doch stellt sich die Frage der Gewährung einer Einflussnahmemöglichkeit als Kompensation für die Bindungswirkung in beiden Konstellationen gleichermaßen, zumal – wie bereits dargestellt – die bloße Möglichkeit der Anmeldung bzw. Rücknahme der Anmeldung zur Gewährung rechtlichen Gehörs nicht ausreichend ist. Insofern ging der Gesetzgeber im KapMuG noch von einem zwingenden aktiven Beteiligungsrecht aus, wohingegen bei der Musterfeststellungklage die rein passive Teilnahme genügen soll. Das KapMuG lehnte sich somit viel stärker an in der ZPO bereits bestehende Bündelungsinstrumente an, wie z.B. die Streitgenossenschaft, die Verfahrensaussetzung und die Nebenintervention.[695]

Bei der Diskussion des KapMuG wurde bereits kritisiert, dass sich die Beschneidung der Rechte der Betroffenen am Rande des noch Vertret-

---

691 *Gebauer*, ZZP 119 (2006), 159, 160.
692 BT-Drs. 15/5091, S. 17 f.
693 BT-Drs. 15/5091, S. 17.
694 BT-Drs. 15/5091, S. 19.
695 *Wundenberg*, ZEuP 2007, 1097, 1102.

baren bewege.[696] Die Beteiligungsrechte im Musterfeststellungsverfahren sind mangels irgendeiner Einflussnahmemöglichkeit sogar noch deutlich schwächer ausgeprägt.

Eine weitere Befassung mit dem Anspruch auf rechtliches Gehör fand im Rahmen der Reform des KapMuG 2012 statt. Dabei wurde erwogen – ähnlich der Anmeldung zum Klageregister bei der Musterfeststellungsklage – eine einfache Teilnahme durch bloße schriftliche Anzeige beim OLG einzuführen, die sodann neben der Verjährungshemmung auch eine Bindungswirkung nach sich zieht.[697] Trotz der Effizienzvorteile, die sich der Gesetzgeber aufgrund des Entfalls der Notwendigkeit der Klageerhebung zur Einleitung eines Parallelprozesses davon versprach, wies er explizit auf die Klärung möglicher Beteiligungsrechte der einfach Angemeldeten hin.[698] Der Rechtsausschuss kam bei einer Überprüfung der Zulässigkeit der einfachen Teilnahme zu dem Ergebnis, dass eine Bindung an einen negativen Musterentscheid wegen der geringen Beteiligungsrechte nicht mit dem Anspruch auf rechtliches Gehör zu vereinbaren sei.[699] Gesetz wurden schließlich §§ 10 II–IV und 22 KapMuG. Diese sehen keine Erstreckung der Bindungswirkung auf einfache Angemeldete vor, sondern nur eine Verjährungshemmung gem. § 204 I Nr. 6a BGB. Somit haben die Bedenken des Rechtsausschusses den Gesetzgeber dazu veranlasst von einer Bindungswirkung auch zulasten der einfach Angemeldeten abzusehen.[700] Besonderes Interesse erweckt dabei die Argumentation im Abschlussbericht zur Evaluation des KapMuG, in der die Einführung einer bindenden einfachen Anmeldung aus Effizienzgründen empfohlen wurde.[701] Es stehe den Betroffenen frei, ob sie Klage erheben mit dem damit verbundenen Prozesskostenrisiko und dadurch die Stellung als Beigeladene mit aktiven Beteiligungsrechten erlangen oder durch die einfache Anmeldung ohne Risiko, dann aber auch ohne Beteiligungsrechte an den Musterentscheid gebunden werden. Bei der einfachen Anmeldung begäben sich die Teilnehmer freiwillig und in Kenntnis der Umstände in diese Rolle.

Diese Argumentation erinnert stark an diejenige, welche der Gesetzgeber bei der Einführung der Musterfeststellungsklage in der Gesetzesbegründung abgegeben hat. Auch bei dieser wird darauf hingewiesen, dass

696 So z.B.: *Stadler*, FS Rechberger, 2005, S. 663, 678.
697 BT-Drs. 17/8799, S. 15.
698 BT-Drs. 17/8799, S. 15.
699 BT-Drs. 17/10160, S. 25.
700 *Schultes*, FS Schilken, 2015, S. 469.
701 Dazu und zu der folgenden Argumentation: *Halfmeier/Rott/Feess*, Evaluation des Kapitalanleger-Musterverfahrensgesetzes, 2009, S. 95 f.

es dem Verbraucher frei stehe seine Ansprüche selbst gerichtlich geltend zu machen unter Tragung des damit verbundenen Risikos.[702] Die Betonung dieser Wahlmöglichkeit[703] lässt sich durchaus mit dem freiwilligen Einfinden in der Rolle des einfachen Anmelders ohne Beteiligungsrechte im KapMuG vergleichen. Anders als bei der Musterfeststellungsklage ist der Gesetzgeber dieser Argumentation bei der Reform des KapMuG nicht gefolgt und hat von der Regelung einer Bindungswirkung auch für den einfachen Anmelder abgesehen. Er hat es insofern aufgrund der Bedenken, die Art. 103 I GG mit sich brachte, bei der Verjährungshemmung als einzige Folge der einfachen Anmeldung belassen.

(3) Schaffung der Musterfeststellungsklage

Doch nicht nur bei früheren Vorhaben des Kollektivrechtsschutzes haben die verantwortlichen Stellen eine abweichende Auffassung zum Anforderungsgehalt des Art. 103 I GG vertreten. Auch bei den der Musterfeststellungsklage vorhergehenden Anläufen variierten die Ansichten zum Gewährleistungsgehalt des rechtlichen Gehörs stark.

Noch der nicht veröffentlichte Referentenentwurf aus dem Jahre 2016[704] begründete die in § 614 ZPO-RefE vorgesehene hinkende Bindungswirkung mit der Tatsache, dass aufgrund der mangelnden Beteiligungsrechte im Musterfeststellungsverfahren eine Wirkung des Urteils nur bei einer Berufung der Betroffenen auf dasselbe verfassungsrechtlich zulässig sei.[705] Der Anspruch auf rechtliches Gehör der betroffenen Anmelder erfordere, dass sich eine Bindung nur ergebe, wenn sich die Betroffenen darauf beriefen, sodass eine Berücksichtigung von Amts wegen gerade ausgeschlossen wurde. Von diesem Verständnis ist der Gesetzgeber bei der Einführung der Musterfeststellungsklage bekanntlich abgekommen.

---

702 BT-Drs. 19/2439, S. 17.

703 Besonders auch: BT-Drs. 19/2439, S. 28.

704 Zu den verschiedenen Entwürfen und den jeweiligen Inhalten derselben: Teil Zwei Kapitel Eins § 3 B. III. Absage an die im Entwurf vorgesehene hinkende Bindungswirkung (112).

705 Die Begründung ist auszugsweise abgedruckt in Fn. 25 in: *Dietsche*, in: Schäfer (Hrsg.), Der Gesetzesentwurf zur "Musterfeststellungsklage", 2018, S. 76 ff.

Im Diskussionsentwurf von 2017[706] wurde in § 614 ZPO-DiskE die hinkende und zwingende Bindungswirkung zur Debatte gestellt. Wesentliches Element der Rechtfertigung der zwingenden Bindungswirkung (zweite Alternative des § 614 ZPO-DiskE) war dabei die jederzeitige Rücknahmemöglichkeit der Anmeldung, wodurch sich der Angemeldete der Bindungswirkung des Musterfeststellungsverfahrens entziehen konnte.[707] Gem. § 609 III 1 ZPO-DiskE konnte die Rücknahme bis zum Schluss der mündlichen Verhandlung, auf welche die Verkündung des Urteils folgt, wirksam vorgenommen werden. Obschon die alleinige Möglichkeit der Rücknahme der Anmeldung den Anforderungen des rechtlichen Gehörs nicht genügt[708], kann dieses Argument bei der deutlich verbraucherbelastenderen Regelung des § 608 III ZPO von vornherein mangels Rücknahmemöglichkeit nicht greifen. Zur Erfüllung der verfassungsrechtlichen Anforderungen kann insofern ein Grund weniger angeführt werden bei der Gesetz gewordenen Musterfeststellungsklage.

In der Gesetzesbegründung, welche den §§ 606 ff. ZPO zugrunde liegt, geht der Gesetzgeber an zwei Stellen in aller Kürze auf die Vereinbarkeit mit Art. 103 I GG ein.[709] In apodiktischer Weise wird konstatiert, dass der Anspruch aus Art. 103 I GG nicht verletzt ist, da es die freie Entscheidung der Verbraucher sei sich zum Klageregister anzumelden, die Möglichkeit zum Anschluss an die Musterfeststellungsklage die Rechtsschutzmöglichkeiten ausschließlich erweitere und der angemeldete Verbraucher sich durch die Rücknahme der Anmeldung der Bindungswirkung entziehen könne.[710]

Im Vergleich zu den vorherigen Auseinandersetzungen mit Art. 103 I GG fällt auf, dass nunmehr ein deutlich passiverer Ansatz gewählt wird. Eine Gewährung aktiver Einflussnahmemöglichkeiten wird nicht einmal in Erwägung gezogen, geschweige denn eine vertiefte Auseinandersetzung mit den Gewährleistungsgehalten des Art. 103 I GG vorgenommen. Die Beteiligungsrechte, die im UKlaG, UWG, GWB und KapMuG noch für unabdingbar gehalten wurden, sind mit jedem Entwurf

706 Der Entwurf ist samt Begründung abrufbar unter: https://www.bmjv.de/SharedDocs/Gesetzgebungsverfahren/Dokumente/DiskE_Musterfeststellungsklage.pdf (geprüft am 14.04.2020).

707 Diskussionsentwurf des Bundesministeriums der Justiz und für Verbraucherschutz, S. 20.

708 Siehe dazu: Teil Zwei Kapitel Eins § 3 C. IV. 2. c) cc) Die Austrittsmöglichkeit gem. § 608 III ZPO (177).

709 BT-Drs. 19/2439, S. 17, S. 28.

710 BT-Drs. 19/2439, S. 17, S. 28.

in Richtung Musterfeststellungsklage immer weiter abgeschmolzen. Die Grenze des noch mit Art. 103 I GG Vereinbaren wurde immer weiter verschoben, bis schließlich die Bindung des angemeldeten Verbrauchers in der Gesetzesbegründung zur Musterfeststellungsklage in sieben kurzen, sich wiederholenden Sätzen als mit Art. 103 I GG vereinbar deklariert wurde.

Es wurden somit des Öfteren selbst gesteckte Grenzen überschritten, was auf die verfassungsrechtliche Brisanz hindeutet und für die Nichterfüllung der verfassungsrechtlichen Anforderungen spricht.

jj) Fazit: Die bestehenden Regelungen genügen den Anforderungen nicht

Zusammenfassend lässt sich festhalten, dass die Ausgestaltung der §§ 606 ff. ZPO im Hinblick auf die angemeldeten Verbraucher dem Anspruch auf rechtliches Gehör grundsätzlich nicht genügt.[711] Dabei wird an dieser Stelle darauf hingewiesen, dass dabei die Ermittlung des objektiven Erklärungsgehaltes der Anmeldung zum Klageregister, eine mögliche repräsentative Wahrnehmung der Rechte aus Art. 103 I GG durch die qualifizierte Einrichtung und eine Rechtfertigung des Eingriffs noch nicht untersucht wurden.[712]

Die betroffenen Gewährleistungsgehalte des Art. 103 I GG sind das Informations- und das Äußerungsrecht. Die Berücksichtigungspflicht des Gerichts ist nicht betroffen, da diese im Sinne einer Stufenabfolge erst dann ihren eigentlichen Anwendungsbereich entfaltet, wenn das Gericht trotz Vortrags der Berechtigten das Vorbringen nicht einmal in Erwägung zieht. Ohne die Möglichkeit einer Äußerung kann dem Gericht die mangelnde Berücksichtigung nicht separat vorgeworfen werden.

---

711 So auch statt vieler: *Fölsch*, DAR Extra 2018, 736, 738; *Krausbeck*, VuR 2018, 287, 291; *Röthemeyer*, MDR 2019, 6, 7; *Schmidt-Kessel*, Stellungnahme vom 08.06.2018, S. 12.

712 Zur Diskussion der Deutung der Anmeldung als Verzichtserklärung: Teil Zwei Kapitel Eins § 3 C. IV. 2. d) ee) Objektiver Bedeutungsgehalt der Anmeldung zum Klageregister: Kann in der Anmeldung eine Verzichtserklärung erblickt werden? (203); zur repräsentativen Wahrnehmung des Anspruchs auf rechtliches Gehör: Teil Zwei Kapitel Eins § 3 C. IV. 2. e) Repräsentative Wahrnehmung des Anspruchs auf rechtliches Gehör durch die qualifizierte Einrichtung (215); zur Rechtfertigung des Eingriffs in den Anspruch auf das rechtliche Gehör: Teil Zwei Kapitel Eins § 3 C. IV. 2. f) Rechtfertigung des Eingriffs in das rechtliche Gehör (246).

Durch das Klageregister hat sich der Gesetzgeber vor allem Gedanken um die Erfüllung des Informationsanspruchs der Angemeldeten gemacht. Dieser kann bei einer verfassungsmäßigen Handhabung der Erforderlichkeit in § 607 III 1 ZPO durch das Gericht als erfüllt angesehen werden, da die öffentliche Bekanntmachung via Internet bei Massenverfahren einen gangbaren Weg der Informierung der Betroffenen darstellt.

Allerdings ist dem Äußerungsrecht nicht genügt. Die prozessuale Entmündigung[713] der angemeldeten Verbraucher im Musterfeststellungsverfahren ist mit Art. 103 I GG nicht in Einklang zu bringen. Die Möglichkeit der Anmeldungsrücknahme bis zu dem in § 608 III ZPO beschriebenen Zeitpunkt ist nicht mit den aktiven Einflussnahmerechten auf den Prozess gleichzusetzen, die Art. 103 I GG fordert. Das allmähliche Abschmelzen vorgesehener Rechte während des Gesetzgebungsprozesses führte schließlich zu einem vollständigen Ausschluss derselben. Die angemeldeten Verbraucher werden so an das Urteil des Musterfeststellungsverfahrens gebunden, ohne selbst zu Wort gekommen zu sein.[714] Das rechtliche Gehör der Angemeldeten wurde auf dem Altar der Verfahrensökonomie und der Verfahrenseffizienz geopfert.[715]

Jedes Zurückbleiben hinter dem Gewährleistungsgehalt stellt einen Eingriff in Art. 103 I GG dar.[716] Ausnahmen wie die der Nachholung, der Verwirkung des Rechts oder der offensichtlichen Unerheblichkeit des zu erwartenden Vorbringens sind nicht einschlägig. Letzteres greift vor allem deshalb nicht, weil die angemeldeten Verbraucher als materielle Anspruchsinhaber voraussichtlich mehr Informationen besitzen als die für sie klagende qualifizierte Einrichtung, welche die Feststellungsziele zuvor abstrakt festlegen musste.

Es liegt eine Verkürzung der Äußerungsgewährleistung und ein damit einhergehender Eingriff in Art. 103 I GG vor.

d) Verzicht durch die Anmeldung zum Klageregister?

Nachdem nunmehr dargestellt wurde, dass durch die Ausgestaltung des Musterfeststellungsverfahrens dem Anspruch auf rechtliches Gehör nicht genügt wird, soll in diesem und dem folgenden Kapitel die rechtliche

---

713 *Schmidt*, WM 2018, 1966, 1970.

714 *Meller-Hannich*, Stellungnahme vom 07.06.2018, S. 5.

715 Zu dieser Metapher: Musielak/Voit/*Stadler*, § 613 Rn. 1.

716 *Kingreen/Poscher*, Grundrechte, [35]2019, Rn. 1245.

Wirkung der im Vorfeld des Verfahrens erklärten Anmeldung zum Klageregister eine vertiefte Erörterung erfahren. Dabei stehen vor allem die Möglichkeit eines Verzichts und die repräsentative Wahrnehmung des rechtlichen Gehörs im Fokus.

Zunächst wird eine etwaige Verzichtswirkung der Anmeldung zum Klageregister erörtert. Die Reihenfolge der Erörterung ergibt sich aus der denklogischen Notwendigkeit, dass eine repräsentative Wahrnehmung von Rechten nur dort möglich und notwendig ist, wo das Recht nicht bereits durch eine privatautonome Erklärung untergegangen ist. Die Thematisierung des Verzichts liegt vor allem deshalb nah, weil die Angemeldeten als selbst Berechtigte im Sinne des Art. 103 I GG nach Anmeldung und bei unterlassener Rücknahme derselben jeglicher Einflussnahmemöglichkeit auf den Musterfeststellungsprozess verlustig gehen. Es erscheint deshalb so, als gäben sie sich durch die Anmeldung zum Klageregister mit dem Zurückbleiben hinter dem Gewährleistungsgehalt des Art. 103 I GG zufrieden. Rechtstechnisch könnte dies einen Verzicht darstellen. Dieser führt zum Ausschluss des Rechts, da die Rechtsordnung den Rechtsinhabern nur dort Schutz gewährt, wo er von ihnen verlangt wird.[717] Der Rechtsinhaber wird nicht gegen seinen Willen geschützt.

Eine explizite Erörterung des Instituts des Verzichts hat in der Gesetzesbegründung nicht stattgefunden. Allerdings klingt dieses in der Betonung der Freiwilligkeit der Anmeldung zum Klageregister[718] an, ohne dass eine vertiefte Auseinandersetzung oder Einordnung dieses Elementes stattfindet. Die Hervorhebung der Privatautonomie kann dabei durchaus in Richtung einer eigenverantwortlichen Aufgabe einer Rechtsposition in Form eines Verzichtes aufgefasst werden.

Bevor auf die generelle Zulässigkeit eines Verzichts auf das rechtliche Gehör eingegangen wird, soll zunächst der objektive Bedeutungsgehalt der Anmeldungserklärung ermittelt werden. Zwar steht es dem Gesetzgeber frei, gerade bei Erklärungen im Hinblick auf einen Prozess Rechtsfolgen anzuordnen, welche kraft Gesetzes eintreten, sodass es von vornherein nicht auf den typisierten Willen der Erklärenden ankommt. Doch erscheint es mangels genauer Einordung der Erklärung lohnenswert den Kontext zu betrachten, in welchen sie eingebettet ist. Aus diesem lässt sich ableiten, welche Folgen bei der Abgabe der Erklärung vorgesehen sind, auch wenn eine explizite gesetzliche Anordnung nicht stattgefunden hat. Der objektive Bedeutungsgehalt wird maßgeblich davon bestimmt, welche

717 *Walsmann*, Der Verzicht, 1912, S. 48 f.

718 BT-Drs. 19/2439, S. 28.

Informationen den Interessierten bei der Anmeldung zum Klageregister dargeboten werden. Der Übersichtlichkeit halber wird deshalb in einem ersten Schritt die Situation bei der Anmeldung dargestellt, um anschließend darauf bei der Ermittlung des Bedeutungsgehalts zurückgreifen zu können.

aa) Öffentliche Wahrnehmung der Anmeldung zum Klageregister

In der öffentlichen Wahrnehmung scheint die Anmeldung zum Klageregister als unproblematisch empfunden zu werden, da neben dem Anmeldeformular des Bundesamts für Justiz auch weitere Informationen durch das Bundesamt und möglicherweise auch durch die qualifizierte Einrichtung zur Verfügung gestellt werden.[719] Diese Sorglosigkeit mag vor allem daran liegen, dass aufgrund der Neuartigkeit des Instituts noch keine negativen Erfahrungen mit diesem gemacht wurden. Es sind bis dato drei abschließende gerichtliche Entscheidungen in Musterfeststellungsverfahren ergangen. Das OLG Braunschweig hat bei der Klage des Schutzgemeinschaft für Bankkunden e.V. aufgrund der nicht überprüfbaren Klagebefugnis bereits die öffentliche Bekanntmachung der Feststellungsziele im Klageregister abgelehnt.[720] Die zweite Entscheidung beinhaltet aufgrund der Abweisung der Klage als unzulässig keine Entscheidung in der Sache.[721] Das vom OLG München erlassene Musterfeststellungsurteil[722], welches sich mit mietrechtlichen Kappungsgrenzen bei Modernisierungsmaßnahmen beschäftigte, fiel zugunsten des Musterfeststellungsklägers aus und ist dementsprechend nicht geeignet, öffentlichkeitswirksam die einschneidende Wirkung negativer Musterfeststellungsurteile zu demonstrieren.

---

719 *Reiter/Methner/Schenkel*, DAR Extra 2018, 733.

720 OLG Braunschweig, MDR 2019, 372. Dafür, § 606 II 1 ZPO als Voraussetzung für eine wirksame Klage anzusehen, sodass im Fall des OLG Braunschweig schon gar keine Zustellung an die Beklagte hätte vorgenommen werden sollen: *Vollkommer*, MDR 2019, 536, 537.

721 Das Musterfeststellungsurteil mitsamt weiteren Informationen ist abrufbar unter: https://www.bundesjustizamt.de/DE/Themen/Buergerdienste/Klageregister/Klagen/201801/Verfahren/Verfahrensstand.html (geprüft am 14.04.2020).

722 Das Urteil ist im Volltext abgedruckt in NZM 2019, 933 und WuM 2019, 624. Die Entscheidung als Dokument der Zeitgeschichte bezeichnend: *Kappus*, NZM 2019, 941; die Entscheidung im Hinblick auf die Auslegung des zeitlichen Zusammenhangs inhaltlich befürwortend: *Klimesch*, IMR 2019, 488.

Elementar für die Annahme eines Verzichtes ist eine hinreichende Aufklärung über die Wirkungen bei der Anmeldung. Diese Aufklärung ist nicht erst auf der Ebene der Wirksamkeit des Verzichtes zu berücksichtigen[723], sondern bereits bei der Frage, ob die Anmeldung zum Klageregister überhaupt als Verzichtserklärung verstanden werden kann. Nähere Beleuchtung sollen daher die für den Verbraucher erkennbaren Umstände bei der Anmeldung, insbesondere die bereitgestellten Formulare, erfahren.

bb) Bekanntmachungen des Musterfeststellungsgerichts

Auf einer ersten Stufe bilden die durch das Gericht veranlassten öffentlichen Bekanntmachungen die Grundlage für die Anmeldungsentscheidung eines interessierten Verbrauchers.[724] Dazu gehören vor allem die Belehrungen nach § 607 I Nr. 6, 7 ZPO. Diese gleichen der allgemeinen Belehrungspflicht der Gerichte bei Verfahren ohne Anwaltszwang[725], mit dem Unterschied, dass die Informationen online zur Verfügung gestellt werden.[726]

Eine besonders herausgehobene Stellung nimmt dabei die in § 607 I Nr. 6 ZPO angesprochene Belehrung über die Wirkungen der Anmeldung ein.[727] Die Bindungswirkung gem. § 613 I 1 ZPO kann durch ihre umfassende Natur bei einem negativen Prozessausgang für den Angemeldeten zu einem faktischen Anspruchsverlust führen, welcher das Betreiben eines Individualprozesses als von vornherein aussichtslos erscheinen lässt. Dennoch erfolgt lediglich die Nennung der Bindungswirkung mit Erwähnung des § 613 I 1 ZPO ohne Hinweis auf die möglicherweise einschneidenden Folgen bei einem für die Angemeldeten ungünstigen Musterfeststellungsurteil.[728] Eine nähere Erläuterung über die rechtliche Bedeutung der Bindungswirkung, die gerade bei der Delegation aller relevanten Entscheidungen auf die qualifizierte Einrichtung für den Verbraucher deutlich werden muss[729], findet nicht statt.

---

723 So aber: *Merkt/Zimmermann*, VuR 2018, 363, 366 f.

724 BeckOK ZPO/*Lutz*, § 607 Rn. 15 ff.

725 Auf diese Parallele hinweisend: BeckOK ZPO/*dies.*, § 607 Rn. 7.

726 Diese sind für den Musterfeststellungsprozess gegen die VW AG abrufbar unter: https://www.bundesjustizamt.de/DE/Themen/Buergerdienste/Klageregister/Klagen/201802/Verfahren/Angaben_607_ZPO.html (geprüft am 14.04.2020).

727 *Röthemeyer*, Musterfeststellungsklage, [2]2020, § 607 Rn. 4.

728 Musielak/Voit/*Stadler*, § 607 Rn. 3.

729 *Micklitz/Stadler*, Das Verbandsklagerecht in der Informations- und Dienstleistungsgesellschaft, 2005, S. 1404.

Des Weiteren findet auch die Tatsache, dass die Angemeldeten im Musterfeststellungsprozess keine Beteiligungs- oder Äußerungsrechte haben, keinerlei Erwähnung. Vielmehr werden die Verjährungshemmung und die Bindungswirkung explizit als die einzigen beiden Rechtsfolgen der Anmeldung dargestellt.

cc) Das Anmeldeformular mitsamt Ausfüllungsanleitung

Als zweiter Weg der Informationsgewährung kommt das Anmeldeformular mitsamt Ausfüllungsanleitung in Betracht. Ihre normative Grundlage finden die Formulare in § 3 MFKRegV. Nach § 3 I 2 MFKRegV werden sie sowohl elektronisch[730] als auch in Papierform zur Verfügung gestellt. Im Anmeldeformular geht es vornehmlich um die Erfassung der persönlichen Daten sowie den Gegenstand und den Grund des geltend gemachten Anspruchs bzw. Rechtsverhältnisses. Die Bindungswirkung findet lediglich Erwähnung im Kontext mit der Rücknahme der Anmeldung, welche dieselbe wieder entfallen lassen kann. Ansonsten wird der Verbraucher nicht auf die rechtlichen Folgen der Anmeldung aufmerksam gemacht.

In der Ausfüllanleitung, welche das Bundesamt für Justiz selbst als ausführlich bewirbt[731], wird ebensowenig ein Hinweis auf die Wirkungen oder die rechtlichen Konsequenzen der Anmeldung gegeben. Auf dem dreiseitigen Formular werden Erläuterungen zu den einzelnen Punkten der Anmeldung lediglich im Hinblick auf die technische Ausführung und die erforderlichen persönlichen Daten bereitgestellt.

Im Kontext der Anmeldung muss im Blickfeld behalten werden, dass die Anmeldung nur bis zum Ablauf des Tages vor Beginn der ersten mündlichen Verhandlung erfolgen kann, § 608 I ZPO. Es stellt sich mithin die Frage, ob in der unterlassenen Rücknahme der Anmeldung ein Erklärungswert in Form eines Verzichts auf den Anspruch auf das rechtliche Gehör liegt. Risiken und Chancen, die erst im Laufe des Prozesses auftreten, können die Anmeldungsentscheidung der Verbraucher somit nicht mehr beeinflussen. Bei der Entscheidung über die Rücknahme der

---

730 Für den Prozess gegen die VW AG sind die Formulare abrufbar unter: https://www.bundesjustizamt.de/DE/Themen/Buergerdienste/Klageregister/Klagen/201802/KlagRE_2_2018.html;jsessionid=6FA4245F8805C672947C2EEC618FD625.2_cid383?nn=11994364#doc12200748bodyText6 (geprüft am 14.04.2020).

731 Diese ist einsehbar unter: https://www.bundesjustizamt.de/DE/Themen/Buergerdienste/Klageregister/Verbraucher/Verfahren_node.html (geprüft am 14.04.2020).

Anmeldung kann der erste Tag der mündlichen Verhandlung abgewartet werden gem. § 608 III ZPO, wobei der Informationsfluss zu den angemeldeten Verbrauchern nicht sichergestellt ist, wenn sie nicht selbst an der mündlichen Verhandlung als Zuhörer teilnehmen. Auch müssen sie äußerst schnell reagieren[732], da die Rücknahme nur bis zum Ablauf des Tages des ersten mündlichen Verhandlungstermins möglich ist. Die Verbraucher treffen ihre Entscheidung über den Verbleib im Verfahren somit bestenfalls auf dem Kenntnisstand des ersten Tages der mündlichen Verhandlung.[733]

Relevant für die Ermittlung des objektiven Bedeutungsgehalts ist allerdings lediglich die Anmeldungserklärung, bei welcher der erste Termin zur mündlichen Verhandlung nicht berücksichtigt werden kann. Der Verbraucher gibt seine Erklärung endgültig mit der Anmeldung ab; die spätere Möglichkeit einer Rücknahme ist keine weitere Erklärung, welche die ursprüngliche Anmeldung in ihrem Erklärungsgehalt modifiziert. An das Unterlassen der Rücknahme kann kein Erklärungswert geknüpft werden. Entscheidend sind somit die Umstände und bereitgestellten Informationen bei der Anmeldung.

dd) Formale Anforderungen

Zuletzt ist als begleitender Umstand zu berücksichtigen, dass die Anmeldung keine großen formalen Anforderungen für sich in Anspruch nimmt. Eine Unterschrift ist nach dem expliziten Hinweis auf dem Anmeldeformular nicht notwendig. Auch kann das Dokument via E-Mail versendet und vollständig elektronisch ausgefüllt werden. Die Anmeldung kann innerhalb weniger Minuten bewerkstelligt werden. Der einzige ausführliche Punkt ist die Darstellung des Gegenstandes und Grundes des Anspruchs bzw. Rechtsverhältnisses, welcher allerdings – wie sich aus einem klaren Hinweis aus dem Anmeldeformular ergibt – mitsamt Leerzeichen 2.500 Zeichen nicht übersteigen sollte.

---

732 Deshalb auf die nicht allzu große praktische Bedeutung hinweisend: *Schmidt*, in: Baumbach/Lauterbach/Albers u.a. (Hrsg.), Zivilprozessordnung, [77]2019, Beilage zur 77. Auflage § 608 Rn. 8.

733 *Röthemeyer*, MDR 2019, 6, 6 f.

Die gegebenenfalls von den klagenden qualifizierten Einrichtungen angebotene Unterstützung bei der Anmeldung[734] kann bei dieser Betrachtung keine Rolle spielen, da nicht das konkrete Verfahren untersucht werden soll, sondern die Anmeldung zum Klageregister generell bei der Musterfeststellungsklage. Mangels explizit geregelter gesetzlicher Pflichten zur Aufklärung seitens der qualifizierten Einrichtungen wird in der Praxis bei jeder Musterfeststellungsklage ein anderer Grad an Informationen für die Verbraucher zur Verfügung stehen, zumal die qualifizierten Einrichtungen ihre Aufgaben unterschiedlich wahrnehmen. Herangezogen werden sollen daher die Informationen, die bei jedem Musterfeststellungsverfahren zwangläufig bei der Anmeldung zur Verfügung stehen.

ee) Objektiver Bedeutungsgehalt der Anmeldung zum Klageregister: Kann in der Anmeldung eine Verzichtserklärung erblickt werden?

Durch die Ausgestaltung der Musterfeststellungsklage nach dem opt-in Modell[735], kommt der Anmeldung eine zentrale Bedeutung[736] zu. Diese besitzt eine Doppelnatur, indem sie Wirkungen teils prozessualer und teils materieller Art nach sich zieht.[737]

Bei der Anmeldung zum Klageregister im Hinblick auf die vorliegend zu untersuchende Verzichtswirkung handelt es sich um eine prozessuale Willenserklärung. Dafür spricht schon der Umstand, dass bei einem gegebenenfalls anzunehmenden Verzicht das prozessuale Recht des Art. 103 I GG im Raum steht. Auch ist der Empfänger der Erklärung in diesem Aspekt das Gericht, da dieses nach Art. 103 I GG verpflichtet ist das rechtliche Gehör u.a. in Form von Äußerungsmöglichkeiten zu gewähren. Falls die typisierte Auslegung ergibt, dass es sich um eine Verzichtserklärung handelt und diese wirksam ist, wird das Gericht von der Beachtung dieses Rechts in Bezug auf die Angemeldeten entbunden.

---

734 Für den Musterfeststellungsprozess gegen die VW AG bot der ADAC eine „Ausfüllhilfe für die Online-Anmeldung zur Musterfeststellungsklage“ an, welche er jedoch nach Ablauf des letztmaligen Anmeldungszeitpunktes von seiner Homepage entfernte.

735 *Gurkmann*, in: Schäfer (Hrsg.), Der Gesetzesentwurf zur "Musterfeststellungsklage", 2018, S. 46, 50.

736 *Weinland*, Die neue Musterfeststellungsklage, 2019, Rn. 90.

737 *Beckmann/Waßmuth*, WM 2019, 89, 94.

Die Grundlage für den Verzicht ist die Willenserklärung des Verzichtenden, die auf eine Veränderung im Bestand der Rechte zielt.[738] Der Erklärungswille muss darauf gerichtet sein ein Recht oder den in einer Verfahrensvorschrift garantierten Vorteil aufzuheben, wobei dieser Wille selbst aus der Erklärung hervorgehen muss.[739] Die Erklärung muss zwar keine ausdrückliche sein, doch muss sich aus den Umständen eindeutig ergeben, dass der Wille unmittelbar auf die Verzichtswirkung gerichtet ist.[740] Verzicht heißt des Weiteren, dass sich der Berechtigte seines bestehenden rechtlichen Vorteils bewusst ist.[741] Im Gegensatz zum Schuldrecht genügt im Prozessrecht eine einseitige Erklärung für einen Verzicht.[742]

Nicht überzeugend ist die Auffassung, dass eine Auslegung als Verzichtserklärung von vornherein an der rechtlichen Unwirksamkeit eines generellen Vorabverzichts scheitere.[743] Dieses Argument vermischt zwei Ebenen, die strikt voneinander zu trennen sind: Zunächst ist zu ermitteln, was der objektive Bedeutungsgehalt der Erklärung ist. Sodann kann die Wirksamkeit der Erklärung aus verschiedenen Gründen scheitern. Zwar ist es möglich die Erklärungen so zu verstehen, dass im Endeffekt keine Unwirksamkeit derselben eintritt. Von vornherein einer möglichen Auslegung die Gefolgschaft abzusprechen, weil sie unwirksam sei, widerspricht zum einen der Privatautonomie und ist zum anderen zirkelschlüssig. Dass Erklärungen zunächst auszulegen sind, bevor die Unwirksamkeit zu thematisieren ist, setzt § 140 BGB voraus. Dieser geht davon aus, dass unwirksame Erklärungen vorliegen können, die in einem zweiten Schritt in Wirksame umgedeutet werden können. Eine etwaige Unwirksamkeit eines generellen Vorabverzichts ist daher von der Auslegung der Erklärung als Verzichtserklärung zu unterscheiden.

Des Weiteren wurde betont, dass es sich nicht um einen zwingenden Eingriff in die Rechte der Angemeldeten handele, da es in ihrem Ermessen stehe sich anzumelden bzw. die Anmeldung zurückzunehmen.[744] Es handele sich um eine autonome Beschränkung eigener Rechte.[745] Auch dieser Ansicht kann in der behaupteten Generalität nicht zugestimmt werden. Es wird nicht offengelegt, was den Erklärungsgehalt der Registeranmeldung

---

738 *Walsmann*, Der Verzicht, 1912, S. 214 ff.

739 *Ders.*, Der Verzicht, 1912, S. 171 f.

740 *Ders.*, Der Verzicht, 1912, S. 171 f.

741 *Waldner*, Der Anspruch auf rechtliches Gehör, ^{2}2000, Rn. 109.

742 Palandt/*Grüneberg*, § 397 Rn. 4.

743 So aber: Musielak/Voit/*Stadler*, § 613 Rn. 4; *dies.*, FS Schütze, 2015, S. 561, 570 f.

744 *Koch*, MDR 2018, 1409, 1415.

745 *Ders.*, MDR 2018, 1409, 1415.

darstellt. Auch der Verzicht ist eine autonome Beschränkung der eigenen Rechte, indem er ein bestehendes Recht aufhebt. Der problematische Punkt ist vielmehr, ob die Verbraucher auch wirklich eine solche autonome Beschränkung ihrer Rechte erklärt haben. Dafür muss der objektive Bedeutungsgehalt der Erklärung ermittelt werden.

Dabei wird als typisierter Maßstab auf das Verbraucherleitbild der Union abgestellt, welches einen mündigen Verbraucher auf Augenhöhe voraussetzt.[746] Dennoch ist zu berücksichtigen, dass mangels Anwaltszwangs zur Anmeldung zum Klageregister der objektive Empfängerhorizont der eines juristischen Laien ist, mithin der Verbraucher trotz Mündigkeit oftmals mit der Anmeldung überfordert sein dürfte.[747]

(1) Hinweise bei der Anmeldungserklärung

Wie bereits bei der Darstellung der Anmeldesituation erwähnt, hat bei dem Hinweis gem. § 607 I Nr. 6 ZPO die mangelnde Partizipation der Angemeldeten im Musterfeststellungsprozess keinerlei Niederschlag gefunden. Hingewiesen wird schlicht auf die Bindungswirkung für den Folgeprozess und § 613 I 1 ZPO, aus dessen Wortlaut sich die mangelnde Partizipation und die auch negative Bindungswirkung nicht unmittelbar ergeben. Die Formulierung des Hinweises ist vielmehr neutral gehalten und die Bindungswirkung wird in einem Satz nach Herausstellung der für den Verbraucher vorteilhaften Verjährungshemmung erwähnt. Es entsteht der Eindruck einer ausschließlich vorteilhaften Situation für den Verbraucher, zumal in der Gesetzesbegründung auch nur von einem „Profitieren“ von der Anmeldung zum Klageregister gesprochen wird.[748] Den Verbrauchern kann in diesen Fällen die Tragweite ihrer Erklärung mangels expliziten Hinweises nicht zweifelsfrei bewusst sein.[749] Sie können vielmehr

---

746 *Winkelmeier-Becker*, in: Schäfer (Hrsg.), Der Gesetzesentwurf zur "Musterfeststellungsklage", 2018, S. 92, 93.

747 BeckOK ZPO/*Augenhofer*, § 613 Rn. 8 (so noch in der 34. Edition); *Sievers*, DAR Extra 2018, 730, 731; *Reiter/Methner/Schenkel*, DAR Extra 2018, 733; *Klüsener*, JurBüro 2018, 617, 618; dies an einigen Beispielen darstellend: *Gängel*, NJ 2019, 378, 379.

748 BT-Drs. 19/2439, S. 24, 25.

749 *Guggenberger/Guggenberger*, MMR 2019, 8, 11 f.; Musielak/Voit/*Stadler*, § 613 Rn. 5; im Kontext des Vergleichs feststellend, dass die Annahme eines Verzichts eine vollinformierte Entscheidung und eine Kenntnis der Rechtsfolgen voraussetze: *Magnus*, NJW 2019, 3177, 3178.

erwarten, dass sie vor der endgültigen Entscheidung über ihren Anspruch gehört werden – so wie grundsätzlich von Art. 103 I GG vorgesehen. Ein Abweichen von diesem prozessualen Grundsatz bedürfte einer expliziten Erwähnung, um nach objektivem Empfängerhorizont eine Verzichtserklärung in der Anmeldung zum Klageregister sehen zu können.

Auch werden bei den Hinweisen gem. § 607 I Nr. 6 ZPO explizit nur zwei Rechtsfolgen der Anmeldung aufgeführt, was den Eindruck einer abschließenden Aufzählung erweckt. Neben der Verjährungshemmung wird die Bindungswirkung aufgezählt. Der Ausschluss der Partizipationsrechte im Musterfeststellungsprozess stellt jedoch eine von der Bindungswirkung zu unterscheidende Rechtsfolge der Anmeldung dar. Dies schon deshalb, weil die Bindungswirkung erst im Folgeprozess wirkt, der Ausschluss der Partizipationsrechte hingegen schon im Musterfeststellungsprozess. Dass beide Maßnahmen letztendlich demselben Zweck dienen – das Musterfeststellungsverfahren sowie das Folgeverfahren effizient und prozessökonomisch abzuwickeln – führt nicht zu einer zwangläufigen Abhängigkeit in dem Sinne, dass der Hinweis auf die Bindungswirkung dem Verbraucher automatisch seine mangelnden Partizipationsrechte vor Augen führen würde. Es kann somit aus Empfängersicht nicht erwartet werden, dass der Verbraucher eine Verzichtserklärung abgibt.

(2) Zeitpunkt und Form der Anmeldung

Dies gilt umso mehr, wenn man sich die Unwägbarkeiten vor Augen hält, die im Zeitpunkt der Anmeldung zum Klageregister auf Seiten des Verbrauchers noch bestehen. Zum einen ist es für den Verbraucher unter Umständen noch gar nicht klar, ob die Musterfeststellungsklage das Quorum des § 606 III Nr. 3 ZPO übersteigen wird. Schließlich muss die Klage erst in ihre Zulässigkeit hineinwachsen.[750] Ein pauschaler Verzicht auf prozessuale Rechte, obwohl noch gar nicht sicher ist, ob es überhaupt zum Prozess kommt, ist nicht interessengerecht. Des Weiteren ist in diesem Stadium noch nicht vorhersehbar wie sich der Prozess entwickeln wird. Die Risiken sind zu einem so frühen Zeitpunkt weder konkret überschaubar noch hinreichend einschätzbar. Eine Erklärung unter diesen Umständen als unbedingte Verzichtserklärung zu verstehen begegnet auch deshalb massiven Bedenken, weil die prozessuale Erklärung bedingungsfeindlich,

---

750 *Waclawik*, NJW 2018, 2921, 2923.

unwiderruflich und unanfechtbar ist.[751] Eine derart weitreichende Aufgabe prozessualer Rechte kann in der Anmeldung nicht gesehen werden.

Ein weiterer Umstand, der gegen die Auslegung als weitreichende Verzichtserklärung spricht, sind die niedrigen formellen Anforderungen an die Anmeldung.[752] Eine eigene Unterschrift ist nicht nötig, vielmehr reicht eine einfache E-Mail[753], um sich zum Klageregister anzumelden. Dass der Verbraucher, der diese Handlung zumeist ohne anwaltlichen Rat vornehmen wird, der Erklärung einen solchen Gehalt beimisst bzw. dies aus objektiver Empfängersicht als solche gewertet werden kann, erscheint ausgeschlossen.

(3) Vergleich mit ähnlichen Prozesskonstellationen

Gegen die Auslegung als Verzichtserklärung spricht auch ein vergleichender Blick auf ähnliche Prozesskonstellationen, die aufgrund ihrer Etablierung bei der Bestimmung des Erklärungswerts eine Rolle spielen. Bei der Feststellung von Drittrechtsverhältnissen kann zwar ein Urteil zwischen Parteien ergehen, von denen keiner materieller Rechtsträger ist. Allerdings erstreckt sich, sofern keine Prozessstandschaft vorliegt, die Rechtskraft des Urteils nicht auf die dritte Person, die Träger des materiellen Rechts ist.[754] Auch bei einer gewillkürten Prozessstandschaft rechtfertigt die einmal erteilte Ermächtigung an den Prozessstandschafter zur Prozessführung nicht den Ausschluss jeglicher Rechte aus Art. 103 I GG.[755] Da die Ermächtigung unstrittig nur bis zur Klageerhebung zurückgenommen werden kann[756], muss dem Träger des materiellen Rechts noch die Möglichkeit zur Nebenintervention im Prozess des Prozessstandschafters verbleiben, um den Rechten aus Art. 103 I GG zu genügen.[757] Auch hier genügt die vor dem Prozess abgegebene Erklärung nicht, um einen vollständigen Ausschluss

---

751 *Sendmeyer*, Zivilprozessrecht, ³2019, Rn. 17.

752 Aufgrund der niedrigen Anforderungen sogar die Verfassungsmäßigkeit der Anmelderegelung in Zweifel ziehend: *Deiß*, Chaos bei der Anmeldung von Forderungen zum Klageregister?, 2019 (www.zpoblog.de/?p=7323) (geprüft am 14.04.2020).

753 Musielak/Voit/*Stadler*, § 608 Rn. 7.

754 Stein/Jonas/*Roth*, § 256 Rn. 127.

755 *Lange*, Das begrenzte Gruppenverfahren, 2011, S. 151 ff.

756 MüKo ZPO/*Lindacher*, Vorbemerkung zu § 50 Rn. 56.

757 *Lange*, Das begrenzte Gruppenverfahren, 2011, S. 151 ff.; *Meller-Hannich*, 72. DJT, Band 1, 2018, A 1, A 80 ff.

der Rechte aus Art. 103 I GG im Prozess zu rechtfertigen. Aufgrund dieser durchaus vergleichbaren Prozesskonstellationen ist die typisierte Empfängersicht bei der Anmeldung, dass der Verbraucher entweder davon ausgeht, dass ihn nur die positiven Folgen des Musterfeststellungsurteils treffen oder er korrigierend in den Musterfeststellungsprozess eingreifen kann. Auf anderweitige Gestaltungen müsste der Verbraucher bei Abgabe der Erklärung explizit hingewiesen werden, um so der Erklärung einen entsprechenden Inhalt beimessen zu können.

Verstärkt wird die Wirkung des Ausschlusses von Partizipationsrechten durch den Ausschluss von Parallelverfahren durch den Verbraucher. Gem. § 610 III ZPO kann während der Rechtshängigkeit der Musterfeststellungsklage keine Individualklage des einzelnen Angemeldeten erhoben werden, die denselben Lebenssachverhalt und dieselben Feststellungsziele betrifft. Nach § 613 II ZPO werden bei der Anmeldung bereits anhängige Individualverfahren bis zur rechtskräftigen oder anderweitigen Erledigung der Musterfeststellungsklage oder der wirksamen Rücknahme der Anmeldung ausgesetzt. Diese Regelungen, die bewirken, dass keine widersprüchlichen Entscheidungen ergehen, führen letzten Endes zu einer prozessualen Entmündigung[758] der angemeldeten Verbraucher. Diese können weder im Musterfeststellungsprozess noch durch ein eigenes Individualverfahren Einfluss auf das rechtliche Schicksal ihrer Ansprüche nehmen. Auch diese Konsequenz wird dem nicht anwaltlich beratenen Verbraucher nicht bewusst sein.

Insgesamt lässt sich feststellen, dass der Verbraucher bei der Anmeldung zum Klageregister in einem zu geringen Umfang auf die rechtlichen Folgen seiner Handlung hingewiesen wird. Es kann somit auch aus typisierter Empfängersicht nicht erwartet werden, dass sich der Verbraucher durch die Anmeldung aller seiner Rechte aus Art. 103 I GG begibt. Eine Deutung des objektiven Erklärungsgehalts der Anmeldung als Verzichtserklärung auf die Rechte aus Art. 103 I GG scheidet daher aus.[759]

ff) Verzichtbarkeit des Art. 103 I GG

Trotz des soeben festgestellten Ergebnisses soll im Interesse einer umfassenden Erörterung auf die Möglichkeit eines Verzichts auf Art. 103 I GG

---

758 *Schmidt*, WM 2018, 1966, 1970.

759 Eine derartige Auslegung mit demselben Ergebnis pauschal behauptend: *Scholl*, ZfPW 2019, 317, 347.

eingegangen werden. Immerhin stünde es dem Gesetzgeber frei den Verzicht auf Art. 103 I GG als zwangsläufige Folge der Abgabe der Anmeldungserklärung anzuordnen, sodass es auf die Verzichtbarkeit des Art. 103 I GG ankäme.

(1) Einordnung in den Kontext der Musterfeststellungsklage

Zu differenzieren ist der Verzicht zunächst vom generellen privatautonomen Ausschluss des Klagerechts. Da es ausschließlich im Ermessen und Belieben des Klägers steht, ob er sein Klagerecht geltend macht[760], kann er es wirksam durch Vereinbarung ausschließen. Auch die Anmeldung zur Musterfeststellungsklage hat einzelne Elemente eines Ausschlusses des Klagerechts, zumal nach §§ 610 III, 613 II ZPO eine Individualklage während der Rechtshängigkeit der Musterfeststellungsklage nicht mehr möglich ist. Dieser Ausschluss steht bei der Anmeldung zum Klageregister jedoch nicht im Vordergrund, sondern spielt eine sichernde Nebenrolle zur Gewährleistung eines einheitlichen Urteils. Er ist nur temporärer Natur. Wesentliches Element der Anmeldung ist vielmehr der Ausschluss der Rechte im Musterfeststellungsverfahren.

Auch ist der Vorabverzicht auf Beteiligungsrechte zu unterscheiden von einem Verzicht auf ein für den Verbraucher günstiges Urteil im Individualprozess. Es kann aus prozesstaktischen Gründen vorzugswürdig sein auf die rechtskräftigen Feststellungen des Musterfeststellungsurteils als aus Sicht des Verbrauchers günstige Rechtsposition zu verzichten, wenn der Nachweis der individuellen Merkmale leichter zu führen ist als der Nachweis über die Einschlägigkeit und Reichweite der Bindungswirkung.[761] Ob diese Art des Verzichts als ausschließlich für den Verbraucher vorteilhafte Möglichkeit rechtlich zulässig ist[762] oder ob nicht doch Bedenken hinsichtlich der Prozessökonomie und der Einheitlichkeit der Entscheidung gegen diese Möglichkeit sprechen, bedarf an dieser Stelle keiner Erörterung. Es geht in der vorliegenden Konstellation nicht um den Verzicht auf ein bereits entstandenes Recht, sondern um einen präventiven Verzicht auf noch entstehende bzw. im Entstehen befindliche Rechte. Die Situation ist somit nicht vergleichbar.

---

760 *Walsmann*, Der Verzicht, 1912, S. 54.

761 *Mekat*, in: Nordholtz/Mekat (Hrsg.), Musterfeststellungsklage, 2019, § 8 Rn. 83 f.

762 So: *ders.*, in: Nordholtz/Mekat (Hrsg.), Musterfeststellungsklage, 2019, § 8 Rn. 83 f.

(2) Anforderungen für die Annahme einer Verzichtserklärung

Es gibt keinen festen Rechtssatz zur Verzichtbarkeit. Diese ist vielmehr immer das Ergebnis einer Einzelfallprüfung.[763] Als allgemeine Regel lässt sich jedoch sagen, dass die Verzichtbarkeit zu bejahen ist, wenn positiv ein Interesse an der Verzichtbarkeit besteht und negativ kein Ausschlussgrund gegeben ist.[764]

Eine generelle Verzichtbarkeit wird teilweise bei der Geltendmachung von Bagatellschäden angenommen.[765] Da in diesen Fällen ohnehin nicht mit einer Rechtsverfolgung durch den Betroffenen zu rechnen sei, erleide dieser bei der Geltendmachung seiner Schäden durch Dritte realistischerweise keinen entscheidenden Nachteil. Der Rechtsverstoß erfahre demgegenüber seine angemessene Sanktion. Die ausschließliche Verfolgung von Bagatellschäden ist von der Musterfeststellungsklage jedoch nicht beabsichtigt. Zwar stellt die Gesetzesbegründung auf die unterlassene Geltendmachung bei Bestehen eines rationalen Desinteresses ab[766], was typischerweise bei Bagatellschäden auftritt. Doch hat dies im Gesetzeswortlaut keinen Niederschlag gefunden. Der Anwendungsbereich der Musterfeststellungsklage ist vielmehr unbeschränkt. Auch zeigt der Anlass[767] der Einführung in Form des VW-Abgasskandals, dass es nicht nur um die Geltendmachung von Kleinstbeträgen geht, die ansonsten keiner gerichtlichen Prüfung unterzogen würden. Es stehen beim Prozess gegen die VW AG Einzelforderungen im hohen vierstelligen bis niedrigen fünfstelligen Bereich im Raum, sodass eine Individualrechtsverfolgung nicht von einem rationalen Desinteresse behaftet erscheint. Aufgrund des umfassenden Anwendungsbereichs kann nicht von vornherein eine Verzichtbarkeit aufgrund ausschließlicher Verfolgung von Bagatellschäden angenommen werden. Diese bleibt im konkreten Einzelfall der Ebene der Rechtfertigung vorbehalten.[768]

763 *Walsmann*, Der Verzicht, 1912, S. 69 f.

764 *Ders.*, Der Verzicht, 1912, S. 69 f.

765 Dazu und zur folgenden Argumentation: *Micklitz/Stadler*, Das Verbandsklagerecht in der Informations- und Dienstleistungsgesellschaft, 2005, S. 1336 f.

766 BT-Drs. 19/2439, S. 1.

767 Dazu, dass der praktische Anwendungsbereich der Musterfeststellungsklage über die VW-Abgasmanipulationsvorwürfe hinausgeht: *Schweiger/Wiedeck*, CB 2019, 335; *Hartmann*, MDR 2018, 1477, 1477 f.

768 Teil Zwei Kapitel Eins § 3 C. IV. 2. f) ff) Rechtfertigung bei Streuschäden (290).

In der Rechtsprechung wird die Verzichtbarkeit auf den Anspruch auf rechtliches Gehör unterschiedlich beurteilt[769], in der Literatur wird überwiegend von der Unzulässigkeit eines Verzichts ausgegangen.[770] Teilweise wird von einer generellen Verzichtbarkeit ausgegangen, jedoch dem generellen Vorabverzicht die Wirksamkeit abgesprochen.[771]

(3) Wirksamkeit einer potentiellen Verzichtserklärung

Die Verzichtbarkeit des Art. 103 I GG soll an dieser Stelle einer Einzelfalluntersuchung im Sinne der angegebenen Formel unterzogen werden. Ein positives Interesse an der Verzichtbarkeit ist gegeben, da sie der Verfahrensbeschleunigung dient.[772] Umso weniger Beteiligte eine Äußerungsmöglichkeit im Prozess erhalten, desto schneller kann der Rechtsstreit zur Entscheidungsreife gebracht werden. Die Beachtung von Verfahrensrechten nimmt Zeit in Anspruch.

Als negativer Ausschlussgrund gegen die Verzichtbarkeit könnte die Natur des Art. 103 I GG stehen. Art. 103 I GG räumt den Anspruchsberechtigten eine Einflussnahmemöglichkeit auf den Prozess ein und besteht im Unterschied zum Verhör nicht der Aufklärung des Sachverhalts wegen, sondern im Interesse der Anspruchsberechtigten.[773] Der Anspruchsberechtigte soll Subjekt des Verfahrens sein.[774] Daraus ergibt sich, dass ein Verzicht nur dann zulässig sein kann, wenn die Rechte, auf welche verzichtet wird, in der konkreten Situation überschaubar sind und sich der Verzichtende daher der Konsequenzen seiner Handlung bewusst ist.[775] Andernfalls bestünde die Gefahr, dass sich die Berechtigten aufgrund einer leichtfertigen Erklärung ihrer Rechte begeben, die sie in der konkreten Si-

---

769 Einen kurzen Überblick über den Meinungsstand gebend: *Henkel*, ZZP 77 (1964), 321, 338 f.

770 Stein/Jonas/*Kern*, vor § 128 Rn. 103; Musielak/Voit/*Stadler*, § 613 Rn. 4; *Lange*, Das begrenzte Gruppenverfahren, 2011, S. 179 f.; *Henkel*, ZZP 77 (1964), 321, 339; *Guggenberger/Guggenberger*, MMR 2019, 8, 11 f.

771 *Röthemeyer*, MDR 2019, 6, 7 f.

772 *Krausbeck*, DAR 2017, 567, 570.

773 *Waldner*, Aktuelle Probleme des rechtlichen Gehörs im Zivilprozess, 1983, S. 83 f.

774 BVerfGE 107, 395, 409 = NJW 2003, 1924, 1926; BVerfG NJW 2019, 41, 42.

775 Maunz/Dürig/*Schmid-Aßmann*, Art. 103 Rn. 82; *Lange*, Das begrenzte Gruppenverfahren, 2011, S. 163 ff.; *Leufgen*, Kollektiver Rechtsschutz zugunsten geschädigter Kapitalanleger, 2007, S. 145.

tuation noch gar nicht überblicken können.[776] Dies widerspräche erkennbar dem Zweck, den Anspruchsberechtigten eine selbstbestimmte Einflussnahmemöglichkeit auf den Prozess zu geben. Aus dem gleichen Gedanken ist auch die Kompensation durch eine Äußerungsmöglichkeit in einem früheren Verfahrensstadium abzulehnen.[777] Der Anspruch auf Gehörsgewährung entsteht mit jedem Anwachsen des Prozessstoffs neu und muss daher immer im Hinblick auf die neue Prozesssituation gewährt werden, um den Anspruchsberechtigten ein Einwirken auf die sich wandelnde richterliche Vorstellung zu ermöglichen.[778] Unverzichtbar ist demzufolge irgendeine Form von Einflussnahme der am Prozess nicht unmittelbar Beteiligten.[779]

Um einen solchen generellen Vorabverzicht handelt es sich bei der Musterfeststellungsklage, falls die Anmeldung in diese Richtung interpretiert würde. Die anspruchsberechtigten Verbraucher müssen sich bereits vor dem ersten Termin zur mündlichen Verhandlung im Musterfeststellungsverfahren gem. § 608 I ZPO zum Klageregister anmelden. In dieser Situation mag zwar bereits eine umfangreiche schriftliche Aufarbeitung oder eine Gutachteneinholung stattgefunden haben, doch steckt der Prozess aus prozessrechtlicher Sicht noch in den sprichwörtlichen Kinderschuhen. In der mündlichen Verhandlung können sich stets neue Tatsachen ergeben, die zu Klageänderungen, Widerklagen oder dem Anwachsen des Prozessstoffs führen. Eine Möglichkeit darauf zu reagieren hätten die Angemeldeten bei Wirksamkeit der Verzichtserklärung nicht mehr. Sie gingen daher ihrer Subjektstellung verlustig, was Art. 103 I GG gerade verhindern soll. Es handelt sich daher um einen unzulässigen generellen Vorabverzicht. Dieser im Gesetz angelegte programmatische Gehörsentzug[780] führt zu einer Unwirksamkeit einer etwaigen Verzichtserklärung.

Als Grundlinie zu der Verzichtbarkeit prozessualer Rechte ergibt sich folgendes Bild: Die Klagbarkeit eines Anspruchs kann ausgeschlossen werden, zu vor Gericht vorgebrachten Tatsachen muss keine Äußerung abgegeben werden und es gibt keine Pflicht als Partei vor einem Zivilgericht zu erscheinen. Daran sind ggf. Sanktionen geknüpft, die bis zum Verlust des Prozesses führen können. Wenn jedoch ein Anspruch vor Gericht getragen

776 *Lange*, Das begrenzte Gruppenverfahren, 2011, S. 163 ff.

777 MüKo ZPO/*Rauscher*, Einleitung Rn. 246.

778 *Graßhof*, in: Merten/Papier (Hrsg.), Handbuch der Grundrechte in Deutschland und Europa, 2013, § 133 Rn. 5; Maunz/Dürig/*Schmid-Aßmann*, Art. 103 Rn. 66.

779 *Schilken*, FS 200 Jahre Carl Heymanns Verlag, 2015, S. 125, 130.

780 *Röthemeyer*, MDR 2019, 6, 7 f.

wird, kann das Gericht nicht präventiv von der Pflicht entbunden werden dem Anspruchsberechtigten die Möglichkeit zur Einflussnahme auf den Prozess zu gewähren. Ob der Berechtigte diese Möglichkeit sodann wahrnimmt, liegt wiederum in seinem Verantwortungsbereich.

Auch bei der Annahme einer Verzichtserklärung durch die Anmeldung zum Klageregister gehen die Angemeldeten ihres Anspruchs aus Art. 103 I GG nicht verlustig, da der Verzicht als unwirksam anzusehen ist.

gg) Differenzierung zwischen Verzicht und Nichtausübung

Von einem unzulässigen Verzicht ist die stets zulässige Nichtausübung prozessualer Rechte strikt zu unterscheiden. Rechte werden dem Berechtigten zur ausschließlichen Befugnis verliehen, wobei es in seinem freien Willen und Ermessen steht, ob er diese Rechte in Anspruch nimmt oder nicht.[781] An die Nichtausübung können dabei Konsequenzen, wie z.B. der Verlust des Rechts, geknüpft werden. Der Unterschied zum Verzicht ist, dass die tatsächliche Möglichkeit der Wahrnehmung des Rechts bestand, der Berechtigte diese aber ungenutzt verstreichen ließ. Der Berechtigte verdient es mithin nicht besser, als an das Urteil gebunden zu sein.[782] Dies korreliert mit den Anforderungen des Art. 103 I GG, der es ausreichen lässt, dass der Berechtigte die Möglichkeit zur Gehörsverschaffung hatte.[783] Aufgrund der Tatsache, dass der Anspruch auf rechtliches Gehör mit dem Anwachsen des Prozessstoffes immer wieder neu entsteht[784], bekommt der Berechtigte immer wieder die Gelegenheit sein Recht wahrzunehmen. Mit jedem Verstreichenlassen der Möglichkeit zur Wahrnehmung geht der neu entstandene Anspruch auf rechtliches Gehör unter. Zu einer einmaligen Verzichtsaktion kommt es bei der Nichtausübung somit nicht, womit das Problem der Überblickbarkeit beim Untergang des Rechts bei der Nichtausübung schon gar nicht auftreten kann.

Es könnte nunmehr zu überlegen sein, ob die Anmeldung zum Klageregister eine antizipierte Ankündigung der Nichtwahrnehmung der Rechte aus Art. 103 I GG darstellt. Dafür könnte die verlängerte Ausstiegsmöglich-

---

781 *Walsmann*, Der Verzicht, 1912, S. 66 f.

782 So zur Rechtfertigung der Interventionswirkung: *Schellhammer*, Zivilprozess, [15]2016, Rn. 1632.

783 *Waldner*, Aktuelle Probleme des rechtlichen Gehörs im Zivilprozess, 1983, S. 82.

784 *Graßhof*, in: Merten/Papier (Hrsg.), Handbuch der Grundrechte in Deutschland und Europa, 2013, § 133 Rn. 5.

keit gem. § 608 III ZPO sprechen. Bei dieser hat der Anspruchsberechtigte die Möglichkeit durch aktives Handeln in Form des Austritts seine prozessuale Handlungsfreiheit und damit auch die Verschaffung der Gehörsmöglichkeit wiederzuerlangen. Ähnlich dem Verstreichenlassen der Äußerungsmöglichkeit könnte die Sanktion für den Nichtaustritt der Untergang des Anspruchs auf rechtliches Gehör sein.

Dagegen spricht jedoch schon im Grundsatz, dass es dem Anspruchsberechtigten nicht vorwerfbar ist, wenn er die äußerst kurze Rücknahmefrist verpasst. Zum einen ist schon nicht sichergestellt, dass er überhaupt Kenntnis vom Inhalt der mündlichen Verhandlung erlangt. Zum anderen ist der Austritt keine unterlassene Einflussnahme, sondern die Beendigung des Prozessverhältnisses überhaupt. Des Weiteren würde eine solche Interpretation der Anmeldung zum Klageregister voraussetzen, dass der angemeldete Verbraucher tatsächlich bei jedem Anwachsen des Prozessstoffes die Möglichkeit zur Äußerung erhielte. Dies ist gerade nicht vorgesehen. In der Gesetzesbegründung ist der Ausschluss der Angemeldeten zugunsten der Effektivität des Musterfeststellungsverfahrens als unerlässlich gekennzeichnet worden.[785] Dem würde es widersprechen in der Nichtwahrnehmung von Rechten, die tatsächlich nicht bestehen, ein dem Angemeldeten vorwerfbares Prozessverhalten zu erblicken. Es geht mithin um den bereits erörterten unwirksamen generellen Vorausverzicht und nicht um eine vorwerfbare unterlassene Wahrnehmung eigener Rechte.

hh) Fazit zum Verzicht

In der Anmeldung zum Klageregister ist keine Verzichtserklärung zu erblicken. Zum einen fehlt dieser schon ein entsprechender typisierter Erklärungswert. Zum anderen kann auch aus dem objektiven Bedeutungsgehalt keine dahingehende Erklärung konstruiert werden. Selbst wenn jedoch eine Verzichtserklärung in der Anmeldung zum Klageregister gesehen wird, handelt es sich um einen unzulässigen und damit unwirksamen generellen Vorabverzicht auf die Rechte aus Art. 103 I GG. Es ist auch nicht möglich in der unterlassenen Rücknahme der Anmeldung eine vorwerfbare Nichtausübung der Rechte aus Art. 103 I GG zu sehen.

Die Verkürzung des Gewährleistungsbereichs des Art. 103 I GG wird somit nicht durch die Konstruktion eines Verzichtes überwunden.

---

785 BT-Drs. 19/2439, S. 27.

e) Repräsentative Wahrnehmung des Anspruchs auf rechtliches Gehör durch die qualifizierte Einrichtung

Eine weitere Möglichkeit zur Wahrung des Anspruchs auf rechtliches Gehör trotz Verkürzung der Gewährleistungsgehalte desselben ist die Interpretation der Anmeldung zum Klageregister als Einverständnis in die repräsentative Wahrnehmung der Rechte der Angemeldeten durch die klagende qualifizierte Einrichtung. So genügt es z.B. bei der ausschließlichen gesetzlichen Prozessstandschaft allein dem Prozessstandschafter rechtliches Gehör zu gewähren, wobei sich die Wirkungen des Urteils auch auf den Rechtsinhaber erstrecken.[786] Die Idee ist daher, dass die klagende Einrichtung die Rechte aus Art. 103 I GG repräsentativ für die Angemeldeten wahrnimmt. Den verfassungsmäßigen Anforderungen könnte auf diese Weise genügt werden.

Dieser Gedanke liegt insofern nah, als bei der Musterfeststellungsklage zum einen Elemente eines Drittrechtsverhältnisses in Rede stehen und zum anderen die Wirkungen des Urteils prozessual Unbeteiligte treffen sollen. Durch diese Merkmale bewegt sich das neue Institut im Dunstkreis zwischen der Feststellung von Drittrechtsverhältnissen und einer Prozessstandschaft.[787] Eine eindeutige Zuordnung ist jedoch nicht möglich, da bei der Feststellung von Drittrechtsverhältnissen vor allem die Interessen des Klägers im Raum stehen und bei einer Prozessstandschaft die Regelung des § 613 I 1 ZPO nicht notwendig wäre. Es wird somit notwendig die neue Klageart mit den bestehenden Strukturen abzugleichen und sie in diese einzupassen.

Die angemessene Repräsentation der prozessual Nichtbeteiligten ist bei Verfahren des Kollektivrechtsschutzes ein traditionell neuralgischer Punkt.[788] Klagebefugt sind Institutionen, die nicht geltend machen in eigenen Rechten betroffen zu sein.[789] Es gilt demzufolge einen angemessenen Ausgleich zwischen Bevormundung[790] der Angemeldeten zur Erhaltung

786 *Rosenberg/Schwab/Gottwald*, Zivilprozessrecht, ^{18}2018, § 46 Rn. 58.
787 Grundlegend zu diesen strikt zu unterscheidenden Instituten: Stein/Jonas/*Roth*, § 256 Rn. 34; diese Konstellation als neu für das deutsche Prozessrecht bezeichnend: *Müller*, GWR 2019, 399; eine Ähnlichkeit zwischen der Prozessstandschaft und der Stellung der qualifizierten Einrichtung im Musterfeststellungsprozess erblickend: *Zimmer/Weigl*, BB 2019, 183, 184.
788 *Lange*, Das begrenzte Gruppenverfahren, 2011, S. 145.
789 *Heese*, JZ 2019, 429, 433.
790 *Koch*, Prozeßführung im öffentlichen Interesse, 1983, S. 280.

der Effektivität des Musterfeststellungsverfahrens[791] und der Gewährung verfassungsrechtlich verbürgter Rechte zu finden. Mit einer repräsentativen Wahrnehmung der prozessualen Rechte durch den Kläger könnte den gesetzlichen Anforderungen genügt werden, ohne jedoch den Prozess mit einer Flut von Beteiligten zu belasten. Durch die Bündelung einer Vielzahl von Interessen geht denknotwendig ein gewisser Grad an Entindividualisierung einher[792], da es notwendig wird das allen Ansprüchen Gemeinsame gerichtlich feststellen zu lassen. Der individuelle Anspruch wird zu einem von Dritten wahrgenommenen Kollektivrecht.[793] Eben diese Klärung gemeinsamer Streitfragen soll durch abstrakte Feststellungen über die Formulierung von Feststellungszielen im Sinne des § 606 I 1 ZPO bewirkt werden.[794]

Umso erstaunlicher erscheint es, dass in der Gesetzesbegründung zur Einführung der Musterfeststellungsklage mit keinem Wort auf die Möglichkeit der repräsentativen Wahrnehmung prozessualer Rechte eingegangen wird.[795] Demzufolge fehlt es auch an einer rechtlichen Normierung in den §§ 606 ff. ZPO. Dennoch scheidet die repräsentative Wahrnehmung des Rechts aus Art. 103 I GG zur Kompensation[796] der Verkürzung des Gewährleistungsgehaltes nicht von vornherein aus. Zur ersten Annäherung an den Themenkomplex soll zunächst eruiert werden, inwiefern die Anmeldung zum Klageregister als Befugniserteilung zur Prozessführung verstanden werden kann. Sodann wird die grundsätzliche Zulässigkeit der repräsentativen Wahrnehmung des Art. 103 I GG eruiert werden. Schließlich wird die Stellung der klagenden qualifizierten Einrichtung eingeordnet und mit den Anforderungen an die repräsentative Wahrnehmung prozessualer Rechte abgeglichen. Nur wenn die herauszustellenden Voraussetzungen erfüllt werden, kann von einer repräsentativen Rechtswahrnehmung ausgegangen werden.

---

791 Zu diesem Gesichtspunkt: BT-Drs. 19/2439, S. 16.
792 *Scholz*, ZG 2003, 248, 261.
793 *Ders.*, ZG 2003, 248, 261.
794 BT-Drs. 19/2439, S. 16.
795 Darauf hinweisend: Musielak/Voit/*Stadler*, § 613 Rn. 4.
796 *Gsell/Meller-Hannich/Stadler*, NJW-aktuell 2016, 14.

aa) Objektiver Bedeutungsgehalt der Anmeldungserklärung als partielle Prozessführungsbefugnis

Nachdem zuvor[797] eine typisierte Auslegung der Anmeldung zum Klageregister als Verzichtserklärung verneint wurde, soll im Folgenden die Anmeldung im Hinblick auf die Befugnis zur Prozessführung untersucht werden. Wiederum steht der vom materiell-rechtlichen Teil zu trennende[798] prozessuale Erklärungsgehalt der Anmeldung inmitten.

(1) Kontext bei der Abgabe der Anmeldungserklärung

Bei der Anmeldung gem. § 608 I ZPO ist die Klageschrift mitsamt Feststellungszielen bereits beim zuständigen Gericht eingereicht worden, welches die öffentliche Bekanntmachung nach § 608 I, II ZPO im Klageregister veranlasst. Für den an einer Anmeldung interessierten typisierten Verbraucher ist somit ersichtlich, dass es sich um ein gerichtliches Verfahren handelt. Dafür spricht auch die automatische Vorausfüllung des Gerichts der Musterfeststellungsklage mitsamt Aktenzeichen und Beklagter, wenn das Anmeldeformular über den Link einer auf der Internetseite des Bundesamts für Justiz öffentlich bekannt gemachten Musterfeststellungsklage heruntergeladen wurde.[799] Der Bezug der Anmeldung zu einem bereits laufenden Verfahren ist somit sehr eindringlich. Doch selbst wenn die Felder nicht vorausgefüllt sind, wird in der Ausfüllanleitung explizit auf die Feststellungsziele und die Notwendigkeit einer Abhängigkeit der Ansprüche der Verbraucher von diesen hingewiesen. Durch § 607 I Nr. 3 ZPO ist sichergestellt, dass der Verbraucher Einsicht in das gerichtliche Feststellungsprogramm nehmen kann. Die prozessuale Marschroute ist dem Verbraucher somit bei der Anmeldung bewusst. Auch ist durch die notwendige Konnexitätsprüfung der Ansprüche von den Feststellungszielen eine Befassung mit dem Feststellungsprogramm durch den Verbraucher

797 Siehe dazu: Teil Zwei Kapitel Eins § 3 C. IV. 2. d) ee) Objektiver Bedeutungsgehalt der Anmeldung zum Klageregister: Kann in der Anmeldung eine Verzichtserklärung erblickt werden? (203).

798 *Beckmann/Waßmuth*, WM 2019, 89, 94.

799 Auf diesen Umstand wies auch die Ausfüllanleitung hin. Diese war für den Prozess gegen die VW AG bis zum letztmaligen Anmeldungszeitpunkt als PDF herunterladbar unter der Rubrik „Formulare“ im Klageregister. Das Klageregister ist erreichbar unter: https://www.bundesjustizamt.de/DE/Themen/Buergerdienste/Klageregister/Allgemeines_node.html (geprüft am 14.04.2020).

garantiert. Schließlich muss er in eigenen Worten seinen Fall bei der Anmeldung zum Klageregister schildern.

Des Weiteren spricht auch die Wortwahl „Klageregister“ für den gerichtlichen Kontext, der dem Verbraucher suggeriert, dass die qualifizierte Einrichtung gerichtlich tätig wird. Dass er sich seiner mangelnden prozessualen Rechte dabei nicht bewusst ist, spielt nur für den Verzicht eine Rolle. An dieser Stelle geht es ausschließlich um das prinzipielle Bewusstsein, dass die Feststellungsziele für den an der Anmeldung Interessierten gerichtlich geklärt werden. Verstärkt wird der Kontext der Erklärung, indem in der Ausfüllanleitung von der Anmeldung von Ansprüchen gesprochen wird. Für den objektiven Empfänger dieser Erklärung drängt sich auf, dass im Rahmen der Feststellungsziele eine gerichtliche Klärung für seine Ansprüche herbeigeführt wird. Dass dies auch anstelle eines Individualverfahrens geschehen soll, wird durch den Ausschluss desselben durch die §§ 610 III, 613 II ZPO verdeutlicht.

(2) Formerfordernisse bei der Abgabe der Anmeldungserklärung

Einzig die niedrigen Formerfordernisse sprechen gegen die Tatsache, dass dem typisierten Verbraucher die Tragweite seiner Erklärung bewusst ist. Er kann die Anmeldung ohne Unterschrift abgeben, wohingegen die Unterschrift des Klägers bzw. eines postulationsfähigen Anwalts bei bestimmenden Schriftsätzen, wie z.B. der Klageschrift[800], eine essenzielle Voraussetzung ist.[801] Jedoch führt die Anmeldung zum Klageregister letztendlich ebenso wie die Klageschrift zu einer gerichtlichen Entscheidung im Hinblick auf die beantragten Feststellungsziele.

Dieser Unterschied ist jedoch gerechtfertigt durch die Wirkungen der Anmeldung und die Ausgestaltung der §§ 606 ff. ZPO. Dem Verbraucher wird ermöglicht durch die Anmeldung zum Klageregister ohne Prozesskostenrisiko eine gerichtliche Klärung von Elementen seines Anspruches zu erlangen.[802] Außerdem ist die verfahrenseinleitende Schrift in Form der Musterfeststellungsklage bereits von der qualifizierten Einrichtung bei Gericht eingereicht worden. Der Zweck des zwingenden Formerfordernisses in der Hinsicht, dass damit die Verantwortung übernommen wird

800 *Beck/Scheel*, Zivilprozessrecht im Assessorexamen, [4]2016, Rn. 194.

801 Statt vieler: BAG NJW 2009, 3596, 3597; 2001, 316; BGH NJW-RR 2009, 933; BGH NJW 2005, 2086, 2087; *Baumfalk/Gierl*, Zivilprozess, [11]2013, Rn. 60.

802 Auf diesen Aspekt generell abstellend: BT-Drs. 19/2439, S. 16.

für den Schriftsatz und das Bewusstsein geweckt wird diesen bei Gericht einzureichen[803], greift bei der Anmeldung zum Klageregister somit nicht ein. Ein Prozessrechtsverhältnis, dessen rechtssicheres Bestehen gewährleistet werden soll, kam bereits vor der Anmeldung ohne Mitwirkung der sich später Anmeldenden zustande. Der Verbraucher schließt sich mithin einem bestehenden Prozessrechtsverhältnis an, anstatt selbst eines zu begründen. Die Anmeldung des Verbrauchers ähnelt eher einer Bevollmächtigung bzw. Mandatierung der qualifizierten Einrichtung. Die Mandatierung eines Rechtsanwalts bedarf auch keiner zwingend vorgeschriebenen Form und wäre somit auch via Formular und E-Mail möglich. Angesichts dieser Umstände vermag das mangelnde Erfordernis einer Unterschrift für die Anmeldung zum Klageregister keine Abweichung vom typisierten Empfängerhorizont zu begründen.

Der Verbraucher erklärt mit seiner Anmeldung zum Klageregister, dass die qualifizierte Einrichtung die Befugnis zur Führung des Musterfeststellungsprozesses im Hinblick auf die öffentlich bekannt gemachten Feststellungsziele hat. Dass er dabei jedoch auf seine Rechte im Musterfeststellungsprozess verzichtet, ist für ihn nicht vorhersehbar und demzufolge auch nicht Erklärungsinhalt.[804]

bb) Dogmatische Zulässigkeit der repräsentativen Wahrnehmung prozessualer Rechte

Aus der von Art. 103 I GG garantierten Subjektstellung[805] folgt, dass die Beteiligung der angemeldeten Verbraucher am Musterfeststellungsprozess in irgendeiner Weise unverzichtbar ist.[806] Erörtert werden soll an dieser Stelle, ob, und wenn ja wie, das Recht aus Art. 103 I GG repräsentativ für am Prozess nicht unmittelbar Beteiligte durch die qualifizierte Einrichtung wahrgenommen werden kann. Charakteristisch für diese Form der Repräsentation ist die Delegation der Entscheidungen über den Ablauf des Verfahrens an den Kläger.[807]

---

803 BAG NJW 2009, 3596, 3597.

804 Zu der stellvertretenden Wahrnehmung der prozessualen Rechte des Mandanten durch einen Anwalt: Teil Zwei Kapitel Eins § 3 C. IV. 2. e) cc) Etablierte Formen der Repräsentation im Prozessrecht (221).

805 Maunz/Dürig/*Schmid-Aßmann*, Art. 103 Rn. 80.

806 *Schilken*, FS 200 Jahre Carl Heymanns Verlag, 2015, S. 125, 130.

807 *Micklitz/Stadler*, Das Verbandsklagerecht in der Informations- und Dienstleistungsgesellschaft, 2005, S. 1404.

Zu beachten ist dabei besonders, dass jede Form des kollektiven Rechtsschutzes mit einer Verkürzung prozessualer Rechte einhergeht, da letztlich Beteiligungsrechte zugunsten der Verfahrenseffizienz beschnitten werden.[808] Als weniger einschneidendes Mittel ist die Repräsentation gegenüber dem Komplettausschluss des rechtlichen Gehörs vorzugswürdig.[809] Jedoch unterliegen auch geringfügigere Einschränkungen den verfassungsmäßigen Anforderungen.

Der Anspruch auf rechtliches Gehör ist nicht höchstpersönlich und kann deshalb prinzipiell auch von Dritten repräsentativ wahrgenommen werden.[810] Diese mittelbare Gehörsgewährung ist aufgrund der damit verbundenen Effizienzsteigerung und Einsparungen an Justizressourcen unter bestimmten Voraussetzungen zulässig.[811] An diese Voraussetzungen werden vor allem von der Rechtsprechung strenge Anforderungen[812] gestellt. So kann ein Dritter das rechtliche Gehör nur vermitteln, wenn er das Vertrauen des Berechtigten genießt oder einer besonderen staatlichen Objektivitätspflicht unterworfen ist.[813] Da die Interessen des Repräsentanten und der Repräsentierten nicht notwendigerweise parallel laufen, kann ein Ausspruch des Vertrauens nicht in einen unterlassenen Austritt hineinfingiert werden.[814]

Entscheidend für die Auslegung dieser Kriterien ist, dass die repräsentative Wahrnehmung der prozessualen Rechte dem Ersatz für die individuelle Gewährung des rechtlichen Gehörs dient.[815] In dieser Ersatzfunktion besteht das Petitum der Einflussnahmemöglichkeit fort, da auch prozessual Unbeteiligte ihrer Subjektstellung nicht verlustig gehen dürfen. Allerdings

---

808 *Lange*, Das begrenzte Gruppenverfahren, 2011, S. 129 ff.; *Micklitz/Stadler*, Das Verbandsklagerecht in der Informations- und Dienstleistungsgesellschaft, 2005, S. 1385 ff.

809 *Schultes*, Beteiligung Dritter am Zivilprozeß, 1994, S. 168 f.

810 *Geiger*, Kollektiver Rechtsschutz im Zivilprozess, 2015, S. 252 f.; *Stadler*, in: Brönneke (Hrsg.), Kollektiver Rechtsschutz im Zivilprozeßrecht, 2001, S. 1, 17; *Wundenberg*, ZEuP 2007, 1097, 1113 f.; *Koch*, Prozeßführung im öffentlichen Interesse, 1983, S. 299 f.; *Meller-Hannich*, 72. DJT, Band 1, 2018, A 1, A 80 ff.; *Micklitz/Stadler*, Das Verbandsklagerecht in der Informations- und Dienstleistungsgesellschaft, 2005, S. 1231 ff.

811 *Schultes*, FS Schilken, 2015, S. 469, 474 f.; *Geiger*, Kollektiver Rechtsschutz im Zivilprozess, 2015, S. 254 f.

812 *Wundenberg*, ZEuP 2007, 1097, 1113 f.

813 BVerfGE 83, 24, 36 = NJW 1991, 1283, 1285.

814 *Wundenberg*, ZEuP 2007, 1097, 1113 f.

815 Zu diesem Gedanken: *Micklitz/Stadler*, Das Verbandsklagerecht in der Informations- und Dienstleistungsgesellschaft, 2005, S. 1402.

kann diese Einflussnahme entsprechend dem Zweck der Repräsentation modifiziert werden. Der entscheidende Einfluss auf die Rechtsausübung kann demnach neben einer unmittelbaren Beteiligung am Prozess durch die Auswahl des Repräsentanten und einen unmittelbaren Einfluss auf denselben im Innenverhältnis ausgeglichen werden.[816] Darüber hinaus sind Missbrauchsvorkehrungen zu treffen, die umso stärker ausfallen müssen, desto weniger Einfluss der Beteiligte auf den Prozess oder die Auswahl des Repräsentanten hat.[817] Diese Kontrollen können vom Gericht vorgenommen werden.[818]

Ob die §§ 606 ff. ZPO diesen Anforderungen genügen, wird nach einer Einordnung der Stellung der qualifizierten Einrichtung mitsamt einem vergleichenden Blick auf andere Formen der Repräsentation erörtert.

cc) Etablierte Formen der Repräsentation im Prozessrecht

Zur Annäherung an die doch recht konturlosen Kriterien der Formel des Bundesverfassungsgerichts werden zunächst ausgewählte Konstellationen dargestellt, in denen die Erstreckung der Urteilswirkungen auf Dritte für zulässig befunden wird. Auf diese Weise können die Kriterien näher bestimmt werden, die für die repräsentative Wahrnehmung des rechtlichen Gehörs maßgeblich sind.

Zunächst ist die Normenkontrolle in den Blick zu nehmen. Bei dieser entfaltet das die Ungültigkeit einer Norm aussprechende Urteil gem. § 47 V 2 VwGO erga-omnes Wirkung, obwohl lediglich ein Kläger die in Streit stehende Norm gerichtlich angreift.

Das Verfahren der Normenkontrolle ist jedoch für eine Konkretisierung der Repräsentationsanforderungen weniger geeignet, da nicht die subjektive Rechtsverfolgung den Hauptzweck des Verfahrens bildet. Unabhängig davon, ob der Kläger Repräsentant oder Vertreter der anderen vom Urteil Betroffenen ist, bindet das Urteil aus Gründen der objektiven Rechtskontrolle jedermann.[819] Es geht mithin nicht um die Wahrung des Anspruchs auf rechtliches Gehör des Einzelnen, sondern um die Gewährleistung von Rechtssicherheit.

---

816 *Lange*, Das begrenzte Gruppenverfahren, 2011, S. 149 f.
817 *Stadler*, FS Schütze, 2015, S. 561, 577.
818 *Lange*, Das begrenzte Gruppenverfahren, 2011, S. 179 f.
819 *Gottwald*, ZZP 91 (1978), 1, 18 f.

(1) Anwaltliche Prozessvertretung

Als klassische Form der gerichtlichen Vertretung ist die Gewährleistung des Art. 103 I GG durch Wahrnehmung des Rechts durch einen Anwalt näher zu beleuchten. Bei Vorhandensein eines Anwalts genügt es, nur diesem rechtliches Gehör im Prozess zu gewähren.[820] Dabei ist bemerkenswert, dass der Anwalt in erster Linie nicht seinen eigenen Anspruch auf rechtliches Gehör wahrnimmt, sondern den des Mandanten stellvertretend. Dennoch ist Art. 103 I GG gewahrt, da dem Mandanten ein entscheidender Einfluss auf die Rechtsausübung gesichert ist.[821] Zwischen dem Mandanten und dem Anwalt besteht ein vertragliches Verhältnis, welches in der Regel einen entgeltlichen Geschäftsbesorgungsvertrag darstellt.[822] Aus den §§ 665, 675 I BGB folgt daher ein Weisungsrecht des Mandanten, sodass der Anwalt an dessen Willen gebunden ist.[823] Die Möglichkeit einer mittelbaren Einflussnahme auf den Prozess durch den Mandanten ist also selbst bei Verfahren mit Anwaltszwang gem. § 78 I 1 ZPO gegeben, da durch die bindenden Weisungen steuernd auf den Anwalt eingewirkt werden kann. Darüber hinaus wählt der Mandant seinen Anwalt, der für ihn seine prozessualen Rechte wahrnimmt, selbst aus.[824]

Die Anforderungen an die repräsentative Wahrnehmung des rechtlichen Gehörs sind somit unter zwei Gesichtspunkten erfüllt. Zum einen kann der Mandant mit der frei wählbaren Mandatierung einen Anwalt aussuchen, welcher sodann das Vertrauen des Berechtigten genießt im Sinne der Formel des BVerfG. Zum anderen ist durch das Weisungsrecht eine mittelbare Einflussnahme auf den Prozess gewährleistet, sodass es gerechtfertigt erscheint nur dem Anwalt rechtliches Gehör zu gewähren. Zu verneinen ist im Zivilprozess hingegen die staatliche Neutralitätspflicht des Anwalts. Der Anwalt ist aufgrund seiner vertraglichen Verpflichtung zum

---

820 BVerfGE 81, 123, 126 = NJW 1990, 1104; *Graßhof*, in: Merten/Papier (Hrsg.), Handbuch der Grundrechte in Deutschland und Europa, 2013, § 133 Rn. 41; *Röhl*, NJW 1964, 273, 278; *Brüning*, in: Stern/Becker (Hrsg.), Grundrechte-Kommentar, ^{3}2019, Artikel 103 GG Rn. 37.

821 Maunz/Dürig/*Schmid-Aßmann*, Art. 103 Rn. 107 ff.

822 Statt vieler: *Vollkommer/Greger/Heinemann*, Anwaltshaftungsrecht, ^{4}2014, § 1 Rn. 4.

823 *Vill*, in: Fischer (Hrsg.), Handbuch der Anwaltshaftung, ^{5}2020, § 2 Rn. 347 f.

824 *Leufgen*, Kollektiver Rechtsschutz zugunsten geschädigter Kapitalanleger, 2007, S. 157 ff.

Mandanten einseitiger Interessenvertreter desselben.[825] Dies ändert jedoch an der repräsentativen Wahrnehmung der prozessualen Rechte nichts, da die Kriterien des BVerfG in einem Alternativ-, nicht Kumulativverhältnis stehen.

(2) Prozessuale Repräsentation

Nicht als Vertretung im engeren Sinne, doch als prozessuale Repräsentation lassen sich die Fälle der Prozessstandschaft begreifen. Durch dieses prozessuale Institut wird es ermöglicht im eigenen Namen ein fremdes Recht als Partei eines gerichtlichen Prozesses geltend zu machen.[826] Ähnlich wie bei der Bindungswirkung der Musterfeststellungsklage prozessiert ein nicht materiell Betroffener mit Wirkung für den materiellen Rechtsträger. Differenziert wird zwischen der gesetzlichen und der gewillkürten Prozessstandschaft. Zunächst soll Erstere einer näheren Betrachtung zugeführt werden.

(a) Gesetzliche Prozessstandschaft

In bestimmten Fällen gewährt das Gesetz Rechtsfremden die Möglichkeit als Partei einen Gerichtsprozess mit Wirkung für und gegen den Rechtsträger als prozessualem Dritten zu führen.[827] Aufgrund des formellen Parteibegriffes ist der Rechtsträger nicht als Partei des Prozesses anzusehen; die Rechtskraft wirkt zunächst nur zwischen dem Prozessstandschafter und seinem Prozessgegner.[828] Eine Bindung des Rechtsträgers an das Ergebnis des zwischen anderen geführten Prozesses bedarf einer besonderen Rechtfertigung durch das Gesetz oder durch einen gesetzlich relevanten Grund.[829]

Differenziert wird dabei, ob dem Prozessführungsbefugten diese Befugnis ausschließlich oder neben dem materiell Berechtigten verliehen wurde. Bei einer neben dem materiell Berechtigten eingeräumten Prozessfüh-

---

825 Speziell für die Abgrenzung der Tätigkeit zwischen Rechtsanwalt und Anwaltsnotar: BGH NJW 2000, 734, 735; *Zugehör*, ZNotP 1997, 42, 45.

826 Statt vieler: *Rosenberg/Schwab/Gottwald*, Zivilprozessrecht, [18]2018, § 40 Rn. 13; *Schilken*, Zivilprozessrecht, [7]2014, Rn. 273; *Schreiber*, Jura 2010, 750, 751.

827 Statt vieler: *Sinaniotis*, ZZP 79 (1966), 78.

828 *Heintzmann*, ZZP 92 (1979), 61, 65.

829 *Sinaniotis*, ZZP 79 (1966), 78, 79.

rungsbefugnis muss dem Rechtsträger zur Wahrung dieses Rechts die Möglichkeit erhalten bleiben, auch nach einem Urteil zwischen dem Prozessstandschafter und dem Prozessgegner einen eigenen Prozess gegen den Prozessgegner zu führen.[830] Dem Prozessgegner wird daher die Gefahr der Führung zweier Prozesse zugemutet.[831]

Anders ist die Interessenlage bei einer dem Rechtsfremden ausschließlich verliehenen Prozessführungsbefugnis. Bei einer Verneinung der Erstreckung der Wirkungen des fremden Prozesses wäre der Rechtsträger immun und könnte nicht gerichtlich belangt werden, sodass eine Wirkungserstreckung zwingend erscheint.[832] Dem Prozessgegner wird die Gefahr einer zweimaligen Prozessführung abgenommen, sodass sich für ihn ein positiver Effekt bei der Wirkungserstreckung einstellt. Entscheidend ist dafür der Zweck der Prozessführungsbefugnis und das Interesse des Rechtsträgers.[833]

So wird davon ausgegangen, dass es gerechtfertigt ist den nicht unmittelbar beteiligten Dritten an das Urteil zu binden, wenn dem Prozessführungsbefugten die Wahrnehmung des Interesses des Rechtsträgers übertragen worden ist.[834] Keine Einigkeit besteht jedoch in den Kriterien, die für die Interessenwahrnehmung sprechen.

Angenommen wird, dass sowohl die ausschließliche Prozessführungsbefugnis als auch die materiellrechtliche Verfügungsbefugnis über das fremde Recht für die Gewährleistung der Interessenwahrnehmung sprechen.[835] Dagegen wird vorgebracht, dass allein in der Zuweisung der ausschließlichen Prozessführungsbefugnis das entscheidende Kriterium für die Interessenwahrnehmung zu sehen sei.[836] Es entspreche dem gesetzgeberischen Grundgedanken, dass bei einer Zuweisung der alleinigen Prozessführungsbefugnis die Interessen des Rechtsträgers und der mit ihm in rechtlicher Verbundenheit stehenden Personen (z.B. Gläubiger) am besten durch den Prozessstandschafter wahrgenommen werden können. Aufgrund der Interessenwahrnehmung durch den Prozessstandschafter sei der Rechtsträger im Prozess hinreichend gesichert, sodass das Interesse des Prozessgegners an der Führung nur eines Prozesses offensichtlich überwiege. Mit der

830 *Schreiber*, Jura 2010, 750, 753.
831 *Sinaniotis*, ZZP 79 (1966), 78, 90ff.
832 *Rosenberg/Schwab/Gottwald*, Zivilprozessrecht, ^{18}2018, § 46 Rn. 58.
833 Stein/Jonas/*Althammer*, § 325 Rn. 55.
834 Stein/Jonas/*ders.*, § 325 Rn. 55.
835 Stein/Jonas/*ders.*, § 325 Rn. 55.
836 Dazu und zu den folgenden Gedanken: *Sinaniotis*, ZZP 79 (1966), 78, 90ff.

Zuordnung des alleinigen Prozessführungsrechts lege der Gesetzgeber die Wahrung der Interessen allein in die Hände des Prozessstandschafters.

Als weiteres Kriterium im Hinblick auf die Interessenwahrnehmung für den Rechtsinhaber wird die Zuweisung der materiellrechtlichen Verfügungsbefugnis angeführt.[837] Dagegen wird zwar vorgebracht, dass es sich bei der Prozessführung und daraufhin ergehenden Urteilen nicht um Verfügungen im Sinne des materiellen Rechts handele.[838] Auch gäbe es teilweise Vorschriften, die eine Rechtskrafterstreckung bei materieller Verfügungsbefugnis anordnen, teils eine solche gerade nicht voraussetzen, sodass der Gesetzgeber diesem Kriterium keine entscheidende Wirkung beigemessen habe.[839] Doch erscheint diese Argumentation nicht stichhaltig. Wer materiellrechtlich die Macht hat auf Rechte einzuwirken, muss diese auch rechtskräftig durchsetzen können.[840] Anderenfalls würde die Verfügungsbefugnis bei einer Leugnung durch den Gegner gegenstandslos, da der materiell Berechtigte nicht zu einer rechtskräftigen Klärung in der Lage ist. Das materielle Recht würde durch das prozessuale Recht unterlaufen. Dies widerspricht der dienenden Funktion[841] des Prozessrechts. Auch erscheint es nicht gerechtfertigt danach zu unterscheiden, ob das Recht dem Rechtsfremden die Einwirkungsmöglichkeit auf die Rechte eines Dritten nur prozessual in Form der ausschließlichen Prozessführungsbefugnis gewährt oder ihn auf materieller Ebene zur Verfügung über das Recht ermächtigt. Im Gegenteil erscheint die Einräumung einer materiellrechtlichen Verfügungsposition weitreichender als die Gewährung einer ausschließlichen Prozessführungsbefugnis. Wer materiellrechtlich an die Handlungen einer Partei gebunden wird, soll auch von der Rechtskraft eines Urteils des Verfügungsberechtigten betroffen werden.[842]

Insgesamt ist es somit überzeugend die Interessenwahrnehmung für den Rechtsträger und eine damit einhergehende Erstreckung der Urteilswirkung auf denselben bei einer ausschließlichen Zuweisung der Prozessführungsbefugnis und bei Gewährung der materiellrechtlichen Verfügungsbefugnis anzunehmen.

Diese Kriterien der Wirkungserstreckung lassen sich nicht ohne Weiteres auf die Formel der Rechtsprechung übertragen. Die Repräsentation im

---

837 Statt vieler: *Walsmann*, Die streitgenössische Nebenintervention, 1905, S. 165 f.; *Huber*, JuS 1972, 621, 626.

838 *Sinaniotis*, ZZP 79 (1966), 78, 81 ff.

839 *Ders.*, ZZP 79 (1966), 78, 81 ff.

840 *Walsmann*, Die streitgenössische Nebenintervention, 1905, S. 165 f.

841 *Koch*, JZ 2011, 438, 445.

842 *Henckel*, ZZP 70 (1957), 448, 462.

Prozess beruht letztlich nicht auf einer privatautonomen Entscheidung, sondern auf einer gesetzlichen Zuweisung. Dennoch lassen sich aus dem Institut der gesetzlichen Prozessstandschaft Rückschlüsse auf die repräsentative Wahrnehmung prozessualer Rechte ziehen, da auch in diesen Konstellationen der Prozessstandschafter an Stelle des Rechtsträgers auftritt. Ersetzt wird das autonom entgegengebrachte Vertrauen im Sinne der Formel des BVerfG[843] durch die gesetzliche Zuweisung einer prozessualen oder materiellrechtlichen Rechtsposition. Eine Unterscheidung nach einer gesetzlichen oder gewillkürten Vertrauensstellung erscheint nicht gerechtfertigt.[844] Diese gesetzliche Zuweisung geht allerdings mit der Verpflichtung einher, zumindest auch die Interessen des materiellen Rechtsträgers zu wahren.[845] Dem Prozessstandschafter wird die Wahrung der Interessen des Rechtsträgers von Gesetzes wegen in die Hände gelegt.[846] Diese Pflicht führt dazu, dass er im Prozess die Rechte des Rechtsträgers repräsentativ wahrnimmt. Er steht als Repräsentant im Lager des Rechtsträgers.

(b) Gewillkürte Prozessstandschaft

Sodann soll die gewillkürte Prozessstandschaft im Mittelpunkt der Betrachtung stehen. Im Gegensatz zur gesetzlichen Prozessstandschaft setzt diese mit dem Erfordernis der Ermächtigung zur Prozessführung ein Element voraus, welches sie näher an das Institut der Stellvertretung rücken lässt. Insofern kann auch untechnisch von einer vertretungsweisen Wahrnehmung der Rechte aus Art. 103 I GG gesprochen werden.[847] Auch in der Rechtsprechung wurde schon ausdrücklich das repräsentative Element bei der gewillkürten Prozessstandschaft hervorgehoben.[848] Verstärkt wird dieser Eindruck dadurch, dass während der Rechtshängigkeit der Klage des gewillkürten Prozessstandschafters eine Klage des Rechtsinhabers an der anderweitigen Rechtshängigkeit gem. § 261 III Nr. 1 ZPO scheitert.[849] Abgesehen vom Beteiligten auf der Klägerseite ist der Streitgegenstand der

---

843 BVerfGE 83, 24, 36 = NJW 1991, 1283, 1285.

844 Auch keine Unterscheidung dahingehend vornehmend: Stein/Jonas/*Althammer*, § 325 Rn. 52.

845 *Sinaniotis*, ZZP 79 (1966), 78, 90 ff.

846 Die Prozessführung gerade für den Rechtsträger hervorhebend: *Jacoby*, Der Musterprozeßvertrag, 2000, S. 75 ff.

847 *Calavros*, Urteilswirkungen zu Lasten Dritter, 1978, S. 58.

848 RGZ 73, 306, 309.

849 BGHZ 78, 1, 10 f. = NJW 1980, 2461, 2463; BGH NJW 1988, 1585, 1586.

beiden Verfahren somit identisch.[850] Damit kann sich der Rechtsträger nach Beginn des Prozesses nicht durch eine eigene Klage rechtliches Gehör verschaffen, der Prozessstandschafter steht vielmehr an seiner Stelle.

Ob und warum eine Entscheidung auch gegen den Rechtsträger wirkt, ist für jede Art der Prozessstandschaft durch eine Interessenabwägung zu ermitteln.[851] Da das Interesse des Prozessgegners zur Vermeidung einer doppelten Prozessführung generell für eine Erstreckung der Urteilswirkungen spricht[852], rückt das Interesse des Rechtsinhabers in den Fokus der Betrachtung. Dieses wird maßgeblich durch die vorher notwendigerweise erteilte Zustimmung zur Prozessführung des Prozessstandschafters bestimmt. Die autonom abgegebene Ermächtigung rechtfertigt es den Rechtsinhaber an das Ergebnis des Prozesses des Prozessstandschafters zu binden.[853] Das Interesse des Rechtsinhabers einen eigenen Prozess führen zu dürfen, tritt durch die autonome Begebung dieses Rechts in den Hintergrund. Ein weiterer Ansatz erklärt die Bindung durch die Rechtsnachfolge des Rechtsinhabers in die ausschließliche Prozessführungsbefugnis nach Abschluss des Prozesses des Prozessstandschafters.[854] Durch die Erteilung der Ermächtigung begebe sich der ursprünglich ausschließlich Prozessführungsbefugte dieses Rechts zugunsten des gewillkürten Prozessstandschafters. Mit dem rechtskräftigen Abschluss des Prozesses werde das Ziel der erteilten Ermächtigung erreicht. Ähnlich wie bei einem Auftrag oder einer Vollmacht erlösche dieses und der Rechtsinhaber erlange seine ausschließliche Prozessführungsbefugnis zurück. In diesem Erlöschen sei eine Rechtsnachfolge in die Rechtsposition des Ermächtigten zu sehen, die eine Bindung an das Urteil gem. § 325 I ZPO rechtfertige.

Bemerkenswert am Institut der gewillkürten Prozessstandschaft ist jedoch, dass der Rechtsinhaber durch eine streitgenössische Nebenintervention jederzeit Einfluss auf den Prozess nehmen kann.[855] Da die Ermächtigung zur Prozessführung einschränkungslos nur bis zur Erhebung der Klage des Prozessstandschafters bzw. bis zur Einlassung der Beklagten zur

---

850 *Micklitz/Stadler*, Das Verbandsklagerecht in der Informations- und Dienstleistungsgesellschaft, 2005, S. 1336.

851 *Jacoby*, Der Musterprozeßvertrag, 2000, S. 75 ff.

852 *Ders.*, Der Musterprozeßvertrag, 2000, S. 75 ff.

853 MüKo ZPO/*Gottwald*, § 325 Rn. 57; Stein/Jonas/*Althammer*, § 325 Rn. 63; *Jauernig*, ZZP 64 (1951), 285, 302 f.; *Schack*, NJW 1988, 865, 869; *Claus*, Die vertragliche Erstreckung der Rechtskraft, 1973, S. 62 ff.

854 Zu diesem Gedanken, der im Folgenden näher ausgeführt wird: *Heintzmann*, ZZP 92 (1979), 61, 69.

855 *Lange*, Das begrenzte Gruppenverfahren, 2011, S. 151 ff.

Sache möglich ist[856], ist dem Anspruch auf rechtliches Gehör allein mit der Ermächtigung mangels Einflussnahmemöglichkeiten auf den Prozess nicht Genüge getan.[857] Diese Feststellung korreliert mit der bereits festgestellten Unverzichtbarkeit des Art. 103 I GG.[858] Bei der Ermächtigung des gewillkürten Prozessstandschafters sind die möglicherweise entstehenden Prozesskonstellationen noch nicht vorhersehbar, sodass die privatautonome Delegation einem unzulässigen Vorabverzicht gleichkommen würde. In der konkreten Prozesskonstellation hat der anspruchsberechtigte Rechtsinhaber somit weiterhin die Möglichkeit der Einflussnahme.

Das autonom entgegengebrachte Vertrauen, welches durch die Beauftragung zum Ausdruck gebracht wird, reicht bei der gewillkürten Prozessstandschaft folglich nicht, um eine vollumfängliche repräsentative Wahrnehmung der prozessualen Rechte zu begründen. Damit wird ein Gleichlauf zur präventiven Unverzichtbarkeit des Anspruchs auf rechtliches Gehör sichergestellt. Der Anspruchsberechtigte kann sich nicht vollständig der Einflussnahmemöglichkeiten auf den Prozess begeben; diese müssen zumindest mittelbar gesichert sein. Der gewillkürte Prozessstandschafter repräsentiert den Rechtsinhaber somit nicht vollumfänglich.

(c) Prozessführung aufgrund Rechtsinhaberschaft

Von den Fällen der Prozessstandschaft zu unterscheiden ist die Inkassozession. Auch bei dieser wird im eigenen Namen geklagt, jedoch im Unterschied zur Prozessstandschaft auch ein eigenes Recht geltend gemacht.[859] Die Prozessführungsbefugnis resultiert somit aus der materiellen Rechtsinhaberschaft.[860] Dem Inkassozessionar wird vor dem Prozess das Vollrecht übereignet bzw. abgetreten. Dass dies in fremdem Interesse geschieht, ändert nichts an der Tatsache, dass der Rechtsinhaber zur prozessualen Geltendmachung seines Rechtes befugt ist. Dem Risiko einer missbräuchlichen Ausnutzung dieses Instituts wird dabei nicht mit der Aufstellung des Erfordernisses eines eigenen schutzwürdigen Interesses an der Pro-

856 Zöller/*Althammer*, Vor § 50 Rn. 41; MüKo ZPO/*Lindacher*, Vorbemerkung zu § 50 Rn. 56.
857 *Lange*, Das begrenzte Gruppenverfahren, 2011, S. 151 ff.
858 S. dazu: Teil Zwei Kapitel Eins § 3 C. IV. 2. d) ff) Verzichtbarkeit des Art. 103 I GG (208).
859 *Henckel*, FS Larenz, 1973, S. 643, 649 f.
860 *Ders.*, FS Larenz, 1973, S. 643, 649 f.; *Coing*, Die Treuhand kraft privaten Rechtsgeschäfts, 1973, S. 161.

zessführung begegnet, sondern mit einer ggf. eintretenden materiellrechtlichen Unwirksamkeit der Rechtsübertragung, die sodann mittelbar die Prozessführungsbefugnis entfallen lässt.[861] Es handelt sich mithin um eine gewöhnliche zivilrechtliche Klage einer materiell berechtigten Partei, bei der allenfalls in Ausnahmefällen mittelbar über die Unwirksamkeit auf materieller Ebene die Prozessführungsbefugnis entfallen kann.

dd) Repräsentative Wahrnehmung des rechtlichen Gehörs durch die qualifizierte Einrichtung?

Anhand der soeben dargestellten prozessualen Konstellationen soll eine Einordnung der klagenden qualifizierten Einrichtung vorgenommen werden. Anschließend wird erörtert, ob die Gründe, die für eine repräsentative Wahrnehmung des rechtlichen Gehörs sprechen, auch auf die Konstellation der Musterfeststellungsklage übertragbar sind.

(1) Prozessuale Stellvertretung?

Eine prozessuale Vertretung, die ähnlich der eines Rechtsanwaltes ist, scheidet für die qualifizierte Einrichtung von vornherein aus. In der Anmeldung zum Klageregister kann keine rechtsgeschäftliche Mandatierung der qualifizierten Einrichtung gesehen werden, da keinerlei Einflussnahmemöglichkeit für die registrierten Verbraucher besteht, kein tiefgehendes Vertrauensverhältnis wie zu einem Rechtsanwalt begründet wird und auch keine Kontrolle durch das Gericht vorgesehen ist.[862] Die qualifizierte Einrichtung klagt nicht im Namen der angemeldeten Verbraucher, sondern im eigenen Namen.[863] Nach der Konzeption der §§ 606 ff. ZPO verfolgt die qualifizierte Einrichtung eigene, im Vorgang an den Prozess formulierte Feststellungsziele, die sie sich selbst setzt. Die Ansprüche der Angemeldeten spielen dabei nur mittelbar eine Rolle, indem die Feststellungsziele Elemente derselben darstellen. Im Vordergrund steht nicht – wie bei der Durchsetzung durch einen Rechtsanwalt – der individuelle Anspruch. Ver-

---

861 *Henckel*, FS Larenz, 1973, S. 643, 649 f.
862 *Stadler*, JZ 2018, 793, 798.
863 *Dies.*, JZ 2018, 793, 798.

folgt wird von der qualifizierten Einrichtung vielmehr ein vom Einzelnen losgelöstes Verbraucherinteresse.[864]

(2) Rechtsinhaberschaft?

Auch eine Vollrechtsübertragung in Form der Anspruchsabtretung seitens der Verbraucher an die qualifizierte Einrichtung kann nicht in der Anmeldung zum Klageregister erblickt werden. Bei dieser Vollrechtsübertragung wäre eine repräsentative Wahrnehmung des Anspruchs auf rechtliches Gehör ohne unmittelbare Beteiligung der Verbraucher zwar möglich.[865] Doch ist eine solche Abtretung bei der Musterfeststellungsklage gerade nicht vorgesehen. Bereits vor Einführung der §§ 606 ff. ZPO gab es in § 79 II 2 Nr. 3 ZPO die Möglichkeit der Einziehungsklage für Verbraucherverbände, bei denen die Ansprüche an die Verbraucherverbände zur gerichtlichen Geltendmachung abgetreten wurden. Angesichts der Umständlichkeit und des erheblichen Koordinationsaufwandes, welcher die Verbraucherverbände an die Grenzen ihrer Leistungsfähigkeit führte, sollte mit der Musterfeststellungsklage gerade ein anderes, effektiveres Mittel der kollektiven Rechtsverfolgung geschaffen werden.[866] Die Annahme einer Abtretung würde dieses Ziel der Effektivitätssteigerung konterkarieren und zu den gleichen Problemen wie bei der Einziehungsklage führen, die es gerade zu überwinden galt. Auch wäre bei der Annahme einer Abtretung § 613 I 1 ZPO obsolet, da sich die Rechtskraft mit Rückabtretung der Ansprüche an die angemeldeten Verbraucher automatisch aufgrund Rechtsnachfolge gem. § 325 I ZPO auf diese erstrecken würde.

(3) Vergleich zur gewillkürten Prozessstandschaft

Sodann erscheint ein Vergleich der Stellung der qualifizierten Einrichtung mit derjenigen eines gewillkürten Prozessstandschafters prima facie zielführend. Gemeinsam ist beiden Instituten, dass sie einen autonomen Akt der Ermächtigung seitens des Rechtsinhabers voraussetzen. Bei der Muster-

864 *Dies.*, JZ 2018, 793, 798.

865 *Gurkmann*, in: Schäfer (Hrsg.), Der Gesetzesentwurf zur "Musterfeststellungsklage", 2018, S. 46, 48; *Coing*, Die Treuhand kraft privaten Rechtsgeschäfts, 1973, S. 161.

866 BT-Drs. 19/2439, S. 15.

feststellungsklage könnte dieser in der Anmeldung zum Klageregister gesehen werden, da damit der qualifizierten Einrichtung das Einverständnis in die Prozessführung ihrerseits mit Bindungswirkung für den angemeldeten Verbraucher signalisiert wird. Nicht hinderlich für die Annahme einer Ermächtigung ist die überwiegend mangelnde Mitgliedschaft der Angemeldeten in den qualifizierten Einrichtungen. Zwar wird eine solche für eine wirksame Ermächtigung teilweise verlangt.[867] Dieses Petitum resultiert jedoch aus der Annahme, dass durch die Satzung keine auf ein konkretes Verfahren zielende Ermächtigung hergeleitet werden kann, da diese immer Ausfluss des materiellen Individualrechts und somit auch eine individuelle rechtsgeschäftliche Erklärung notwendig sei.[868] Diese individuelle Erklärung liegt bei der Musterfeststellungsklage jedoch schon in Form der Anmeldung zum Klageregister vor, sodass von vornherein nicht die Situation entsteht, dass die qualifizierte Einrichtung eine Ermächtigung allein aus ihrem satzungsmäßigen Zweck herzuleiten versucht. An einer fehlenden Ermächtigung scheitert das Institut somit nicht.

Auch endet – wie bei der gewillkürten Prozessstandschaft – die Ermächtigung automatisch mit Abschluss des Musterfeststellungsverfahrens.[869] Auch die Voraussetzung eines eigenen schutzwürdigen Interesses seitens der Ermächtigten[870] läge vor. Das schutzwürdige Interesse der qualifizierten Einrichtung zur Verfolgung der fremden Verbraucheransprüche ergibt sich aus der Satzung.[871] § 606 I 2 Nr. 3 ZPO stellt sicher, dass nur solche Einrichtungen eine Musterfeststellungsklage erheben können, die sich die Erfüllung von Verbraucheransprüchen zur satzungsmäßigen Aufgabe gemacht haben.

Dennoch überwiegen bei genauerer Betrachtung die Unterschiede zur gewillkürten Prozessstandschaft deren Gemeinsamkeiten. Allein die Notwendigkeit des technischen Vorgangs einer Anmeldung vermag keine andere Sichtweise zu begründen. Zunächst ist festzuhalten, dass die qualifizierte Einrichtung nicht Ansprüche der Angemeldeten geltend macht, sondern Feststellungsziele. Dass es sich dabei um unterschiedliche Streitgegenstände handelt, hat der Gesetzgeber durch § 610 III ZPO deutlich ge-

---

867 So z.B.: *Ullmann*, FS v. Gamm, 1990, S. 315, 324 f.

868 *Dies.*, FS v. Gamm, 1990, S. 315, 324 f.

869 *Stadler*, JZ 2018, 793, 799.

870 Statt vieler: Musielak/Voit/*Weth*, § 51 Rn. 27.

871 Statt vieler zur Maßgeblichkeit der Satzung zur Begründung des eigenen schutzwürdigen Vertrauens als Voraussetzung der gewillkürten Prozessstandschaft bei Verbänden: Musielak/Voit/*ders.*, § 51 Rn. 27; statt vieler aus der Rechtsprechung: BGH NZG 2011, 1305, 1306.

macht, den es bei Streitgegenstandsidentität aufgrund der Einschlägigkeit des § 261 III Nr. 1 ZPO nicht bedürfte. Es handelt sich damit nur mittelbar um die Geltendmachung fremder Ansprüche. Auf diese Konstruktion wird bei der gesetzlichen Prozessstandschaft noch näher eingegangen.

Entscheidend ist jedoch die unterschiedliche Behandlung des Anspruchs auf rechtliches Gehör und der Zeitpunkt der Anmeldung. Wie bereits erörtert, besteht bei der gewillkürten Prozessstandschaft die Möglichkeit des Rechtsinhabers über die Intervention in den Prozess einzugreifen. Die einmalige Abgabe der prozessualen Ermächtigung führt nicht zu einer Delegation des Anspruchs auf rechtliches Gehör. Eben diesen Effekt – den vollständigen Ausschluss des rechtlichen Gehörs der Angemeldeten – versucht die Musterfeststellungsklage aus Effizienzgründen zu erreichen. Durch die Abgabe einer Erklärung soll bei der gewillkürten Prozessstandschaft lediglich die Prozessführung durch einen Rechtsfremden ermöglicht werden, allerdings nicht die repräsentative Wahrnehmung der prozessualen Rechte. Die gewillkürte Prozessstandschaft verfolgt somit schon einen anderen Ansatz als die Musterfeststellungsklage.

Darüber hinaus erfolgt die Anmeldung zum Klageregister erst nach Rechtshängigkeit der Musterfeststellungsklage. Dem interessierten Verbraucher wird somit eine qualifizierte Einrichtung samt Feststellungsprogramm präsentiert, der er sich anschließen kann. Eine Auswahl an qualifizierten Einrichtungen, die es rechtfertigen würde bei Ermächtigung der einen von dem Entgegenbringen von Vertrauen zu sprechen, ist nicht geboten. Vielmehr muss jeder Verbraucher, der die Kosten und Mühen eines eigenen Prozesses scheut, die durch das Prioritätsprinzip festgelegte qualifizierte Einrichtung wählen. Eine autonome, vor Anhängigkeit des Prozesses erteilte Ermächtigung kann darin nicht gesehen werden. Die Anmeldung stellt sich vielmehr als bloße Inanspruchnahme des angebotenen prozessualen Instituts dar.

(4) Vergleich zur gesetzlichen Prozessstandschaft

Trotz der soeben erwähnten Unterschiede bestehen Gemeinsamkeiten zum Institut der Prozessstandschaft, die es rechtfertigen die Ähnlichkeit hervorzuheben oder gar die qualifizierte Einrichtung als Quasi-Prozessstandschafter zu bezeichnen.[872] Diese Gemeinsamkeiten bestehen jedoch

872 So: *Röthemeyer*, Musterfeststellungsklage, ²2020, § 606 Rn. 88 f.; *Rohls*, in: Nordholtz/Mekat (Hrsg.), Musterfeststellungsklage, 2019, § 3 Rn. 20; *Waclawik*, NJW

mehr mit der gesetzlichen Prozessstandschaft. Wie bei der gesetzlichen Prozessführungsbefugnis[873] soll im Prozess nur der qualifizierten Einrichtung rechtliches Gehör gewährt werden. Dieser Ausschließlichkeit versucht der Gesetzgeber durch hohe Anforderungen bei der Anerkennung als qualifizierte Einrichtung entgegenzuwirken. Durch die strengen Voraussetzungen in § 606 I 2 Nr. 1–5 ZPO sollen unseriöse Einrichtungen von der Prozessführung ausgeschlossen werden.[874] Der Verbraucherschutz soll vielmehr dauerhaft wirksam und sachgerecht erfüllt werden.[875] Dies erinnert an die Situation bei der Begründung einer gesetzlichen Prozessstandschaft. Auch bei dieser hält es der Gesetzgeber für interessengerecht die Prozessführung einer anderen Stelle als dem materiellen Rechtsinhaber zu überlassen.[876] Im Gegenzug dafür wird versucht einem Missbrauch dieser Befugnis entgegenzuwirken.

Jedoch sind auch Unterschiede zu beachten, die eine uneingeschränkte Zuordnung zur gesetzlichen Prozessstandschaft ausschließen. So klagt die qualifizierte Einrichtung nicht ein fremdes Recht ein, sondern macht mit den Feststellungszielen ihr eigens zugewiesene prozessuale Ziele geltend. Dies wird jedoch durch die Bindungswirkung gem. § 613 I 1 ZPO wieder relativiert. Im Musterfeststellungsprozess mag die qualifizierte Einrichtung selbst formulierte Feststellungsziele geltend machen. Doch profitiert sie wirtschaftlich nicht von einem für sie positiven Ausgang des Prozesses. Sie handelt vielmehr altruistisch[877] für die angemeldeten Verbraucher. Die Geltendmachung von Feststellungszielen im Prozess stellt zwar juristisch die Zuweisung gerichtlich durchsetzbarer Rechtspositionen dar. Ohne wirtschaftlichen Wert erscheinen sie allerdings nur als Vehikel, um das notwendige Destillat, die Quintessenz aller Verbraucheransprüche, geltend machen zu können. Wirtschaftlich stehen im Musterfeststellungsprozess die Ansprüche der Angemeldeten im Raum, sodass es doch um die Geltendmachung fremder Rechtspositionen qua gesetzlicher Zuweisung geht.

Als relevante Abweichung stellt sich die Wahlmöglichkeit des Verbrauchers zwischen einem Musterfeststellungs- oder einem Individualprozess dar. Nur während der Dauer des Musterfeststellungsprozesses ist ein In-

---

2018, 2921; *Schmidt*, in: Baumbach/Lauterbach/Albers u.a. (Hrsg.), Zivilprozessordnung, [77]2019, Beilage zur 77. Auflage § 606 Rn. 5.

873 Dazu: *Gottwald*, ZZP 91 (1978), 1, 8 f.

874 BT-Drs. 19/2439, S. 22.

875 BT-Drs. 19/2439, S. 22.

876 *Sinaniotis*, ZZP 79 (1966), 78, 90 ff.

877 *Röthemeyer*, Musterfeststellungsklage, [2]2020, Einführung Rn. 101; *Halfmeier*, ZRP 2017, 201, 204; *Schneider*, BB 2018, 1986, 1997.

dividualprozess ausgeschlossen. Bei einem Nebeneinander der Prozessführungsbefugnis von Prozessstandschafter und materiellem Rechtsinhaber wird zur Sicherung des Prozessführungsrechts des Rechtsinhabers eine Bindungswirkung an das Urteil im Prozess gegen den Prozessstandschafter verneint.[878] In dieser Hinsicht wurde durch die Anmeldung zum Klageregister ein Weg gewählt, der zunächst an eine gewillkürte Prozessstandschaft erinnert. Bei einer ausschließlichen Prozessführungsbefugnis der klagenden qualifizierten Einrichtung hätte es angesichts der automatischen Wirkungserstreckung des Urteils[879] nicht der Regelung des § 613 I 1 ZPO bedurft.

Durch die Zulassung der Wahlmöglichkeit weicht das Konstrukt der Musterfeststellungsklage in einem wesentlichen Grundgedanken von der gesetzlichen Prozessstandschaft mit ausschließlicher Prozessführungsbefugnis ab. Bei dieser wird davon ausgegangen, dass die Interessen des Rechtsträgers und der mit ihm in rechtlicher Verbindung stehenden Personen am besten durch den Prozessstandschafter wahrgenommen werden können.[880] Diese Grundannahme gibt der Gesetzgeber auf, indem er es in das Belieben des Verbrauchers stellt, ob er sich der Musterfeststellungsklage anschließt oder selbst einen Prozess betreibt. Von einer Ausschließlichkeit kann demzufolge keine Rede sein. Auch verleiht der Gesetzgeber den qualifizierten Einrichtungen nicht die materielle Verfügungsbefugnis über die Ansprüche der Verbraucher, was als zweites Kriterium für die Interessenwahrnehmung bei der gesetzlichen Prozessstandschaft herangezogen werden kann.[881] Eine Vollrechtsübertragung in Form der Abtretung ist gerade nicht gewollt. Die Verleihung der gesetzlichen Vertretungsmacht in § 611 I ZPO steht unter dem Vorbehalt des Austritts der Angemeldeten gem. § 611 IV 2 ZPO, sodass auch insoweit nicht von einer uneingeschränkten materiellrechtlichen Verfügungsbefugnis gesprochen werden kann.

878 *Schreiber*, Jura 2010, 750, 753.
879 *Rosenberg/Schwab/Gottwald*, Zivilprozessrecht, ^{18}2018, § 46 Rn. 58.
880 *Sinaniotis*, ZZP 79 (1966), 78, 90 ff.
881 Statt vieler: *Walsmann*, Die streitgenössische Nebenintervention, 1905, S. 165 f.; *Huber*, JuS 1972, 621, 626.

(5) Einordnung als besonderer Fall der gesetzlichen Prozessstandschaft

Einordnen lässt sich die Stellung der qualifizierten Einrichtung dennoch als gesetzliche Prozessstandschaft, wobei die Prozessführungsbefugnis für den einzelnen Verbraucher aber noch von einer Anmeldung zum Klageregister abhängt. Entscheidend für diese Einordnung ist, dass die qualifizierte Einrichtung den Anspruch auf rechtliches Gehör vollumfänglich für den Angemeldeten wahrnehmen soll. Eine Verschaffung rechtlichen Gehörs – wie sie bei der gewillkürten Prozessstandschaft möglich ist – wird gerade nicht vorgesehen. Auch steht der Umfang der Prozessführungsbefugnis bei der Anmeldung fest, sodass diese für den Verbraucher nicht mehr beeinflussbar ist. Darüber hinaus hat der Verbraucher auch keinen Einfluss auf die Auswahl der qualifizierten Einrichtung, die vielmehr im Vorfeld durch das Prioritätsprinzip bestimmt wird. Die Anmeldung stellt sich somit nicht als freiwillige Übertragung des Prozessführungsrechts dar, sondern als Inanspruchnahme eines gesetzlich vorgefertigten und festgeschriebenen Systems.

Im Prinzip handelt es sich um eine neben der Prozessführungsmacht des materiellen Rechtsinhabers bestehende Prozessführungsbefugnis, da im Ausgangspunkt sowohl qualifizierte Einrichtung als auch Rechtsinhaber klagen können. Doch wird dabei die Bindungswirkung zu sehr vernachlässigt. Nach Anmeldung zum Klageregister soll eine verbindliche und abschließende Klärung einzelner Elemente der Ansprüche der Verbraucher bewerkstelligt werden.[882] Ein Nacheinander von Prozessen ist zwar vorgesehen, doch sollen die Feststellungsziele gem. § 613 I 1 ZPO im Folgeverfahren bereits mit Bindungswirkung feststehen. Die Prozessführung stellt sich inhaltlich mit Blick auf die Feststellungsziele somit als abschließende Entscheidung dar, womit faktisch nach der Anmeldung eine ausschließliche gesetzliche Prozessstandschaft vorliegt, die sich nur auf einzelne Ausschnitte des Anspruchs bezieht. Dies gilt trotz der Tatsache, dass von einer Grundannahme der ausschließlichen gesetzlichen Prozessführungsbefugnis in Form der Gewährung eines Wahlrechts abgewichen wird. Es steht dem Gesetzgeber frei neue Mechanismen einzuführen, die sich sodann an der Verfassung messen lassen müssen. Für die dogmatische Einordnung ist die Wirkung, nicht das Vorliegen der Voraussetzungen entscheidend. Letzteres spielt eine Rolle bei der Verfassungsmäßigkeit der Regelung. Die Besonderheit der Musterfeststellungsklage liegt also letztlich in der freien Wahl des Verbrauchers, ob er sich des gesetzlichen Prozessstandschafters

882 BT-Drs. 19/2439, S. 17.

bedienen will oder nicht. Die Stellung der qualifizierten Einrichtung ist somit eine besondere Form der ausschließlichen gesetzlichen Prozessstandschaft.

(6) Erfüllung der mit einer prozessualen Repräsentation verbundenen Anforderungen

Daran anschließend stellt sich die Frage, ob die qualifizierte Einrichtung als gesetzliche Prozessstandschafterin die Anforderungen erfüllt, welche die Rechtsprechung an die repräsentative Wahrnehmung prozessualer Rechte stellt. Danach können prozessuale Rechte repräsentativ wahrgenommen werden, wenn die Repräsentantin das Vertrauen des Berechtigten genießt oder einer besonderen staatlichen Objektivitätspflicht unterworfen ist.[883]

Um die Anforderungen an eine ordnungsgemäße verfahrensrechtliche Repräsentation besteht schon längere Zeit Uneinigkeit.[884] Der besondere Charme einer ausschließlichen gesetzlichen Prozessstandschaft besteht vor allem darin nur dem Prozessstandschafter rechtliches Gehör gewähren zu müssen. Vergegenwärtigen sollte man sich dabei jedoch, dass die Bindungswirkung eines verfahrensrechtlich nicht unmittelbar Beteiligten immer einen hohen verfahrensrechtlichen Preis hat[885], der sich auch auf die Anforderungen an die repräsentative Wahrnehmung prozessualer Rechte auswirkt. Nicht umsonst wird die ausschließliche gesetzliche Prozessstandschaft letztlich in wenigen, speziellen Prozesskonstellationen bedeutsam. Dies wird vor dem Hintergrund verständlich, dass die Etablierung einer ausschließlichen gesetzlichen Prozessstandschaft im Endeffekt einen Ausgleich für eine mangelnde Gehörsgewährung im Verfahren darstellt. In diesem Kontext sollen die von der Rechtsprechung allgemein entwickelten und die bei der gesetzlichen Prozessstandschaft besonders dargestellten Anforderungen an die repräsentative Wahrnehmung des Anspruchs auf rechtliches Gehör im Hinblick auf die qualifizierte Einrichtung näher untersucht werden.

883 BVerfGE 83, 24, 36 = NJW 1991, 1283, 1285.

884 Dazu u.a.: *Stadler*, FS Rechberger, 2005, S. 663, 672; *Haertlein*, ZZP 121 (2008), 249, 256 f.

885 *Stadler*, FS Rechberger, 2005, S. 663, 672 f.

(a) Vertrauensstellung

Zunächst kommt eine Vertrauensstellung der qualifizierten Einrichtung für die Angemeldeten in Betracht, die eine Repräsentantenstellung derselben rechtfertigen würde. Ein Vertrauensausspruch könnte konkludent in der Anmeldung zum Klageregister gesehen werden. Immerhin entscheidet sich der Verbraucher für die Prozessführung durch die qualifizierte Einrichtung mittels seiner Anmeldung.

Es erscheint jedoch zweifelhaft, ob allein in der ohne Weiteres möglichen Anmeldung der Ausspruch eines besonderen Vertrauens seitens der Anmelder gesehen werden kann. Der Verbraucher hat keinerlei Einfluss auf die Auswahl der klagenden qualifizierten Einrichtung.[886] Stattdessen setzten die §§ 606 ff. ZPO auf das Prioritätsprinzip. Beschränkt auf den Streitgegenstand kann ab dem Zeitpunkt der Rechtshängigkeit keine weitere Musterfeststellungklage mehr gegen die Beklagten erhoben werden, § 610 I 1 ZPO. Einzig bei einer Einreichung am selben Tag sieht § 610 II ZPO vor, dass die Prozessverbindungsvorschrift des § 147 ZPO Anwendung finden soll. Es steht mithin zu befürchten, dass es in Bezug auf bestimmte Fragenkomplexe zu einem Windhundrennen der qualifizierten Einrichtungen kommen wird.[887] Entgegen des Petitums des zur besten Interessenwahrnehmung geeigneten Prozessstandschafters wird ein Kriterium gewählt, das keine sachgerechte Differenzierung zwischen den einzelnen Musterfeststellungsklägern zu liefern vermag.[888] Im Gegenteil wird mit dem Abstellen auf die Rechtshängigkeit dem Zufall Tür und Tor geöffnet[889], da der Geschäftsgang beim eingehenden Gericht nicht beeinflussbar ist.[890] Es kann daher durchaus geschehen, dass die zuerst anhängige Musterfeststellungsklage aufgrund verzögerter Zustellung an die Beklagte später rechtshängig wird gem. §§ 610 V 1, 261 I, 253 I ZPO.[891]

Für das Abstellen auf die Rechtshängigkeit spricht zwar, dass damit ein schnelles und sicheres Kriterium gefunden wurde, welches einen „beauty contest" zwischen den qualifizierten Einrichtungen auszuschließen

886 Als Argument gegen eine repräsentative Wahrnehmung prozessualer Rechte: *Meller-Hannich*, Stellungnahme vom 07.06.2018, S. 5.

887 *Deiß*, DB 2018, 1262.

888 *Leufgen*, Kollektiver Rechtsschutz zugunsten geschädigter Kapitalanleger, 2007, S. 172.

889 Statt vieler: *Merkt/Zimmermann*, VuR 2018, 363, 371.

890 *Schneider*, BB 2018, 1986, 1992.

891 *Ders.*, BB 2018, 1986, 1992.

vermag.[892] Für eine effiziente Bündelung der Rechtsverfolgung müssten eben Zugeständnisse bei der freien Wahl des Repräsentanten gemacht werden.[893]

Übersehen wird dabei jedoch, dass Art. 103 I GG nicht unbegrenzt zugunsten einer Effizienzsteigerung zurückgedrängt werden kann. In Kombination mit der Sperrwirkung des § 610 I ZPO stellt das Prioritätsprinzip einen erheblichen Eingriff in die freie Wahl des Repräsentanten dar.[894] Bei einer Geltendmachung individueller Ansprüche sollte auch eine individuelle Wahl des Repräsentanten zugelassen werden.[895] Eine freie Wahl der angemeldeten Verbraucher zwischen den in Frage kommenden qualifizierten Einrichtungen würde gewährleisten, dass diejenige Einrichtung klagt, denen die Verbraucher die Wahrung ihrer Interessen am besten zutrauen. Darin könnte schon eher der Ausspruch des Vertrauens der Betroffenen gesehen werden. Hinzu kommt eine Parallele zur gewillkürten Prozessstandschaft. Selbst bei einer freien Auswahl des Repräsentanten und einer Ermächtigung zur Prozessführung zu Beginn des Prozesses wird die Möglichkeit zur Verschaffung des rechtlichen Gehörs durch eine Intervention der Anspruchsberechtigten nicht ausgeschlossen. Dies muss erst recht bei einem Repräsentanten gelten, welcher nicht der freien Auswahl durch den Anspruchsberechtigten unterlag.

Jedoch könnte die Anmeldung in Kombination mit § 606 I 2 Nr. 1–5 ZPO zu einer besonderen Vertrauensstellung führen. Durch die Aufstellung dieser Voraussetzungen will der Gesetzgeber erreichen, dass nur solche Einrichtungen klagen können, bei denen von einer dauerhaften, wirksamen und sachgerechten Erfüllung ihrer satzungsmäßigen Aufgaben ausgegangen werden kann.[896] Auf diese Weise soll eine Prozessführung im Interesse der Verbraucher sichergestellt werden[897], indem Qualität und Integrität[898] vorausgesetzt werden. Es wird sogar davon gesprochen, dass diese Einrichtungen Vertrauen und den Ruf der Seriosität genießen.[899] Für den Verbraucher ist damit eine Art Vorprüfung durch den Gesetzgeber erfolgt. Es können von vornherein nur solche Institutionen klagen, die diesen Filter des Gesetzgebers passiert haben.

---

892 *Waclawik*, NJW 2018, 2921, 2923.
893 *Merkt/Zimmermann*, VuR 2018, 363, 371.
894 *Schmidt-Kessel*, Stellungnahme vom 08.06.2018, S. 9.
895 *Meller-Hannich*, NJW Beilage 2018, 29, 32.
896 BT-Drs. 19/2439, S. 22.
897 *Schweiger/Meißner*, CB 2018, 240, 243; *Koch*, MDR 2018, 1409, 1412.
898 *Waßmuth/Asmus*, ZIP 2018, 657, 659.
899 *Meller-Hannich*, 72. DJT, Band 1, 2018, A 1, A 76 f.

Doch vermögen diese allgemein an die qualifizierte Einrichtung gestellten Anforderungen nicht die Begründung eines Vertrauensverhältnisses im konkreten Fall zu ersetzen. Der Ausspruch des Vertrauens im Sinne der Formel des BVerfG geht zwangsläufig mit einer Delegation eigener Rechte einher. Diese können nur an der einzelnen Person ansetzen und nicht an pauschalen Anforderungen, da es schließlich auch um die Rechte des Einzelnen geht. Die Verbraucher sind auch bei einer Vorauswahl durch den Gesetzgeber erheblich in ihrer Wahlfreiheit eingeschränkt. Die Kriterien des § 606 I 2 Nr. 1–5 ZPO mögen dabei generell das Funktionieren der Musterfeststellungsklage sichern, jedoch garantieren sie keineswegs, dass die qualifizierte Einrichtung das rechtliche Gehör für den Einzelnen ordnungsgemäß wahrnimmt. § 606 I 2 Nr. 1–5 ZPO spielt daher mehr bei der Auferlegung besonderer staatlicher Objektivitätspflichten eine Rolle, als bei der individuellen Vertrauensbestellung. Ohne ausdrücklichen Hinweis bei der Anmeldung können die Verbraucher wie bei Erteilung einer Ermächtigung zu einer gewillkürten Prozessstandschaft davon ausgehen, dass ihnen noch rechtliches Gehör in Bezug auf ihren Anspruch gewährt werden kann bzw. sie sich solches verschaffen können. Dass sie der qualifizierten Einrichtung ihr besonderes Vertrauen aussprechen und sich damit vollkommen in die Hände der klagenden qualifizierten Einrichtung begeben[900], womit sie aller ihrer prozessualen Rechte verlustig gehen, ist für sie nicht ersichtlich. Sie gehen von einer Erweiterung ihrer prozessualen Möglichkeiten aus[901], nicht von einer Delegation.

(b) Besondere staatliche Objektivitätspflicht

Als nächstes Kriterium für die repräsentative Wahrnehmung prozessualer Rechte, welches in einem Alternativverhältnis zur Vertrauensstellung steht, ist die Unterwerfung der qualifizierten Einrichtung unter eine besondere staatliche Objektivitätspflicht zu prüfen. Dafür ist zunächst zu erörtern, inwieweit die qualifizierte Einrichtung schon durch die Übertragung eines öffentlichen Auftrags einer gewissen Objektivität unterworfen ist. Sodann stehen die gesetzlich vorgesehenen Sicherungsmittel im Brennpunkt der Betrachtung.

Der qualifizierten Einrichtung wird es ermöglicht Elemente von Verbraucheransprüchen einer rechtskräftigen gerichtlichen Klärung zuzufüh-

900 *Röthemeyer*, MDR 2019, 6, 6 f.
901 Diese missverständliche Formulierung nutzend: BT-Drs. 19/2439, S. 28.

ren und damit dem Verbraucherschutz, der traditionell als öffentliche Aufgabe verstanden wird[902], Vorschub zu leisten. Konzipiert ist die Musterfeststellungsklage als erweitere Verbandsklage[903], um überall dort eine Prozessführung im öffentlichen Interesse zu ermöglichen, wo Individualklagen üblicherweise unterbleiben oder nicht die ausreichende Breitenwirkung aufweisen.[904] Die qualifizierten Einrichtungen sind insofern Funktionäre des Sozialschutzes[905] im Zivilprozess, zumal ihnen dieser zur effektiven Gewährleistung anvertraut wurde.[906] Insofern dienen die qualifizierten Einrichtungen durch ihre Klageaktivität zumindest auch öffentlichen Zwecken.

Doch spielt dieser öffentliche Zweck nicht die einzige Rolle bei der Zuweisung der Klagebefugnis an die qualifizierten Einrichtungen. Im Unterschied zur Einziehungsklage gem. § 79 II 2 Nr. 3 ZPO erfolgt zwar keine Abtretung, sodass nicht die individuellen Ansprüche der Verbraucher unmittelbar Gegenstand des Prozesses sind. Jedoch stellt die Musterfeststellungsklage eine repräsentative Klage dar, die insoweit den Grundsatz vom Ausschluss der Popularklage durchbricht.[907] Durch die Anmeldung zum Klageregister ist sichergestellt, dass sich die Prozessführung rechtlich nur auf die Verbraucher auswirkt, die mit ihrer Anmeldung Interesse am Musterfeststellungsprozess bekundet haben. Im Mittelpunkt steht damit nicht der objektive Verbraucherschutz, sondern letztlich der individuelle Anspruch, der zur Justizentlastung und effektiven Geltendmachung einer einheitlichen Klärung zugeführt werden soll. Die Verleihung der Klagebefugnis an die qualifizierten Einrichtungen stellt sich somit nicht als eine „Beleihung" mit einer öffentlichen Aufgabe dar, sondern vielmehr als ein neues Initiativklagerecht[908] zur prozessual ökonomischen Geltendmachung einer Vielzahl von Ansprüchen. Allein aus der Zuweisung der Klagebefugnis kann somit noch kein Rückschluss auf eine besondere staat-

---

902 *Halfmeier*, in: Brönneke (Hrsg.), Kollektiver Rechtsschutz im Zivilprozeßrecht, 2001, S. 137.

903 *Verbraucherzentrale Bundesverband*, Eine für alle – Musterfeststellungsklage einführen, 29.09.2017, S. 5; *Salger*, jurisPR-BKR 10/2018 Anm. 1; *Freitag/Lang*, ZZP 132 (2019), 329, 344.

904 *Stadler*, in: Brönneke (Hrsg.), Kollektiver Rechtsschutz im Zivilprozeßrecht, 2001, S. 1, 24 f.

905 Zu diesem Begriff: *Koch*, KritV 1991, 386.

906 *Schmidt*, NJW 2002, 25, 30.

907 *Witte/Wetzig*, WM 2019, 52, 53.

908 Das Verbandsklagerecht als gesetzlich geregelte prozessuale Initiativberechtigung zur Klageerhebung im öffentlichen Interesse ansehend: *Schlacke*, Überindividueller Rechtsschutz, 2008, S. 362 ff.

liche Objektivitätspflicht gezogen werden. Die qualifizierte Einrichtung bleibt nach wie vor ein privatrechtlich organisierter Verein.[909]

Sodann könnte sich aus den gesetzlichen Sicherungsmechanismen eine gewisse Pflicht zur Wahrung der Neutralität ergeben. So sollen die Kriterien des § 606 I 2 Nr. 1–5 ZPO sicherstellen, dass die qualifizierten Einrichtungen seriös sind und keinen Missbrauch mit dem neuen zivilprozessualen Institut betreiben.[910] Doch ist Zweck dieser Kriterien nicht die qualifizierten Einrichtungen zur Objektivität anzuhalten, sondern einen wirksamen und ordnungsgemäßen Ablauf des Musterfeststellungsverfahrens zu gewährleisten. Sie gelten zudem nur für die Klagebefugnis und nicht für die inhaltliche Führung des Musterfeststellungsverfahrens. Diese bleibt den qualifizierten Einrichtungen überlassen.

Weitere Sicherungen zur Gewährleistung einer Objektivität sind in den §§ 606 ff. ZPO nicht vorgesehen. Der Ausschluss einzelner Vorschriften gem. § 610 V 2 ZPO dient wiederum einem ordnungsgemäßen Ablauf des Verfahrens und der Kontrollmöglichkeit der Angemeldeten. Objektivität wird damit gerade nicht garantiert. Dies gilt umso mehr, wenn man sich die Rechtsform der qualifizierten Einrichtungen vor Augen führt. Wie bereits angedeutet, handelt es sich in aller Regel um Vereine des privaten Rechts.[911] Diese sind schon aufgrund ihrer Struktur nicht genuin der Objektivität verpflichtet, sondern werden gem. § 32 I 1, 3 BGB entweder durch Entscheidungen ihres Vorstandes oder der Mitglieder gelenkt. Diese Entscheidungen sind der Privatautonomie und damit der Willkür des Einzelnen bzw. der Masse anheimgestellt. Eine Pflicht zur Objektivität müsste als Abweichung von diesem Grundsatz explizit normativ fundiert werden. Ansonsten bleibt es bei der Musterfeststellungsklage bei der kollektiven Verfolgung privater Interessen durch private Vereine.

Eine repräsentative Wahrnehmung des Anspruchs auf rechtliches Gehör durch Statuierung einer besonderen staatlichen Objektivitätspflicht scheidet mithin aus.

---

909 *Winkelmeier-Becker/Dietsche*, ZG 2018, 47, 58; auf den Umstand hinweisend, dass bereits die Eintragung in die Liste nach § 4 UKlaG die Rechtsform des eingetragenen Vereins voraussetzt: *Zimmer/Weigl*, BB 2019, 183, 185.

910 BT-Drs. 19/2439, S. 23. Skeptisch gegenüber der Wirksamkeit dieser Missbrauchspräventionsmaßnahmen, da diese durch die Regelungen anderer Staaten umgangen werden könnten: *Woopen*, IWRZ 2018, 160, 161.

911 *Winkelmeier-Becker/Dietsche*, ZG 2018, 47, 58.

(7) Erfüllung der Anforderungen an eine ausschließliche gesetzliche Prozessstandschaft

Zuletzt bleibt noch zu bedenken, ob eine repräsentative Wahrnehmung des Rechts aus Art. 103 I GG deswegen anzunehmen ist, weil die Voraussetzungen gegeben sind, die auch sonst bei einer ausschließlichen gesetzlichen Prozessstandschaft vorliegen.

Wie im unmittelbar vorangehenden Kapitel ausgeführt[912], wird bei der ausschließlichen gesetzlichen Prozessstandschaft das privatautonom erklärte Vertrauen durch die Zuweisung prozessualer oder materieller Rechtspositionen ersetzt. Damit geht die Verpflichtung einher die Interessen des Rechtsträgers zu wahren[913], da sie dem Prozessstandschafter von Gesetzes wegen in die Hände gelegt wurden.[914]

(a) Zuweisung einer materiellen Rechtsposition

Der qualifizierten Einrichtung ist mit dem Führen des Musterfeststellungsprozesses keine materiellrechtliche Verfügungsbefugnis im Hinblick auf die Angemeldeten zugewiesen. Mit der Anmeldung zum Klageregister geht keine Übertragung der Ansprüche in Form einer Abtretung einher. Aus einem Umkehrschluss aus § 611 I ZPO ergibt sich, dass materiellrechtliche Verfügungen über die Ansprüche der Angemeldeten außer im speziellen Fall eines Vergleichsschlusses nicht möglich sind. Eine etwaige Verfügungsmacht über die Feststellungsziele reicht für eine Zuweisung der Rechtsposition im oben genannten Sinne nicht aus, da gerade nicht die Ansprüche der Verbraucher in der Hand der qualifizierten Einrichtung liegen, sondern nur Elemente hieraus in Gestalt der Feststellungsziele. Von der Zuweisung einer materiellrechtlichen Rechtsposition, welche die Annahme einer vollumfänglichen Repräsentation rechtfertigen würde, kann also nicht gesprochen werden.

---

912 Dort vor allem auf S. 225 f.

913 *Sinaniotis*, ZZP 79 (1966), 78, 90 ff.

914 *Jacoby*, Der Musterprozeßvertrag, 2000, S. 75 ff.

(b) Zuweisung einer prozessualen Rechtsposition

Bleibt noch die Zuweisung einer prozessualen Rechtsposition zu erörtern. In der Tat gewährt das Gesetz den qualifizierten Einrichtungen die Rechtsmacht einen Musterfeststellungsprozess anzustrengen und bei Anmeldung der Verbraucher mit Wirkung für und gegen dieselben gem. § 613 I 1 ZPO zu führen. Gewisse Einschränkungen der prozessualen Rechtsmacht sind lediglich in § 610 V 2 ZPO vorgesehen, der einzelne Vorschriften für das Musterfeststellungsverfahren ausschließt. Ansonsten scheint der Gesetzgeber mit der Zuweisung der Prozessführungsmacht einen ähnlichen Weg wie bei der ausschließlichen gesetzlichen Prozessstandschaft gegangen zu sein. Durch die Bindungswirkung für den Folgeprozess liegt auf den ersten Blick eine prozessuale Rechtszuweisung vor.

Im Detail ergeben sich jedoch entscheidende Abweichungen. So ist eine uneingeschränkte Einweisung in die prozessuale Stellung der Angemeldeten schon deshalb nicht gegeben, weil das Gesetz dem Verbraucher die freie Wahl zwischen Musterfeststellungs- und Individualverfahren lässt. So lebt z.B. bei einer Abweisung der Musterfeststellungsklage als unzulässig, wie sie sich im ersten Musterfeststellungsprozess ereignet hat[915], die Prozessführungsmacht des Angemeldeten ohne inhaltliche Bindung an das Musterfeststellungsurteil mit Abschluss des Verfahrens wieder auf. Die Zuweisung einer ausschließlichen Rechtsposition ist mit der Initiativklagebefugnis der qualifizierten Einrichtung also nicht verbunden.

Doch könnte bei einem Abstellen auf die konkrete Situation noch von einer ausschließlichen gesetzlichen Prozessführungsbefugnis ausgegangen werden, da parallele Individualverfahren gem. §§ 610 III, 613 II ZPO ausgeschlossen sind und eine weitere Verhandlung der Feststellungsziele im Folgeprozess wegen § 613 I 1 ZPO ausgeschlossen ist. Entscheidend gegen die Repräsentation spricht jedoch, dass die Interessenwahrnehmung vom Gesetzgeber nicht sichergestellt wurde.

Die qualifizierte Einrichtung handelt zwar im Interesse, allerdings nicht im Auftrag des Angemeldeten, sodass er nicht durch Weisungen auf den Prozess und die qualifizierte Einrichtung Einfluss nehmen kann.[916] Auch eine gesetzliche Verpflichtung, welche die qualifizierte Einrichtung zur Wahrnehmung der Interessen der Angemeldeten anhalten würde, existiert

915 Das Musterfeststellungsurteil des OLG Stuttgart in diesem Fall ist downloadbar unter: https://www.bundesjustizamt.de/DE/Themen/Buergerdienste/Klageregister/Klagen/201801/Verfahren/Verfahrensstand.html (geprüft am 14.04.2020).

916 *Metz*, VuR 2018, 281.

nicht.[917] Die Frage des Rechtsverhältnisses zwischen den Angemeldeten und der qualifizierten Einrichtung und selbst die naheliegende Frage der Haftung für eine missratene Prozessführung sind völlig ungeklärt.[918] Ob und inwiefern die qualifizierte Einrichtung die Interessen der Angemeldeten in ihre prozessuale Entscheidungen einzubeziehen hat, ist mithin unklar.

Dagegen ist bei den herkömmlichen gesetzlichen Prozessstandschaftern, wie z.B. dem Insolvenzverwalter, einhellige Meinung[919], dass er mannigfaltige Pflichten gegenüber dem Rechtsinhaber zu erfüllen hat. Bei einer Nicht- oder Schlechterfüllung dieser Pflichten drohen Schadensersatzansprüche, z.B. aus § 60 I InsO. Auf diese Weise ist sichergestellt, dass er bei der Ausführung seiner Tätigkeit stets die Interessen des Rechtsinhabers im Auge behält, wenn auch nur um eine eigene Haftung zu vermeiden. Der Übergang der Prozessführungsbefugnis ist an dieser Stelle somit mit Sicherungsmechanismen verbunden, welche bei der Musterfeststellungsklage keinen gesetzlichen Niederschlag gefunden haben.[920]

Auch wird bei der Musterfeststellungsklage der Gedanke der bestmöglichen Interessenwahrnehmung durch den gesetzlichen Prozessstandschafter nicht konsequent weiterverfolgt. Durch das Aufstellen der Kriterien der § 606 I 2 Nr. 1–5 ZPO gibt der Gesetzgeber abstrakte Anforderungen für eine Vielzahl qualifizierter Einrichtungen vor, denen er die Durchsetzung von Verbraucheransprüchen mit einer gewissen Seriosität und Nachhaltigkeit zutraut.[921] Die Auswahl zwischen diesen überlässt er jedoch dem Zufall[922], indem nach Rechtshängigkeit die Sperrwirkung für Musterfeststellungsklagen mit demselben Streitgegenstand gegen dieselbe Beklagte eintritt gem. § 610 I 1 ZPO. Wer zuerst klagt, erhält die Stellung als gesetzlicher Prozessstandschafter. Verstärkt wird die Zufälligkeit des

---

917 *Stadler*, JZ 2018, 793, 798; *Waclawik*, NJW 2018, 2921, 2922.

918 *Schmidt*, WM 2018, 1966, 1970. Zur Frage des Rechtsverhältnisses: Teil Zwei Kapitel Vier § 2 B. IV. Prozessuales Treuhandverhältnis (479); zur Frage der Haftung für eine fehlerhafte Prozessführung: Teil Zwei Kapitel Eins § 3 C. IV. 2. g) cc) (2) (c) (bb) Haftungsanspruch als verhältnismäßiger Ausgleich (322).

919 Einen Überblick über die mannigfaltigen Pflichten eines Insolvenzverwalters gebend: *Weitzmann*, in: Schmidt (Hrsg.), Hamburger Kommentar zum Insolvenzrecht, ^{7}2019, § 60 Rn. 9 ff.

920 Zur Herleitung einer Haftung, um eine Verletzung des Anspruchs auf rechtliches Gehör zu vermeiden: Teil Zwei Kapitel Eins § 3 C. IV. 2. g) cc) (2) (c) (bb) Haftungsanspruch als verhältnismäßiger Ausgleich (322).

921 Zu diesem Gedanken: BT-Drs. 19/2439, S. 23.

922 Zur Ungeeignetheit des Prioritätskriteriums: *Leufgen*, Kollektiver Rechtsschutz zugunsten geschädigter Kapitalanleger, 2007, S. 172.

Prioritätsprinzips dadurch, dass der Anwendungsbereich der Musterfeststellungsklage sowie die Kriterien des § 606 I 2 Nr. 1–5 ZPO generell für alle auftretenden Verbraucheransprüche gelten. Jede qualifizierte Einrichtung kann also bei jeder Musterfeststellungsklage die Stellung der Klägerin erreichen. Ein fein austariertes System, welches zur bestmöglichen Aufgabenerfüllung und zum Wohle des Rechtsinhabers und der mit ihm in Verbindung stehenden Gläubiger einen Prozessstandschafter einsetzt, kann darin nicht erblickt werden. Dies kann allenfalls dann anders gesehen werden, wenn die durch das Prioritätsprinzip zum Zuge kommende qualifizierte Einrichtung durch eine Sekundärverantwortlichkeit zur Vermeidung einer eigenen Haftung zur Berücksichtigung der Interessen der Rechtsinhaber angehalten wird. Dann kann bei einer Auswahl potentiell fähiger Einrichtungen durch das Damoklesschwert der Haftung eine bestmögliche Interessenwahrnehmung gewährleistet werden.[923] Solange diese aber nicht ausdrücklich gesetzlich fixiert oder zumindest den klagenden Einrichtungen vor Augen geführt worden ist, kann ihre präventive, verhaltenssteuernde Funktion nicht wirken, wodurch die bestmögliche Interessenwahrnehmung nicht gewährleistet ist.

Die Stellung der klagenden qualifizierten Einrichtung ist nicht mit derjenigen eines ausschließlichen gesetzlichen Prozessstandschafters vergleichbar, wodurch eine Repräsentation kraft Zuweisung prozessualer Handlungsmacht ausscheidet.

ee) Zusammenfassung

Insgesamt lässt sich zur Repräsentation im Hinblick auf Art. 103 I GG und zur dogmatischen Einordnung der Stellung der qualifizierten Einrichtung Folgendes festhalten:

Da der Anspruch aus Art. 103 I GG nicht höchstpersönlicher Natur ist, kann er grundsätzlich auch durch einen Dritten ausgeübt werden. Dafür müssten jedoch die strengen Anforderungen der Rechtsprechung zur repräsentativen Wahrnehmung prozessualer Rechte erfüllt sein, was bei der qualifizierten Einrichtung zu verneinen ist.

Dogmatisch handelt es sich bei der Stellung der qualifizierten Einrichtung im Musterfeststellungsverfahren um eine neue Form der ausschließlichen gesetzlichen Prozessführungsbefugnis. Neu ist dabei vor allem das

---

923 Zur Haftung als notwendiges Kontrollinstrument: *Schmidt-Kessel*, Stellungnahme vom 08.06.2018, S. 18 f.

Wahlrecht des Verbrauchers zwischen dem Musterfeststellungs- und dem Individualverfahren.

Eine repräsentative Wahrnehmung des Anspruchs auf rechtliches Gehör scheidet jedoch aus. In der Anmeldung zum Klageregister kann nicht der Zuspruch eines besonderen Vertrauens im Sinne der Rechtsprechung des BVerfG gesehen werden. Auch unterliegt die qualifizierte Einrichtung keiner besonderen staatlichen Objektivitätspflicht. Schließlich scheidet eine Repräsentation kraft Zuweisung prozessualer Verfügungsmacht aus, zumal der Gesetzgeber nicht hinreichend Sorge getragen hat für eine bestmögliche Interessenwahrnehmung zugunsten der Angemeldeten. Eine mögliche Haftung kann mangels ihrer expliziten Normierung keine verhaltenssteuernde Wirkung entfalten.

Die klagende qualifizierte Einrichtung nimmt den Anspruch auf rechtliches Gehör nicht repräsentativ für die Angemeldeten wahr.

f) Rechtfertigung des Eingriffs in das rechtliche Gehör

Wie bereits erwähnt, soll nach der Feststellung des Zurückbleibens hinter dem Gewährleistungsgehalt des Art. 103 I GG – dem Schema einer Grundrechtsverletzung folgend – die Rechtfertigung näher betrachtet werden.

Problematisch ist, dass es bei Art. 103 I GG an einem festen Punkt für die Prüfung fehlt, da zur Rechtfertigung einer nachteiligen Wirkung eine unmittelbare Wirkung des Art. 103 I GG oder eine verfassungskonforme Auslegung der in Rede befindlichen Vorschriften in Betracht kommt.[924] Die Auswirkungen der Verletzung des Rechts können den Eingriff rechtfertigen, was eine Feststellung der Verfassungswidrigkeit verhindert. Dies führt zu Wechselwirkungen, die oftmals die Vermischung mehrerer dogmatischer Ebenen provoziert. Diese Ebenen sollen separat betrachtet werden. Bevor im nächsten Kapitel auf die Auswirkungen einer etwaigen Verletzung des Art. 103 I GG eingegangen wird, soll zunächst der denklogisch vorrangige Schritt der Feststellung einer Rechtfertigung des Eingriffs diskutiert werden. Falls diese bejaht werden kann, erübrigt sich eine verfassungskonforme Auslegung, weil der Verfassung bereits Genüge getan wird.

Eine Erörterung der Rechtfertigung des Eingriffs erscheint auch deswegen angezeigt, zumal sich der Gesetzgeber, im Gegensatz zum Verzicht und der repräsentativen Wahrnehmung prozessualer Rechte, in der

924 *Schlosser*, Gestaltungsklagen und Gestaltungsurteile, 1966, S. 188.

Gesetzesbegründung mit möglichen Rechtfertigungsgründen (z.B. freie Entscheidung des Verbrauchers, ausschließliche Erweiterung der Rechtsschutzmöglichkeiten) auseinandergesetzt hat.[925] Er führt diese zwar nicht explizit als solche an, gibt durch die Anführung der Gründe, die ihn zum Erlass des Gesetzes bewogen haben, aber zumindest zu erkennen, welche Rechtsgüter und Motive für ihn handlungsleitend waren. Diese waren aus seiner Warte gewichtig genug, um die in den §§ 606 ff. ZPO vollzogene Ausgestaltung zu tragen. Besonders erwähnenswert erscheint bereits an dieser Stelle, dass der Gesetzgeber mit der prozessualen Durchsetzung von Verbraucherrechten einen Themenkomplex angeschnitten hat, der in den letzten Jahren auch auf europäischer Ebene in das Zentrum der Betrachtung gerückt ist.[926] Wie die Zahl von über 470.000 Anmeldungen zum Klageregister im Verfahren gegen die VW AG gezeigt hat, besteht dafür nicht nur eine hohe Nachfrage, sondern auch ein scheinbar zwingendes praktisches Bedürfnis[927], da allein schon aus tatsächlichen Gründen die persönliche Anhörung eines jeden Angemeldeten die Grenzen des tatsächlich Möglichen überschreitet. Ob jedoch die angeführten Gründe den Ausschluss der Beteiligungsrechte der Angemeldeten im Musterfeststellungsverfahren rechtfertigen, bedarf einer eingehenden Prüfung.

aa) Rechtfertigbarkeit des Eingriffs durch kollidierendes Verfassungsrecht

Bevor auf die einzelnen Rechtsgüter eingegangen wird, die zur Rechtfertigung herangezogen werden können, soll zunächst generell zur Rechtfertigbarkeit von Eingriffen in vorbehaltslos gewährleistete Grundrechte und zum rechtfertigungsbedüftigen Eingriff Stellung genommen werden. Damit wird die dogmatische Herangehensweise bei den einzelnen Rechtfertigungsgründen vor die Klammer gezogen.

---

925 So z.B.: BT-Drs. 19/2439, S. 17.

926 *Kohte*, VuR 2018, 321, 322.

927 *Heese*, JZ 2019, 429, 435; insofern feststellend, dass die hohe Zahl der Anmeldungen einen eindrucksvollen Beleg für die Richtigkeit der Annahme des Gesetzgebers liefere, dass massenhaft entstehende Schäden nur ausnahmsweise von den Betroffenen geltend gemacht werden, wenn sie das Risiko der gerichtlichen Durchsetzung tragen müssen: *Tolksdorf*, ZIP 2019, 1401.

(1) Rechtfertigungsbedürftiger Eingriff

In einem ersten Schritt ist festzustellen, worin der Eingriff besteht, um sodann danach zu fragen, wodurch er gerechtfertigt werden kann.

Grundsätzlich stellt jedes Zurückbleiben hinter den Anforderungen des Art. 103 I GG einen Eingriff dar.[928] In den §§ 606 ff. ZPO bieten sich dafür mehrere Anknüpfungspunkte. Zum einen kann darauf abgestellt werden, dass keinerlei Beteiligungsrechte für die Angemeldeten eingeräumt werden. Zum anderen sorgt der Ausschluss der §§ 66 bis 74 ZPO in § 610 VI ZPO dafür, dass sich für die Angemeldeten auch auf eigene Initiative keine Möglichkeit zur Verschaffung rechtlichen Gehörs bietet. Schließlich kann auch die mangelnde gesetzliche Verankerung eines Repräsentationsverhältnisses als Eingriff gesehen werden, da bei dessen Sicherstellung die klagende qualifizierte Einrichtung die prozessualen Rechte der Angemeldeten repräsentativ wahrnehmen würde.

Im Zentrum der Betrachtung soll an dieser Stelle der in §§ 606 ff. ZPO strukturell angelegte Ausschluss von Partizipationsrechten der Angemeldeten stehen. Es sollte mit der Musterfeststellungsklage bewusst ein Verfahren geschaffen werden, in dem unter Ausschluss der angemeldeten Verbraucher die prozessualen Parteien auf die klagende qualifizierte Einrichtung und die Beklagte reduziert sind.[929] Darin liegt die Neuerung der §§ 606 ff. ZPO gegenüber den herkömmlichen Instrumenten der Bewältigung massenhafter Verfahren wie z.B. der Streitgenossenschaft gem. §§ 59, 60 ZPO, in welcher jedem Rechtsträger eine selbstständige prozessuale Stellung als Partei zukommt. Der Ausschluss der Nebenintervention und der Streitverkündung in § 610 VI ZPO verstärkt dieses Element und schreibt die vom Gesetzgeber als unerlässlich angesehene Begrenzung der Verfahrensbeteiligten fort.[930] Als Sicherungsmittel soll er nur in der Gesamtschau mit dem Ausschluss der originären Beteiligungsrechte aus Art. 103 I GG als Eingriff angesehen werden. Die mangelnde Ausgestaltung eines Repräsentationsverhältnisses stellt keinen selbständigen Eingriff dar, sondern wäre lediglich ein passabler Weg zur Erfüllung der Gewährleistungen aus Art. 103 I GG gewesen. Da der Gesetzgeber diesen Weg nicht beschritten hat, stellt sich die Folgefrage der Rechtfertigung des Eingriffs.

---

928 *Kingreen/Poscher*, Grundrechte, [35]2019, Rn. 1245.
929 BT-Drs. 19/2439, S. 1.
930 BT-Drs. 19/2439, S. 27.

Der rechtfertigungsbedürftige Eingriff ist somit in der Ausgestaltung der §§ 606 ff. ZPO zu sehen, insbesondere im strukturell angelegten Ausschluss der Partizipationsrechte der angemeldeten Verbraucher.

Nicht überzeugend ist die Ansicht, die in jedem Eingriff in Art. 103 I GG aufgrund seiner Normprägung zugleich eine Verletzung desselben erblickt.[931] Auch normgeprägte Grundrechte können in ihrem Schutzbereich von Gesetzen geformt werden, denen sie auf der Ebene der Rechtfertigung nicht gerecht werden. Die Normprägung schließt einen Eingriff in ein Grundrecht nicht aus.[932] Anderenfalls würden die Modalitäten, wie auch die Ausgestaltung überhaupt in das Belieben des Gesetzgebers gestellt, was dem Verfassungsauftrag widerspräche die Voraussetzungen für die Inanspruchnahme der Grundrechte überhaupt zu regeln, wobei den Leitentscheidungen Rechnung zu tragen ist.[933] Auch bei normgeprägten Grundrechten ist ein weiter Schutzbereich anzulegen und Einschränkungen sowie Ausgestaltungen müssen im Rahmen der Rechtfertigung einer Verhältnismäßigkeitsprüfung unterzogen werden.[934] Für ein Abweichen von dieser allgemeinen Dogmatik sind überdies keine zwingenden Gründe ersichtlich, zumal jedes Grundrecht in einem gewissen Maß durch das einfache Recht erst geformt und inhaltlich konkretisiert wird. Ab wann eine solche Normprägung vorliegen soll, die eine Abweichung vom allgemeinen Grundrechtsschema verlangt, ist unklar und führt zu vermeidbarer Rechtsunsicherheit. Somit sind auch die §§ 606 ff. ZPO einer Rechtfertigungsprüfung zu unterziehen.

Einer besonderen Legitimation bedarf die Wirkungserstreckung auch dann nicht, wenn sie sich ausschließlich positiv auswirken kann.[935] Durch die in § 613 I 1 ZPO angeordnete umfassende Bindungswirkung greift diese Ausnahme schon im Ansatz nicht.

Aus dem Sinn und Zweck des Art. 103 I GG, der u.a. in der Wahrung der Grundrechte der Beteiligten zu sehen ist, ergibt sich, dass eine unterlassene Anhörung nur dann der Rechtfertigung bedarf, wenn sie für die gerichtliche Entscheidung erheblich war.[936] Bei Unerheblichkeit für die

---

931 So aber: *Kingreen/Poscher*, Grundrechte, [35]2019, Rn. 1246; *Schmidt*, Grundrechte, [24]2019, Rn. 1018.

932 *Brüning*, in: Stern/Becker (Hrsg.), Grundrechte-Kommentar, [3]2019, Artikel 103 GG Rn. 106 f.

933 *Michael/Morlok*, Grundrechte, [7]2020, Rn. 44.

934 *Dies.*, Grundrechte, [7]2020, Rn. 44.

935 *Waldner*, Aktuelle Probleme des rechtlichen Gehörs im Zivilprozess, 1983, S. 206 f.; *Jauernig*, ZZP 101 (1988), 361, 377.

936 *Epping*, Grundrechte, [8]2019, Rn. 955.

Entscheidung kann die Anhörung nicht dem Schutz der Grundrechte dienen.[937] Angenommen werden könnte, dass die klagende qualifizierte Einrichtung durch die Formulierung der sehr abstrakten Feststellungsziele eigene prozessuale Ziele verfolgt, auf die sich der einzelne Anspruch des Angemeldeten nicht mehr auswirkt. Dafür spricht auch, dass durch das Quorum für jedes Feststellungsziel[938] nicht der einzelne Fall im Fokus steht, sondern das Einzelgeschehen übersteigende generelle Informationen für die Darlegung der Feststellungsziele erforderlich sind.[939] Doch genügt es für die Annahme der Erheblichkeit bereits, dass nicht ausgeschlossen werden kann, dass das Gericht bei der Berücksichtigung des Vorbringens zu einer anderen Entscheidung gekommen wäre.[940] Die Feststellungsziele stellen ein Destillat aus den Ansprüchen der angemeldeten Verbraucher dar, indem sie durch die Bindungswirkung gem. § 613 I 1 ZPO auf diese von Einfluss sind und alle Ansprüche in ihrem Kern betreffen. Durch die Anspruchsinhaberschaft der Angemeldeten kann nicht ausgeschlossen werden, dass diese aus ihrer eigenen Wahrnehmungssphäre Tatsachen berichten können, welche der rechtsfremden qualifizierten Einrichtung bei der Aufbereitung des Sachverhaltes nicht aufgefallen bzw. mitgeteilt worden sind. Allein durch die Abstrahierung der Feststellungsziele von den Ansprüchen verlieren diese nicht ihre Gemeinsamkeiten, sodass nach wie vor Tatsachen erheblich sind, die in der Wahrnehmungssphäre des einzelnen Angemeldeten liegen. Es ist daher durchaus möglich, dass Vorbringen der Angemeldeten erheblich für die Entscheidung des Musterfeststellungsgerichts sein kann. Die Notwendigkeit einer Rechtfertigung des Eingriffs entfällt nicht durch eine etwaige Unerheblichkeit des Vorbringens der Angemeldeten.

Ein rechtfertigungsbedürftiger Eingriff liegt somit mit dem systematischen Ausschluss der Beteiligungsrechte in den §§ 606 ff. ZPO vor. Die Erweiterung der Wirkungen des Musterfeststellungsurteils über die Parteien des Rechtsstreites hinaus bedarf somit einer besonderen Rechtfertigung.[941]

---

937 *Ders.*, Grundrechte, ^{8}2019, Rn. 955.

938 Dafür, dass das Quorum für jedes Feststellungsziel gesondert gilt: BGH WM 2019, 1900, 1901 f.; *Halfmeier*, EWiR 2019, 737, 737 f.; *Salger*, jurisPR-BKR 10/2018 Anm. 1; *Schweiger/Wiedeck*, CB 2019, 335, 338.

939 Zu den generellen Informationen im Kollektivrechtsschutz: *Schmidt*, NJW 2002, 25, 29 f.

940 Vgl. BVerfGE 89, 381, 392.

941 *Jauernig*, ZZP 101 (1988), 361, 377.

(2) Dogmatik zur Einschränkbarkeit vorbehaltslos gewährleisteter Verfassungsrechte

Nachdem ein Eingriff in Art. 103 I GG festgestellt wurde, soll in aller Kürze im Interesse dogmatischer Klarheit dargestellt werden nach welchen Maßstäben dieser gerechtfertigt werden kann. Die konkret zur Rechtfertigung angeführten Rechtsgüter und Grundsätze werden erst an späterer Stelle diskutiert.

Grundsätzlich genießt der Gesetzgeber bei der Anordnung einer auch über die Interventionswirkung hinausschießenden Bindungswirkung gewisse Freiheiten.[942] Art. 103 I GG ist bei der Kollision widerstreitender Interessen kein absoluter Geltungsvorrang eingeräumt, sodass er einer in der Sache gebotenen Einschränkung zugänglich ist.[943]

Diese Einschränkungsmöglichkeit ist jedoch nicht beliebig. Die Erstreckung der Urteilswirkungen auf eine nichtgehörte Partei bedarf eines besonderen Legitimationsgrundes.[944] Handlungsleitend muss dafür sein, dass die Verkürzung des rechtlichen Gehörs nicht weiter gehen darf, als sie unbedingt geboten ist.[945] Dies resultiert daraus, dass Art. 103 I GG als Teil des status positivus[946] keinem geschriebenen Gesetzesvorbehalt unterworfen ist, der dieses Verfassungsrecht dem Belieben des einfachen Gesetzgebers unterwerfen würde.[947]

Diese verfassungsrechtliche Ausgangslage darf nicht durch die Zulassung ungeschriebener Ausnahmen umgangen werden. Mit diesen muss daher äußerst sorgsam umgegangen werden.[948] Eine solch seltene Ausnahme stellt z.B. das Verfahren des einstweiligen Rechtsschutzes dar, in welchem es möglich ist eine Entscheidung zu treffen, ohne vorher der Gegenseite rechtliches Gehör gewährt zu haben. Dies rechtfertigt sich aus dem Sachzwang des Verfahrens, da aufgrund der Eilbedürftigkeit bzw. der Gefahr einer Vermögensverschiebung die vorherige Gewährung rechtlichen Ge-

---

942 *Gebauer*, ZZP 119 (2006), 159, 171.

943 *Epping*, Grundrechte, ^{8}2019, Rn. 958.

944 *Jauernig*, ZZP 101 (1988), 361, 384.

945 *Brüggemann*, JR 1969, 361, 369.

946 *Waldner*, Aktuelle Probleme des rechtlichen Gehörs im Zivilprozess, 1983, S. 22 f.

947 Statt vieler: *Brüggemann*, JR 1969, 361; *Hamann*, AnwBl 1958, 141, 142 f.; *Kurth*, Das rechtliche Gehör im Verfahren nach der Zivilprozessordnung, 1965, S. 59.

948 Darauf aufmerksam machend: *Waldner*, Aktuelle Probleme des rechtlichen Gehörs im Zivilprozess, 1983, S. 207.

hörs das Verfahren insgesamt obsolet machen könnte.[949] Als Ausgleich dafür ist jedoch die Möglichkeit des Widerspruches gem. § 924 I ZPO gegeben, der dem Antragsgegner nach Erlass einer für ihn nachteiligen vorläufigen Entscheidung die Erzwingung eines weiteren gerichtlichen Verfahrens ermöglicht, in welchem er sich uneingeschränkt rechtliches Gehör verschaffen kann.[950] Selbst bei diesem in der Struktur des Verfahrens angelegten Ausschluss des präventiven rechtlichen Gehörs ist eine ersatzlose Streichung desselben nicht vorgenommen worden. Lediglich der Zeitpunkt der Gewährung, welcher im Regelfall in einer präventiven Anhörung besteht[951], wird durch die Möglichkeit der Einlegung eines Widerspruches nach hinten verschoben. Insofern liegt keine wirkliche Ausnahme von Art. 103 I GG vor, sondern lediglich eine Verschiebung des Zeitpunktes der Gewährung des rechtlichen Gehörs. Eine pauschale Anerkennung von Ausnahmen ist mithin abzulehnen. Diese muss im Hinblick auf den konkreten Einzelfall geprüft werden, wobei reine Praktikabilitätserwägungen nicht für eine Einschränkung des Art. 103 I GG ausreichen.[952] Ob bei der Musterfeststellungsklage ein zwingendes, im Verfahren angelegtes Erfordernis besteht oder lediglich reine Praktikabilitätserwägungen eine Rolle spielen, wird an anderer Stelle erörtert.[953]

Auch vorbehaltslose Grundrechte stehen aufgrund der Einheit der Verfassung bzw. der grundlegenden Entscheidung der Verfassung als Wertordnung in einer Wechselwirkung zu den anderen verfassungsrechtlichen Gewährleistungen.[954] Aufgrund dieses Gesamtzusammenhangs bedingen und beschränken sich die Verfassungsrechte gegenseitig, woraus sich eine Rechtfertigungsmöglichkeit unter dem Gesichtspunkt der verfassungsimmanenten Schranken ergibt.[955] Der fehlende Gesetzesvorbehalt zwingt mithin dazu die Schutzgüter, die eine Einschränkung des rechtlichen Gehörs rechtfertigen sollen, dem Verfassungsrecht selbst zu entnehmen und

---

949 *Brüggemann*, JR 1969, 361, 369.

950 Diese Konstruktion als immanente Beschränkung des Anspruchs auf rechtliches Gehör bezeichnend: Stein/Jonas/*Brehm*, vor § 1 Einleitung Rn. 283.

951 Maunz/Dürig/*Schmid-Aßmann*, Art. 103 Rn. 91 f.

952 Maunz/Dürig/*Schmid-Aßmann*, Art. 103 Rn. 43 ff.; *Koch*, Prozeßführung im öffentlichen Interesse, 1983, S. 135.

953 Zur Abgrenzung der Praktikabilität vom zwingenden Erfordernis: Teil Zwei Kapitel Eins § 3 C. IV. 2. f) ee) (1) Effektivität der Gerichtsverfahren/Prozessökonomie (276).

954 BVerfGE 28, 243, 261; 30, 173, 193.

955 BVerfGE 28, 243, 261.

die auftretende Kollision im Wege eines schonenden Ausgleichs aufzulösen.[956]

Für die Rechtfertigung typische Schutzgüter bei Art. 103 I GG sind z.B. die Rechtssicherheit und die Funktionsfähigkeit der Rechtspflege.[957] Auch kommt der Verfassungsauftrag aus Art. 6 I GG und das damit verbundene öffentliche Interesse an der rechtssicheren und für alle verbindlichen Regelung von Statusverhältnissen als zur Einschränkung taugliches Verfassungsgut in Betracht.[958] Insofern wirkt eine Statusentscheidung typischerweise für und gegen alle, die von ihr betroffen sind – unabhängig davon, ob jedem Einzelnen rechtliches Gehör gewährt wurde. Das Interesse an der endgültigen und rechtssicheren Klärung statusrechtlicher Verhältnisse überwiegt z.B. die Interessen lediglich monetär Betroffener.

Art. 103 I GG unterliegt somit – der allgemeinen Dogmatik folgend – verfassungsimmanenten Schranken, die einen schonenden Ausgleich mit dem Anspruch auf rechtliches Gehör fordern.

(3) Schlichte Nichtausübung eines möglichen Anspruchs auf rechtliches Gehör

Zu differenzieren ist der rechtfertigungsbedürftige Eingriff von der schlichten Nichtausübung gewährter Rechte. In der zweitgenannten Konstellation versäumt es der prozessual Berechtigte von seinem Recht Gebrauch zu machen, was eine Bindung an das Urteil rechtfertigt; er verdient[959] es – einfach gesprochen – nicht anders.

Diese Argumentation verläuft parallel zu dem Topos, dass zur Gewährung des rechtlichen Gehörs die Verschaffung der Möglichkeit zu dessen Wahrnehmung genügt.[960] Auch unter diesem Blickwinkel werden den Anspruchsberechtigten prozessuale Bemühungen abverlangt, um das ihnen verliehene Recht wahrnehmen zu können.

Eine direkte Beteiligung der Angemeldeten scheidet dabei von vornherein aus, da sich der Gesetzgeber bewusst für einen Zweiparteienprozess unter systematischem Ausschluss des Verbrauchers entschieden hat.[961]

956 Maunz/Dürig/*Schmid-Aßmann*, Art. 103 Rn. 43 ff.
957 *Kingreen/Poscher*, Grundrechte, [35]2019, Rn. 1246.
958 *Calavros*, Urteilswirkungen zu Lasten Dritter, 1978, S. 117 ff.
959 *Gebauer*, ZZP 119 (2006), 159, 171; *Schellhammer*, Zivilprozess, [15]2016, Rn. 1632.
960 *Waldner*, Aktuelle Probleme des rechtlichen Gehörs im Zivilprozess, 1983, S. 82.
961 BT-Drs. 19/2439, S. 1.

Eine unterlassene Einflussnahme auf den Prozess kann ihnen also in keiner Weise vorgeworfen werden, weil ihnen dieser Weg schlicht versperrt wurde.

Als Möglichkeit der mittelbaren Einflussnahme auf den Prozess bleibt jedoch die Zeugenstellung für die angemeldeten Verbraucher, da diese mangels Partei- oder parteiähnlicher Stellung dem Prozess als Dritte gegenüberstehen.[962] Diese – im KapMuG aufgrund der eingeräumten Beteiligtenstellung nicht eröffnete – Möglichkeit kann einen prozessualen Vorteil für die Angemeldeten darstellen.[963] Sie können gewissermaßen als Zeugen in eigener Sache aussagen, was ihnen bei einem selbstständigen Einklagen des Anspruchs verwehrt geblieben wäre.

Zu unterscheiden ist diese Problematik von der bereits erörterten Nichterfüllung der Gewährleistung des Art. 103 I GG durch die Möglichkeit der Erlangung einer Zeugenstellung im Musterfeststellungsprozess.[964] Bei dieser ging es darum, ob es Art. 103 I GG entspricht, dass der angemeldete Verbraucher im Musterfeststellungsprozess als Zeuge aussagen kann. Im vorliegenden Kontext geht es darum, ob die Nichtergreifung der Möglichkeit als Zeuge auszusagen zu einer Verneinung des Eingriffs bzw. zu einer Abmilderung desselben führt. Dabei können durchaus verschiedene Maßstäbe bestehen, da die Erfüllung der Gewährleistung schon rein dogmatisch dem Eingriff vorgelagert ist. Bei einem konstatierten Eingriff können dem Betroffenen unter Umständen größere prozessuale Anstrengungen abverlangt werden, zumal ihm die mangelnde Rechtsgewährung deutlich vor Augen tritt. Auch kann es abgestufte Rechtfertigungsanforderungen je nach Intensität des Eingriffs geben, wohingegen die Gewährleistung entweder erfüllt ist oder nicht. Die Intensität kann durch die Gewährung von Kompensationen, wie ggf. die Stellung als Zeuge, verändert bzw. abgefedert werden.

Doch vermag auch dieser prozessuale Vorteil den Eingriff nicht zu einer vorwerfbaren Nichtausübung bestehender Rechte werden zu lassen. Zum einen manifestiert die Möglichkeit der Zeugenstellung gerade den Kernpunkt des Eingriffs. Diese ist von vornherein nur möglich, weil dem Angemeldeten jedwede Partei- oder parteiähnliche Stellung abgesprochen wird. Mit dieser Vorenthaltung geht auch der Entzug der Beteiligungs-

---

962 BT-Drs. 19/2439, S. 17.

963 *Dietsche*, in: Schäfer (Hrsg.), Der Gesetzesentwurf zur "Musterfeststellungsklage", 2018, S. 76, 81.

964 S. dazu: Teil Zwei Kapitel Eins § 3 C. IV. 2. c) aa) Beteiligungsrechte im Musterfeststellungsprozess (166).

rechte im Musterfeststellungsverfahren einher. Zum anderen hat der Angemeldete seine Benennung als Zeuge im Prozess nicht in der Hand. Diese steht gem. § 373 ZPO im prozessualen Belieben der Parteien des Verfahrens. Auch durch eine Anregung beim Musterfeststellungsgericht kann der angemeldete Verbraucher eine Zeugenstellung nicht erwirken, da der Zeugenbeweis als einziger der fünf Strengbeweismittel nicht amtswegig erhoben werden kann. Die Nichterlangung der Zeugenstellung im Musterfeststellungsprozess stellt somit keine prozessual vorwerfbare Nichtausübung gewährter Rechte dar. Der angemeldete Verbraucher hat darauf schlicht keinen Einfluss. Die Möglichkeit der Erlangung der Zeugenstellung schreibt den Eingriff in die Rechte der Angemeldeten konsequent fort. Dies gilt auch in den Fällen, in denen einzelne Verbraucher als Zeugen für den Musterfeststellungsprozess benannt werden, da sich die Erlangung dieser Stellung lediglich als fremdbestimmte Handlung darstellt. Auch wird realistischerweise bei Großprozessen nicht mit einer massenhaften Benennung gerechnet werden können. Dies würde auch dem Sinn und der Struktur des Musterfeststellungsverfahrens widersprechen, da der Prozess gerade ohne Einflussnahme der Verbraucher stattfinden soll. Bei einer Benennung als Zeuge würden diese doch gehört, was zu einer erheblichen Verzögerung, bei einer immensen Anzahl gar zu einer praktischen Nichtdurchführbarkeit des Prozesses führen kann.

Die Vorenthaltung der Beteiligungsrechte stellt einen Eingriff dar, den der Angemeldete auch nicht durch Geltendmachung von Rechten abmildern bzw. ungeschehen machen kann.

bb) Differenzierung zwischen Streu- und Massenschäden

Für die Rechtfertigung des Eingriffs in Art. 103 I GG von erheblicher Bedeutung ist die Unterscheidung der geltend gemachten Schäden anhand typischer Fallgruppen im kollektiven Rechtsschutz. So können drei Konstellationen auseinandergehalten werden: Schäden an Gemeinschaftsgütern, Streu- und Massenschäden.[965] Gemeinsam ist all diesen Fallgruppen, dass Probleme bei der Rechtsdurchsetzung bzw. genauer bei der prozessualen Geltendmachung dieser Rechte bestehen.[966]

965 *Wagner*, in: Casper/Janssen/Pohlmann u.a. (Hrsg.), Auf dem Weg zu einer europäischen Sammelklage?, 2009, S. 41, 49 f.

966 *Ders.*, in: Casper/Janssen/Pohlmann u.a. (Hrsg.), Auf dem Weg zu einer europäischen Sammelklage?, 2009, S. 41, 56.

(1) Schäden an Gemeinschaftsgütern

Für die Musterfeststellungsklage nicht weiter von Bedeutung und daher nicht weiter zu vertiefen ist die Fallgruppe der Gemeinschaftsgüterschäden. Bei diesen entstehen Schäden, die keinem Individuum zugeordnet sind.[967] Am Erhalt dieser Güter ist vielmehr die Bevölkerung insgesamt bzw. die Menschheit als Ganzes interessiert[968], da sie auch ohne konkrete Zuordnung jeden faktisch betreffen. Da § 606 I 1 ZPO bereits bei der Definition der Feststellungsziele von einer Zuordnung des Anspruchs zum jeweiligen Verbraucher ausgeht, können Gemeinschaftsgüterschäden von vornherein nicht als taugliche Feststellungsziele im Musterfeststellungsverfahren geltend gemacht werden, womit die Musterfeststellungsklage insgesamt für Gemeinschaftsgüterschäden ausscheidet. Darüber hinaus fehlt es sodann an der Abhängigkeit von mindestens zehn Verbraucherrechtsverhältnissen von den Feststellungszielen gem. § 606 II 1 Nr. 2 ZPO. Erst recht finden sich keine 50 Verbraucher, die gem. § 606 III Nr. 3 ZPO ihre Ansprüche zum Klageregister anmelden können, da solche per definitionem nicht bestehen.

(2) Streuschäden

Als grundlegende Gemeinsamkeit zwischen Streu- und Massenschäden ist die Tatsache zu nennen, dass eine größere Anzahl von Menschen betroffen sein muss.[969] Ansonsten liegen den beiden Fallgruppen unterschiedliche Ausgangs- und Interessenlagen zugrunde.

Streuschäden sind dadurch gekennzeichnet, dass eine Vielzahl Einzelner einen geringfügigen Schaden erleidet, der zwar prozessual einklagbar wäre, jedoch im Verhältnis zum Betrag unverhältnismäßige Kosten verursachen würde.[970] Aufgrund der Tatsache, dass dieses Missverhältnis zwischen Aufwand und Ertrag unter wirtschaftlichen Gesichtspunkten ein Absehen von der Geltendmachung der Forderung nahelegt, wird von einem ratio-

---

967 *Ders.*, 66. DJT, Band 1, 2006, A 11, A 126.

968 *Ders.*, in: Casper/Janssen/Pohlmann u.a. (Hrsg.), Auf dem Weg zu einer europäischen Sammelklage?, 2009, S. 41, 50.

969 *Ders.*, in: Casper/Janssen/Pohlmann u.a. (Hrsg.), Auf dem Weg zu einer europäischen Sammelklage?, 2009, S. 41, 81 f.

970 *Ders.*, in: Casper/Janssen/Pohlmann u.a. (Hrsg.), Auf dem Weg zu einer europäischen Sammelklage?, 2009, S. 41, 52; *Meller-Hannich*, GPR 2014, 92, 93.

nalen Desinteresse gesprochen.[971] Dieses strukturelle Defizit wird durch kollektiven Rechtsschutz zu überwinden versucht.[972] Ohne eine gebündelte Verfolgung dieser Ansprüche würde die weit überwiegende Anzahl von einer gerichtlichen Geltendmachung derselben absehen, sodass erst die Überwindung des rationalen Desinteresses den Ansprüchen auf Ersatz von Streuschäden zur rechtlichen Realität verhilft.[973]

Daneben führt das Unterlassen der gerichtlichen Geltendmachung dazu, dass Unrechtsgewinne zivilrechtlich folgenlos bleiben, da der Schädiger mangels gerichtlichen Prozesses nicht zur Rückerstattung verpflichtet wird.[974] An der Geltendmachung besteht folglich ein überindividuelles, kollektives Interesse, welches den individuellen Anspruch aufgrund seiner wirtschaftlichen Belanglosigkeit für den Einzelnen in den Hintergrund rücken lässt.[975] Der letztgenannte Aspekt ist entscheidend für die Anforderungen, die an die Rechtfertigung eines Eingriffs in Art. 103 I GG zu stellen sind. Das überindividuelle Interesse und das individuelle Desinteresse führen dazu, dass eine mangelnde Beteiligung im Prozess für den Einzelnen weit weniger gravierend ist. Wirtschaftlich hat der Anspruchsberechtigte weder Interesse an dem Anspruch noch an dem Gerichtsprozess, sodass er realistisch betrachtet um keinerlei Rechte gebracht wird. Dieses Gefälle zwischen überindividuellem und individuellem Interesse hat gar zu der Annahme geführt, dass zur Geltendmachung von Streuschäden ein opt-out Verfahren zulässig sein soll, da die übergeordneten Verbraucherinteressen ein Zurückstellen von individuellen Rechten rechtfertigen würden.[976] Inwieweit der Eingriff bei der Musterfeststellungsklage gerechtfertigt ist, wird an späterer Stelle anhand des konkret in Rede stehenden Verfassungsgutes erörtert.

Entschieden entgegengetreten wird der Auffassung, dass die Fallgruppe der Streuschäden nicht existent sei.[977] Zuzugeben ist lediglich im Ausgangspunkt, dass prinzipiell jede Forderung einen wirtschaftlichen Wert

---

971 Statt vieler: *Rathmann*, in: Saenger (Hrsg.), Zivilprozessordnung, ^{8}2019, Vorbemerkung zu §§ 606–614 Rn. 1.

972 *Heese*, JZ 2019, 429, 431; *Zimmer/Weigl*, BB 2019, 183.

973 *Koch*, Prozeßführung im öffentlichen Interesse, 1983, S. 288.

974 *Meller-Hannich*, 72. DJT, Band 1, 2018, A 1, A 25; darauf hinweisend, dass dies letztlich zu einer Fehlallokation der gesetzlich oder vertraglich zugewiesenen Rechte und Vermögenswerte führt: *Freitag/Lang*, ZZP 132 (2019), 329, 330.

975 *Meller-Hannich*, 72. DJT, Band 1, 2018, A 1, A 58 f.

976 *Stadler*, in: Meller-Hannich (Hrsg.), Kollektiver Rechtsschutz im Zivilprozess, 2008, S. 93, 107 f.

977 So aber: *Bruns*, NJW 2018, 2753, 2756.

hat und deshalb eine Verfolgung sinnvoll erscheint.[978] Was dabei jedoch verkannt wird ist, dass es nicht um den Verzicht auf die wirtschaftliche Forderung durch Unterlassen einer gerichtlichen Geltendmachung geht, sondern um die Abwägung des Risikos, welches mit einer gerichtlichen Geltendmachung einhergeht. Bei den degressiv gestaffelten Gerichts- und Anwaltskosten werden die Kosten der Rechtsverfolgung gerade im unteren dreistelligen Bereich den Anspruch um ein Vielfaches übersteigen. Der Verzicht auf die Forderung, so unsinnig er bei klarer Rechtslage auch sein mag, erscheint angesichts des immensen Kostenrisikos nachvollziehbar. Hinzu kommt die oft jahrelange Mühewaltung in eigenen Angelegenheiten, die mit dem Führen eines gerichtlichen Verfahrens zwangsläufig verbunden ist. Das Bestehen eines rationalen Desinteresses kann mithin nicht ernsthaft in Abrede gestellt werden.

(3) Massenschäden

Im Gegensatz dazu steht das Phänomen der Massenschäden. Bei diesen führt ein schädigendes Ereignis dazu, dass eine Vielzahl nicht unerheblicher Schadensfälle entsteht.[979] Im Unterschied zu Streuschäden macht somit nicht erst die Bündelung aller Ansprüche die Rechtsverfolgung prozessual sinnvoll, sondern es besteht für jeden Geschädigten aufgrund der wirtschaftlichen Bedeutung der Forderung genug Anreiz seine Forderung selbst einer gerichtlichen Klärung zuzuführen.[980] Durch das rationale Interesse an der Geltendmachung des Anspruchs führen massenhaft eingereichte Klagen zu einer Überlastung der Gerichte, die über jeden einzelnen Anspruch separat zu entscheiden haben.[981] Obwohl es im Kern um die immer gleiche Frage der Verursachung des schadensauslösenden Ereignisses geht, muss in jedem einzelnen Prozess im Wege des Strengbeweises der Hergang ermittelt werden, was zu erheblichen Zeitverzögerungen und Bündelungen justizieller Ressourcen führt. Es erscheint daher im allseitigen, wenn nicht sogar öffentlichen Interesse zur Effektivierung der Prozesse gleichförmige Rechts- und Tatsachenfragen einer einmaligen Klärung

---

978 *Ders.*, NJW 2018, 2753, 2756.

979 *Winkelmeier-Becker/Dietsche*, ZG 2018, 47, 53.

980 *Wagner*, in: Casper/Janssen/Pohlmann u.a. (Hrsg.), Auf dem Weg zu einer europäischen Sammelklage?, 2009, S. 41, 54.

981 *Ders.*, in: Casper/Janssen/Pohlmann u.a. (Hrsg.), Auf dem Weg zu einer europäischen Sammelklage?, 2009, S. 41, 54.

zuzuführen, womit auch die Gegenseite nur zu einer einmaligen Verteidigung gezwungen und das Risiko voneinander abweichender Entscheidungen gebannt wird.[982] Die strukturellen Defizite bei den Massenschäden liegen vor allem im prozessökonomischen Bereich.[983]

Damit besteht für den Einzelnen ein durchaus tiefer Eingriff in sein Recht aus Art. 103 I GG, wenn ohne seine Beteiligung aus prozessökonomischen Gründen über seinen nicht unerheblichen Anspruch verhandelt wird. Dieser Eingriff kann nicht relativiert werden, da auch ohne das Kollektivverfahren eine gerichtliche Geltendmachung angestrebt worden wäre. Das überindividuelle Interesse nimmt eine weit weniger dominante Rolle ein als bei den Streuschäden. Zwar liegt die Verkürzung der Zeitdauer gerichtlicher Verfahren im Allgemeininteresse. Doch erhielten die materiellrechtlichen Normen auch ohne eine kollektive Rechtsverfolgung prozessuale Durchsetzungskraft. Das strukturelle Defizit entsteht weniger durch das Individuum als vielmehr durch mangelnde Personalausstattung der Gerichte und umständliche Beweisverfahren, die eine gerichtliche Feststellung aller Tatsachen in jedem einzelnen Prozess erzwingen. Die Gründe für die Einschränkung der Rechte des Einzelnen liegen somit im Verantwortungs- und Regelungsbereich des Staates. Die Anforderungen zur Verkürzung dieser Rechte liegen daher wesentlich höher als bei solchen, die aus nachvollziehbaren Gründen mit an Sicherheit grenzender Wahrscheinlichkeit ohnehin nicht ausgeübt werden.

Es lässt sich somit festhalten, dass die Interessenlage bei Streu- und Massenschäden diametral entgegengesetzt ist.[984] Einzig gemeinsam ist ihnen, dass eine größere Anzahl an Personen betroffen ist.[985]

(4) Zuordnung der Musterfeststellungsklage

Umso erstaunlicher ist es, dass der Gesetzgeber in der Gesetzesbegründung das Argumentationsmuster einheitlich verwenden zu wollen scheint.[986] Eine eindeutige Unterscheidung zwischen Streu- und Massenschäden nimmt er nicht vor. Durch die explizite Erwähnung des rationalen Desin-

---

982 *Koch*, Prozeßführung im öffentlichen Interesse, 1983, S. 295 f.

983 *Ders.*, Prozeßführung im öffentlichen Interesse, 1983, S. 288 f.

984 *Wagner*, in: Casper/Janssen/Pohlmann u.a. (Hrsg.), Auf dem Weg zu einer europäischen Sammelklage?, 2009, S. 41, 54.

985 *Ders.*, in: Casper/Janssen/Pohlmann u.a. (Hrsg.), Auf dem Weg zu einer europäischen Sammelklage?, 2009, S. 41, 81 f.

986 *Koch*, MDR 2018, 1409, 1410 f.

teresses[987] gleich zu Beginn scheint handlungsleitendes Motiv die Bewältigung von Streuschäden gewesen zu sein, da jenes nur in dieser Fallgruppe auftritt. Dies wiederum ist vor dem Hintergrund nicht stimmig, dass die §§ 606 ff. ZPO als direkte Reaktion auf den VW-Abgasskandal eingeführt wurden. Bei den im VW-Prozess in Rede stehenden Ansprüchen handelt es sich aufgrund ihrer beträchtlichen Höhe im vier- bis fünfstelligen Bereich gerade nicht um solche, die unter die Fallgruppe der Streuschäden gefasst werden können.[988] Dagegen allenfalls angedeutet ist die Bewältigung von Massenschäden durch die Betonung der einheitlichen Entscheidung zentraler Streitfragen mit Breitenwirkung.[989] Auf die unterschiedlichen Interessenlagen bei den beiden Fallgruppen wird nicht eingegangen.

Dabei ist die Unterscheidung für die Anforderungen an die Rechtfertigung von entscheidender Bedeutung. Eine konsequente Differenzierung ist rechtspolitisch und juristisch unumgänglich.[990] Verschiedene Ausgangs- und Interessenlagen erfordern austarierte Lösungsansätze, die sich des jeweiligen Problems annehmen.[991] Dies gilt nicht zuletzt deshalb, weil effektive Maßnahmen für eine Fallgruppe entgegengesetzte Wirkungen für die andere Fallgruppe zeitigen können. So kann ein verfassungsrechtlich notwendiges opt-in Verfahren bei Massenschäden die Verfolgung von Streuschäden verhindern, da sich das rationale Desinteresse auch auf die opt-in Erklärung auswirkt.

Ob sich der weite Anwendungsbereich der Musterfeststellungsklage dahingehend auswirkt, dass sie in keiner Fallgruppe ein effektives Instrument darstellt[992], wird sich bei der Erörterung der einzelnen Fallgruppen erweisen. Zunächst sollen – nach einer Darstellung der Schutzlücken im deutschen System – die Aspekte diskutiert werden, die beiden Fallgruppen zu eigen sind und daher gemeinsam erörtert werden können. Dabei kann vor

---

987 BT-Drs. 19/2439, S. 1.

988 *Sievers*, DAR Extra 2018, 730, 730 f.; *Salger*, jurisPR-BKR 10/2018 Anm. 1; *Schäfers*, ZZP 132 (2019), 231, 235; *Meller-Hannich*, BRJ 2017, 119, 120 f.

989 BT-Drs. 19/2439, S. 16.

990 *Stadler*, in: Meller-Hannich (Hrsg.), Kollektiver Rechtsschutz im Zivilprozess, 2008, S. 93, 107; *Wagner*, in: Casper/Janssen/Pohlmann u.a. (Hrsg.), Auf dem Weg zu einer europäischen Sammelklage?, 2009, S. 41, 85; *Micklitz/Stadler*, Das Verbandsklagerecht in der Informations- und Dienstleistungsgesellschaft, 2005, S. 9.

991 Eine zwischen Streu- und Massenschäden differenzierende Lösung bietend: *Wagner*, 66. DJT, Band 1, 2006, A 11, A 106 ff.

992 So der unter C.15 gefasste Beschluss des 72. DJT.

allem auf die nicht differenzierende Gesetzesbegründung zurückgegriffen werden.

cc) Schutzlücken im deutschen System

Die praktische Kraft der privatrechtlichen Rechtssätze, mit denen sie in die Wirklichkeit treten, bestimmt sich maßgeblich nach ihrer Geltendmachung.[993] Die Justizgewährung erfolgt somit in erster Linie im Interesse der materiellen Rechte, denen sie zur Durchsetzung verhelfen soll.[994] Die Erfüllung dieser Hilfsfunktion setzt vor allem den effektiven Zugang zu effektiven Verfahren zur Durchsetzung subjektiver Rechte voraus.[995]

Aufgrund der nationalstaatlichen Souveränität wird die Gewährleistung auf unterschiedliche Weise erfüllt, was zu mehr oder weniger stark auf effektiven Individualrechtsschutz abzielenden Prozessordnungen führt. Bedenklich wird es erst, wenn der Druck, der von der drohenden gerichtlichen Geltendmachung ausgeht, so unterschiedlich ausfällt, dass sich die Argumentationen auf tatsächlicher Ebene je nach Land widersprechen.[996] So führte die Gefahr drohender Sammelklagen in den USA bei der VW AG zu einer schnellen und umfassenden Einigung[997], wohingegen in Deutschland die Manipulationsvorwürfe lange Zeit abgestritten wurden.[998] Erst am 28.02.2020 kam es zu dem Abschluss eines außergerichtlichen Vergleichs im Musterfeststellungsprozess zwischen der VW AG und dem vzbv.[999]

Dies hängt sicherlich mit den Hürden zusammen, die mit einer gerichtlichen Geltendmachung zwangsläufig einhergehen.[1000] So sind die Erfolgschancen einer Klage für einen juristischen Laien äußerst schwierig abschätzbar. Auch zieht sich ein Prozess oft über Jahre und ist mit

---

993 *Ihering*, Der Kampf um's Recht, [15]1903, S. 48.

994 *Meller-Hannich*, FS G. Fischer, 2010, S. 297, 307.

995 *Haß*, Die Gruppenklage, 1996, S. 1.

996 *Koch*, MDR 2018, 1409, 1410.

997 Diese ist abrufbar unter: https://www.vwcourtsettlement.com/en/ (geprüft am 14.04.2020).

998 Die Krisenkommunikations- und -bewältigungsstrategie der VW AG als in keiner Weise nachvollziehbar bezeichnend: *Woopen*, IWRZ 2018, 160, 163.

999 Einen kurzen Überblick über den Inhalt des Vergleichs gebend: *Pollmann*, VW-Musterfeststellungsklage: Der Vergleich aus rechtsökonomischer Sicht (https://www.zpoblog.de/musterfeststellungsklage-vergleich-oekonomische-analyse-des-rechts-tobias-pollmann/) (geprüft am 14.04.2020).

1000 Diese illustrierend: *Freitag/Lang*, ZZP 132 (2019), 329, 330.

einer erheblichen nervlichen und mindestens vorläufigen finanziellen Belastung verbunden. Nicht verständlich ist für viele Geschädigte zudem, dass sie auch bei klarer Rechtslage sowohl bei den Gerichtskosten gem. § 12 I 1 GKG als auch bei den Kosten ihres eigenen Anwalts gem. § 9 RVG in Vorleistung gehen müssen. Ob sie diese jemals erstattet bekommen hängt wiederum von dem schwer abschätzbaren Erfolg der Klage und der Solvenz der Gegenseite ab.

All diese Faktoren führen dazu, dass erst ab einem Betrag von 1950 € eine knappe Mehrheit von Befragten eine Klage erheben würde.[1001] Es sind im deutschen Recht somit erhebliche Schutzlücken zu verzeichnen.[1002] Das Bedürfnis einer erleichterten Rechtsdurchsetzung zeigt sich zum einen an der Experimentierfreudigkeit mit Abtretungsmodellen von in- und ausländischen Kanzleien[1003], die sich großer Beliebtheit erfreuen.[1004] Zum anderen führt die Zahl von über 470.000 Anmeldungen im Musterfeststellungsverfahren gegen die VW AG – auch wenn es sich dabei nur um einen kleinen Teil der potentiellen Anspruchsinhaber handelt – eindrucksvoll vor Augen, dass die Absenkung der Risiken mit einer Erhöhung der Klagefreudigkeit einhergeht.[1005]

Bei Streuschäden wird das Phänomen der auftretenden Schutzlücke unter dem Begriff des rationalen Desinteresses zusammengefasst, wobei eine unterlassene Geltendmachung vom Freiheitsgedanken und der persönlichen Selbstverantwortung in gewissem Maße gedeckt ist, sodass es verfassungsrechtlich nicht geboten ist jede Art der Anspruchsdurchsetzung vernünftig bzw. wirtschaftlich lohnenswert auszugestalten.[1006] Die Hindernisse bei Massenschäden sind dagegen eher die zeitliche, finanzielle und nervliche Belastung durch ein Gerichtsverfahren sowie die prozessuale Unerfahrenheit des Einzelnen, der sich einem routinierten Klagegegner gegenübergestellt sieht.

1001 Zu dieser Umfrage: *Hirsch*, Paralleljustiz? Der Verbraucher hat die Wahl (https://www.faz.net/aktuell/politik/staat-und-recht/gastbeitrag-paralleljustiz-der-verbraucher-hat-die-wahl-13436239.html) (geprüft am 14.04.2020).

1002 Statt vieler: *Meller-Hannich*, DRiZ 2018, 298.

1003 *Meller-Hannich*, 72. DJT, Band 1, 2018, A 1, A 75; dies als „munteres Treiben" der in- und ausländischen Kanzleien deklarierend: *Meller-Hannich*, BRJ 2017, 119, 121.

1004 Das Abtretungsmodell als attraktive Alternative bezeichnend: *Tolksdorf*, ZIP 2019, 1401, 1402.

1005 Die Bewährung der Musterfeststellungsklage im Verfahren gegen die VW AG als ausschlaggebend für die Zukunft der §§ 606 ff. ZPO bezeichnend: *Gängel*, NJ 2019, 378, 380.

1006 *Meller-Hannich*, 72. DJT, Band 1, 2018, A 1, A 38 ff.

Diese Lücken, die durch die legislative Ausgestaltung der ZPO, des GKG und des RVG bedingt sind, will der Gesetzgeber durch zusätzliche privatrechtliche Rechtsschutzmöglichkeiten schließen.[1007] Der Zivilprozess wird daher zur Verfolgung einer staatlichen Aufgabe instrumentalisiert.[1008]

Die Einführung der Einziehungsklage in § 79 II 2 Nr. 3 ZPO konnte aufgrund ihrer Umständlichkeit und der weiter bestehenden gerichtsorganisatorischen Schwierigkeiten keine Schließung der Lücken bewirken.[1009] Zu verzeichnen sind vielmehr privatrechtliche Konstruktionen zur Reduzierung der Risiken für den Anspruchsberechtigten. So erfreuen sich Rechtsschutzversicherer und Abtretungsmodelle großer Beliebtheit, da sie partiell die entstandenen Lücken zu schließen vermögen.

Als Alternativkonzept bzw. Ergänzung hierzu ist durch die Musterfeststellungsklage ein weiterer Versuch unternommen worden die Hürden für eine gerichtliche Geltendmachung von Ansprüchen zu senken und somit die Schutzlücken zu verkleinern.

dd) Bei beiden Kategorien betroffene Aspekte

Vor eine Rechtfertigungsprüfung differenziert nach den dargestellten Fallgruppen vorgenommen wird, sollen zunächst diejenigen Gesichtspunkte erörtert werden, die sowohl bei Massen- als auch bei Streuschäden relevant werden.

Letztendlich geht die Erstreckung der Urteilswirkung auf Nichtbeteiligte immer mit einer Beschneidung prozessualer Rechte einher. Beim Kollektivrechtsschutz steht die Steigerung der Effektivität des Verfahrens im Vordergrund.[1010] Bei Gestaltungsurteilen spielen anderweitige verfassungsrechtliche Erwägungen eine Rolle.[1011] Entscheidend ist dabei jedoch immer, dass die Einschränkung des individuellen Rechtsschutzanspruches verhältnismäßig zum angestrebten prozessualen Effizienz- bzw. Rechtssicherheitsgewinn erfolgt.[1012] Diese Prüfung der Verhältnismäßigkeit wird

---

1007 *Schneider*, BB 2018, 1986.

1008 *Bruns*, NJW 2018, 2753, 2755.

1009 *Meller-Hannich*, 72. DJT, Band 1, 2018, A 1, A 64.

1010 *Lange*, Das begrenzte Gruppenverfahren, 2011, S. 129 ff.

1011 Zu diesen bereits dargestellten Erwägungen: Teil Zwei Kapitel Eins § 3 B. 3. Abgrenzung zur Gestaltungswirkung (98).

1012 So zum Gesichtspunkt der Kollektivierung: *Leufgen*, Kollektiver Rechtsschutz zugunsten geschädigter Kapitalanleger, 2007, S. 135.

anhand des KapMuG-Verfahrens und der Wirkungen von Gestaltungsurteilen nachvollzogen, um daraus gegebenenfalls Rückschlüsse auf § 613 I 1 ZPO ziehen zu können.

Sodann wird das vom Gesetzgeber in der Gesetzesbegründung ohne nähere Differenzierung zwischen den Fallgruppen angeführte Argument[1013] der freien Entscheidung der sich Anmeldenden und der Erweiterung des Rechtsschutzes näher beleuchtet.

Des Weiteren wird untersucht, ob die nicht ohnehin von einem Urteil des OLG ausgehende faktische Bindungswirkung die Rechtliche gem. § 613 I 1 ZPO in einem neuen Licht erscheinen lässt.

(1) Vergleich zur Situation des KapMuG

Der Gesetzgeber hat sich in jüngster Zeit bereits mit der Abwägung zwischen prozessualen Zwangswirkungen und Individualrechten beschäftigt. So wurde mit Einführung des KapMuG ermöglicht eine Vielzahl von Betroffenen an eine Musterentscheidung des OLG zu binden. Wie auch die Musterfeststellungsklage differenziert das KapMuG im Anwendungsbereich nicht zwischen Streu- und Massenschäden.

Unter dem Gesichtspunkt des Justizgewährungsanspruchs gab der Gesetzgeber klar zu erkennen, dass er sich der beschränkenden Wirkung des KapMuG bewusst ist.[1014] Er stellte heraus, dass sich die Beschränkung der individuellen Rechte am Gesichtspunkt der Verhältnismäßigkeit messen lassen müsse. Er sah die Verhältnismäßigkeit als gewahrt an, da die Betroffenen nach dem Vorbild des § 68 ZPO Angriffs- und Verteidigungsmittel geltend machen und so auf den Gang und das Ergebnis des Verfahrens steuernd einwirken könnten.

Doch ergibt sich zur Musterfeststellungsklage ein entscheidender Unterschied im Hinblick auf das zu fördernde Rechtsgut. Angeführt wurde zwar bei der Einführung des KapMuG pauschal die Effektivität des Justizgewährungsanspruchs[1015], doch ist dabei zwischen einer Individual- und ordnungspolitischen Effektivität zu unterscheiden. Bei einer bereits erhobenen Klage führt die Bekanntmachung des Vorlagebeschlusses automatisch zur Aussetzung des Individualrechtsstreits gem. § 8 I 1 KapMuG. Zwangsläufige Folge hiervon ist die Gewährung relativ umfassender Be-

1013 BT-Drs. 19/2439, S. 28.
1014 Zu diesem und zu den folgenden Gedanken: BT-Drs. 15/5091, S. 31.
1015 BT-Drs. 15/5091, S. 31.

teiligungsrechte im Musterfeststellungsprozess gem. § 14 S. 2 KapMuG. Neben durchaus wichtigen Impulsen für den Prozess können diese Rechte aber auch zu erheblichen Verzögerungen im Musterfeststellungsverfahren führen.[1016] Der Gesetzgeber scheint also stillschweigend zu hoffen, dass die mehreren hundert oder sogar mehreren tausend Beteiligten von ihren Beteiligungsrechten nur maßvoll Gebrauch machen.[1017] Anderenfalls wäre das Musterfeststellungsverfahren gar nicht oder allenfalls mit erheblichem Zeitaufwand durchführbar. Darüber hinaus bedarf es nach Erlass des Musterentscheids noch einer Entscheidung im Individualverfahren, die wiederum Zeit in Anspruch nimmt. Hinsichtlich des Individualrechtsschutzes ist das Verfahren mithin zu aufwendig, behäbig und dauert viel zu lang.[1018]

Doch ist an dieser Stelle zu beachten, dass der Gesetzgeber mit der Effektivität des Verfahrens einen anderen Aspekt im Blick hatte. Gesteigert werden sollte nicht unbedingt die individuelle Rechtsdurchsetzung, sondern die ordnungspolitische Funktion der Normen des Kapitalmarkthaftungsrechts.[1019] Diese wird insofern gefördert, als den Normen durch den Musterprozess überhaupt zur Durchsetzung und damit zur rechtlichen Realität verholfen wird. Damit korrespondiert auch die zwangsweise Aussetzung gem. § 8 I 1 KapMuG, durch die eine Entscheidung in allen anhängigen Fällen sichergestellt werden soll.

Eine solche Zwangswirkung ist der Musterfeststellungsklage – zumindest im Ausgangspunkt der Anmeldung zum Klageregister – fremd. Im Vordergrund steht nicht die ordnungspolitische Funktion der durchzusetzenden Haftungsnormen, sondern vielmehr die Erleichterung der Durchsetzung des Individualanspruches. Durch die zwangsweise Aussetzung des Individualprozesses erhält die Rechtfertigung des Eingriffs in die prozessualen Individualrechte im KapMuG eine andere Dimension, sodass die Interessenabwägung nicht als fruchtbarer Ausgangspunkt für die Rechtfertigung bei der Musterfeststellungsklage dienen kann.

Eine im Ausgangspunkt der Musterfeststellungsklage viel ähnlichere Konstellation ist das 2012 in das KapMuG eingeführte Institut der einfachen Anmeldung. Inmitten stand dabei auch nicht der Justizgewährungs-

---

1016 *Halfmeier*, ZIP 2016, 1705, 1711 f.; *Wanner*, Das KapMuG als allgemeine Regelung für Massenverfahren, 2010, S. 67.

1017 *Lange*, in: Vorwerk/Wolf (Hrsg.), Kapitalanleger-Musterverfahrensgesetz, [2]2020, § 9 Rn. 1 f.

1018 *Meller-Hannich*, 72. DJT, Band 1, 2018, A 1, A 68.

1019 BT-Drs. 15/5091, S. 1; *Meller-Hannich*, ZBB 2011, 180, 190.

anspruch, sondern wie bei der Musterfeststellungsklage der Anspruch auf rechtliches Gehör. Falls noch keine Individualklage anhängig ist, hat der Einzelne gem. § 10 II 1 KapMuG die Möglichkeit seinen Anspruch innerhalb von sechs Monaten schriftlich beim OLG anzumelden. Im Gegensatz zur zwangsweisen Aussetzung bei bereits anhängiger Individualklage erfolgt die Anmeldung aus freien Stücken. Die Beteiligungsrechte aus § 14 S. 2 KapMuG sind dem einfach Angemeldeten allerdings verwehrt. Obwohl auch bei der einfachen Anmeldung die Konstatierung einer Bindungswirkung angedacht war, entschied sich der Gesetzgeber aufgrund der mangelnden Beteiligungsrechte und der damit einhergehenden verfassungsrechtlichen Bedenken gegen die Anordnung einer Bindungswirkung.[1020] Einzige Rechtsfolge ist nunmehr die Verjährungshemmung gem. § 204 I Nr. 6a BGB und die nicht in rechtliche Kategorien fassbare faktische Bindungswirkung der Entscheidung des OLG.

Ohne die Gewährung von Beteiligungsrechten im Musterprozess sah sich der Gesetzgeber bei der Reformierung des KapMuG somit gehindert eine rechtliche Bindungswirkung anzuordnen. Auch wenn der Gesetzgeber bei jedem neuen Gesetz und erst recht bei einer Neukonstituierung der gesetzgebenden Organe frei darin ist von früher eingenommenen Standpunkten abzurücken oder Interessenabwägungen abweichend vorzunehmen, so deutet die Ablehnung der Bindungswirkung bei der einfachen Teilnahme beim KapMuG doch in Richtung eines nicht rechtfertigbaren Eingriffs in Art. 103 I GG. Die prozessualen Situationen sind stark miteinander vergleichbar.

Aus einem Vergleich mit dem KapMuG kann somit nur ein Argument gegen die Rechtfertigung des Eingriffs in Art. 103 I GG gewonnen werden.

(2) Vergleich zu erga-omnes Urteilen

Das Urteil im Zivilprozess ist das Ergebnis eines meist dialektisch geführten Rechtsstreits und trägt somit nicht den Anspruch in sich die objektive Wahrheit abzubilden.[1021] Daraus ergibt sich, dass der Inhalt des Urteils grundsätzlich nur für die prozessführenden Parteien verbindlich ist und andere von diesem nicht betroffen werden sollen.[1022] Die Erweiterung

---

1020 S. dazu: Teil Zwei Kapitel Eins § 3 C. IV. 2. c) ii) Historisches Argument: allmähliche Reduzierung der Beteiligungsrechte durch den Gesetzgeber (190).

1021 *Calavros*, Urteilswirkungen zu Lasten Dritter, 1978, S. 174 f.

1022 *Ders.*, Urteilswirkungen zu Lasten Dritter, 1978, S. 174 f.

der Urteilswirkungen auf nichtbeteiligte Dritte steht dem Gesetzgeber in keiner Weise frei, sondern bedarf eines sie rechtfertigenden Grundes.[1023] Gegebenenfalls können diese Gründe auch eine Rechtfertigung der Bindungswirkung bei der Musterfeststellungsklage bewirken.

(a) Nichtigerklärung eines Hauptversammlungsbeschlusses

So wirkt gem. § 248 I 1 AktG ein Beschluss, welcher einen Hauptversammlungsbeschluss für nichtig erklärt, gegenüber allen Aktionären und Vorstandsmitgliedern, selbst wenn diese nicht Parteien des gerichtlichen Verfahrens gewesen sein sollten. Grund hierfür ist, dass die Aktiengesellschaft als natürliche Vertreterin der Betroffenen erscheint.[1024] Dies kann bei der qualifizierten Einrichtung in Bezug auf die Angemeldeten nicht angenommen werden. Durch den Erwerb von Aktien haben die Aktionäre der AG ein besonderes Vertrauen entgegengebracht und wurden Teil derselben. Dies rechtfertigt es auch im Prozess anzunehmen, dass die AG die Interessen der Betroffenen wahrzunehmen geeignet ist. Im Gegensatz dazu steht die qualifizierte Einrichtung, die im Regelfall lediglich durch die Anmeldung im Klageregister zum Verbraucher in Kontakt tritt. Eine mitgliedschaftliche Verbundenheit oder eine bereits vor der Anmeldung entstandene Vertrauensstellung ist damit nicht verbunden. Anders als bei der AG kann der Verbraucher auf die qualifizierte Einrichtung auch nicht – wie z.B. bei der Beschlussfassung in der Hauptversammlung – Einfluss nehmen. Diese mangelnde Einflussnahmemöglichkeit schwächt die Position der angemeldeten Verbraucher bedeutend, sodass es nicht gerechtfertigt erscheint die qualifizierte Einrichtung als natürliche Vertreterin derselben anzusehen. Die qualifizierte Einrichtung vertritt die Angemeldeten somit nicht; die Urteilserstreckung ist aus diesem Gesichtspunkt mithin nicht gerechtfertigt.

(b) Gestaltungsurteile bzw. -beschlüsse

Ein bei Gestaltungsurteilen bzw. -beschlüssen vorgebrachtes Argument ist, dass durch den rechtsprechenden Akt ein neuer Rechtszustand geschaffen

---

1023 *Schlosser*, Gestaltungsklagen und Gestaltungsurteile, 1966, S. 169.
1024 So m.w.N.: *Arens*, Streitgegenstand und Rechtskraft im aktienrechtlichen Anfechtungsverfahren, 1958, S. 94.

wird, der nach dem Willen des Gesetzgebers wegen der Mitwirkung des Gerichts von jedermann als unbestreitbar hingenommen werden muss.[1025] Die präventive gerichtliche Kontrolle trägt die Gewähr dafür, dass die Gestaltung ordnungsgemäß vorgenommen wurde.[1026]

Diese Argumentation verfängt beim Musterfeststellungsurteil von vornherein nicht. Es geht bei diesem nicht zwangsläufig um Gestaltungsrechte, sondern allenfalls Ausschnitte derselben. Die Gestaltungserklärung kann als individuelle Tatsache in jedem Rechtsverhältnis nicht Teil des Feststellungsprogramms sein. Nur einzelne rechtliche Wirkungen oder Voraussetzungen können musterfeststellungsfähig sein. Ein neuer Rechtszustand kann allein durch das Musterfeststellungsurteil nicht herbeigeführt werden, sondern ist dem Individualrechtsstreit im Anschluss vorbehalten. Die begehrte Unwirksamkeitserklärung des Mieterhöhungsverlangens aufgrund Modernisierungsmaßnahmen im Musterfeststellungsprozess gegen die Max-Emanuel Immobilien GmbH vor dem OLG München[1027] ist dagegen nicht auf die Änderung der Rechtslage gerichtet, sondern auf die Erhaltung des status quo. Es geht somit nicht um die Schaffung eines neuen Rechtszustandes, sondern die Erhaltung des Alten, womit die genannte Argumentation nicht verfängt. Als allen Angemeldeten zugegangene Erklärung ist die Wirksamkeit auch musterfeststellungsfähig.

Ein weiteres Argument für die weitreichende Wirkung von Gestaltungsurteilen ist die umfassende Verbürgung von Rechtssicherheit und Rechtsklarheit, die ihnen innewohnt.[1028] Auch soll eine einheitliche Rechtsanwendung gewährleistet werden[1029], da es eine praktische Notwendigkeit gibt von der absoluten Gestaltungswirkung auszugehen.[1030] Im Hintergrund steht dabei Art. 6 I GG, der es erfordert dem öffentlichen Interesse an Rechtsfrieden und Rechtsklarheit hinsichtlich des Status von Privatpersonen Tribut zu zollen.[1031]

Mangels Entscheidung über den Status von Privatpersonen steht bei der Musterfeststellungsklage die verfassungsrechtliche Norm des Art. 6 I

1025 *Calavros*, Urteilswirkungen zu Lasten Dritter, 1978, S. 127; *Schwab*, ZZP 77 (1964), 124, 132.

1026 *Calavros*, Urteilswirkungen zu Lasten Dritter, 1978, S. 127.

1027 Das Verfahren ist einsehbar unter: https://www.bundesjustizamt.de/DE/Themen/Buergerdienste/Klageregister/Klagen/201902/KlagRE_2_2019_node.html (geprüft am 14.04.2020).

1028 *Schlosser*, Gestaltungsklagen und Gestaltungsurteile, 1966, S. 223 ff.

1029 *Ders.*, Gestaltungsklagen und Gestaltungsurteile, 1966, S. 163.

1030 *Schultes*, Beteiligung Dritter am Zivilprozeß, 1994, S. 103 ff.

1031 *Calavros*, Urteilswirkungen zu Lasten Dritter, 1978, S. 117 ff.

GG nicht im Hintergrund. Auch verbürgt ein Musterfeststellungsurteil nicht das Maß an Rechtssicherheit und Rechtsklarheit, welches es rechtfertigen würde von einer absoluten Gestaltungswirkung auszugehen. Es geht bei den Feststellungszielen der bisher acht öffentlich bekannt gemachten Musterfeststellungsklagen[1032] letztlich immer um die Abwehr oder die Geltendmachung von auf Zahlung gerichteten Ansprüchen. Eine besondere, über den gewöhnlichen Zivilprozess hinausgehende Verbürgung von Rechtssicherheit und Rechtsklarheit ist damit nicht verbunden. Eine einheitliche Rechtsanwendung ist zwar wünschenswert, jedoch nicht in einem über das allgemeine Interesse an nicht divergierenden Entscheidungen hinausgehenden Maße. Eine unterschiedliche Behandlung des Musterfeststellungsurteils gegenüber den herkömmlich geführten Individualprozessen ist nicht gerechtfertigt. Die Tatsache der gebündelten Rechtsverfolgung lässt zwar ein überindividuelles, jedoch kein besonderes öffentliches Interesse am Musterfeststellungsverfahren entstehen.

Die Argumente, die den soeben erwähnten Entscheidungen mit ergaomnes Wirkung zu eigen sind, greifen bei der Musterfeststellungsklage nicht und rechtfertigen daher nicht den Eingriff in Art. 103 I GG.

(3) Freie Entscheidung der sich Anmeldenden und Erweiterung ihres Rechtsschutzes

Durch Erlass der §§ 606 ff. ZPO hat der Gesetzgeber dem Verbraucher die Möglichkeit eingeräumt aus freien Stücken seine Ansprüche bzw. Rechtsverhältnisse gem. § 608 I ZPO zum Klageregister anzumelden und auf diese Weise am Ergebnis der Musterfeststellungsklage teilzuhaben.[1033] Diese Möglichkeit ist eine Alternative zur eigenen Klageerhebung, die nach Anmeldung zum Klageregister gem. §§ 610 III, 613 II ZPO nicht mehr möglich sein soll.[1034] Durch den Ausschluss der §§ 66 bis 74 ZPO wurde darüber hinaus sichergestellt, dass nur diejenigen Verbraucher am Ergebnis der Musterfeststellungsklage teilhaben, die sich freiwillig angemeldet haben. Eine Erweiterung der Entscheidungswirkung mittels Streitverkün-

---

1032 Diese sind einsehbar unter: https://www.bundesjustizamt.de/DE/Themen/Buergerdienste/Klageregister/Bekanntmachungen/Klagen_node.html (geprüft am 14.04.2020).

1033 So auch: *Deiß/Graf/Salger*, BB 2019, 1674.

1034 Diese Wahlmöglichkeit darstellend: *Reiter/Methner/Schenkel*, DAR Extra 2018, 733.

dung ist auch gegen nicht angemeldete Verbraucher, die jedoch potentielle Anspruchsinhaber sind, gem. § 610 VI Nr. 2 ZPO nicht möglich.

(a) Die freie Entscheidung und die Erweiterung des Rechtsschutzes

In Frage steht somit, ob die freiwillige Entscheidung in Form eines opt-in zum Musterfeststellungsverfahren die Hinnahme der Entscheidung verfassungsrechtlich zumutbar macht.[1035] Auf das Element der Freiwilligkeit und der zusätzlichen Wahlmöglichkeit stellt der Gesetzgeber als wesentlichen Grund ab.[1036] Dieses Argument wurde seitens der Literatur immer wieder aufgegriffen und teils mit der gleichen Pauschalität in den Raum gestellt, wie es auch die Gesetzesbegründung tut.[1037]

Auf der anderen Seite erfolgten auch vertiefte Auseinandersetzungen mit dem Argument, die ihm neuen Tiefgang verleihen. So wird angeführt, dass die Regelungen zur Musterfeststellungsklage im Vergleich zu denen des KapMuG nur minimalinvasiv seien, da keine umfassende Sperrwirkung oder zwangsweise Verfahrensaussetzungen vorgesehen sei.[1038] Die individuelle Anspruchsdurchsetzung sei auf diese Weise nicht auf unbestimmte Zeit blockiert, da zuvor eine ausdrückliche Anmeldungserklärung seitens des Verbrauchers notwendig sei.[1039] Das Wahlrecht zur Fortsetzung oder Aussetzung des klagenden Verbrauchers ist als folgerichtig betitelt worden, da dem Verbraucher – anders als im KapMuG gem. § 14 S. 2 KapMuG – keine Beteiligungsrechte im Musterprozess zustünden.[1040]

Auch wurden in der Zurverfügungstellung der weiteren prozessualen Möglichkeit wesentliche Vorteile erblickt, die dem Verbraucher zugutekämen. So sei es im Hinblick auf den Verfahrensausgang ein Vorteil, dass der

1035 Diese Frage aufwerfend: *Krausbeck*, DAR 2017, 567, 570; dies mit einer Parallele zur Wirksamkeit außerprozessualer Prozessverträge bejahend: *Salger*, jurisPR-BKR 10/2018 Anm. 1.

1036 BT-Drs. 19/2439, S. 17.

1037 So u.a.: *Gurkmann/Wernicke*, DRiZ 2018, 92; *Jansen/Birtel*, FS Graf-Schlicker, 2018, S. 63, 71; *Schneider*, BB 2018, 1986, 1987.

1038 *Schneider*, BB 2018, 1986, 1988.

1039 *Ders.*, BB 2018, 1986, 1988.

1040 *Boese/Bleckwenn*, in: Nordholtz/Mekat (Hrsg.), Musterfeststellungsklage, 2019, § 5 Rn. 72.

Verbraucher als Zeuge im Musterfeststellungsprozess aussagen könne.[1041] Der angemeldete Verbraucher könne sich bis zum Termin der ersten mündlichen Verhandlung auch frei entscheiden, ob er an seiner Anmeldung festhalten wolle.[1042] Da das Musterfeststellungsgericht in Form von Hinweisen bereits vor diesem Termin seine rechtliche wie tatsächliche Einschätzung kundtun wird, erlaube die Regelung ein cherry picking zugunsten des angemeldeten Verbrauchers.[1043] Bei dieser Argumentation muss besondere Vorsicht auf das Bezugsobjekt der wissenschaftlichen Abhandlung gelegt werden. Der Diskussions- sowie der Referentenentwurf sahen noch eine Rücknahmemöglichkeit bis zum Schluss der letzten mündlichen Verhandlung vor, was grundsätzlich einen weit größeren Vorteil darstellt als die Gesetz gewordene Rücknahmemöglichkeit bis zum Ablauf des Tages des ersten mündlichen Verhandlungstermins gem. § 608 III ZPO.

Zudem wurde der Ausschluss der Beteiligungsrechte als verfassungsrechtlich unbedenklich gekennzeichnet, da es dem angemeldeten Verbraucher jederzeit möglich sei seine Anmeldung zurückzunehmen und der Ausschluss aus Praktikabilitätsgründen zwingend sei.[1044] Zur prozessualen Überwindung von Streu- und Massenschäden sei dies akzeptabel.[1045]

Schließlich wurde das Argument der Freiwilligkeit auch im Rahmen des Gesetzesentwurfs zur Einführung einer Gruppenklage angebracht[1046], was eine gewisse rechtshistorische Kontinuität desselben bezeugt.

(b) Bedenken gegen die Annahme einer Rechtfertigung

Zunächst ist festzustellen, dass das Wahlrecht des Verbrauchers von vornherein nicht so frei ist, wie es dargestellt wird. So hat der Verbraucher keinerlei Einfluss auf die Auswahl der klagenden qualifizierten Einrichtung.[1047] Aufgrund des Prioritätsprinzips kommt es zu einem Windhundrennen der qualifizierten Einrichtungen[1048], welches die Klägerrolle dem

---

1041 *Dietsche*, in: Schäfer (Hrsg.), Der Gesetzesentwurf zur "Musterfeststellungsklage", 2018, S. 76, 81.

1042 *Boese/Bleckwenn*, in: Nordholtz/Mekat (Hrsg.), Musterfeststellungsklage, 2019, § 5 Rn. 79.

1043 *Dies.*, in: Nordholtz/Mekat (Hrsg.), Musterfeststellungsklage, 2019, § 5 Rn. 79.

1044 *Heese*, JZ 2019, 429, 435.

1045 *Ders.*, JZ 2019, 429, 436.

1046 BT-Drs. 18/1464, S. 17.

1047 Plenarprotokoll 19/37, S. 3598.

1048 *Deiß*, DB 2018, 1262.

Zufall und nicht der Wahl des Verbrauchers anheimstellt. Des Weiteren ist zweifelhaft, inwieweit der durchschnittlich informierte Verbraucher überhaupt in der Lage ist eine umfassende und abwägende Entscheidung zu treffen. Zur Abwägung der Wahlmöglichkeiten benötigt der Verbraucher fundierte Informationen zum Verfahrensgang, über die Vor- und Nachteile[1049] der jeweiligen Institute und er muss sich mit den Besonderheiten des jeweiligen Schadensereignisses mitsamt dem Beklagtenverhalten auseinandersetzen.[1050] Zwar ist die Anmeldung an sich möglichst einfach gestaltet, um sie auch ohne anwaltlichen Rat zu ermöglichen.[1051] Ob dem Verbraucher das Für und Wider der Anmeldung bewusst ist, darf ohne professionellen Rat in Zweifel gezogen werden.[1052]

Auch scheint das Argument der Freiwilligkeit generell auf die Verwehrung der Rechte aus Art. 103 I GG nicht recht zu passen. So erfolgt jede Klageerhebung freiwillig und dennoch muss im Prozess noch rechtliches Gehör gewährt werden.[1053] Die freiwillige Entscheidung zur Teilnahme am Musterfeststellungsprozess hat mit den zu gewährleistenden Inhalten des Art. 103 I GG nichts zu tun.[1054] Vielmehr vermischt das Argument zwei zu trennende Ebenen.[1055] Dieses würde nur verfangen, wenn es um den Zugang zu einem gerichtlichen Verfahren überhaupt ginge, mithin die Verfassungsbestimmung des Art. 19 IV GG im Blickpunkt der Betrachtung stehen würde. Bei Art. 103 I GG geht es vorliegend letztlich um eine Art Tausch. Der angemeldete Verbraucher nimmt eine fremdbestimmte Prozessführung in Kauf, um kosten- und risikolos am Musterfeststellungsprozess teilzunehmen, anstatt mit Kostenrisiko und Gestaltungshoheit einen eigenen Prozess zu führen.[1056] Die Gesetzesbegründung greift mit dem pauschalen Anführen der Freiwilligkeit der Anmeldung somit zu kurz.[1057]

1049 Einen kurzen, nicht abschließenden Überblick über mögliche Vor- und Nachteile gebend: *Hartmann*, VersR 2019, 528, 530.

1050 Auf diese Aspekte hinweisend: *Reiter/Methner/Schenkel*, DAR Extra 2018, 733.

1051 *Rathmann*, in: Saenger (Hrsg.), Zivilprozessordnung, ^{8}2019, § 608 Rn. 1.

1052 Die bisherigen Probleme bei der Anmeldung näher beleuchtend: *Deiß*, Chaos bei der Anmeldung von Forderungen zum Klageregister?, 2019 (www.zpoblog.de/?p=7323) (geprüft am 14.04.2020).

1053 Musielak/Voit/*Stadler*, § 613 Rn. 4.

1054 *Fölsch*, DAR Extra 2018, 736, 738.

1055 Zu diesem Gesichtspunkt mitsamt folgender Argumentation: *Röthemeyer*, MDR 2019, 6, 7 f.

1056 Weitere mögliche Chancen und Risiken aufzählend: *Hartmann*, VersR 2019, 528, 529.

1057 *Augenhofer*, Stellungnahme vom 12.06.2018, S. 6.

Besonders hervorzuheben ist an dieser Stelle, dass es sich nicht um eine Beschränkung des rechtlichen Gehörs unter den Parteien bzw. angemeldeten Verbrauchern handelt, sondern das Gesetz in den §§ 606 ff. ZPO einen programmatischen Gehörsentzug anordnet.[1058]

Schließlich ist noch anzuführen, dass allein der Zweck einer Maßnahme keine Außerkraftsetzung des Art. 103 I GG bewerkstelligen kann, sondern das rechtliche Gehör immer so gewährt werden muss, dass noch eine effektive Einflussnahme auf die zu treffende Entscheidung möglich ist.[1059]

Überzeugender erscheint die Position, welche die Freiwilligkeit und die Wahlmöglichkeit nicht zur Rechtfertigung genügen lässt. Gegen die Gewährung eines prozessualen Vorteils im Hinblick auf die Ausstiegsmöglichkeit gem. § 608 III ZPO ist anzuführen, dass es nicht gesichert ist, dass der Angemeldete die Ergebnisse des Verhandlungstages erfährt, zumal eine Veröffentlichung im Klageregister am selben Tag aufgrund der Behördenverschiedenheit von Musterfeststellungsgericht und registerführendem Bundesamt für Justiz als unwahrscheinlich gelten kann. Auch verbleibt dem Angemeldeten mit der Frist bis zum Ablauf des Tages eine äußerst kurze Zeitspanne, die realistischerweise keine Bedenkzeit gewährt. Die Stellung als Zeuge kann mangels durchsetzbarer Pflicht zur Benennung seitens der klagenden qualifizierten Einrichtung nicht pauschal als Vorteil für den Verbraucher gewertet werden. Auch wird das Gericht in seiner Beweiswürdigung die materielle Anspruchsinhaberschaft und das Interesse des Zeugen am Ausgang des Prozesses zu berücksichtigen haben, sodass der Beweiswert einer einzelnen Zeugenaussage als marginal erscheint.

Der Vergleich zum KapMuG und der damit einhergehenden Deklarierung des Eingriffs als minimalinvasiv muss entgegengehalten werden, dass es um unterschiedliche Rechte geht, die nicht ohne Weiteres miteinander verglichen werden können. Im KapMuG erscheint durch die zwangsweise Aussetzung des Verfahrens nicht nur Art. 103 I GG betroffen, sondern auch Art. 19 IV GG, da dem klagenden Verbraucher die Wahlmöglichkeit genommen wird. Als Kompensation kann er Einfluss auf den Musterprozess nehmen. Dagegen ist der Verbraucher bei der Musterfeststellungsklage zwar in der Wahl frei, kompensatorische Rechte erhält er dafür jedoch nicht. Art. 103 I GG steht demzufolge absolut im Fokus der betroffenen Rechte. Es handelt sich somit nicht um einen geringeren, minimalinvasi-

1058 *Röthemeyer*, MDR 2019, 6, 7 f.

1059 *Waldner*, Aktuelle Probleme des rechtlichen Gehörs im Zivilprozess, 1983, S. 211.

ven Eingriff, sondern um einen von vornherein Andersartigen. Es besteht kein Stufen-, sondern ein Aliudverhältnis.

Zuletzt wird dem objektiven Bedeutungsgehalt der Anmeldungserklärung zu wenig Beachtung geschenkt. Die alleinige Kennzeichnung als freiwillig vermag an sich noch keinen Eingriff zu rechtfertigen. Die Deutung als Verzicht, der zum Untergang der Rechte aus Art. 103 I GG führt, scheitert spätestens an der rechtlichen Unzulässigkeit eines generellen Vorabverzichts.[1060] Eine Einordnung der Anmeldung als Ermächtigung zur repräsentativen Wahrnehmung der prozessualen Rechte des Verbrauchers scheitert an den vom BVerfG gestellten Anforderungen.[1061] Die alleinige Freiwilligkeit der Anmeldung vermag noch keine unmittelbaren rechtlichen Wirkungen nach sich zu ziehen.

Insgesamt führt das Argument der Freiwilligkeit und der Wahlmöglichkeit nicht zu einer Rechtfertigung des Eingriffs in Art. 103 I GG.

(4) Vergleichbarkeit mit der faktischen Präzedenzwirkung

Ein bereits bei der Qualifikation der Bindungswirkung gem. § 613 I 1 ZPO angeschnittener Gesichtspunkt[1062] ist der Vergleich der rechtlichen mit der faktischen Bindungswirkung. Dieser soll an dieser Stelle nochmals unter dem Blickwinkel der Rechtfertigung beleuchtet werden.

Mangels unmittelbarer rechtlicher Betroffenheit vermag die faktische Präzedenzwirkung keinen Eingriff in Art. 103 I GG auszulösen, sodass ohne aufwendige Regelungen zur Absicherung des rechtlichen Gehörs ein solches Verfahren etabliert werden könnte.[1063] Dieser Gedanke hat im Diskussionsentwurf zum Versuch der Rechtfertigung der rechtlichen Bindungswirkung durch einen Vergleich mit der faktischen geführt.[1064]

1060 Teil Zwei Kapitel Eins § 3 C. IV. 2. d) ff) Verzichtbarkeit des Art. 103 I GG (208).

1061 Zur repräsentativen Wahrnehmung prozessualer Rechte: Teil Zwei Kapitel Eins § 3 C. IV. 2. e) Repräsentative Wahrnehmung des Anspruchs auf rechtliches Gehör durch die qualifizierte Einrichtung (215).

1062 S. dazu: Teil Zwei Kapitel Eins § 3 B. II. 2. Abgrenzung zur faktischen Bindungswirkung (95).

1063 *Stadler*, in: Meller-Hannich (Hrsg.), Kollektiver Rechtsschutz im Zivilprozess, 2008, S. 93, 110; *Micklitz/Stadler*, Das Verbandsklagerecht in der Informations- und Dienstleistungsgesellschaft, 2005, S. 1369.

1064 DiskE 2017 des BMJV, S. 12, 20, abrufbar unter: https://www.bmjv.de/SharedDocs/Gesetzgebungsverfahren/Dokumente/DiskE_Musterfeststellungsklage.pdf (geprüft am 14.04.2020).

Auch ohne ausdrückliche Bindungswirkung käme dem Urteil eine Präzedenzwirkung zu, was einer rechtlichen Bindungswirkung letztlich gleich käme. Auch in der Literatur wurde teils der Vergleich von der rechtlichen zur faktischen Bindungswirkung gezogen, um die strikten Wirkungen des § 613 I 1 ZPO zu relativieren.[1065]

Dies überzeugt nicht. Abgesehen von den bereits bei der Abgrenzung von der faktischen Bindungswirkung zu derjenigen des § 613 I 1 ZPO angeführten Argumenten[1066] ist vorliegend anzumerken, dass nur die besondere Struktur der faktischen Bindungswirkung eine Gehörsgewährung entbehrlich macht. Die Betonung liegt dabei mehr auf dem Wort faktisch als auf der Bindung. In Art. 103 I GG wird auch bei der faktischen Bindungswirkung nur dann nicht eingegriffen, wenn das Gericht für späteren Vortrag der Beteiligten offen bleibt und in den Entscheidungsgründen nicht bloß auf das andere Urteil verweist, sondern auf neuen Vortrag selbstständig eingeht.[1067] Daraus wird ersichtlich, warum im Ausgangsverfahren kein rechtliches Gehör gewährt werden muss. Der Betroffene hat noch im Folgeverfahren die Möglichkeit – dem Petitum des Art. 103 I GG entsprechend – Einfluss auf den maßgeblichen Entscheidungsinhalt zu nehmen. Das Gericht kann die anderweitige Entscheidung nicht ohne Weiteres heranziehen, sondern muss sich selbst mit dem Vorgebrachten auseinandersetzen, wobei es wiederum rechtliches Gehör zu gewähren hat. Die einmalige Möglichkeit zur Gehörsverschaffung wird Art. 103 I GG gerecht.

Dieser Unterschied ist auch dem Gesetzgeber bewusst, indem er zum einen bei der faktischen Teilnahme im KapMuG bewusst auf eine rechtliche Bindungswirkung verzichtete und es mangels abweichender Regelungen nunmehr auf eine rein tatsächliche Bindungswirkung hinausläuft.[1068] Zum anderen setzt der Gesetzgeber bewusst mit § 148 II ZPO auf eine faktische Bindungswirkung, da die Regelung gerade dem Abwarten der Musterfeststellungsentscheidung dienen soll.[1069] Ohne eine zumindest faktische Autorität der Musterfeststellungsentscheidung wäre § 148 II ZPO eine reine Prozessverschleppungsvorschrift, da es an jeglicher Entschei-

---

1065 *Schroeder*, in: Nordholtz/Mekat (Hrsg.), Musterfeststellungsklage, 2019, § 11 Rn. 43; *Jansen/Birtel*, FS Graf-Schlicker, 2018, S. 63, 71.

1066 Teil Zwei Kapitel Eins § 3 B. II. 2. Abgrenzung zur faktischen Bindungswirkung (95).

1067 Maunz/Dürig/*Schmid-Aßmann*, Art. 103 Rn. 43 ff.

1068 *Meller-Hannich*, Stellungnahme vom 04.03.2015, S. 4.

1069 Musielak/Voit/*Stadler*, § 606 Rn. 1; *Schroeder*, in: Nordholtz/Mekat (Hrsg.), Musterfeststellungsklage, 2019, § 11 Rn. 46.

dungsrelevanz fehlt.[1070] Diese bewusste Grenzziehung darf nicht durch einen pauschalen Vergleich umgangen werden.

Auch der Vergleich mit der faktischen Präzedenzwirkung vermag kein Argument für eine Rechtfertigung des Eingriffs in Art. 103 I GG darzustellen.

ee) Rechtfertigung bei Massenschäden

Zunächst soll die Fallgruppe beleuchtet werden, welche den Anlass für die Einführung[1071] der §§ 606 ff. ZPO gegeben hat. Im VW-Abgasskandal stehen erhebliche Einzelansprüche im Raum, welche die Schwelle der Streuschäden deutlich übersteigen, da sie sich im hohen vierstelligen bis niedrigen fünfstelligen Raum bewegen. Eine Individualrechtsverfolgung scheitert also nicht an einem rationalen Desinteresse.

Im Mittelpunkt der Diskussion stehen bei der Fallgruppe der Massenschäden Gesichtspunkte der Verfahrenseffizienz, der Effektivität und der raschen Klärung von Einzelansprüchen.[1072] Grundgedanke dabei ist, dass realistischerweise nur ein umfassendes Konzept den Gesamtkonflikt zu lösen vermag, was eine prozessuale Gesamtbetrachtung des Falles erfordert.[1073] Dieses Anliegen muss mit dem Anspruch auf rechtliches Gehör in einen schonenden Ausgleich gebracht werden.

(1) Effektivität der Gerichtsverfahren/Prozessökonomie

Der Gedanke der Effektivität bzw. der Prozessökonomie ist der zentrale Aspekt bei der Fallgruppe der Massenschäden. Dabei werden die Begriffe vorliegend so verstanden, dass die Effektivität das Interesse des Einzelnen an der ressourcensparenden Abwicklung seines Gerichtsverfahrens bedeutet und die Prozessökonomie das öffentliche Interesse an einer optimierten Durchführung darstellt. Beiden Begriffen ist gemeinsam, dass die gestei-

---

1070 *Schroeder*, in: Nordholtz/Mekat (Hrsg.), Musterfeststellungsklage, 2019, § 11 Rn. 46.

1071 *Sievers*, DAR Extra 2018, 730.

1072 Statt vieler: *Winkelmeier-Becker*, in: Schäfer (Hrsg.), Der Gesetzesentwurf zur "Musterfeststellungsklage", 2018, S. 92, 97; BeckOK ZPO/*Augenhofer*, § 613 Rn. 1; *Hettenbach*, WM 2019, 577; zu typischerweise bei Massenschäden auftretenden Problemen: *Meller-Hannich*, BRJ 2017, 119, 121.

1073 *Meller-Hannich*, 72. DJT, Band 1, 2018, A 1, A 64.

gerte Effektivität auf Individualseite gewöhnlich mit einer kürzeren Inanspruchnahme staatlicher Ressourcen einhergeht.

(a) Prozessökonomische Aufarbeitung durch Überindividualität?

Die prozessuale Ausgangslage ist, dass in jedem Verfahren dieselben hohen rechtsstaatlichen Anforderungen gelten.[1074] Dies bedeutet, dass – wenn man eine gemeinsame Verhandlung und die Möglichkeit des § 411a ZPO außer Betracht lässt – grundsätzlich in jedem Verfahren die gleichen Tatsachen- und Rechtsfragen unter Geltung des Strengbeweisverfahrens erneut entschieden werden müssen.[1075] Es muss in jedem neuen Gerichtsverfahren umständlich Beweis erhoben und Sachverständigengutachten angefertigt werden, obwohl unter Umständen derselbe Richter bereits zu einer ganz ähnlichen Tatsache in einem Parallelprozess Stellung genommen hat. Die Annahme einer gerichtsbekannten Tatsache im Sinne des § 291 ZPO wird in den allermeisten Fällen an Abweichungen im Detail scheitern.

Das Erfordernis immer wieder dieselben Tatsachen- und Rechtsfragen zu klären führt zu einer ökonomisch kaum mehr rechtfertigbaren Bündelung staatlicher Ressourcen, ohne dass damit wesentliche Erkenntnisgewinne verbunden sind.[1076] Auf der anderen Seite wird eine gemeinsame Verhandlung ähnlich gelagerter Fälle schnell ineffektiv, da durch die Vervielfältigung von Beteiligungsrechten das Verfahren rasch an die Grenzen der prozessualen Handhabbarkeit gelangt.[1077]

Die ZPO enthielt bisher noch keine prozessuale Lösung für das Phänomen der Massenschäden.[1078] Zwar ist es möglich über das Institut der Streitgenossenschaft nach den §§ 59 f. ZPO bzw. über die Prozessverbindung gem. § 147 ZPO eine gemeinsame Verhandlung mit nur einer einheitlichen Beweisaufnahme zu erreichen. Da jedoch die Verfahren prozessual selbstständig bleiben, steht jedem Kläger die ganze Bandbreite prozes-

1074 *Haß*, Die Gruppenklage, 1996, S. 52.

1075 *Micklitz/Stadler*, Das Verbandsklagerecht in der Informations- und Dienstleistungsgesellschaft, 2005, S. 19; *Gsell*, WuM 2018, 537, 538.

1076 So u.a.: *von Bar*, 62. DJT, Band 1, 1998, A 1, A 80; *Rechberger*, FS Beys, 2003, S. 1309, 1321; *Koch*, MDR 2018, 1409, 1411.

1077 *Micklitz/Stadler*, Das Verbandsklagerecht in der Informations- und Dienstleistungsgesellschaft, 2005, S. 36.

1078 Die Ungeeignetheit der prozessualen Mittel zur Bewältigung massenhaft anfallender Verfahren vor Einführung der §§ 606 ff. ZPO verdeutlichend: *Meller-Hannich*, BRJ 2017, 119, 121.

sualer Teilnahme- und Anhörungsrechte zu mit der Folge, dass das Problem der Masse nicht einzeln in jedem Prozess, sondern geballt in einem Prozess auftritt.[1079] Die Nebenintervention nach den §§ 66 ff. ZPO geht mit ähnlichen Problemen einher, zumal den Nebenintervenienten nach § 67 Hs. 2 ZPO eine durchaus starke prozessuale Stellung zukommt. Eine Streitverkündung gem. §§ 72 ff. ZPO wird am Streitverkündungsgrund nach § 72 I ZPO scheitern, da bei parallel gelagerten Fällen das Entstehen eines Regressanspruches im Falle eines ungünstigen Ausgangs des Rechtsstreits als ausgeschlossen erscheint. Auch die durch § 79 II 2 Nr. 3 ZPO geschaffene Einziehungsklage überwindet die mit Massenschäden auftretenden Schwierigkeiten nicht, weil es auch nach der Bevollmächtigung bei mehreren Streitgegenständen verbleibt, die gesondert beurteilt und beschieden werden müssen.[1080] Die in neuerer Zeit entwickelten Abtretungsmodelle in Verbindung mit den Möglichkeiten des Legal Tech sollen an dieser Stelle unberücksichtigt bleiben, da sie auf materiellrechtlichen Modellen beruhen und nicht genuin prozessrechtlicher Natur sind. Im allgemeinen Zivilprozessrecht fand sich mithin keine Lösung zur Bewältigung von Massenschäden und Gesamtschadensereignissen.[1081]

In diese Kerbe schlägt die Musterfeststellungsklage, indem sie eine prozessuale Möglichkeit zur Entscheidung von Tatsachen- und Rechtsfragen bietet, die sich in einer Vielzahl von Prozessen stellen.[1082] Erforderlich ist nunmehr dieses prozessuale Anliegen mit der Beschränkung des rechtlichen Gehörs in einen schonenden Ausgleich zu bringen.

Großer Vorteil der Musterfeststellungsklage ist, dass zu den Feststellungszielen lediglich eine Beweisaufnahme stattfinden muss, was grundsätzlich der prozessökonomischen Bewältigung von Massenschäden Vorschub leistet.[1083] Der Erkenntnisgewinn aus dem Musterfeststellungsprozess wird in das Folgeverfahren transferiert gem. § 613 I 1 ZPO[1084] und bedarf auf diese Weise keiner erneuten prozessualen Aufarbeitung. Eine Vielzahl von Zeugenvernehmungen und Sachverständigengutachten zu denselben wiederkehrenden Fragen wird auf diese Weise überflüssig gemacht.

1079 *Stadler*, FS Rechberger, 2005, S. 663, 670.

1080 *Meller-Hannich*, 72. DJT, Band 1, 2018, A 1, A 64.

1081 *Dies.*, 72. DJT, Band 1, 2018, A 1, A 26 f.

1082 BT-Drs. 19/2439, S. 16.

1083 *Koch*, Prozeßführung im öffentlichen Interesse, 1983, S. 288 f.; *Rechberger*, FS Beys, 2003, S. 1309, 1322; *Ebbing*, ZVglRWiss 103 (2004), 31, 45; *Scholl*, ZfPW 2019, 317, 327.

1084 *Jansen/Birtel*, FS Graf-Schlicker, 2018, S. 63, 70.

Es erscheint erwägenswert anzudenken, ob die gemeinsame prozessuale Geltendmachung auch Vorteile auf tatsächlicher Ebene im Hinblick auf die Darstellung und den Nachweis des Sachverhalts mit sich bringt. So kann bei der gebündelten Geltendmachung der Gesamtsachverhalt umfassender dargestellt und so eine adäquate Entscheidungsgrundlage für das Gericht geschaffen werden.[1085] Bei der gebündelten Geltendmachung einer Vielzahl von Fällen werden diese alle zum Streitgegenstand und somit Gegenstand der gerichtlichen Entscheidungsgrundlage. Allein aus der zeitlichen und örtlichen Häufung der Schadensfälle können Rückschlüsse gezogen werden, da der Eintritt eines Schadens bei einer großen Zahl von Personen auf eine gewisse Kausalität eines potentiell schädigenden Ereignisses hinweist.[1086]

Dieser ggf. bei einer Gruppenklage zu verzeichnende Vorteil kann bei der Musterfeststellungsklage von vornherein nicht eintreten. Zum einen werden nicht die Fälle aller Angemeldeten zum Streitgegenstand, sondern lediglich die im Vorgang von der qualifizierten Einrichtung formulierten Feststellungziele. Daher könnte allenfalls aus einer großen Anzahl an Angemeldeten ein Rückschluss auf die Kausalität eines schädigenden Ereignisses gezogen werden. Doch verbietet sich auch diese Vorgehensweise mangels hinreichender gerichtlicher Feststellung des tatsächlichen Ablaufs im Individualsachverhalt. Gem. § 608 II 3 ZPO werden die Angaben der Anmeldungen ohne inhaltliche Prüfung in das Klageregister übernommen. Ob die Angaben zutreffend gewesen sind, wird erst im nachfolgenden Individualprozess geprüft, wenn es auf die Bindungswirkung gem. § 613 I 1 ZPO ankommt. Aus Anmeldungen, die allein im Belieben der potentiell Betroffenen stehen, können jedoch keine Rückschlüsse auf Geschehensabläufe gezogen werden. Die Gefahr von Falschanmeldungen und Trittbrettfahrern[1087] verbietet eine gerichtliche Würdigung zur Feststellung des Sachverhalts.

Für den Nachweis des Sachverhalts bietet die Musterfeststellungsklage daher nur in prozessökonomischer, nicht in beweisrechtlicher Hinsicht Vorteile.

Diesem Vorteil steht der umfassende und nach Ablauf des Zeitpunktes des § 608 III ZPO unwiderrufliche Ausschluss der Partizipationsrechte

1085 *Haß*, Die Gruppenklage, 1996, S. 31 f.

1086 *Ders.*, Die Gruppenklage, 1996, S. 31 f.

1087 Die Gefahr von Trittbrettfahrern plastisch darstellend am Beispiel eines Verfahrens vor dem OLG Stuttgart (Az. 6 MK 1/18): *Riesner*, ZIP 2019, 1507, 1515.

der Angemeldeten als Nachteil gegenüber.[1088] Durch die bewusste Reduzierung des Musterfeststellungsprozesses auf eine Zweiparteienstruktur können die angemeldeten Verbraucher keinerlei Einfluss auf denselben nehmen.[1089] Verstärkt wird dieser Ausschluss nochmals durch § 610 VI ZPO, welcher den Angemeldeten auch die Möglichkeit der Einflussnahme als Nebenbeteiligte nimmt.[1090]

(b) Subsidiarität aufgrund des Feststellungscharakters?

Näher zu betrachten sind an dieser Stelle die vorgebrachten Argumente für und gegen die Musterfeststellungsklage. Diese werden im juristischen Diskurs als einzelne Gesichtspunkte ohne nähere Einordnung angebracht. Dogmatisch handelt es sich jedoch um die Vornahme des schonenden Ausgleichs, den Art. 103 I GG zur Rechtfertigung des Eingriffs fordert.

So wird vorgebracht, dass sich aus dem Grundsatz der Subsidiarität der Feststellungsklage ergibt, dass die direkte Durchsetzung von Leistungsansprüchen dem prozessökonomischen Verständnis der ZPO besser entspricht.[1091] Dabei wird zwar eingeräumt, dass dieser Grundsatz bei einer Vielzahl von durch die Feststellungen Betroffener zu relativieren ist, dennoch sei nicht einzusehen, dass die Musterfeststellungsklage keine Entschädigungsphase bereithalte.[1092]

Dem Eingreifen der Subsidiarität wird schon im Grundsatz widersprochen. Die verbindliche Klärung abstrakter Rechtsfragen und Tatsachen für eine Vielzahl von Ansprüchen bzw. Rechtsverhältnissen ersetzt bei der Musterfeststellungsklage den sonst geltenden Grundsatz der Subsidiarität der Feststellungsklagen. Sie verfolgt insofern einen gänzlich anderen Ansatz als die herkömmlichen Feststellungsklagen. In ihrer Grundkonzeption soll die Feststellung der einzelnen Elemente die Klärung der Leistungsansprüche effizienter und prozessökonomischer machen.[1093] Ob dies tatsächlich gelungen ist, wird bei der konkreten Ausgestaltung der Verfahrensvor-

1088 Dies als gravierenden Nachteil bezeichnend: *Freitag/Lang*, ZZP 132 (2019), 329, 350 f.

1089 Statt vieler: *Jansen/Birtel*, FS Graf-Schlicker, 2018, S. 63, 67; *Schmidt*, WM 2018, 1966, 1972; *Dietsche*, in: Schäfer (Hrsg.), Der Gesetzesentwurf zur "Musterfeststellungsklage", 2018, S. 76, 80.

1090 *Schweiger/Meißner*, CB 2018, 240, 245; *Waclawik*, NJW 2018, 2921, 2923.

1091 *Meller-Hannich*, 72. DJT, Band 1, 2018, A 1, A 69 ff.

1092 *Dies.*, 72. DJT, Band 1, 2018, A 1, A 69 ff.

1093 BT-Drs. 19/2439, S. 17.

schriften zu sehen sein. Im Grundsatz jedoch muss sich die Musterfeststellungsklage – auch wenn sie nur feststellenden Charakter hat – nicht an der Subsidiarität messen lassen.

(c) Effizienzgewinn für den Einzelnen?

Als größter proklamierter Vorteil soll zunächst der Effizienzgewinn durch die §§ 606 ff. ZPO untersucht werden. Im Mittelpunkt steht dabei die Frage, ob dieser in einem so großen Maß eintritt, dass er den kompletten Ausschluss der Beteiligungsrechte der Angemeldeten im Musterfeststellungsverfahren rechtfertigt. Wie bereits angedeutet, beschränkt sich definitorisch die Effektivität auf den Vorteil des Einzelnen, sodass prozessökonomische Interessen strikt von der Effektivität zu unterscheiden sind.[1094]

(aa) Prozessrisiko

Entscheidender Kritikpunkt an der Musterfeststellungsklage ist ihre zweistufige Ausgestaltung.[1095] So bleibt der angemeldete Verbraucher nach Abschluss des Musterfeststellungsverfahrens noch auf eine individuelle Rechtsdurchsetzung angewiesen. Auch wenn er im Musterfeststellungsprozess an sich kein Prozessrisiko trägt, so bedeutet die zweimalige gerichtliche Verhandlung seines Anspruchs das zweimalige Risiko eines Unterliegens. Der positive Ausgang des Musterfeststellungsprozesses präjudiziert den Ausgang des Folgeverfahrens bei weitem noch nicht.[1096] Neben den im Individualverfahren verbleibenden Verteidigungsmöglichkeiten der Beklagten, welche dem Angemeldeten selbst bei positivem Musterfeststellungsurteil eine Individualrechtsverfolgung entsprechend mühsam werden lassen[1097], bleibt es möglich die Anwendbarkeit des § 613 I 1 ZPO in Ab-

1094 *Scholz*, ZG 2003, 248, 262 f.

1095 Kritisch dazu statt vieler: *Meller-Hannich*, Stellungnahme vom 07.06.2018, S. 13; *Heese*, JZ 2019, 429, 433; *Gsell*, WuM 2018, 537, 541; *Freitag/Lang*, ZZP 132 (2019), 329, 351; für eine Reform der §§ 606 ff. ZPO, die an dem Folgeverfahren nach Erlass eines rechtskräftigen Musterfeststellungsurteils ansetzt: *Röthemeyer*, MDR 2019, 1421, 1422 ff.

1096 *Schneider*, BB 2005, 2249, 2257.

1097 *Witte/Wetzig*, WM 2019, 52, 53.

rede zu stellen[1098]. Auf diese Weise muss in jedem einzelnen Individualverfahren unter dem Deckmantel des Betreffens im Sinne des § 613 I 1 ZPO ein unter Umständen aufwendiger Nachweis geführt werden. Auch können die Verbrauchereigenschaft sowie die Wirksamkeit der Anmeldung in Streit stehen. Letztere Prüfung wird durch § 608 II 3 ZPO implizit auf den Folgerechtsstreit verschoben. Für den Einzelnen ist das Eingreifen des § 613 I 1 ZPO somit nicht nur mit prozessualen Annehmlichkeiten verbunden.

(bb) Zeitlicher Aspekt

Auch in zeitlicher Hinsicht scheint der Effizienzgewinn für den Angemeldeten äußerst fragwürdig.[1099] So ist im jetzigen Stadium nicht absehbar, wie lange ein Musterfeststellungsprozess im Durchschnitt dauern wird. Es steht jedoch zu befürchten, dass die Musterfeststellungsverfahren in ihrer zeitlichen Dauer an die KapMuG-Verfahren heranreichen könnten, zumal das KapMuG in so mancherlei Hinsicht Vorbild für die §§ 606 ff. ZPO war.[1100] Gegen die Deutsche Telekom nahmen die KapMuG-Verfahren weit mehr als zehn Jahre in Anspruch.[1101] Aufgrund der bei den §§ 606 ff. ZPO mannigfaltigen, ungeklärten Rechtsfragen droht sich auch die Musterfeststellungsklage im prozessualen Klein-Klein zu verlieren.[1102] Insofern erscheint die bereits nach fünf Monaten erlassene Musterfeststellungsentscheidung des OLG München als erfreulicher Ausnahmefall.[1103] Die Geschwindigkeit beruht maßgeblich darauf, dass bei der Frage nach den Kappungsgrenzen nach Wohnraummodernisierung überwiegend rechtli-

---

1098 Ausdrücklich auf das Merkmal der Vorgreiflichkeit abstellend: *Meller-Hannich*, 72. DJT, Band 1, 2018, A 1, A 74.

1099 Die möglicherweise zu erzielenden Vorteile in Korrelation zum Verhalten der Parteien stellend: *Hartmann*, VersR 2019, 528, 530; darauf hinweisend, dass eine Verlängerung der Gesamtdauer der Streitigkeit durch die Vorschaltung eines Musterfeststellungsprozesses durchaus möglich ist: *Freitag/Lang*, ZZP 132 (2019), 329, 351; klarstellend, dass die Hoffnungen der Angemeldeten auf eine zeitnahe Regulierung herb enttäuscht werden könnten: *Tolksdorf*, ZIP 2019, 1401, 1402.

1100 *Deiß*, DB 2018, 1262.

1101 Darauf hinweisend: *ders.*, DB 2018, 1262.

1102 *Schneider*, BB 2018, 1986, 1998.

1103 Die Entscheidung mitsamt Verfahrensdaten ist abrufbar unter: https://www.bundesjustizamt.de/DE/Themen/Buergerdienste/Klageregister/Klagen/201902/KlagRE_2_2019_node.html (geprüft am 14.04.2020).

che und nicht tatsächliche Fragen eine Rolle gespielt haben, was die Ausnahme und nicht den Grundsatz künftiger Musterfeststellungsverfahren darstellen wird.

Gleichsam antizipatorisch setzt der Gesetzgeber auf den Abschluss eines Vergleiches zur umfassenden Regelung des Massenschadensereignisses.[1104] Warum der Gesetzgeber nicht direkt einen Kollektivrechtsbehelf in Form eines Vergleichs einführt, der sich an dem niederländischen WCAM orientieren könnte[1105], sondern die Drohkulisse eines oberlandesgerichtlichen Verfahrens nutzt, bleibt schleierhaft. Auch erscheint es höchst zweifelhaft, ob der Vergleich im Musterfeststellungsprozess die vom Gesetzgeber erhoffte herausgehobene Bedeutung erlangt.[1106] Dagegen spricht bereits, dass gem. § 611 I ZPO der gerichtliche Vergleich nur mit Wirkung für die angemeldeten Verbraucher geschlossen werden kann. Für die Beklagte bleibt also trotz des Vergleichsschlusses das Risiko weiterhin in Anspruch genommen zu werden von nicht angemeldeten Verbrauchern. Eine umfassende Beilegung des Streites scheidet somit aus. Auch kann die Beklagte nicht abschätzen, ob hinter den gem. § 608 II 3 ZPO ungeprüften Anmeldungen zum Klageregister tatsächlich berechtigte Ansprüche stehen.[1107] Die wirtschaftliche Gegenleistung, die in der Abgeltung der geltend gemachten Ansprüche zu sehen ist, kann von der Beklagtenseite damit nicht vernünftig eingeschätzt werden. Darüber hinaus ist selbst bei einer Vergleichsbereitschaft der Beklagtenseite noch das Risiko des Scheiterns des Vergleichs aufgrund zu hoher Austrittsquoten gem. § 611 V 1 ZPO als Hindernis für einen Vergleichsschluss zu verzeichnen.[1108] Der gescheiterte Vergleich kann von der in großen Musterfeststellungsverfahren medial durchaus interessierten Öffentlichkeit als Schuldeingeständnis gewertet und die weitere Prozessführung nach Scheitern des Vergleichs als Doppelmoral angeprangert werden. Es scheint mithin wahrscheinlicher zu sein, dass sich die beklagte Partei aufgrund der kaum abschätzbaren Breitenwirkung mit allen ihr zur Verfügung stehenden Ressourcen verteidigen

1104 BT-Drs. 19/2439, S. 2.

1105 Einen guten Überblick über das WCAM-Verfahren gebend: *Weber/van Boom*, VuR 2017, 290, 293 f.

1106 Risiken nicht geringen Ausmaßes diagnostizierend: *Hartmann*, VersR 2019, 528, 529.

1107 *Balke/Liebscher/Steinbrück*, ZIP 2018, 1321, 1325; die Gefahr von Trittbrettfahrern plastisch darstellend am Beispiel eines Verfahrens vor dem OLG Stuttgart (Az. 6 MK 1/18): *Riesner*, ZIP 2019, 1507, 1515.

1108 *Kranz*, NZG 2017, 1099, 1102.

wird[1109] als eine einvernehmliche Regelung anzustreben. Insofern ist der (außergerichtliche) Vergleichsschluss vom 28.02.2020 im Prozess gegen die VW AG als überraschende Ausnahme zu werten, die aufgrund der soeben dargelegten Aspekte nicht zum Regelfall in Musterfeststellungsprozessen werden wird. Durch die Möglichkeit eines Vergleichsschlusses ist eine Effektivitätssteigerung nicht zu erwarten.

(cc) Finanzieller Aspekt

Auch finanziell ergeben sich für den Einzelnen bei der Notwendigkeit eines Folgeverfahrens keine bedeutenden Vorteile. Aufgrund des gleichbleibenden Streitwertes auch bei Eingreifen der Bindungswirkung gem. § 613 I 1 ZPO sind die Gerichts- und ggf. Anwaltskosten gleich hoch wie bei einem isolierten Individualverfahren. Für die Kosten des Gerichts und des Anwalts muss der Kläger wie gewöhnlich in Vorleistung gehen und trägt damit auch das Insolvenzrisiko der Beklagten. Einzig die Kosten für Zeugen und Sachverständige fallen bei einer positiven Musterfeststellungsentscheidung für die beweisbelastete Partei nicht an. Diese wären jedoch als Kosten des Rechtsstreits im Sinne des § 91 I 1 ZPO im prozessualen Kostenerstattungsanspruch enthalten und somit erstattungsfähig gewesen. Insoweit wirkt sich das Musterfeststellungsurteil lediglich in der Abnahme des Insolvenzrisikos für Auslagen hinsichtlich Beweismittel aus.

Einzig bei einem negativen Musterfeststellungsurteil hat der angemeldete Verbraucher den Vorteil von einer nicht erfolgsversprechenden Rechtsverfolgung absehen zu können und sich insoweit Gerichts- und Anwaltskosten zu sparen.

(dd) Fazit zur Steigerung der Effektivität für den Einzelnen

Eine direkte Effektivitätssteigerung ist für den Einzelnen durch das Musterfeststellungsverfahren somit nicht zu verzeichnen. Im Hinblick auf die Dauer, die Kosten und das Risiko ergeben sich keine positiven Auswirkungen bei einem positiven Musterfeststellungsurteil. Allein die Abnahme des Insolvenzrisikos für Auslagen zu Beweiszwecken kann an dieser Stelle genannt werden. Bei einem negativen Musterfeststellungsurteil kann von einer nicht erfolgsversprechenden Klage mitsamt damit verbundener Kos-

1109 *Schneider*, BB 2018, 1986, 1997.

ten Abstand genommen werden. Insoweit wird das Prozessrisiko im Folgeprozess etwas minimiert. Diese marginalen Vorteile vermögen keinen umfassenden Ausschluss der Beteiligungsrechte zu rechtfertigen. Dies gilt umso mehr, wenn man eine Einschränkung des rechtlichen Gehörs aus Gründen der Effizienz nur zulassen will, wenn Individualverfahren praktisch undurchführbar sind oder eine Bündelung im Interesse der geordneten Rechtspflege unerlässlich erscheint.[1110] Die vormals 25.000 Individualverfahren und die Etablierung einer einheitlichen Rechtsprechung haben gezeigt, dass der Erlass der §§ 606 ff. ZPO keinesfalls unumgänglich war. Insoweit mögen praktische Erwägungen eine Rolle gespielt haben, ein zwingendes Erfordernis für die Einführung der Musterfeststellungsklage war jedoch nicht gegeben.

(d) Effizienzsteigerung für die Allgemeinheit?

Ein ähnliches Ergebnis ist für die Prozessökonomie – die Effektivität der Gerichtsverfahren im Interesse der Allgemeinheit – zu verzeichnen. Eine Verringerung der gerichtlichen Arbeitsbelastung ist durch das Musterfeststellungsverfahren nicht zu erwarten.[1111] So wird es für den richterlichen Arbeitsaufwand im Musterfeststellungsverfahren keinesfalls ausreichen die gewöhnlichen Bearbeitungszahlen von Verfahren vor dem OLG anzusetzen.[1112] Durch den vollen Einsatz auf Beklagtenseite und die ungeklärten prozessualen Fragen um die §§ 606 ff. ZPO werden erhebliche richterliche Kapazitäten in den Musterfeststellungsverfahren gebündelt. Auch inhaltlich werden die klagenden qualifizierten Einrichtungen versuchen durch sorgsam formulierte Feststellungsziele eine möglichst weitgehende Klärung im Musterfeststellungsprozess zu erreichen. So wurden im Musterfeststellungsverfahren gegen die VW AG unter Berücksichtigung aller Hilfsanträge nach einer Klageerweiterung insgesamt 57 Anträge gestellt[1113], im Verfahren gegen die Bisnode Deutschland GmbH vor

1110 So: *Stadler*, FS Schütze, 2015, S. 561, 569 f.

1111 Den prozessökonomischen Gewinn unter diesem Gesichtspunkt in Frage stellend: *Magnus*, NJW 2019, 3177.

1112 *Fölsch*, DAR Extra 2018, 736, 740; BeckOK ZPO/*Lutz*, § 606 Rn. 5 ff.

1113 Diese sind abrufbar unter: https://www.bundesjustizamt.de/DE/Themen/Buergerdienste/Klageregister/Klagen/201802/KlagRE_2_2018_node.html (geprüft am 14.04.2020).

dem OLG Frankfurt a.M. sind es sogar 189.[1114] Auch materiellrechtlich ist insoweit von einer erheblichen Abweichung vom regulären Verfahren auszugehen. Über die hohe Arbeitsbelastung an den Musterfeststellungsgerichten hinaus ist im Folgeverfahren mit einer weiteren Befassung der Gerichte zu rechnen, zumal die vom Gesetzgeber erhoffte Vergleichsbereitschaft fragwürdig erscheint. Mitsamt Rechtsmitteln können somit bis zum rechtskräftigen Leistungstitel fünf Gerichte mittelbar und unmittelbar mit dem Anspruch befasst werden. Da aufgrund der neu auftretenden Streitfragen auch in den Folgeverfahren nicht mit Sicherheit von einer Verringerung des richterlichen Arbeitsaufwandes ausgegangen werden kann, wird auch der Prozessökonomie durch die §§ 606 ff. ZPO nicht wesentlich gedient. Die vom Gesetzgeber erhoffte Entlastung der Justiz[1115] erscheint daher als utopisch. Schließlich ist noch anzumerken, dass durch die Anmeldung zum Klageregister gerade mehr Verbraucher zur Anspruchsgeltendmachung bewegt werden sollen, womit durch die anschließenden Individualverfahren sogar eine der Prozessökonomie widersprechende Steigerung der Anzahl der Gerichtsverfahren stattfindet.[1116]

Auch der Gedanke der Prozessökonomie verfängt nicht und vermag daher schon im Ansatz nicht den Eingriff in Art. 103 I GG zu rechtfertigen.

Insgesamt lässt sich mithin festhalten, dass die zentralen Aspekte bei der Bewältigung von Massenschäden – die Effektivität und die Prozessökonomie – bei der gewählten Ausgestaltung der Musterfeststellungsklage keinen Eingriff in die Rechte der Angemeldeten aus Art. 103 I GG rechtfertigen.

(2) Funktionsfähigkeit der Justiz/Justizgewährungsanspruch

Als weitere Güter mit Verfassungsrang kommen die Funktionsfähigkeit der Justiz und der Justizgewährungsanspruch zur Rechtfertigung des Eingriffs in Art. 103 I GG in Betracht. Eine gemeinsame Behandlung der doch im Detail verschiedenen Gewährleistungen erfolgt aufgrund der typischen Problemlage bei Massenschäden, welche die Funktionsfähigkeit zu

---

1114 Diese sind abrufbar unter: https://www.bundesjustizamt.de/DE/Themen/Buergerdienste/Klageregister/Klagen/201901/KlagRE_1_2019_node.html (geprüft am 14.04.2020).

1115 BT-Drs. 19/2439, S. 16.

1116 BeckOK ZPO/*Lutz*, § 606 Rn. 5 ff.

beschränken geeignet ist und den Justizgewährungsanspruch erst auf den Plan ruft.

Der Justizgewährleistungsanspruch verbietet es den Einzelnen auf ein Verfahren zu verweisen, welches derart hohe faktische Hürden aufweist, dass effektiver Rechtsschutz ausgeschlossen ist.[1117] Dem Betroffenen sind daher entweder Erleichterungen zu schaffen oder Alternativen anzubieten, was Kollektivrechtsschutz zur Verfassungsvorgabe machen kann.[1118]

(a) Eintritt eines Staueffektes

Die bei Massenschäden auftretende tatsächliche Hürde ist der Staueffekt.[1119] Aufgrund der wirtschaftlichen Bedeutung des Anspruchs für den Einzelnen kommt es zu einer überaus großen Zahl von Individualverfahren an einem Gericht, welche die Personalkapazitäten übersteigen und auch nicht durch kurzfristige Mehrarbeit ausgeglichen werden können. Die Abarbeitung der aufgelaufenen Fälle führt zu einer längeren Terminierung für neue Verfahren, da die Eingangszahlen mindestens konstant bleiben. Einzelne Spruchkörper können auf diese Weise über Jahre lahm gelegt werden.[1120] Die tatsächliche Hürde in Form des Staueffekts kann deshalb zu einer Beeinträchtigung der Funktionsfähigkeit der Justiz führen. So verzeichnete das Bundesland Hessen einen Anstieg der Eingänge im Zusammenhang mit dem VW-Abgasskandal um 650 %.[1121] Um diesen Anstieg und die damit einhergehende Beeinträchtigung auszugleichen, könnte der Ausschluss der Beteiligungsrechte in den §§ 606 ff. ZPO gerechtfertigt sein. Dafür müsste der Ausschluss wiederum in schonenden Ausgleich mit den verfolgten Zielen gebracht werden.

1117 *Meller-Hannich*, 72. DJT, Band 1, 2018, A 1, A 38 ff.
1118 *Dies.*, 72. DJT, Band 1, 2018, A 1, A 38 ff.
1119 Zu diesem: *Haß*, Die Gruppenklage, 1996, S. 37.
1120 *Wagner*, in: Casper/Janssen/Pohlmann u.a. (Hrsg.), Auf dem Weg zu einer europäischen Sammelklage?, 2009, S. 41, 54.
1121 OLG Frankfurt am Main, Presseinformation vom 25.02.2019 (https://ordentliche-gerichtsbarkeit.hessen.de/pressemitteilungen/rasanter-anstieg-der-dieselverfahren-bei-den-hessischen-landgerichten) (geprüft am 14.04.2020).

(b) Bewältigung desselben durch Musterfeststellungsklagen?

Dabei ist schon im Grundsatz unklar, wie die Musterfeststellungsklage dem Staueffekt als tatsächliche Hürde begegnen soll. Zwar kommt es auf der Ebene des Musterfeststellungsprozesses zu einer Verhandlung nach dem Zweiparteienprinzip. Doch provoziert die Ausgestaltung der §§ 606 ff. ZPO nach Abschluss des Musterfeststellungsverfahrens die Erhebung von Individualklagen, um einen durchsetzbaren Titel gegen die Beklagte zu erlangen.[1122] Aufgrund der erwarteten großen Zahl an Menschen, die erst durch die Möglichkeit der Anmeldung zum Klageregister eine gerichtliche Durchsetzung ihrer Ansprüche anstreben, werden nach Abschluss mehr Individualklagen drohen als vor der Einführung der Musterfeststellungsklage. Doch selbst wenn man davon ausgeht, dass sich nur diejenigen zum Klageregister anmelden, die ohnehin geklagt hätten, führt die Musterfeststellungsklage nicht zu einer Entschärfung des Staueffekts, sondern nur zu einer zeitlichen Versetzung. Der Stau bildet sich nicht aufgrund der originären Einzelklagen, sondern wegen der notwendigen Folgeverfahren. Der Arbeitsaufwand in den Folgeverfahren ist aufgrund der neu eintretenden Rechtsfragen nicht unbedingt weniger als bei originären Einzelklagen, sodass auch keine Verkürzung der Arbeitszeit pro Fall dem Staueffekt entgegenwirkt.[1123]

Des Weiteren ist zu hinterfragen, ob die tatsächliche Hürde bereits ein so hohes Ausmaß erreicht hat, dass die Einführung eines Kollektivrechtsbehelfs unter diesem Gesichtspunkt geboten ist. Als Referenzfall soll der in seinen Ausmaßen sicherlich nicht leicht zu übertreffende VW-Abgasskandal herangezogen werden, der auch Anlass zur Schaffung der §§ 606 ff. ZPO gab. Die nachfolgenden Fälle, in denen bisher eine Musterfeststellungsklage angestrengt wurde, betrafen einen weit kleineren Personenkreis, sodass die Argumentation für diese erst recht herangezogen werden kann. Die Dieselverfahren stellen die Gerichte zwar vor eine große Herausforderung, da sie seit Jahren zunehmen. Doch haben sich diese bisher als handlungsfähig erwiesen, was auch für die weitere Zukunft zu erwarten ist.[1124] Umso länger Verfahren die Gerichte beschäftigen, desto klarere Linien und Strömungen bilden sich heraus. Der Argumen-

1122 Vgl. *Meller-Hannich*, 72. DJT, Band 1, 2018, A 1, A 74.

1123 *Dies.*, 72. DJT, Band 1, 2018, A 1, A 74.

1124 OLG Frankfurt am Main, Presseinformation vom 25.02.2019 (https://ordentliche-gerichtsbarkeit.hessen.de/pressemitteilungen/rasanter-anstieg-der-dieselverfahren-bei-den-hessischen-landgerichten) (geprüft am 14.04.2020).

tationsaufwand pro Fall und damit die Arbeitszeit je Verfahren nimmt mit steigender Anzahl der entschiedenen Fälle stetig ab. Bisher ist noch kein verfassungsrechtlich bedenklicher Staueffekt eingetreten. Das liegt in den Dieselprozessen sicherlich auch an der weit gestreuten Zuständigkeit der Landgerichte, die eine gewisse Entschärfung des Konflikts bewirkt. Es geht daher in erster Linie um Aspekte der Prozessökonomie, für die eine Einschränkung von Individualrechten aus dem Gesichtspunkt des Justizgewährleistungsanspruchs nicht gerechtfertigt ist.[1125] Gegenbeispiel dazu sind die vor dem LG Frankfurt a.M. massenhaft anhängig gemachten Klagen gegen die Telekom gewesen. Die Kumulation von 13.000 gleichgerichteten Klagen stellt jedes Gericht schon organisatorisch vor eine kaum zu bewältigende Aufgabe, welche dessen Funktionsfähigkeit ernsthaft gefährden kann.[1126] Eben dieses Ausmaß haben die Dieselprozesse nicht erreicht, sodass die Funktionsfähigkeit der Justiz nie ernsthaft gefährdet war. Eine Einschränkung kommt aus diesem Gesichtspunkt mithin nicht in Betracht.

Zuletzt bleibt die Frage offen, ob die Möglichkeit zur Anmeldung im Klageregister einen spürbaren Rückgang von originären Einzelklagen zu bewirken vermag. So wurde bereits festgestellt, dass auch im Jahr nach Einführung der §§ 606 ff. ZPO die Eingangszahlen bei den Gerichten konstant geblieben sind.[1127] Die Erweiterung der Rechtsschutzmöglichkeiten hat somit zu einem Anstieg von Rechtsschutzsuchenden geführt. Dies ist vor allem vor dem Hintergrund verständlich, dass diejenigen Verbraucher ihre Ansprüche zum Klageregister anmelden, die ohnehin keine Individualklage erhoben hätten und den Musterfeststellungsprozess als kostenfreie Möglichkeit zur Klärung ihrer Ansprüche ansehen. Die bisher prozessual streitbaren Verbraucher werden weiterhin zu einer selbstbestimmten Anspruchsdurchsetzung neigen, allein schon deshalb, weil sie auf diese Weise die Dauer der Verfahren besser abschätzen können.

Aus den Gesichtspunkten der Funktionsfähigkeit der Justiz und des Justizgewährungsanspruchs ist eine Einschränkung der Rechte aus Art. 103 I GG nicht gerechtfertigt.

1125 *Lange*, Das begrenzte Gruppenverfahren, 2011, S. 100 f.

1126 *Micklitz/Stadler*, Das Verbandsklagerecht in der Informations- und Dienstleistungsgesellschaft, 2005, S. 19.

1127 OLG Frankfurt am Main, Presseinformation vom 25.02.2019 (https://ordentliche-gerichtsbarkeit.hessen.de/pressemitteilungen/rasanter-anstieg-der-dieselverfahren-bei-den-hessischen-landgerichten) (geprüft am 14.04.2020).

ff) Rechtfertigung bei Streuschäden

In der Gesetzesbegründung zu den §§ 606 ff. ZPO offenbart der Gesetzgeber gleich zu Beginn, dass die Überwindung des rationalen Desinteresses einer Vielzahl von Geschädigten handlungsleitend für den Gesetzeserlass gewesen ist.[1128] Entscheidend ist bei dieser Fallgruppe, den Anspruch überhaupt einer gerichtlichen Klärung zuzuführen. Gedanken der Prozessökonomie, der Effektivität des Rechtsschutzes oder der Funktionsfähigkeit der Justiz spielen mangels Anstrengung gerichtlicher Verfahren bei Streuschäden keine große Rolle. Hinzu kommt, dass die Sachverhalte bei Streuschäden meistens nicht von der Klärung komplexer Tatsachenfragen oder aufwendigen Beweiserhebungen geprägt sind.[1129] Im Vordergrund steht eher die Weigerung des Schädigers seiner rechtlichen Pflicht nachzukommen. Da viele Betroffene aufgrund der Geringfügigkeit ihres wirtschaftlichen Schadens von weiteren Durchsetzungsmaßnahmen absehen, kann sich die Weigerung für den Schädiger als erfolgsversprechende Vorgehensweise darstellen.

Es spielen somit gänzlich andere Rechtsgüter zur Rechtfertigung eine Rolle, was es angezeigt erscheint diese Fallgruppe einer separaten Betrachtung zuzuführen. Neben der verfassungsrechtlichen Rechtfertigung soll noch eine Einschätzung hinsichtlich der Effektivität der Musterfeststellungsklage zur Überwindung des rationalen Desinteresses gegeben werden.

(1) Justizgewährungsanspruch

Zunächst stellt sich die Frage, ob der Justizgewährungsanspruch es sogar gebietet die Durchsetzung von Streuschäden prozessual annehmlich für den Geschädigten zu gestalten. So könnten insbesondere die Kostenregelungen und die mit der Führung eines Verfahrens verbundenen Mühen als rechtliche und tatsächliche Hürden aufgefasst werden, die den alleinigen Verweis auf ein Individualverfahren verfassungsrechtlich bedenklich erscheinen lassen.[1130]

1128 BT-Drs. 19/2439, S. 1.

1129 *Winkelmeier-Becker/Dietsche*, ZG 2018, 47, 54 f.

1130 Zu der verfassungsrechtlichen Bedenklichkeit bei zu hohen rechtlichen oder tatsächlichen Hürden: *Meller-Hannich*, 72. DJT, Band 1, 2018, A 1, A 38 ff.

Dabei ist jedoch zu beachten, dass die Beseitigung jeglichen rationalen Desinteresses verfassungsrechtlich nicht intendiert ist, eine prozessuale Rechtsdurchsetzung also nicht staatlicherseits vernünftig gemacht werden muss.[1131] Der im Dispositionsgrundsatz zum Ausdruck kommende Freiheitsgedanke und die persönliche Selbstverantwortung führen dazu, dass es verfassungsrechtlich nicht zu beanstanden ist, wenn der Einzelne aufgrund der Geringwertigkeit seines Anspruchs eine prozessuale Durchsetzung nicht für lohnenswert erachtet.[1132] Es liegt grundsätzlich in der Hand jedes Betroffenen mit welcher Nachdrücklichkeit er seine Rechte durchzusetzen bereit ist.

Die Erhebung von Gerichtskosten in der vorgesehenen Höhe stellt kein Hindernis dar, welches aus verfassungsrechtlichen Gründen beseitigt werden müsste. Es ist grundsätzlich zulässig, dass der Staat für die Inanspruchnahme seiner Gerichte Kosten erhebt.[1133] Als zulässige Pauschalierung des Arbeitsaufwandes ist es ein gangbarer Weg die Kosten degressiv nach dem Streitwert zu staffeln.[1134] So können die Gerichtsgebühren ohne Weiteres die Höhe der geltend gemachten Forderung übersteigen. Als öffentlich-rechtliche Abgabe für die besondere Inanspruchnahme einer staatlichen Tätigkeit[1135] liegt der Staffelung der Kosten der Gedanke zugrunde, dass eine Erhöhung der geltend gemachten Forderung nicht mit einer linearen Steigerung des Arbeitsaufwandes einhergeht. Es gelten – abgesehen von der Möglichkeit des § 495a ZPO – dieselben rechtsstaatlichen Anforderungen an das Verfahren bei geringwertigen Forderungen, sodass es gerechtfertigt ist diese Kosten pauschal über die degressive Kostensteigerung darzustellen.

Der Justizgewährungsanspruch rechtfertigt die Einführung der Musterfeststellungsklage bei Streuschäden nicht.

(2) Bewährung des Rechts/Lenkungsfunktion des Haftungsrechts

Das Verhelfen der materiellen Ansprüche zur rechtlichen Realität, indem sie einer gerichtlichen Klärung zugeführt werden, stellt den entscheidenden Gesichtspunkt für die Rechtfertigung bei Streuschäden dar. In der

---

1131 *Dies.*, 72. DJT, Band 1, 2018, A 1, A 38 ff.
1132 *Dies.*, 72. DJT, Band 1, 2018, A 1, A 38 ff.
1133 BVerfGE 10, 264 = NJW 1960, 331.
1134 BVerfGE 85, 337 = NJW 1992, 1673.
1135 *Rosenberg/Schwab/Gottwald*, Zivilprozessrecht, [18]2018, § 83 Rn. 9.

modernen Dienstleistungs- und Informationsgesellschaft sind weite Teile des Lebens privatrechtlich gestaltet.[1136] Es werden die gleichen Verträge mit einer Vielzahl von Kunden geschlossen, die bei einer rechtswidrigen Handlung ihres Vertragspartners alle in ähnlicher Weise und Höhe betroffen werden.[1137]

Bei Kleinschäden werden die meisten Geschädigten aus Bequemlichkeit und mangelndem wirtschaftlichen Interesse des Einzelnen von einer Verfolgung ihrer Ansprüche absehen. Es stellt sich angesichts der Folgenlosigkeit für den Schädiger ein Zustand ein, der so vom Gesetzgeber nicht vorgesehen war. Nur eine effektive Rechtsdurchsetzung bietet den entscheidenden Anreiz zur Rechtstreue.[1138] Das Recht büßt auf diese Weise immer mehr seine gesellschaftliche Steuerungsfunktion ein.[1139] Das Unterlassen des Einzelnen betrifft so die Allgemeinheit. Im Raum steht bei dieser Fallgruppe mithin nicht nur eine prozessuale Optimierung von Verfahrensabläufen, sondern eine Grundfrage gesellschaftlicher Steuerung mit den Mitteln des Rechts.[1140] Letztlich geht es daher um die Wahrnehmung öffentlicher Belange durch Private im Wege des Zivilprozesses.[1141] Dieses öffentliche Interesse ist mit dem Ausschluss der Beteiligungsrechte in einen schonenden Ausgleich zu bringen.

(a) Öffentliches Interesse an der prozessualen Geltendmachung

Auf der einen Seite ist festzustellen, dass ein überaus großes Interesse daran zu verzeichnen ist, dass das Recht seine ihm zugedachte Lenkungsfunktion wahrnehmen kann. Es besteht ein verfassungsrechtliches und auch ökonomisches[1142] Interesse daran ein solides Haftungssystem bereitzustellen, welches einen Ausgleich eingetretener Schäden bewirkt und prä-

1136 BT-Drs. 18/1464, S. 13.

1137 *Haß*, Die Gruppenklage, 1996, S. 7.

1138 *Meller-Hannich/Nöhre*, NJW 2019, 2522; das große Potenzial der Musterfeststellungsklage betonend, da diese die kleineren Einzelschäden zu einem „schlagkräftigen Großschaden“ zusammenführe: *Magnus*, NJW 2019, 3177, 3182.

1139 BR-Drs. 18/1464, S. 13; *Schäfer*, in: Basedow/Hopt/Kötz u.a. (Hrsg.), Die Bündelung gleichgerichteter Interessen im Prozeß, 1999, S. 67, 70.

1140 *Bruns*, NJW 2018, 2753.

1141 *Schmidt*, NJW 2002, 25, 27.

1142 *Scholl*, ZfPW 2019, 317, 329.

ventiv weiteren schädigenden Handlungen vorbeugt.[1143] Auch wenn das individuelle Interesse des Anspruchsinhabers nur gering ist, wird aus der Warte der Bewährung des objektiven Rechts die Bereitstellung von wirkungsvollen Durchsetzungsmechanismen gefordert.[1144] Nur so wird einer Perpetuierung begangenen Unrechts entgegengewirkt und eine Prävention in Zukunft sichergestellt.[1145] Die drohende zivilrechtliche Inanspruchnahme ist für den potentiellen Schädiger handlungsleitend und gibt positive Anreize zur Tätigung risikoverringernder Investitionen. Neben diesem rechtlich unerwünschten und wirtschaftlich ineffektiven Durchsetzungsdefizit führt die Abstinenz eines effektiven Rechtsschutzes bei Streuschäden zu einem sozialpsychologischen Problem, da der Geltungsanspruch des Rechts vom Einzelnen konsequenterweise in Frage gestellt wird.[1146] Eine effektive gerichtliche Geltendmachung nimmt demzufolge nicht nur eine zentrale ordnungspolitische Funktion wahr[1147], sondern sichert auch das Vertrauen des Einzelnen in die Funktionsfähigkeit des Staates. Das Straf- und Verwaltungsrecht vermögen diese Rechtsschutzlücke nicht zu füllen, zumal ganz andere Interessen im Vordergrund stehen und die staatlichen Ressourcen dafür keinesfalls ausreichen.[1148] Das rein behördliche Vorgehen verhilft den Individualansprüchen nicht zur Durchsetzung, sondern befriedigt einen öffentlichen Zweck, was allenfalls teilweise zur Lösung des Problems beiträgt. Das prozessuale Problem des rationalen Desinteresses muss auch eine Lösung auf prozessualer Ebene erfahren.

(b) Rechtfertigung des Eingriffs

Auf der anderen Seite ist der Eingriff in Art. 103 I GG bei der Geltendmachung von Streuschäden weit weniger gravierend als bei Massenschäden. Das Phänomen des rationalen Desinteresses beschreibt gerade einen faktischen Verzicht auf eingeräumte Rechtspositionen, da diese in aller

---

1143 Vgl. zum Zusammenhang zwischen Privat- und öffentlichem Recht: *Wilhelmi*, Risikoschutz durch Privatrecht, 2009, S. 30 ff.

1144 *Stadler*, FS Schilken, 2015, S. 481.

1145 *Meller-Hannich*, 72. DJT, Band 1, 2018, A 1, A 25; *Koch*, MDR 2018, 1409, 1410; *Gsell*, WuM 2018, 537, 538.

1146 *Haß*, Die Gruppenklage, 1996, S. 50 f.; *Gsell*, WuM 2018, 537, 538.

1147 *Heese*, JZ 2019, 429, 431.

1148 *Ders.*, VuR 2019, 123, 127; *Basedow*, EuZW 2018, 609, 614.

Regel nicht wahrgenommen werden.[1149] Ein Eingriff in ein ohnehin nicht wahrgenommenes Recht stellt aber realistischerweise keinen Nachteil für den Rechtsinhaber dar.[1150] Auch wirtschaftlich wird dem angemeldeten Verbraucher nichts genommen, zumal ohne die Musterfeststellungsklage der Anspruch in die Verjährung getrieben würde. Bei einem positiven Urteil gewinnt der Angemeldete eine rechtskraftfähige Entscheidung über Elemente seines Anspruchs. Im Falle eines negativen Urteils entsteht die Situation, welche ohnehin mit Ablauf der Verjährung entstanden wäre. Der Eingriff erscheint demzufolge mehr formeller als inhaltlicher Natur. Dazu passt auch, dass bei Streu- und Bagatellschäden überwiegend sogar ein deutlich stärker einschneidendes opt-out Verfahren für zulässig gehalten wird.[1151] Dieses greift durch die faktische Bündelungswirkung weit stärker in Art. 103 I GG ein als das opt-in Verfahren bei der Musterfeststellungsklage. Den Betroffenen wird unter Umständen erst nach dem Verfahren bekannt, dass ein Prozess über einen materiellrechtlichen Anspruch geführt wurde, deren Inhaber sie sind. Wenn schon dieses schwerer ins Gewicht fallende Verfahren für zulässig gehalten wird, muss dies erst recht für das opt-in Verfahren gelten.

Parallel zu dieser Qualifizierung des Eingriffs liegt auch das von der qualifizierten Einrichtung verfolgte Interesse. Der Schwerpunkt bei der Geltendmachung von Streuschäden liegt im kollektiven, nicht individuellen Interesse.[1152] Es wird eher das öffentliche Interesse an der Bewährung des Rechts verfolgt als der für den Einzelnen ohnehin unbedeutende Anspruch. Dieses öffentliche Interesse wiederum lässt das Individualinteresse an der Wahrung des Art. 103 I GG in den Hintergrund treten.

Angesichts der Geringfügigkeit des Eingriffs und der gesamtgesellschaftlichen Wichtigkeit der Bewährung des Rechts ist der Eingriff in Art. 103 I GG gerechtfertigt. Durch das Erfordernis der Anmeldung zum Klageregister gem. § 608 I ZPO ist zumindest sichergestellt, dass der Betroffene Kenntnis vom Musterfeststellungsprozess hat. Die bemängelte mangelnde Einflussnahmemöglichkeit bei der repräsentativen Wahrnehmung der

---

1149 *Micklitz/Stadler*, Das Verbandsklagerecht in der Informations- und Dienstleistungsgesellschaft, 2005, S. 1336 f.

1150 *Dies.*, Das Verbandsklagerecht in der Informations- und Dienstleistungsgesellschaft, 2005, S. 1336 f.

1151 Statt vieler: *Stadler*, in: Meller-Hannich (Hrsg.), Kollektiver Rechtsschutz im Zivilprozess, 2008, S. 93, 107 f.

1152 *Meller-Hannich*, 72. DJT, Band 1, 2018, A 1, A 58 f.; *Micklitz/Stadler*, Das Verbandsklagerecht in der Informations- und Dienstleistungsgesellschaft, 2005, S. 1226.

Rechte aus Art. 103 I GG ist vor dem Hintergrund der andernfalls unterbleibenden Verwirklichung des rechtlichen Gehörs weit weniger dramatisch. Wenn der Angemeldete schon kein Interesse an einem Prozess hat, kann seine Schutzwürdigkeit im Hinblick auf eine Einflussnahmemöglichkeit nicht als besonders groß bewertet werden. Auch erscheint das Recht an sich in dieser Konstellation schützenswerter als der Einzelne. Durch die konsequente Geltendmachung von Streuschäden werden diese für die Zukunft unterbunden, sodass sich auf lange Sicht eine für den Verbraucher vorteilhafte Lage einstellt. Er kommt mangels Entstehung eines Streuschadens schon gar nicht in die Verlegenheit der prozessualen Geltendmachung desselben. Andere Möglichkeiten der Bewährung des Rechts sind mit weitergehenden Eingriffen in etablierte Strukturen verbunden. So wäre die Senkung der Gerichtskosten im Bagatellbereich mit der Frage der dann entstehenden Finanzierungslücke verbunden. Auch ist nicht gewährleistet, dass von genügend Betroffenen auch bei verminderter Kostenlast geklagt wird. Denn nicht nur die Prozesskosten, sondern auch die eigene Mühewaltung halten von der Klage bei geringwertigen Forderungen ab. Schließlich wäre die Einführung eines erweiterten behördlichen Verfahrens nicht gleich effektiv, da zum einen die Mittel für eine flächendeckende Verfolgung von Streuschäden nicht vorhanden sind und zum anderen beim obrigkeitlichen Einschreiten andere Interessen zugrunde liegen.

Der Eingriff in Art. 103 I GG ist bei der Geltendmachung von Streuschäden gerechtfertigt.

(c) Die Musterfeststellungsklage als geeignete Lösung?

Eine andere, strikt von der Verfassungsmäßigkeit zu trennende Frage ist, ob die §§ 606 ff. ZPO zur effektiven Verfolgung von Streuschäden geeignet sind.[1153]

Als positiv zu verzeichnen sind die Vorteile, dass wesentliche Tatsachen nur einmal geklärt werden müssen, mehrere Sachverständigengutachten mit der Gefahr der Widersprüchlichkeit vermieden werden und die psy-

---

1153 Zur nur sehr begrenzten Eignung zur Überwindung des rationalen Desinteresses bei der Wahl eines opt-in Verfahrens: *Scholl*, ZfPW 2019, 317, 331; *Peter*, Zivilprozessuale Gruppenvergleichsverfahren, 2018, S. 219; *Schäfer*, in: Basedow/Hopt/Kötz u.a. (Hrsg.), Die Bündelung gleichgerichteter Interessen im Prozeß, 1999, S. 67, 90; *Salger*, jurisPR-BKR 10/2018 Anm. 1.

chologische Stärkung der Betroffenen im gebündelten Verfahren.[1154] Allerdings können diese aus der Natur der Sache heraus nicht sehr ins Gewicht fallen. Einerseits stehen bei Streuschäden typischerweise nicht die Tatsachenermittlung und Beweiserhebung im Vordergrund.[1155] Andererseits ist eine psychologische Stärkung zweifelhaft, wenn der Einzelne ohnehin nicht am Gerichtsprozess interessiert ist.

Gegen die Effektivität spricht, dass die Ausgestaltung als zweistufiges Verfahren nicht geeignet ist das rationale Desinteresse an der Forderung zu überwinden.[1156] Wenn der Einzelne aus rationalen Gründen von einer Rechtsverfolgung absieht, erscheint es nicht wahrscheinlich, dass er mit der Feststellung einzelner Anspruchselemente zur gerichtlichen Durchsetzung schreitet.[1157] Immerhin muss er nach wie vor die Prozesskosten vorstrecken und hat wirtschaftlich keinerlei Interesse an seinem Anspruch. Zudem scheint das rationale Desinteresse mit dem Fortschreiten der Zeit eher größer als kleiner zu werden. Nach einem jahrelangen Musterfeststellungsprozess, der ggf. bis zum BGH getrieben wird, erscheint es utopisch, dass der Angemeldete seine Bagatellforderung einklagt.

Dem Argument der Zweistufigkeit vorgelagert und auch gegen die Effektivität der Musterfeststellungsklage sprechend ist das Erfordernis der Anmeldung zum Klageregister. Das rationale Desinteresse besteht nicht nur aus der unterlassenen gerichtlichen Geltendmachung, sondern der nachvollziehbaren wirtschaftlichen Unbedeutendheit des Anspruchs für den Inhaber. Dieses erstreckt sich automatisch auch auf die Anmeldung.[1158] Zwar ist diese nicht mit denselben Unannehmlichkeiten verbun-

1154 Dazu: *Rechberger*, FS Beys, 2003, S. 1309, 1322; die Vorteile eines Musterfeststellungsurteils darstellend, obwohl es angesichts seines lediglich feststellenden Charakters keinen vollstreckungsfähigen Inhalt aufweist: *Röthemeyer*, MDR 2019, 1421, 1421 f.

1155 *Winkelmeier-Becker/Dietsche*, ZG 2018, 47, 54 f.

1156 Statt vieler auch zu den folgenden Gedanken zur Zweistufigkeit: Musielak/Voit/*Stadler*, Vorbemerkung vor §§ 606 ff. Rn. 1; *Heese*, JZ 2019, 429, 436; kritisch dazu auch: *Braunroth*, VuR 2018, 455, 458; *Schäfers*, ZZP 132 (2019), 231, 234; *Woopen*, IWRZ 2018, 160; *Tolksdorf*, ZIP 2019, 1401; im Gegensatz dazu von einer effektiven Bündelung und Kanalisierung der Anspruchsdurchsetzung sprechend: *Kühling/Sackmann*, DuD 2019, 347, 349.

1157 Dies bezweifelnd, indem vom Regelfall der Erhebung einer Anschlussklage aufgrund des weitgehenden Standardisierungsgrades ausgegangen wird: *Kühling/Sackmann*, DuD 2019, 347, 351.

1158 Darauf hinweisend, dass bereits die Anmeldung am rationalen Desinteresse scheitern kann: *Scholl*, ZfPW 2019, 317, 328; auf den Aspekt aufmerksam machend, dass die Klageberechtigten aufgrund des rationalen Desinteresses der

den wie eine eigenständige Klage. Doch erfordert auch die Anmeldung ein gewisses Interesse an der Forderung, welches bei Bagatellforderungen nicht existent ist. Falls der Anspruchsinhaber überhaupt auf die Möglichkeit zur Anmeldung seines Anspruchs aufmerksam wird, scheut er den Aufwand der Anmeldung in ähnlichem Maße wie eigene gerichtliche Schritte. Aktive Schritte seitens des Anspruchsinhabers sind bei Bestehen eines rationalen Desinteresses insgesamt unwahrscheinlich.

Schließlich ist die Hoffnung des Gesetzgebers auf einen außergerichtlichen wie gerichtlichen Vergleich zur umfassenden Streitbeilegung[1159] bei Streuschäden noch weniger zutreffend als bei Massenschäden. Wenn eine bisherige erfolgsversprechende Taktik gegen die Geltendmachung von Streuschäden das schlichte in Abrede stellen war, ist eine Abkehr von diesem Grundsatz durch die Einführung der Musterfeststellungsklage nicht zu erwarten. Zunächst kann die Beklagte auf das mit der Zeit immer weiter schwindende Interesse setzen. Im Musterfeststellungsprozess erscheint aus den bereits bei den Massenschäden genannten Gründen der Abschluss eines Vergleichs nicht realistisch. Sodann entpuppt sich die Hoffnung auf einen Vergleichsschluss im Rahmen des Folgeverfahrens als unwahrscheinlich. Wie soeben erwähnt, besteht das rationale Desinteresse auch für das Folgeverfahren weiter. Als gangbare Verteidigungslinie bietet sich das Abstreiten des Anspruchs auch im Folgeverfahren an. Dies wird die meisten Angemeldeten von einer gerichtlichen Durchsetzung abhalten, was für die Beklagte wirtschaftlich am besten ist. Ein Vergleichsschluss im Folgeverfahren erscheint bei dieser Ausgangslage kontraproduktiv. Er veranlasst angesichts seiner Ausstrahlwirkung ggf. weitere Angemeldete zur Einleitung eines Folgeverfahrens, da der Prozess nicht bis zum Urteil betrieben werden muss. Auch kann dieser, zumal weniger die Tatsachen als die schlichte Erfüllung problematisch ist bei Streuschäden, als faktisches Schuldeingeständnis seitens der weiteren Betroffenen gewertet werden. Bei einem Vergleichsschluss besteht mithin die Gefahr der Provozierung weiterer Folgeverfahren.

Insgesamt ist der Ausschluss der Beteiligungsrechte bei Prozessen um Streuschäden zwar verfassungsrechtlich gerechtfertigt, doch hindert die

---

Verbraucher schon gar keine Informationen über Bagatellschäden erhalten: *Fries*, Verbraucherrechtsdurchsetzung, 2016, S. 179.

1159 BT-Drs. 19/2439, S. 16 f. Ohne nähere Begründung eine Steigerung der Chancen auf einen außergerichtlichen Vergleich nach einem für den Verbraucher positiven Musterfeststellungsurteil behauptend: *Klüsener*, JurBüro 2018, 617.

Ausgestaltung der §§ 606 ff. ZPO die effektive Überwindung der damit einhergehenden prozessualen Probleme.

gg) Ergebnis der Rechtfertigungsprüfung

Ein rechtfertigungsbedürftiger Eingriff liegt durch den in den §§ 606 ff. ZPO systematisch angelegten Ausschluss von Beteiligungsrechten der angemeldeten Verbraucher vor. Aufgrund seiner vorbehaltslosen Gewährleistung ist der Anspruch aus Art. 103 I GG mit den anderen Verfassungsgütern, die hinter dem Ausschluss der Beteiligungsrechte stehen, in einen schonenden Ausgleich zu bringen.

Für die Rechtfertigung ist zwischen den Fallgruppen der Massen- und Streuschäden zu unterscheiden. Bei den Massenschäden steht die prozessökonomische und effektive Erledigung von Schadensereignissen mit wirtschaftlich bedeutsamen Ansprüchen im Vordergrund. Die Streuschäden gilt es – aufgrund des rationalen Desinteresses des Einzelnen – überhaupt einer gerichtlichen Klärung zuzuführen, sodass überwiegend öffentliche Interessen im Raum stehen.

Eine Rechtfertigung gelingt bei der Fallgruppe der Massenschäden nicht. Weder die Effektivität der Gerichtsverfahren noch die Funktionsfähigkeit der Justiz vermögen eine Beschränkung zu begründen. Art. 103 I GG ist für die Angemeldeten bei Massenschäden derart gewichtig, dass er nicht aus Praktikabilitätsgründen beiseite geschoben werden kann.

Anders ist die Situation bei der Fallgruppe der Streuschäden. Bei diesen ist aufgrund der wirtschaftlichen Unbedeutendheit des Anspruchs für den Einzelnen eine Rechtfertigung aus dem objektiven Interesse der Bewährung des Rechts bzw. der Erhaltung der Lenkungsfunktion des Haftungsrechts möglich. Allerdings bestehen angesichts der zweistufigen Ausgestaltung Bedenken gegen die praktische Wirksamkeit der Musterfeststellungsklage. Das rationale Desinteresse wird sich insoweit sowohl auf die Anmeldung als auch auf das Folgeverfahren erstrecken.

g) Auswirkungen bei der Annahme eines Verstoßes gegen das rechtliche Gehör

Nach dem zumindest bei der Fallgruppe der Massenschäden festgestellten nicht gerechtfertigten Eingriff in den Schutzbereich des Art. 103 I GG, stellt sich die Frage nach dessen Konsequenzen. Die Bereitstellung von

Korrektur- bzw. Sanktionsmöglichkeiten entscheidet letztlich über den Stellenwert der Verfassungsgewährleistung.[1160]

Die Möglichkeit der Erhebung einer Verfassungsbeschwerde genügt nicht für die Heilung der Verletzung des rechtlichen Gehörs. Zum einen ist nicht sichergestellt, dass das Bundesverfassungsgericht die qualifizierte Beschwer der Angemeldeten in Form der unmittelbaren, gegenwärtigen und eigenen Betroffenheit annimmt, zumal es zur Musterfeststellungsklage als neuem prozessualen Institut noch kein klärendes verfassungsgerichtliches Hauptsacheverfahren gab. Insofern ist denkbar, dass der in den §§ 606 ff. ZPO angelegte prozessuale Ausschluss der Angemeldeten zu einer Ablehnung der Antragsbefugnis bei der Verfassungsbeschwerde führt. Es besteht somit die Gefahr, dass die Angemeldeten gegen das Musterfeststellungsurteil schon gar keine zulässige Verfassungsbeschwerde erheben können. Zum anderen ist die Verfassungsbeschwerde schon grundsätzlich nicht zur Erfüllung der Gewährleistungen des Art. 103 I GG geeignet, da sie lediglich bereits rechtskräftige und unter Umständen vollstreckbare Urteile überprüft.[1161] Die fernab von fachgerichtlichen Verfahren eröffnete Verfassungsbeschwerde ist außerhalb des ordentlichen Rechtswegs angesiedelt und ermöglicht eine nur nachträgliche, rückblickende Prüfung.[1162]

Es kommen mehrere Ansatzpunkte für die Sanktionierung des Verfassungsverstoßes in Betracht[1163]: die Gewährung präventiven, repressiven, materiell- oder prozessrechtlichen Schutzes; die Relativierung der Urteilswirkungen oder die Einräumung von Rechtsschutz für den Dritten.

Dabei ist zu beachten, dass die durch Rechtsfortbildung generierte Einflussnahmemöglichkeit auf das bindungsauslösende Verfahren genau genommen den Verfassungsverstoß entfallen lässt, wohingegen die Gewährung repressiver Ausgleichsmöglichkeiten aufgrund des Vorherigkeitsgrundsatzes[1164] lediglich eine Kompensation für einen weiter bestehen

1160 *Graßhof*, in: Merten/Papier (Hrsg.), Handbuch der Grundrechte in Deutschland und Europa, 2013, § 133 Gehör Rn. 10.

1161 *Dies.*, in: Merten/Papier (Hrsg.), Handbuch der Grundrechte in Deutschland und Europa, 2013, § 133 Rn. 92.

1162 BVerfGE 94, 166, 213 f. = NVwZ 1996, 678, 685.

1163 Zu der folgenden Aufzählung: *Calavros*, Urteilswirkungen zu Lasten Dritter, 1978, S. 48.

1164 Dazu statt vieler: BVerfGE 9, 89, 96 = NJW 1959, 427, 428; *Rüping*, Der Grundsatz des rechtlichen Gehörs und seine Bedeutung im Strafverfahren, 1976, S. 127 ff.

bleibenden Verstoß darstellt. Da dem ursprünglichen Gehalt nicht Genüge getan wird, findet ein Ausgleich auf sekundärer Ebene statt.

Dieser grundsätzlichen Trennung folgend sollen im vorliegenden Kapitel zunächst die Möglichkeiten einer Rechtsfortbildung und sodann diejenigen eines repressiven Schutzes in Form einer sekundären Inanspruchnahme erörtert werden.

aa) Rechtsfortbildung zur Beseitigung des Verstoßes?

Aufgrund seiner besonderen Struktur stehen bei Art. 103 I GG mehrere Ansatzpunkte für eine Rechtsfortbildung im Raum. Einigkeit besteht lediglich darin, dass es mit dem Prozessgrundrecht auf rechtliches Gehör nicht vereinbar ist, dass der Dritte die Wirkungen des fremden Urteils ohne Weiteres hinnehmen muss.[1165] Doch auf welche konkrete Weise dem Dritten geholfen werden sollte, ist vollkommen unklar.[1166]

Als naheliegendster Weg erscheint ein Schutz des Dritten vor den Wirkungen des fremden Prozesses durch eine Rechtsfortbildung im Prozessrecht.[1167] So können ihm entweder Beteiligungsrechte eingeräumt werden oder die Wirkungen des Musterfeststellungsurteils abgeschwächt werden. Erforderlich dafür sind lediglich kursorische Ansätze im Verfahrensrecht, die sodann dem Grundsatz des rechtlichen Gehörs zum Durchbruch verhelfen.[1168] Nachgedacht werden kann bei der Musterfeststellungsklage über die Einräumung von Beteiligungsrechten im Musterfeststellungsprozess durch eine analoge Anwendung der Vorschriften über die Nebenintervention nach den §§ 64 ff. ZPO[1169] oder die Beiladung gem. § 65 VwGO. Dadurch könnte der Dritte seinen Schutz selbst bewerkstelligen. Doch erreicht auch eine Negation der Bindungswirkung des Musterfeststellungsurteils den Effekt, dass der Dritte vor den Wirkungen des fremden Rechtsstreits verschont bleibt. Schließlich könnte § 68 Hs. 2 ZPO analog angewandt werden, um dem Angemeldeten neues Vorbringen im Individualverfahren zu ermöglichen.

1165 *Marotzke*, ZZP 100 (1987), 164, 165 f.

1166 *Ders.*, ZZP 100 (1987), 164, 165 f.

1167 *Waldner*, Aktuelle Probleme des rechtlichen Gehörs im Zivilprozess, 1983, S. 230 f.

1168 *Ders.*, Aktuelle Probleme des rechtlichen Gehörs im Zivilprozess, 1983, S. 11 f.

1169 Eine Nebenintervention als passablen Weg zur Vermeidung einer Verletzung des Art. 103 I GG vorschlagend: *Meller-Hannich*, Stellungnahme vom 07.06.2018, S. 7 f.; *Schmidt-Kessel*, Stellungnahme vom 08.06.2018, S. 12.

Bei mangelndem Ansatzpunkt im einfachen Recht läuft Art. 103 I GG nicht leer, sondern begründet ein selbstständiges, verfassungsunmittelbares Recht auf Gehör im Prozess.[1170] Dies resultiert aus dem Charakter des Art. 103 I GG als objektive Verfahrensnorm, die nicht nur den Richter, sondern auch den Gesetzgeber bindet.[1171] Der Anspruch auf rechtliches Gehör setzt sich also auch dort durch, wo der Gesetzgeber eine einfachrechtliche Berücksichtigung versäumt hat. Als Adressat dieser direkt aus Art. 103 I GG begründeten Pflicht kommt neben dem Gericht auch die qualifizierte Einrichtung im Sinne des § 606 I 2 ZPO in Betracht. Besonders reizvoll erscheint dies, weil die qualifizierte Einrichtung einfach und zeitlich unbeschränkt auf die persönlichen Daten der angemeldeten Verbraucher zugreifen kann.[1172] Sie steht den Angemeldeten näher als das Gericht, sodass eine mittelbare Beteiligung über die qualifizierte Einrichtung schon aus rein praktischen Gesichtspunkten vorzugswürdig erscheint.

Scheitert auch die Begründung eines direkt in Art. 103 I GG wurzelnden Anhörungsrechts verbleibt noch die Möglichkeit einer gesetzesübergreifenden verfassungskonformen Auslegung. Diese orientiert sich nicht mehr allein an der Teleologie des Gesetzes, sondern geht über sie hinaus, indem noch Wertungen im Rahmen der Gesamtrechtsordnung mitsamt den zugrundeliegenden Prinzipien in sie einfließen – sie erfolgt extra legem, intra ius.[1173] Durch diese Auslegung könnte die Bindung gem. § 613 I 1 ZPO verfassungsrechtlich erträglich gemacht werden. Erwägenswert ist insofern, ob § 608 III ZPO verfassungskonform ausgelegt werden kann hin zu einer ungeregelten Ausstiegsmöglichkeit, um dem Angemeldeten eine Flucht aus der Bindungswirkung zu ermöglichen.

Diese Möglichkeiten einer Rechtsfortbildung sollen in der soeben dargestellten Reihenfolge entsprechend ihres Stufenverhältnisses erörtert werden.

1170 Statt vieler: Maunz/Dürig/*Schmid-Aßmann*, Art. 103 Rn. 20; *Arndt*, NJW 1959, 1297, 1299; *Schwartz*, Gewährung und Gewährleistung des rechtlichen Gehörs durch einzelne Vorschriften der Zivilprozeßordnung, 1977, S. 13 ff.

1171 *Schultes*, Beteiligung Dritter am Zivilprozeß, 1994, S. 87 f.

1172 *Röthemeyer*, VuR 2019, 87, 89.

1173 *Larenz/Canaris*, Methodenlehre der Rechtswissenschaft, ^{3}1995, S. 232 f.

(1) Möglichkeit der Beteiligung am Prozess durch die Angemeldeten

Seinem Zweck entsprechend, eine Einflussnahme auf das Urteil vor dessen Erlass zu gewähren[1174], ist zuerst daran zu denken dem Angemeldeten eine Beteiligung am Musterfeststellungsprozess zu ermöglichen. So kann dem Dritten Rechtsschutz gewährt werden, ohne an der Geltungskraft des Urteils operieren zu müssen.[1175] Im Gegensatz zum repressiven Schutz führt die präventive Gewährung des rechtlichen Gehörs zur unmittelbaren Erfüllung des Art. 103 I GG. Aufgrund des Rechtzeitigkeitsgedankens, der Art. 103 I GG innewohnt, reicht es für dessen Eingreifen aus, wenn eine Rechtsbeeinträchtigung potentiell droht.[1176]

(a) Denkbare Beteiligungsmöglichkeiten für die Angemeldeten

In einem ersten Schritt ist nach geeigneten Instituten zu fragen, die für eine Beteiligung seitens der Angemeldeten im Musterfeststellungsprozess in Betracht kommen. Grundsätzlich herrscht in der ZPO ein numerus clausus der Beteiligungsformen[1177], sodass nicht ohne Weiteres für neu auftretende Konstellationen neue Institute etabliert werden können. Entscheidend für die Beteiligung ist, dass aufgrund der positiven Funktion des Art. 103 I GG der Anspruchsberechtigte so viele Befugnisse besitzt, dass er an der Aufklärung der Sach- und Rechtslage mitwirken kann und aufgrund der negativen Funktion nicht mehr Rechte hat, als es für die Abwehr der Gefahr des Erlasses eines Fehlurteils bedarf.[1178]

Als das Institut, welches die ZPO allgemein für die Beteiligung Dritter an einem Rechtsstreit bereithält[1179], kommt die (streitgenössische) Nebenintervention nach den §§ 66 ff. ZPO in Betracht. Rechtstechnisch handelt es sich dabei nicht um eine Analogie, da die §§ 66 ff. ZPO als Vorschriften des allgemeinen Teils grundsätzlich für alle Verfahren in der ZPO gelten. Jedoch ordnet § 610 VI ZPO explizit den Ausschluss der §§ 66–74 ZPO an,

---

1174 Statt vieler: BVerfGE 9, 89, 95 = NJW 1959, 427.
1175 *Calavros*, Urteilswirkungen zu Lasten Dritter, 1978, S. 177 f.
1176 M.w.N.: *ders.*, Urteilswirkungen zu Lasten Dritter, 1978, S. 34 ff.
1177 *Schlosser*, JZ 1967, 431, 434.
1178 *Calavros*, Urteilswirkungen zu Lasten Dritter, 1978, S. 43 f.
1179 *Schilken*, Zivilprozessrecht, ^{7}2014, Rn. 397.

sodass zu fragen ist, ob diese Vorschrift teleologisch zu reduzieren ist, um eine Beteiligung der Angemeldeten zu ermöglichen.[1180]

Als weitere Möglichkeit zur Einbeziehung in den Prozess ist die analoge Anwendung der Beiladungsvorschriften nach den §§ 65 f. VwGO zu bedenken. Die unterlassene Normierung in der ZPO steht der Analogie nicht schon im Grundsatz entgegen, zumal aus der beschränkten Einführung der Pflicht zur Benachrichtigung dritter Personen nicht der Schluss gezogen werden kann, dass der Gesetzgeber nur in den reglementierten Fällen vom Prozess Betroffene schützen wollte.[1181] Über dem Willen des einfachen Gesetzgebers steht das Verfassungsgebot des Art. 103 I GG, welches es notwendig macht in den Fällen einer Regelungslücke die Informierung über den laufenden Prozess sicherzustellen.[1182] Dies könnte über eine zivilprozessuale Beiladung geschehen.[1183] Gegen die Beiladung spricht auch nicht, dass sie ursprünglich herangezogen wurde, um den Dritten überhaupt von der Anhängigkeit des Prozesses und der Beitrittsmöglichkeit zu informieren.[1184] Zwar muss dem Verbraucher durch das Erfordernis der Anmeldung die Anhängigkeit des Rechtsstreits Gewahr sein, sodass aus diesem Grund eine Beiladung nicht notwendig erscheint. Doch könnte ihm auf diese Weise aufgezeigt werden, dass er auch ohne Anhaltspunkte im Gesetzeswortlaut die Möglichkeit der Anschließung hat. Mangels expliziten Ausschlusses der §§ 65 f. VwGO ist das rechtstechnische Mittel für die Anwendung der Beiladungsvorschriften nicht die telelogische Reduktion, sondern die Analogie.

(b) Praktikabilität der aufgezeigten Beteiligungsmöglichkeiten

Doch selbst bei Annahme einer durch den Verfassungsverstoß begründeten Regelungslücke ist zu überprüfen, ob die Gewährung einer Beteiligungsmöglichkeit im Musterfeststellungsprozess eine praxistaugliche Lösung darstellt.

1180 Dafür mit dem Argument, dass die Verbraucher entweder von einem Beitritt aufgrund des Kostenrisikos absehen oder den Prozess durch ihre Mitwirkung vorantreiben: *Scholl*, ZfPW 2019, 317, 347 f.

1181 *Hahn/Mugdan*, Die gesamten Materialien zu den Reichs-Justizgesetzen, 1983, S. 184.

1182 *Calavros*, Urteilswirkungen zu Lasten Dritter, 1978, S. 147; *Schlosser*, Gestaltungsklagen und Gestaltungsurteile, 1966, S. 209 ff.

1183 *Ders.*, Gestaltungsklagen und Gestaltungsurteile, 1966, S. 209 ff.

1184 *Schultes*, Beteiligung Dritter am Zivilprozeß, 1994, S. 97, S. 110.

Konzipiert ist das Musterfeststellungsverfahren als Prozess, der ausschließlich zwischen der klagenden qualifizierten Einrichtung und der Beklagten geführt werden soll.[1185] Dabei sollten gerade Lehren aus den KapMuG-Verfahren gezogen werden, die sich zum Zeitpunkt des Erlasses der §§ 606 ff. ZPO schon mehr als eine Dekade zogen. Die große Zahl an Beteiligten geht letztlich mit einem großen Effizienzverlust einher, was eine rasche Streitentscheidung nahezu unmöglich macht.[1186] Die dadurch in den Vordergrund gestellte Effektivität des neuen prozessualen Instituts[1187] geht implizit mit einem Entzug der Rechte der Angemeldeten einher. Vor dem Eindruck der immensen Zahl an potentiell Geschädigten im VW-Abgasskandal sollte eine massenweise Klärung der in Frage stehenden Rechtsverhältnisse ermöglicht werden.

In diesem Kontext ist auch § 610 VI ZPO zu sehen.[1188] Zwar wäre die Gewährung einer Beteiligungsmöglichkeit über die Nebenintervention ein probates Mittel zur Beseitigung des Verfassungsverstoßes. Doch würde dadurch der grundsätzliche Ansatz bei der Einführung der §§ 606 ff. ZPO – die effektive Rechtsdurchsetzung von Verbraucheransprüchen[1189] – bereits im Keim erstickt. Die Gewährung prozessualer Beteiligungsrechte für z.B. 470.000 Angemeldete im VW-Prozess (wenn dieser nicht durch einen außergerichtlichen Vergleich beendet worden wäre) würde diesen in eine nicht vorhersehbare Länge ziehen. Die Ansprüche der Angemeldeten würden wegen §§ 610 III, 613 II ZPO auf unabsehbare Zeit einer gerichtlichen Klärungsmöglichkeit entzogen, was den effektiven Verbraucherschutz letztlich konterkarieren würde.

Dasselbe gilt für eine analoge Anwendung der §§ 65 f. VwGO. Die Zulassung einer Beiladungsmöglichkeit würde dem Ziel einer effektiven Verbraucherrechtsdurchsetzung schon im Grundsatz widersprechen.

Dagegen sprechen zunächst nicht die abweichenden Rechtsfolgen, die eine Beiladung auf zivilprozessualer im Gegensatz zur verwaltungsprozessualen Ebene zeitigt. Im Verwaltungsprozess erhält der Beigeladene gem. § 63 Nr. 3 VwGO mit Zustellung des Beiladungsbeschlusses die Stellung eines Beteiligten im Prozess. Bei der zivilprozessualen Beiladung wird dem

1185 BT-Drs. 19/2439, S. 16.

1186 *Dietsche*, in: Schäfer (Hrsg.), Der Gesetzesentwurf zur "Musterfeststellungsklage", 2018, S. 76, 82 f.; zur Situation im KapMuG: *Wanner*, Das KapMuG als allgemeine Regelung für Massenverfahren, 2010, S. 67.

1187 BT-Drs. 19/2439, S. 14.

1188 Zu den Gründen des im Folgenden diskutierten Ausschlusses der §§ 66–74 ZPO: BT-Drs. 19/2439, S. 27.

1189 BT-Drs. 19/2439, S. 14.

Empfänger lediglich aufgezeigt, dass die Möglichkeit besteht sich dem Rechtsstreit anzuschließen.[1190] Zwar wird die Rechtskraft auf den Empfänger der Beiladung erstreckt, doch bedarf es noch einer Anschließung, ehe er die Stellung als Beteiligter im Verfahren erhält.[1191] Abgesehen von dem Druck, welcher durch die Erstreckung der Rechtskraft auf dem Dritten lastet und ihn zur Anschließung veranlassen kann[1192], geht dasselbe Verzögerungspotential von der Gewährung einer Anschließungsmöglichkeit aus. Die Beiladung übernimmt eine ähnliche Funktion wie die Streitverkündung gem. §§ 72 ff. ZPO. Dass die Streitverkündung eine Interventionswirkung gem. §§ 74 III, 68 ZPO nach sich zieht, die Beiladung hingegen eine Rechtskrafterstreckung, mag zwar im Detail unterschiedlich sein, spielt jedoch für die Gefahr einer immensen Verzögerung keine Rolle. Diese wurzelt allein in der Gewährung von Beteiligungsrechten an sich.

Im Ergebnis lässt sich somit festhalten, dass die Gewährung von Beteiligungsrechten kein geeignetes Mittel zur Behebung des Verfassungsverstoßes darstellt. Der Musterfeststellungsprozess wäre der Gefahr einer immensen Verfahrensdauer ausgesetzt.

(2) Negation der Bindungswirkung

Als weiterer gangbarer Weg neben der Einräumung von Beteiligungsrechten kommt die Negation der Bindungswirkung gem. § 613 I 1 ZPO im Folgeverfahren in Betracht. Wenn der Dritte von den negativen Folgen des fremden Prozesses verschont bleibt, scheidet eine Verletzung von Art. 103 I GG aus.[1193] Diesen Weg hat der Gesetzgeber in der Vergangenheit bereits beschritten. So hat er bei der Schaffung des UWG bewusst von einer umfassenden Bindungswirkung des Verbandsurteils für den nicht be-

---

1190 *Schultes*, Beteiligung Dritter am Zivilprozeß, 1994, S. 97, S. 110; *Lüke*, Die Beteiligung Dritter im Zivilprozeß, 1993, S. 210; *Marotzke*, ZZP 100 (1987), 164, 170; *Selle*, Die Verfahrensbeteiligung des notwendigen Streitgenossen und des notwendig Beigeladenen, 1976, S. 103 f.; *Lammenett*, Nebenintervention, Streitverkündung und Beiladung, S. 13, S. 189

1191 *Lüke*, Die Beteiligung Dritter im Zivilprozeß, 1993, S. 210.

1192 *Ders.*, Die Beteiligung Dritter im Zivilprozeß, 1993, S. 210.

1193 *Brüning*, in: Stern/Becker (Hrsg.), Grundrechte-Kommentar, ^{3}2019, Artikel 103 GG Rn. 92; *Waldner*, Aktuelle Probleme des rechtlichen Gehörs im Zivilprozess, 1983, S. 230 f.; Maunz/Dürig/*Schmid-Aßmann*, Art. 103 Rn. 43 ff.; *Lange*, Das begrenzte Gruppenverfahren, 2011, S. 172.

teiligten Verbraucher abgesehen.[1194] Auch bei § 16 II KapMuG[1195] und der Einführung der einfachen Teilnahme[1196] hat der Gesetzgeber aufgrund der geringen Beteiligungsrechte von einer umfassenden Bindung des Dritten in seinem Individualverfahren Abstand genommen.

Diese nachträgliche, bei den Folgen ansetzende Lösung wäre über eine teleologische Reduktion des § 613 I 1 ZPO zu bewerkstelligen. Gedanke dahinter ist, dass der Gesetzgeber bei einem Verstoß gegen Art. 103 I GG die Bindung nicht in einer umfassenden Weise angeordnet hätte, wofür das frühere Verhalten bei der Schaffung des UWG und des KapMuG einen gewissen Anhaltspunkt bietet. Voraussetzung für eine teleologische Reduktion ist das Vorliegen einer verdeckten Lücke, welche aufgrund des dem Gesetz immanenten Zwecks eine Einschränkung des zu offen formulierten Wortlauts fordert.[1197] Dabei erscheint die Lücke umso planwidriger, je eher sie Konstellationen gleicht, in denen eine Einschränkung in dem bestrebten Maße vorgenommen wurde.

(a) Vorliegen einer Regelungslücke

Für eine solche Lücke spricht zunächst, dass die Wahrung des rechtlichen Gehörs grundsätzlich als Voraussetzung für die Bindungswirkung angesehen wird.[1198] So wird auch im Verwaltungsprozess angenommen, dass eine unterlassene Beiladung zu einer Wirkungslosigkeit des Urteils zumindest gegenüber dem nicht Beigeladenen führt.[1199] Ob dabei eine absolute oder nur relative Unwirksamkeit anzunehmen ist, soll an dieser Stelle nicht vertieft werden. Entscheidend ist vielmehr, dass der Dritte von dem Urteil nicht betroffen sein soll, weil er keinen Einfluss auf das Verfahren nehmen konnte.

In dieselbe Richtung geht der Entfall der Bindungswirkung des Beschlusses nach § 281 ZPO bei unterbliebenem rechtlichem Gehör. Der Verstoß gegen den elementaren Grundsatz des rechtlichen Gehörs würde einen so schwerwiegenden Verfahrensmangel darstellen wie ein willkürli-

---

1194 *Kruis*, ZIP 2019, 393, 401.
1195 BT-Drs. 15/5091, S. 19.
1196 BT-Drs. 17/10160, S. 25.
1197 *Larenz/Canaris*, Methodenlehre der Rechtswissenschaft, ^{3}1995, S. 210 f.
1198 *Gebauer*, ZZP 119 (2006), 159, 166.
1199 So u.a.: *Marotzke*, ZZP 100 (1987), 164, 173 f.; *Schlosser*, Gestaltungsklagen und Gestaltungsurteile, 1966, S. 195.

cher Verstoß, welcher den Entfall der in § 281 II 4 ZPO angeordneten Bindungswirkung rechtfertige.[1200]

Letztlich spricht für den Entfall der Bindungswirkung, dass die Begrenzung der gebundenen Personen dem Schutz der Dritten dient.[1201] Dieser Schutz wäre nur unvollkommen, wenn trotz der Verletzung des rechtlichen Gehörs das Musterfeststellungsurteil Bindungswirkung gem. § 613 I 1 ZPO zulasten der angemeldeten Verbraucher entfalten würde.

(b) Negation der Bindungswirkung im Zivilprozess?

Gegen diesen Lösungsansatz ist jedoch einzuwenden, dass die Fehlerfolgen für den Verwaltungsprozess nicht uneingeschränkt für den Zivilprozess übernommen werden können. Eine mindestens relative Unwirksamkeit ginge im Zivilprozess zu weit und ist auch nicht vom Zweck des Art. 103 I GG gefordert.[1202] Dies muss schon deswegen gelten, weil die Verletzung eines verfassungsmäßigen Rechts nicht einseitig zu Lasten einer Privatpartei wirken darf. Im Verwaltungsprozess geschieht der Fehler gewissermaßen auf staatlicher Seite, wo er sich dann auch auswirkt. Bei der Musterfeststellungsklage trifft die Negation der Bindungswirkung aufgrund der Verletzung des Art. 103 I GG ausschließlich die Beklagte, welche neben Zeit und Mühe nochmals finanzielle Ressourcen für die Führung eines weiteren Prozesses aufwenden muss. Alleiniger Leidtragender für die Erhaltung der Rechte der Angemeldeten wäre somit wiederum ein Privater. Die Beklagtenseite ginge auf diese Weise jeglicher Planungssicherheit verlustig[1203], was Bedenken im Hinblick auf den Grundsatz des fairen Verfahrens hervorruft.[1204] Auch erscheint diese Ungleichbehandlung als Verstoß gegen das Gebot der prozessualen Waffengleichheit, da den allein

---

1200 M.w.N.: BGHZ 71, 69, 72 f. = NJW 1978, 1163, 1164.

1201 *Grunsky*, Grundlagen des Verfahrensrechts: eine vergleichende Darstellung von ZPO, FGG, VwGO, FGO, SGG, ^{2}1974, S. 535 f.; *Marotzke*, ZZP 100 (1987), 164, 164 f.

1202 *Calavros*, Urteilswirkungen zu Lasten Dritter, 1978, S. 148.

1203 *Woopen*, NJW 2018, 133, 137.

1204 *Winkelmeier-Becker*, in: Schäfer (Hrsg.), Der Gesetzesentwurf zur "Musterfeststellungsklage", 2018, S. 92, 107; Bedenken im Hinblick auf die prozessuale Waffengleichheit anmeldend: *Scholl*, ZfPW 2019, 317, 347 f.

positiven Aussichten für den Angemeldeten das doppelte Verlustrisiko auf Beklagtenseite gegenübersteht.[1205]

Hinzu kommen rein praktische Schwierigkeiten bei der Bestimmung des bindenden Umfangs. Nur eine negative Entscheidung greift in Art. 103 I GG ein. Eine Entscheidung zugunsten des Angemeldeten ist somit denkbar und verfassungsrechtlich zulässig. Bei einem teilweise klageabweisenden Urteil ist es unsicher und jedem Folgeprozessgericht überlassen, inwieweit das Musterfeststellungsurteil im Folgeverfahren Wirkung entfalten soll. Ein vollständiger Entfall der Bindungswirkung wird von Art. 103 I GG nicht gefordert, eine Relativierung belastet wiederum nur die Beklagtenseite. Zudem erscheint eine rechtssichere Handhabung, die sich bis zur höchstrichterlichen Klärung der ersten Individualverfahren über mehrere Jahre ziehen kann, ausgeschlossen. Ein solches Szenario ist von der Teleologie der §§ 606 ff. ZPO in keiner Weise umfasst, zumal das Hauptanliegen bei deren Erlass unter anderem die effektive Klärung der Verbraucheransprüche war.[1206]

Des Weiteren sollte beachtet werden, dass Art. 103 I GG nicht grundsätzlich die Erstreckung von Urteilswirkungen auf Dritte verbietet, sondern vielmehr nur für eine Einflussnahmemöglichkeit im bindenden Prozess sorgen will.[1207] Art. 103 I GG soll keine allgemeine Billigkeitsvorschrift zur Kontrolle von Wirkungserstreckungen werden, die es erlaubt jede prozessuale Vorschrift unter die Lupe zu nehmen.[1208] Die Beschränkung der Urteilswirkungen darf erst nach Ausschöpfung anderer Schutzmöglichkeiten der Betroffenen als ultima ratio in Erwägung gezogen werden.[1209]

Auch die Negation der Bindungswirkung stellt im Zivilprozess keinen gangbaren Lösungsweg dar.

(3) Heranziehung des § 68 Hs. 2 ZPO analog?

Ein weiterer Ansatzpunkt setzt näher an der Tatsache an, dass es den Angemeldeten sowohl im Musterfeststellungs- als auch im Individualverfahren

---

1205 *Merkt/Zimmermann*, VuR 2018, 363, 366 f.; *Winkelmeier-Becker/Dietsche*, ZG 2018, 47, 57; s. dazu auch: Teil Zwei Kapitel Eins § 3 C. IV. 2. g) cc) (2) (c) (aa) Konfliktlage zwischen den Verfassungswerten (321).

1206 BT-Drs. 19/2439, S. 14.

1207 *Calavros*, Urteilswirkungen zu Lasten Dritter, 1978, S. 46 f.

1208 *Ders.*, Urteilswirkungen zu Lasten Dritter, 1978, S. 46 f.

1209 *Schlosser*, Gestaltungsklagen und Gestaltungsurteile, 1966, S. 189.

nicht möglich ist sich zu den Feststellungszielen zu äußern bzw. ihre Rechte zur Geltung zur bringen.[1210] Anstatt aber die Bindungswirkung weitläufig zu negieren, könnte durch eine analoge Anwendung des § 68 Hs. 2 ZPO punktuell individuelles Vorbringen dort zugelassen werden, wo es das rechtliche Gehör erfordert. So würde prima facie dem Anspruch auf rechtliches Gehör durch die Möglichkeit abweichenden Vorbringens im Individualverfahren genügt, ohne jedoch die Effektivität des Musterfeststellungsverfahrens in Frage zu stellen.

(a) Interessenlage des § 68 Hs. 2 ZPO

§ 68 Hs. 2 ZPO beruht auf dem Gedanken, dass bei einer mangelnden Berücksichtigung des Vorbringens des Nebenintervenienten im ersten Verfahren dessen Anspruch auf rechtliches Gehör im Folgeverfahren, in dem er als Partei auftritt, nicht verkürzt werden darf.[1211] Die mangelnde Gehörsgewährung im ersten Verfahren wird durch die Zulassung abweichenden Vorbringens im Folgeverfahren kompensiert.[1212] Insgesamt wird dem Berechtigten, wenn auch mit einer zeitlichen Latenz, volles rechtliches Gehör zuteil.[1213] Die durch Gesetz gem. § 610 VI Nr. 1 ZPO ausgeschlossene Stellung der Angemeldeten als Nebenintervenienten im Musterfeststellungsverfahren spricht nicht von vornherein gegen eine analoge Anwendung des § 68 ZPO, da der Zweck der Vorschrift in Form der Sicherung rechtlichen Gehörs und einheitlicher Entscheidungen ebenso auf Dritte übertragbar ist.[1214] Auch erscheint das mangelnde Beteiligungsrecht im Musterfeststellungsprozess als Paradefall für die fehlende Einflussnahmemöglichkeit im Sinne des § 68 Hs. 2 ZPO.

1210 Diesen Gesichtspunkt zur Begründung der Verfassungswidrigkeit heranziehend: *Fölsch*, DRiZ 2018, 214, 216.
1211 *Schultes*, Beteiligung Dritter am Zivilprozeß, 1994, S. 36 f.
1212 *Ders.*, FS Schilken, 2015, S. 469, 478 ff.
1213 *Ders.*, Beteiligung Dritter am Zivilprozeß, 1994, S. 36 f.
1214 *Wieser*, ZZP 79 (1966), 246, 261 f.

(b) Vergleich mit der Situation bei der Musterfeststellungsklage

Doch sind die Ausgangslagen zwischen § 68 Hs. 2 ZPO und der Musterfeststellungsklage ganz andere, was eine Heranziehung des § 68 Hs. 2 ZPO im Folgeverfahren nicht als praktikable Lösung erscheinen lässt.

Die Heranziehung des § 68 Hs. 2 ZPO stünde im Widerspruch zu den bereits angestellten Erwägungen zu der Einordnung der Bindungswirkung.[1215] Es wurde betont, dass sich die Bindungswirkung von der Interventionswirkung insbesondere dadurch unterscheidet, dass ein Entfall der Bindung nach dem Vorbild des § 68 Hs. 2 ZPO in § 613 I 1 ZPO nicht vorgesehen ist. Die Bindungswirkung ist zwar in ihrem Umfang enger, enthält dafür jedoch weniger Ausnahmen. Die Zulassung der Einwände aus § 68 Hs. 2 ZPO wäre wesensfremd für § 613 I 1 ZPO.

Auch ist für eine analoge Anwendung des § 68 Hs. 2 ZPO zu berücksichtigen, dass die Vorschrift grundsätzlich von einer Beteiligungsmöglichkeit im Ursprungsverfahren ausgeht. Nur wer aus den Gründen des § 68 Hs. 2 ZPO am aktiven Vorbringen der eigenen Position gehindert wurde, soll im Folgeverfahren gehört werden. Bei der Musterfeststellungsklage begibt sich der Angemeldete ganz in die Hände der klagenden qualifizierten Einrichtung für eine kosten- und risikolose Rechtsklärung.[1216] Seine Rolle ist somit gekennzeichnet als eine rein passive im Musterfeststellungsprozess, was nicht dem Bild des § 68 Hs. 2 ZPO entspricht. Er ist somit nicht aus prozessualen, sondern aus gesetzlichen Gründen am eigenen Vorbringen gehindert. Diese umfassende Verhinderung würde zu einer sehr weitgehenden Anwendung des § 68 Hs. 2 ZPO führen, da der Angemeldete gerade kein rechtliches Gehör im Musterfeststellungsprozess erfahren hat. Der Angemeldete könnte umfassend im Folgeverfahren unter Abweichung von der Musterfeststellungsentscheidung vortragen.

Zuletzt ist noch anzumerken, dass die Regelungen der Nebenintervention fein austariert sind, indem sie unterschiedliche Bindungswirkungen und abgestufte Beteiligungsrechte vorsehen.[1217] So wird z.B. der Einwand aus § 68 Hs. 2 ZPO nur bei der einfachen Nebenintervention zugelassen, zumal der Nebenintervenient im ersten Verfahren ansonsten keine Chance hätte sein Vorbringen zur Geltung zu bringen. Anders ist dies bei der streitgenössischen Nebenintervention gem. § 69 ZPO, da der Nebenintervenient auch im Widerspruch zu der Hauptpartei agieren kann, sodass es

---

1215 S. dazu: Teil Zwei Kapitel Eins § 3 B. II. Begriff der Bindung (89).

1216 *Röthemeyer*, MDR 2019, 6, 6 f.

1217 *Schultes*, FS Schilken, 2015, S. 469, 470 f.

des Einwandes des § 68 Hs. 2 ZPO nicht bedarf.[1218] Seinem rechtlichen Gehör ist bereits im Erstprozess Genüge getan. Dieses System wird durch die Heranziehung einzelner Vorschriften gesprengt. Die Regelungen der Nebenintervention können nur in ihrem Gesamtkontext verstanden und angewendet werden. Andernfalls besteht die Gefahr, dass § 68 Hs. 2 ZPO zu einer Generalkorrekturmöglichkeit für als unbillig empfundene Bindungswirkungen verkommt. Eine isolierte Anwendung ohne jedwede prozessuale Stellung im Ausgangsverfahren wird dem System der Nebenintervention nicht gerecht.

Eine analoge Anwendung des § 68 Hs. 2 ZPO scheitert somit letztlich an der unterschiedlichen Interessenlage.

Den Analogien und teleologischen Reduktionen zur Vermeidung eines Verstoßes gegen Art. 103 I GG steht letztlich ihre mangelnde Praktikabilität im Zivilprozess entgegen.

bb) Unmittelbare Anwendung des Art. 103 I GG: erweiterte Pflichten des Gerichts oder der qualifizierten Einrichtung?

Nachdem eine Analogie oder teleologische Reduktion im einfachen Recht nicht zielführend war, könnte eine unmittelbare Anwendung des Art. 103 I GG zur Behebung des Verfassungsverstoßes führen. Aus Art. 103 I GG können unabhängig von einer Verankerung im einfachen Recht Pflichten zur Achtung des Anspruchs auf rechtliches Gehör entstehen.[1219] Dem Gesetzgeber steht es somit nur frei die Modalitäten der Anhörung zu regeln[1220], die Pflicht hierzu folgt bei mangelnder gesetzlicher Grundlage direkt aus Art. 103 I GG. Die Besonderheit gegenüber einer verfassungskonformen Auslegung besteht darin, dass die unmittelbare Anwendung auch dann in Betracht kommt, wenn keine Abwägung des Gesetzgebers stattgefunden hat und daher kein Anknüpfungspunkt für eine Auslegung im einfachen Recht besteht.[1221]

Als Adressaten dieser unmittelbar aus Art. 103 I GG resultierenden Pflichten kommen sowohl das Gericht des Musterfeststellungsprozesses als

---

1218 *Ders.*, FS Schilken, 2015, S. 469, 470 f.

1219 BVerfGE 8, 253, 255 f. = NJW 1958, 2011; BVerfGE 17, 356, 361 = NJW 1964, 1412, 1413; BVerfGE 19, 49, 51 = NJW 1965, 1267; BVerfGE 53, 109, 113 f. = NJW 1980, 1095, 1096.

1220 *Brüning*, in: Stern/Becker (Hrsg.), Grundrechte-Kommentar, ^{3}2019, Artikel 103 GG Rn. 105.

1221 *Schultes*, Beteiligung Dritter am Zivilprozeß, 1994, S. 89 f.

auch die klagende qualifizierte Einrichtung in Betracht. Zunächst soll das Gericht als Adressat beleuchtet werden.

(1) Erweiterte Pflichten des Musterfeststellungsgerichts?

Art. 103 I GG ist eine objektive, in Verfassungsrang erhobene Verfahrensvorschrift[1222], die als Prozessnorm eine Verhaltensnorm für das Gericht darstellt.[1223] Dies fordert ein Case Management des Gerichts, welches auf die Wahrung des rechtlichen Gehörs ausgelegt ist.

Es stellt sich somit die Frage, wie der Verfassungsgewährleistung durch Handlungen des Gerichts nachgekommen werden kann. Die Erzwingung einer Parteistellung fordert das rechtliche Gehör nicht[1224] und wäre für das Musterfeststellungsverfahren aus praktischen Gründen nicht durchführbar. Die extensive Wahrnehmung der Hinweispflicht bei eingehender Verfahrensvorbereitung genügt den Anforderungen des Art. 103 I GG nicht.[1225] Eine erweiterte Pflicht zur öffentlichen Bekanntmachung im Klageregister mag der Informationsgewährleistung zwar dienen, wird jedoch der nötigen eigenbestimmten und situationsspezifischen Verfahrensgestaltung[1226] durch die Anspruchsberechtigten nicht gerecht.

Es verbleibt der Weg den Angemeldeten die Möglichkeit zur Äußerung einzuräumen, um auf das Verfahren Einfluss nehmen zu können. Je nach Art, Zahl und Verteilung der Anspruchsberechtigten kann das Gericht zwischen den verschiedenen Publikationsmöglichkeiten wählen.[1227] Bei einer großen Zahl an Angemeldeten – es sei an die über 470.000 Anmeldungen im Verfahren gegen die VW AG erinnert – ist eine postalische Benachrichtigung jedes Einzelnen organisatorisch nicht möglich. Rein praktisch sind die Geschäftsstellen der OLG nicht auf diese Massen ausgelegt. Auch nimmt das BVerfG bei der Form der Benachrichtigung eine

1222 BVerfGE 70, 180, 188 =NJW 1986, 371, 372; BVerfGE 107, 395, 408 = NJW 2003, 1924, 1926.

1223 *Henkel*, ZZP 77 (1964), 321, 325 f.

1224 So für die Beiladung gem. § 65 VwGO: *Lammenett*, Nebenintervention, Streitverkündung und Beiladung, S. 189 f.

1225 S. dazu: Teil Zwei Kapitel Eins § 3 C. IV. 2. c) ee) Erfüllung der Gewährleistung durch „Case Management“ des Gerichts (182).

1226 BVerfG NJW 2007, 2242, 2243.

1227 *Koch*, Prozeßführung im öffentlichen Interesse, 1983, S. 299 f.; *Schulte*, Die kollektive Geltendmachung von Verbraucherschäden im UWG, 1982, S. 115.

Abwägung mit dem Grundsatz der Effektivität des Verfahrens vor.[1228] Bei einer solch immensen Einschränkung der Effektivität kann nicht von einer Pflicht zur postalischen Benachrichtigung ausgegangen werden. Darüber hinaus würde eine solche Form der Benachrichtigung das Prozesskostenrisiko in die Höhe treiben. Bei einer einmaligen Benachrichtigung mittels einfachen Briefes – was wohl zur Vergewisserung der Einhaltung des rechtlichen Gehörs für das Gericht nicht ausreichen würde – fallen bei Zugrundelegung des Normaltarifs von 80 ct pro Brief 320.000 € an. Und bei Anwachsen des Prozessstoffes werden weitere Anhörungsmöglichkeiten und damit weitere postalische Benachrichtigungen erforderlich. Dies widerspricht eklatant den Bestrebungen zur Minimierung des Prozesskostenrisikos durch Einführung einer Streitwertbegrenzung. Durch § 48 I 2 GKG wurde der Streitwert für Musterfeststellungsverfahren auf maximal 250.000 € gedeckelt, wodurch unter Heranziehung der Anlage 2 des GKG eine Gebühr bei 2104 € angesiedelt ist. Bei Verfahren vor dem OLG im Allgemeinen fällt nach § 3 II GKG i.V.m. Nr. 1212 der Anlage 1 eine 4,0 Gebühr an, was zu Prozesskosten von 8416 € führt. Für die Revisionsinstanz beim BGH sieht § 3 II GKG i.V.m. Nr. 1214 der Anlage 1 eine 5,0 Gebühr vor, sodass die Gerichtskosten für die Revisionsinstanz bei 10.520 € liegen. Das einmalige Versenden eines Standardbriefs an alle Angemeldeten im Prozess gegen die VW AG übersteigt die Gerichtskosten mitsamt Revisionsinstanz somit um knapp das Siebzehnfache. Die qualifizierten Einrichtungen würden sich immensen Forderungen zur Begleichung von Auslagen ausgesetzt sehen, die in keiner Relation zu den anfallenden Gerichtskosten stehen. Die postalische Benachrichtigung scheidet daher wegen der Kosten, Unpraktikabilität und Ineffektivität aus.

Als praktischere Alternative könnte eine Anhörungsmöglichkeit über das elektronisch eingerichtete Klageregister in Betracht kommen. Auch der Gesetzgeber geht von einer Obliegenheit aus, sich als Angemeldeter aus dem Klageregister über den Verfahrensgang zu informieren.[1229] So könnte den Angemeldeten über dieses Medium die Geltendmachung ihres Rechts aus Art. 103 I GG anheimgestellt werden.

Doch sprechen gewichtige Gründe gegen die Herleitung einer solchen Pflicht. Zum einen wird auch dadurch die Effektivität des Verfahrens

---

1228 BVerfGE 9, 89, 95 = NJW 1959, 427.
1229 Dies implizit zugrunde legend: BT-Drs. 19/2439, S. 25.

erheblich in Frage gestellt.[1230] Mit der Informationsgewährung und der Äußerungsmöglichkeit endet die Pflicht des Gerichts aus Art. 103 I GG nicht. Vielmehr muss das Vorbringen auch in der Entscheidung Berücksichtigung finden. Bei einer massenhaften Wahrnehmung des Äußerungsrechts besteht die Gefahr, dass das Gericht den Überblick verliert oder die Anzahl der zu berücksichtigenden Stellungnahmen ein Ausmaß erreicht, welches die Abhandlung im Urteil an die Grenze der Unmöglichkeit treibt. Dies gilt vor allem deshalb, weil sich Anwälte aus Haftungsgründen und Naturalparteien wegen der schieren Aufforderung zur Abgabe einer Stellungnahme herausgefordert fühlen werden. Mit der Pflicht zur Kenntnisnahme und Berücksichtigung würde nicht nur die Arbeitsbelastung, sondern auch die Dauer der Verfahren immens ansteigen. Auch dies widerspricht der Effektivität des Verfahrens.

Schließlich sind weitere Möglichkeiten zu bedenken, welche die Sicherstellung der Rechte aus Art. 103 I GG gewährleisten und zugleich die Effektivität des Verfahrens erhalten. Durch die Vielschichtigkeit des Art. 103 I GG kann der Verfassung auch auf anderem Wege genügt werden.

Auch eine unmittelbare Anwendung des Art. 103 I GG für die Begründung von Anhörungspflichten seitens des Gerichts scheitert an der fehlenden praktischen Umsetzungsmöglichkeit.

(2) Erweiterte Pflichten für die klagende qualifizierte Einrichtung?

Als weiterer Adressat für die unmittelbare Begründung von Pflichten aus Art. 103 I GG kommt die klagende qualifizierte Einrichtung in Frage. Der Vorteil bei einer Indienstnahme der qualifizierten Einrichtung wäre, dass der Musterfeststellungsprozess nach wie vor bei seiner Zweiparteienstruktur bliebe. Die Einflussnahmemöglichkeit würde sich ausschließlich über die qualifizierte Einrichtung auswirken, sodass die Angemeldeten nur mittelbar auf den Prozess einwirken könnten.

Es ist grundsätzlich möglich die Pflichten aus Art. 103 I GG nicht ausschließlich dem Gericht aufzubürden, sondern sich dafür der Verfahrensbeteiligten kombiniert mit einer Mitwirkungslast der Berechtigten zu bedienen.[1231] Vorteil an einer solchen Gestaltung ist speziell im Musterfest-

---

1230 Zum Zusammenhang zwischen der zeitlichen Dauer und der Einräumung von Beteiligungsrechten: *Wanner*, Das KapMuG als allgemeine Regelung für Massenverfahren, 2010, S. 67.

1231 Maunz/Dürig/*Schmid-Aßmann*, Art. 103 Rn. 70, 72.

stellungsprozess, dass die klagende qualifizierte Einrichtung gem. § 609 VI ZPO einfachen und zeitlich unbeschränkten Zugang zu den persönlichen Daten der Angemeldeten hat.[1232] Als besondere gesetzliche Prozessstandschafterin[1233] steht die qualifizierte Einrichtung den Angemeldeten näher als das Musterfeststellungsgericht. Die klagende qualifizierte Einrichtung und die Angemeldeten stehen im gleichen Lager.

Jedoch überwiegen auch an dieser Stelle die Argumente, welche gegen die Herleitung einer Pflicht unmittelbar aus Art. 103 I GG sprechen.

Zum einen droht auch hier der Effektivität des Verfahrens ein Abbruch. Bei einer großen Zahl von Angemeldeten sind Interessenskollisionen zwischen Einzelnen unvermeidlich. Könnte jeder steuernd auf die qualifizierte Einrichtung Einfluss nehmen bzw. müsste sich die qualifizierte Einrichtung das Vorbringen jedes Angemeldeten abwägend zu Gemüte führen, wäre eine einheitliche und zügige Prozessführung nicht mehr möglich. Die qualifizierte Einrichtung droht sich Widersprüchen oder wegen zu langer Umfragen der Präklusion ihres Vorbringens auszusetzen. Kurzum wäre eine effektive Prozessführung bei der Berücksichtigung aller Einzelinteressen nicht möglich. Dem an einer Anmeldung Interessierten muss klar sein, dass bei einer Geltendmachung von aus einer Vielzahl von Ansprüchen destillierten Feststellungszielen durch die qualifizierte Einrichtung sein Individualinteresse nicht im Vordergrund stehen kann.[1234]

Zum anderen ergeben sich erhebliche Bedenken aus der Verfasstheit der qualifizierten Einrichtungen. Diese sind privatrechtliche Vereine.[1235] Art. 103 I GG wendet sich als justizielles Grundrecht jedoch einseitig gegen den Staat, insbesondere gegen die Gerichte.[1236] Eine Überführung in die staatliche Sphäre durch die Qualifikation als qualifizierte Einrichtung, etwa in Form einer Beleihung, findet nicht statt. Zwar schwingen öffentliche Interessen im Musterfeststellungsprozess mit, doch handelt es sich nach wie vor um eine private Rechtsdurchsetzung.[1237] Eine verfassungs-

---

1232 *Röthemeyer*, Musterfeststellungsklage, ^{2}2020, § 609 Rn. 16.

1233 S. zu dieser Einordnung: Teil Zwei Kapitel Eins § 3 C. IV. 2. e) dd) Repräsentative Wahrnehmung des rechtlichen Gehörs durch die qualifizierte Einrichtung? (229).

1234 Diesen Aspekt für die Verbandsklage hervorhebend: *Micklitz/Stadler*, Das Verbandsklagerecht in der Informations- und Dienstleistungsgesellschaft, 2005, S. 1226.

1235 *Winkelmeier-Becker/Dietsche*, ZG 2018, 47, 58.

1236 *Brüggemann*, JR 1969, 361.

1237 *Micklitz/Stadler*, Das Verbandsklagerecht in der Informations- und Dienstleistungsgesellschaft, 2005, S. 1270.

rechtliche Bestimmung würde somit unmittelbar einen Privaten in die Pflicht nehmen, was nach allgemeiner Grundgesetzdogmatik höchst zweifelhaft erscheint. Zudem würde der Aufwand, der zuvor als für das Musterfeststellungsgericht unbewältigbar ausgemacht wurde, die qualifizierte Einrichtung im gleichen Ausmaß im Innenverhältnis zu den Angemeldeten treffen. Diese müsste unter Inkaufnahme immenser Kosten einen erheblichen Verwaltungsaufwand zur Einbeziehung der Angemeldeten betreiben. Finanz- und Personalausstattung der bisherigen qualifizierten Einrichtungen – wie etwa des vzbv – sind nicht auf die Bewältigung derartiger Aufgaben ausgelegt. Nach Etablierung einer solchen Pflicht würde sich das Instrument der Musterfeststellungsklage aller Voraussicht nach nicht mehr allzu großer Beliebtheit erfreuen.

Anderes gälte bei einer einfachgesetzlich geregelten Pflicht für die qualifizierten Einrichtungen zur Einbeziehung der Angemeldeten. Diese könnte gesetzlich normiert werden.[1238] Der Unterschied ist dabei, dass sich die qualifizierte Einrichtung bei der Klageerhebung darauf einstellen kann und die Pflicht nicht unmittelbar aus der Verfassung, sondern dem einfachen Recht herrührt. Das Unterlassen der Regelung einer solchen Pflicht seitens des Gesetzgebers darf nicht einseitig zulasten eines Privaten überwunden werden.

Gegen unmittelbare Pflichten im Innenverhältnis spricht auch ein Vergleich mit der ausschließlichen gesetzlichen Prozessstandschaft. Auch bei dieser ist der Rechtsträger anspruchsberechtigt, wobei der Prozessstandschafter das rechtliche Gehör repräsentativ für ihn wahrnimmt.[1239] Der Prozessstandschafter ist dabei nicht nach Art. 103 I GG verpflichtet dem Rechtsinhaber mittelbaren Einfluss auf den Prozess zu gewähren.[1240] Art. 103 I GG wird somit durch die Erfüllung im Außenverhältnis genügt, ohne dass sich das Recht weiter auf das Innenverhältnis erstreckt. Da auch die Stellung der qualifizierten Einrichtung als besondere Form der ausschließlichen gesetzlichen Prozessstandschaft eingeordnet wurde[1241], erscheint es konsequent das Innenverhältnis bei der Prozessführung frei von Pflichten gem. Art. 103 I GG zu halten. Dies gilt selbst bei dem festgestellten Ergebnis, dass die qualifizierte Einrichtung im Außenverhältnis das

1238 Maunz/Dürig/*Schmid-Aßmann*, Art. 103 Rn. 70, 72.

1239 *Leufgen*, Kollektiver Rechtsschutz zugunsten geschädigter Kapitalanleger, 2007, S. 157 ff.

1240 *Dies.*, Kollektiver Rechtsschutz zugunsten geschädigter Kapitalanleger, 2007, S. 157 ff.

1241 S. dazu: Teil Zwei Kapitel Eins § 3 C. IV. 2. e) dd) Repräsentative Wahrnehmung des rechtlichen Gehörs durch die qualifizierte Einrichtung? (229).

rechtliche Gehör nicht repräsentativ für die Angemeldeten wahrnimmt, zumal Unzulänglichkeiten im Außenverhältnis nicht automatisch zu einer Veränderung des Innenverhältnisses führen. Vielmehr sind diese zwei Ebenen getrennt voneinander zu betrachten. Abweichungen vom Normalfall bedürfen einer expliziten gesetzlichen Normierung und können nicht ohne Weiteres als Kompensationsmaßnahmen hergeleitet werden.

Eine unmittelbare Anwendung von Art. 103 I GG zur Begründung von Pflichten seitens des Gerichts oder der qualifizierten Einrichtung zur Wahrung des rechtlichen Gehörs scheidet aus.

cc) Verfassungskonforme Auslegung hin zu einer ungeregelten Austrittsmöglichkeit

Als letzte Alternative zur Einräumung einer präventiven Rechtsschutzmöglichkeit im Wege einer Rechtsfortbildung als Reaktion auf den festgestellten Verstoß gegen Art. 103 I GG soll eine verfassungskonforme Auslegung des § 608 III ZPO angedacht werden. Es könnte als grundrechtswahrend angesehen werden die bindungsvermeidende Rücknahmemöglichkeit zeitlich zu verlängern, wenn ein Grund für die Verfassungswidrigkeit auch in deren Kürze gesehen wird.[1242] Auf eben diesen Weg der Verlängerung der Austrittsmöglichkeit hat der Bundesrat in seiner Stellungnahme zum Erlass der §§ 606 ff. ZPO explizit hingewiesen und dabei betont, dass er die Regelung des § 608 I, III ZPO als unnötige Einengung der Rechte der Verbraucher empfindet.[1243] In der Tat würden die verfassungsrechtlichen Spannungen abgemildert, wenn sich die Angemeldeten durch eine verlängerte Rücknahmeoption der Bindungswirkung gem. § 613 I 2 ZPO entziehen könnten. Eine aktive Einflussnahmemöglichkeit auf den Musterfeststellungsprozess ist damit zwar nicht verbunden; doch stellt sich die Bindung an das Ergebnis des Prozesses als weit eigenverantwortlichere Entscheidung dar als dies bei der jetzigen Gesetzeslage der Fall ist.

1242 Diesen Gedanken in den Raum stellend: *Röthemeyer*, MDR 2019, 6, 9 f.; *ders.*, Musterfeststellungsklage, ^{2}2020, § 148 Rn. 6.

1243 BR-Drs. 176/1/18, S. 11.

(1) Voraussetzungen einer verfassungskonformen Auslegung

Voraussetzung für eine verfassungskonforme Auslegung in diesem Fall ist, dass bei einer auftretenden Gesetzeslücke eine von mehreren Auslegungsmöglichkeiten der Verfassung entspricht.[1244] Maßstab für die Auslegung ist dabei nicht Sinn und Zweck der betreffenden Regelung, sondern das Gebot der Verfassungskonformität gepaart mit dem Bestreben nach Aufrechterhaltung der Norm im Rahmen des verfassungsrechtlich Zulässigen.[1245]

Eine Lücke, welche der Ausfüllung bedarf, kann mit einem objektiv-gegenwartsbezogenen Gesetzesverständnis und einem am Maßstab der Gesamtrechtsordnung orientierten Lückenbegriff[1246] angenommen werden. Dem Gesetzgeber war beim Erlass der §§ 606 ff. ZPO nicht bewusst, dass er den verfassungsrechtlichen Anforderungen des Art. 103 I GG nicht genügen würde. Vielmehr ging er davon aus, dass durch die freie Entscheidung zur Anmeldung zum Klageregister dem rechtlichen Gehör genügt werde.[1247] Durch diese Diskrepanz kann zur Aufrechterhaltung der §§ 606 ff. ZPO im Ganzen eine Lücke angenommen werden, die eine verfassungskonforme Auslegung als legitim erscheinen lässt.

Als vorzunehmende Auslegung könnte die zeitliche Begrenzung in § 608 III ZPO dahingehend interpretiert werden, dass den Angemeldeten ein längerer Austrittszeitraum verbleibt. Damit wäre es den Angemeldeten möglich, die Entwicklungen im Musterfeststellungsprozess abzuwarten und eine inhaltliche Determinierung ihres Anspruchs zu vermeiden, indem sie durch die Rücknahme der Anmeldung ihre umfassende prozessuale Handlungsfreiheit wiedererlangen. Auf diese Weise wären die Angemeldeten nicht der Prozessführung der qualifizierten Einrichtung ausgeliefert[1248], sondern könnten eigenbestimmt und flexibel auf prozessuale Entwicklungen reagieren.

Doch streitet gegen diese Auslegung, dass damit die prozessuale Waffengleichheit empfindlich gestört würde. Die Beklagtenseite müsste zur Erlangung einer abschließenden gerichtlichen Entscheidung zwei Prozesse in Bezug auf den gleichen Anspruch führen: Zunächst den Musterfest-

---

1244 *Larenz/Canaris*, Methodenlehre der Rechtswissenschaft, ^{3}1995, S. 161.

1245 *Dies.*, Methodenlehre der Rechtswissenschaft, ^{3}1995, S. 161.

1246 Für ein solches Lückenverständnis: *dies.*, Methodenlehre der Rechtswissenschaft, ^{3}1995, S. 251.

1247 So u.a.: BT-Drs. 19/2439, S. 17.

1248 Diesen Begriff verwendend: *Schmidt*, WM 2018, 1966, 1972.

stellungsprozess, welchen der Angemeldete in einem späteren Stadium durch die Rücknahme der Anmeldungserklärung verlässt. Und sodann noch den inhaltlich nicht determinierten Individualprozess. Damit würde der Beklagtenseite das doppelte Prozessführungsrisiko und die zweifache Mühewaltung aufgegeben, wohingegen die Angemeldeten spiegelbildlich eine zweimalige Obsiegenschance hätten.

Diese entgegenstehenden Gewährleistungen sind in einen Ausgleich zu bringen.

(2) Herstellung praktischer Konkordanz

Bei einem Widerstreit von verfassungsrechtlich gleichwertig geschützten Werten müssen diese einander so zugeordnet werden, dass jedes von ihnen praktische Wirklichkeit gewinnt.[1249] Dahinter steht der Gedanke der Einheit der Verfassung, nach dem die Gewährleistungen des Grundgesetzes nicht beziehungslos nebeneinander stehen, sondern sich wechselseitig beeinflussen und bedingen.[1250] Dieser, vom BVerfG in ständiger Rechtsprechung etablierte Grundsatz[1251], soll beide Verfassungswerte in einen verhältnismäßigen Ausgleich bringen, sodass keines bedingungslos hinter dem anderen zurückstehen muss.[1252]

Nach einer kurzen Darstellung der betroffenen Verfassungsrechte ist ein schonender Ausgleich zwischen ihnen herzustellen.

(a) Betroffenes Verfassungsrecht auf Seiten der Angemeldeten

Auf der Seite der Angemeldeten steht Art. 103 I GG. Ihm wohnt ein im allgemeinen Bewusstsein wurzelnder materialer Gerechtigkeitsgehalt inne. Art. 103 I GG stellt als prozessuales Urrecht zugleich ein objektivrechtliches Verfahrensprinzip dar, welches für ein gerichtliches Verfahren, wie

---

1249 *Hesse*, Grundzüge des Verfassungsrechts der Bundesrepublik Deutschland, [20]1999, Rn. 72.

1250 *Ders.*, Grundzüge des Verfassungsrechts der Bundesrepublik Deutschland, [20]1999, Rn. 71.

1251 Stellvertretend für die Herstellung praktischer Konkordanz: BVerfGE 134, 204, 223 = NJW 2014, 46, 47.

1252 *Hesse*, Grundzüge des Verfassungsrechts der Bundesrepublik Deutschland, [20]1999, Rn. 72.

es das Grundgesetz vorsieht, unabdingbar ist.[1253] Es folgt aus dem Rechtsstaatsgedanken und der Menschenwürde, dass der Betroffene nicht bloßes Objekt des Verfahrens ist, über dessen Rechte von Obrigkeits wegen verfügt wird.[1254] Durch die Gewährung einer Einflussnahmemöglichkeit dient Art. 103 I GG der Abwehr von Unrecht.[1255]

(b) Betroffenes Verfassungsrecht auf Seiten der Klägerin

Die prozessuale Waffengleichheit ist Ausdruck einer Zentralwertvorstellung mit Verfassungsrang[1256] und findet ihre Grundlage in Art. 3 I GG i.V.m. dem Rechtsstaatsprinzip, zumal sie die Chancengleichheit für die Prozessbeteiligten zum Gegenstand hat.[1257] Durch die Einräumung derselben Einwirkungsmöglichkeit auf den Richter für beide Parteien wird das Fundament für eine gerechte Entscheidung gelegt.[1258] Die Waffengleichheit beinhaltet eine formelle wie eine materielle Seite.[1259] Formell wird sichergestellt, dass die Parteien unabhängig von ihrer Stellung als Kläger oder als Beklagte gleich behandelt werden, sodass rechtliche Parität im Prozess herrscht.[1260] Über die bloß formelle Gleichbehandlung hinaus muss den Parteien materiell dieselbe prozessuale Durchsetzungschance ihrer Rechte gewährt werden[1261], sodass neben der gleichen Obsiegenswahrscheinlichkeit auch die gleichen Prozessrisiken auf beiden Seiten bestehen.[1262] Dieser Aspekt der materiellen Waffengleichheit ist in der vorliegenden Konstellation maßgebend, da durch die zweimalige Prozessführungslast mitsamt damit einhergehendem Risiko für die Beklagte die Chancen und Risiken ungleich verteilt werden. Im Gegensatz zum Anspruch auf rechtliches Gehör ist der Grundsatz der prozessualen Waffen-

---

1253 BVerfGE 55, 1, 6 = NJW 1989, 2698.

1254 BVerfGE 9, 89, 95 = NJW 1959, 427; BVerfGE 84, 188, 189 f. = NJW 1991, 2823; BVerfGE 86, 133, 144 = ZIP 1992, 1020, 1023.

1255 *Baur*, AcP 153 (1954), 393, 402.

1256 *Calavros*, Urteilswirkungen zu Lasten Dritter, 1978, S. 27 f.

1257 *Baur*, AcP 153 (1954), 393, 403; *Bötticher*, Die Gleichheit vor dem Richter, 1954, S. 9; Musielak/Voit/*Musielak*, Einleitung Rn. 31 ff.

1258 Insofern Schwab in seiner ihm gewidmeten Festschrift zitierend: *Vollkommer*, FS Schwab, 1990, S. 503.

1259 Musielak/Voit/*Musielak*, Einleitung Rn. 31 ff.

1260 *Vollkommer*, FS Schwab, 1990, S. 503, 516.

1261 *Ders.*, FS Schwab, 1990, S. 503, 519 f.

1262 *Leufgen*, Kollektiver Rechtsschutz zugunsten geschädigter Kapitalanleger, 2007, S. 169 f.

gleichheit nicht auf den Streitgegenstand, sondern auf die Prozessparteien bezogen.[1263] Letztendlich dienen beide Verfassungsrechte der Abwehr von Unrecht durch die Gewährung bzw. Bereitstellung gleichwertiger Einflussnahmerechte auf künftige Entscheidungen[1264]: Das rechtliche Gehör gewährt dafür ein Teilhaberecht, wohingegen die prozessuale Waffengleichheit die Gleichbehandlung sicherstellt.

(c) Schonender Ausgleich

Keine der beiden Verfassungsrechte kann uneingeschränkt Geltung beanspruchen, sodass ein schonender, verhältnismäßiger Ausgleich zwischen ihnen herzustellen ist.

(aa) Konfliktlage zwischen den Verfassungswerten

Die Zulassung einer verlängerten Rücknahmemöglichkeit würde im Grundsatz ein vollständiges Zurücktreten der prozessualen Waffengleichheit bedeuten. Ähnlich wie bei der hinkenden Bindungswirkung erlaubt eine lange Ausstiegsmöglichkeit den Angemeldeten, dass sie ausschließlich Vorteile aus dem Musterfeststellungsverfahren ohne jedwedes Risiko genießen. Zunächst können sie bei ungünstigen Erfolgsaussichten in einem Individualverfahren dem Richter durch die Anmeldung zum Klageregister die Entscheidungszuständigkeit in einzelnen Aspekten des Rechtsstreits entziehen.[1265] Sodann könnten die Angemeldeten bei einer langen Rücknahmemöglichkeit wiederum aus dem Musterfeststellungsverfahren rausoptieren und ihren ursprünglichen Rechtsstreit weiterführen bzw. ganz von einer weiteren Rechtsverfolgung absehen.[1266] Dies wäre bei einem vom Verbraucher angestrengten Individualprozess nicht ohne Weiteres möglich gewesen, zumal eine Klagerücknahme nach § 269 I ZPO ab Beginn der mündlichen Verhandlung des Beklagten zur Hauptsache nicht

---

1263 *Zeuner*, FS Nipperdey, 1965, S. 1013, 1016.

1264 *Baur*, AcP 153 (1954), 393, 403.

1265 *Mekat/Nordholtz*, NJW 2019, 411, 412; bei einer Einschränkung der Bindungswirkung vor einem Verlust der Befriedungswirkung warnend: *Schmidt-Kessel*, Stellungnahme vom 08.06.2018, S. 18 f.

1266 Die taktischen Möglichkeiten auf Verbraucherseite darstellend: *Steineke*, in: Schäfer (Hrsg.), Der Gesetzesentwurf zur "Musterfeststellungsklage", 2018, S. 112, 120 f.; *Salger*, jurisPR-BKR 10/2018 Anm. 1.

ohne dessen Einwilligung möglich ist. Der Verbraucher hätte somit nach seiner Wahl die zweifache Möglichkeit seine Rechte gerichtlich zu erstreiten, wohingegen spiegelbildlich der Beklagten das Risiko einer doppelten Prozessführung gegen die Verbraucher aufgebürdet würde. Die Chancen auf eine positive Entscheidung werden auf diese Weise zulasten der Beklagten verschoben. Die verfassungsrechtliche Spannungslage würde somit ausschließlich zum Nachteil der Beklagtenseite gelöst.

Auf der anderen Seite führt eine Zementierung der Anmeldungserklärung dazu, dass die Ansprüche der Angemeldeten prozessual vollständig in der Hand der qualifizierten Einrichtung liegen.[1267] Prozessuale Selbstbestimmtheit und eine aktive Einflussnahmemöglichkeit, wie sie Art. 103 I GG grundsätzlich voraussetzt, sind in keiner Weise gewährleistet. Der Anspruch auf rechtliches Gehör müsste vollkommen zurücktreten, um der Entscheidung im Musterfeststellungsprozess eine abschließende, befriedende Wirkung im Verhältnis zu der Beklagten beilegen zu können.

Eine Auflösung dieses Spannungsverhältnisses auf der Ebene des Musterfeststellungsprozesses – zu welcher auch die verfassungskonforme Auslegung des § 608 III ZPO zählen würde – scheidet angesichts der widerstreitenden Verfassungsgewährleistungen aus. Es stellt sich die Frage, ob ein repressiver Schutz einen angemessenen Ausgleich der konfligierenden Positionen darstellt, zumal Art. 103 I GG nicht grundsätzlich die Erstreckung von Urteilswirkungen auf Dritte verbietet.[1268]

(bb) Haftungsanspruch als verhältnismäßiger Ausgleich

In Betracht kommt dafür ein Schadensersatzanspruch gegen die klagende qualifizierte Einrichtung wegen mangelhafter Prozessführung.

Im Fokus der Betrachtung steht somit die Frage, ob dieser nachträgliche Schutz den Anforderungen des Art. 103 I GG genügt. In der Literatur werden bereits zum jetzigen Zeitpunkt Haftungsprozesse gegen die qualifizierten Einrichtungen prognostiziert[1269], sodass dieser Kompensationsmöglichkeit durchaus praktische Relevanz zukommen wird.

Zunächst ist zu beachten, dass ein auf Geld gerichteter Schadensersatzanspruch nur dort eine ausreichende Kompensation darstellen kann, wo

---

1267 *Windau*, jM 2019, 404.

1268 *Calavros*, Urteilswirkungen zu Lasten Dritter, 1978, S. 46 f.

1269 So z.B.: *Meller-Hannich*, Stellungnahme vom 07.06.2018, S. 13; *Beckmann/Waßmuth*, WM 2019, 89, 96; *Gsell*, WuM 2018, 537, 542.

auch vermögensrechtliche Ansprüche im Raum stehen.[1270] Dies ist bei der Musterfeststellungsklage der Fall. Zwar beschränkt § 606 I 1 ZPO den Anwendungsbereich nicht explizit auf Zahlungsansprüche der Verbraucher, sondern ist mit der parallelen Nennung der Rechtsverhältnisse einer weiteren Auslegung zugänglich. Doch ist es schwer vorstellbar, dass bei anderen als Zahlungsansprüchen derart viele Gemeinsamkeiten zwischen den Rechtsverhältnissen bestehen, dass die notwendigen Quoren für die Einleitung eines Musterfeststellungsverfahrens erreicht werden. Der Abstrahierungsmöglichkeit sind bei anderen als im Endeffekt auf Zahlung angelegten Ansprüchen enge Grenzen gesetzt.

Beim Schutz gegen die Erstreckung von Urteilswirkungen geht es letztlich um den Schutz vor Fehlurteilen.[1271] Es sollen die typischerweise mit der Erstreckung einhergehenden Ungerechtigkeiten ausgeglichen werden.[1272] Kompensatorische Elemente und funktionale Äquivalente können das Verdikt der Verfassungswidrigkeit ausgleichen.[1273]

Die Anstrengung eines Haftungsprozesses gegen die qualifizierte Einrichtung gibt dem Verbraucher die Möglichkeit seinen eigenen Standpunkt vor Gericht abseits des Musterfeststellungsverfahrens vorzutragen. Zwar steht materiellrechtlich der Schadensersatzanspruch wegen mangelhafter Prozessführung im Vordergrund, doch ist eine Voraussetzung des Anspruchs das Bestehen eines materiellrechtlichen Anspruchs des vormals Angemeldeten gegen die Beklagte des Musterfeststellungsprozesses, da es andernfalls am Schaden fehlen würde. Der vormals Angemeldete kann somit indirekt seinen zum Klageregister angemeldeten Anspruch gerichtlich geltend machen. Mangels Einschlägigkeit des § 613 I 1 ZPO, der nur für einen Rechtsstreit zwischen Angemeldetem und Musterfeststellungsbeklagter gilt[1274], ist der Angemeldete im Haftungsprozess nicht an das Musterfeststellungsurteil gebunden. Als Kläger im Haftungsprozess steht dem Verbraucher zweifelsfrei der Anspruch auf rechtliches Gehör zu. Der Verbraucher kann – wenn auch gegen einen anderen Anspruchsgegner – die negativen Wirkungen des Musterfeststellungsurteils monetär vollständig ausgleichen. Der Haftungsprozess mildert die negativen Folgen des

---

1270 *Calavros*, Urteilswirkungen zu Lasten Dritter, 1978, S. 139.
1271 *Ders.*, Urteilswirkungen zu Lasten Dritter, 1978, S. 18 f.
1272 *Ders.*, Urteilswirkungen zu Lasten Dritter, 1978, S. 41 f.
1273 Maunz/Dürig/*Schmid-Aßmann*, Art. 103 Rn. 19.
1274 Insofern weitet § 613 I 1 ZPO die Grenzen der Rechtskraft, da sich diese grundsätzlich nur auf die Prozessparteien beschränkt. Zu dieser Beschränkung generell: *Lent*, ZAkDR 1940, 129.

Musterfeststellungsurteils für den vormals Angemeldeten ab.[1275] Durch sein eigenes prozessuales Engagement wird der vormals Angemeldete ausreichend kompensiert.

Ein weiterer Vorteil des Haftungsanspruchs ist, dass er den Musterfeststellungskläger zur Vermeidung einer Haftung zu einer sorgsamen und auf die Interessen der Angemeldeten Rücksicht nehmenden Verfahrensführung anhält.[1276] Mangels anderer Kontroll- oder Weisungsrechte kann das Haftungsrisiko mittelbar steuernd auf die klagende qualifizierte Einrichtung einwirken[1277], wodurch ein besonderes Regulativ[1278] für die Angemeldeten etabliert wird. Insoweit wird ein Ausgleich für die auf Ebene des Musterfeststellungsprozesses stattfindende prozessuale Entmündigung[1279] geschaffen. Der Musterfeststellungskläger würde gut daran tun, die Anregungen und Einwendungen der Angemeldeten zumindest ernsthaft zu erwägen, um keinen Fehler im Musterfeststellungsprozess zu begehen. Durch diese faktische Einflussnahmemöglichkeit wird der Eingriff in Art. 103 I GG zumindest ein Stück weit relativiert.

Für die Etablierung eines Haftungsanspruchs als Ausgleich für die Verletzung des rechtlichen Gehörs spricht, dass die ursprüngliche Intention des Gesetzes weiter verfolgt werden kann. Im Verhältnis zur Musterfeststellungsbeklagten bleibt es bei der bindenden Wirkung des Urteils. Die angemeldeten Verbraucher können sich an denjenigen halten, zu dem sie bei der Anmeldung zum Klageregister prozessual in Kontakt getreten sind. Die Auswirkungen spielen sich demnach in dem ohnehin von den §§ 606 ff. ZPO nicht geregelten Innenverhältnis zwischen Angemeldetem und qualifizierter Einrichtung ab. Als prozessführender Partei liegt es in der Hand der qualifizierten Einrichtung den Prozess ordnungsgemäß zu führen, sodass mit der Haftung die Risiken adäquat verteilt sind. Der Fehler wirkt sich mithin dort aus, wo er verursacht wurde. Die Möglichkeit des prozessualen Vorgehens gegen den Schadensverursacher stellt das Surrogat der Angemeldeten für den faktischen Verlust ihres Anspruches ohne Einflussmöglichkeit dar.

Durch die verfassungskonforme Auslegung hin zu einem Haftungsanspruch wird beiden Gewährleistungen Vorschub geleistet: Die Entschei-

---

1275 Zur Abmilderung negativer Urteilsfolgen durch Schadensersatzansprüche: *Calavros*, Urteilswirkungen zu Lasten Dritter, 1978, S. 140.

1276 *Schmidt-Kessel*, Stellungnahme vom 08.06.2018, S. 18 f.

1277 *Ders.*, Stellungnahme vom 08.06.2018, S. 18 f.

1278 Zu diesem Begriff bei der Gruppenklage: *Micklitz/Stadler*, Das Verbandsklagerecht in der Informations- und Dienstleistungsgesellschaft, 2005, S. 1215.

1279 *Schmidt*, WM 2018, 1966, 1970.

dung hat im Verhältnis zur Beklagten Verbindlichkeit auch gegenüber den Angemeldeten, was dieser eine zweimalige, inhaltlich nicht vorgeprägte doppelte Prozessführung erspart. Die Angemeldeten können hingegen einen eigenständigen Prozess anstrengen und sich damit rechtliches Gehör zumindest im Haftungsprozess verschaffen.[1280] Beiden Gewährleistungen wird auf diese Weise zur praktischen Wirksamkeit verholfen.

Dieses Ergebnis des schonenden Ausgleichs hat zur Folge, dass die verfassungskonforme Auslegung hin zu einem Haftungsanspruch zwingend ist zur Wahrung der Verfassungsmäßigkeit der §§ 606 ff. ZPO. Weder dem Rechtsanwender noch dem Gesetzgeber verbleibt insofern ein Spielraum. Ohne Haftung ist die Bindungswirkung gem. § 613 I 1 ZPO verfassungsrechtlich nicht zumutbar.

dd) Fazit zu den Auswirkungen des angenommenen Verstoßes gegen Art. 103 I GG

Die einzelnen Überlegungen zu den Auswirkungen des angenommenen Verstoßes gegen den Anspruch auf rechtliches Gehör lassen sich wie folgt zusammenfassen:

Aufgrund der besonderen Struktur des Art. 103 I GG kommen als Konsequenz einer Verletzung sowohl präventive als auch repressive Maßnahmen in Betracht. Präventiv ist dabei zwischen einer Rechtsfortbildung zur Beseitigung des Missstands und einer durch den Verstoß veranlassten unmittelbaren Anwendung des Art. 103 I GG zu unterscheiden.

Eine Rechtsfortbildung auf der Ebene des einfachen Rechts – gleich ob sie eine teleologische Reduktion des § 610 VI ZPO, eine Analogie zu den §§ 65 f. VwGO, eine Negation der Bindungswirkung oder eine analoge Anwendung des § 68 Hs. 2 ZPO zum Gegenstand hat – scheitert an der fehlenden Praktikabilität bzw. der mangelnden Vergleichbarkeit der Interessenlagen.

Bei einer unmittelbaren Anwendung des Art. 103 I GG ist zwischen möglichen Adressaten der durch Verfassungsrecht begründeten Pflicht zu unterscheiden. In Betracht kommen das Musterfeststellungsgericht und die klagende qualifizierte Einrichtung. Ein erweitertes Pflichtenprogramm für das Musterfeststellungsgericht scheitert an der praktischen Umsetzbarkeit. Eine Inanspruchnahme der qualifizierten Einrichtung ist deshalb ab-

1280 *Meller-Hannich*, Stellungnahme vom 07.06.2018, S. 5.

zulehnen, weil das Verfassungsrecht aus dogmatischen Gesichtspunkten keine unmittelbaren Pflichten für Private begründen kann.

Eine verfassungskonforme Auslegung der §§ 606 ff. ZPO – insbesondere hin zu einer ungeschriebenen Anmeldungsrücknahmemöglichkeit – scheitert an den entgegenstehenden Rechten der Beklagtenseite. Die verfassungsrechtlichen Spannungen dürfen nicht einseitig zulasten der Beklagten aufgelöst werden.

Letztlich bleibt nur ein Ansatz auf repressiver Seite. Die Gewährung eines Haftungsanspruchs gegen die klagende qualifizierte Einrichtung kann den Verfassungsverstoß zumindest monetär kompensieren.

§ 4 Zusammenfassung der Ergebnisse hinsichtlich der Bindung des Verbrauchers an den Prozessausgang

Zum Abschluss des ersten Kapitels und der Übersichtlichkeit halber sollen die bisherigen wesentlichen Ergebnisse in aller Kürze dargestellt werden.

Die Bindung des Angemeldeten an einen von der qualifizierten Einrichtung abgeschlossenen Vergleich unterliegt keinen verfassungsrechtlichen Bedenken.

Tauglicher Gegenstand der Feststellungsziele und somit auch der Bindungswirkung können nur auf der Ebene des Ober- und Untersatzes ansetzen. Die Subsumtion im Einzelfall bleibt dem Richter des Folgeprozesses vorbehalten.

Die Bindungswirkung ist ein prozessuales Institut sui generis. Die Musterfeststellungsklage hat einen Streitgegenstand sui generis; der zweigliedrige Streitgegenstand passt insofern nicht zum neuen Kollektivverfahren.

Der Dispositionsgrundsatz, der Justizgewährungsanspruch und der Vorrang des Individualrechtsschutzes werden durch die §§ 606 ff. ZPO nicht unzulässig eingeschränkt.

Art. 103 I GG ist auf die angemeldeten Verbraucher anwendbar und ihm wird durch die §§ 606 ff. ZPO nicht genügt. Die Anmeldung zum Klageregister kann schon nicht als Verzicht ausgelegt werden, doch selbst bei einer dahingehenden Auslegung läge ein unzulässiger Vorabverzicht vor.

Die Musterfeststellungsklage etabliert eine besondere Form der ausschließlichen gesetzlichen Prozessstandschaft. Da jedoch weder die besonderen Anforderungen der Rechtsprechung noch die gewöhnlich bei der ausschließlichen gesetzlichen Prozessstandschaft vorliegenden Voraussetzungen erfüllt sind, nimmt die qualifizierte Einrichtung den Anspruch auf rechtliches Gehör nicht repräsentativ für die Angemeldeten wahr.

Für die Rechtfertigung ist zwischen Streu- und Massenschäden zu differenzieren. Hinsichtlich der Massenschäden kann eine Rechtfertigung des Eingriffs in das rechtliche Gehör nicht angenommen werden. Bei den Streuschäden ist der Eingriff gerechtfertigt, jedoch wird die faktische Durchsetzung am fortwährenden rationalen Desinteresse scheitern.

Als Konsequenzen des Verstoßes gegen Art. 103 I GG scheiden Rechtsfortbildungen oder eine unmittelbare Anwendung des Art. 103 I GG aus, überwiegend aufgrund mangelnder Praktikabilität und entgegenstehenden Verfassungsrechten der Beklagtenseite. Die Gewährung einer präventiven Einflussnahmemöglichkeit ist demzufolge nicht möglich. Allerdings stellt die Möglichkeit einer sekundären Inanspruchnahme der klagenden qualifizierten Einrichtung für eine mangelhafte Prozessführung ein ausreichendes Surrogat für die Beschneidung des rechtlichen Gehörs dar.

Kapitel Zwei: Die Klageänderung im Musterfeststellungsprozess

Im Unterschied zu dem Vorhergehenden geht es in den folgenden zwei Kapiteln nicht mehr um die grundsätzliche verfassungsrechtliche Zulässigkeit der Bindungswirkung gem. § 613 I 1 ZPO, sondern um die prozessualen Handlungsmöglichkeiten auf Seiten der Prozessparteien. Auch diese können Spannungen mit dem Anspruch auf rechtliches Gehör der Angemeldeten hervorrufen, was gegebenenfalls eine restriktive Handhabung oder einen vollständigen Ausschluss dieser Institute erzwingt. Zunächst soll die Klägerseite in den Blick genommen werden, indem die Möglichkeit einer Klageänderung im Musterfeststellungsprozess einer näheren Betrachtung zugeführt wird.

Besondere Brisanz erfährt dieses Kapitel durch die vom Kläger im Prozess gegen die VW AG mit Schriftsatz vom 07.05.2019 vorgenommenen Klageänderungen in Form der Antragserweiterungen.[1281] Gegen alle drei Antragserweiterungen meldete die Beklagtenseite mit Schriftsatz vom 04.06.2019 rechtliche Bedenken an und verweigerte die Zustimmung zu den Klageänderungen. Entgegen dieser Reaktion hielt das OLG Braunschweig dieselben mit seinem am 04.07.2019 bekanntgemachten Hinweis aufgrund Sachdienlichkeit für zulässig und ordnete nach dem Rechtsgedanken des § 607 III ZPO die öffentliche Bekanntmachung der Änderungen an. Eine gegen die Zulassung der Klageänderung eingelegte Rechtsbeschwerde zum BGH blieb erfolglos.[1282]

Gegenstand der nachfolgenden Ausführungen ist eine nach Prozessphasen, Umfang und Modalitäten differenzierende Betrachtung der Klageänderungsmöglichkeiten im Musterfeststellungsprozess.

1281 Die genauen Änderungen an den Klageanträgen mitsamt dem damit zusammenhängenden Verfahrensgang sind einsehbar unter: https://www.bundesjustizamt.de/DE/Themen/Buergerdienste/Klageregister/Klagen/201802/Verfahren/Verfahrensstand.html (geprüft am 14.04.2020).

1282 BGH WM 2019, 1900, 1902.

§ 1 Uneingeschränkte Anwendbarkeit der Regelungen über Klageänderungen

Ausgangspunkt der Betrachtung ist die Verweisungsvorschrift des § 610 V 1 ZPO. Diese erklärt die im ersten Rechtszug für das Verfahren vor den Landgerichten anwendbaren Vorschriften für den Musterfeststellungsprozess für anwendbar, wodurch letztlich nur wenige eigenständige Regelungen Eingang in die §§ 606 ff. ZPO gefunden haben[1283]. Zu diesen pauschal in Bezug genommenen Vorschriften zählen auch die Regelungen über Klageänderungen in den §§ 263 f., 267 ZPO. Diese Inbezugnahme erscheint umso bewusster, als die Vorschriften nicht unter den Partikularausschluss des § 610 V 2 ZPO fallen, welcher gerade der besonderen Struktur der Musterfeststellungsklage Rechnung tragen soll[1284].

In der Gesetzesbegründung zur Einführung der Musterfeststellungsklage wird das Institut der Klageänderung mit keinem Wort erwähnt. Dies erscheint deshalb erstaunlich, weil der Bundesrat im Gesetzgebungsverfahren ausdrücklich auf die drohenden Probleme durch die uneingeschränkte Anwendung der Klageänderungsvorschriften hingewiesen hat.[1285] Unklar bleibt damit, ob der Gesetzgeber durch sein Schweigen eine bewusste Anwendung der Vorschrift gebilligt hat oder die unterlassene Befassung mit dem Problemkreis vielmehr der enormen Geschwindigkeit des Gesetzgebungsprozesses geschuldet war. Als Vorbild für eine spezielle Klageänderungsvorschrift hätte § 15 KapMuG Pate stehen können, der lex specialis zu § 263 ZPO ist.[1286]

Es werden Stimmen laut, die in der Verabschiedung der §§ 606 ff. ZPO eine Bevorzugung der Schnelligkeit vor der Gründlichkeit seitens des Gesetzgebers erblicken[1287] und sich demzufolge zur Beseitigung der Unklarheiten aufgerufen fühlen.[1288] Die prognostizierten Ungewissheiten bei der Anwendung der §§ 606 ff. ZPO werden an dieser Stelle virulent.[1289] Ähnlich wie im KapMuG soll der Pauschalverweis auf die Vorschriften der ZPO Einschränkungen unterworfen werden.[1290] Daher stellt sich die

---

1283 *Beck*, WPg 2019, 586, 588.

1284 BT-Drs. 19/2439, S. 26.

1285 BR-Drs. 176/1/18, S. 9 f.

1286 *Liebscher/Steinbrück*, ZIP 2016, 893, 895.

1287 *Hettenbach*, WM 2019, 577.

1288 So u.a.: *Hettenbach*, WM 2019, 577; *Nordholtz*, in: Nordholtz/Mekat (Hrsg.), Musterfeststellungsklage, 2019, § 1 Rn. 5 f.

1289 Statt vieler: *Balke/Liebscher/Steinbrück*, ZIP 2018, 1321, 1328.

1290 Auf diese Parallele hinweisend: *de Lind van Wijngaarden*, in: Nordholtz/Mekat (Hrsg.), Musterfeststellungsklage, 2019, § 6 Rn. 7.

Frage, ob hinreichende Gründe gegeben sind, die eine einschränkende Auslegung des Pauschalverweises gem. § 610 V 1 ZPO erforderlich werden lassen. Besonders wird dabei – wie es auch der Gesetzgeber beim Partikularausschluss in § 610 V 2 ZPO tat[1291] – die Struktur der Musterfeststellungsklage in den Blick genommen, wobei das Hauptaugenmerk auf den Rechten der Angemeldeten liegen soll.

§ 2 *Klageänderungen vor dem Termin zur ersten mündlichen Verhandlung*

Zunächst ist die Konstellation zu betrachten, dass die Klageänderung vor dem Ablauf des letztmaligen Rücknahmezeitpunktes gem. § 608 III ZPO vorzunehmen versucht wird. So lag der Fall im Prozess gegen die VW AG beim OLG Braunschweig. Im Schriftsatz vom 07.05.2019 nahm der vzbv eine Klageänderung vor. Hinsichtlich der besonderen Bedeutung des ersten Termins zur mündlichen Verhandlung für die An- und Abmeldezeitpunkte im Klageregister[1292], erscheint eine Differenzierung zwischen den beiden Zeitpunkten angezeigt. Das für den Verbraucher einsehbare, öffentlich bekannt gemachte Feststellungsprogramm stellt die *Geschäftsgrundlage*[1293] seiner Anmeldung dar. Der angemeldete Verbraucher mag sich aus taktischen Gründen dazu entschieden haben lediglich das öffentlich bekannt gemachte Feststellungsprogramm kollektiv klären zu lassen – etwa um andere Aspekte schneller und effizienter im Individualverfahren darzulegen und zu beweisen.[1294] Durch die Änderung kann dieses Vorhaben durchkreuzt werden.

A. Anmeldung nach öffentlich bekannt gemachter Klageänderung

Aus diesem Aspekt ergibt sich, dass nicht nur nach dem Zeitpunkt des ersten Termins zur mündlichen Verhandlung zu differenzieren ist, sondern auch nach dem Zeitpunkt der Anmeldung des Verbrauchers. Nicht weiter problembehaftet ist der Fall, dass die gem. § 608 I ZPO bis zum Zeitpunkt des ersten Termins zur mündlichen Verhandlung mögliche

---

1291 BT-Drs. 19/2439, S. 26.

1292 *Hettenbach*, WM 2019, 577, 578 f.

1293 *Schmidt*, WM 2018, 1966, 1969 f.; die Bekanntmachung als "Grundlage" bezeichnend: BeckOK ZPO/*Lutz*, § 607 Rn. 15 ff.

1294 BR-Drs. 176/1/18, S. 9 f.

Anmeldung erst nach der öffentlich bekannt gemachten Änderung der Klageänderung vorgenommen wurde. Die *Geschäftsgrundlage*[1295] der Anmeldung bezieht sich in diesem Fall von vornherein auf das geänderte Feststellungsprogramm. Vorausgesetzt wird dabei allerdings eine nicht in den §§ 606 ff. ZPO vorgesehene Pflicht zur öffentlichen Bekanntmachung der geänderten Klage, wie sie auch das OLG Braunschweig annahm.[1296] Dies ist schon deshalb erforderlich, weil die an der Anmeldung Interessierten sonst das Maß der angestrebten Kollektivklärung gar nicht abschätzen können. Ebenso wie bei den Feststellungszielen gem. § 607 I Nr. 3 ZPO ist der wahre Umfang der Klärung für eine zwischen Individual- und Musterfeststellungsverfahren abwägende Entscheidung unabdingbar. Das Fehlen einer derartigen Veröffentlichungspflicht bei gleichzeitig uneingeschränkter Verweisung auf die Klageänderungsvorschriften erscheint als eine nicht gewollte Regelungslücke. Zum einen hat sich der Gesetzgeber zur Thematik der Klageänderung in der Gesetzesbegründung gar nicht verhalten. Zum anderen ist gerade bei Verfahren im Gruppeninteresse Transparenz und Kontrolle[1297] elementar, um eine eigenverantwortliche Entscheidung der sich ihrer Rechte begebenden Anmelder zu ermöglichen. Auch ist nicht einzusehen, warum das ursprüngliche Feststellungsprogramm gem. § 607 I Nr. 3 ZPO öffentlich bekanntzumachen ist, wohingegen die ebenso für die Verbraucherentscheidung wichtigen Änderungen nicht veröffentlicht werden sollen. Ein rechtfertigender Grund für die Unterscheidung ist nicht ersichtlich, zumal bei einer Änderung vor dem Zeitpunkt des § 608 I ZPO nach wie vor eine Anmeldung zum Klageregister möglich ist.

Anders als vom OLG Braunschweig angenommen liegt eine Analogie zu § 607 I Nr. 3 ZPO näher als eine dem Rechtsgedanken des § 607 III 1 ZPO entnommene Veröffentlichungspflicht.[1298] Änderungen vor dem ersten Termin zur mündlichen Verhandlung knüpfen mehr an das ursprüngliche Feststellungsprogramm an, welches in § 607 I Nr. 3 ZPO angedeutet ist. § 607 III 1 ZPO betrifft durch das Erfordernis der Erforderlichkeit für den Fortgang des Verfahrens mehr technische Fragen der Verfahrensführung. Warum die erstmalige Bekanntmachung § 607 I ZPO unterliegen soll, eine Änderung aber nur dem unter dem Vorbehalt der Erforderlichkeit stehen-

---

1295 Diese Terminologie nutzend: *Schmidt*, WM 2018, 1966, 1969 f.

1296 So auch: *Rathmann*, in: Saenger (Hrsg.), Zivilprozessordnung, ^{8}2019, § 607 Rn. 3.

1297 *Stadler*, ZHR 2018, 623, 653 f.

1298 Auch für eine analoge Anwendung des § 607 I ZPO: *Weinland*, Die neue Musterfeststellungsklage, 2019, Rn. 157.

den § 607 III 1 ZPO, ist nicht einzusehen. Auch erscheint das Wort „Fortgang“ in § 607 III 1 ZPO für eine Änderung des Feststellungsprogramms nicht passend, da mehr eine Änderung bzw. Erweiterung desselben oder eine Rücknahme der Anmeldung inmitten steht. Zwar kann unter Fortgang auch der weitere Verbleib im Prozess verstanden werden, doch liegt eine Deutung in Richtung Betreiben des Prozesses näher. Die Informationen zu substantiellen Entscheidungen wie An- und Abmeldung sowie zur Existenz und Umfang der Musterfeststellungsklage sind bereits über § 607 I ZPO öffentlich bekanntzumachen. Dies deckt sich auch mit dem vom Gesetzgeber verfolgten Zweck des § 607 I ZPO, indem dem an der Anmeldung interessierten Verbraucher durch umfassende Information ein Abgleich der Feststellungsziele mit seinem eigenen Anspruch ermöglicht wird.[1299]

Es besteht eine Pflicht zur öffentlichen Bekanntmachung der geänderten Anträge analog § 607 I Nr. 3 ZPO. Bei Einhaltung derselben ist die nach vollzogener und bekanntgemachter Klageänderung erfolgte Anmeldung nicht weiter problematisch.

B. Anmeldung vor öffentlich bekannt gemachter Klageänderung

Virulent wird eine Änderung allerdings für die Verbraucher, die ihre Ansprüche bzw. Rechtsverhältnisse bereits zuvor zum Klageregister angemeldet hatten. Die Zustimmung zum Feststellungsprogramm bezog sich nur auf das vorherige, nicht das geänderte Programm. Es bleibt jedoch die Möglichkeit den unterlassenen Austritt bis zum Zeitpunkt des § 608 III ZPO als Einverständnis in das geänderte Feststellungsprogramm zu werten. Dies erscheint zweifelhaft, zumal auf diese Weise ein Erklärungswert in eine unterlassene Erklärung hineininterpretiert wird obwohl nicht sichergestellt ist, dass sich der Angemeldete des geänderten Feststellungsprogramms überhaupt bewusst war.

I. Vorheriger Kontakt des Angemeldeten mit dem Musterfeststellungsprozess

Doch überwiegen die Argumente, die eine solche Interpretation stützen. Zunächst ist anzumerken, dass der Verbraucher durch seine Anmeldung

1299 BT-Drs. 19/2439, S. 24.

zum Klageregister bereits zuvor in Kontakt mit dem Musterfeststellungsprozess getreten ist. Wenn auch kein Prozessverhältnis, so besteht doch eine Verbindung zwischen Angemeldetem und Prozess in der Form, dass ihm die drohende Rechtsbeeinträchtigung durch denselben bewusst ist. Auch der Gesetzgeber geht implizit von einer Informierungsobliegenheit[1300] des Angemeldeten aus, indem er konstatiert, dass diese mit der Anmeldungsrücknahme endet.[1301] Es kann daher vom Verbraucher nach vollzogener Anmeldung erwartet werden, dass er sich bezüglich des Gangs des Verfahrens über das öffentlich einsehbare Klageregister informiert hält und bei einer Änderung der Klage entgegen seiner ursprünglichen Intention gegebenenfalls die Konsequenzen für sich selbst zieht in Form der Rücknahme der Anmeldung. Durch die Rücknahme der Anmeldung kann der Verbraucher seine Rechte wahren, indem er seine Individualklagebefugnis wiedererhält und noch von der Verjährungshemmung gem. § 204 II 2 BGB profitiert.

II. Zweck der Musterfeststellungsklage

Des Weiteren spricht auch der Zweck der Musterfeststellungsklage entscheidend für eine Klageänderungsmöglichkeit vor Ablauf des ersten Termins zur mündlichen Verhandlung. Eine abschließende Befriedung[1302] der Streitigkeit kann nur dann erreicht werden, wenn eine umfassende Klärung im Musterfeststellungsprozess erfolgt, da so möglichst wenig Konfliktpotential in das Individualverfahren verschoben wird. In diese Richtung deutet auch die Vorschrift des § 610 IV ZPO. Je nach Ansicht des Gerichts können weitere Anträge zur umfassenden Klärung der Rechtslage notwendig sein, was über einen Hinweis gem. § 610 IV ZPO dem Kläger mitgeteilt werden kann. Der Kläger erhält damit die Möglichkeit seine Anträge an die geänderte Prozesssituation bzw. Ansicht des Gerichts anzupassen, um so eine möglichst große Breitenwirkung seiner Musterfeststellungsklage zu erreichen. Die Vorschrift des § 610 IV ZPO verlöre ihren

---

1300 Dieser skeptisch gegenüberstehend, obwohl selbst eine Klageänderung vor dem Verstreichen des letztmaligen Rücknahmezeitpunktes für zulässig haltend: *Windau*, jM 2019, 404, 407.

1301 BT-Drs. 19/2439, S. 25.

1302 Zu diesem Zweck: BT-Drs. 19/2439, S. 17.

Zweck und die Hinweise ihre Steuerungsfunktion[1303], wenn vor dem ersten Termin zur mündlichen Verhandlung eine Klageänderung nicht möglich wäre. So wurde der Sinn der Vorschrift schon darin erblickt, dem Gericht die Befugnis zur Anregung der Erweiterung der Anträge zu verleihen.[1304] Eine sachdienliche Antragstellung kann eben in den allermeisten Fällen nicht durch eine Klarstellung, sondern nur durch eine Änderung in Form der Erweiterung der Anträge erfolgen. Insofern geht § 610 IV ZPO von einer Klageänderungsmöglichkeit zu einem Zeitpunkt aus, zu welchem der Angemeldete noch die Möglichkeit der Anmeldungsrücknahme hat.[1305] Dadurch soll das Risiko ausgeschlossen werden eine Klageänderung nach Ablauf des letztmöglichen Rücknahmezeitpunktes erforderlich werden zu lassen.[1306] Die Sachdienlichkeit der Anträge kann – gegebenenfalls unter Berücksichtigung des Verteidigungsvorbringens der Beklagten – beurteilt werden und eine Anpassung erfolgen.[1307]

Durch die Zulassung der Klageänderungsmöglichkeit vor dem Ablauf des ersten Termins zur mündlichen Verhandlung wird vermieden, dass bei jeglicher Änderung nach Rechtshängigkeit der Musterfeststellungsklage ein neuer Musterfeststellungsprozess angestrengt werden muss. Dies würde dem Zweck einer umfassenden Befriedung der Streitigkeit evident zuwiderlaufen. Es kann auf diese Weise ein umfassender, möglichst viele Eventualitäten einbeziehender Musterfeststellungsprozess geführt werden.

III. Adäquate Risikoverteilung

Schließlich spricht für die Möglichkeit einer Klageänderung vor dem ersten mündlichen Verhandlungstermin die damit erzielbare adäquate Risikoverteilung zwischen den Beteiligten. Ähnlich wie bei der Verweisung der Angemeldeten auf eine Inanspruchnahme der klagenden qualifizierten Einrichtung[1308] muss der Verbraucher zur Wahrung seiner Rechte selbst

---

1303 *Lutz*, Stellungnahme vom 08.06.2018, S. 9; *Windau*, jM 2019, 404, 407; den Zweck der Steuerungsfunktion hervorhebend, dass mit einem frühen Hinweis eine spätere Änderung vermieden wird: *Scholl*, ZfPW 2019, 317, 345.

1304 BeckOK ZPO/*Lutz*, § 610 Rn. 8 ff.

1305 *Röthemeyer*, Musterfeststellungsklage, ²2020, § 610 Rn. 73.

1306 Musielak/Voit/*Stadler*, § 610 Rn. 7.

1307 *Schmidt*, in: Baumbach/Lauterbach/Albers u.a. (Hrsg.), Zivilprozessordnung, ⁷⁷2019, Beilage zur 77. Auflage § 610 Rn. 9.

1308 S. dazu: Teil Zwei Kapitel Eins § 3 C. IV. 2. g) cc) (2) (c) (bb) Haftungsanspruch als verhältnismäßiger Ausgleich (322).

aktiv werden. Er kann über die Informationen aus dem Klageregister selbst die Konsequenzen ziehen, wenn er die geänderte Klage nicht mittragen will. Die Auflösung des Konflikts vollzieht sich also dort, wo dieser wurzelt: im Verhältnis zwischen der qualifizierten Einrichtung und dem Angemeldeten. Die Beklagtenseite muss sich über eine etwaige Unwirksamkeit der Klageänderung aus verfassungsrechtlichen Gründen keine Gedanken machen. Der klagenden qualifizierten Einrichtung wird ein situationsangepasstes Prozessmanagement erlaubt, indem sie z.B. nicht erfolgsversprechende Anträge zurücknehmen kann, um einer prozessualen Kostentragungspflicht zu entgehen. Dem Angemeldeten wird lediglich aufgegeben den ihn betreffenden Musterfeststellungsprozess aufmerksam zu verfolgen, um gegebenenfalls Maßnahmen zur Wahrung seiner Rechte zu ergreifen. Auch wird damit der Musterfeststellungsprozess von rechtlichen Unsicherheiten freigehalten, was einer effizienten Verfahrensdurchführung zuträglich ist.

Nach alledem sind Klageänderungen vor dem Verstreichen des letztmöglichen Austrittszeitpunktes zuzulassen. Falls jedoch eine Klageänderung so knapp vor dem Zeitpunkt des § 608 III ZPO vorzunehmen versucht wird, dass eine Information und ein Austritt seitens der Angemeldeten realistischerweise nicht zu erwarten ist, muss das Musterfeststellungsgericht dieser die Wirksamkeit versagen. Dem Angemeldeten kann dann die Wahrung eigener Rechte nicht abverlangt werden. Die befürwortete Zulassung der Klageänderung bezieht sich daher vor allem auf den Zeitraum vor dem ersten Termin zur mündlichen Verhandlung.

§ 3 Klageänderungen nach dem Verstreichen der Austrittsmöglichkeit gem. § 608 III ZPO

Eine weitere, streng von der soeben behandelten zu unterscheidende Konstellation ist die Klageänderungsmöglichkeit nach dem Verstreichen der Austrittsmöglichkeit gem. § 608 III ZPO. Die ohne Beteiligungs- und Reaktionsmöglichkeit seitens der Angemeldeten vorgenommene Klageänderung führt zu einem weiteren Eingriff in ihre prozessualen Rechte.[1309] Daraus ergibt sich, dass abweichend von der üblichen Betrachtungsweise bei einer Klageänderung aufgrund des Spannungsverhältnisses mit dem Recht der Angemeldeten aus Art. 103 I GG eine alleinige prozesswirtschaftliche

1309 *Merkt/Zimmermann*, VuR 2018, 363, 373.

Betrachtung zur Beurteilung der Zulässigkeit derselben weder ausreichend noch sachgerecht sein kann.[1310]

Unklar ist allerdings, wie dieses Spannungsverhältnis aufzulösen ist. Eine Klärung durch die Rechtsprechung wird nach den Erfahrungen mit dem KapMuG mehrere Jahre in Anspruch nehmen.[1311] Bis dahin stellt sich eine anhaltende, prozessuale Rechtsunsicherheit ein. Dies ist nicht befriedigend, zumal die Klageänderung ein alltägliches Massenphänomen ist mit welchem in jedem Prozess gerechnet werden muss. Eine solche Unsicherheit mag manch klagebefugte qualifizierte Einrichtung abschrecken eine Musterfeststellungsklage zu erheben, da sie dabei – prozessual gesehen – die Katze im Sack zu kaufen gezwungen ist. Erforderlich ist deshalb die Herausarbeitung klarer Leitlinien zur Zulässigkeit von Klageänderungen, um Rechtssicherheit für die am Musterfeststellungsverfahren Beteiligten zu schaffen.

Nach einem kurzen Überblick über den bisherigen Meinungsstand soll eine eigene Lösung erarbeitet werden, orientiert am Zweck des Musterfeststellungsverfahrens und der durch den Verbraucher erklärten Anmeldung zum Klageregister.

A. Bisheriger Meinungsstand zur Klageänderungsmöglichkeit nach dem Verstreichen des letztmöglichen Ausstiegszeitpunktes

Durch die Schaffung der Musterfeststellungsklage hat der Gesetzgeber Neuland betreten, was die Führung der ersten Musterfeststellungsverfahren für die Beteiligten zur Pionierarbeit werden lässt.[1312] Dies spiegelt sich mangels gefestigter Leitlinien auch am bunten Strauß der vertretenen Auffassungen in der Wissenschaft wider. Fest steht nur, dass aufgrund der besonderen Struktur und Funktion der neuen Klageart generell Einschränkungen der Pauschalverweisung in § 610 V 1 ZPO erforderlich werden können.[1313] Über die Gestaltung, den Umfang sowie die grundsätzliche Notwendigkeit der Einschränkung im speziellen Fall der Klageänderungsvorschriften besteht Uneinigkeit.

1310 *De Lind van Wijngaarden*, in: Nordholtz/Mekat (Hrsg.), Musterfeststellungsklage, 2019, § 6 Rn. 53 ff.

1311 *Beckmann/Waßmuth*, WM 2019, 89, 96.

1312 *Beck*, WPg 2019, 586, 592.

1313 *De Lind van Wijngaarden*, in: Nordholtz/Mekat (Hrsg.), Musterfeststellungsklage, 2019, § 6 Rn. 7.

I. Anknüpfung an die Wertungen der §§ 263 f. ZPO

Manche halten die Pauschalverweisung nicht für korrekturbedürftig und wollen die §§ 263 f. ZPO uneingeschränkt anwenden.[1314] Häufig verschaffe erst die mündliche Verhandlung Klarheit über den genauen Prozessgegenstand, dessen Reichweite und die Interessenlage, sodass eine Änderung des ursprünglichen Begehrens notwendig werde. Diese Änderungen stünden aber unter dem Vorbehalt der uneingeschränkten Geltung der allgemeinen Verspätungsregelungen. Änderungen nach dem Zeitpunkt der letztmöglichen Rücknahmemöglichkeit ergingen im Allgemeinen auf Hinweis des Gerichts und lägen daher im Interesse der angemeldeten Verbraucher.[1315]

Andere differenzieren zwischen § 263 ZPO und § 264 ZPO.[1316] Beträfe die Änderung nur weitere Elemente innerhalb derselben Anspruchsgrundlage und desselben Lebenssachverhaltes wirke sich dies nur unwesentlich auf die Entscheidung der Angemeldeten zur Partizipation am Musterfeststellungsverfahren aus.[1317] Soweit die analog § 264 Nr. 2 ZPO gestellten Erweiterungsanträge im Klagesachverhalt angelegt seien, könne eine notwendige Anpassung der Anträge nicht verwehrt werden. Bei der Einführung eines neuen Streitgegenstandes gem. § 263 ZPO sei hingegen die Eröffnung eines neuen Anmeldeverfahrens geboten, sodass diese Änderung nicht im Musterfeststellungsverfahren vollzogen werden könne. Sie verlasse die Basis, auf deren Grundlage der Verbraucher seine Anmeldung zum Klageregister erklärt habe.

Eine restriktive, jedoch Ausnahmen zulassende, Lösung favorisiert den Weg einer sehr restriktiven Auslegung des Sachdienlichkeitsbegriffs in § 263 ZPO.[1318] Die Sachdienlichkeit könne allenfalls bejaht werden, wenn es nachvollziehbare Gründe gebe, dass am ersten Tag der mündlichen

---

1314 *Deutscher Anwaltverein*, Stellungnahme vom Mai 2018, S. 13; *Verbraucherzentrale Bundesverband*, Eine für alle – Musterfeststellungsklage in Sicht, S. 6; mit gewissen Bedenken unter dem Gesichtspunkt der Gefahr der Verfahrensverschleppung: *Schneider*, BB 2018, 1986, 1992; *Salger*, jurisPR-BKR 10/2018 Anm. 1.

1315 *Weinland*, Die neue Musterfeststellungsklage, 2019, Rn. 111.

1316 BeckOK ZPO/*Lutz*, § 610 Rn. 8 ff.; *Rathmann*, in: Saenger (Hrsg.), Zivilprozessordnung, ^{8}2019, § 606 Rn. 10.

1317 Ähnlich auch: *Windau*, jM 2019, 404, 408.

1318 *De Lind van Wijngaarden*, in: Nordholtz/Mekat (Hrsg.), Musterfeststellungsklage, 2019, § 6 Rn. 53 ff.; *Röthemeyer*, Musterfeststellungsklage, ^{2}2020, § 610 Rn. 73.

Verhandlung noch keine vollständige Antragstellung erfolgen konnte und die Interessen der Angemeldeten nicht negativ betroffen würden.[1319] Dies gebiete der Anspruch auf rechtliches Gehör der Angemeldeten in Kombination mit dem frühzeitigen Prozessmanagement gem. § 610 IV ZPO. Bei der Zulassung einer Änderungsmöglichkeit könnten sich die Angemeldeten einer Bindung an die bei der Anmeldung nicht vorhersehbaren Feststellungsziele nicht mehr entziehen. Sie seien schutzlos gestellt. Auch sei das Kriterium der Prozessökonomie in den Fällen der Erweiterung in aller Regel nicht erfüllt, zumal diese zu immensen Verzögerungen führen könne, obwohl die neuen Feststellungsziele gar nicht für alle Angemeldeten gleichermaßen relevant seien. Der einzelne Angemeldete würde unter Umständen ohne Vorteil länger an einer Individualklage gehindert, da die Sperrwirkung gem. § 610 III ZPO umfassend sei. Um dies zu vermeiden seien die Interessen aller Angemeldeten zur Beurteilung der Sachdienlichkeitsentscheidung zu berücksichtigen. Als Alternative zur Klageänderung im laufenden Verfahren bliebe die Anstrengung einer weiteren Musterfeststellungklage, weil die neuen Feststellungsziele nicht von der Sperrwirkung des § 610 I 1 ZPO umfasst seien. Insgesamt könne eine Klageänderung in Hinsicht auf die passive Rolle des Angemeldeten kaum jemals sachdienlich sein.

II. Ablehnung der Klageänderungsmöglichkeit

Noch restriktiver wird aus der Vorschrift des § 610 IV ZPO der Schluss gezogen, dass Änderungen nach dem letztmöglichen Rücknahmezeitpunkt nicht mehr zulässig seien.[1320] Es sei durch das Gericht bis spätestens zum ersten Termin zur mündlichen Verhandlung auf sachdienliche Anträge hinzuwirken, sodass Änderungen nach diesem Zeitpunkt ausgeschlossen seien. Diese Lösung habe den Vorzug, dass sie mögliche Zweifel

---

1319 Zu diesen Kriterien für die Bejahung der Sachdienlichkeit: *ders.*, MDR 2019, 6, 11; ähnliche Kriterien für die restriktive Auslegung heranziehend: *Windau*, jM 2019, 404, 408; ebenso: *Halfmeier*, EWiR 2019, 737, 738.

1320 Den Vorschlag in den Raum stellend, entweder Änderungen ganz auszuschließen oder auf den Zeitpunkt einer dem Angemeldeten noch möglichen Rücknahme zu beschränken: BR-Drs. 176/1/18, S. 9 f.; eine Änderung auf den Zeitpunkt der letztmöglichen Rücknahme beschränkend: *Schmidt*, in: Baumbach/Lauterbach/Albers u.a. (Hrsg.), Zivilprozessordnung, [77]2019, Beilage zur 77. Auflage § 610 Rn. 9.

hinsichtlich der Sperrwirkung für andere Musterfeststellungsklagen gem. § 610 I 1 ZPO vermeide.

III. Rechtsfortbildende Ansätze

Weniger stark auf den Wortlaut berufen kann sich die Gewährung einer über den Zeitpunkt des § 608 III ZPO hinausgehenden Rücknahmemöglichkeit im Fall einer Klageänderung.[1321] Dafür spreche, dass sich im Laufe des Verfahrens Gründe ergeben könnten, die eine Änderung oder Erweiterung der Feststellungsziele aufgrund prozessökonomischer Erwägungen oder eines drohenden Prozessverlusts notwendig werden lassen. Die Möglichkeit einer Klageänderung sei daher nicht von vornherein auszuschließen. Letztlich liege es daher in der Hand der qualifizierten Einrichtung die von ihr angestrengte Erweiterung bzw. Änderung den Angemeldeten näher zu bringen, um so einen möglichst großen Kollektivierungseffekt zu sichern. Durch Plausibilitätserwägungen könnten die Angemeldeten von einer Rücknahme der Anmeldung abgehalten werden.

Des Weiteren wird vorgeschlagen für die Änderungen ein neues Anmeldeverfahren mit daran anknüpfenden An- und Abmeldezeiträumen zu eröffnen.[1322] Unter einem separaten Teil im Klageregister könnten die neuen Feststellungsziele öffentlich bekannt gemacht werden, bei denen wiederum eine Anmeldung bis zu deren erster mündlichen Verhandlung erfolgen könne. Der Begriff der ersten mündlichen Verhandlung müsse insofern spezifisch hinsichtlich der konkreten Feststellungsziele verstanden werden.

Schließlich wird, sich insofern auch über den Gesetzeswortlaut hinwegsetzend, der Entfall der Bindungswirkung bei einer vorgenommenen Klageänderung in den Raum gestellt.[1323] Dabei wird der Umfang des Entfalls der Bindung unterschiedlich beurteilt. Teilweise wird er auf die geänderten Feststellungsziele beschränkt, sodass die zum Zeitpunkt der

---

1321 *Merkt/Zimmermann*, VuR 2018, 363, 373. Ohne nähere sachliche Begründung diese Möglichkeit in den Raum stellend: BR-Drs. 176/1/18, S. 9 f.; dies aufgrund der Rechte der Beklagtenseite strikt ablehnend: *Windau*, jM 2019, 404, 407.

1322 *Windau*, jM 2019, 404, 408.

1323 Diese Möglichkeit ohne nähere Begründung in den Raum stellend: BR-Drs. 176/1/18, S. 9 f.; diesen Weg als Alternative vorstellend: Musielak/Voit/*Stadler*, § 608 Rn. 8; auch diese Lösungsmöglichkeit aufgrund entgegenstehender Beklagtenrechte ablehnend: *Windau*, jM 2019, 404, 407.

Anmeldung öffentlich bekannt gemachten Feststellungsziele bei Abschluss des Musterfeststellungsprozesses nach wie vor Bindungswirkung gem. § 613 I 1 ZPO entfalten.[1324] Andererseits wird verallgemeinernd von einem Entfall der Bindungswirkung gesprochen, was mehr für eine vollständige Verneinung der Bindungswirkung spricht.[1325] Zwar sei in § 610 V 1 ZPO ein Verweis auf die §§ 263 f. ZPO erfolgt, doch sei nicht geregelt wie sich dies auf die Rechte der angemeldeten Verbraucher auswirke.[1326] Der Angemeldete könne mangels Rücknahmemöglichkeit der Bindungswirkung nicht mehr entgehen. Statt den Begriff der Sachdienlichkeit restriktiv auszulegen könne das Problem über eine Relativierung der Bindungswirkung im Hinblick auf die geänderten Feststellungsziele gelöst werden. Dies sei im Wortlaut zwar nicht vorgesehen, doch könne damit die Taktik des Angemeldeten aufrechterhalten werden sich den Nachweis einzelner Tatbestandsvoraussetzungen für das Individualverfahren aufzusparen. Dies kann aus Effizienz- oder Zeitgründen sinnvoll sein, etwa wenn der Nachweis für den Einzelnen leichter zu erbringen ist als für das Kollektiv.

IV. Uneingeschränkte Klageänderungsmöglichkeit aufgrund umfassender Sperrwirkung?

Durch eine Änderung des Gesetz gewordenen Entwurfs überholt ist die uneingeschränkte Klageänderungsmöglichkeit zur Rechtfertigung der umfassenden Sperrwirkung in § 610 I ZPO-E.[1327] Die umfassende Sperrwirkung mache es für den Kläger erforderlich flexibel auf Prozesssituationen reagieren zu können. Die Erzwingung einer umfassenden Antragstellung gleich zu Beginn des Verfahrens führe zu unzweckmäßigen Anträgen mit der Folge einer langen Verfahrensdauer.

Diese letztgenannte Argumentation verfängt de lege lata nicht mehr. Der Gesetzgeber hat sich in § 610 I 1 ZPO für eine auf die Feststellungsziele beschränkte Sperrwirkung entschieden.[1328] Es besteht somit nicht mehr der Zwang den geschichtlichen Vorgang in einem umfassenden Musterfeststellungsprozess aufzuarbeiten, sondern es können andere Fest-

1324 Musielak/Voit/*Stadler*, § 606 Rn. 12.
1325 BR-Drs. 176/1/18, S. 9 f.
1326 Darauf aufmerksam machend, dass der Bundesrat im Gesetzgebungsverfahren bereits Bedenken in diese Richtung geäußert hat: Musielak/Voit/*Stadler*, § 606 Rn. 12.
1327 *Lutz*, Stellungnahme vom 08.06.2018, S. 9.
1328 BT-Drs. 19/2439, S. 26.

stellungsziele in weiteren, parallelen Musterfeststellungsprozessen geltend gemacht werden. Der Zwang einer umfassenden Antragstellung ist mithin nicht gegeben. Auch können gegebenenfalls erforderlich werdende Änderungen noch vor dem ersten Termin zur mündlichen Verhandlung vorgenommen werden.

V. Stellungnahme zu den dargestellten Ansätzen

Den soeben dargestellten Ansichten ist gemein, dass sie entweder zu pauschal eine Klageänderung zulassen oder verweigern, die unbestimmte Pauschalverweisung in § 610 V 1 ZPO durch weitere unbestimmte Rechtsbegriffe ersetzen oder gesetzlich nicht vorgesehene Ausnahmen zur Abmilderung der als unbillig empfundenen Folgen konstruieren. Dagegen scheint die Eröffnung eines zweiten Anmeldezeitraums durchaus zur Wahrung der Rechte der Angemeldeten geeignet zu sein. Doch sprechen gewichtige praktische Argumente gegen die Zulassung eines parallelen Anmeldeverfahrens. So hat in der Regel eine mündliche Verhandlung bezüglich der ursprünglichen Feststellungsziele bereits stattgefunden. Bei der Zulassung eines neuen Anmeldeverfahrens besteht die Gefahr, dass sich das Musterfeststellungsgericht an einer umfassenden Beweisaufnahme zu den ursprünglichen Feststellungszielen gehindert sieht aufgrund der Gefahr der Überschneidung von Tatsachen. Ein Auftrag zur Gutachtenerstellung an einen Sachverständigen kann auch die neu einzuführenden Feststellungsziele betreffen, sodass die sich später Anmeldenden durch das bereits in Gang gesetzte Beweisverfahren präjudiziert sind. Auf der anderen Seite besteht das Risiko, dass das Gericht auch das neue Anmeldeverfahren zur Gänze abwartet, um anschließend umfassend über den Gutachtenauftrag befinden zu können. Letztere Konstellation erscheint besonders naheliegend, wenn man sich vor Augen führt, dass auch die neuen Feststellungsziele im Kern denselben Lebenssachverhalt betreffen werden. Ein neues Anmeldeverfahren birgt mithin ein erhebliches Verzögerungsrisiko, was erheblich zulasten der Effizienz des Musterfeststellungsverfahrens ginge. Zuletzt würde es eine nicht gerechtfertigte Besserstellung der Verbraucher darstellen, wenn diese in einem bereits laufenden Verfahren über den Anschluss an weitere Feststellungsziele befinden könnten. Bei einer weit fortgeschrittenen beweisrechtlichen Aufarbeitung könnte risikolos das bisherige Prozessergebnis, was auch Rückschlüsse auf den Ausgang des Prozesses hinsichtlich der neuen Feststellungsziele zulassen kann, akzeptiert werden durch die neue Anmeldung, was eine Ausweitung der Bindungswirkung zulasten der Beklagtenseite darstellen würde. Bei derartigen Änderungen scheint der durch die begrenzte Sperrwirkung des § 610 I 1 ZPO eröffnete Weg eines neuen Musterfeststellungsverfahrens vorzugswürdig, um negative Rückkopplungen zum ursprünglichen Musterfeststellungsprozess zu vermeiden.

Mangels vollends überzeugender Lösungsansätze soll vorliegend eine von der Anmeldung der Verbraucher ausgehende, aber auch den Zweck der §§ 263 f. ZPO in den Blick nehmende verfassungskonforme Auslegung der Verweisung des § 610 V 1 ZPO bewerkstelligt werden. Besonderer Wert wird dabei – was die bisherigen Begründungen teilweise vermissen lassen – auf die Herausarbeitung der zugrundeliegenden Interessen und die Austarierung derselben gelegt. Begonnen werden soll, dem chronologischen Ablauf folgend, mit der Anmeldung des Verbrauchers zum Klageregister und den von ihm dabei typisiert gehegten Erwartungen.

B. Abermals: objektiver Bedeutungsgehalt der Anmeldungserklärung

Wie bereits an früherer Stelle festgestellt, ähnelt die Anmeldung zum Klageregister einer Mandatierung eines Anwalts zur prozessualen Durchsetzung des eigenen Anspruchs.[1329] Im Unterschied zu einer gerichtlichen Rechtsverfolgung durch einen Rechtsanwalt macht die qualifizierte Einrichtung jedoch nicht direkt die Ansprüche der angemeldeten Verbraucher geltend, sondern eigens formulierte Feststellungsziele, die lediglich mittelbar über § 613 I 1 ZPO auf die Ansprüche der Angemeldeten einwirken. Auch wird durch eine Anmeldung im Klageregister nicht dasselbe Vertrauensverhältnis zu der klagenden qualifizierten Einrichtung aufgebaut, wie es gewöhnlicherweise zu einem Rechtsanwalt entsteht. Mangels Einflussnahmemöglichkeit erscheinen die qualifizierte Einrichtung und die Angemeldeten weniger als Einheit, die vertrauensvoll zusammenarbeiten. All dies spricht zwar der Anmeldung zum Klageregister nicht die Ähnlichkeit zu einer Mandatierung eines Rechtsanwalts ab, da es im Kern in beiden Fällen um die gerichtliche Durchsetzung eines Prozessziels in fremdem Interesse geht. Doch verwehren die Unterschiede die Heranziehung des § 81 ZPO im Musterfeststellungsprozess zugunsten der qualifizierten Einrichtung, welcher die prozessualen Handlungsmöglichkeiten des Rechtsanwaltes im Außenverhältnis sehr weit spannt. Vielmehr ist

1329 S. dazu: Teil Zwei Kapitel Eins § 3 C. IV. 2. e) aa) Objektiver Bedeutungsgehalt der Anmeldungserklärung als partielle Prozessführungsbefugnis (217).

der Umfang der Bevollmächtigung der qualifizierten Einrichtung an der typisierten Anmeldung zum Klageregister zu messen, weil der Verbraucher mit dieser die Verfahrensführung durch die qualifizierte Einrichtung billigt. Nur die Anmeldung ermächtigt die klageführende Einrichtung einen Prozess mit Wirkung für die Verbraucher zu führen, sodass Ausgangspunkt für die prozessualen Handlungsmöglichkeiten des Klägers das Einverständnis des Rechtsinhabers mit der Prozessführung sein sollte. Mangels Anwaltszwangs für die Anmeldung zum Klageregister[1330] ist davon auszugehen, dass viele der sich Anmeldenden juristische Laien sind.[1331] Leitbild ist daher ein informierter, aufmerksamer und verständiger Durchschnittsverbraucher[1332], der seinen Anspruch bzw. Rechtsverhältnis zum Klageregister anmeldet.

I. Öffentliche Bekanntmachung des Feststellungsprogramms mitsamt zugänglichen Formularen

Als zentrales Medium für die Information und Anmeldung[1333] prägen zunächst die online zugänglichen Formulare mitsamt Erläuterungen die typisierten Vorstellungen des Verbrauchers bei der Vornahme der Anmeldung. Vom Bundesministerium für Justiz wird ein standardisiertes Formular mit dazugehöriger Ausfüllanleitung auf der Website des Klageregisters bereitgehalten.[1334] Auch der ADAC gab dem Verbraucher eine Ausfüllanleitung an die Hand.[1335] Aufgrund dieser staatlicherseits und von den qualifizierten Einrichtungen zur Verfügung gestellten Hilfen wird die Anmeldung in der öffentlichen Wahrnehmung als unproblematisch empfunden.[1336] Auffällig ist an diesen Dokumenten jedoch, dass sie

1330 BT-Drs. 19/2439, S. 2 f.

1331 *Sievers*, DAR Extra 2018, 730, 731.

1332 Auf diesen abstellend: *Reiter/Methner/Schenkel*, DAR Extra 2018, 733.

1333 BT-Drs. 19/2439, S. 17.

1334 Diese Dokumente waren für den Prozess gegen die VW AG bis zum letztmaligen Anmeldungszeitpunkt als PDF herunterladbar unter der Rubrik „Formulare" im Klageregister. Das Klageregister ist erreichbar unter: https://www.bundesjustizamt.de/DE/Themen/Buergerdienste/Klageregister/Allgemeines_node.html (geprüft am 14.04.2020).

1335 Für den Musterfeststellungsprozess gegen die VW AG bot der ADAC eine „Ausfüllhilfe für die Online-Anmeldung zur Musterfeststellungsklage" an, welche er jedoch nach Ablauf des letztmaligen Anmeldungszeitpunktes von seiner Homepage entfernte.

1336 *Reiter/Methner/Schenkel*, DAR Extra 2018, 733.

mit keinem Wort auf die Möglichkeit einer Klageänderung hinweisen. Als Besonderheiten der Anmeldung werden lediglich die Verjährungshemmung und die Bindungswirkung gem. § 613 I 1 ZPO aufgezählt. Auch die §§ 606 ff. ZPO führen dem Verbraucher die Möglichkeit einer Klageänderung durch die qualifizierte Einrichtung nicht vor Augen. Die Vorschriften der §§ 263 f. ZPO, welche dem durchschnittlich informierten Verbraucher als solche nicht geläufig sein dürften, werden lediglich von der Pauschalverweisung des § 610 V 1 ZPO umfasst. Dies ist für den Verbraucher nicht transparent. Auch zeigt der wissenschaftliche Diskurs um die Zulässigkeit von Klageänderungen, dass die alleinige Kenntnis der Verweisung noch keine uneingeschränkte Unterwerfung unter diese bedeutet. Zudem ist eine eigens normierte Veröffentlichungspflicht im Klageregister für geänderte Feststellungsziele allenfalls analog begründbar, entbehrt daher einer expliziten Normierung. Mangels ausdrücklichen Hinweises auf die Problematik kann die Anmeldung allenfalls dann als Einverständnis in eine gegebenenfalls erforderliche Klageänderung verstanden werden, wenn ein Durchschnittsverbraucher unter den gegebenen Umständen ein solches mit seiner Anmeldung erklärt. Zu ermitteln ist mithin der typisierte Erklärungshorizont bei der Anmeldung zum Klageregister.

Bei der Anmeldung wird dem Verbraucher gem. §§ 606 II 2, 607 I Nr. 3 ZPO lediglich der zugrundeliegende Lebenssachverhalt mitsamt angestrebten Feststellungszielen präsentiert. Die Kombination aus diesen beiden Elementen erlaubt es dem Verbraucher seine eigenen Ansprüche mit dem in der Musterfeststellungsklage vorgetragenem Lebenssachverhalt zu vergleichen, sowie die Abhängigkeit seines Anspruchs von den Feststellungszielen zu beurteilen. Über diese ihm zugänglich gemachten Informationen wird sich der Verbraucher Gedanken machen. Dem juristischen Laien wird die Erforderlichkeit einer Antragsänderung aufgrund sich ändernder prozessualer Umstände nicht geläufig sein. Die enumerative Aufzählung der Feststellungsziele erscheint vielmehr als abschließendes, zu erreichendes prozessuales Ziel. Die öffentlichen Bekanntmachungen[1337] und die Feststellungsziele mitsamt vorgetragenem Lebenssachverhalt gleichen der *Geschäftsgrundlage*[1338] des angemeldeten Verbrauchers, die sich bei einer Änderung der Feststellungsziele gleichsam ändert. Als Parallele bietet sich ein Vergleich zu der täglichen Situation beim Abschluss eines Werkvertrags durch Abgabe des eigenen KFZ zur Reparatur in einer Werk-

1337 Dafür, dass die Bekanntmachungen die Entscheidung des Verbrauchers maßgeblich beeinflussen: BeckOK ZPO/*Lutz*, § 607 Rn. 15 ff.

1338 *Schmidt*, WM 2018, 1966, 1969 f.

statt an. Auch dort geht der Verbraucher davon aus, dass sich die vorzunehmenden Maßnahmen auf das bei der Abgabe des KFZ erkennbare Ausmaß beschränken. Sollten sich weitere, mitunter preissteigernde Maßnahmen als erforderlich herausstellen, vertraut der Vertragspartner auf eine vorherige Rücksprache mit der Werkstatt, um den wirtschaftlichen Nutzen derselben zu evaluieren. Im Wege der Vertragsänderung wird bei einem übereinstimmenden Willen der Parteien der Inhalt des Werkvertrages erstreckt auf die weiteren Arbeiten. Eine umfassende Ermächtigung zur Vornahme aller erforderlichen Maßnahmen ist schon aus Kosten- und Wirtschaftlichkeitsgesichtspunkten nur bei einer expliziten Erklärung anzunehmen. Ebenso ist der prozessuale Auftrag in Form der Anmeldung zum Klageregister auf die dem Verbraucher bekannten Feststellungsziele beschränkt. Bei der Notwendigkeit einer Erweiterung vertraut der Angemeldete auf eine Rücksprache, zumal er sich nicht in jeglicher Hinsicht seines Anspruchs begeben will.

Der bei der Anmeldung zum Klageregister anwaltlich beratene Verbraucher hingegen mag das ihm präsentierte Feststellungsprogramm nur deshalb akzeptiert haben, weil ihm dies aus taktischen Gründen vorteilhaft erschien.[1339] Nur die veröffentlichten Feststellungsziele sollen einer kollektiven Klärung zugeführt werden, wohingegen andere Aspekte des Anspruchs effizienter, kostengünstiger und eventuell risikoloser in das Individualverfahren verlagert werden. Sowohl die Strategie als auch das Vertrauen in diese prozessuale Handlungsoption würde durch die Zulassung einer Klageänderung nach der letztmaligen Rücknahmemöglichkeit enttäuscht.[1340]

Sowohl der juristische Laie als auch der beratene Verbraucher gehen bei der Anmeldung zum Klageregister von einem gleichbleibenden Feststellungsprogramm aus.

II. Bedenken aus der dogmatischen Konstruktion der §§ 606 ff. ZPO

Dafür sprechen auch einige Aspekte der dogmatischen Ausgestaltung der Musterfeststellungsklage.

Zuvörderst ist der Umstand zu nennen, dass der Anschluss an die Musterfeststellungsklage lediglich die Anmeldung des Anspruchs bzw. des

1339 Zu diesem Gedanken: BR-Drs. 176/1/18, S. 9 f.
1340 BR-Drs. 176/1/18, S. 9 f.

Rechtsverhältnisses voraussetzt, nicht jedoch die Abtretung desselben.[1341] Daraus ergibt sich auf Seiten der qualifizierten Einrichtung, dass sie nicht die uneingeschränkte Verfügungsmacht über die Ansprüche der Verbraucher erlangt, die ihr eine faktische Präjudizierung derselben über § 613 I 1 ZPO erlauben würde. Spiegelbildlich bleibt der Verbraucher der Herr seines Anspruchs, der gem. §§ 610 III, 613 II ZPO lediglich an der prozessualen Durchsetzung desselben gehindert ist, welche er partikular an die qualifizierte Einrichtung im Rahmen ihres bekanntgemachten Feststellungsprogramms übertragen hat.

Des Weiteren spricht der in den Schutzmechanismen der §§ 606 ff. ZPO verankerte Rechtsgedanke gegen eine Zulassung von Klageänderungen. So will der Ausschluss eines prozessualen Verzichts gem. §§ 610 V 2, 306 ZPO verhindern, dass sich eine rechtskräftige, faktische Aberkennung der Ansprüche der Verbraucher ohne Einflussnahmemöglichkeit derselben ereignet. Dieser Zweck wird dadurch noch deutlicher, dass eine Klagerücknahme gem. § 269 ZPO nicht ausgeschlossen ist.[1342] Diese beendet zwar ebenfalls den Prozess, führt aber nicht zu einer rechtskräftigen Aberkennung des Anspruchs, wie sich aus dem Rechtsgedanken des § 269 VI ZPO ergibt. Wenn der Angemeldete vor einem faktischen Anspruchsverlust durch Verzicht geschützt wird, erscheint es nur konsequent ihn auch vor einem faktischen Anspruchsverlust durch die für ihn negative Tenorierung eines nachträglich erweiterten Feststellungsziels zu schützen. Im praktischen Ergebnis geht der angemeldete Verbraucher in beiden Fällen aufgrund einer prozessualen Handlung der qualifizierten Einrichtung seines materiellrechtlichen Anspruchs verlustig.

III. Formale Anforderungen

Zudem sprechen die geringen formalen Anforderungen[1343] gegen die Auslegung der Anmeldungserklärung als umfassendes Einverständnis in Klageänderungen auch nach dem letztmaligen Rücknahmezeitpunkt. Die alleinige Einreichung per E-Mail ist nicht geeignet den Verbraucher auf die

---

1341 *Dietsche*, in: Schäfer (Hrsg.), Der Gesetzesentwurf zur "Musterfeststellungsklage", 2018, S. 76, 80.

1342 Auf die uneingeschränkte Anwendbarkeit der Klagerücknahmevorschriften hinweisend: *Salger*, jurisPR-BKR 10/2018 Anm. 1.

1343 Zu diesen: Musielak/Voit/*Stadler*, § 608 Rn. 7; *Beckmann/Waßmuth*, WM 2019, 89, 94.

folgenschwere Aufgabe seines Rechts auf Eigenständigkeit gem. Art. 103 I GG[1344] hinzuweisen. Die Form deutet in keiner Weise auf die umfassende Begebung des materiellrechtlichen Anspruchs hin. Weder die dargebotenen Hinweise noch erschwerte Formerfordernisse veranlassen den an der Anmeldung interessierten Verbraucher zur sorgfältigen Abwägung seiner Entscheidung im Hinblick auf das Risiko gegebenenfalls erforderlich werdender Klageänderungen im Musterfeststellungsprozess.

IV. Parallele zur Ablehnung einer typisierten Verzichtserklärung

Zuletzt sprechen gegen eine solche Auslegung die bereits im gleichnamigen Kapitel vorgebrachten Argumente gegen die Auslegung als Verzichtserklärung.[1345] In seinen Wirkungen kommt die Auslegung als Einverständnis zur Klageänderungsmöglichkeit der qualifizierten Einrichtung einem unzulässigen generellen Vorabverzicht sehr nahe.[1346] Auch diese Erklärung gibt der Anmeldende nicht im Hinblick auf eine bestimmte, bereits vorliegende Prozesssituation ab, sondern er unterwirft sich mit seinem vor dem ersten Termin zur mündlichen Verhandlung wurzelnden Kenntnisstand einer fremdbestimmten Prozessführung.[1347] Für ihn ist im Zeitpunkt der Anmeldung nicht vorhersehbar, wie sich der Prozess in Zukunft entwickeln wird und welche Klageänderungen notwendig werden. Dies wäre allein in die Entscheidungsbefugnis der qualifizierten Einrichtung gelegt, ohne dass der Angemeldete noch in irgendeiner Weise Einfluss darauf nehmen könnte.

Insgesamt ist die Anmeldung zum Klageregister nicht als Einwilligung in Klageänderungen während des Musterfeststellungsprozesses auszulegen. Der sich anmeldende Verbraucher erteilt die Zustimmung zum Eingreifen der Bindungswirkung gem. § 613 I 1 ZPO und dementsprechend auch zur Prozessführung der qualifizierten Einrichtung nur im Hinblick auf die bei der Anmeldung öffentlich bekanntgemachten Feststellungsziele bzw. auch auf geänderte Ziele, die vor dem Ablauf der letztmöglichen Rücknahme-

---

1344 Dazu: *Schultes*, Beteiligung Dritter am Zivilprozeß, 1994, S. 150.

1345 Dazu: Teil Zwei Kapitel Eins § 3 C. IV. 2. d) ee) Objektiver Bedeutungsgehalt der Anmeldung zum Klageregister: Kann in der Anmeldung eine Verzichtserklärung erblickt werden? (203).

1346 Zu diesem: *Röthemeyer*, MDR 2019, 6, 7 f.

1347 Zu diesem Kriterium: *ders.*, MDR 2019, 6, 7 f.

möglichkeit eingeführt wurden und ihm noch eine gebührende Zeit für die Abwägung einer Rücknahmeentscheidung ließen.[1348]

Der objektive Bedeutungsgehalt der Erklärung des Verbrauchers in Form der Anmeldung zum Klageregister spricht somit gegen die Möglichkeit einer Klageänderung nach Ablauf des letztmaligen Rücknahmezeitpunktes gem. § 608 III ZPO.

C. Problematik der Konkurrenz mit anderen qualifizierten Einrichtungen

§ 610 I 1 ZPO hat in Abweichung zu seiner Fassung im Gesetzesentwurf noch eine bedeutende Änderung erfahren. Im Entwurf war das entscheidende Kriterium für das Eingreifen der Sperrwirkung das Vorliegen desselben Sachverhaltes, wohingegen bei der letztlich Gesetz gewordenen Fassung für den Umfang der Sperrwirkung auf die Feststellungsziele abgestellt wird.[1349] Die Sperrwirkung knüpft mithin – wie im Wortlaut des § 610 I 1 ZPO deutlich wird – an den Streitgegenstand an. Dadurch werden mehrere Musterfeststellungsklagen zum gleichen Sachverhalt möglich, solange sie nur durch abweichende Feststellungsziele andere Streitgegenstände aufweisen. Es wird insofern von ergänzenden Musterfeststellungsklagen gesprochen.[1350]

I. Problemstellung

Durch die Parallelität mehrerer Musterfeststellungsklagen kann die Prozesskonstellation auftreten, dass eine qualifizierte Einrichtung ihre Anträge dahingehend ändert, dass sie denen einer anderen, bereits rechtshängigen Musterfeststellungsklage entsprechen. Eine gesetzliche Normierung hat dieses Problem nicht erfahren, zumal § 610 I 1 ZPO ausdrücklich auf die Erhebung, nicht auf die Änderung einer Musterfeststellungsklage abstellt. In der wissenschaftlichen Diskussion wurde diesem Phänomen bislang wenig Beachtung geschenkt, was wohl an der Änderung in den letzten Zügen des Gesetzgebungsverfahrens lag. Der Bundesrat hat in seiner Beschlussempfehlung den Ausschluss von Klageänderungen angeregt,

---

1348 Zu letzterem Aspekt: Teil Zwei Kapitel Zwei § 2 Klageänderungen vor dem Termin zur ersten mündlichen Verhandlung (330).

1349 So u.a.: Musielak/Voit/*Stadler*, § 610 Rn. 2.

1350 Musielak/Voit/*dies.*, § 610 Rn. 2.

um eben diese Schwierigkeiten bei der Bestimmung des Umfangs der Sperrwirkung zu vermeiden.[1351] Die Problematik könnte mithin gegen die Zulässigkeit von Klageänderungen im Musterfeststellungsprozess sprechen.

Diese Prozesskonstellation tritt unabhängig davon auf, ob die im weiteren Verlauf der Darstellung zu beantwortende Frage hinsichtlich der Zulässigkeit von Klageänderungen nach dem Ablauf des letztmöglichen Rücknahmezeitpunktes positiv oder negativ beantwortet wird. Immerhin sind Klageänderungen vor dem Ablauf des letztmöglichen Rücknahmezeitpunktes zulässig, wenn dem Angemeldeten noch genügend Zeit für die Rücknahmeentscheidung verbleibt[1352], wodurch das Problem einen praktischen Anwendungsbereich hat.

II. Mögliche Lösungsansätze

Als mögliche Lösungen kommen die Unzulässigerklärung der Klageänderung, der anderen Musterfeststellungsklage, sofern diese zeitlich später erhoben wurde, oder eine nach dem Stadium der ergänzenden Klage differenzierende Antwort in Betracht. So könnte danach unterschieden werden, ob die ergänzende Musterfeststellungsklage bereits das Quorum des § 606 III Nr. 3 ZPO überschritten hat oder ob bereits eine mündliche Verhandlung stattgefunden hat, da erst ab diesem Zeitpunkt von einer hinreichenden Ernsthaftigkeit der Musterfeststellungsklage ausgegangen werden kann.

Die letztgenannte Lösung hat für sich, dass damit die Verfolgung des Feststellungsziels sichergestellt wird. Scheitert eine Klageänderung an der Rechtshängigkeit einer anderen Musterfeststellungsklage, die aber letztlich das Quorum des § 606 III Nr. 3 ZPO nicht erreicht, könnte eine unter Umständen notwendige Klärung unterbleiben. Auch könnte der Kläger der ergänzenden Musterfeststellungsklage in Form einer Klageänderung vor der ersten mündlichen Verhandlung von der Weiterverfolgung eines Feststellungsziels absehen, welches zuvor in das Feststellungsprogramm einer anderen Musterfeststellungsklage aufzunehmen versucht wurde.

Gegen diese differenzierende Lösung spricht jedoch, dass sie den Vorrang einer Musterfeststellungsklage im Endeffekt der Zufälligkeit preis-

1351 BR-Drs. 176/1/18, S. 10.

1352 S. dazu: Teil Zwei Kapitel Zwei § 2 Klageänderungen vor dem Termin zur ersten mündlichen Verhandlung (330).

gibt. Die Klägerin der ergänzenden Musterfeststellungsklage hat keinen Einfluss darauf, wann das Quorum des § 606 III Nr. 3 ZPO erreicht wird oder wann das Musterfeststellungsgericht die mündliche Verhandlung terminiert. Ohne inhaltliche Prüfung ihres Anliegens unterliegt sie kostenpflichtig in ihrem Prozess.

So könnte eine pauschale Unzulässigerklärung der ergänzenden, zeitlich nachfolgenden Musterfeststellungsklage abhelfen, indem keine nicht beeinflussbaren Zeitpunkte eine Rolle in der gerichtlichen Entscheidung spielen. So könnte in einem Verfahren eine abschließende Befriedung erreicht werden, was den Zweck der Musterfeststellungsklage fördert.[1353] Auch würde auf diese Weise die Gefahr widersprüchlicher Entscheidungen bezogen auf denselben Lebenssachverhalt vermieden.

Dagegen spricht wiederum, dass dadurch das Vertrauen der Angemeldeten enttäuscht wird, deren Musterfeststellungsklage abgewiesen wird. Diese haben sich bewusst für die ergänzende Musterfeststellungsklage entschieden, was ihnen nachträglich durch eine Klageänderung wieder genommen wird. Das ohnehin in der Kritik stehende Prioritätsprinzip[1354] würde auf diese Weise ohne sachlichen Zwang fortgeführt. Die Rechte der Klägerin der ergänzenden Musterfeststellungsklage müssten kompensationslos hinter denen des ersten Musterfeststellungsklägers zurücktreten, obwohl § 610 I 1 ZPO genau diese Prozesssituation regelt und billigt. Die Klägerin der ergänzenden Musterfeststellungsklage verliert aufgrund der Abweisung als unzulässig kostenpflichtig den Prozess.

III. Annahme einer Sperrwirkung analog § 610 I 1 ZPO

Letztlich erscheint es überzeugend eine Klageänderung nur dann zuzulassen, wenn nicht bereits eine andere qualifizierte Einrichtung das angestrebte Feststellungsziel prozessual verfolgt.[1355] So bleiben nicht nur die Rechte der Kläger und der Angemeldeten unangetastet, sondern es findet sich auch ein gesetzlicher Anknüpfungspunkt für die Lösung. Mit § 610 I 1 ZPO hat sich der Gesetzgeber bewusst für eine enge Sperrwirkung entschieden, was zu einer Parallelität von Musterfeststellungsklagen zum selben Sachverhalt führen kann. Die unterlassene Regelung der Konkurrenzsituation bei Musterfeststellungsklagen erscheint als planwidrige

---

1353 BT-Drs. 19/2439, S. 17.

1354 Zur Kritik am Prioritätsprinzip statt vieler: Musielak/Voit/*Stadler*, § 613 Rn. 2.

1355 So auch: BeckOK ZPO/*Lutz*, § 610 Rn. 8 ff.

Regelungslücke, zumal der Gesetzgeber offensichtlich mit der Pauschalverweisung gem. § 610 V 1 ZPO Klageänderungen zulassen wollte, sich aber über die Folgen keine Gedanken gemacht hat. § 263 III Nr. 1 ZPO ist mangels Parteiidentität nicht einschlägig. § 610 I 1 ZPO greift – wie bereits gesagt – nur bei der Erhebung einer Musterfeststellungsklage. Dennoch ist die Situation derart vergleichbar, dass eine analoge Anwendung des § 610 I 1 ZPO für die vorliegende Konstellation gerechtfertigt ist. § 610 I 1 ZPO nimmt zum einen die Interessen der Beklagten in den Blick, indem diese sich nur einmal gegen dieselben Feststellungsziele verantworten muss. Dennoch lässt § 610 I 1 ZPO eine umfassende und zeitsparende Klärung des Sachverhaltes zu, indem die Sperrwirkung auf die Feststellungsziele beschränkt wird. Eben diese Situation liegt auch vor, wenn eine ergänzende Musterfeststellungsklage erhoben wurde. Auch dann muss sich die Beklagte zwar in zwei Prozessen verteidigen, jedoch im Hinblick auf unterschiedliche Feststellungsziele. Eine umfassende Aufarbeitung des Sachverhaltes wird in zwei Prozessen bewerkstelligt. Nicht nur die Erhebung einer weiteren Musterfeststellungsklage, sondern auch die Klageänderung würde zu einer doppelten Klärung desselben Feststellungsziels führen, was § 610 I 1 ZPO vermeiden will. Dazu gibt er der zeitlich zuerst rechtshängig werdenden Musterfeststellungsklage den Vorrang. Zwar wird mit dem Abstellen auf die Rechtshängigkeit mangels Beeinflussbarkeit der Zustellung der Musterfeststellungsklage an die Beklagte eine gewisse Zufälligkeit im Hinblick auf die Sperrwirkung etabliert.[1356] Doch werden dabei auch die Interessen der Beklagtenseite berücksichtigt, die erst ab der Zustellung der Musterfeststellungsklage von den gegen sie geltend gemachten Feststellungszielen erfährt. Auch können die Verbraucher gem. § 607 II ZPO erst 14 Tage nach Erhebung der Musterfeststellungsklage, was die Zustellung an die Beklagte voraussetzt[1357], ihre Ansprüche bzw. Rechtsverhältnisse zum Klageregister anmelden. Vor diesem Zeitpunkt stehen die Rechte der Angemeldeten einer Abweisung als unzulässig nicht entgegen. Damit erscheint die Rechtshängigkeit als rechtssicher feststellbarer Zeitpunkt als geeignet für die Bestimmung des Eintritts der Sperrwirkung.

Analog § 610 I 1 ZPO ist eine Klageänderung unzulässig, welche Feststellungsziele einzuführen versucht, die bereits in einem anderen Musterfeststellungsprozess rechtshängig sind. Somit kann ein rechtssicherer Umgang mit der Problematik gewährleistet werden, womit ein pauschaler Ausschluss der Klageänderungsmöglichkeit, wie vom Bundesrat vorge-

---

1356 Statt vieler: *Merkt/Zimmermann*, VuR 2018, 363, 371.

1357 OLG Braunschweig, VuR 2019, 106, 107

schlagen[1358], nicht notwendig erscheint. Allein diese Problematik rechtfertigt somit keine Einschränkung der Klageänderungsmöglichkeit im Musterfeststellungsprozess, gleich zu welchem Zeitpunkt.

D. Notwendigkeit von Klageänderungen während eines laufenden Prozesses

Aus der bisherigen Warte, die vor allem die Sicht der Verbraucher bei der Anmeldung zum Klageregister in den Blick nahm, ergaben sich überwiegend Aspekte, welche gegen die Zulassung einer Klageänderungsmöglichkeit im Musterfeststellungsprozess sprechen. Vernachlässigt wurde dabei der Nutzen, den eine Klageänderung mit sich bringt. Diese haben durchaus ihre prozessuale Daseinsberechtigung. Daher sollen im Folgenden die Vorzüge bei der Zulassung einer Klageänderung dargestellt werden. Die gewöhnliche zivilprozessuale Klage wird getrennt von der Musterfeststellungsklage behandelt, zumal mitunter andere Interessen und Aspekte für die verschiedenen Klagearten ausschlaggebend sind.

I. Klageänderungen im herkömmlichen Zivilprozess

Die Klageänderungsvorschriften nach §§ 263 f., 267 ZPO bringen im gewöhnlichen Zivilverfahren zwei gegenläufige Interessen zum Ausgleich. Zum einen hat die Beklagte, die sich bereits in der mündlichen Verhandlung zur Hauptsache eingelassen hat, einen Anspruch auf Sachentscheidung[1359], wie sich aus § 269 I ZPO ergibt. Ohne ihre Einwilligung soll eine Prozessbeendigung ohne rechtskräftige Entscheidung in der Sache nicht möglich sein.[1360] Zum anderen können sich während des Verfahrens Aspekte ergeben, die es erfordern flexibel auf Änderungen zu reagieren.[1361] So kann eine Änderung im Interesse beider Prozessparteien liegen, prozessökonomisch sein oder einem möglichen Prozessverlust vorbeugen.[1362] In diesem Schnittfeld liegen die Klageänderungsvorschriften. Sie ermögli-

---

1358 BR-Drs. 176/1/18, S. 10.

1359 *Saenger*, in: ders. (Hrsg.), Zivilprozessordnung, [8]2019, § 263 Rn. 1.

1360 *Ders.*, in: ders. (Hrsg.), Zivilprozessordnung, [8]2019, § 263 Rn. 1.

1361 MüKo ZPO/*Becker-Eberhard*, § 263 Rn. 7.

1362 *Merkt/Zimmermann*, VuR 2018, 363, 373.

chen dem Kläger, unter Wahrung der Interessen der Beklagten[1363], den Streitgegenstand den veränderten Umständen anzupassen. Großer prozessualer Vorteil der Änderung ist, dass die bisherigen Prozessergebnisse verwertbar bleiben und so, unter Schonung der Ressource Justiz, kein neuer Prozess mit erneuter Beweisaufnahme angestrengt werden muss.[1364] Bei der Einwilligung beruht die Austarierung dieser Interessen auf der privatautonomen Entscheidung der Beklagten. Die Entscheidung des Gerichts über die Sachdienlichkeit – die auch Gesichtspunkte der Verwertbarkeit der bisherigen Prozessergebnisse berücksichtigt – ist mehr der prozessökonomischen Seite zuzuschreiben. Mithin werden wenig gewinnbringende Doppelprozesse vermieden.[1365]

II. Klageänderungen im Musterfeststellungsverfahren

Auch im Musterfeststellungsprozess spielen zunächst Gesichtspunkte der Prozessökonomie und der Verhinderung eines Prozessverlustes eine Rolle, was einen pauschalen Ausschluss der Klageänderungsvorschriften verwehrt.[1366] Angesichts des erheblichen Aufwandes zur Erhebung einer Musterfeststellungsklage scheinen die prozessökonomischen Gesichtspunkte bei der Musterfeststellungsklage sogar noch deutlich schwerer zu wiegen als bei einer herkömmlichen zivilprozessualen Klage. Einerseits geht mit dem Verfahren rund um das Klageregister inklusive eingehender Anmeldungen erheblicher Verwaltungsaufwand einher; zum anderen werden durch die Eingangszuständigkeit des OLG gem. § 119 III 1 GVG deutlich mehr Richterkapazitäten gefordert als bei einem gewöhnlichen Zivilverfahren.

Doch tritt bei der Musterfeststellungsklage noch ein weiterer Aspekt hinzu. Als Musterverfahren soll das Ergebnis der Musterfeststellungsklage im Interesse einer umfassenden Befriedung für eine Vielzahl weiterer Verfahren richtungsweisend sein.[1367] Diese umfassende Befriedigung soll durch Verfahrensstraffung[1368] und effiziente Verfahrensführung unter

---

1363 Diesen Aspekt hervorhebend: Stein/Jonas/*Roth*, § 263 Rn. 35.

1364 Dazu und zu den folgenden Aspekten: Stein/Jonas/*ders.*, § 263 Rn. 35.

1365 MüKo ZPO/*Becker-Eberhard*, § 263 Rn. 7.

1366 *Merkt/Zimmermann*, VuR 2018, 363, 373.

1367 Diesen Zweck des Musterfeststellungsverfahrens hervorhebend: *Waßmuth/Asmus*, ZIP 2018, 657, 666.

1368 *Lutz*, Stellungnahme vom 08.06.2018, S. 9.

Wahrung der allgemeinen Grundsätze eines fairen Verfahrens[1369] erreicht werden. Würde für jede prozessual bedeutsame Änderung ein neues Musterfeststellungsverfahren notwendig werden, widerspräche das nicht nur dem Straffungs-, sondern auch dem Effizienzgedanken.

Zur Verdeutlichung dient ein vergleichender Blick auf das KapMuG-Verfahren, das trotz aller Unterschiede zur Musterfeststellungsklage auch ein Musterverfahren darstellt. Im KapMuG war die Möglichkeit einer Antragsänderung bis zum Erlass des § 15 KapMuG lange Zeit umstritten. Überwiegend wurde nach dem Telos des KapMuG-Verfahrens für die Zulässigkeit einer Klageänderungsmöglichkeit argumentiert. So sollen gerade zentrale Streitfragen umfassend entschieden werden können[1370]; nach Möglichkeit in einem einzigen Verfahren, um dem Bündelungsgedanken gerecht zu werden.[1371] Ohne Klageänderungsmöglichkeit könnten sich negative praktische Auswirkungen dahingehend ergeben, dass der angestrebte Beschleunigungs- und Vereinfachungseffekt sogleich im Keim erstickt wird.[1372] Die Entscheidung in den Individualverfahren, welche das KapMuG-Verfahren beschleunigen und erleichtern sollte, würden sich immens verzögern.[1373] Dies kann schon deshalb nicht hingenommen werden, weil auch die Beklagtenseite ein erhebliches Interesse an der Nutzung des Beschleunigungs- und Vereinfachungspotenzials hat, um unbegründete Ansprüche effektiv abwehren zu können.[1374] Diese Aspekte wohnen dem Charakter des KapMuG-Verfahrens als Musterverfahren inne, sodass sie auch für die Musterfeststellungsklage herangezogen werden können.

Verstärkend wirkt bei der Musterfeststellungsklage noch, dass sie nicht aus anhängigen Rechtsstreitigkeiten resultiert, sondern eine originäre Klage ist. Somit kann unter Umständen erst die mündliche Verhandlung Klarheit über den Streitgegenstand, dessen Reichweite und die Interessenlage der geschädigten Verbraucher verschaffen[1375], was die Notwendigkeit einer

---

1369 BeckOK ZPO/*dies.*, § 606 Rn. 5 ff.

1370 *Liebscher/Steinbrück*, ZIP 2016, 893, 897.

1371 *Schneider*, BB 2005, 2249, 2253; zu diesem Aspekt bei der Musterfeststellungsklage: *Deutscher Anwaltverein*, Stellungnahme vom Mai 2018, S. 5.

1372 *Kilian*, Ausgewählte Probleme des Musterverfahrens nach dem KapMuG, 2007, S. 62.

1373 *Ders.*, Ausgewählte Probleme des Musterverfahrens nach dem KapMuG, 2007, S. 54.

1374 *Ders.*, Ausgewählte Probleme des Musterverfahrens nach dem KapMuG, 2007, S. 56.

1375 *Verbraucherzentrale Bundesverband*, Eine für alle – Musterfeststellungsklage in Sicht, S. 6.

Klageänderung begründen kann. Auch wird durch eine großzügige Zulassung der Klageänderungsmöglichkeit vermieden, dass der Kläger zu Beginn des Prozesses alle nur denkbaren Anträge stellt, um eine umfassende Sachbehandlung auch ohne Klageänderungsmöglichkeit zu erreichen.[1376] Diese umfassende Antragsstellung kann zu unzweckmäßigen Anträgen führen, die ein erhebliches Verzögerungspotential in sich tragen.[1377]

Diese Gesichtspunkte sprechen für die Zulassung einer Klageänderungsmöglichkeit und widersprechen damit diametral der typisierten Auslegung der Anmeldungserklärung der Verbraucher. Zwar wollen auch diese im Grundsatz ein effektives Verfahren, in welchem flexibel auf Prozesssituationen reagiert werden kann. Problematisch ist dabei jedoch, dass sie keinen Einfluss auf die dann anstehenden Entscheidungen nehmen und sie – im Gegensatz zur qualifizierten Einrichtung – nicht flexibel auf die geänderten Umstände reagieren können. Diesen Interessengegensatz gilt es speziell für die Musterfeststellungsklage unter Heranziehung der einzelnen Klageänderungsvorschriften zu lösen.

E. Differenzierung zwischen § 263 ZPO und § 264 ZPO

Damit sind die Interessen des Klägers, der Beklagtenseite und der angemeldeten Verbraucher in Einklang zu bringen. Dieser Ausgleich lässt sich nicht pauschal und abstrakt vornehmen, sondern muss am jeweiligen Tatbestandsmerkmal der Klageänderungsvorschrift ansetzen. Dabei erscheint es zielführend, an die bereits vom Gesetzgeber vorgenommene Differenzierung zwischen § 263 ZPO und § 264 ZPO anzuknüpfen.[1378] Wenn bereits im herkömmlichen Zivilprozess eine Unterscheidung aufgrund unterschiedlicher Interessenlagen angezeigt ist, so sollte diese auch für die Musterfeststellungsklage Berücksichtigung finden. Begonnen wird mit dem klassischen Fall einer Klageänderung nach § 263 ZPO.

1376 *Lutz*, Stellungnahme vom 08.06.2018, S. 9.
1377 *Dies.*, Stellungnahme vom 08.06.2018, S. 9.
1378 So auch: BeckOK ZPO/*dies.*, § 610 Rn. 8 ff.

I. Klageänderung nach § 263 ZPO

Generell liegt eine Klageänderung bei einer Streitgegenstandsänderung vor.[1379] Nach dem zweigliedrigen Streitgegenstandsbegriff, welcher den Antrag und den zugrundeliegenden Lebenssachverhalt als gleichwertige Elemente des Streitgegenstands betrachtet, ändert sich dieser bei einer Antrags-, Lebenssachverhalts- oder kumulativen Änderung.[1380] Stellt der Kläger unter Auswechslung des ursprünglichen Prozessgegenstandes einen neuen Streitgegenstand zur Entscheidung, liegt der ursprüngliche Fall einer Klageänderung vor.[1381]

Analoge Anwendung finden die Klageänderungsvorschriften jedoch auch dann, wenn ein Fall nachträglicher, objektiver Klagehäufung vorliegt.[1382] Diese ist gegeben, wenn neben den ursprünglichen Streitgegenstand ein weiterer tritt, der zur Entscheidung gestellt wird.[1383]

Rechtsfolge einer Klageänderung ist, dass ab Zustellung des Schriftsatzes bzw. Antragsstellung gem. § 261 II ZPO die Rechtshängigkeit eines neuen prozessualen Anspruchs begründet wird.[1384] Bei erfolgreicher Klageänderung wird unter Beibehaltung der bisherigen Prozessergebnisse über den neuen Anspruch verhandelt und entschieden. Bei einer unzulässigen Klageänderung entfällt die Rechtshängigkeit des neuen Streitgegenstandes rückwirkend.

Bezüglich der Rechtsfolgen und des Anwendungsbereichs ergeben sich für den Musterfeststellungsprozess keine Besonderheiten, sodass bei einer unterstellten Anwendbarkeit des § 263 ZPO im Musterfeststellungsverfahren ebenso die analoge Anwendung für die nachträgliche, objektive Klagehäufung Geltung beanspruchen würde.

1379 Statt vieler: MüKo ZPO/*Becker-Eberhard*, § 263 Rn. 7; *Saenger*, in: ders. (Hrsg.), Zivilprozessordnung, [8]2019, § 263 Rn. 2.

1380 Statt vieler: *Saenger*, in: ders. (Hrsg.), Zivilprozessordnung, [8]2019, § 263 Rn. 2; *Rosenberg/Schwab/Gottwald*, Zivilprozessrecht, [18]2018, § 100 Rn. 1.

1381 BeckOK ZPO/*Bacher*, § 263 Rn. 2.

1382 Statt vieler und m.w.N.: BGH NJW 1985, 1841, 1842; *Rosenberg/Schwab/Gottwald*, Zivilprozessrecht, [18]2018, § 98 Rn. 6.

1383 *Gottwald*, JA 1998, 219, 224.

1384 *Saenger*, in: ders. (Hrsg.), Zivilprozessordnung, [8]2019, § 263 Rn. 13.

1. Zugrundeliegende Erwägungen bei § 263 ZPO

Vor mit der Erörterung der einzelnen Tatbestandsmerkmale begonnen wird, soll speziell für § 263 ZPO die zugrundeliegende Interessenlage dargestellt werden. Damit wird die Ausgangslage für die Diskussion bei der Musterfeststellungsklage geschaffen, da bei dieser nicht grundsätzlich andere, sondern lediglich weitere Interessen zu berücksichtigen sind.

§ 263 ZPO dient in erster Linie dem Schutz der Beklagten, die grundsätzlich einen Anspruch auf rechtskraftfähige Entscheidung über den Streitgegenstand hat[1385] und sich nicht ohne Weiteres auf eine Verteidigung gegen einen neuen prozessualen Anspruch einstellen muss.[1386] Ob sie diesen Schutz in Anspruch nimmt, bleibt ihr selbst überlassen.[1387] Bei einer Einwilligung im Sinne des § 263 Alt. 1 ZPO legt das Gericht den neuen Streitgegenstand ohne weitere Prüfung zugrunde. Eine Klageänderung wird bei vorliegender Einwilligung somit auch dann zugelassen, wenn das Gericht die Sachdienlichkeit im konkreten Fall nicht für gegeben hält.[1388] Aufgrund ihrer Natur als Prozesshandlung ist die Einwilligung bedingungsfeindlich und unwiderruflich.[1389]

Bei einer Verweigerung der Einwilligung kann es zu einem Eingriff in die prozessuale Rechtsposition der Beklagten kommen, wenn das Gericht die Klageänderung für sachdienlich befindet.[1390] Die Sachdienlichkeit knüpft an die Prozesswirtschaftlichkeit an und ist zu bejahen, wenn die bisherigen Prozessergebnisse zumindest teilweise eine verwertbare Entscheidungsgrundlage bleiben, die Zulassung der Klageänderung einer endgültigen Beilegung des Rechtsstreites Vorschub leistet und damit einen neuen Prozess entbehrlich macht.[1391] Die Prozesswirtschaftlichkeit überwiegt in diesem Fall die erworbene Rechtsstellung der Beklagten. Zur

---

1385 *Rosenberg/Schwab/Gottwald*, Zivilprozessrecht, [18]2018, § 100 Rn. 25; *Groß*, Klageänderung und Klagerücknahme, 1959, S. 19; *der.*, DRiZ 1964, 14.

1386 Zöller/*Greger*, § 263 Rn. 1; *Saenger*, in: ders. (Hrsg.), Zivilprozessordnung, [8]2019, § 263 Rn. 1; BeckOK ZPO/*Bacher*, § 263 Rn. 1; *Groß*, JR 1996, 357, 358; den Zweck des grundsätzlichen Klageänderungsverbots in der Vermeidung von Überraschungen erblickend: *ders.*, ZZP 75 (1962), 93, 100.

1387 BeckOK ZPO/*Bacher*, § 263 Rn. 1.

1388 Zöller/*Greger*, § 263 Rn. 12; *Saenger*, in: ders. (Hrsg.), Zivilprozessordnung, [8]2019, § 263 Rn. 9; Stein/Jonas/*Roth*, § 263 Rn. 22 f.

1389 Statt vieler: *Saenger*, in: ders. (Hrsg.), Zivilprozessordnung, [8]2019, § 263 Rn. 9.

1390 Stein/Jonas/*Roth*, § 263 Rn. 1.

1391 M.w.N.: BGH NJW-RR 1987, 58 = WM 1986, 1200.

Verfolgung seines Rechts soll der Kläger nicht in einen weiteren Prozess gezwungen werden.[1392]

Bemerkenswert ist dabei, dass in der Rechtsprechung eine überaus weite und großzügige Auslegung des Begriffs der Sachdienlichkeit vorgenommen wird, was zu einer Erleichterung der Klageänderung geführt hat.[1393] Zweifelhaft erscheint, ob diese Linie auch für das Musterfeststellungsverfahren gelten kann.

2. Die Einwilligung der Beklagten in die Klageänderung gem. § 263 Alt. 1 ZPO

Dem Einwilligungsgedanken liegt die Vorstellung zugrunde, dass die vom Prozess Betroffenen sich einvernehmlich auf die prozessuale Behandlung eines weiteren bzw. anderen Streitgegenstandes einigen. Das Gericht ist an den übereinstimmenden Willen beider Parteien gebunden, zumal die Beklagte – zu deren Schutz die Klageänderungsmöglichkeit eingeschränkt ist – sich mit der Änderung einverstanden erklärt.

a) Anwendbarkeit des § 263 Alt. 1 ZPO im Musterfeststellungsprozess

Der prinzipiellen Möglichkeit der Einwilligung gem. § 263 Alt. 1 ZPO stehen auch nicht die teilweise durch die Musterfeststellungsklage verfolgten Interessen entgegen. So könnte der öffentliche Einschlag, welchen die Musterfeststellungsklage in Form der Justizentlastung, Verfahrenseffektivierung und Überwindung des rationalen Desinteresses[1394] verfolgt, eine privatautonome Klageänderung mittels übereinstimmenden Parteiwillens von vornherein ausschließen. Auf diese Weise wäre die Erreichung der öffentlichen Zwecke sichergestellt und nicht der Parteiwillkür preisgegeben.

Dagegen spricht, dass die Musterfeststellungsklage in ihrer jetzigen Ausgestaltung eine private Rechtsdurchsetzung darstellt[1395], auf welche die Regelungen der ZPO ohne Einschränkungen aufgrund öffentlicher Interessen anwendbar sind. Es ist zu differenzieren zwischen den Beweggründen,

---

1392 Stein/Jonas/*Roth*, § 263 Rn. 1.

1393 *Gottwald*, JA 1998, 219, 220.

1394 Zu diesen Zielen: BT-Drs. 19/2439, S. 16.

1395 Allgemeiner zur Verbandsklage: *Micklitz/Stadler*, Das Verbandsklagerecht in der Informations- und Dienstleistungsgesellschaft, 2005, S. 1270.

welche den Erlass der §§ 606 ff. ZPO getragen haben und den mit einer konkreten Musterfeststellungsklage verfolgten Interessen. Generell mag die Musterfeststellungsklage durchaus als unbefriedigend empfundene Missstände im öffentlichen Interesse korrigieren. Bei der konkreten Musterfeststellungsklage steht jedoch die durch das Feststellungsprogramm festgelegte Anspruchsdurchsetzung zugunsten der Angemeldeten im Vordergrund. Öffentliche Interessen spielen insofern nur eine untergeordnete Rolle. Das intersubjektive Interesse der Angemeldeten ist nicht gleichbedeutend mit dem öffentlichen Interesse der Allgemeinheit.

b) Erfordernis der Abgabe einer Einwilligung seitens der Angemeldeten

Der § 263 Alt. 1 ZPO innewohnende Schutzgedanke zugunsten der Beklagten berücksichtigt die Besonderheiten der Musterfeststellungsklage nicht hinreichend.[1396] Nicht nur die Beklagtenseite erhält mit dem gegen sie gerichteten Prozess eine Rechtsposition, die es prozessual zu schützen gilt.[1397] Auch die Angemeldeten erwerben mit Ablauf des letztmöglichen Anmeldungszeitpunktes gem. § 608 III ZPO eine Rechtsposition, die mit den gegenläufigen Rechten in Einklang zu bringen ist.[1398] Durch die umfassende Bindungswirkung sind auf Klägerseite in materieller Hinsicht die Angemeldeten in jedem Fall betroffen, sodass neben der Beklagtenseite, die sich im Prozess auf eine neue Verteidigung einstellen muss, auch die Angemeldetenseite Eingang in den Schutzgedanken des § 263 Alt. 1 ZPO finden sollte. Immerhin müssen diese sich auf eine nicht vorhersehbare, andersartige Bindungswirkung gefasst machen, die im schlimmsten Fall zu einem faktischen Anspruchsverlust führt. Anderweitige prozessuale Schutzmechanismen sind für die Angemeldeten nicht vorgesehen. Das Verfassungsrecht des Art. 103 I GG, welches auch die Eigenständigkeit im Prozess sicherstellen soll[1399], gebietet eine Berücksichtigung der Rechtsposition der angemeldeten Verbraucher, die sie selbst zu schützen nicht in der Lage sind. Prinzipiell müssten somit auch die Angemeldeten als Herren ihrer Ansprüche in eine Klageänderung einwilligen.

1396 Eine Einwilligungsmöglichkeit ablehnend, da sich die Prozessparteien aufgrund der Repräsentationssituation nicht autonom gegenüberstehen: *Windau*, jM 2019, 404, 408.

1397 Auch auf die schutzbedürftige Position der Angemeldeten abstellend: *Scholl*, ZfPW 2019, 317, 345.

1398 Zur erworbenen Rechtsposition: BeckOK ZPO/*Lutz*, § 610 Rn. 8 ff.

1399 *Schultes*, Beteiligung Dritter am Zivilprozeß, 1994, S. 150.

Dieses Einwilligungserfordernis entfällt auch nicht dadurch, dass die klagende qualifizierte Einrichtung im Musterfeststellungsprozess rechtstechnisch ihr eigens zugewiesene Feststellungsziele geltend macht.[1400] Zwar liegt es im vorprozessualen Bereich allein in der Verantwortung der qualifizierten Einrichtung, ob und wie sie die Feststellungsziele formuliert. Auch kann vor dem Verstreichen des letztmöglichen Rücknahmezeitpunktes gem. § 608 III ZPO unter Umständen eine Änderung vorgenommen werden. Doch muss die prozessuale Flexibilität und Herrschaft der qualifizierten Einrichtung dann zurücktreten, wenn die Angemeldeten ohne Reaktionsmöglichkeiten auf die Prozessführung der qualifizierten Einrichtung angewiesen sind. Ab diesem Zeitpunkt überwiegt die Rechtsposition der angemeldeten Verbraucher das Interesse des Klägers an einer Klageänderung. Im Falle der drohenden gehörswidrigen Bindung des Verbrauchers ist das Musterfeststellungsgericht nicht an die Einwilligung der Beklagten gebunden.[1401] Dies gilt natürlich erst recht, wenn – wie es im vorliegenden Kontext vertreten wird – auch die Einwilligung der Angemeldeten für erforderlich gehalten wird.

c) Abgabe einer Einwilligungserklärung seitens der qualifizierten Einrichtung mit Wirkung für die Angemeldeten?

Die notwendige Einwilligung der Angemeldeten wird auch nicht stellvertretend für sie durch die qualifizierte Einrichtung erklärt. Eine solche Vertretung ist weder aus materiellen noch prozessualen Gesichtspunkten herleitbar.

Eine materielle Bevollmächtigung scheitert daran, dass die qualifizierte Einrichtung durch die Anmeldung zum Klageregister nicht Anspruchsinhaberin wird, zumal eine Abtretung für die Musterfeststellungsklage gerade nicht vorgesehen ist.[1402] Die qualifizierte Einrichtung macht die ihr durch die §§ 606 ff. ZPO zugewiesenen Feststellungsziele geltend, die jedoch nach Ablauf des letztmöglichen Rücknahmezeitpunktes der Anmeldung nicht mehr zu ihrer ausschließlichen Disposition stehen.

1400 Dazu: Teil Zwei Kapitel Zwei § 3 B. Abermals: objektiver Bedeutungsgehalt der Anmeldungserklärung (342).

1401 *Röthemeyer*, Musterfeststellungsklage, ^{2}2020, § 610 Rn. 73.

1402 *Dietsche*, in: Schäfer (Hrsg.), Der Gesetzesentwurf zur "Musterfeststellungsklage", 2018, S. 76, 80.

Eine repräsentative Wahrnehmung der prozessualen Rechte aufgrund der Stellung als ausschließliche gesetzliche Prozessstandschafterin scheitert an den von der Rechtsprechung gestellten Anforderungen, da weder ein besonderes Vertrauensverhältnis noch eine staatliche Objektivitätspflicht eingreift.[1403] So wenig wie die qualifizierte Einrichtung das rechtliche Gehör für die Angemeldeten wahrzunehmen befugt ist, so scheitert auch eine Abgabe der Einwilligung im Namen der angemeldeten Verbraucher.

Schließlich bleibt noch zu überlegen, ob die qualifizierte Einrichtung aufgrund ihrer prozessualen Stellung die Macht hat die Einwilligung gem. § 263 Alt. 1 ZPO mit Wirkung für und gegen die Angemeldeten zu erklären. So gewährt z.B. § 81 ZPO zur Förderung der Rechtssicherheit für den Anwalt eine umfassende Vollmacht für Handlungen im Außenverhältnis.[1404] Im Interesse der Musterfeststellungsbeklagten könnte ebenfalls von einer weitreichenden Vollmacht für Erklärungen der qualifizierten Einrichtung im Außenverhältnis ausgegangen werden. Doch sprechen zwei gewichtige Gründe gegen diese Annahme. Zum einen sind die Gründe für die Gewährung weitreichender Handlungsvollmachten im Außenverhältnis über das Feststellungsprogramm hinaus nicht gegeben. Weder handelt die qualifizierte Einrichtung in fremdem Namen, noch entsteht ein besonderes Vertrauensverhältnis zwischen den Angemeldeten und der qualifizierten Einrichtung.[1405] Zum anderen würde selbst bei Annahme einer weitreichenden Vollmacht im Außenverhältnis diese im vorliegenden Fall nicht greifen. Es läge ein Fall der Interessenkollision vor.[1406] Die qualifizierte Einrichtung ändert das prinzipiell in ihrer Macht stehende Feststellungsprogramm und die fehlende Einwilligung der Angemeldeten wird von der Institution erklärt, welche die Klageänderung vorzunehmen beabsichtigt. Das erhebliche Eigeninteresse der qualifizierten Einrichtung als Prozesspartei mitsamt damit verbundenen Pflichten und Risiken birgt die Gefahr in sich, dass die Interessen der Angemeldeten nicht mit der notwendigen Sorgfalt in Erwägung gezogen werden. Eben dieser Interessengegenlauf verwehrt auch die Annahme eines besonderen Vertrauensverhältnisses zur qualifizierten Einrichtung, da diese in erster Linie ihren eigenen Prozess führt, an den sich die Verbraucher durch Anmeldung

---

1403 Dazu: Teil Zwei Kapitel Eins § 3 C. IV. 2. e) dd) Repräsentative Wahrnehmung des rechtlichen Gehörs durch die qualifizierte Einrichtung? (229).

1404 BeckOK ZPO/*Piekenbrock*, § 81 Rn. 1.

1405 Dazu: Teil Zwei Kapitel Zwei § 3 B. Abermals: objektiver Bedeutungsgehalt der Anmeldungserklärung (342).

1406 Zu der Beschränkung einer prozessualen Vollmacht auch im Außenverhältnis aufgrund Interessenkollision: BGH NJW 1991, 1176, 1177.

zum Klageregister anschließen können. Eine Verpflichtung zur Wahrung der Interessen der einzelnen Verbraucher ist zumindest nicht gesetzlich normiert. Auch der Beklagtenschutz erfordert nicht die Annahme einer unbeschränkten Vollmacht im Außenverhältnis. Es ist für die Beklagtenseite ohne Weiteres aus dem öffentlich einsehbaren Klageregister ersichtlich für welches Feststellungsprogramm der Verbraucher seine Anmeldung abgegeben hat. Bei einer nachträglichen Änderung nach Verstreichen des Zeitpunktes des § 608 III ZPO ist es erkennbar und offensichtlich, dass der Kläger die ursprünglich erteilte Ermächtigung überschreitet. Schutzgesichtspunkte, um die Beklagte vor unklaren internen Verhältnissen der Klägerseite zu schützen, sind somit nicht gegeben.

d) § 263 Alt. 1 ZPO analog für die Einwilligungserklärung der Angemeldeten im Musterfeststellungsprozess?

Nachdem das Erfordernis der Einwilligung der Angemeldeten konstatiert wurde, stellt sich die Frage, ob die Angemeldeten im Musterfeststellungsprozess ihre Einwilligung tatsächlich erteilen können, um eine Klageänderung möglich zu machen. Neben die erheblichen praktischen Probleme, die eine solche Einwilligungsoption mit sich brächte, tritt der gesetzgeberische Wille, der eine Einwilligungsmöglichkeit der Angemeldeten ausschließt. Es fehlt in den §§ 606 ff. ZPO an dem Erfordernis der Einwilligung der Angemeldeten, sodass es sich rechtstechnisch um eine Analogie zu § 263 Alt. 1 ZPO handelt. Diese ist jedoch nicht schon dann zulässig, wenn es schlicht an einer gesetzlichen Regelung fehlt.[1407] Vielmehr ist vom Standpunkt des Gesetzes selbst, der zugrundeliegenden Regelungsabsicht sowie des Zwecks zu ermitteln, ob es sich um eine planwidrige Regelungslücke handelt.[1408] Wenn der Gesetzgeber bewusst von einer Regelung abgesehen hat, um eine Beschränkung zu erzielen, sperrt diese Planmäßigkeit die Rechtsfortbildung.[1409] Es wird sodann von einem qualifizierten Schweigen gesprochen.[1410]

Ein solches liegt hier vor. Das Verfahren soll aus Effektivitätsgründen ausschließlich zwischen der qualifizierten Einrichtung und der Beklagten

1407 *Schultes*, Beteiligung Dritter am Zivilprozeß, 1994, S. 83.
1408 *Larenz/Canaris*, Methodenlehre der Rechtswissenschaft, ^{3}1995, S. 194 f.
1409 *Krey*, JZ 1978, 361, 365.
1410 *Bender*, JZ 1957, 593, 600.

geführt werden.[1411] Die unterbliebene Normierung der Einwilligungsoption der Angemeldeten ist bewusst geschehen und der effektiven Verfahrensführung geschuldet. Es verbietet sich diesen klaren gesetzgeberischen Willen durch eine Rechtsfortbildung zu unterlaufen.

Angesichts der Erforderlichkeit einer Einwilligung der Angemeldeten, die aber im Musterfeststellungsprozess nicht bewerkstelligt werden kann, scheidet eine Klageänderung gem. § 263 Alt. 1 ZPO aus.

3. Vermutete Einwilligung gem. § 267 ZPO

Der Einwilligung steht die unwiderlegbare Vermutung des § 267 ZPO gleich.[1412] Das Einverständnis in die Klageänderung wird bei einer widerspruchslosen Verhandlung zur geänderten Klage gesetzlich angenommen. Diese Vorschrift dient der Rechtssicherheit[1413], indem prozessuale Unsicherheitslagen vermieden werden.[1414] Voraussetzung ist in Form der Einlassung auf die geänderte Klage mithin ein aktives Tun[1415], welches Anknüpfungspunkt und Erklärungsträger für § 267 ZPO ist.

Eben dieses Petitum eines aktiven Tuns führt zum Ausschluss des § 267 ZPO im Hinblick auf die Angemeldeten. Die Angemeldeten sind im Musterfeststellungsprozess auf eine rein passive Rolle verwiesen[1416], sodass schon kein Anknüpfungspunkt für § 267 ZPO gegeben ist. § 267 ZPO setzt eine tatsächliche Widerspruchsmöglichkeit voraus, welche den Angemeldeten nicht zuteil wird. Ebenso wie eine tatsächliche Einwilligung gem. § 263 Alt. 1 ZPO ausgeschlossen ist, muss eine Vermutete nach § 267 ZPO verneint werden.

Im Hinblick auf die Beklagte ist wie bereits bei § 263 Alt. 1 ZPO – abgesehen von den ohnehin fehlenden Einwilligungserklärungen der Angemeldeten – die vermutete Einwilligung im Falle der Gefahr einer gehörswidrig eintretenden Bindung für das Gericht nicht verbindlich.[1417] An dieser Stelle muss ein Gleichlauf hergestellt werden, um auch bei § 267 ZPO die Be-

---

1411 BT-Drs. 19/2439, S. 16.

1412 Stein/Jonas/*Roth*, § 263 Rn. 22 f.

1413 BeckOK ZPO/*Bacher*, § 267 Rn. 1; *Saenger*, in: ders. (Hrsg.), Zivilprozessordnung, [8]2019, § 267 Rn. 1; MüKo ZPO/*Becker-Eberhard*, § 267 Rn. 1.

1414 Stein/Jonas/*Roth*, § 267 Rn. 1.

1415 *Saenger*, in: ders. (Hrsg.), Zivilprozessordnung, [8]2019, § 267 Rn. 3 ff.

1416 Statt vieler: *Röthemeyer*, Musterfeststellungsklage, [2]2020, § 606 Rn. 68.

1417 So für die ausdrückliche Einwilligung: *ders.*, Musterfeststellungsklage, [2]2020, § 610 Rn. 73.

sonderheiten der Musterfeststellungsklage angemessen zu berücksichtigen und einer Umgehung der speziellen Erfordernisse vorzubeugen.

Eine Klageänderung aufgrund vermuteter Einwilligung gem. § 267 ZPO scheidet im Musterfeststellungsprozess aus.

4. Der Begriff der Sachdienlichkeit im Sinne des § 263 Alt. 2 ZPO

Eine weitere Möglichkeit die Klage zu ändern besteht in der Sachdienlichkeitserklärung durch das Gericht gem. § 263 Alt. 2 ZPO. Wie bereits angedeutet, steht die Sachdienlichkeitsentscheidung in einem Alternativverhältnis zu der Einwilligung, wobei die Einwilligung den Vorrang genießt.[1418] Dennoch ist in den meisten Fällen von der Notwendigkeit einer Sachdienlichkeitsentscheidung auszugehen, da die Einwilligung – welche hier ohnehin für weder ausreichend noch möglich gehalten wird – in den seltensten Fällen von der Beklagtenseite erteilt werden wird[1419], sodass dem Tatbestandsmerkmal erhebliche praktische Bedeutung zukommt.

a) Der Begriff der Sachdienlichkeit im Kontext des Zweiparteienprozesses

Es handelt sich bei der Entscheidung über die Sachdienlichkeit nicht um eine Ermessensentscheidung, sondern um einen dem Gericht eröffneten Beurteilungsspielraum.[1420] Dies zeigt sich schon daran, dass bei Annahme des unbestimmten Rechtsbegriffs der Sachdienlichkeit das Gericht zwingend die Klageänderung zulassen muss, ohne dass ihm weiterer Spielraum verbliebe.[1421] Dem Zivilrichter sind insofern durch die Kasuistik enge Grenzen gesetzt, die im Rechtsmittelverfahren nachgeprüft werden können.[1422] Innerhalb dieser Grenzen ist dem Gericht aufgrund seiner Verfahrensautonomie eine originäre Abwägungsentscheidung eröffnet[1423], die es im Einzelfall zu treffen gilt.

1418 Zöller/*Greger*, § 263 Rn. 12.

1419 *Balke/Liebscher/Steinbrück*, ZIP 2018, 1321, 1328.

1420 Stein/Jonas/*Roth*, § 263 Rn. 27.

1421 *Stickelbrock*, Inhalt und Grenzen richterlichen Ermessens im Zivilprozeß, 2002, S. 254 f.

1422 *Dies.*, Inhalt und Grenzen richterlichen Ermessens im Zivilprozeß, 2002, S. 254 f.

1423 *Riehm*, Abwägungsentscheidungen in der praktischen Rechtsanwendung, 2006, S. 227 f.

Beachtlich ist in diesem Zusammenhang, dass die Auslegung des Begriffs des Sachzusammenhangs auf einen Zweiparteienprozess zugeschnitten ist.[1424] Eine parallele Anwendung der Auslegung im Musterverfahren würde der Vielschichtigkeit der Interessenlagen in keiner Weise gerecht.[1425] Anhand der einzelnen Elemente der entwickelten Definition ist zu ermitteln, inwieweit diese auch für den Musterfeststellungsprozess ein tragbarer Entscheidungsmaßstab bleibt.

Dafür ist für jedes Merkmal zu hinterfragen, inwieweit die Interessen der Angemeldeten sowie die Struktur eine Abweichung von der herkömmlichen Auslegung des Begriffs der Sachdienlichkeit gebieten. Methodisch erfolgt dies über eine (verfassungskonforme) Auslegung des Sachdienlichkeitsbegriffs, der über § 610 V 1 ZPO auch im Musterfeststellungsverfahren Geltung beansprucht.

b) Maßgeblichkeit der Angemeldeteninteressen für die Beurteilung der Sachdienlichkeit

Bevor in die einzelnen Elemente der Auslegung eingetaucht wird, ist zu hinterfragen, ob die Perspektive der Angemeldeten für die Auslegung des Sachdienlichkeitsbegriffs überhaupt eine Rolle spielt. Immerhin sind diese am Musterfeststellungsverfahren, in welchem die Klageänderung vorgenommen werden soll, abgesehen von dem frühen Akt der Anmeldung in keiner Weise beteiligt. Für die Berücksichtigung der Interessen der Angemeldeten spricht, dass sie über § 613 I 1 ZPO die von der Musterfeststellungsentscheidung wirtschaftlich Betroffenen sind. Ihr materiellrechtlicher Anspruch wird durch die Entscheidung faktisch präjudiziert. Daher entsteht mit dem Ablauf des letztmöglichen Rücknahmezeitpunktes gem. § 608 III ZPO eine für das Gericht zu beachtende Rechtsposition der angemeldeten Verbraucher, welche mit dem Ziel einer effizienten Verfahrensführung in Einklang zu bringen ist.[1426]

Darüber hinaus wohnt auch der Sachdienlichkeit ein gewisser Schutzgedanke inne, indem unzweckmäßige Klageänderungen nicht zugelassen

---

1424 Diese Feststellung im Hinblick auf das KapMuG treffend: *Kilian*, Ausgewählte Probleme des Musterverfahrens nach dem KapMuG, 2007, S. 73 f.

1425 *Ders.*, Ausgewählte Probleme des Musterverfahrens nach dem KapMuG, 2007, S. 73 f.

1426 BeckOK ZPO/*Lutz*, § 610 Rn. 8 ff.

werden. Art. 103 I GG[1427] gebietet es, auch die Angemeldeten in diesen Schutzbereich einzubeziehen. Letztlich werden die Angemeldeten gem. § 610 III ZPO durch eine Prozessverzögerung an der prozessualen Durchsetzung ihrer Ansprüche gehindert, indem sie mangels Rücknahmemöglichkeit der Anmeldung den Ausgang des Musterfeststellungsprozesses zwingend abwarten müssen. Die Angemeldeten sind mithin ebenso schutzbedürftig wie die Beklagten, die es im herkömmlichen Zweiparteienprozess zu schützen gilt.

Schließlich spricht für eine Berücksichtigung der Interessen der Angemeldeten, dass bereits im Zweiparteienprozess der Beurteilung des Sachdienlichkeitsbegriffs ein prognostisches Element innewohnt.[1428] Der Richter muss aufgrund der gegenwärtigen Gegebenheiten die Wahrscheinlichkeit der Anstrengung eines weiteren Prozesses des Klägers mitsamt den Auswirkungen der Klageänderung auf diesen zukünftigen Prozess beurteilen.[1429] Der Prozess, auf den sich die Musterfeststellungsentscheidung primär auswirken soll, ist das Individualverfahren des Verbrauchers. Es ist daher zwingend zur Beurteilung der Sachdienlichkeit ein Blick auf den zukünftigen Individualprozess zu werfen, wodurch wiederum die Interessen der Angemeldeten Eingang in die Entscheidung finden.

Festzustellen ist somit an dieser Stelle, dass die Interessen der Angemeldeten Berücksichtigung bei der Sachdienlichkeitsentscheidung finden müssen.

c) Elemente der Sachdienlichkeit

aa) Das Gleichbleiben der verwertbaren Entscheidungsgrundlage

Als erstes Element der Definition des Sachdienlichkeitsbegriffs[1430] gilt es das Kriterium des Gleichbleibens der verwertbaren Entscheidungsgrundlage zu betrachten. Prima facie scheint dieses gegeben zu sein; immerhin kann grundsätzlich auf die bisher im Musterfeststellungsverfahren erzielten Prozessergebnisse auch bei einer geänderten Klage zurückgegriffen

1427 Für eine einschränkende Auslegung des Sachdienlichkeitsbegriffs aufgrund von Art. 103 I GG: *Röthemeyer*, Musterfeststellungsklage, [2]2020, § 610 Rn. 73.

1428 *Stickelbrock*, Inhalt und Grenzen richterlichen Ermessens im Zivilprozeß, 2002, S. 255 f.

1429 *Dies.*, Inhalt und Grenzen richterlichen Ermessens im Zivilprozeß, 2002, S. 255 f.

1430 Zur Definition m.w.N.: BGH NJW-RR 1987, 58 = WM 1986, 1200.

werden. Doch ist hier zu beachten, dass die Beweisführung mitsamt deren Ergebnis, welche die Verbraucher mit ihrer Anmeldung zum Klageregister billigten, ohne Einflussnahmemöglichkeit derselben auf weitere Feststellungsziele ausgedehnt wird. Die erweiterte Verwertung der Beweise und die damit einhergehende erhöhte Bindungswirkung war bei der Anmeldung nicht vorhersehbar und übersteigt das erkennbare Ausmaß unter Umständen erheblich, was deren Verwertbarkeit zweifelhaft erscheinen lässt. Die verwertbare Entscheidungsgrundlage wurde durch die Anmeldung nur im Hinblick auf das öffentlich bekannt gemachte Feststellungsprogramm akzeptiert. Es widerspricht den Verbraucherinteressen generell eine erweiterte Verwertung der Prozessergebnisse voraussetzungslos zuzulassen.

Des Weiteren wird die Bejahung des Kriteriums zweifelhaft, wenn man sich dessen Sinn vor Augen führt. Durch die weitere Verwertbarkeit soll vermieden werden, dass der Prozess mit weiteren Beweiserhebungen belastet bzw. verzögert wird. Zwar genügt die alleinige Erforderlichkeit einer weiteren Beweiserhebung nicht zur Verneinung der Sachdienlichkeit, solange die bisherige Urteilsgrundlage verwertbar bleibt.[1431] Doch drohen durch die geänderten Feststellungsziele überaus erhebliche Zeitverzögerungen, wenn für eine Vielzahl von Ansprüchen bzw. Rechtsverhältnissen die Beweisführung abstrakter Feststellungen im Raum steht, was speziell für das Musterfeststellungsverfahren Berücksichtigung finden muss. Die Feststellung dieser überindividuellen Tatsachen lässt sich in den allermeisten Fällen nicht durch Partei- oder Zeugenaussagen bewerkstelligen, sondern erfordert die Einholung oder Ergänzung von Sachverständigengutachten[1432], welche durchaus Jahre in Anspruch nehmen können. Während dieser Zeit ist der angemeldete Verbraucher gem. § 610 III ZPO an einer selbständigen Rechtsverfolgung gehindert, was für den Einzelnen eine massive Verzögerung der Durchsetzung seiner Ansprüche bedeuten kann. Es ist nicht recht einzusehen, die auftragslose und zeitraubende Änderung der Klage im Hinblick auf den einzelnen Verbraucher als sachdienlich zu qualifizieren, zumal er sich eine Beweisführung gegebenenfalls für das Individualverfahren aufgespart hatte.

Das Kriterium der gleichbleibenden, verwertbaren Entscheidungsgrundlage scheitert zum einen an der Zweifelhaftigkeit der Verwertbarkeit und zum anderen an der drohenden erheblichen Verzögerung, welche den Interessen der Angemeldeten diametral widerspricht.

1431 Statt vieler: BGH WM 1983, 1162; BGH NJW 1985, 1841, 1842.
1432 *Beck*, ZIP 2018, 1915, 1916.

bb) Endgültige Klärung des Streitverhältnisses

Eine Klageänderung ist auch dann als sachdienlich anzusehen, wenn sie zu einer endgültigen Klärung des Streitverhältnisses beiträgt. Dieses Kriterium zielt auf eine umfassende prozessuale Aufarbeitung des streitauslösenden Ereignisses in einem einzigen Prozess ab. Im KapMuG wurde mit § 15 KapMuG für Klageänderungen eine Spezialregelung geschaffen, welche dasselbe Regelungsanliegen aufweist.[1433] Hintergrund davon ist, dass es dem Einzelnen erspart werden soll parallel an zwei Musterverfahren zu partizipieren.[1434] Wie im herkömmlichen Zweiparteienprozess soll daher im KapMuG die Aufarbeitung in einem umfassenden Prozess gewährleistet werden, anstatt zeit- und ressourcenraubende Parallelverfahren führen zu müssen. Dieser Gedanke verfängt im Musterfeststellungsprozess von vornherein nicht. Im Unterschied zum KapMuG gem. § 8 I 1 KapMuG ist die Teilnahme am Musterfeststellungsverfahren nicht zwingend, sondern von einer Anmeldung zum Klageregister abhängig. Für den Angemeldeten im Musterfeststellungsverfahren ergibt sich somit von vornherein nicht die zwingende Notwendigkeit zur Partizipation an zwei Prozessen, wenn neue Feststellungsziele prozessual geltend gemacht werden sollten. Es ist für den Verbraucher somit zweckdienlicher einen neuen Musterfeststellungsprozess einzuleiten, bei dem ihm erneut ein Wahlrecht zur Teilnahme zusteht, als ihm die Musterprozessführung bezüglich neuer Feststellungsziele aufzuzwingen. Doch auch abgesehen von der freiwilligen Teilnahme kann eine umfassende Befriedung des Streitverhältnisses im Musterfeststellungsprozess aufgrund dessen Struktur nicht erfolgen. Das Musterfeststellungsurteil hat nur feststellende Wirkung[1435], was die Führung eines anschließenden Individualverfahrens zur Erlangung eines Leistungstitels zwingend erforderlich macht. Selbst das positive Musterfeststellungsurteil ist aufgrund der von den §§ 606 ff. ZPO vorgesehenen Zweistufigkeit nur als Etappensieg anzusehen.[1436] Eine weitgehende Klärung des Streitverhältnisses im Musterverfahren lässt eine individuelle, prozessuale Aufarbeitung nicht entfallen. Eine umfassende Beilegung ist bei einer streitigen Ent-

1433 Eine unterlassene spezialgesetzliche Regelung in den §§ 606 ff. ZPO nach dem Vorbild des § 15 KapMuG rechtfertigt keinen Umkehrschluss dahingehend, dass im Musterfeststellungsverfahren Klageänderungen nach den allgemeinen Vorschriften ausgeschlossen sind: BGH WM 2019, 1900, 1902; dem BGH insoweit zustimmend: *Halfmeier*, EWiR 2019, 737, 738.

1434 *Meller-Hannich*, ZBB 2011, 180, 183 ff.

1435 Statt vieler: *Heese*, JZ 2019, 429, 436.

1436 *Ders.*, JZ 2019, 429, 433.

scheidung im Musterfeststellungsprozess somit nicht möglich, was das erwähnte Kriterium unerreichbar werden lässt. Allein ein Vergleichsschluss über die Feststellungsziele hinaus, aus dem weniger als 30 % der Angemeldeten austreten gem. § 611 V 1 ZPO, kann eine umfassende Befriedungswirkung für die daran Beteiligten erreichen. Für einen solchen Vergleichsschluss ist aufgrund der Regelung des § 611 I ZPO jedoch keine vorherige Erweiterung der Feststellungsziele notwendig.

Aufgrund der in den §§ 606 ff. ZPO angelegten Zweistufigkeit ist eine umfassende Klärung des Streitverhältnisses im Musterfeststellungsverfahren nicht möglich. Die lediglich faktisch weitgehende Klärung des Streitverhältnisses durch Feststellungen genügt für die Beilegung nicht, zumal davon kein rechtlicher Zwang für die Beklagte ausgeht.

cc) Prävention künftiger Rechtsstreitigkeiten

Als letztes Merkmal bleibt die Prävention künftiger Rechtsstreitigkeiten. Im Grundsatz gilt dafür das soeben zur umfassenden Befriedigung Gesagte, weil auch hier dank der Zweistufigkeit ein Individualverfahren nicht ausbleiben kann. Lediglich bei einem Abstellen auf ein gegebenenfalls drohendes weiteres Musterfeststellungsverfahren kann von einer präventiven Wirkung der Klageänderung ausgegangen werden. Wird eine Klageänderung zugelassen, kommt die qualifizierte Einrichtung nicht in die Verlegenheit ein neues Verfahren anstrengen zu müssen. Jedoch vernachlässigt eine solche Betrachtung zum einen, dass auch bei einer Einleitung eines zweiten Musterfeststellungsverfahrens dieses nicht zwangsläufig betrieben werden wird. Dem Verbraucher steht es frei unmittelbar nach dem ersten Musterfeststellungsverfahren Individualklage zu erheben. Selbst bei einer verweigerten Klageänderung im Ausgangsverfahren erscheint eine neue Musterfeststellungsklage wegen der zu erreichenden Quoren bei mangelndem Interesse der Verbraucher nicht als gewiss. Zum anderen ist zu sehen, dass eine neue Musterfeststellungsklage auch neue Rechtsstreite provozieren kann, indem vorher nicht klageaktive Verbraucher durch eine Anmeldung zum Klageregister mitsamt nachfolgendem Individualverfahren erstmals den Gerichtsweg beschreiten. Dies ist der Tatsache geschuldet, dass durch die öffentlichkeitswirksame Bekanntmachung manch Verbraucher sich zur kostenlosen Musterklärung hinreißen lassen wird und sich anschließend durch ein Individualverfahren einen Leistungstitel verschafft. Schließlich ist anzumerken, dass die Prävention weiterer Verfahren schon nach der Definition in Zusammenhang mit der umfassenden Erledigung des Streitverhältnisses steht. Diese ist durch die Musterfeststellungsklage von vornherein nicht erreichbar.

dd) Untauglichkeit des Sachdienlichkeitsbegriffs für das Musterfeststellungsverfahren

Somit ist festzuhalten, dass sämtliche Kriterien der Sachdienlichkeitsdefinition aufgrund der abweichenden Interessen der Angemeldeten nicht auf das Musterfeststellungsverfahren angewandt werden können.

Dies liegt mitunter an der unpassenden objektiven Betrachtungsweise[1437] für die Sachdienlichkeit. Diese mag im Zweiparteienprozess funktionieren, da im Endeffekt allein ermittelt wird, auf welche Änderungen sich die Beklagte auch bei verweigerter Einwilligung vernünftigerweise einlassen muss. Das Allgemeininteresse an Prozessökonomie mag die Beklagte zur Verteidigung gegen einen neuen oder veränderten Streitgegenstand zwingen. Im Musterfeststellungsprozess kommen jedoch noch die Interessen der Angemeldeten hinzu, die aufgrund der erworbenen Rechtsposition nach Ablauf des letztmaligen Rücknahmezeitpunktes gegen eine Klageänderung sprechen.[1438] Eine alleinige prozessökonomische Betrachtung wird den neu hinzutretenden Interessen nicht gerecht.[1439] Das Problem potenziert sich, wenn man sich bewusst macht, dass die Gruppe der Angemeldeten keine homogene Masse mit gleichlaufenden Interessen darstellt.[1440] Im Gegensatz zu einer Beklagten, der regelmäßig ein Opfer zugunsten der Prozessökonomie abverlangt werden kann, trifft die Entscheidung die Angemeldeten unterschiedlich hart. Für manch Ansprüche mögen die veränderten Feststellungsziele gar keine Relevanz haben, was die Änderung für sie zur reinen Verzögerung werden lässt.[1441] Andere Verbraucher legen Wert auf ein umfassendes Feststellungsprogramm, um eine starke Position für außergerichtliche Vergleichsverhandlungen zu erhalten. Auch werden

1437 Dazu: *Stickelbrock*, Inhalt und Grenzen richterlichen Ermessens im Zivilprozeß, 2002, S. 255 f.

1438 A.A. aufgrund der flexiblen Änderungsmöglichkeit nach einem Hinweis durch das Gericht: *Weinland*, Die neue Musterfeststellungsklage, 2019, Rn. 109 ff.

1439 *De Lind van Wijngaarden*, in: Nordholtz/Mekat (Hrsg.), Musterfeststellungsklage, 2019, § 6 Rn. 53 ff.

1440 Auf eine mögliche Heterogenität der Anmeldergesamtheit hinweisend: *Röthemeyer*, MDR 2019, 1421, 1422.

1441 Auf diesen Aspekt hinweisend: *de Lind van Wijngaarden*, in: Nordholtz/Mekat (Hrsg.), Musterfeststellungsklage, 2019, § 6 Rn. 53 ff.

wiederum andere Verbraucher die ausgesparten Feststellungsziele selbst im Individualverfahren nachweisen wollen, da sich hierfür die Beweissituation besonders anbietet.

Die Untauglichkeit des Kriteriums der Sachdienlichkeit mag an einem Beispiel verdeutlicht werden. Ändert die qualifizierte Einrichtung die Feststellungsziele dahingehend, dass sie nicht erfolgsversprechende, den Anspruch der Verbraucher faktisch ausschließende Elemente festgestellt haben lassen will, ist dies aus prozessökonomischer Sicht sachdienlich und somit im Grundsatz zuzulassen. Durch das Unterliegen im Musterfeststellungsprozess mit anspruchsrelevanten Feststellungszielen werden weitere Individualverfahren aufgrund ihrer drohenden Erfolglosigkeit vermieden. Der Rechtsstreit kann allein durch das Musterfeststellungsverfahren einer umfassenden Befriedung zugeführt werden. Will man dem Zweck der Sachdienlichkeit auch im Musterfeststellungsverfahren Rechnung tragen, so ist diesem das Element des voraussichtlichen Misserfolgs der angestrebten Feststellungsziele beizulegen. Zynischerweise würde damit jeglicher Schutzgedanke der Klageänderungsvorschriften in sein Gegenteil verkehrt und die Angemeldeten könnten auf der Zuschauerbank ihre Erfolgsaussichten für das anstehende Individualverfahren schwinden sehen. Auch dies demonstriert, dass bei einer rein prozessökonomischen Betrachtung die Interessen der Angemeldeten nicht hinreichend zur Geltung kommen.

d) Teleologische Auslegung des Sachdienlichkeitsbegriffs

Um doch zu einer Anwendbarkeit des Sachdienlichkeitsbegriffs für das Musterfeststellungsverfahren zu gelangen[1442], könnte der Begriff weniger stark am Zweiparteienprozess ausgerichtet werden. So könnte eine am Gesamtziel der Musterfeststellungsklage – der umfassenden prozessualen Aufarbeitung des Gesamtkomplexes inklusive daran anschließender Individualverfahren – orientierte teleologische Auslegung dazu führen, dass das Gericht eine weitreichende Kompetenz im Hinblick auf die Gewährung von Klageänderungsmöglichkeiten erhält. Die Beschränkung der Beteili-

---

1442 Von was ohne vertiefte, teleologische Befassung ausgehen: *de Lind van Wijngaarden*, in: Nordholtz/Mekat (Hrsg.), Musterfeststellungsklage, 2019, § 6 Rn. 53 ff.; *Balke/Liebscher/Steinbrück*, ZIP 2018, 1321, 1328; *Salger*, jurisPR-BKR 10/2018 Anm. 1; *Scholl*, ZfPW 2019, 317, 345; mit der Einschränkung, dass damit keine Verschlechterung der Rechtsstellung der Angemeldeten einhergehen darf: *Halfmeier*, EWiR 2019, 737, 738.

gungsmöglichkeiten könnte mit der Kontroll- und Überwachungsfunktion des Gerichts ausgeglichen werden.[1443]

Doch ist diese Auslegung abzulehnen. Zwar mag es für das Musterfeststellungsverfahren aus praktischen Gründen vorteilhaft sein, wenn eine umfassende Klärung des Streitverhältnisses bewerkstelligt werden kann. Doch darf dies nicht darüber hinwegtäuschen, dass die Übertragung der Verantwortung an das Musterfeststellungsgericht eine ohnehin fremdbestimmte Prozessführung noch fremdbestimmter werden lässt. Die teleologische Auslegung des Sachdienlichkeitsbegriffs passt besser zum Musterfeststellungsverfahren, lässt jedoch die Rechte der Angemeldeten aus Art. 103 I GG unbeachtet.[1444] Aufgrund ihrer heteronomen Interessen verbietet sich eine Entscheidung über ihren Kopf hinweg.

Dies ergibt sich auch aus der vorangestellten epistemologischen Untersuchung des Gegenstands der Musterfeststellungsklage[1445] und dem objektiven Bedeutungsgehalt der Anmeldungserklärung.[1446] Durch die Anmeldung zum Klageregister soll die Bindung des Folgegericht an bestimmte Leitlinien bewirkt werden. Eine umfassende Klärung des Streitverhältnisses ist gerade nicht bezweckt. Diese individuelle Entscheidung zugunsten einer Prämissenbindung darf nicht durch das Begehren einer umfassenden Streitentscheidung unterlaufen werden.

Als Ergebnis für die Auslegung des Sachdienlichkeitsbegriffs ist somit festzuhalten:

Der Inhalt der Sachdienlichkeitsvoraussetzungen ist auf Zweiparteienverfahren zugeschnitten und kann deshalb nicht unversehens auf die Musterfeststellungsklage angewendet werden.

Die Interessen der Angemeldeten sind aufgrund Art. 103 I GG in die Sachdienlichkeitserwägungen miteinzubeziehen, um ein Mindestmaß an prozessualem Schutz zu gewährleisten.

1443 Generell dazu: *Geiger*, Kollektiver Rechtsschutz im Zivilprozess, 2015, S. 258.

1444 Aufgrund der Fremdbestimmung daher eine Klageänderungsmöglichkeit wegen Sachdienlichkeit ablehnend: *Weinland*, Die neue Musterfeststellungsklage, 2019, Rn. 111; *Röthemeyer*, Musterfeststellungsklage, ²2020, § 610 Rn. 73; *Schmidt*, in: Baumbach/Lauterbach/Albers u.a. (Hrsg.), Zivilprozessordnung, ⁷⁷2019, Beilage zur 77. Auflage § 610 Rn. 9.

1445 Teil Zwei Kapitel Eins § 3 A. Die Feststellungsziele in der Struktur des Rechtsanwendungsmodells (59).

1446 Teil Zwei Kapitel Zwei § 3 B. Abermals: objektiver Bedeutungsgehalt der Anmeldungserklärung (342)

Keines der Elemente der Sachdienlichkeitsdefinition kann im Musterfeststellungsverfahren einen angemessenen Interessenausgleich herbeiführen. Zum einen werden die Interessen der Angemeldeten nicht gewahrt, zum anderen passt der Gedanke der umfassenden Erledigung nicht zur Struktur der §§ 606 ff. ZPO.

Schließlich ist schon der objektive Ansatzpunkt der Sachdienlichkeit nicht gangbar im Musterfeststellungsprozess. Gleichgerichtete Interessen der Angemeldeten lassen sich – im Gegensatz zu den regelmäßig ähnlichen Interessen der Beklagtenseite – nicht feststellen. Sie können demzufolge auch nicht pauschal aus prozessökonomischen Gesichtspunkten überwunden werden. Auch eine teleologische Auslegung des Begriffs ist aufgrund der entgegenstehenden Rechte der Angemeldeten nicht möglich.

Eine Klageänderung aufgrund Sachdienlichkeit gem. § 263 Alt. 2 ZPO ist im Musterfeststellungsprozess nicht möglich. Insgesamt scheidet eine Klageänderung gem. §§ 263, 267 ZPO aus.

II. Klageänderungen nach § 264 ZPO

Als getrennt von § 263 ZPO stehende Vorschrift sollen die Klageänderungsmöglichkeiten nach § 264 ZPO im Folgenden eine genauere Betrachtung erfahren. Auch wenn es die Überschrift des § 264 ZPO anders suggerieren mag, so liegen in den Fällen des § 264 Nr. 2 und 3 ZPO Klageänderungen vor, die jedoch kraft Gesetzes zulässig sind.[1447]

Der Umgang mit der Verweisung des § 610 V 1 ZPO speziell im Hinblick auf § 264 ZPO hat bislang überwiegend ein Schattendasein geführt. Das Hauptaugenmerk wurde bei der Diskussion um die Klageänderungsmöglichkeit auf § 263 ZPO gelegt. Dies mag zum einen der Tatsache geschuldet sein, dass Klageänderungen nach § 264 ZPO als unproblematischer empfunden werden. Zum anderen kann keine vergleichende Betrachtung zum KapMuG angestellt werden, da § 15 KapMuG als Spezialvorschrift für Klageänderungen die Anwendbarkeit des § 264 ZPO ausschließt.[1448] Dementsprechend hat sich noch keine einheitliche Linie zur Behandlung des § 264 ZPO im Musterfeststellungsverfahren herausgebildet. In den wenigen Fällen einer separaten Betrachtung des § 264 ZPO wird lediglich eine pauschale Aussage zur Zulassung oder Verweigerung

---

1447 Statt vieler: MüKo ZPO/*Becker-Eberhard*, § 264 Rn. 4.

1448 *De Lind van Wijngaarden*, in: Nordholtz/Mekat (Hrsg.), Musterfeststellungsklage, 2019, § 6 Rn. 53 ff.

von Klageänderungsmöglichkeiten getroffen. So wurde festgestellt, dass bei der Gefahr einer gehörswidrigen Bindung das Gericht im Einzelfall auch solche Änderungen zurückweisen kann, die gem. § 264 ZPO definitorisch keine Klageänderungen darstellen.[1449] Auf der anderen Seite werden Klageänderungen nach § 264 ZPO pauschal zugelassen, weil solche Änderungen auf die Anmeldeentscheidung regelmäßig nur unwesentliche Auswirkungen hätten.[1450]

Zur umfassenden Aufarbeitung soll die Untersuchung des § 264 ZPO an den einzelnen Varianten desselben ansetzen, um den durchaus unterschiedlichen Konstellationen Rechnung tragen zu können. Zunächst soll jedoch die Interessenlage dargestellt werden, welche den Gesetzgeber zu einer solch umfassenden Zulassung von Klageänderungen bewogen hat.

1. Interessenlage für die Zulassung der privilegierten Änderung

§ 264 ZPO schneidet einzelne Konstellationen aus dem Anwendungsbereich des § 263 ZPO heraus und lässt in diesen Klageänderungen unter erleichterten Voraussetzungen zu.[1451] Dies wird vor allem damit erreicht, dass die Zulassung der Änderung nicht mehr einer gerichtlichen Abwägungsentscheidung anheim gestellt wird, sondern bereits kraft Gesetzes zulässig ist.[1452] Gemeinsam ist allen drei Tatbeständen des § 264 ZPO, dass der zugrundeliegende Lebenssachverhalt weitestgehend gleich bleibt und sich nur der Antrag ändert.[1453] Im Übrigen ist jedoch zwischen den einzelnen Tatbeständen des § 264 ZPO zu differenzieren.

§ 264 Nr. 1 ZPO lässt, bei gleichbleibendem Streitgegenstand[1454], die Ergänzung oder Berichtigung von tatsächlichen oder rechtlichen Ausführungen zu. Dogmatisch gesehen handelt es sich bei den Fällen der Nr. 1 nicht um Klageänderungen.[1455] Die Ergänzung oder Berichtigung von Ausführungen hat keinerlei Einfluss auf den Streitgegenstand, zumal das Gericht den prozessualen Anspruch ohnehin unter allen rechtlichen Ge-

---

1449 *Röthemeyer*, Musterfeststellungsklage, ²2020, § 610 Rn. 73.
1450 BeckOK ZPO/*Lutz*, § 610 Rn. 8 ff.
1451 BeckOK ZPO/*Bacher*, § 264 Rn. 1; Zöller/*Greger*, § 264 Rn. 1.
1452 MüKo ZPO/*Becker-Eberhard*, § 264 Rn. 1; *Gottwald*, JA 1998, 219, 222 f.
1453 BeckOK ZPO/*Bacher*, § 264 Rn. 2.
1454 Musielak/Voit/*Foerste*, § 264 Rn. 2.
1455 MüKo ZPO/*Becker-Eberhard*, § 264 Rn. 3.

sichtspunkten zu prüfen hat.[1456] Die Vorschrift hat somit lediglich klarstellende Bedeutung, indem sie Selbstverständliches regelt.[1457]

Dagegen handelt es sich bei den Fällen der Nr. 2 und 3 um Fälle echter Klageänderungen mittels Antragsänderungen, die kraft Gesetzes für zulässig erklärt werden.[1458] Hintergrund der Vorschriften ist, dass inhaltlich zusammenhängende Streitfragen rasch und umfassend geklärt werden können in Situationen, in denen die Beklagte nicht unzumutbar dadurch belastet wird.[1459] Damit wird der Prozessökonomie Vorschub geleistet und die Leitung des Prozesses durch das Gericht und den Kläger vereinfacht.[1460] Um die Absichten des Gesetzgebers zu erfüllen darf § 264 ZPO nicht kleinlich ausgelegt werden.[1461] Letzten Endes soll durch § 264 Nr. 2 und 3 ZPO ermöglicht werden, dass auf Veränderungen prozessual angemessen reagiert werden kann, indem bei Nr. 2 der Antrag beschränkt oder erweitert und bei Nr. 3 ein anderer Gegenstand oder Schadensersatz gefordert werden kann. Die Interessen der Beklagtenseite müssen zugunsten der Prozessökonomie zurücktreten, was aber angesichts des gleichbleibenden Lebenssachverhaltes kein allzu großes Opfer für diese darstellt. Das Interesse der Beklagten, sich nicht gegen einen geänderten prozessualen Anspruch im laufenden Verfahren verteidigen zu müssen[1462], wiegt in den Fällen einer privilegierten Klageänderung nicht schwer. Das Verteidigungsverhalten wird im Wesentlichen gleich bleiben, zumal keine neuen Umstände oder Tatsachen dazukommen. Vielmehr behält die vorher eingeschlagene Verteidigungsstrategie auch nach der Antragsänderung ihre Validität.

Im Gegensatz zu der sich aktiv zur Wehr setzenden Beklagtenseite spielen bei den zur Passivität verdammten Angemeldeten andere Interessen eine Rolle. Bei ihnen kommt es mehr auf die in der Vergangenheit liegende Anmeldungserklärung als auf das in Zukunft liegende Verteidi-

---

1456 MüKo ZPO/*Becker-Eberhard*, § 264 Rn. 6 f.; Musielak/Voit/*Foerste*, § 264 Rn. 2.

1457 *Saenger*, in: ders. (Hrsg.), Zivilprozessordnung, [8]2019, § 264 Rn. 3; BeckOK ZPO/*Bacher*, § 264 Rn. 3; Zöller/*Greger*, § 264 Rn. 1; Stein/Jonas/*Roth*, § 264 Rn. 4.

1458 MüKo ZPO/*Becker-Eberhard*, § 264 Rn. 4.

1459 Musielak/Voit/*Foerste*, § 264 Rn. 1.

1460 *Saenger*, in: ders. (Hrsg.), Zivilprozessordnung, [8]2019, § 264 Rn. 1; Stein/Jonas/*Roth*, § 264 Rn. 1.

1461 Stein/Jonas/*Roth*, § 264 Rn. 1.

1462 Dazu: BGH NJW 1996, 2869 f.; den Zweck des grundsätzlichen Klageänderungsverbots in der Vermeidung von Überraschungen erblickend: *Groß*, ZZP 75 (1962), 93, 100.

gungsverhalten an. Zu fragen ist mithin, inwieweit diese neu hinzutretenden Interessen Abweichungen von der gesetzgeberischen Entscheidung zugunsten privilegierter Klageänderungsmöglichkeiten gebieten.

2. § 264 Nr. 1 ZPO

Begonnen werden soll mit der einzig in § 264 ZPO geregelten Konstellation, welche der Überschrift uneingeschränkt gerecht wird. Hauptanwendungsfall sind vor allem Nachträge zum Klagevorbringen, die im Kern den gem. § 253 II Nr. 2 ZPO fixierten Lebenssachverhalt unverändert lassen.[1463] Der Kern bleibt dabei gleich, wenn der Tatbestand, aus welchem das Urteilsbegehren und sodann auch der Subsumtionsschluss hergeleitet wird, unverändert bleibt.[1464] Es darf sich mithin bei dem neuen Vorbringen nur um Abweichungen im Detail und nicht in wesentlichen Punkten handeln. Sobald der Vortrag den Tatbestand in seinem Kern verändert, handelt es sich um eine Streitgegenstandsänderung, welche nicht mehr unter § 264 Nr. 1 ZPO zu fassen ist.

Aufgrund der Streitgegenstandsidentität hat die Beklagtenseite kein schutzwürdiges Interesse von der Klageänderung verschont zu bleiben. Das Gericht muss den Streitgegenstand ohnehin umfassend prüfen, sodass sich rechtlich an der Verteidigungssituation der Beklagten nichts verändert. Es gibt kein prozessual anzuerkennendes Interesse, dass das Gericht einzelne rechtlich relevante Aspekte in seiner umfassenden Prüfung übersieht. Daher ist es nicht einzusehen den Vortrag weitergehenden Restriktionen als im herkömmlichen Zivilprozess zu unterwerfen. Dies gilt umso mehr, wenn man den ungeschriebenen Grundsatz der Kooperationsmaxime aus dem KapMuG auf das Musterfeststellungsverfahren überträgt.[1465] Aufgrund der Komplexität und der Schwierigkeit der Verfahrensführung sind die Parteien im KapMuG-Verfahren zu gewissen Verhaltensweisen angehalten, die ein gedeihliches Verfahren fördern.[1466] Im Musterfeststellungsverfahren müssen für eine unter Umständen immense Anzahl von Einzelfällen allgemeinverbindliche Feststellungen getroffen und Rechtsfragen geklärt werden. Aufgrund dieser erheblichen Breitenwirkung und der

---

1463 RGZ 71, 358, 361; BGH NJW 1985, 1560.

1464 BGH NJW 2007, 83, 84; zustimmend: *Teplitzky*, WRP 2007, 1, 5.

1465 Zur Kooperationsmaxime im KapMuG: *Liebscher/Steinbrück*, ZIP 2016, 893, 898.

1466 *Dies.*, ZIP 2016, 893, 898.

durchaus anspruchsvollen Aufgabe Tatsachen in der gebotenen Generalität nachzuweisen erscheint es nicht abwegig die Kooperationsmaxime auch im Musterfeststellungsverfahren heranzuziehen. Dieser Ansatz würde bereits im Keim erstickt, wenn es dem Kläger verwehrt wäre weitere Konkretisierungen und Rechtsausführungen zu seinem Begehren zu machen, zumal es sich um solche handelt, welche den Streitgegenstand unverändert lassen. Auch diese Ausführungen können zur Klärung und effizienten Führung des Prozesses beitragen. Die Belange der Beklagtenseite sind im Musterfeststellungsverfahren nicht verletzt, wenn im Rahmen des § 264 Nr. 1 ZPO neues Vorbringen zugelassen wird.

Auch die Interessen der Angemeldeten sprechen nicht gegen eine vollumfängliche Anwendung des § 264 Nr. 1 ZPO. Mit der Anmeldung zum Klageregister haben die angemeldeten Verbraucher gerade die Prozessführung im Hinblick auf das öffentlich bekanntgemachte Feststellungsprogramm gebilligt. Sie haben sich dafür entschieden der klagenden qualifizierten Einrichtung die prozessuale Durchsetzung einzelner Elemente ihres Anspruchs bzw. Rechtsverhältnisses zu überlassen. Dazu gehört – für die Anmelder vorhersehbar und erkennbar – auch der Vortrag von Tatsachen, solange er im Rahmen des Feststellungsprogramms bleibt, was Voraussetzung des § 264 Nr. 1 ZPO ist. Es liegt im Interesse und auch in der Anmeldungserklärung der Verbraucher zur Musterfeststellungsklage, dass die qualifizierte Einrichtung alle prozessual notwendigen Mittel zur Durchsetzung des Feststellungsprogramms ergreift. Aufgrund des unveränderten Streitgegenstandes bleibt die *Geschäftsgrundlage*[1467] der Anmeldung zum Klageregister unberührt. Die Anmeldeentscheidung der Verbraucher zur Teilnahme am Musterfeststellungsverfahren[1468] ist nicht betroffen, sodass deren Interessen nicht verletzt werden.

§ 264 Nr. 1 ZPO ist im Musterfeststellungsverfahren somit uneingeschränkt anwendbar.

3. § 264 Nr. 2 ZPO

Als nächster Fall einer privilegierten Klageänderung soll § 264 Nr. 2 ZPO behandelt werden. Die Frage der Anwendbarkeit dieser Vorschrift ist weit

1467 Diesen Begriff nutzend: *Schmidt*, in: Baumbach/Lauterbach/Albers u.a. (Hrsg.), Zivilprozessordnung, 77 2019, Beilage zur 77. Auflage § 610 Rn. 9.

1468 Dieses Kriterium für die Zulässigkeit einer Klageänderung nach § 264 ZPO heranziehend: BeckOK ZPO/*Lutz*, § 610 Rn. 8 ff.

schwieriger zu beantworten als bei § 264 Nr. 1 ZPO, zumal aufgrund der notwendigen Antragsänderung zweifelsfrei eine Klageänderung vorliegt, die aber durch das Gesetz von den Anforderungen des § 263 ZPO freigestellt wird.[1469] Sofern eine wissenschaftliche Aufarbeitung der Anwendbarkeit der privilegierten Klageänderungstatbestände auf das Musterfeststellungsverfahren stattfindet, ranken sich diese zumeist um die Vorschrift des § 264 Nr. 2 ZPO.

a) Bisheriger Meinungsstand

aa) Zulässigkeit einer Klageänderung nach § 264 Nr. 2 ZPO nur bei Vorliegen nachvollziehbarer Gründe

So wird angenommen, dass auch Klageänderungen gem. § 264 Nr. 2 ZPO vor dem Hintergrund des § 610 IV ZPO kritisch zu sehen seien.[1470] Das Gericht habe die Pflicht gem. § 610 IV ZPO spätestens im Zeitpunkt der ersten mündlichen Verhandlung für sachdienliche Anträge zu sorgen. Ergebe sich eine spätere Notwendigkeit einer Änderung derselben müssten nachvollziehbare Gründe vorliegen, warum eine abschließende Antragsstellung nicht bereits im Zeitpunkt der ersten mündlichen Verhandlung möglich war und die Interessen der Angemeldeten dürften nicht negativ betroffen werden.

Doch ist diese Herangehensweise erheblichen Bedenken ausgesetzt. Zum einen ersetzt sie die Pauschalverweisung der §§ 610 V 1, 264 Nr. 2 ZPO lediglich mit den weiteren unbestimmten Rechtsbegriffen der späteren Notwendigkeit und der mangelnden Interessenbeeinträchtigung, ohne nähere Anhaltspunkte für die Bestimmung derselben zu liefern. Eine rechtssichere Handhabung der Vorschrift ist dadurch nicht möglich. Auch wird der Anwendungsbereich des § 610 IV ZPO überstrapaziert. § 610 IV ZPO ist als eine nachdrückliche Aufforderung an das erstinstanzlich zuständige OLG zu verstehen.[1471] Sie wendet sich nicht an den Musterfeststellungskläger. Es erscheint bedenklich aus einer gerichtlichen Pflicht eine Beschränkung prozessualer Rechte der Prozessparteien herleiten zu wollen.

1469 MüKo ZPO/*Becker-Eberhard*, § 264 Rn. 4.

1470 Dazu und zu den weiteren Ausführungen zu dieser Ansicht: *Röthemeyer*, MDR 2019, 6, 11.

1471 *Hettenbach*, WM 2019, 577, 578 f.

bb) Die Anlage im zugrundeliegenden Sachverhalt als Kriterium für die Zulässigkeit einer Klageänderung nach § 264 Nr. 2 ZPO

Des Weiteren wird geltend gemacht aus den Erfahrungen zum KapMuG sei zu schließen, dass Anpassungen der Anträge während des gerichtlichen Verfahrens notwendig werden können.[1472] Erweiterungsanträge seien entsprechend § 264 Nr. 2 ZPO stets als zulässig zu bewerten, sofern sie in dem der Klage zugrunde liegenden Sachverhalt angelegt seien. Auf diese Weise werde ein Konflikt mit der Anmeldung der Verbraucher vermieden, die gerade auf der Basis des Lebenssachverhaltes erfolge. Auch die Bindungswirkung gem. § 613 I 1 ZPO bestehe nur im Rahmen des in der Klage vorgetragenen Sachverhaltes.

Auch diese Lösungsansätze setzen sich dem Vorwurf aus mit der Anlage im Sachverhalt einen Begriff einzuführen, der im Musterfeststellungsverfahren mehr Verwirrung als Lösungsansätze zu stiften vermag. Die Anlage im Sachverhalt ist ein höchst wertungsoffenes Kriterium, welches mannigfaltige Deutungsvarianten zulässt. Inwiefern diese Anlage von dem § 264 ZPO ohnehin innewohnenden Kriterium des gleichbleibenden Sachverhaltes[1473] abzugrenzen ist, bleibt völlig schleierhaft. Es liegt gerade in der Natur des § 264 ZPO, dass die Änderung den Sachverhalt im Wesentlichen nicht modifiziert, somit von Anfang an in ihm angelegt war. Auch mag sich manch qualifizierte Einrichtung bei der Klageerhebung veranlasst sehen möglichst weitreichende Ausführungen zum Lebenssachverhalt vorzunehmen, um sich in weitem Maße die Möglichkeit von Erweiterungsanträgen offen zu halten. Auch dies trägt mehr zur Verkomplizierung als zur Problemlösung bei. Schließlich basiert die Lösung des Konflikts mit der Anmeldung letztlich auf einer Fiktion hinsichtlich des Erwartungshorizontes des Verbrauchers. Dieser wird sich als juristischer Laie und durchschnittlich informierter, aufmerksamer und verständiger Mensch[1474] nicht mit gegebenenfalls im Laufe des Prozesses notwendig werdenden Klageerweiterungsanträgen auseinandersetzen. Wären diese in irgendeiner Form vorhersehbar gewesen, hätte sie die klagende qualifizierte Einrichtung in Form eines Hilfsantrages in ihr Feststellungsprogramm aufgenommen. Vom an der Anmeldung interessierten Verbraucher wird

---

1472 Dazu und zu der folgenden Argumentation: *Rathmann*, in: Saenger (Hrsg.), Zivilprozessordnung, ^{8}2019, § 606 Rn. 10.

1473 Dazu u.a.: BeckOK ZPO/*Bacher*, § 264 Rn. 2.

1474 Auf diesen Maßstab bei den Verbrauchern abstellend: *Reiter/Methner/Schenkel*, DAR Extra 2018, 733.

mithin ein juristisch weitreichenderer Blick als von der qualifizierten Einrichtung verlangt.

cc) Restriktives Sachdienlichkeitsverständnis

Auch wird auf eine Parallele zum KapMuG hingewiesen, woraus Schlüsse auf das Musterfeststellungsverfahren zu ziehen versucht werden.[1475] Im KapMuG habe die Möglichkeit der Erweiterung der Klage in der Spezialvorschrift des § 15 KapMuG ihren Ausdruck gefunden, wohingegen in den §§ 606 ff. ZPO keine Spezialregelung erlassen wurde. Dabei sei jedoch auch die spätere Erweiterung des Klageantrags eine nachträgliche Klagehäufung, auf welche die Vorschriften der Klageänderung entsprechende Anwendung finden.[1476] Denn auch bei einer nachträglichen Klagehäufung sei der Schutzzweck der Klageänderungsvorschriften einschlägig, da diese den Prozess verzögern und erschweren könnten und gegebenenfalls nicht sachdienlich seien.[1477] Es herrsche Missbrauchsgefahr[1478], die durch eine Sachdienlichkeitsprüfung einzudämmen sei. Die Besonderheiten der Musterfeststellungsklage in Form der beschränkten Rücknahmemöglichkeit der Anmeldung, des Erfordernisses der Berücksichtigung der Interessen sämtlicher Angemeldeten und der großen Verzögerungsgefahr aufgrund nicht für aller relevanten Änderungen der Feststellungsziele erfordere ein überaus restriktives Sachdienlichkeitsverständnis.

Auch dieser Vorschlag setzt sich dem Vorwurf der Rechtsunsicherheit aus. Ein neu interpretierter Begriff der Sachdienlichkeit ist nicht nur konturlos, sondern missachtet auch die gesetzgeberische Wertung, die eine Sachdienlichkeitsprüfung bei § 264 ZPO gerade nicht vorgesehen hat. Die Spezialregelung in § 15 KapMuG dient eher als Argument gegen, denn für das Aufstellen des Erfordernisses einer Sachdienlichkeitsprüfung. In den §§ 606 ff. ZPO ist gerade keine Spezialregelung erfolgt, was primär für eine uneingeschränkte Anwendung der §§ 263 f., 267 ZPO spricht. Der Zweck des § 264 ZPO wird durch diese Sichtweise völlig missachtet. Auch wird auf die Interessen des Klägers, für welchen eine Klageänderung in

1475 Dazu und zu den weiteren Ausführungen zu dieser Ansicht: *de Lind van Wijngaarden*, in: Nordholtz/Mekat (Hrsg.), Musterfeststellungsklage, 2019, § 6 Rn. 53 ff.

1476 *Rosenberg/Schwab/Gottwald*, Zivilprozessrecht, ^{18}2018, § 98 Rn. 6; *Gottwald*, JA 1998, 219, 224.

1477 MüKo ZPO/*Becker-Eberhard*, § 263 Rn. 21.

1478 *Schneider*, BB 2018, 1986, 1992.

bestimmten Prozesskonstellationen sinnvoll sein kann, keine Rücksicht genommen. Zudem lässt das angekündigte restriktive Verständnis des Sachdienlichkeitsbegriffs die Verweisung auf § 264 ZPO weitgehend leerlaufen, was zum einen der Prozessökonomie abträglich ist und zum anderen die gesetzgeberische Entscheidung im Hinblick auf prognostizierten Missbrauchsgefahren unbeachtet lässt, die in einem ähnlichen Ausmaß auch im regulären Zivilprozess bestehen. § 264 Nr. 2 ZPO wird im herkömmlichen Zivilprozess seinem Wortlaut entsprechend angewandt, obwohl auch dort durch fortlaufende Erweiterungen des Antrags erhebliche Verzögerungen drohen.

dd) Wesentliche Auswirkung auf die Anmeldungsentscheidung

Schließlich wird für die Zulassung einer Änderung darauf abgestellt, ob sich die Änderung wesentlich auf die Anmeldungsentscheidung der Angemeldeten auswirkt.[1479] Bestehe die Änderung in weiteren Elementen desselben Lebenssachverhalts und innerhalb derselben Anspruchsgrundlage, sei die Änderung für die Verbraucher nur unwesentlich und daher zuzulassen. Entsprechend § 264 ZPO sei sie daher zulässig. Bei der Einführung eines neuen Streitgegenstandes sei ein neues Anmeldeverfahren geboten.

Beachtenswert und neuartig an dieser Argumentation ist, dass sie von dem Blickwinkel der Angemeldeten ausgeht und ihre Interessen berücksichtigt. Jedoch erscheint der weitere Gang als zu pauschal. Es kann für den Angemeldeten durchaus eine Rolle spielen, ob innerhalb der gleichen Anspruchsgrundlage ein weiteres Tatbestandsmerkmal rechtskräftig mit Bindungswirkung für ihn festgestellt wird. Er mag sich aus Taktik- oder Effizienzgründen den Nachweis eines einzelnen Merkmals für das Individualverfahren aufgespart haben, was durch eine spätere Erweiterung gem. § 264 Nr. 2 ZPO zunichte gemacht würde.[1480] Nicht jede Änderung im Rahmen des § 264 Nr. 2 ZPO ist für jeden Angemeldeten unwesentlich.

1479 BeckOK ZPO/*Lutz*, § 610 Rn. 8 ff.

1480 BR-Drs. 176/1/18, S. 9 f.

b) Differenzierung zwischen Erweiterung und Beschränkung nach § 264 Nr. 2 ZPO

Ausgangspunkt der nachfolgenden Betrachtung soll keine pauschale Interessenabwägung sein, die § 264 Nr. 2 ZPO für grundsätzlich anwendbar bzw. unanwendbar erklärt. Vielmehr soll an den jeweiligen Tatbestandsvoraussetzungen des § 264 Nr. 2 ZPO angeknüpft werden. Entscheidend dafür ist die Unterscheidung zwischen Erweiterung und Ermäßigung des Antrags, wie sie im Wortlaut der Vorschrift zum Ausdruck kommt. Ob der Antrag beschränkt oder erweitert wird, macht aus der Sicht des Angemeldeten einen immensen Unterschied. Die Interessenlage ist eine grundlegend andere.

Nicht weiter verfolgt wird hingegen die Unterscheidung zwischen qualitativen und quantitativen Änderungen.[1481] Diese Unterscheidung macht aus der Warte der Verbraucher keinen entscheidenden Unterschied. Für deren Einordnung kommt es vielmehr auf die konkrete Formulierung des gestellten Antrags an, zu welcher der Verbraucher seine Anmeldung abgegeben hat.

Dem Wortlaut der Vorschrift folgend wird zunächst die Erweiterung und sodann die Beschränkung beleuchtet.

aa) Erweiterung im Sinne des § 264 Nr. 2 ZPO

Im Gegensatz zum KapMuG kann im Musterfeststellungsverfahren nicht auf eine Spezialregelung zu Antragserweiterungen zurückgegriffen werden, was eine grundsätzliche Diskussion der Anwendbarkeit des § 264 Nr. 2 ZPO unter Berücksichtigung der gegensätzlichen Interessen nach sich zieht.

Als Vorteil einer Erweiterungsmöglichkeit wurde für das KapMuG ausgeführt, dass den Angemeldeten die Partizipation an zwei parallel laufenden Musterfeststellungsverfahren erspart bliebe.[1482] Es könne so eine umfassende Bindungswirkung unter Ausschöpfung des vollen Beschleuni-

1481 Zu dieser Unterscheidung: Musielak/Voit/*Foerste*, § 264 Rn. 3; *Saenger*, in: ders. (Hrsg.), Zivilprozessordnung, [8]2019, § 264 Rn. 4; Zöller/*Greger*, § 264 Rn. 3 ff.; Stein/Jonas/*Roth*, § 264 Rn. 10 ff.

1482 *Meller-Hannich*, ZBB 2011, 180, 183 ff.

gungs- und Vereinfachungspotentials erreicht werden.[1483] Diese Argumentation verfängt jedoch aufgrund der Freiwilligkeit der Anmeldung zum Klageregister für das Musterfeststellungsverfahren nicht.[1484] Die Teilnahme an zwei parallel laufenden Musterfeststellungsprozessen blüht dem Verbraucher nur, soweit er sich aus freien Stücken zu beiden Prozessen im Klageregister anmeldet.

(1) Interessen der Kläger- und Beklagtenseite

Doch spricht die Interessenlage des Klägers für die Zulassung der Erweiterungsmöglichkeit. So kann er auf sich verändernde, unter Umständen unvorhersehbare Prozesssituationen angemessen reagieren, indem er mehr als ursprünglich angestrebt beantragt. Auf diese Weise kann die qualifizierte Einrichtung für die Angemeldeten ein Maximum an klärungsbedürftigen und erfolgsversprechenden Elementen ihrer Ansprüche bzw. Rechtsverhältnisse einer Feststellung im Musterfeststellungsprozess zuführen. Die notwendige Flexibilität würde gewahrt. So könne auch auf Hinweise des Gerichts angemessen reagiert und für die Angemeldeten interessengerechte Antragsänderungen prozessual wirksam vorgenommen werden.[1485]

Auch die Interessen der Beklagten sprechen zumindest nicht gegen eine Erweiterungsmöglichkeit. So hat gerade bei missbräuchlichen Musterfeststellungsklagen die Beklagtenseite ein Interesse an einer möglichst umfassenden Klärung des Streitverhältnisses, um Individual- oder weiteren Kollektivverfahren bereits im Grundsatz entgegenzuwirken.[1486] Doch auch bei nicht auf solchen Absichten beruhenden Musterfeststellungsklagen vermag das Interesse der Beklagtenseite nicht die Vorteile einer Änderung gem. § 264 Nr. 2 ZPO zu überwiegen. Der Grund für das Zurücktreten des Beklagteninteresses ist, dass aufgrund des gleichbleibenden Klagegrundes als gemeinsame Voraussetzung aller Tatbestände des § 264 ZPO[1487] ihr Verteidigungsvorbringen noch volle Geltung beansprucht. Sie muss sich

---

1483 *Kilian*, Ausgewählte Probleme des Musterverfahrens nach dem KapMuG, 2007, S. 65.

1484 So bereits bei der Diskussion des Sachdienlichkeitsbegriffs: Teil Zwei Kapitel Zwei § 3 E. I. 4. Der Begriff der Sachdienlichkeit im Sinne des § 263 Alt. 2 ZPO (364).

1485 *Weinland*, Die neue Musterfeststellungsklage, 2019, Rn. 109 ff.

1486 So für das KapMuG: *Kilian*, Ausgewählte Probleme des Musterverfahrens nach dem KapMuG, 2007, S. 65.

1487 Statt vieler: BeckOK ZPO/*Bacher*, § 264 Rn. 2.

daher nicht auf einen neuen Streitgegenstand einstellen[1488], sondern sich nur des erweiterten Umfangs gewahr werden. Das Interesse von einer höheren Forderung verschont zu bleiben, obwohl diese dem Grunde nach schon zur prozessualen Debatte steht, ist als nicht sehr schutzwürdig einzustufen. Die Beklagte kann nach wie vor ihre aktive Prozessrolle zur Verteidigung gegen den prozessual geltend gemachten Anspruch nutzen.

(2) Interessen der Angemeldeten

Eben in dem letzterwähnten Gesichtspunkt liegt der entscheidende Unterschied zwischen den Angemeldeten und der Beklagtenseite, welcher schlussendlich auch zu einer Verneinung der Erweiterungsmöglichkeit führen muss. Der Angemeldete hat mit seiner Anmeldung den letzten aktiven Akt getätigt und damit seine Zustimmung zum öffentlich bekanntgemachten Feststellungsprogramm kundgetan. Die etwaig erforderlich werdenden Änderungen mögen zwar im Lebenssachverhalt angelegt sein, waren jedoch zum Zeitpunkt der Anmeldung nicht vorhersehbar. Seine Zustimmung zum ursprünglichen Feststellungsprogramm kann nicht in eine generelle Zustimmung zu Änderungen bei gleichbleibendem Lebenssachverhalt umgedeutet werden. Auch bei einer Änderung nach § 264 Nr. 2 ZPO erweitert sich die Bindungswirkung gem. § 613 I 1 ZPO. Die Möglichkeiten, die sich der Angemeldete gegebenenfalls für das Individualverfahren ausgemalt hatte[1489], würden zunichte gemacht. Die reine Passivität der Verbraucher im Musterfeststellungsverfahren[1490] lässt keine Erweiterung der Bindungswirkung zu. Im Gegensatz zur Beklagten, die ihr Verteidigungsvorbringen neu justieren kann, um auf den ohnehin in Rede stehenden Anspruch zu reagieren, sind Handlungsmöglichkeiten der Angemeldeten nicht vorhanden. Die Interessenlage ist somit trotz ähnlich anmutender Ausgangssituation eine ganz andere. Die Rechte der Angemeldeten sind in einem weit stärkeren Maß betroffen, was ein Zurücktreten derselben hinter das Interesse an einer effektiven Prozessführung ausschließt.

1488 Dies als wesentlichen Zweck der Beschränkung der Klageänderungsvorschriften ausmachend: *Groß*, JR 1996, 357, 358.

1489 BR-Drs. 176/1/18, S. 9 f.

1490 *Röthemeyer*, Musterfeststellungsklage, ^{2}2020, § 606 Rn. 68.

Auch kann nicht angenommen werden, dass die Änderungen auf Hinweis des Gerichts automatisch im Interesse der Angemeldeten erfolgen.[1491] Gerade bei einer großen Anzahl von Angemeldeten stellen sich die verfolgten Interessen als äußerst heterogen dar. Nicht jeder hat dasselbe Interesse, vor allem wenn es um die Erweiterung der Bindungswirkung geht. Eine Zulassung aufgrund Interessengemäßheit scheidet daher von vornherein aus.

Zuletzt spricht auch die Begrenzung der Sperrwirkung gem. § 610 I 1 ZPO gegen eine Erweiterungsmöglichkeit im laufenden Musterfeststellungsverfahren. Eine Musterfeststellungsklage sperrt parallele Klagen nur im Umfang ihres Streitgegenstandes. Es ist daher ohne Weiteres möglich anstatt einer Erweiterung ein neues Verfahren einzuleiten.[1492] Die Einleitung eines neuen Verfahrens hat den Vorteil, dass der Verbraucher – im Gegensatz zur Erweiterung des Antrags im laufenden Prozess – die Wahl hat, ob er sich dem erweiterten Bindungsumfang unterwerfen will.[1493] Durch das bewusste Abrücken des Gesetzgebers von der weitreichenden Sperrwirkung liegt es nahe, die Anstrengung eines neuen Verfahrens als die gesetzeskonformere Lösung anzusehen. Eine ausreichende Informierung auch des anwaltlich nicht vertretenen Angemeldeten wird dadurch sichergestellt, dass die qualifizierte Einrichtung den Angemeldeten über das weitere Verfahren mitsamt der damit verbundenen Konsequenzen aufklären muss.[1494]

Eine Antragserweiterung gem. § 264 Nr. 2 ZPO, gleich ob in quantitativer oder in qualitativer Hinsicht, scheidet im Musterfeststellungsverfahren aus.

bb) Beschränkung im Sinne des § 264 Nr. 2 ZPO

Eine von der Erweiterung separate Betrachtung der Beschränkung erscheint allein schon aufgrund der völlig anders gearteten Interessen lohnenswert. Im Gegensatz zur Erweiterung droht schon im Grundsatz keine Verfahrensverschleppung durch immer neue nachgeschobene Muster-

---

1491 *Weinland*, Die neue Musterfeststellungsklage, 2019, Rn. 109 ff.

1492 So auch: *Windau*, jM 2019, 404, 408.

1493 Daher auch für die Belassung der Wahlmöglichkeit durch die Anstrengung eines weiteren Musterfeststellungsverfahrens: BeckOK ZPO/*Lutz*, § 610 Rn. 10 ff.; *Windau*, jM 2019, 404, 408.

1494 Teil Zwei Kapitel Vier § 2 C. II. 2. Aufklärungs- und Beratungspflichten (499).

feststellungsanträge[1495], zumal es um eine Reduzierung des Prüfungsprogramms geht. Auch stellt sich das Problem des nicht vorhersehbaren Bindungsumfangs aus einem anderen Blickwinkel, da er dieses Mal geringer ist als bei der Anmeldung angenommen. Doch drängt sich die Frage auf, ob die andere Interessenlage auch eine abweichende Beurteilung hinsichtlich der Zulässigkeit der Klageänderung im Musterfeststellungsprozess rechtfertigt. Abermals sind die unterschiedlichen Interessen herauszustellen und gegeneinander abzuwägen.

(1) Interessen der Kläger- und Beklagtenseite

Die Interessen der Klägerseite sind nahezu dieselben wie bei der Erweiterung. Durch die Zulassung einer Beschränkung der Feststellungsziele wird prozessuale Flexibilität gewährleistet, die eine situationsangepasste Prozessführung ermöglicht. Spiegelbildlich zur Erweiterung hat der Kläger ein Interesse daran nicht länger an Feststellungszielen festhalten zu müssen, die sich als wenig erfolgsversprechend darstellen oder ihre ursprünglich beigemessene Bedeutung verloren haben.

Gänzlich anders stellt sich die Situation der Beklagten dar. Mag sie bei der Erweiterung noch weitere Bemühungen in die Anspruchsabwehr zu investieren haben, so will sie durch die Beschränkung nicht um die Früchte ihrer Arbeit gebracht werden. Durch die Einlassung zur Hauptsache – die im vorliegend zu betrachtenden Stadium bereits stattgefunden hat – erlangt die Beklagte ein unentziehbares Recht auf Sachentscheidung über den in der Klage geltend gemachten Anspruch.[1496] Nur durch eine rechtskräftige Entscheidung ist die Beklagte auch in Zukunft vor der nochmaligen prozessualen Geltendmachung desselben Streitgegenstandes geschützt. Um diesen Anspruch zu schützen und den Schutzzweck des § 269 ZPO nicht leerlaufen zu lassen, werden die Vorschriften zur Klagerücknahme neben der Beschränkungsregel des § 264 Nr. 2 ZPO angewandt.[1497] Dies gilt nach überwiegender Auffassung sowohl für die Fälle der quantitativen

1495 Diese Befürchtung für Erweiterungen schürend: *Schneider*, BB 2018, 1986, 1992.

1496 Stein/Jonas/*Roth*, § 269 Rn. 17; *Groß*, Klageänderung und Klagerücknahme, 1959, S. 19; *ders.*, DRiZ 1964, 14.

1497 MüKo ZPO/*Becker-Eberhard*, § 264 Rn. 23; *Henckel*, FS Boetticher, 1969, S. 173, 182; *Lüke*, FS Weber, 1975, S. 323, 331; auf kostenrechtliche Unbilligkeiten hinweisend, welche die Anwendung lediglich der Klageänderungsvorschriften mit sich bringt: *Hoffmann*, ZZP 125 (2012), 345, 369.

als auch der qualitativen Beschränkung.[1498] Durch die Anwendung des § 269 ZPO neben § 264 Nr. 2 ZPO kann die Beklagte durch Verweigerung ihrer Einwilligung in die Klagerücknahme den überschießenden Teil im Prozess halten und dementsprechend eine rechtskräftige Entscheidung darüber erwirken. Durch diese Blockadeposition ist die Beklagte selbst zur Wahrung ihrer prozessualen Rechte in der Lage, womit ihre Interessen hinreichend geschützt sind.

(2) Interessen der Angemeldeten

Bleiben zuletzt die Interessen der angemeldeten Verbraucher zu betrachten. Dabei ist zunächst das Risiko der Verjährung der angemeldeten Ansprüche in den Blick zu fassen. Immerhin wird durch die Beschränkung ein Teil der Feststellungsziele einer gerichtlichen Entscheidung entzogen, was Auswirkungen auf die Hemmungswirkung haben könnte. Doch wird die Verjährungsfalle durch eine umfassende Hemmung in § 204 I Nr. 1a BGB vermieden. Dieser Tatbestand stellt ausweislich seines Wortlauts nicht auf einzelne Feststellungsziele ab, sondern lässt die Hemmung für den ganzen Anspruch eintreten, soweit diesem derselbe Lebenssachverhalt wie den Feststellungszielen der Musterfeststellungsklage zugrunde liegt. Eine bloße Beschränkung einzelner Feststellungsziele vermag also an der an den ganzen Anspruch anknüpfenden Verjährungshemmung nichts zu ändern, sodass dieses Interesse einer Beschränkung gem. § 264 Nr. 2 ZPO nicht entgegensteht.

Als weiterer entgegenstehender Aspekt könnte eine für den Angemeldeten ungünstige kostenrechtliche Behandlung der Klagebeschränkung in Betracht kommen. Unabhängig davon, ob § 269 ZPO mit der ganz überwiegenden Ansicht neben § 264 Nr. 2 ZPO angewandt wird, ist man sich einig, dass der Kläger die Kosten für den nach § 264 Nr. 2 ZPO beschränkten Teil der Klage trägt.[1499] Andernfalls könnte der Kläger ohne Kostenrisiko überhöhte Beträge einzuklagen versuchen und bei schlechten Erfolgsaussichten die Klage beschränken.[1500] Der allgemeine Rechtsgedan-

1498 Einen Überblick über den Meinungsstand gebend: *Groß*, JR 1996, 357, 359.

1499 *Foerste*, FS Stürner, 2013, S. 273, 275; *Sannwald*, NJW 1985, 898, 899; *Walther*, Klageänderung und Klagerücknahme, 1969, S. 156 ff.

1500 *Foerste*, FS Stürner, 2013, S. 273, 275.

ke in Form der Veranlassungshaftung, der in § 269 III 2 ZPO angelegt ist, beansprucht auch bei einer privilegierten Klagebeschränkung Geltung.[1501]

Doch trifft diese Kostenfolge allein die qualifizierte Einrichtung und nicht die angemeldeten Verbraucher. Die Reduzierung auf einen Zweiparteienprozess verfolgt gerade den Zweck dem Verbraucher durch die Anmeldung eine prozesskostenrisikofreie Klärung seiner Ansprüche bzw. Rechtsverhältnisse zu ermöglichen.[1502] Es ist somit nur die qualifizierte Einrichtung als Veranlasser der Klage anzusehen, womit auch sie allein die Kosten für den überschießenden, beschränkten Teil gem. § 269 III 2 ZPO zu tragen hat. Dies ist auch folgerichtig, da die Musterfeststellungsklage in einem Stadium eingereicht wird, in dem die Verbraucher sich noch gar nicht anmelden können. Die Gerichtskosten werden bereits mit der Einreichung der Klage fällig gem. § 6 Nr. 1 GKG und entstehen somit bereits vor der Anmeldungsmöglichkeit der Verbraucher. Kostenrechtliche Risiken sprechen somit nicht gegen die Beschränkungsmöglichkeit aus Sicht der Angemeldeten.

Die bedeutendste Änderung für die Beklagte ergibt sich auf der Ebene des Individualverfahrens. Durch die Beschränkung des Antrags reduziert sich der Prüfungsumfang des Musterfeststellungsgerichts und damit auch die Bindungswirkung gem. § 613 I 1 ZPO. Das Individualverfahren ist somit nicht in dem Maße vorherbestimmt, wie es der Verbraucher bei der Anmeldung erwarten konnte. Problematisch erscheint, ob diese potentiell enttäuschten Erwartungen eine Verweigerung der Beschränkungsmöglichkeit rechtfertigen.

Gegen eine Verweigerung spricht, dass es keinen Anspruch auf Durchführung eines Musterfeststellungsverfahrens gibt. Zwar sollen die §§ 606 ff. ZPO die prozessualen Rechtsschutzmöglichkeiten durch Zurverfügungstellung einer neuen Klage erweitern[1503], doch geht damit keine Garantie eines Prozesses bis zum Erlass eines Musterfeststellungsurteils einher. Durch die Hemmung der Verjährung wird sichergestellt, dass der Verbraucher durch die wirksame Anmeldung keine Nachteile erleidet. Er kann seine Ansprüche wie bereits vor der Anmeldung im Wege des Individualprozesses durchsetzen.[1504] Für diese Sichtweise spricht auch, dass die

1501 *Sannwald*, NJW 1985, 898, 899.

1502 BT-Drs. 19/2439, S. 16.

1503 BT-Drs. 19/2439, S. 28.

1504 Zur Angemessenheit der Rücknahme für den Angemeldeten: *de Lind van Wijngaarden*, in: Nordholtz/Mekat (Hrsg.), Musterfeststellungsklage, 2019, § 6 Rn. 51.

Klagerücknahmevorschrift gem. § 269 ZPO nicht durch den Partikularausschluss des § 610 V 2 ZPO betroffen ist.[1505] Auch § 610 I 2 ZPO geht von der Zulässigkeit einer Klagerücknahme aus.[1506] Es steht der qualifizierten Einrichtung mithin frei mit Zustimmung der Beklagtenseite die Musterfeststellungsklage zurückzunehmen. Der konsequenten Fortführung der Zweiparteienstruktur ist es geschuldet, dass der Angemeldete nichts gegen eine geplante Klagerücknahme bewirken kann. Die Inanspruchnahme privater Strukturen für die Rechtsverfolgung geht zwar mit Effizienzvorteilen einher, lässt dem Kläger dagegen auch größere Freiheiten.[1507] Wesentlich ist dabei jedoch, dass keine rechtskräftige Entscheidung in der Sache ergeht. Der Verbraucher wird damit wieder auf den Stand vor der Anmeldung zurückversetzt und er kann frei von jeglicher Bindungswirkung seine Ansprüche prozessual geltend machen. Wenn es der qualifizierten Einrichtung möglich ist die Klage im Ganzen zurückzunehmen, so muss es ihr erst recht gestattet sein ihre Feststellungsziele unter Beibehaltung desselben Lebenssachverhalts zu beschränken. Für den Verbraucher negative Folgen können sich, abgesehen von dem umfangreicheren Prüfungsprogramm im Individualverfahren, nicht ergeben.

Darüber hinaus spricht auch der Verbraucherschutz, dessen Stärkung die Musterfeststellungsklage dient[1508], für die Zulassung der Beschränkungsmöglichkeit gem. § 264 Nr. 2 ZPO. Es erscheint effektiver für den Verbraucherschutz, der qualifizierten Einrichtung ein Abrücken von ihr unliebsamen Feststellungszielen zu gestatten, als sie an ihr einmal erklärtes Feststellungsprogramm zu binden. Eine dauerhafte Bindung kann zu einem gebremsten Enthusiasmus hinsichtlich des Prozesses führen. Auch kann die qualifizierte Einrichtung versuchen durch geschickte Beschränkungen negative Bindungswirkungen für die Angemeldeten zu vermeiden bzw. möglichst gering zu halten.

Die Interessen der Angemeldeten sprechen somit nicht gegen die Zulassung einer Beschränkungsmöglichkeit gem. § 264 Nr. 2 ZPO.

Zuletzt kann für die Zulässigkeit der Beschränkung angeführt werden, dass dadurch der Verweisung in § 610 V 1 ZPO noch ein Anwendungsbe-

---

1505 Auf die uneingeschränkte Anwendbarkeit der Klagerücknahmevorschriften hinweisend: *Salger*, jurisPR-BKR 10/2018 Anm. 1.

1506 *De Lind van Wijngaarden*, in: Nordholtz/Mekat (Hrsg.), Musterfeststellungsklage, 2019, § 6 Rn. 50.

1507 *Meller-Hannich*, 72. DJT, Band 1, 2018, A 1, A 50.

1508 BT-Drs. 19/2439, S. 14.

reich gegeben wird. Die gesetzgeberische Grundintention wird nicht – wie bei einem Komplettausschluss der Klageänderung – negiert.

Insgesamt ist zu konstatieren, dass eine Klagebeschränkung gem. § 264 Nr. 2 ZPO im Musterfeststellungsprozess unter Geltung der allgemeinen Grundsätze zulässig ist.

4. § 264 Nr. 3 ZPO

Der letzte Fall einer privilegierten Klageänderung hat in § 264 Nr. 3 ZPO seinen gesetzlichen Niederschlag gefunden. Dieser Tatbestand erlaubt es das ursprüngliche Klagebegehren durch ein anderes zu ersetzen, um damit einer nachträglich eingetretenen Änderung Rechnung zu tragen.[1509] Möglich ist ein Übergang auf einen Schadensersatzanspruch oder einen anderen Gegenstand, wobei damit nicht der prozessuale Streitgegenstand, sondern ein anderer physischer Gegenstand gemeint ist.[1510] Voraussetzung ist allein, dass der neue Gegenstand oder der Schadensersatzanspruch wegen der späteren Änderung als Surrogat an die Stelle des ursprünglich geforderten Gegenstandes getreten ist.[1511] Ob der Kläger seinen Klageantrag umstellt oder bei seinem ursprünglichen Begehren bleibt, steht zu seiner freien Wahl.[1512]

Zwei Ebenen sollen an dieser Stelle strikt auseinandergehalten werden. Zum einen die Frage, ob die von § 264 Nr. 3 ZPO abgebildete Situation überhaupt im Musterfeststellungsprozess eintreten kann. Bei Bejahung derselben stellt sich sodann die weitere Frage, ob die klagende qualifizierte Einrichtung überhaupt zu einer solchen Umstellung befugt sein kann.

a) Anwendungsbereich des § 264 Nr. 3 ZPO im Musterfeststellungsverfahren

Bei der Diskussion um die Anwendbarkeit des § 264 Nr. 3 ZPO auf den Musterfeststellungsprozess müssen zunächst die Besonderheiten bei der Formulierung der Feststellungsziele berücksichtigt werden. In Abweichung zu einem herkömmlichen Feststellungsprozess lässt § 606 I 1 ZPO

1509 Statt vieler: BeckOK ZPO/*Bacher*, § 264 Rn. 7 f.

1510 Stein/Jonas/*Roth*, § 264 Rn. 18.

1511 BeckOK ZPO/*Bacher*, § 264 Rn. 7 f.

1512 RGZ 39, 428, 429 f.; OLG Brandenburg, NJW-RR 1996, 724, 725 m.w.N.

auch die Klärung von Rechtsfragen zu.[1513] Auf diese passt der Surrogationsgedanke des § 264 Nr. 3 ZPO von vornherein nicht. Es wird eine Untergangsfähigkeit des ursprünglich geforderten Gegenstandes vorausgesetzt, die bei einer Rechtsfrage mangels physischer Existenz von vornherein nicht gegeben ist. Allenfalls durch Zeitablauf kann eine prozessuale Überholung der Rechtsfrage eintreten, die auf tatsächlichen Umständen beruht. Da jedoch durch das Stellen einer Rechtsfrage in Form eines Feststellungszieles kein Anspruch geltend gemacht wird, kann ein solcher auch nicht durch Surrogation entstehen.

Ähnlich verhält es sich mit der Geltendmachung von Tatsachen und Vorfragen zum Anspruch der Angemeldeten. Einerseits ist der Untergang eines Feststellungszieles aufgrund seiner Generalität schon schwer vorstellbar. Betroffen ist eine abstrakte Anzahl von Fällen, die sich in den angemeldeten Ansprüchen manifestiert. Ein tatsächliches Ereignis, welches die Klärung der Tatsache bzw. Vorfrage für alle Ansprüche obsolet macht, erscheint sehr unwahrscheinlich. Doch selbst wenn dieser Fall eintreten sollte, kann andererseits nicht von einer generellen Feststellung auf einen konkreten Anspruch umgestellt werden. Wenn von vornherein kein Anspruch im Raum steht, kann seine Fortsetzung nicht in der Entstehung eines solchen bestehen.

§ 264 Nr. 3 ZPO ist auf Feststellungsziele schon prinzipiell nicht anwendbar.

b) Fehlende Befugnis der qualifizierten Einrichtung zur Klageänderung nach § 264 Nr. 3 ZPO

Doch selbst wenn diese unterstellt wird – etwa unter dem Gesichtspunkt der Feststellungsfähigkeit von Tatsachen und Vorfragen des Surrogationsanspruchs – erscheint die Befugnis zur Umstellung der Anträge seitens der qualifizierten Einrichtung als höchst problematisch. § 264 Nr. 3 ZPO stellt es dem Anspruchsinhaber anheim, ob er seine Klage privilegiert ändern möchte.[1514] Auch der Surrogation wohnt der Gedanke inne, dass dem materiell Berechtigten ein Ersatz für seinen ursprünglichen Anspruch zugestanden wird.[1515] Wie bereits hervorgehoben, findet eine Abtretung

---

1513 *Schmidt*, in: Baumbach/Lauterbach/Albers u.a. (Hrsg.), Zivilprozessordnung, 77 2019, Beilage zur 77. Auflage § 606 Rn. 14 ff.; *ders.*, WM 2018, 1966, 1968.

1514 RGZ 39, 428, 429 f.; OLG Brandenburg, NJW-RR 1996, 724, 725 m.w.N.

1515 Diesen Gedanken andeutend: BeckOK ZPO/*Bacher*, § 264 Rn. 7 f.

der Ansprüche der Angemeldeten an die qualifizierte Einrichtung durch die Anmeldung zum Klageregister nicht statt.[1516] Die Anmeldung gibt der qualifizierten Einrichtung lediglich die Befugnis prozessual – beschränkt auf das Feststellungsprogramm – mit Wirkung für und gegen die Angemeldeten zu agieren. Eine weitergehende Rechtsstellung, die der qualifizierten Einrichtung die Befugnis zur Ausübung des Wahlrechts mit mittelbarer Wirkung auf die materiellrechtlichen Ansprüche geben würde, ist damit nicht vereinbar. Es liegt nach wie vor in der Hand der Anspruchsinhaber, ob sie an dem ursprünglichen Gegenstand festhalten wollen oder auf Surrogate umsteigen. Die Angemeldeten dürfen nicht durch anderweitige, nicht vorhersehbare Feststellungen im Musterfeststellungsprozess gebunden werden.

Die mangelnde Befugnis der qualifizierten Einrichtung zur privilegierten Klageänderung gem. § 264 Nr. 3 ZPO resultiert aus der Struktur der Musterfeststellungsklage. Die qualifizierte Einrichtung macht keine Ansprüche geltend, die im Wege der Surrogation eine Klageänderung nach § 264 Nr. 3 ZPO rechtfertigen würden. Den Angemeldeten, die keinen Einfluss auf den Musterfeststellungsprozess nehmen können, soll die Entscheidung verbleiben, inwieweit sie eine Antragsänderung vornehmen wollen.

Eine Klageänderung nach § 264 Nr. 3 ZPO scheitert am fehlenden Anwendungsbereich im Musterfeststellungsprozess, jedenfalls an der Befugnis der qualifizierten Einrichtung zur privilegierten Klageänderung.

§ 4 Subjektive Klageänderungen

Äußerst wenig Beachtung hat die Frage nach der Zulässigkeit von Parteierweiterungen bzw. -änderungen im Musterfeststellungsprozess erfahren. Vorgeschlagen wurde eine mit der Behandlung zur Klageänderungsproblematik parallel laufende, sehr restriktive Auslegung des Sachdienlichkeitsbegriffs, um subjektive Klageänderungen weitgehend auszuschließen.[1517] So könne der Struktur des Musterfeststellungsverfahrens Rechnung getra-

1516 *Dietsche*, in: Schäfer (Hrsg.), Der Gesetzesentwurf zur "Musterfeststellungsklage", 2018, S. 76, 80.

1517 *De Lind van Wijngaarden*, in: Nordholtz/Mekat (Hrsg.), Musterfeststellungsklage, 2019, § 6 Rn. 61 ff.

gen und Verzögerungen sowie Missbrauchspotential ausgeschlossen werden.[1518]

Vermischt wird dabei die Ebene der Auslegung der Tatbestandsmerkmale und die prinzipielle Anwendbarkeit des Instituts. Wenn es der Struktur der §§ 606 ff. ZPO widerspricht, sollte eher über einen generellen Ausschluss einer subjektiven Klageänderungsmöglichkeit nachgedacht werden, anstatt diese faktisch über eine sehr restriktive Auslegung der Tatbestandsvoraussetzungen zu erreichen. Ansatzpunkt der Diskussion ist daher die Anwendbarkeit des Instituts der subjektiven Klageänderung. Ob diese nach der Rechtsprechung weitgehend analog zu den Klageänderungsvorschriften behandelt oder mit einem großen Teil der Literatur als prozessuales Institut sui generis aufgefasst wird[1519], ist bei der Frage nach der generellen Anwendbarkeit nicht von Belang. Differenziert wird vorliegend nach der Kläger- und der Beklagtenseite, wohingegen der Unterscheidung zwischen Auswechslung und Beitritt keine ausschlaggebende Bedeutung beigemessen wird.

A. Subjektive Klageänderungen auf Klägerseite

Auf der Klägerseite wurde das Erfordernis der Anmeldung und deren beschränkte Rücknahmemöglichkeit als Ausdruck der Struktur herangezogen, die einer subjektiven Klageänderung widerspreche.[1520] Tatsächlich bringt der Verbraucher mit seiner Anmeldung zum Klageregister ein besonderes Vertrauen für die klagende qualifizierte Einrichtung zum Ausdruck. Er legt seinen Anspruch faktisch in die Hände einer Einrichtung, deren Mitglied er in aller Regel nicht ist.[1521] Die Stellung des Klägers wird auch dadurch deutlich, dass sein Name gem. § 607 I Nr. 1 ZPO im Klageregister öffentlich bekanntzumachen ist, der Verbraucher somit das Mandat zur Prozessführung spezifisch der öffentlich bekanntgemachten qualifizier-

---

1518 *Dies.*, in: Nordholtz/Mekat (Hrsg.), Musterfeststellungsklage, 2019, § 6 Rn. 61 ff.

1519 Zu den unterschiedlichen Ansätzen und deren allenfalls im Detail abweichenden Rechtsfolgen: *Saenger*, in: ders. (Hrsg.), Zivilprozessordnung, ^{8}2019, § 263 Rn. 16 f.

1520 Dies in der dargestellten Generalität in den Raum stellend: *de Lind van Wijngaarden*, in: Nordholtz/Mekat (Hrsg.), Musterfeststellungsklage, 2019, § 6 Rn. 61 ff.

1521 Die Mitgliedschaft sei weder erforderlich noch anderweitig vertypt: *Röthemeyer*, Musterfeststellungsklage, ^{2}2020, § 606 Rn. 31.

ten Einrichtung zuweist. Diesem entgegengebrachten Vertrauen würde es diametral widersprechen, wenn sich der Kläger während des laufenden Verfahrens ändern würde, zumal Reaktionsmöglichkeiten des Angemeldeten nicht vorhanden sind. Das im Voraus ausgesprochene Vertrauen sowie das erteilte Prozessführungsmandat muss sich in einer Kontinuität auf Klägerseite fortsetzen. Darüber hinaus erscheint auch die Regelung des § 610 II ZPO als abschließende Normierung hinsichtlich der Möglichkeit der Erreichung einer Mehrzahl von Klägern.[1522] Nur in diesem speziellen Fall, der bezeichnenderweise zeitlich vor den Anmeldungen zum Klageregister ansetzt, soll eine nicht von vornherein beabsichtigte Mehrung der Kläger möglich sein. Die Verbraucher sprechen jedoch in dieser Situation durch die Anmeldung beiden qualifizierten Einrichtungen im Verbund ihr Vertrauen aus, sodass § 610 II ZPO Ausdruck eines stimmigen Konzepts ist und das Vertrauenselement berücksichtigt. Spätere Änderungen auf Klägerseite sind folglich ausgeschlossen.

B. Subjektive Klageänderungen auf Beklagtenseite

Auf Beklagtenseite ist besonders zu berücksichtigen, dass die qualifizierte Einrichtung mittelbar die Ansprüche der Angemeldeten geltend macht. Diese haben sich im Klageregister, welches gem. § 607 I Nr. 1 ZPO auch den Namen der Beklagten öffentlich bekanntmacht, zur Durchsetzung ihrer spezifischen Ansprüche eingetragen. Ein Wechsel auf der Beklagtenseite würde dem erteilten Prozessführungsmandat die Grundlage entziehen, zumal dies für den Verbraucher bei der Anmeldung in keiner Weise vorhersehbar war. Auch ist zu bedenken, dass es sich bei den Anmeldern nicht um eine homogene Masse handelt, die lediglich gleichlaufende Ansprüche verfolgt. Für einige mag ein Beklagtenwechsel bedeuten, dass im Musterfeststellungsprozess keinerlei Ansprüche ihrerseits mehr im Raum stehen, was das Verfahren für sie obsolet macht. Bei einem Beitritt auf Beklagtenseite droht ein erhebliches Verzögerungspotential, obwohl nicht jeder Angemeldete einen Anspruch auch gegen die neue Beklagte haben wird. Nicht zuletzt droht ein erheblicher Konflikt mit der Rechtskraft bereits abgeschlossener oder der Rechtshängigkeit noch laufender Gerichtsverfahren. Manch Angemeldeter mag gegen die neue bzw. weitere Beklag-

1522 § 610 II ZPO als Hinweis auf die Struktur der Musterfeststellungsklage heranziehend: *de Lind van Wijngaarden*, in: Nordholtz/Mekat (Hrsg.), Musterfeststellungsklage, 2019, § 6 Rn. 61 ff.

te bereits ein Gerichtsverfahren geführt haben oder noch führen. Bei bereits abgeschlossenen Individualverfahren droht die Bindungswirkung in Konflikt mit der Rechtskraft zu treten, wohingegen bei noch laufenden Verfahren gegen die neue Beklagte eine zwingende Aussetzung desselben gem. § 613 II ZPO vorzunehmen ist. All diese Erwägungen konnte der Verbraucher mangels Vorhersehbarkeit bei seiner Anmeldung nicht anstellen, was gegen die Zulässigkeit eines Wechsels auf Beklagtenseite spricht. Gesetzestechnisch kann ein Ausschluss des Beklagtenwechsels in dem besonderen Verfahren zur Einleitung eines Musterfeststellungsverfahrens in den §§ 606 ff. ZPO gesehen werden. Dieses erfordert im Vorgang zum eigentlichen Verfahren eine Anmeldephase mitsamt öffentlichen Bekanntmachungen. Mit den gestellten Quoren muss die Musterfeststellungsklage erst in ihre Zulässigkeit hineinwachsen.[1523] Dieses Verfahren und auch die damit verbundenen Hürden würden durch einen Beklagtenwechsel bzw. -beitritt umgangen, was gegen eine Zulassung desselben spricht. Darüber hinaus bestünde das Risiko, dass bei einem Beklagtenwechsel ein unterschiedlicher Lebenssachverhalt im Sinne des § 204 I Nr. 1a BGB angenommen wird, was die Verjährungshemmung zugunsten der Verbraucheransprüche entfallen lässt und zu einer unbemerkten Verjährung führen kann.[1524] Schließlich ist zu sehen, dass das Bedürfnis für eine Änderung auf Beklagtenseite im Musterfeststellungsprozess weit weniger dringlich ist als im herkömmlichen Zivilprozess. Durch das Erfordernis der Glaubhaftmachung der Abhängigkeit der Ansprüche von den Feststellungszielen gem. § 606 III Nr. 2 ZPO und dem notwendigen Anmelderquorum nach § 606 III Nr. 3 ZPO wird sichergestellt, dass die materiell richtige Beklagte dem Musterfeststellungsprozess ausgesetzt wird.

Auch ein Wechsel auf Beklagtenseite ist ausgeschlossen.

Insgesamt lässt sich festhalten, dass durch die besonderen Vorschriften der §§ 606 ff. ZPO sowie das begrenzte Mandat zur Prozessführung durch die Verbraucher ein Wechsel bzw. eine Änderung sowohl auf Kläger- als auch auf Beklagtenseite ausgeschlossen ist. Wenn eine derartige Änderung vorgenommen werden soll, ist die Einleitung eines neuen Musterfeststellungsprozesses von Nöten.

1523 *Waclawik*, NJW 2018, 2921, 2923.

1524 Dieses Risiko generell bei einer Klageänderung aufzeigend: *Windau*, jM 2019, 404, 407; *Scholl*, ZfPW 2019, 317, 345.

§ 5 Mandatsniederlegung seitens des Prozessvertreters der klagenden qualifizierten Einrichtung

Die subjektive Klageänderung ist von dem anderweitig gelagerten Fall des Wechsels des Prozessvertreters der klagenden qualifizierten Einrichtung zu unterscheiden. Gemeinsam ist beiden Konstellationen, dass sich auf der Klägerseite die personelle Zusammensetzung verändert, auf welche der Verbraucher bei Abgabe seiner Anmeldungserklärung vertraut hat. Besonders virulent wird dies, wenn der Zeitpunkt der letztmaligen Anmeldungsrücknahme nach § 608 III ZPO bei der Mandatsniederlegung bereits verstrichen ist. Die Reputation renommierter Kanzleien mag so manchen Verbraucher zur Abgabe seiner Anmeldungserklärung bewogen haben, sodass ihn die Mandatsniederlegung härter treffen würde als ein (ohnehin unzulässiger) Klägerwechsel.

Doch ist zu beachten, dass nicht der Prozessvertreter, sondern die qualifizierte Einrichtung den Musterfeststellungsprozess führt. Der mandatierte Rechtsanwalt wird dabei nicht aus eigener Machtvollkommenheit tätig, sondern handelt aufgrund einer vertraglichen Vereinbarung mit der qualifizierten Einrichtung und ist deren Weisungen unterworfen.[1525] Prozessual verändert sich also nicht die rechtlich entscheidende Klägerstellung, sondern lediglich die Vertretung desselben. Auch der Grundsatz der Vertragsfreiheit spricht für die Zulässigkeit der Mandatsniederlegung, indem er gewährleistet, dass bei Vorliegen hinreichender Beendigungsgründe[1526] keine der beiden Seiten zwanghaft am Vertrag festgehalten werden kann. Die im Zeitpunkt des Vertragsschlusses noch unbekannte Masse der sich Anmeldenden vermag daran nichts zu ändern. Ihr Vertrauen wird jedoch insoweit geschützt, als der Prozessvertreter der qualifizierten Einrichtung als deren Erfüllungsgehilfe gem. § 278 S. 1 BGB[1527] tätig wird, sodass bei einem Fehler in der Prozessführung die Angemeldeten zumindest monetär entschädigt werden. Auf diese Weise wird die Expertise des Anwalts auch für die qualifizierte Einrichtung, die an sich keinen materiellen Rechtsverlust zu befürchten hat, eine ausschlaggebende Rolle spielen.

1525 Zu der Einordnung dieses Vertragsverhältnisses: Teil Zwei Kapitel Vier § 3 A. Einordnung des Vertrags zwischen Anwalt und qualifizierter Einrichtung (509).

1526 Einen Überblick über Beendigungstatbestände gebend: *Vollkommer/Greger/Heinemann*, Anwaltshaftungsrecht, ^{4}2014, § 6 Rn. 1 ff.

1527 Zum Pflichtenprogramm der klagenden qualifizierten Einrichtung: Teil Zwei Kapitel Vier § 2 C. II. Pflichtenprogramm der qualifizierten Einrichtung aus § 241 II BGB (497).

Unstimmigkeiten mit den Rechten der Angemeldeten werden, dem Effizienzgedanken des Musterfeststellungsverfahrens entsprechend, auf einen nachfolgenden Regressprozess des vormals Angemeldeten gegen die qualifizierte Einrichtung verschoben.

§ 6 Zusammenfassung der Ergebnisse hinsichtlich der Klageänderungsmöglichkeiten im Musterfeststellungsprozess

Insgesamt lässt sich zu den Klageänderungen im Musterfeststellungsprozess feststellen, dass die uneingeschränkte Pauschalverweisung in § 610 V 1 ZPO auf die §§ 263 f., 267 ZPO einer verfassungskonformen Einschränkung bedarf aufgrund der Struktur des Musterfeststellungsverfahrens in Kombination mit den Rechten der Angemeldeten. In aller Kürze lassen sich folgende wesentliche Ergebnisse zusammenfassen:

Es ist zwischen Klageänderungen vor und nach dem ersten Termin zur mündlichen Verhandlung zu differenzieren.

Klageänderungen vor dem ersten Termin zur mündlichen Verhandlung sind grundsätzlich zulässig, solange den angemeldeten Verbrauchern eine gebührende Zeit für die Austrittsentscheidung verbleibt. Mit der Anmeldung geht eine Obliegenheit zur Informierung über den laufenden Prozess einher.

Analog § 610 I 1 ZPO sind Klageänderungen unzulässig, wenn die angestrebten Feststellungsziele bereits in einem anderen Musterfeststellungsprozess rechtshängig sind.

Der objektive Bedeutungsgehalt der Anmeldungserklärung zum Klageregister spricht gegen die Zulassung von Klageänderungen nach dem ersten Termin zur mündlichen Verhandlung. Jedoch besteht auch im Musterfeststellungsprozess ein grundsätzliches Bedürfnis zur Zulassung von Klageänderungen.

Die gesetzgeberische Grundentscheidung zur Differenzierung zwischen § 263 ZPO und § 264 ZPO ist auch für das Musterfeststellungsverfahren zu übernehmen.

Eine Klageänderung aufgrund Einwilligung gem. § 263 Alt. 1 ZPO scheidet aus, da auch die Angemeldeten in diese einwilligen müssten, was aber aufgrund des bewussten Ausschlusses derselben aus dem Musterfeststellungsprozess nicht möglich ist. Gleiches gilt für die vermutete Einwilligung gem. § 267 ZPO.

Der Begriff der Sachdienlichkeit gem. § 263 Alt. 2 ZPO ist auf den Zweiparteienprozess zugeschnitten und liefert aufgrund der Vielschichtigkeit der Interessen der Angemeldeten für das Musterfeststellungsverfahren keinen angemessenen Interessenausgleich. Auch eine teleologische Auslegung ist aufgrund des Rechts der Angemeldeten aus Art. 103 I GG nicht möglich. Eine Klageänderung aufgrund Sachdienlichkeit scheidet mithin aus.

§ 264 Nr. 1 ZPO ist im Musterfeststellungsverfahren uneingeschränkt anwendbar.

Bei § 264 Nr. 2 ZPO ist zwischen einer Erweiterung und Beschränkung zu differenzieren. Eine Erweiterung ist unzulässig, wohingegen Beschränkungen möglich sind. Dies gilt sowohl für qualitative als auch quantitative Klageänderungen.

§ 264 Nr. 3 ZPO scheidet für das Musterfeststellungsverfahren aus, da er in diesem keinen Anwendungsbereich hat. Darüber hinaus scheitert eine solche privilegierte Klageänderung an der mangelnden Befugnis der qualifizierten Einrichtung.

Das Institut der Parteiänderung, gleich ob es auf die Klageänderungsvorschriften gestützt wird oder ein prozessuales Institut eigener Art darstellt, ist im Musterfeststellungsverfahren von vornherein nicht anwendbar. Parteierweiterungen sowie -änderungen scheiden somit aus, wodurch weder ein Beitritt noch eine Auswechslung auf Kläger- oder Beklagtenseite möglich ist. Ein Wechsel des Prozessvertreters auf Klägerseite ist hingegen nach allgemeinen Grundsätzen möglich.

Kapitel Drei: Widerklagen im Musterfeststellungsprozess

Im folgenden Kapitel verlagert sich der Fokus der Betrachtung, welcher bisher auf der klagenden qualifizierten Einrichtung und den angemeldeten Verbrauchern lag, auf die Beklagtenseite. Mit der Erhebung einer Widerklage kann die Beklagte prozessual auf eine Klage reagieren. Sie stellt kein bloßes Verteidigungsmittel gegen die Klage dar, sondern einen Angriff, der auf die Erlangung eines eigenen vollstreckungsfähigen Titels gerichtet ist.[1528] Per definitionem ist sie die in einem anhängigen Prozess erhobene Klage der Beklagten gegen den Kläger, die einen eigenständigen Streitgegenstand aufweist[1529] und ein neues Prozessrechtsverhältnis entstehen lässt[1530].

In den §§ 606 ff. ZPO ist die Möglichkeit der Erhebung von Widerklagen nicht ausdrücklich normiert, was das Schrifttum zur Kritik veranlasst hat.[1531] Dementsprechend gespalten stellt sich das Meinungsbild zur Zulässigkeit von Widerklagen im Musterfeststellungsprozess dar.[1532] Mangels gesetzlicher Klarstellung ist auch völlig unklar, inwieweit Widerklagen unter die öffentliche Bekanntmachungspflicht nach § 607 I bzw. III ZPO fallen.

Diese lückenhafte Regelungstechnik erscheint noch weniger nachvollziehbar, wenn ein vergleichender Blick in das KapMuG angestellt wird. Dort hat die Beklagte die Möglichkeit nach Einreichung einer Widerklage im Individualprozess die Erweiterung der Feststellungsziele im Musterprozess zu beantragen gem. § 15 KapMuG, welcher gerade nicht einseitig auf die Klägerseite, sondern allgemein auf die Beteiligten des Musterverfahrens abstellt.[1533] Zu den Beteiligten gehört nach § 9 I Nr. 2 KapMuG auch die Beklagte. Angesichts dieser Gesetzeslage wurde bereits eine analoge

---

1528 Statt vieler: *Riehm/Bucher*, ZZP 123 (2010), 347, 348.

1529 So u.a. und m.w.N.: Zöller/*Schultzky*, § 33 Rn. 9; *Rosenberg/Schwab/Gottwald*, Zivilprozessrecht, ^{18}2018, § 97 Rn. 7; *Bork*, JA 1981, 385, 386.

1530 *Kirschstein-Freund*, KTS 2004, 41, 44.

1531 *Hettenbach*, WM 2019, 577, 581; Musielak/Voit/*Stadler*, Vorbemerkung vor §§ 606 ff. Rn. 1.

1532 Einen kurzen Überblick über den Meinungsstand gebend: Musielak/Voit/*Stadler*, § 610 Rn. 8.

1533 Zu diesem im KapMuG eingeschlagenen Weg: *Kotschy*, in: Vorwerk/Wolf (Hrsg.), Kapitalanleger-Musterverfahrensgesetz, ^{2}2020, § 11 Rn. 22.

Anwendung des § 15 KapMuG auch für das Musterfeststellungsverfahren vorgeschlagen.[1534]

Bevor jedoch ein solcher Lückenschluss in Erwägung gezogen wird, sollte unter Berücksichtigung der gesetzgeberischen Intention ermittelt werden, inwieweit das Recht zur Widerklage bereits durch die allgemein anwendbaren Vorschriften gewährleistet ist. Dafür wird zunächst eruiert, ob die Widerklagevorschriften grundsätzlich für das Musterfeststellungsverfahren anwendbar sind. Sodann soll zwischen Widerklagen gegen die qualifizierte Einrichtung und Drittwiderklagen gegen die angemeldeten Verbraucher differenziert werden.

§ 1 Uneingeschränkte Anwendbarkeit der Regelungen über Widerklagen

Abgesehen von der verfassungsrechtlichen Notwendigkeit der Gewährung einer Widerklagemöglichkeit[1535] oder einer Einschränkung derselben, soll zunächst die grundsätzliche Anwendbarkeit des Instituts der Widerklage im Musterfeststellungsprozess untersucht werden. Es wurde bei der Einführung der §§ 606 ff. ZPO bereits vorausgesagt, dass über einen Zeitraum von zehn bis fünfzehn Jahren drei Phasen hinsichtlich der Erkenntnisse zur praktischen Wirksamkeit der Musterfeststellungsklage zu unterscheiden sein werden: die Klärung prozessualer Fragen[1536] bis zum rechtskräftigen Abschluss des Musterfeststellungsverfahrens, das sich daran anschließende Individualverfahren und schließlich ein Regressprozess der unterlegenen Verbraucher gegen die vormals klagende qualifizierte Einrichtung.[1537] Gemessen daran befindet sich die Erprobung der Musterfeststellungsklage noch in ihrer ersten Phase und es stellt sich daher vor allem in praktischer Hinsicht die noch nicht gelöste Frage, inwieweit Widerklagen im Musterfeststellungsverfahren zugelassen werden können.

Problematisch ist dabei, dass die Widerklage in der ZPO selbst keine explizite Regelung erfahren hat, sondern vielmehr von etlichen Vorschrif-

---

1534 *Hettenbach*, WM 2019, 577, 581.

1535 Zur prozessualen Waffengleichheit: Teil Zwei Kapitel Drei § 3 B. V. 2. Vergleich mit den Zwecken der Musterfeststellungsklage (420).

1536 Einen ersten Überblick über die bisherige Kasuistik in Musterfeststellungsverfahren (vor allem im Hinblick auf die Zulässigkeitsvoraussetzungen) gebend: *Schweiger/Wiedeck*, CB 2019, 335, 337.

1537 *Beckmann/Waßmuth*, WM 2019, 89, 96.

ten (wie z.B. §§ 33, 256 II, 322, 145 II ZPO) vorausgesetzt wird.[1538] Mangels ausdrücklicher Normierung der Widerklage in den §§ 253–494a ZPO führt die Verweisung des § 610 V 1 ZPO auf die Vorschriften des erstinstanzlichen Verfahrens vor den Landgerichten nicht zu einer prinzipiellen Anwendbarkeit der Widerklage, im Gegensatz zu den Vorschriften der Klageänderung. Dies liefert Nährboden dafür, dass bei der bestehenden gesetzlichen Regelung die Widerklage im Musterfeststellungsprozess ausgeschlossen ist und erst durch eine gegebenenfalls noch zu schaffende Zulassung gangbar gemacht werden muss.[1539] In dieselbe Richtung geht die Ansicht, welche de lege lata eine Widerklagemöglichkeit zumindest in Zweifel zieht.[1540] Auf der anderen Seite wird die schlichte Zuweisung der Klagebefugnis an die qualifizierten Einrichtungen ohne expliziten Ausschluss der Widerklagemöglichkeit für zu vage gehalten, um von einem Ausschluss derselben auszugehen.[1541]

Überzeugender erscheint die Annahme der grundsätzlichen Anwendbarkeit der Widerklage. Mit § 610 V 2 ZPO hat der Gesetzgeber eine abschließende Aufzählung derjenigen Regeln vollzogen, die er mit der Struktur und Funktion der Musterfeststellungsklage für unvereinbar hielt.[1542] Ein Ausschluss der Widerklage, welcher wie in § 595 I ZPO durch die explizite Nennung dieses Instituts zu bewerkstelligen gewesen wäre, wurde dabei gerade unterlassen. Im Übrigen soll der Musterfeststellungsprozess wie ein herkömmlicher Zivilprozess vonstattengehen.[1543] Auch in diesem ist die Widerklage ohne ausdrückliche Anwendbarkeitserklärung statthaft. Ob dabei eine gesetzliche Verortung der Widerklage in § 33 ZPO erblickt oder die Widerklage aufgrund ihrer Natur für allgemein anwendbar gehalten wird, macht im praktischen Ergebnis keinen Unterschied. Aufgrund der Eigenschaft des Musterfeststellungsverfahrens als ein im Kern gewöhnlicher Zivilprozess kann nicht von vornherein von einem Ausschluss der

1538 Stein/Jonas/*Roth*, § 33 Rn. 1; BeckOK ZPO/*Toussaint*, § 33 Rn. 1; *Korte*, JA 2005, 534; *Koch*, JA 2013, 95.

1539 *Waclawik*, NJW 2018, 2921, 2926.

1540 *Balke/Liebscher/Steinbrück*, ZIP 2018, 1321, 1328; *Hettenbach*, WM 2019, 577, 579.

1541 *De Lind van Wijngaarden*, in: Nordholtz/Mekat (Hrsg.), Musterfeststellungsklage, 2019, § 6 Rn. 65 ff.

1542 *Waßmuth/Asmus*, ZIP 2018, 657, 662.

1543 *Thiery/Schlingmann*, DB 2018, 2550, 2552 f.; *Hettenbach*, WM 2019, 577, 578.

Widerklage ausgegangen werden. Diese ist im Prinzip vollumfänglich anwendbar.[1544]

Davon zu differenzierende Fragen sind, ob die grundsätzlich anwendbare Widerklage aufgrund des Charakters des Musterfeststellungsverfahrens vollständig oder teilweise ausgeschlossen sein soll[1545] oder eine Widerklage an den nicht gegebenen Voraussetzungen des § 33 ZPO scheitert.[1546] Diesen Aspekten wird im Folgenden näher nachgegangen, wobei die Vorschriften zur Widerklage mangels expliziten Ausschlusses für grundsätzlich anwendbar gehalten werden.

§ 2 Drittwiderklagen unter Einbeziehung der Verbraucher

Zunächst ist somit zu beleuchten, ob eine im herkömmlichen Prozess unter bestimmten Voraussetzungen zulässige streitgenössische bzw. isolierte Drittwiderklage auch im Musterfeststellungsprozess zulässig ist. Abweichungen von den allgemeinen Grundsätzen müssen durch die Besonderheiten und die Struktur der Musterfeststellungklage gerechtfertigt sein.[1547]

Dabei ist vorab festzustellen, dass sowohl der angemeldete als auch der nicht angemeldete Verbraucher Dritter im Sinne der Drittwiderklage ist. Dritter ist eine Person, welche im anhängigen Verfahren weder Kläger noch Beklagte ist, wobei der formelle Parteibegriff der ZPO zugrundezulegen ist.[1548] Der Musterfeststellungsprozess soll als Zweiparteienprozess gerade nur zwischen der qualifizierten Einrichtung und der Beklagten unter Ausschluss der (angemeldeten) Verbraucher geführt werden.[1549]

Im Interesse der Übersichtlichkeit und der weitgehend gleichlaufenden Argumentation gegen die Zulassung beider Erscheinungsformen sollen die streitgenössische und die isolierte Drittwiderklage[1550] gemeinsam behandelt werden.

Gegen die Zulassung von Drittwiderklagen spricht, dass die Beteiligung Dritter das Verfahren sowie dessen Auswirkungen noch komplexer ma-

---

1544 Von einer grundsätzlichen Widerklagemöglichkeit ausgehend: *Hartmann*, VersR 2019, 528, 530.

1545 *Röthemeyer*, Musterfeststellungsklage, ^{2}2020, § 610 Rn. 70 f.

1546 *Weinland*, Die neue Musterfeststellungsklage, 2019, Rn. 59 f.

1547 BT-Drs. 19/2439, S. 26.

1548 Stein/Jonas/*Roth*, § 33 Rn. 40 f.

1549 BT-Drs. 19/2439, S. 1.

1550 Einen kurzen Überblick über die beiden Erscheinungsformen gebend: BeckOK ZPO/*Toussaint*, § 33 Rn. 15 ff.

chen.[1551] Neben den zu wahrenden prozessualen Rechten würde das Musterfeststellungsverfahren mit Fragen belastet, die nur Einzelne betreffen, wie etwa Details zur Kausalität und zur Höhe des Schadens im Hinblick auf den einzelnen Anspruch.[1552] Dies widerspricht eklatant dem Anliegen, durch die §§ 606 ff. ZPO ein besonders effizientes Verfahren zur Klärung von Verbraucheransprüchen zu etablieren[1553], da Verzögerungen unweigerlich in Kauf genommen werden müssten. Das ursprüngliche Konzept kann nur dann erreicht werden, wenn sich der gerichtliche Klärungsaufwand auf generelle und abstrakte Feststellungsziele beschränkt.

Des Weiteren spricht ein mehr die von der Rechtsprechung aufgestellten Voraussetzungen betreffender Gesichtspunkt gegen die Zulässigkeit von Drittwiderklagen. Mit der Einbeziehung der Verbraucher würden deren schutzwürdige Interessen verletzt.[1554] Den Verbrauchern ist es verwehrt auf den Musterfeststellungsprozess Einfluss zu nehmen und sie sind hinsichtlich ihrer Individualrechtsdurchsetzung für die Dauer des Verfahrens gesperrt, doch stünden sie hilflos einer Inanspruchnahme durch die Unternehmer im Wege der Drittwiderklage gegenüber. Dieses Ungleichgewicht zwischen Passivität auf der einen, aber erzwingbarer Aktivität durch eine Drittwiderklage auf der anderen Seite vermag eine Interessenverletzung der Verbraucher zu begründen.

Darüber hinaus ist der Wortlaut des § 606 I 1 ZPO zu beachten, der keine Erhebung einer Musterfeststellungsklage von Unternehmerseite gegen die Verbraucher vorsieht.[1555] Der Musterfeststellungsprozess findet demnach ausschließlich zwischen der qualifizierten Einrichtung und dem Unternehmer statt. Mit der Drittwiderklage entstünde eine von den §§ 606 ff. ZPO nicht normierte Konstellation, deren Handhabung ungewiss ist. Die parallele Anwendung allgemeiner Klageregelungen neben denen der eigenständigen Klageart[1556] der Musterfeststellungsklage führt zu unvorhergesehenen und praktisch nur schwer lösbaren Problemen, was dem auch bei Drittwiderklagen analog anwendbaren § 260 ZPO zuwiderläuft.[1557] Beispielhaft soll die weitere Streitverkündung seitens der Verbraucher und

1551 *Schweiger/Meißner*, CB 2018, 240, 247.
1552 *Weinland*, Die neue Musterfeststellungsklage, 2019, Rn. 61.
1553 BT-Drs. 19/2439, S. 17.
1554 *Weinland*, Die neue Musterfeststellungsklage, 2019, Rn. 61.
1555 *Beckmann/Waßmuth*, WM 2019, 89, 93 f.
1556 Statt vieler: *Heese*, JZ 2019, 429, 433.
1557 Zu § 260 ZPO als Voraussetzung für eine Widerklage: BGHZ 149, 222, 227. Auch im Hinblick auf § 260 ZPO Bedenken gegen Musterfeststellungswiderklagen äußernd: *Hettenbach*, WM 2019, 577, 580.

die Streitwertbestimmung genannt werden. Die Deckelung des Streitwerts der Musterfeststellungsklage gem. § 48 I 2 GKG auf maximal 250.000 € kann durch die notwendige Zusammenrechnung des Streitwerts von Klage und Widerklage nach § 45 I 1 GKG unter Umständen nicht aufrechterhalten werden. Die weitere Streitverkündung seitens der Verbraucher zulasten eines Unternehmers verstößt nicht gegen die Vorschrift des § 610 VI ZPO, sofern man sie in diesem Verhältnis überhaupt anwenden will.

Schließlich würde die Zulassung von Drittwiderklagen zur massenhaften Einbeziehung von Verbrauchern in den Musterfeststellungsprozess führen.[1558] Dies widerspricht diametral dem in § 610 VI ZPO zum Ausdruck kommenden Anliegen des Gesetzgebers, eine Beteiligung von angemeldeten wie nicht angemeldeten Verbrauchern am Musterfeststellungsverfahren aus Effizienzgründen auszuschließen.[1559] Eine analoge Anwendung des § 610 VI ZPO erscheint für den Fall der Drittwiderklage gerechtfertigt.[1560] Die planwidrige Regelungslücke besteht darin, dass der Gesetzgeber die Möglichkeit von Drittwiderklagen wohl gänzlich übersehen hat.[1561] Für die Planwidrigkeit spricht auch, dass in der Gesetzesbegründung mit keinem Wort auf das Institut der Widerklage eingegangen wurde. Die Interessenlage ist absolut vergleichbar, zumal der Verbraucher über die Drittwiderklage sogar noch in weit stärkerem Maße an dem Musterfeststellungsverfahren beteiligt würde, als dies über die von § 610 VI ZPO explizit ausgeschlossene Nebenintervention bzw. Streitverkündung möglich ist. § 610 VI ZPO soll eine Einbeziehung von Verbrauchern generell ausschließen[1562], sodass der Rechtsgedanke der Regelung auch auf den Fall der Drittwiderklage anzuwenden ist.

Insgesamt lässt sich festhalten, dass Drittwiderklagen unter Einbeziehung von Verbrauchern im Musterfeststellungsprozess nicht möglich sind. Falls Widerklagen zugelassen werden sollten, müssen sich diese ausschließlich gegen die qualifizierte Einrichtung richten.

1558 *Schmidt*, WM 2018, 1966, 1969.

1559 BT-Drs. 19/2439, S. 27. Ebenfalls auf den Rechtsgedanken des § 610 VI ZPO abstellend, allerdings nur für den speziellen Fall der Zedentenwiderklage im Musterfeststellungsprozess: *Müller*, GWR 2019, 399, 400 f.

1560 Ebenso: *Fölsch*, DAR Extra 2018, 736, 737.

1561 *Ders.*, DAR Extra 2018, 736, 737.

1562 *Schmidt*, in: Baumbach/Lauterbach/Albers u.a. (Hrsg.), Zivilprozessordnung, [77]2019, Beilage zur 77. Auflage § 606 Rn. 17; *Mekat*, in: Nordholtz/Mekat (Hrsg.), Musterfeststellungsklage, 2019, § 8 Rn. 58.

§ 3 Widerklagen gegen die qualifizierte Einrichtung

Ausgehend von der grundsätzlichen Anwendbarkeit der Widerklagevorschriften im Musterfeststellungsprozess steht im Folgenden die qualifizierte Einrichtung als potentieller Gegner einer Widerklage im Blickpunkt der Betrachtung. Abweichungen von den allgemeinen Vorschriften bedürfen – wie auch der Gesetzgeber bei der Schaffung des § 610 ZPO festgestellt hat[1563] – eines besonderen, in der Struktur der Widerklage angelegten Grundes.[1564] Daher werden die im Musterfeststellungsprozess abweichenden Interessen eruiert und anschließend bewertet, inwiefern sie eine Einschränkung oder Sperrung der Widerklagemöglichkeit erzwingen.

Aufgrund der überragenden Bedeutung des ersten Termins der mündlichen Verhandlung[1565] im Hinblick auf die letztmögliche Anmeldungsrücknahme bietet sich eine nach diesem Zeitpunkt differenzierende Betrachtung der Widerklagemöglichkeit an.[1566]

A. Widerklagemöglichkeit vor dem Verstreichen der Austrittsmöglichkeit gem. § 608 III ZPO

Eine auf den ersten Blick naheliegende pauschale Übernahme der Argumentation und Ergebnisse der Diskussion um die Klageänderungsmöglichkeit vor dem Verstreichen des letztmaligen Rücknahmezeitpunktes[1567] verbietet sich im Falle der Betrachtung der Widerklagemöglichkeit aus mehreren Gründen. Zum einen ist es nicht die im Lager der Verbraucher stehende qualifizierte Einrichtung, die zum Wohle der Angemeldeten ihre Feststellungsziele ändern will, sondern die auf eine effektive und umfassende Abwehr bedachte Beklagtenseite. Die Schutzbedürftigkeit weicht somit erheblich voneinander ab. Zum anderen bindet der Wortlaut des § 606 I 1 ZPO nur die qualifizierte Einrichtung an die Formulierung von Feststellungszielen, sodass der Umfang der Anträge, welche von der Beklagten gegebenenfalls eingebracht werden können, unklar erscheint.

1563 BT-Drs. 19/2439, S. 26.

1564 *De Lind van Wijngaarden*, in: Nordholtz/Mekat (Hrsg.), Musterfeststellungsklage, 2019, § 6 Rn. 5.

1565 *Hettenbach*, WM 2019, 577, 578 f.

1566 Eine Widerklage für pauschal unzulässig haltend: *Windau*, jM 2019, 404, 409.

1567 Teil Zwei Kapitel Zwei § 2 Klageänderungen vor dem Termin zur ersten mündlichen Verhandlung (330).

Es ist mithin eine Unterscheidung zwischen der grundsätzlichen Zulässigkeit und dem erlaubten Umfang der Widerklageanträge vorzunehmen.

I. Grundsätzliche Zulässigkeit von Widerklagen vor dem Verstreichen des letztmaligen Anmeldungsrücknahmezeitpunktes

In Bezug auf die grundsätzliche Zulässigkeit der Erhebung von Widerklageanträgen ist die Situation der Beklagten derjenigen des Klägers bei der Klageänderung nicht unähnlich, sodass die bei der Klageänderung angebrachten Argumente[1568] entsprechende Geltung beanspruchen. Die Erhebung von Widerklageanträgen muss ebenso wie die Klageänderung analog § 607 I Nr. 3 ZPO im Klageregister öffentlich bekannt gemacht werden. Sie betrifft das Feststellungsprogramm und somit die Substanz der Musterfeststellungsklage, was eine Analogie zu § 607 I Nr. 3 ZPO näherliegend erscheinen lässt als eine solche zu § 607 III 1 ZPO. Jedenfalls ist zu gewährleisten, dass das Feststellungsprogramm als *Geschäftsgrundlage*[1569] für Angemeldete bzw. Interessenten an einer Anmeldung öffentlich einsehbar ist.

Unproblematisch gestaltet sich wiederum die Anmeldung zum Klageregister, welche nach der Erhebung und öffentlichen Bekanntmachung der Widerklageanträge stattfindet. Durch die Anmeldung zum bereits geänderten Programm bezieht sich das Einverständnis zugleich auf die Widerklageanträge.

Problematischer erscheinen die Anmeldungen, die bereits vor der Erhebung der Widerklageanträge getätigt wurden. Auch an dieser Stelle muss sich die Frage anschließen, inwieweit dem unterlassenen Austritt ein Erklärungswert im Hinblick auf das geänderte Feststellungsprogramm beigemessen werden kann. Hier können die bereits angeführten Argumente zur Zulässigkeit von Klageänderungen vor dem Termin zur ersten mündlichen Verhandlung, wie z.B. die Informationsobliegenheit der Verbraucher und die adäquate Risikoverteilung, Geltung beanspruchen.[1570] Verstärkend wirken bei der Widerklage zwei Gesichtspunkte: Einerseits spricht der Grundsatz der prozessualen Waffengleichheit für eine spiegelbildliche

1568 S. dafür: Teil Zwei Kapitel Zwei § 2 Klageänderungen vor dem Termin zur ersten mündlichen Verhandlung (330).

1569 *Schmidt*, WM 2018, 1966, 1969 f.

1570 Teil Zwei Kapitel Zwei § 2 Klageänderungen vor dem Termin zur ersten mündlichen Verhandlung (330).

Behandlung der Klageänderungs- und Widerklagemöglichkeit.[1571] Andererseits spricht der Grundsatz der umfassenden Sachbehandlung noch stärker als bei der Klageänderung für eine Zulassung der Widerklage in diesem Prozessstadium. Die Beklagte ist, im Gegensatz zu der qualifizierten Einrichtung, materiell an den Ansprüchen beteiligt. Sie kann demnach die aus ihrer Sicht maßgeblichen Gesichtspunkte aus erster Hand in den Prozess einführen und so die noch verbleibenden Restfragen im Individualverfahren auf ein Minimum reduzieren. Die von § 610 IV ZPO beabsichtigte Steuerungswirkung kann nur mit dem Wissen um Einwendungen und der Geltendmachung von Gegenrechten der Beklagtenseite vollends greifen. Die Einführung naheliegender Einwendungen erlaubt eine umfassende und prozessökonomische prozessuale Aufarbeitung des Geschehens.

Grundsätzlich sind Widerklageanträge vor dem Verstreichen des letztmaligen Rücknahmezeitpunktes zuzulassen.[1572]

II. Zulässige Anträge: § 606 I 1 ZPO analog

Eine andere Frage ist, in welchem Umfang Gegenanträge zuzulassen sind. § 606 I 1 ZPO, der als Sondervorschrift zu § 253 II Nr. 2 ZPO nur besondere Anträge in Form von Feststellungszielen erlaubt[1573], gilt nach seinem Wortlaut nur für die qualifizierte Einrichtung als klagende Partei. Dies verleitet zu der Annahme, dass die Beklagtenseite in ihrer Antragstellung nicht auf Feststellungsziele beschränkt ist, sondern umfassend beantragen kann. Immerhin kann der Angemeldete auf die umfassenden Anträge noch reagieren, indem er seine Anmeldung zurücknimmt. Der Gedanke der Parteiidentität wird in diesem Stadium noch nicht virulent, zumal § 610 IV ZPO gerade ein umfassendes Feststellungsprogramm gewährleisten will, dessen sich der Angemeldete noch entziehen kann.

Doch widerspräche dies dem Zweck der Musterfeststellungsklage und würde Missbrauchspotential auf Beklagtenseite Tür und Tor öffnen. Es sollen zentrale Streitfragen mit Breitenwirkung entschieden[1574], nicht abschließend über Ansprüche der Angemeldeten geurteilt werden. Die Beklagte könnte durch geschickte Formulierung ihrer Widerklageanträge zahlreiche klärungsbedürftige Einzelheiten in den Musterfeststellungspro-

1571 BeckOK ZPO/*Lutz*, § 610 Rn. 14.
1572 Dafür auch: *Hettenbach*, WM 2019, 577, 581.
1573 Teil Zwei Kapitel Eins § 3 B. II. 1. Abgrenzung zur Rechtskraft (89).
1574 BT-Drs. 19/2439, S. 16.

zess einführen und so zu einer immensen zeitlichen Verzögerung der Entscheidung beitragen. Währenddessen sind die Angemeldeten gem. §§ 610 III, 613 II ZPO hinsichtlich der Individualrechtsverfolgung ihrer Ansprüche gesperrt. Der angestrebte Effizienzgewinn durch eine Abstrahierung der klärungsbedürftigen Punkte wäre zunichte gemacht. Auch gebietet die prozessuale Waffengleichheit keine Besserstellung gegenüber der qualifizierten Einrichtung, sondern lediglich eine Gleichbehandlung. § 610 IV ZPO nimmt mit den Klageanträgen auf die besondere Form derselben als Feststellungsziele gem. § 606 I 1 ZPO Bezug und will auch nur insofern ein umfassendes Feststellungsprogramm sicherstellen. Aufgrund der insgesamt unterlassenen Reglementierung der Widerklagemöglichkeit erscheint diese Lücke auch als planwidrig. Die Interessenlage zwischen der Antragstellung auf Kläger- und Beklagtenseite ist – wie soeben dargestellt – absolut vergleichbar. Überzeugend ist daher eine analoge Anwendung des § 606 I 1 ZPO auf die Widerklageanträge der Beklagtenseite. Die Beklagte kann nur wie die Klägerseite und damit unter den gleichen Hürden der §§ 606 ff. ZPO Anträge im Musterfeststellungsprozess stellen. Unterlassen es die Angemeldeten jedoch nach Erhebung der Widerklageanträge auszutreten, ist diesem Versäumnis ebenso wie bei der Klageänderung der Erklärungswert der Billigung des Feststellungsprogramms beizumessen.

Im Endeffekt bleibt festzuhalten, dass Widerklageanträge unter den gleichen Voraussetzungen wie Klageänderungen vor dem Verstreichen der letztmöglichen Rücknahmemöglichkeit zulässig sind. Auch dabei ist darauf zu achten, dass dem Angemeldeten eine ausreichende Bedenkzeit für die Rücknahme der Anmeldungserklärung verbleibt.

B. Möglichkeit der Erhebung einer Widerklage nach dem Verstreichen der Ausstiegsmöglichkeit

Auf die besondere Brisanz der Formulierung der Feststellungsziele wurde unter mehreren Gesichtspunkten hingewiesen. So hängt der Umfang der Bindungswirkung[1575], aber auch die besonderen Effekte[1576] wie z.B. derjenige gem. § 610 I ZPO, wesentlich von der konkreten Ausgestaltung der Feststellungsziele ab. Letztlich sollte auch aus haftungsrechtlichen Grün-

1575 *Mekat*, in: Nordholtz/Mekat (Hrsg.), Musterfeststellungsklage, 2019, § 8 Rn. 61.

1576 *Rohls*, in: Nordholtz/Mekat (Hrsg.), Musterfeststellungsklage, 2019, § 3 Rn. 45.

den eine besondere Sorgfalt für die Abfassung der Anträge aufgewendet werden.[1577]

Eine ganz andere Dimension erhalten diese Warnungen jedoch, wenn man sich die mangelnde Einflussnahmemöglichkeit der Beklagtenseite auf das Feststellungsprogramm bei einer Verneinung der Widerklagemöglichkeit vor Augen führt.[1578] Dann liegt es allein in der Hand der klagenden qualifizierten Einrichtung durch eine geschickte Antragstellung eine umfassende Aufarbeitung des Rechtsstreits zu erreichen. Dies scheint die Formulierung des § 606 I 1 ZPO nahezulegen, der nur von der qualifizierten Einrichtung spricht. Doch ist im Gegenzug zu fragen, ob diese Auslegung nicht unrechtmäßig die Interessen der Kläger- bzw. Angemeldetenseite gegenüber den ohnehin in den §§ 606 ff. ZPO nur spärlich berücksichtigten Interessen der Beklagtenpartei[1579] bevorzugt. Bei der vorliegenden mehrpoligen Interessenlage darf nicht aus rein pragmatischen Gründen ohne gesetzliche Grundlage eine Seite das bedingungslose Nachsehen haben, ohne die maßgeblichen zugrundeliegenden Gesichtspunkte zu offenbaren. Allein die Stellung als Beklagte im Musterfeststellungsverfahren vermag an sich noch keine Rechtsbeeinträchtigung zu rechtfertigen. Im Folgenden sollen daher die einzelnen Seiten mitsamt damit einhergehenden Interessen auf ihr Für und Wider zur Zulassung einer Widerklagemöglichkeit untersucht werden.

I. Spannungsverhältnis mit dem Anspruch auf rechtliches Gehör der Angemeldeten

Ausgangspunkt der Analyse der Interessenlage soll die neue prozessuale Figur der gebundenen Nichtpartei[1580] sein, welche durch die §§ 606 ff. ZPO etabliert wurde. Der angemeldete Verbraucher erhält im Musterfeststellungsverfahren keine anderen Rechte als jeder Dritte[1581], obwohl er über § 613 I 1 ZPO unmittelbar rechtlich von dessen Ausgang betroffen ist. Bestehen dagegen schon grundsätzlich Bedenken bezüglich des Petitums des Art. 103 I GG im Hinblick auf eine eigenbestimmte und situationsspe-

---

1577 *Heese*, JZ 2019, 429, 435.

1578 Auf diesen Aspekt hinweisend: *Weinland*, Die neue Musterfeststellungsklage, 2019, Rn. 152; BeckOK ZPO/*Lutz*, § 606 Rn. 23.

1579 *Waclawik*, NJW 2018, 2921, 2923.

1580 *Röthemeyer*, MDR 2019, 6, 11.

1581 *Beckmann/Waßmuth*, WM 2019, 89, 93 f.

zifische Prozessgestaltung[1582], so gilt dies erst recht bei der Zulassung von Widerklagen nach dem Verstreichen des letztmöglichen Rücknahmezeitpunktes gem. § 608 III ZPO. Der Angemeldete muss ohne Reaktionsmöglichkeiten das durch die Widerklageanträge erweiterte Feststellungsprogramm in Kauf nehmen. Mangels Rücknahmemöglichkeit kann auch dem unterlassenen Austritt kein Erklärungswert in Richtung Billigung des geänderten Feststellungsprogramms beigemessen werden. Bei Zulassung der Widerklagemöglichkeit nach dem letztmöglichen Rücknahmezeitpunkt bleibt dem Angemeldeten nichts als die stillschweigende Hinnahme der erweiterten Bindungswirkung.

Etwas anderes ergibt sich auch nicht aus der Möglichkeit eines umfassenden Vergleichsschlusses seitens der qualifizierten Einrichtung, welcher gegebenenfalls die bei der Anmeldung vorhergesehene Bindungswirkung gem. § 613 I 1 ZPO übersteigt.[1583] Die Zuweisung einer umfassenden Vergleichsmöglichkeit beruht auf der Gewährung einer breiten gesetzlichen Vertretungsmacht in § 611 I ZPO, die ihre Wurzel in der Hoffnung einer erschöpfenden Klärung der Streitigkeit hat.[1584] Zwar ist eine solche Klärung auch durch die Erweiterung des Feststellungsprogramms durch eine Widerklage erreichbar. Doch ist gerade dafür keine gesetzliche Vertretungsmacht der qualifizierten Einrichtung vorgesehen worden, was somit eher zu einem Umkehrschluss zu § 611 I ZPO und damit zu einer Verneinung der Widerklagemöglichkeit einlädt. Entscheidend ist auch, dass bei einem derart weitgehenden Vergleichsschluss über die Regelung in § 611 IV 2 ZPO eine Austrittsmöglichkeit gewährt wird[1585], was zur Wahrung der Rechte der Angemeldeten bei einer etwaigen Widerklage nicht vorgesehen ist. Die Gewährung einer weitgehenden Vergleichsschließungsmacht beruht auf einer spezifischen Interessenabwägung mitsamt damit einhergehendem Sicherungsmechanismus, sodass daraus kein Argument für die insoweit anders gelagerte Widerklagemöglichkeit gewonnen werden kann.

Der Anspruch auf rechtliches Gehör der Angemeldeten spricht gegen eine Zulassung der Widerklagemöglichkeit nach Ablauf des letztmöglichen Anmeldungsrücknahmezeitpunktes.

1582 BVerfG NJW 2007, 2242, 2243.

1583 Aufgrund dieser Möglichkeit eine Widerklagezulassung als vertretbar erachtend: *Schmidt*, WM 2018, 1966, 1969.

1584 BT-Drs. 19/2439, S. 28.

1585 Darauf zur Abschwächung des Argumentes zur Zulassung einer Widerklage hinweisend: *Schmidt*, WM 2018, 1966, 1969.

II. Objektiver Bedeutungsgehalt der Anmeldungserklärung

Als weiterer Gesichtspunkt der Interessenanalyse ist die typisierte Anmeldungserklärung auf Seiten des Verbrauchers zu berücksichtigen. Die Reichweite der durch die Anmeldung erteilten Ermächtigung hängt entscheidend vom objektiven Bedeutungsgehalt derselben ab, was wiederum im Kontext zu der bei ihrer Abgabe zur Verfügung gestellten Informationen steht.

Ebensowenig wie das Risiko einer Klageänderung[1586] wird dem Verbraucher die Möglichkeit einer Widerklage im Musterfeststellungsprozess bei der Anmeldung vor Augen geführt. Das Anmeldeformular, die Ausfüllhinweise und die Bekanntmachungen nach § 607 I Nr. 6 und 7 ZPO enthalten keinerlei Andeutungen auf etwaige Widerklagen im Musterfeststellungsprozess. Ohne darauf hingewiesen worden zu sein, wird sich der Angemeldete der Möglichkeit, dass sich der Umfang seiner prognostizierten Bindungswirkung durch eine Widerklage ändern kann, nicht gewahr sein. Mangels eines expliziten Hinweises in den §§ 606 ff. ZPO, der auch zu voneinander abweichenden Auffassungen in der Literatur führt, kann der an der Anmeldung interessierte Verbraucher nicht einmal durch Gesetzeslektüre feststellen, ob und in welchem Umfang Widerklagen im Musterfeststellungsprozess erhoben werden können. Bei Abgabe der Anmeldungserklärung rechnet der durchschnittlich informierte Verbraucher[1587] somit nicht mit einer Widerklage, was gegen deren Zulässigkeit spricht.

Dagegen spricht auch nicht, dass im herkömmlichen Zivilprozess immer mit dem Risiko einer Widerklage gerechnet weder muss.[1588] Diese Annahme beruht darauf, dass zwischen den Parteien bereits ein Prozessrechtsverhältnis besteht und beim Anstrengen einer rechtlichen Auseinandersetzung mit Gegenwehr zu rechnen ist.[1589] Im Bereich eines gestörten Rechtsfriedens soll eine umfassende Klärung des Streitverhältnisses stattfinden.[1590] Das trifft auf die Situation der Angemeldeten jedoch nicht zu, zumal sich die einzige Handlung der Verbraucher in Form der Anmel-

---

1586 Dazu: Teil Zwei Kapitel Zwei § 3 B. Abermals: objektiver Bedeutungsgehalt der Anmeldungserklärung (342).

1587 Für die Maßgeblichkeit dieses Empfängerhorizontes: *Winkelmeier-Becker*, in: Schäfer (Hrsg.), Der Gesetzesentwurf zur "Musterfeststellungsklage", 2018, S. 92, 93.

1588 Dazu: *Kirschstein-Freund*, KTS 2004, 41, 47.

1589 *Ders.*, KTS 2004, 41, 47.

1590 *Fenn*, AcP 163 (1963), 152, 177.

dung zum Klageregister bewusst außerhalb des Prozessrechtsverhältnisses zwischen der Beklagten und der qualifizierten Einrichtung vollzieht.

Zwischen der Beklagten im Musterfeststellungsprozess und den Angemeldeten besteht kein Prozessrechtsverhältnis[1591], welches eine Widerklageerhebung aus sich heraus rechtfertigen würde. Ein Rechtsverhältnis entsteht allenfalls zur qualifizierten Einrichtung durch die Anmeldung, da der Verbraucher einzig und allein mit dieser in Kontakt tritt. Das Verhältnis zwischen der qualifizierten Einrichtung und den Angemeldeten ist aber eine reine Innenrechtsbeziehung, aus der die Beklagtenseite keine prozessualen Rechte herzuleiten vermag. Auch hat der Angemeldete nicht selbst die rechtliche Auseinandersetzung angestrengt. Vielmehr ist die Klageschrift, welche das zum Ausdruck gebrachte Rechtsschutzbegehren zur Entscheidung des Gerichts stellt[1592], bereits vor der Anmeldung der Verbraucher am zuständigen Gericht eingereicht worden. Begonnen wurde die rechtliche Auseinandersetzung[1593] somit von der qualifizierten Einrichtung, nicht von den Angemeldeten. Die Anmeldung stellt sich demgegenüber als unselbständiger Anschluss an ein bereits bestehendes Streitverhältnis dar, welcher in erster Linie nur zwischen dem Kläger und dem Angemeldeten Wirkung entfaltet. Ein eigenständiger Angriff, welcher die Gegenwehr der Beklagten provoziert, kann darin nicht gesehen werden. Somit ist lediglich der Kläger als Aggressor anzusehen, der mit einem Widerklagerisiko zu rechnen hat und nicht der angemeldete Verbraucher.

Für dieses Ergebnis spricht auch die bereits abgelehnte Anwendung des § 81 ZPO auf die qualifizierte Einrichtung.[1594] Diese Vorschrift ermächtigt zu Handlungen im Kontext einer Widerklage, auch wenn sich die zuvor erteilte Prozessvollmacht nicht ausdrücklich darauf bezog. Eine derart umfassende Ermächtigung kann durch die Anmeldung zum Klageregister nicht angenommen werden. Die Handlungsbefugnis für die qualifizierte Einrichtung bezieht sich ausschließlich auf das zuvor öffentlich bekanntgemachte Feststellungsprogramm. Eine Abtretung, die umfassende prozessuale Handlungsmöglichkeiten der qualifizierten Einrichtung nach sich zöge, wird durch die Anmeldung zum Klageregister gerade nicht erklärt.

1591 Ebenso: *Müller*, GWR 2019, 399.

1592 BeckOK ZPO/*Bacher*, § 253 Rn. 34.

1593 Zur Maßgeblichkeit des Beginns der rechtlichen Auseinandersetzung: *Kirschstein-Freund*, KTS 2004, 41, 47.

1594 Teil Zwei Kapitel Zwei § 3 B. Abermals: Auslegung der Anmeldungserklärung seitens der Verbraucher (342).

Im Ergebnis spricht auch die partikulare Prozessermächtigung gegen die Zulassung von Widerklagen.

Die typisierte Sicht der Verbraucher bei der Abgabe der Anmeldungserklärung spricht gegen die Zulassung von Widerklagen im Musterfeststellungsprozess.

III. Wortlaut des § 606 I 1 ZPO

Als nächster, potentiell gegen einen Ausschluss der Widerklage im Musterfeststellungsprozess sprechender Umstand soll der Wortlaut des § 606 I 1 ZPO näher betrachtet werden. Strikt differenziert wird dabei zwischen dem generellen Ausschluss der Widerklagemöglichkeit durch die Formulierung in § 606 I 1 ZPO und dem Vorliegen der Voraussetzungen einer konkret beabsichtigten Widerklage.[1595] Bei der Annahme eines umfassenden Ausschlusses der Widerklagemöglichkeit schon durch die Formulierung des § 606 I 1 ZPO stellt sich die Frage des Vorliegens der Voraussetzungen für eine konkret erhobene Widerklage bereits im Grundsatz nicht. Die Frage, ob § 606 I 1 ZPO Widerklagen zulässt oder ausschließt, ist derjenigen des Vorliegens der Tatbestandsvoraussetzungen einer Widerklage somit denknotwendig vorgelagert.

1. Wortlaut als Anhaltspunkt für oder gegen die Zulassung von Widerklagen?

Dreh- und Angelpunkt der Problematik ist, dass § 606 I 1 ZPO nicht nur die Feststellung positiver, sondern in seiner Formulierung auch die Feststellung negativer Anspruchsvoraussetzungen zulässt. Diese Tatsache und die Konstatierung eines legitimen Interesses[1596] der Beklagtenseite an der Feststellungsfähigkeit auch anspruchsausschließender Voraussetzungen führten zu dem Standpunkt, dass der Beklagten die Erhebung einer Widerklage gestattet sein müsse.[1597] Diese Vorschrift ergebe nur Sinn,

---

1595 Keine klare Trennung dahingehend vornehmend: *Schmidt*, in: Baumbach/Lauterbach/Albers u.a. (Hrsg.), Zivilprozessordnung, [77]2019, Beilage zur 77. Auflage § 606 Rn. 17; *Weinland*, Die neue Musterfeststellungsklage, 2019, Rn. 59 f.

1596 *Schneider*, BB 2018, 1986, 1990.

1597 *Hettenbach*, WM 2019, 577, 578; *Balke/Liebscher/Steinbrück*, ZIP 2018, 1321, 1328; *de Lind van Wijngaarden*, in: Nordholtz/Mekat (Hrsg.), Musterfeststellungsklage, 2019, § 6 Rn. 65 ff.; *Waßmuth/Asmus*, ZIP 2018, 657, 663 f.; *Mekat*,

wenn negative Voraussetzungen von Unternehmerseite beantragt werden können[1598], da es der qualifizierten Einrichtung regelmäßig nicht um die Feststellung negativer Voraussetzungen gehen könne.[1599] Darüber hinaus wird auch die Tatsache, dass durch § 606 I 1 ZPO die Widerklage nicht explizit ausgeschlossen ist, als ausreichend für eine Bejahung der Widerklagemöglichkeit gehalten.[1600]

Von anderer Seite wird die Formulierung des § 606 I 1 ZPO für zu vage gehalten, um daraus auf die Zulässigkeit von Widerklagen im Musterfeststellungsprozess schließen zu können.[1601]

Schließlich wird die Widerklagemöglichkeit umfassend verneint. Dies ergebe sich aus der Gesetzgebungsgeschichte des § 606 I 1 ZPO, zumal der Gesetzgeber trotz anderweitiger Vorschläge des Bundesrates keine Öffnung des § 606 I 1 ZPO zugunsten einer Widerklagemöglichkeit in den Gesetzestext aufgenommen habe.[1602] Dies lege die Exklusivität der Klagebefugnis seitens der qualifizierten Einrichtungen nahe.[1603] Auch ein vergleichender Blick auf das KapMuG demonstriere den Ausschluss der Widerklagemöglichkeit im Musterfeststellungsverfahren. So sei – im Gegensatz zur Musterfeststellungsklage – mit § 15 KapMuG eine eigenständige Regelung geschaffen worden, welche die Berücksichtigung von Beklagtenvorbringen im Musterprozess erlaube.[1604] Daraus ergebe sich, dass die Beklagte im Musterfeststellungsprozess keine Möglichkeit habe eigene Feststellungsziele einzubringen, auch nicht im Wege der Widerklage.[1605] Des Weiteren kann dafür angeführt werden, dass § 1 I 2 KapMuG auch der Beklagten die Einleitung eines Musterverfahrens gestattet.[1606] Zuletzt wird hervorgehoben, dass aus dem Wortlaut des § 606 I 1 ZPO kein Rückschluss auf die Zulassung einer Widerklage gezogen werden könne, da der Wortlaut auch ohne diesen Schluss einen guten Sinn ergebe.[1607]

---

in: Nordholtz/Mekat (Hrsg.), Musterfeststellungsklage, 2019, § 8 Rn. 55 ff.; *Salger*, jurisPR-BKR 10/2018 Anm. 1.

1598 *De Lind van Wijngaarden*, in: Nordholtz/Mekat (Hrsg.), Musterfeststellungsklage, 2019, § 6 Rn. 65 ff.

1599 Dieses Argument in den Raum stellend: *Waclawik*, NJW 2018, 2921, 2926.

1600 *De Lind van Wijngaarden*, in: Nordholtz/Mekat (Hrsg.), Musterfeststellungsklage, 2019, § 6 Rn. 65 ff.

1601 *Waclawik*, NJW 2018, 2921, 2926.

1602 *Röthemeyer*, Musterfeststellungsklage, ^{2}2020, § 606 Rn. 9.

1603 *Ders.*, Musterfeststellungsklage, ^{2}2020, § 606 Rn. 9.

1604 *Ders.*, Musterfeststellungsklage, ^{2}2020, § 606 Rn. 61.

1605 *Ders.*, Musterfeststellungsklage, ^{2}2020, § 606 Rn. 61.

1606 *Schneider*, BB 2005, 2249, 2251.

1607 *Weinland*, Die neue Musterfeststellungsklage, 2019, Rn. 59 f.

§ 606 I 1 ZPO beziehe sich nur auf die Klagebefugnis der qualifizierten Einrichtung.[1608]

2. § 606 I 1 ZPO als Zuweisung einer exklusiven Initiativklagebefugnis

Letztendlich vermag keine der angedeuteten Auslegungsmöglichkeiten vollends zu überzeugen. Ausgangspunkt der Auslegung müssen die durch § 606 I 1 ZPO verfolgten Zwecke sein. Zunächst soll § 606 I 1 ZPO der qualifizierten Einrichtung eine Klagebefugnis für das Musterfeststellungsverfahren verleihen.[1609] Notwendig wird das aufgrund der dogmatischen Konstruktion des Musterfeststellungsverfahrens. Die qualifizierte Einrichtung macht im Prozess keine ihr originär zustehenden Rechte geltend, sodass ihre Klagebefugnis nicht aus einer materiellen Rechtsinhaberschaft herrührt. Die ausdrückliche Normierung zur Geltendmachung der Feststellungsziele stellt daher eine Ausnahme vom grundsätzlichen Verbot der Popularklage[1610] dar. Daraus aber den Schluss zu ziehen, den qualifizierten Einrichtungen sei daher jegliches Antragsrecht im Prozess exklusiv zugewiesen[1611], verleiht § 606 I 1 ZPO nicht nur einen der Vorschrift nicht innewohnenden Gehalt, sondern durchbricht auch den Grundsatz, dass mit einer materiellen Rechtsinhaberschaft die prozessuale Klärungsbefugnis derselben einhergeht. Ohne weitere Begründung nur aus der Formulierung des § 606 I 1 ZPO der Beklagten das Recht zur Stellung von Gegenanträgen abzusprechen, entzieht der materiellen Rechtsinhaberschaft die prozessuale Durchsetzungsfähigkeit und stellt demzufolge einen tiefgreifenden Eingriff in die Rechte der Beklagtenseite dar.

Dieser Gedanke leitet zum zweiten Zweck der Vorschrift über. § 606 I 1 ZPO soll durch die Eingrenzung der Klagebefugnis auf nur einzelne qualifizierte Einrichtungen einem Missbrauch des Instruments der Musterfeststellungsklage vorbeugen.[1612] Daraus folgt, dass Adressat der Vorschrift

---

1608 *Ders.*, Die neue Musterfeststellungsklage, 2019, Rn. 59 f.

1609 Dies feststellend, daraus aber anderweitige Schlüsse ziehend: *ders.*, Die neue Musterfeststellungsklage, 2019, Rn. 59 f.

1610 Zur Musterfeststellungsklage als Ausnahme vom Verbot der Popularklage: *Witte/Wetzig*, WM 2019, 52, 53.

1611 So aber: *Röthemeyer*, Musterfeststellungsklage, ^{2}2020, § 606 Rn. 9; diese Sichtweise als nicht überzeugend kennzeichnend: *Salger*, jurisPR-BKR 10/2018 Anm. 1.

1612 *De Lind van Wijngaarden*, in: Nordholtz/Mekat (Hrsg.), Musterfeststellungsklage, 2019, § 6 Rn. 65 ff.

von vornherein nicht die Beklagten-, sondern ausschließlich die Klägerseite sein soll. Um missbräuchlichen und womöglich verbraucherschädigenden Musterfeststellungsklagen entgegenzuwirken, hielt der Gesetzgeber die Zuweisung an wenige Institutionen für sinnvoll, die er für besonders qualifiziert erachtete.[1613] Auch bei Berücksichtigung der verkehrten Parteirollen in der Widerklagekonstellation beansprucht § 606 I 1 ZPO für die vormals Beklagte keine Geltung, da deren Stellung im Musterfeststellungsprozess unabhängig von den Kriterien des § 606 I 2 Nr. 1–5 ZPO ausgestaltet ist. Eine Adressierung oder gar ein Entzug von Rechten auf Beklagtenseite klingt weder im Gesetzeswortlaut noch in der Gesetzesbegründung an.

Daraus folgt, dass § 606 I 1 ZPO den qualifizierten Einrichtungen zwar exklusiv das Recht zur Einleitung von Musterfeststellungsverfahren zuweist, darüber hinausgehende Aussagen oder gar Einschränkungen[1614] der Rechte der Beklagtenseite nicht trifft. § 606 I 1 ZPO ist mithin zu verstehen als Zuweisung einer exklusiven Initiativklageberechtigung. Für die Rechte während des laufenden Prozesses bleibt es aber – abgesehen von Einschränkungen, die aus Gründen des Schutzes der Angemeldeten erforderlich werden – beim grundsätzlich unbeschränkten Widerklagerecht der Beklagtenseite.

Dagegen spricht auch nicht die Formulierung der Feststellungsfähigkeit des Nichtbestehens von Rechtsverhältnissen bzw. Ansprüchen. Der Wortlaut des § 606 I 1 ZPO nimmt keine Unterscheidung für die Formulierung von Feststellungszielen dahingehend vor, ob Ansprüche der Angemeldeten verfolgt oder unberechtigte Ansprüche des Unternehmers gegen die Verbraucher abgewehrt werden. Die Feststellungsfähigkeit von negativen Elementen ergibt für die qualifizierte Einrichtung vor allem dann Sinn, wenn sich ein Unternehmer unberechtigter Ansprüche gegen eine Vielzahl von Verbrauchern berühmt.[1615] Insofern kann aus der negativen Formulierung des § 606 I 1 ZPO weder ein Indiz für noch gegen die Zulässigkeit von Widerklagen im Musterfeststellungsprozess gezogen werden. Der Wortlaut stellt nur und ausschließlich auf die qualifizierten Einrichtungen ab[1616], hat aber damit trotzdem in jeder Variante einen Anwendungsbereich. Eine

---

1613 BT-Drs. 19/2439, S. 22 f.

1614 So auch: *de Lind van Wijngaarden*, in: Nordholtz/Mekat (Hrsg.), Musterfeststellungsklage, 2019, § 6 Rn. 65 ff.

1615 *Schmidt*, WM 2018, 1966, 1969.

1616 So auch, aber mit anderem daraus gezogenen Schluss: *Weinland*, Die neue Musterfeststellungsklage, 2019, Rn. 59 f.

Ausweitung der Vorschrift auch auf die Beklagtenseite ist daher nicht angezeigt.

Insgesamt lässt sich daher feststellen, dass § 606 I 1 ZPO den qualifizierten Einrichtungen eine Initiativklagebefugnis zuweisen soll, die jedoch für die Beklagtenseite im Prozess keinerlei Einschränkungen bewirkt. Aus § 606 I 1 ZPO kann daher weder ein Argument für noch gegen die Zulässigkeit von Widerklagen im Musterfeststellungsprozess gezogen werden. Es bleibt mithin bei dem allgemeinen Grundsatz, dass die Beklagte im Prozess aufgrund ihrer materiellen Beteiligung an dem Rechtsverhältnis uneingeschränkt Widerklage erheben kann.

IV. Fehlende Möglichkeit der Erhebung einer eigenen Musterfeststellungsklage

Mit dem Wortlautargument aus § 606 I 1 ZPO zumindest in sachlichem Zusammenhang stehend wird vorgebracht, dass aus der fehlenden Möglichkeit der Erhebung einer eigenen Musterfeststellungsklage die Verneinung einer Widerklagemöglichkeit einhergeht. Doch ist dieses Argument, welches in der Literatur verschiedene Formen und Nuancen angenommen hat, nicht überzeugend.

So wird vorgebracht, dass es ungewöhnlich sei, jemandem eine Widerklagemöglichkeit zu geben, wenn er selbst das Verfahren nicht einleiten könne.[1617] Im KapMuG sei dies in § 2 I KapMuG anders geregelt, indem auch die Beklagte die Möglichkeit zur Einleitung eines Musterverfahrens habe.[1618] Die mangelnde Klagebefugnis ginge mit einer mangelnden Widerklagebefugnis einher.[1619] Dagegen spricht jedoch, dass die Sonderlichkeiten bei der Musterfeststellungsklage nicht erst bei der Frage der Widerklagemöglichkeit ansetzen. Es ist bereits ungewöhnlich, jemandem eine Klagebefugnis zu verleihen, ohne dass eine eigene materielle Rechtsposition im Raum steht und es für eine Ermächtigung genügen zu lassen, dass diese nach der Klageerhebung in Form der Anmeldung zum Klageregister erklärt wird. Die Kuriositäten setzen mithin schon bei der Einleitung des Verfahrens an, nicht erst bei der Inanspruchnahme prozessualer Rechte

1617 *Schmidt*, WM 2018, 1966, 1969.

1618 *Ders.*, WM 2018, 1966, 1969.

1619 BeckOK ZPO/*Lutz*, § 610 Rn. 14; dies zumindest andeutend: *Balke/Liebscher/Steinbrück*, ZIP 2018, 1321, 1328; mit dem Argument, die Beklagte sei gesetzlich allein auf die Verteidigung verwiesen: *Scholl*, ZfPW 2019, 317, 345.

seitens der Beklagten. In Frage gestellt werden sollte daher nicht der Grundsatz, dass mit einer materiellen Beteiligung an einem Rechtsverhältnis prozessuale Rechte einhergehen, sondern vielmehr die Ausnahme, dass die qualifizierte Einrichtung einen Prozess über fremde Ansprüche einzuleiten berechtigt ist. Die Zulassung einer gesetzlichen Abweichung von der Regel darf nicht aus sich heraus zu einer Einschränkung von Rechten Betroffener führen.

Des Weiteren wird aus einem Umkehrschluss aus § 606 I 1 ZPO herzuleiten versucht, dass eine Widerklage seitens der Beklagten gegen die qualifizierte Einrichtung nicht möglich sei.[1620] Aus der Zuweisung der exklusiven Klageberechtigung zugunsten der qualifizierten Einrichtung folge die Ablehnung einer Widerklagemöglichkeit.[1621] Dieses Ergebnis folge auch aus der vom Gesetzgeber gewollten lediglich passiven Rolle der Beklagten im Musterfeststellungsprozess, welche ihr die Einführung eigener Feststellungsziele verbiete.[1622] Dagegen spricht wiederum, dass die Zuweisung der Klageberechtigung der Missbrauchsprävention dient[1623] und demzufolge keinen Regelungsgehalt für die Rechte der Beklagten im Prozess aufweist. § 606 I 1 ZPO verleiht der qualifizierten Einrichtung lediglich eine Initiativklagebefugnis und gilt demzufolge für die Einleitung des Verfahrens. Für das Verhalten im Verfahren hält § 606 I 1 ZPO keine Regelung bereit. Sie erschöpft sich in ihrem originären Anwendungsbereich in der Festlegung der möglichen Feststellungsziele bei Einleitung des Musterfeststellungsverfahrens. Ein zwingender Gleichlauf zwischen Verfahrenseinleitungsbefugnis und Widerklagemöglichkeit ist zu verneinen, da § 606 I 1 ZPO die begründungsbedürftige Ausnahme ist und die Widerklagemöglichkeit die etablierte Regel.

Schließlich sei es mit dem Charakter der Musterfeststellungsklage unvereinbar, andere als die in § 606 I 1 ZPO vorgegebenen Feststellungziele zuzulassen.[1624] Dieses Argument vermischt unzulässigerweise zwei Ebenen. Es muss differenziert werden zwischen der grundsätzlichen Widerklagemöglichkeit und den durch Widerklage zulässigerweise verfolgbaren Anträgen. Die Beklagten bei der Formulierung ihrer Widerklageanträge auch

---

1620 *Beckmann/Waßmuth*, WM 2019, 89, 93 f.

1621 *Weinland*, Die neue Musterfeststellungsklage, 2019, Rn. 59 f.

1622 *Röthemeyer*, Musterfeststellungsklage, ^{2}2020, § 610 Rn. 70 f.

1623 *De Lind van Wijngaarden*, in: Nordholtz/Mekat (Hrsg.), Musterfeststellungsklage, 2019, § 6 Rn. 65 ff.

1624 Ebenso die Beklagtenseite an die Formulierung von Feststellungszielen bindend, auch wenn vom Verfasser die Möglichkeit einer Widerklageerhebung verneint wird: *Röthemeyer*, Musterfeststellungsklage, ^{2}2020, § 610 Rn. 70 f.

an die von § 606 I 1 ZPO gestellten Vorgaben zu binden, um den Charakter des Kollektivverfahrens zu wahren, ist erst der denklogisch nächste Schritt nach Bejahung einer grundsätzlichen Widerklagemöglichkeit. Auf der Ebene der Diskussion um die prinzipielle Zulässigkeit der Widerklage müssen Detailfragen bei der Antragsformulierung noch ausgeblendet werden.

Nach alledem spricht die fehlende Möglichkeit der Erhebung einer eigenen Musterfeststellungsklage nicht gegen die Widerklagebefugnis der Beklagtenseite, zumal es sich dabei lediglich um eine neue Initiativklagebefugnis handelt. Es liegt nahe, dass sich der Gesetzgeber bei dem Unterlassen einer anderweitigen Regelung auf die auch sonst allgemein geltenden Vorschriften zurückziehen wollte, womit die Widerklagemöglichkeit ohne Weiteres zu bejahen ist. Die mangelnde Erwähnung der Widerklagemöglichkeit in § 606 I 1 ZPO ist unschädlich, da auch bei einer gewöhnlichen Klage gem. §§ 253 I, 261 I ZPO nicht zugleich ausgesprochen wird, dass die Widerklage statthaft ist. Dies ergibt sich vielmehr erst aus einer Zusammenschau von Regelungen der ZPO, welche die Widerklage für den Zivilprozess voraussetzen (z.B. §§ 33, 145 II oder 595 I ZPO).

V. Sinn und Zweck der Widerklage

Im Folgenden werden der Sinn und Zweck des prozessualen Instituts der Widerklage dargestellt, um daraus gegebenenfalls Rückschlüsse für die Zulassung von Widerklagen im Musterfeststellungsprozess ziehen zu können. Der Übersichtlichkeit halber wird zunächst die Widerklage im Allgemeinen in den Blick genommen, bevor eine Abgleichung der Widerklagezwecke mit denen des Musterfeststellungsverfahrens vorgenommen wird.

1. Sinn und Zweck der Widerklage im herkömmlichen Zivilprozess

Die Widerklage dient in erster Linie drei Zwecken, die zugleich ihre Vorteile darstellen: Prozessökonomie, Rechtssicherheit und Herstellung prozessualer Waffengleichheit.

Durch die Widerklage werden zusammenhängende Fragen einheitlich verhandelt und entschieden[1625], sodass unnötige Parallelprozesse mit

1625 Statt vieler: Stein/Jonas/*Roth*, § 33 Rn. 1.

der Notwendigkeit einer zweimaligen Darlegung der Tatsachen mitsamt ihrem doppelten Beweis vermieden werden.[1626] Auf diese Weise werden Prozesse ökonomisch geführt und entschieden.[1627]

Die einheitliche Verhandlung bewirkt zudem, dass widersprüchliche Urteile vermieden werden, was der Rechtssicherheit zuträglich ist.[1628] In einem Prozess können alle Tatsachen und Rechtsfragen einheitlich festgestellt und gewürdigt werden. Diese umfassende Betrachtung führt zugleich zu einer Erhellung des Prozessstoffes auf tatsächlicher und rechtlicher Seite und fördert die Richtigkeit der Entscheidung.[1629]

Sodann wird durch die Zulassung von Widerklagen ein Prinzip mit Gerechtigkeitsgehalt verwirklicht, indem spiegelbildlich zur Möglichkeit einer objektiven Antragshäufung des Klägers gem. § 260 ZPO der Beklagten die Einführung eigener Anträge erlaubt wird.[1630] Die Gewährung der gleichen Möglichkeiten im Prozess ist eine Forderung der prozessualen Waffengleichheit.[1631] Im Bereich eines bereits gestörten Rechtsfriedens[1632] wird der Beklagten aufgrund der Veranlassung durch den Kläger[1633] die prozessuale Gegenwehr gestattet. Entscheidend ist somit auch der Charakter der Widerklage als Gegenangriff der Beklagten gegen den Kläger.[1634]

2. Vergleich mit den Zwecken der Musterfeststellungsklage

Um eine nähere Aussage zur Verträglichkeit der Widerklagezulassung mit dem Charakter der Musterfeststellungsklage treffen zu können, erscheint es zielführend, die mit der Widerklage verfolgten Zwecke mit denen des Musterfeststellungsverfahrens abzugleichen. Je eher sich diese entsprechen, desto weniger kann von einer Disruption des Systems der Musterfeststellungsklage gesprochen werden.

1626 *Korte*, JA 2005, 534.
1627 *Pfaff*, ZZP 96 (1983), 334, 352.
1628 *Korte*, JA 2005, 534; *Bork*, JA 1981, 385, 386.
1629 *Schröder*, Internationale Zuständigkeit, 1971, S. 581.
1630 Stein/Jonas/*Roth*, § 33 Rn. 1.
1631 *Wieser*, ZZP 86 (1973), 36, 39.
1632 *Fenn*, AcP 163 (1963), 152, 177.
1633 *Nieder*, MDR 1979, 10, 12.
1634 *Baumstark*, Drittwiderklage, 2008, S. 148 f.; *Nieder*, MDR 1979, 10, 10 f.; *Greger*, ZZP 88 (1975), 452, 454; *Wieser*, ZZP 86 (1973), 36, 42 f.; *Nieder*, Die Parteien der Widerklage, 1969, S. 29.

a) Prozessökonomie

Der Gedanke der Prozessökonomie ist der Musterfeststellungsklage ebenso inhärent wie der Widerklage. Die abstrakte Formulierung des Feststellungsprogramms mit der Anmeldemöglichkeit soll gerade die kollektive Klärung zentraler Fragen für eine Vielzahl von Fällen bewirken. Diesem umfassenden Bündelungsgedanken wohnt das Bestreben inne, möglichst viele Aspekte der Ansprüche mit Breitenwirkung klären zu lassen.[1635] Zur Erreichung einer umfassenden Befriedungswirkung hat der Gesetzgeber die zunächst im Entwurf vorgesehene hinkende Bindungswirkung aufgegeben.[1636]Auf diese Weise kann in einem Musterprozess – gleich ob das Ergebnis für die Angemeldeten positiv oder negativ ausfällt – eine abschließende Entscheidung erreicht werden. Ziel des Musterverfahrens ist es mithin, eine möglichst erschöpfende Sachbehandlung in einem Verfahren zu erreichen[1637], was nur gelingt, wenn möglichst alle relevanten Feststellungsziele zu einem Lebenssachverhalt in dem Verfahren entschieden werden.[1638] Durch die Kriterien des § 606 I 2 Nr. 1–5 ZPO weist der Gesetzgeber die Befugnis zur Einleitung von Musterfeststellungsprozessen ausschließlich Einrichtungen zu, welche er für besonders geeignet hält. Nichtsdestotrotz kann aus verschiedenen Gründen eine umfassende Klärung durch das eingangs formulierte Feststellungsprogramm misslingen. Zum einen können schlicht die Feststellungsziele zu eng formuliert worden sein[1639] oder sich der Prozess durch die mündliche Verhandlung verändern.[1640] Würde trotz dieser Risiken keinerlei Veränderung des ursprünglichen Feststellungsprogramms zugelassen, verfehlt die Musterfeststellungsklage ihren Zweck insofern, als sie keine umfassende Befriedung der Streitverhältnisse erreichen kann. Umgangen werden kann dieses Szenario, indem es in die Hand der qualifizierten Einrichtung gelegt wird, auch anspruchsausschließende Elemente umfassend in ihrem Feststellungsprogramm zu berücksichtigen. Weit effektiver und aus Informati-

---

1635 So für das Musterverfahren nach dem KapMuG: *Schneider*, BB 2005, 2249, 2253; für die Musterfeststellungsklage: BeckOK ZPO/*Lutz*, § 610 Rn. 14.

1636 *Waßmuth/Asmus*, ZIP 2018, 657, 666.

1637 *Mekat*, in: Nordholtz/Mekat (Hrsg.), Musterfeststellungsklage, 2019, § 8 Rn. 55 ff.

1638 *Deutscher Anwaltverein*, Stellungnahme vom Mai 2018, S. 5.

1639 Auf dieses Risiko trotz der Ablehnung einer Widerklagemöglichkeit hinweisend: *Waclawik*, NJW 2018, 2921, 2926.

1640 *Verbraucherzentrale Bundesverband*, Eine für alle – Musterfeststellungsklage in Sicht, S. 6.

onsgesichtspunkten vorteilhaft erscheint es, die Antragsstellung auch der Beklagtenseite zu erlauben. Als materiell am Rechtsverhältnis Beteiligte hat diese einen tieferen Einblick in die rechtlichen Gegebenheiten und kann auf diese Weise auch nicht auf den ersten Blick ersichtliche Gegenrechte in den Musterfeststellungsprozess einbringen. Die Chance auf eine umfassende Klärung in nur einem Musterprozess stiege immens.[1641]

Die Prozessökonomie spricht somit für die Zulassung einer Widerklage.

b) Rechtssicherheit

Der Aspekt der Rechtssicherheit scheint auf den ersten Blick auch im Musterfeststellungsverfahren eine Rolle zu spielen. Die einheitliche Klärung im Musterverfahren hat den Effekt, dass die Entscheidungen im Folgeverfahren eher einheitlich ausfallen und dadurch divergierende Entscheidungen verhindert werden. Diese angestrebte Breitenwirkung[1642] könnte durch die Zulassung der Widerklage erheblich erweitert werden.[1643] Doch ist dabei zu beachten, dass bei diesem Aspekt die Widerklage und die Musterfeststellungsklage unterschiedliche Anliegen verfolgen. Bei der Widerklage steht der Aspekt der Rechtssicherheit in objektiver Hinsicht im Vordergrund. Die Musterfeststellungsklage nimmt hingegen mehr die intersubjektiven Belange der Verbraucher in den Blick, indem der Verbraucherschutz[1644] und die effektive Durchsetzung von Verbraucherrechten[1645] maßgeblich sind. Zwar würde diesen Gesichtspunkten durch die Zulassung von Widerklagen zumindest nicht in jedem Fall eklatant widersprochen. Doch können sich im Einzelfall durchaus andere Erwägungen im Hinblick auf die Widerklage ergeben. So kann es dem Verbraucherschutz sogar abträglich sein, eine Widerklage zuzulassen, wenn dadurch dem Angemeldeten ohne Reaktionsmöglichkeit eine erweiterte Bindung zugemutet wird. Aus dieser Abweichung zwischen objektiven und intersubjektiven Interessen ergibt sich, dass für die Zulassung einer Widerklage gewis-

---

1641 Eine der Prozessökonomie zuwiderlaufende Missbrauchsmöglichkeit wird ausgeschlossen, indem das Widerklagerecht auf mit der Musterfeststellungsklage in Zusammenhang stehende Fragen beschränkt wird. S. dazu: Teil Zwei Kapitel Drei § 3 B. VII. Grundsätzliche Unzulässigkeit von Widerklagen, abgesehen jedoch von eng begrenzten Ausnahmen (442).

1642 BeckOK ZPO/*Lutz*, § 610 Rn. 14.

1643 *Dies.*, Stellungnahme vom 08.06.2018, S. 9.

1644 *Gansel*, VuR 2019, 1, 2.

1645 *Beckmann/Waßmuth*, WM 2019, 89, 93 f.

se Anpassungen im Hinblick auf den Zweck der Musterfeststellungsklage notwendig werden.[1646]

Unter dem Aspekt des Verbraucherschutzes kann eine Widerklagemöglichkeit nicht uneingeschränkt befürwortet werden.

c) Prozessuale Waffengleichheit

Schließlich rückt die prozessuale Waffengleichheit als weiterer, mit der Musterfeststellungsklage abzugleichender Zweck in den Blickpunkt der Betrachtung.[1647] Aufgrund der Tatsache, dass auf die Interessen der Beklagtenseite bei der Schaffung der §§ 606 ff. ZPO kein Akzent gelegt wurde[1648], hat weder die prozessuale Waffengleichheit noch die Stellung der Beklagten im Musterfeststellungsverfahren eine vertiefte Diskussion erfahren. Es bietet sich daher an, die Wahrung der prozessualen Waffengleichheit im Musterfeststellungsverfahren insgesamt zu betrachten.

aa) Die Musterfeststellungklage als Ausgleich einer bereits vorher ins Ungleichgewicht geratenen Waffengleichheit?

Eine Zulassung von Widerklagen aufgrund der prozessualen Waffengleichheit mag bereits deswegen zu verneinen sein, weil durch die Einführung der §§ 606 ff. ZPO eine schon vorher gestörte Waffengleichheit wieder hergestellt worden sein könnte. Wird durch die einseitige Antragstellung im Wege der Musterfeststellungsklage die prozessuale Waffengleichheit zwischen Unternehmerseite und Verbrauchern erst wiederhergestellt, würde sie durch die Zulassung von Widerklagen wieder in ein Ungleichgewicht gebracht. Als vorher bestehendes Defizit kann die strukturelle Unterlegenheit des Verbrauchers[1649] herangezogen werden. Unternehmer werden – vor allem wenn es um existenzbedrohende Forderungen geht – bereitwillig immense Summen in die juristische Abwehr investieren,

---

1646 S. dazu: Teil Zwei Kapitel Drei § 3 B. VII. Grundsätzliche Unzulässigkeit von Widerklagen, abgesehen jedoch von eng begrenzten Ausnahmen (442).

1647 Zur verfassungsrechtlichen Herleitung dieses Grundsatzes: Teil Zwei Kapitel Eins § 3 C. IV. 2. g) cc) (2) (b) Betroffenes Verfassungsrecht auf Seiten der Klägerin (320).

1648 Auf den nur schwach ausgeprägten Schutz der Beklagtenrechte hinweisend: *Schneider*, BB 2018, 1986, 1997; *Waclawik*, NJW 2018, 2921, 2923.

1649 *Meller-Hannich*, 72. DJT, Band 1, 2018, A 1, A 33.

was die ohnehin prozessscheuen Verbraucher schon im Grundsatz von einer gerichtlichen Geltendmachung ihrer Rechte abhalten könnte.[1650] Als Kompensation dieser wirtschaftlichen Überlegenheit der Unternehmer erscheint es nicht fernliegend, ihre prozessualen Rechte dahingehend zu kürzen, dass sie auf eine bloße Rechtsverteidigung verwiesen werden.

Jedoch spricht dagegen, dass materielle Ungleichheiten nicht durch prozessuale Zugeständnisse ausgeglichen werden sollten.[1651] Der Grundsatz der prozessualen Waffengleichheit wird formal verstanden und steht jeder Partei ungeachtet ihrer wirtschaftlichen Möglichkeiten zu, um prozessuale Gleichheit zu schaffen.[1652] Wird ein auf materieller Ebene bestehendes Problem auf prozessualer Ebene zu lösen versucht, mag dies kurzfristig das störende Symptom beheben, lässt jedoch die Ursache unangetastet. Es entsteht die Gefahr, dass das Prozessrecht durch diffuse Gerechtigkeitserwägungen den sich stetig wandelnden wirtschaftlichen Verhältnissen angepasst wird. Der Kontinuität und der Rechtssicherheit des Prozessrechts ist dies in höchstem Maße abträglich.

Des Weiteren ist zu berücksichtigen, dass die Rechte der Beklagten von den §§ 606 ff. ZPO nur stiefmütterlich behandelt werden[1653], was eine zusätzliche Kürzung des Widerklagerechts als weiteren und erheblichen Eingriff erscheinen lässt. Demgegenüber ist zu beachten, dass die Ansprüche der Verbraucher selbst gegen große Unternehmen auch gerichtlich durchgesetzt werden können.[1654] Das Unterlassen der gerichtlichen Verfolgung basiert nicht nur auf der wirtschaftlichen Überlegenheit der Beklagten, sondern auch auf einem mangelnden Interesse auf Klägerseite. Das Verteidigungsverhalten der Beklagten hat noch keine Ausmaße angenommen, die eine Rechtsverfolgung faktisch ausschließen. Zuletzt ist schon im Ansatz zweifelhaft, dass finanziell im Vergleich zur Masse der Verbraucher schlechter ausgestattete qualifizierte Einrichtungen[1655] die wirtschaftliche Unterlegenheit der Verbraucher im Musterfeststellungsprozess auszugleichen versuchen.

1650 Zu diesem Szenario: *Krausbeck*, VuR 2018, 287, 289; *Meller-Hannich*, 72. DJT, Band 1, 2018, A 1, A 26 f.; *Meller-Hannich*, NJW Beilage 2018, 29, 30; *Sievers*, DAR Extra 2018, 730, 733; *Schneider*, BB 2018, 1986, 1997.

1651 *Merkt/Zimmermann*, VuR 2018, 363, 366 f.

1652 *Dies.*, VuR 2018, 363, 366 f.

1653 Dies feststellend: *Schneider*, BB 2018, 1986, 1997; *Waclawik*, NJW 2018, 2921, 2923.

1654 *Winkelmeier-Becker*, in: Schäfer (Hrsg.), Der Gesetzesentwurf zur "Musterfeststellungsklage", 2018, S. 92, 94.

1655 *Woopen*, NJW 2018, 133, 136.

Eine Zulassung der Widerklagemöglichkeit unter dem Aspekt der prozessualen Waffengleichheit scheitert also nicht daran, dass dieselbe die Waffengleichheit zuungunsten der Kläger- bzw. Angemeldetenseite verschieben würde.

bb) Die Widerklagemöglichkeit als Ausdruck der prozessualen Waffengleichheit im herkömmlichen Zivilprozess

Im herkömmlichen Zivilprozess ist anerkannt, dass die Widerklagemöglichkeit den Grundsatz der prozessualen Waffengleichheit zu wahren geeignet ist.[1656] Aus diesem Grund wurde auch der Beklagten im KapMuG ein Antragsrecht zugedacht.[1657] Daher gibt es zahlreiche Stimmen, die auch für das Musterfeststellungsverfahren die Zubilligung eines Widerklagerechts aus Gründen der prozessualen Waffengleichheit für erforderlich halten.[1658] Absolut zwingend ist dies allein aus dieser Argumentation heraus allerdings nicht. So wird auch die Position vertreten, dass durch den Einfluss auf Verfahrensumfang, -dauer und -risiko im Wege der Widerklage die Musterfeststellungsklage letztlich aus Furcht vor der Beklagtenseite von den qualifizierten Einrichtungen nicht mehr angestrengt werden wird.[1659] Als Alternative wird vorgeschlagen, dass die qualifizierte Einrichtung die Einwände der Beklagten bei der Formulierung ihrer eigenen Anträge zu berücksichtigen hätte, worauf auch das Gericht im Prozess hinzuwirken habe.[1660] Ob das letztgenannte Argument auch inhaltlich verfängt, erscheint mangels rechtlicher Verpflichtung der qualifizierten Einrichtung zur Aufnahme der Gegenrechte in ihren Antrag höchst zweifelhaft. Die Wahrung der prozessualen Waffengleichheit darf nicht in das Belieben des Prozessgegners gestellt werden.

1656 Stein/Jonas/*Roth*, § 33 Rn. 1; *Korte*, JA 2005, 534; *Bork*, JA 1981, 385, 386.

1657 *Reuschle*, WM 2004, 2334.

1658 *Mekat*, in: Nordholtz/Mekat (Hrsg.), Musterfeststellungsklage, 2019, § 8 Rn. 55 ff.; *Waßmuth/Asmus*, ZIP 2018, 657, 663 f.; *de Lind van Wijngaarden*, in: Nordholtz/Mekat (Hrsg.), Musterfeststellungsklage, 2019, § 6 Rn. 65 ff.; *Schneider*, BB 2018, 1986, 1990; *Lutz*, Stellungnahme vom 08.06.2018, S. 9; BeckOK ZPO/*Lutz*, § 610 Rn. 14.

1659 *Weinland*, Die neue Musterfeststellungsklage, 2019, Rn. 59 f.

1660 *Röthemeyer*, Musterfeststellungsklage, ²2020, § 606 Rn. 9; *Schmidt*, in: Baumbach/Lauterbach/Albers u.a. (Hrsg.), Zivilprozessordnung, ⁷⁷2019, Beilage zur 77. Auflage § 606 Rn. 17.

Inmitten steht die prozessuale Waffengleichheit in ihrer materiellen Ausprägung.[1661] Wenn für beide Parteien prozessuale Chancen und Risiken gleichermaßen verteilt sein sollen, muss der Beklagten die Geltendmachung von Anträgen im Wege der Widerklage gestattet werden. Zum einen würde sie anderenfalls zum bloß passiven Prellbock für die Feststellungsziele der qualifizierten Einrichtung. Zwar profitiert sie bei einer Abweisung der Feststellungsziele aufgrund der umfassenden Bindungswirkung von dem Urteil. Dennoch kann sie prozessuale Chancen und Risiken in keiner Weise selbst bestimmen, was dem Leitgedanken der prozessualen Waffengleichheit widerspricht. Zudem würde der Beklagten bei einer unterlassenen Aufnahme ihrer Einwände in die Feststellungsziele zugemutet, dass sie diese für jedes einzelne Folgeverfahren eigens vorbringt. Dieses, der Klägerseite bewusst ersparte Vorgehen, ist nicht nur viel zeit- und ressourcenaufwendiger als eine gebündelte Geltendmachung im Musterfeststellungsprozess, sondern trägt auch die Gefahr sich widersprechender Entscheidungen in sich. Bei gleicher Ausgangslage würden der Beklagten weit größere prozessuale Risiken zugemutet als der Klägerseite, was dem Grundsatz der prozessualen Waffengleichheit widerspricht.

cc) Vergleichbarkeit mit der Konstellation der Zedentenwiderklage

Als durchschlagendes Argument für die Zulassung von Widerklagen im Musterfeststellungsprozess kann die Vergleichbarkeit der Situation der Musterfeststellungsklage mit derjenigen der Zedentenwiderklage angeführt werden. Wie auch bei der Zedentenwiderklage sieht sich die Beklagte im Musterfeststellungsprozess, ohne eigenen Einfluss hierauf, prozessual mit einer Partei konfrontiert, mit welcher sie auf materiellrechtlicher Ebene bis dato nicht in Kontakt getreten ist. Ohne ihr Zutun verändert sich ihre prozessuale Situation, zumal die Angemeldeten vor der Einführung der Musterfeststellungsklage einen gewöhnlichen Zivilprozess hätten einleiten müssen. In diesem wäre eine Widerklage der Beklagten zweifelsfrei statthaft gewesen.

1661 Dazu: *Vollkommer*, FS Schwab, 1990, S. 503, 519 f.

(1) Gedanke des abtretungsrechtlichen Schuldnerschutzes

Es entspricht dem Gedanken des abtretungsrechtlichen Schuldnerschutzes[1662], auch im Musterfeststellungsverfahren Widerklagen zuzulassen. Andernfalls läge es in der Hand der Verbraucher der Beklagten durch die Anmeldung zum Musterfeststellungsverfahren das Recht zur Erhebung einer Widerklage zu entziehen. Zwar liegt bei der Musterfeststellungklage keine Abtretung im Sinne der §§ 398 ff. BGB vor, doch verwehrt dies nicht die Heranziehung des Schutzgedankens dieser Vorschriften. Bei der Zession wird das Klagerecht über die Einräumung einer materiellen Rechtsposition vermittelt, wohingegen die §§ 606 ff. ZPO diese Rechtsposition unabhängig von der materiellrechtlichen Lage gesetzlich zuweisen. Für die Beklagte hat diese dogmatische Finesse in der praktischen Spürbarkeit keine Auswirkungen. Sie sieht sich einer ihr fremden Partei gegenübergestellt. Die Schutzbedürftigkeit beurteilt sich nach den spürbaren Wirkungen für die Beklagte, die vorliegend einer Abtretung absolut vergleichbar sind. Die Position der Angemeldeten verschlechtert sich – abgesehen von dem tangierten Recht aus Art. 103 I GG – durch die Zulassung von Widerklagen nicht, da sie diesen bei Erhebung einer Individualklage ebenso ausgesetzt wären.[1663] Der für die Beklagtenseite zufällige Wechsel[1664] der Prozessführung darf nicht zu ungerechtfertigten prozessualen Vorteilen der Verbraucher führen. Dazu passt auch der Gedanke, dass bei einer gewillkürten Prozessstandschaft eine Widerklage gegen den Rechtsinhaber zugelassen wird.[1665] Ebenso wurde der Schutzgedanke bei der Einziehungsklage gem. § 79 II 2 Nr. 3 ZPO angewandt[1666], welche die Musterfeststellungsklage aufgrund ihrer Umständlichkeit ersetzen sollte.

1662 Zu diesem Gedanken bei der Zedentenwiderklage: *Riehm*, JZ 2007, 1001, 1002; *Riehm/Bucher*, ZZP 123 (2010), 347, 355 f.

1663 *Vossler*, NJW 2011, 460, 462.

1664 Die Zufälligkeit für die Beklagte bei der Zession feststellend: *Koch*, JA 2013, 95, 99.

1665 *Riehm/Bucher*, ZZP 123 (2010), 347, 361; zu weiteren Gründen für die Zulassung einer Widerklage gegen den Rechtsinhaber: *Rüßmann*, AcP 172 (1972), 520, 551.

1666 Diesen Fall als Beispiel für eine Analogie heranziehend: *Larenz/Canaris*, Methodenlehre der Rechtswissenschaft, ^{3}1995, S. 235.

(2) Abgleich der prozessualen Konstellationen

Bevor näher auf die Vergleichbarkeit der Prozesskonstellationen eingegangen wird, soll noch ein Unterschied bezüglich des Widerklagegegners Erwähnung finden. Aufgrund des gesetzgeberischen Willens, den Verbraucher aus dem Musterfeststellungsverfahren herauszuhalten, kann dieser nicht Ziel der Widerklage sein.[1667] Daher verbleibt einzig die Möglichkeit, die qualifizierte Einrichtung als Widerklagegegnerin anzusehen, um nicht wiederum zu einem faktischen Ausschluss des Widerklagerechts zu gelangen.[1668]

Die Konstellation der Musterfeststellungsklage ähnelt derjenigen der Zession sehr stark. Abgesehen von der bereits erwähnten vergleichbaren Schutzbedürftigkeit der Beklagten sind auch die übrigen Beteiligten in den Blick zu nehmen. Der Dritte in Form des Angemeldeten erscheint – abgesehen von dem hier noch ausgeblendeten Recht aus Art. 103 I GG – nicht schutzbedürftig. Die weitere Zersplitterung von einer Zwei- auf eine Dreipersonenkonstellation[1669] beruht auf seiner Veranlassung. Im Gegensatz zum KapMuG werden die Verbraucher nicht zwingend Beteiligte im Massenverfahren, sondern ihre Teilnahme beruht auf der freiwilligen Anmeldung zum Klageregister. Auch bei der Zession folgt die verminderte Schutzbedürftigkeit und damit letztlich die Zulassung der isolierten Drittwiderklage aus der freiverantwortlich veranlassten Abtretung.[1670] Dieses freiwillige Opt-in zeitigt prozessuale Konsequenzen in der Form, dass die ohne Beteiligung der Beklagten getroffene privatautonome Entscheidung keine nachteilige Wirkung gegen dieselbe zeitigen darf.[1671]

1667 S. dazu: Teil Zwei Kapitel Drei § 2 Drittwiderklagen unter Einbeziehung der Verbraucher (402); ebenfalls allein die qualifizierte Einrichtung als Gegner im für ihn hypothetischen Fall einer Widerklage ausmachend: *Schmidt*, WM 2018, 1966, 1969.

1668 Zur qualifizierten Einrichtung als Gegner einer Widerklage: Teil Zwei Kapitel Drei § 3 B. VI. 2. Parteiidentität (431).

1669 Dieses Argument für die Zession anführend: *Leifeld*, ZZP 126 (2013), 509, 516.

1670 *Vossler*, NJW 2011, 460, 463.

1671 Eine Parallele zum Verbot eines Vertrages zu Lasten Dritten in den Zessionsfällen ziehend: *Riehm/Bucher*, ZZP 123 (2010), 347, 355 f.

(3) Die Widerklage als Gegenangriff

Die Rolle der qualifizierten Einrichtung im Gefüge der Widerklage bedarf einer stärkeren Ausrichtung an deren Charakter als Gegenangriff.[1672] Dabei steht die Frage im Mittelpunkt, ob der Angriff der qualifizierten Einrichtung wertungsmäßig den Angemeldeten zugerechnet werden kann, zumal der Angreifer grundsätzlich mit einem Gegenangriff zu rechnen hat.[1673] Aufgrund der bewussten Ausklammerung des Verbrauchers vom Musterfeststellungsverfahren und der unterlassenen Abtretung der Ansprüche der Angemeldeten an die qualifizierte Einrichtung geht es – im Gegensatz zu den zur Zedentenwiderklage zitierten Fundstellen – nicht nur um eine Zurechnung des Angriffs zum Dritten, sondern auch um eine Zurechnung des Anspruchs zur qualifizierten Einrichtung. Mithin ist als weiterer Gesichtspunkt ausschlaggebend, ob die qualifizierte Einrichtung einen Angriff, welcher die Ansprüche der Verbraucher betrifft, zu erwarten hat. Entscheidend ist dafür, ob die qualifizierte Einrichtung im Lager der Angemeldeten steht, ihr somit wertungsmäßig die Ansprüche der Verbraucher in die Hand gelegt sind, was als parteibezogene Konnexität bezeichnet werden kann.[1674]

Dies ist zu bejahen, wodurch Angemeldeter und qualifizierte Einrichtung für die Beklagte als Einheit betrachtet werden können. Im Verhältnis zwischen qualifizierter Einrichtung und Angemeldetem besteht eine gemeinsame Vermögensposition im Hinblick auf die Ansprüche der Verbraucher gegen die Beklagte, was eine starke Vergleichbarkeit der Konstellation mit einer Zession nach sich zieht. Die Bindungswirkung gem. § 613 I 1 ZPO setzt die qualifizierte Einrichtung wirtschaftlich in engen Bezug zu den Ansprüchen der Angemeldeten. Dabei entsteht aus der ursprünglich materiellrechtlichen Zweipersonen- eine Dreipersonenkonstellation, was aufgrund der freien Entscheidung der Verbraucher zur Anmeldung zum Klageregister auch auf ihren Willen zurückzuführen ist. Aufgrund der bereits erwähnten Ähnlichkeit zu einer Abtretung erscheint es geboten, hier ebenfalls die Wertungen des abtretungsrechtlichen Schuldnerschutzes heranzuziehen, sodass auch das materielle Recht die Position der Beklag-

1672 Zu diesem Aspekt als zentralem Wesenszug der Widerklage: *Leifeld*, ZZP 126 (2013), 509, 511; *Nieder*, MDR 1979, 10, 10 f.; *Nieder*, Die Parteien der Widerklage, 1969, S. 29.

1673 *Baumstark*, Drittwiderklage, 2008, S. 197.

1674 Dazu und zu den im Folgenden aufgezählten Kriterien: *Leifeld*, ZZP 126 (2013), 509, 517 f.

ten schützt. Folglich muss sich die qualifizierte Einrichtung als Aggressor auch den Gegenangriff der Beklagten gefallen lassen.

dd) Fazit

Alles in allem kann festgehalten werden, dass sowohl die Prozessökonomie als auch die prozessuale Waffengleichheit als Zwecke der Widerklage ebenso im Musterfeststellungsverfahren für die Zulassung einer Widerklagemöglichkeit sprechen. Allein der zusätzlich verfolgte Zweck der Rechtssicherheit vermag im Musterfeststellungsverfahren nicht dieselbe Wirkung zu entfalten wie im herkömmlichen Zivilprozess, sodass dieser Gesichtspunkt nicht für die Zulassung einer Widerklage spricht. Hätte der Gesetzgeber mehr Wert auf die Vermeidung divergierender Entscheidungen im Musterfeststellungsprozess gelegt, hätte er für einen Gleichlauf zwischen Musterfeststellungsprozess und Individualverfahren sorgen müssen und diese nicht bei unterlassener Anmeldung rechtlich beziehungslos nebeneinander zulassen dürfen, wie in den §§ 606 ff. ZPO geschehen.

VI. Voraussetzungen einer Widerklage

Nachdem nunmehr auf einzelne, generelle Interessen für und gegen die Zulassung von Widerklagen im Musterfeststellungsprozess eingegangen wurde, soll im Folgenden untersucht werden, ob die Voraussetzungen für eine Widerklage[1675] auch im speziellen Fall einer Musterfeststellungswiderklage gegeben sind. Dabei ist zu betonen, dass allein die Bejahung der einzelnen Voraussetzungen nicht zwangsläufig zu einer Zulässigkeit derselben führt, zumal anderweitige, nicht in den Voraussetzungen berücksichtigte Interessen zu einem Ausschluss der Widerklagemöglichkeit führen können. Dennoch stellt es ein gewisses Indiz dar, wenn sich die Musterfeststellungswiderklage unter die gewöhnlichen Voraussetzungen einer Widerklage fassen lässt.

1675 Diese anschaulich aufzählend: *Hettenbach*, WM 2019, 577, 579.

1. Bereits rechtshängige Hauptklage

Die Widerklage benötigt im Zeitpunkt ihrer Erhebung eine bereits rechtshängige Klage, unabhängig vom Vorliegen der Zulässigkeitsvoraussetzungen für Letztere.[1676] Nachdem die Widerklage erhoben worden ist, beurteilt sich ihre Zulässigkeit unabhängig von der Klage; sie ist mithin verselbständigt.[1677] Diese Voraussetzung ist für die Musterfeststellungswiderklage unproblematisch anzunehmen.[1678] Auch die Musterfeststellungsklage wird gem. §§ 610 V 1, 253 I, 261 I ZPO durch die Zustellung der Klageschrift an die Beklagte rechtshängig, sodass grundsätzlich ab diesem Zeitpunkt eine Musterfeststellungswiderklage erhoben werden kann.

2. Parteiidentität

Zudem ist grundsätzlich die Parteiidentität Voraussetzung für die Erhebung einer Widerklage.[1679] Dies hat zur Folge, dass sich die Parteien bei der Widerklage mit vertauschten Rollen[1680] bzw. unter umgekehrten Vorzeichen[1681] gegenüberstehen.

a) Zweifel am Vorliegen der Parteiidentität

Unter einer rein formalistischen Betrachtung kann die Parteiidentität bei einer Widerklage gegen die qualifizierte Einrichtung ohne weiteres angenommen werden[1682], doch erscheint ein Rückzug darauf als zu kurz gegriffen. Bei einer Vergegenwärtigung der Konstellation der Musterfeststellungsklage fällt auf, dass die qualifizierte Einrichtung nicht die Ansprüche der Angemeldeten geltend macht, sondern ihr eigenes Feststel-

---

1676 Statt vieler: *Rosenberg/Schwab/Gottwald*, Zivilprozessrecht, [18]2018, § 97 Rn. 10; *Kirschstein-Freund*, KTS 2004, 41, 42.

1677 *Koch*, JA 2013, 95, 95 f.

1678 *Hettenbach*, WM 2019, 577, 579.

1679 Statt vieler: Stein/Jonas/*Roth*, § 33 Rn. 23 f.; Zöller/*Schultzky*, § 33 Rn. 21.

1680 *Koch*, JA 2013, 95, 96.

1681 *Bork*, JA 1981, 385, 389.

1682 Die Parteiidentität ohne eine weitere Begründung annehmend: BeckOK ZPO/*Lutz*, § 610 Rn. 14; diese bejahend, weil die qualifizierte Einrichtung ohnehin keine eigenen Ansprüche geltend macht: *Mekat*, in: Nordholtz/Mekat (Hrsg.), Musterfeststellungsklage, 2019, § 8 Rn. 55 ff.

lungsprogramm. Daraus könnte sich ergeben, dass sie im Hinblick auf eine Widerklage, welche die materiellen Ansprüche zwischen Beklagter und angemeldetem Verbraucher betrifft, die falsche Ansprechpartnerin ist. Es kann an einem feststellungsfähigen Rechtsverhältnis gezweifelt werden.[1683] Zugrunde liegt diesem Gedanken eine stärker am materiellen Recht ausgerichtete Betrachtung, indem die Parteiidentität nach der materiellen Anspruchsinhaberschaft bestimmt wird.

Wird der Akzent zur Einordnung des Problems in dieser Weise gesetzt, ist die Erörterung unter dem Gesichtspunkt der Parteiidentität überzeugend. Liegt der Fokus stärker auf der formellen Betrachtung, kann der Interessenswiderstreit ohne inhaltliche Abweichungen bei der Konnexität im Sinne des § 33 I ZPO diskutiert werden, falls diese über ihre Bedeutung als Gerichtsstandsbestimmung auch als besondere Zulässigkeitsvoraussetzung einer Widerklage anerkannt wird.[1684] Um den Besonderheiten der §§ 606 ff. ZPO Rechnung zu tragen, erscheint eine Verortung der Problematik bei der Parteiidentität vorzugswürdig. An dieser Stelle soll die mit der Zulassung der Widerklage erweiterte Bindungswirkung gem. § 613 I 1 ZPO und die damit einhergehende Konfliktlage mit den Rechten der Angemeldeten noch keine Beachtung finden, um eine differenzierte Darstellung der verschiedenen Problembereiche zu gewährleisten.[1685]

Die der Parteiidentität kritisch gegenüberstehenden Stimmen ziehen sich überwiegend auf die pauschale Aussage zurück, dass es an einem feststellungsfähigen Rechtsverhältnis zwischen den Parteien oder eben schlicht der Parteiidentität fehle.[1686]

1683 *Schmidt*, in: Baumbach/Lauterbach/Albers u.a. (Hrsg.), Zivilprozessordnung, ^{77}2019, Beilage zur 77. Auflage § 606 Rn. 17; *Balke/Liebscher/Steinbrück*, ZIP 2018, 1321, 1328.

1684 Einen kurzen Überblick über das Problem gebend: *Rosenberg/Schwab/Gottwald*, Zivilprozessrecht, ^{18}2018, § 97 Rn. 21; eine vertiefte Behandlung dieser Frage findet statt bei: Stein/Jonas/*Roth*, § 33 Rn. 25 ff.

1685 Diese Unterscheidung nicht strikt verfolgend: *Schmidt*, WM 2018, 1966, 1969.

1686 So: *ders.*, WM 2018, 1966, 1969; *ders.*, in: Baumbach/Lauterbach/Albers u.a. (Hrsg.), Zivilprozessordnung, ^{77}2019, Beilage zur 77. Auflage § 606 Rn. 17; *Weinland*, Die neue Musterfeststellungsklage, 2019, Rn. 59 f.

b) Annahme der Parteiidentität unter Berücksichtigung der Besonderheiten des Musterfeststellungsverfahrens

Doch werden dabei die Eigenarten des Musterfeststellungsverfahrens nicht hinreichend berücksichtigt. So kann der Beklagten die Widerklagemöglichkeit nicht allein deswegen abgesprochen werden, weil sie keine materiellen Ansprüche gegen die qualifizierte Einrichtung hat. Auch die qualifizierte Einrichtung selbst macht im Verfahren keine materiellen Ansprüche geltend[1687], sodass dies in den §§ 606 ff. ZPO keine ausschlaggebende Rolle für die Beurteilung der Parteiidentität spielen darf. Es stehen lediglich Vorfragen und tatsächliche bzw. rechtliche Voraussetzungen für das Bestehen oder Nichtbestehen von Ansprüchen zur prozessualen Klärung an, welche die qualifizierte Einrichtung dank der Trennung zwischen materieller Anspruchsinhaberschaft und Klagebefugnis im eigenen Namen geltend machen kann.[1688] Die Annahme der Parteiidentität stellt die Konsequenz dazu dar, dass der Gesetzgeber den qualifizierten Einrichtungen auch die aktive Verfolgung von Feststellungszielen erlaubt.[1689]

Des Weiteren kann das kurz angerissene Argument der Zurechenbarkeit des Anspruchs des Angemeldeten zur qualifizierten Einrichtung fruchtbar gemacht werden.[1690] Aus der Natur der Widerklage als Gegenangriff resultiert, dass der starre, formelle Parteibegriff bei der Widerklage einer großzügigeren Interpretation bedarf, um der Widerklage sachgerechte Konturen zu verleihen.[1691] Wenn die Angemeldeten und die qualifizierte Einrichtung gegenüber der Beklagten als Einheit auftreten, muss sie auch die Möglichkeit haben die Ansprüche, welche materiellrechtlich gegen die Angemeldeten gerichtet sind, prozessual gegenüber der qualifizierten Einrichtung geltend zu machen. Dafür kann vor allem die Anmeldung zum Klageregister angeführt werden, die eine Zustimmung des Verbrauchers zur Prozessführung seitens der qualifizierten Einrichtung darstellt. Diese ausdrückliche Zustimmung ist ein wesentliches Element für die Zurechnung, indem dadurch der bereits fest zur Klage entschlossenen qualifizierten Einrichtung weitere Veranlassung zum Betreiben des Verfah-

1687 *Mekat*, in: Nordholtz/Mekat (Hrsg.), Musterfeststellungsklage, 2019, § 8 Rn. 55 ff.; *Hettenbach*, WM 2019, 577, 579.

1688 *Hettenbach*, WM 2019, 577, 579.

1689 *Ders.*, WM 2019, 577, 579.

1690 S. dazu: Teil Zwei Kapitel Drei § 3 B. V. 2. Vergleich mit den Zwecken der Musterfeststellungsklage (420).

1691 *Baumstark*, Drittwiderklage, 2008, S. 159.

rens gegeben wird.[1692] Die Angemeldeten und die Klägerin stellen sich für die Beklagte als Einheit dar. Dies entspricht der Handhabung bei einem Prozess gegen eine Partei kraft Amtes[1693] und zudem derjenigen bei einer Einziehungsklage.[1694] Auch bei der Feststellungsklage über das Recht eines Dritten lässt die Zustimmung des Dritten ihn und den Kläger als einheitlichen Angreifer erscheinen.[1695] Das Auseinanderfallen von materiellem Recht und prozessualer Stellung führt zu einer Abänderung der Richtung der Widerklage aufgrund ihrer Natur als Gegenangriff.[1696] Als wertungsmäßig weiterer Angreifer muss sich der Angemeldete eine Widerklage gegen die qualifizierte Einrichtung gefallen lassen, die seine materiellrechtlichen Ansprüche zum Gegenstand hat.

Für das Vorliegen der Parteiidentität lässt sich auch noch anführen, dass der Verbraucher durch die Anmeldung zum Klageregister seinen Anspruch zumindest faktisch in die Hand der qualifizierten Einrichtung legt. Diese kann im Musterfeststellungsprozess weitgehend autonom über die Feststellungsziele verhandeln und tritt gegenüber der Beklagten mit Mandat der Angemeldeten auf. Die zumindest faktische prozessuale Inhaberschaft lässt auch die Stellung als Ansprechpartner für die Widerklage gerechtfertigt erscheinen, zumal allein die qualifizierte Einrichtung für die Beklagte im Musterfeststellungsverfahren greifbar ist.

Schließlich greift zusätzlich der Gedanke des abtretungsrechtlichen Schuldnerschutzes.[1697] Die Rechtsposition der Beklagten darf sich ohne ihr Zutun nur durch die Anstrengung eines Musterfeststellungs- anstatt eines Individualverfahrens nicht verschlechtern. Bei einer Verwehrung der Widerklagemöglichkeit im Musterfeststellungsprozess wäre sie auf die Geltendmachung ihrer Einwände in jedem einzelnen Folgeverfahren verwiesen, was nicht nur zeitraubend, sondern auch kostentreibend ist, zumal die Erhebung einer Widerklage nach § 45 I 1 GKG in der Regel zu einer Erhöhung des Streitwertes des Folgeverfahrens führt, der für die Berechnung der Gerichts- und Anwaltskosten maßgebend ist.

Die Parteiidentität ist zu bejahen.

1692 *Ders.*, Drittwiderklage, 2008, S. 165 ff.

1693 Dazu: *ders.*, Drittwiderklage, 2008, S. 169 ff.

1694 Dazu: *Rüßmann/Eckstein-Puhl*, JuS 1998, 441, 443.

1695 *Baumstark*, Drittwiderklage, 2008, S. 176.

1696 Generell dazu bei der Widerklage: *ders.*, Drittwiderklage, 2008, S. 160 f.

1697 Dazu: *Riehm*, JZ 2007, 1001, 1002.

3. Konnexität

Als nächste Voraussetzung folgt die in der Praxis recht großzügig ausgelegte[1698] Konnexität nach § 33 I ZPO. Es geht mithin um die Problematik, dass die Beklagte und die klagende qualifizierte Einrichtung keine materiellrechtliche Beziehung verbindet, was das Vorliegen konnexer Ansprüche schon im Grundsatz ausschließen könnte. Ob die Konnexität lediglich einen besonderen Gerichtsstand oder darüber hinaus auch noch eine besondere Zulässigkeitsvoraussetzung darstellt[1699], soll mangels Ergebnisrelevanz an dieser Stelle nicht entschieden werden.

Im selben Atemzug und in derselben Pauschalität wie die Parteiidentität wird auch die Konnexität von potentiellen Widerklagen gegen die qualifizierte Einrichtung verneint.[1700] Das Kriterium der Konnexität bereitet aus denselben inhaltlichen Erwägungen, welche bereits bei der Parteiidentität angestellt wurden, keine unüberwindbaren Probleme und kann angenommen werden.[1701] Die qualifizierte Einrichtung kann im selben Umfang wie bei der Parteiidentität beschrieben als Statthalterin der Ansprüche der Angemeldeten angesehen werden. Sie ist insofern der richtige Gegner einer Widerklage. Aufgrund des wertungsmäßig gemeinsamen Angriffs der Angemeldeten und der qualifizierten Einrichtung muss mit der gerichtlichen Klärung konnexer Ansprüche im Musterfeststellungsverfahren gerechnet werden. Die Zurechnung und damit die Parteiidentität wie die Konnexität enden dort, wo nicht im Zusammenhang mit den Feststellungszielen stehende Ansprüche (z.B. Verbindlichkeiten aus anderweitigen Rechtsgeschäften mit einem oder mehreren Angemeldeten) in den Musterfeststellungsprozess eingeführt werden sollen. Im Hinblick auf diese hat der Angemeldete keine gerichtliche Klärung veranlasst, sodass die qualifizierte Einrichtung und dieser insoweit nicht als Einheit erscheinen. Eine Klärung derselben muss eigens in einem Prozess gegen den materiellen Rechtsinhaber angestrebt werden.

An der Konnexität scheitert die Widerklagemöglichkeit nicht.

1698 *Korte*, JA 2005, 534, 535; *Koch*, JA 2013, 95, 97.

1699 Einen kurzen Überblick über das Problem gebend: *Rosenberg/Schwab/Gottwald*, Zivilprozessrecht, [18]2018, § 97 Rn. 21; eine vertiefte Behandlung dieser Frage findet statt bei: Stein/Jonas/*Roth*, § 33 Rn. 25 ff.

1700 *Weinland*, Die neue Musterfeststellungsklage, 2019, Rn. 59 f.; *Schmidt*, in: Baumbach/Lauterbach/Albers u.a. (Hrsg.), Zivilprozessordnung, [77]2019, Beilage zur 77. Auflage § 606 Rn. 17; *Balke/Liebscher/Steinbrück*, ZIP 2018, 1321, 1328.

1701 *Hettenbach*, WM 2019, 577, 580; BeckOK ZPO/*Lutz*, § 610 Rn. 14.

4. Keine anderweitige Rechtshängigkeit bzw. vom Klagebegehren abweichender Streitgegenstand

Sodann ist das Erfordernis zu betrachten, dass die Widerklage einen eigenen, von der Klage zu unterscheidenden Streitgegenstand aufweist.[1702] Hingegen führt die Geltendmachung desselben Streitgegenstandes oder die bloße Negation des Klageanspruchs[1703] zu einer Unzulässigkeit der Widerklage aufgrund anderweitiger Rechtshängigkeit gem. § 261 III Nr. 1 ZPO oder entgegenstehender Rechtskraft.[1704]

Die parallele Anhängigkeit von Musterfeststellungs- und Individualverfahren erfordert eine Beleuchtung beider Verfahren als mögliche Quellen für anderweitig rechtshängige Streitgegenstände.

Zunächst könnte eine anderweitige Rechtshängigkeit aus denjenigen Individualverfahren folgen, welche aufgrund der Anmeldung zum Klageregister nach § 613 II ZPO ausgesetzt wurden. Hat die Beklagte bereits in diesen eine Widerklage erhoben, könnte deren Rechtshängigkeit eine Widerklage im Musterfeststellungsprozess blockieren. Jedoch ist dies zu verneinen, da sich aus dem Charakter der Musterfeststellungsklage als Verfahren mit Breitenwirkung ergibt, dass der Streitgegenstand der Widerklage – ebenso wie derjenige der Klage – eine gewisse Kollektivrelevanz aufweisen muss. Andernfalls könnten durch die Widerklage Feststellungen zu individuellen Streitfragen von Ansprüchen erforderlich werden, die durch die Einführung der §§ 606 ff. ZPO gerade ausgeschlossen werden sollten.[1705] Das Erfordernis der Abstrahierung des Widerklageantrags unterscheidet diesen dermaßen vom Widerklageantrag im Individualverfahren, dass insofern ein anderer Streitgegenstand vorliegt.

Sodann könnte eine anderweitige Rechtshängigkeit aus einem Prozess mit einer anderen qualifizierten Einrichtung mit demselben zugrundeliegenden Lebenssachverhalt resultieren. Dabei gilt aus den gleichen Erwägungen wie bei einer Klageänderung[1706] die Regelung des § 610 ZPO analog für später erhobene Widerklagen. D.h. die zuerst erhobene Widerklage sperrt die nachfolgenden, sofern sie denselben Streitgegenstand aufweisen. Dass der Gesetzgeber durch die Etablierung einer engen Sperrwirkung die

---

1702 Statt vieler m.w.N.: Stein/Jonas/*Roth*, § 33 Rn. 7.

1703 Statt vieler: *Koch*, JA 2013, 95, 96.

1704 Statt vieler: *Bork*, JA 1981, 385, 389.

1705 BT-Drs. 19/2439, S. 17.

1706 S. dazu: Teil Zwei Kapitel Zwei § 3 C. Problematik der Konkurrenz mit anderen qualifizierten Einrichtungen (348).

Gefahr in Kauf nimmt, dass sich zu einem Lebenssachverhalt in mehreren parallel laufenden Musterfeststellungsverfahren mehrere Widerklageanträge faktisch überschneiden und gegebenenfalls auch widersprechen, ist als gesetzgeberische Entscheidung hinzunehmen. Weisen die verschiedenen Widerklagen unterschiedliche Streitgegenstände auf, sind sie auch beim gleichen Lebenssachverhalt nebeneinander zulässig und schließen sich nicht aufgrund anderweitiger Rechtshängigkeit aus.

Abgesehen von Widerklagen, die denselben Streitgegenstand wie andere Widerklagen in parallelen Musterfeststellungsverfahren betreffen, birgt das Erfordernis des eigenen Streitgegenstands der Musterfeststellungswiderklage keine großen Probleme.[1707]

5. Kein Ausschluss kraft Gesetzes

Die Widerklage ist auch dann ausgeschlossen, wenn dies gesetzlich angeordnet ist. So ist nach § 595 I ZPO die Widerklage im Urkunden- und Wechselprozess nicht statthaft.[1708] Als einziger gesetzlicher Anknüpfungspunkt für einen impliziten Ausschluss von Widerklagen könnte der Wortlaut des § 606 I 1 ZPO herangezogen werden, indem die Zuweisung der Prozessführungsmacht an die qualifizierte Einrichtung als ausschließliche verstanden wird. Doch wurde bereits festgestellt, dass § 606 I 1 ZPO der qualifizierten Einrichtung lediglich die Initiativklagebefugnis verleiht, was mit keinerlei Rechtseinschränkungen auf Seiten der Beklagten verbunden ist[1709], womit ein gesetzlicher Ausschluss von Widerklagen im Musterfeststellungsprozess nicht vorhanden ist.

6. Zuständigkeit des OLG als Eingangsinstanz für die Musterfeststellungsklage

Für die Bestimmung der Zuständigkeit für Widerklagen im Musterfeststellungsprozess muss zwischen der sachlichen und örtlichen Zuständigkeit unterschieden werden. Eine Regelung für Widerklagen wurde nicht ge-

---

1707 So auch: *Hettenbach*, WM 2019, 577, 579.

1708 Zu weiteren Beispielen: Stein/Jonas/*Roth*, § 33 Rn. 20 ff.

1709 Zu dieser Auslegung: Teil Zwei Kapitel Drei § 3 B. III. Wortlaut des § 606 I 1 ZPO (413).

troffen, wohingegen für Klagen im Musterfeststellungsverfahren eigens Zuständigkeiten in sachlicher und örtlicher Hinsicht geschaffen wurden.

a) Sachliche Zuständigkeit

Nach § 119 III GVG wurden die OLG bzw. ObLG in letzter Minute zur Eingangsinstanz für Musterfeststellungsklagen, wohingegen die Entwürfe zuvor noch die Landgerichte dafür vorsahen.[1710] Ziel der Änderung war es, im Interesse der Betroffenen eine zügige und effiziente Rechtsdurchsetzung zu sichern und das Verfahren zu beschleunigen, indem eine zweite Tatsacheninstanz nicht mehr vorgesehen ist.[1711] Eben dieser Zweck beansprucht auch für die Musterfeststellungswiderklage Geltung, indem eine umfassende Abhandlung der Einwendungen der Beklagten das Verfahren beschleunigt. Auch kann der Angemeldete auf diese Weise die Erfolgsaussichten für das Folgeverfahren weit besser abschätzen und eine Verzögerung durch eine weitere Tatsacheninstanz wird vermieden. Abgesehen von den vergleichbaren Interessen im Musterfeststellungsverfahren sprechen auch die Zwecke der Widerklage im Allgemeinen für eine gemeinsame Verhandlung am sachlich zuständigen Gericht für die Klage. So wird auch bei der herkömmlichen Widerklage angenommen, dass eine solche mit amtsgerichtlichem Zuständigkeitsstreitwert vor dem Landgericht zu verhandeln ist, wenn auch die Klage vor dem Landgericht verhandelt wird.[1712] Umgekehrt kann ein amtsgerichtliches Klageverfahren gem. § 506 ZPO an das Landgericht verwiesen werden, wenn die Widerklage in den Zuständigkeitsbereich der Landgerichte fällt. Auch wenn mangels getrennter Zuständigkeiten für die Eingangsinstanz bei der Musterfeststellungsklage nicht derselbe Zuständigkeitskonflikt auftreten kann, so ist es doch überzeugend, die für die herkömmliche Widerklage entwickelten Gedanken für die Musterfeststellungsklage ebenfalls heranzuziehen und somit unabhängig von Streitwertbestimmungen eine gemeinsame Verhandlung vor dem OLG zu ermöglichen. Folglich spricht der Zweck der Widerklage für eine Geltung des § 119 III 1 GVG auch als Widerklagegerichtsstand in sachlicher Hinsicht. Das OLG ist in sachlicher Hinsicht für Widerklagen im Musterfeststellungsprozess zuständig.

1710 *Sievers*, DAR Extra 2018, 730, 732.

1711 *Fölsch*, DAR Extra 2018, 736.

1712 Eine kurze Darstellung der herrschenden Meinung liefernd: *Wagner*, JA 2014, 655.

b) Örtliche Zuständigkeit

Durch § 32c ZPO wurde ein neuer örtlicher Gerichtsstand für Musterfeststellungsklagen geschaffen. Regelungsgehalt der Vorschrift ist die Anordnung der Ausschließlichkeit[1713], um unerkannte Parallelverfahren zu vermeiden.[1714] Eine Geltung dieses Gerichtsstandes auch für Widerklagen erscheint hingegen ausgeschlossen, zumal sich der Wortlaut explizit auf Klagen beschränkt und eine analoge Anwendung an der Planwidrigkeit der fehlenden Nennung scheitert. Eine versehentliche Nichtregelung eines Widerklagegerichtsstandes kann aufgrund des § 33 ZPO, welcher die nächste Regelung nach dem neu eingeführten Musterfeststellungsklagegerichtsstand darstellt, nicht angenommen werden.

Daher ist auf § 33 I ZPO zurückzugreifen. Er ist nicht ausgeschlossen gem. § 33 II ZPO, zumal der ausschließliche Gerichtsstand in § 32c ZPO nur für Klagen gilt. Dazu passt auch, dass den qualifizierten Einrichtungen in § 606 I 1 ZPO die Initiativklagebefugnis für Musterfeststellungsklagen zugewiesen worden ist, sodass lediglich dafür ein ausschließlicher Gerichtsstand von Nöten ist, um unerkannte Parallelverhandlungen auszuschließen. Für die Einschlägigkeit des § 33 I ZPO sprechen wiederum die Argumente, welche bereits bei dem Vergleich zur Zedentenwiderklage erwähnt wurden.[1715] Aus der spezifischen Verteidigungssituation der Beklagten heraus und dem Gedanken des abtretungsrechtlichen Schuldnerschutzes ist die Anwendung des § 33 I ZPO auf das Musterfeststellungsverfahren gerechtfertigt.[1716] Der Verbraucher ist für die Klage mittelbar verantwortlich durch die Anmeldung zum Klageregister, womit ihm die Hinnahme des Gerichtsstands des § 33 I ZPO zumutbar ist.[1717] Abweichend von der Argumentation bei der Zedentenwiderklage verfängt der Gedanke nicht, dass der Zedent sich auch zwischen denselben Gerichtsständen hätte entscheiden müssen, da dem Verbraucher der Gerichtsstand des § 32c ZPO nicht offensteht. Doch vermag dies im Ergebnis keine Abweichung zu begründen. Auch für die Angemeldeten ist eine Verhandlung der Widerklage am Gerichtsstand des § 32c ZPO zumutbar, zumal sie sich sehenden Auges dafür entschieden haben. Die Anmeldung zum Klageregister erfolgt

---

1713 BeckOK ZPO/*Toussaint*, § 32c Rn. 5.

1714 BeckOK ZPO/*ders.*, § 32c Rn. 6.

1715 Dazu: Teil Zwei Kapitel Drei § 3 B. V. 2. Vergleich mit den Zwecken der Musterfeststellungsklage (420).

1716 Dazu für den Fall der Zedentenwiderklage: *Riehm*, JZ 2007, 1001, 1003 f.

1717 So für die Zedentenwiderklage: BGHZ 187, 112, 117 f. = NJW 2011, 460, 462.

erst, wenn die Musterfeststellungsklage bereits eingereicht ist und daher das örtlich zuständige Gericht schon angerufen wurde. Der Angemeldete akzeptiert den Prozess an diesem Gericht, sodass er eine dortige Verhandlung der ihn betreffenden Gegenansprüche hinnehmen muss. § 33 I ZPO sorgt mithin für eine Identität des Gerichts für Musterfeststellungsklagen und daraufhin erhobenen Widerklagen in örtlicher Hinsicht. Bei einer Geltendmachung nicht konnexer Ansprüche fehlt es bereits am Prozessführungsmandat der qualifizierten Einrichtung mangels Veranlassung der Verbraucher hierzu[1718], sodass Widerklagen schon an der fehlenden Parteiidentität bzw. der zu verneinenden Konnexität scheitern. Eine Diskussion, wie zuständigkeitsrechtlich mit Situationen umzugehen ist, in denen § 33 I ZPO nicht eingreift, kann folglich unterbleiben.

Das Gericht, an dem die Musterfeststellungsklage anhängig gemacht wird, ist sowohl sachlich als auch örtlich für Widerklagen zuständig.

7. Gleiche Prozessart

Als letzte Voraussetzung einer Widerklage bleibt noch das Erfordernis zu diskutieren, dass für Klage und Widerklage die gleiche Prozessart vorliegt. Die Prozessart der Klage muss sich zur Erhebung einer Widerklage eignen.[1719] An dieser Stelle wird vermehrt angesetzt, um dem Musterfeststellungsverfahren die Widerklageeignung abzusprechen. So wird angeführt, dass sich das herkömmliche Zivilverfahren und das Musterfeststellungsverfahren, welches eine eigene Prozessart bilde, gravierend unterscheiden.[1720] Bereits die Zuständigkeit in der ersten Instanz sei gem. § 119 III GVG abweichend zum herkömmlichen Zivilverfahren geregelt. Die Streitsache habe gem. § 614 S. 2 ZPO immer grundsätzliche Bedeutung, was in jedem Fall die Möglichkeit der Revision eröffne. Die Fülle der Besonderheiten im Musterfeststellungsverfahren spiegle sich auch in der eigens dafür eingeführten Streitwertdeckelung auf 250.000 € gem. § 48 I 2 GKG wider. In dieser besonderen Prozessart sei jedoch kein selbständiges Vorgehen des Unternehmers vorgesehen, vielmehr ermächtige § 606 I 1 ZPO nur die qualifizierte Einrichtung zur Klage. Die Zulassung einer Widerklagemöglichkeit würde die bewusst passive Rolle der Beklagten in ihr Gegenteil

---

1718 Teil Zwei Kapitel Drei § 3 B. VI. 3. Konnexität (435).

1719 *Bork*, JA 1981, 385, 390.

1720 Dazu und zu den im Folgenden aufgezählten Unterschieden: *Hettenbach*, WM 2019, 577, 580.

verkehren.[1721] Die Klärung anderer Begehren als Feststellungsziele sei ohnehin mit dem Charakter der Musterfeststellungsklage unvereinbar.[1722]

Zuzugeben ist, dass diese Einwendungen im Grundsatz nicht unberechtigt sind. Doch ist nicht einzusehen, deshalb der Beklagten jegliche aktive Gegenwehr zu versagen, wenn schonendere Alternativen zur Verfügung stehen. Mögen auch Musterfeststellungsverfahren und gewöhnlicher Zivilprozess nicht deckungsgleich sein, so bleibt immer noch die Möglichkeit einer spezifischen Musterfeststellungswiderklage. Gerade von Kritikern ist eingeräumt worden, dass es denkbare Feststellungsziele für eine negative Musterfeststellungswiderklage gebe.[1723] Diese zuzulassen, ließe das anzuwendende Verfahrensrecht unangetastet und würde sich nahtlos in den Charakter der Musterfeststellungsklage einfügen. Eine rein passive Rolle der Beklagten ist lediglich die Folge einer restriktiven Interpretation der §§ 606 ff. ZPO, nicht jedoch die geäußerte Vorstellung des Gesetzgebers, zumal er sich zu dieser Frage nicht verhalten hat. Ebenso wie die §§ 606 ff. ZPO restriktiv interpretiert werden können, sind sie auch einer extensiven Auslegung zugänglich. Die Möglichkeit, die Beklagte ebenso wie den Kläger bei Erhebung der Klage an die Restriktionen der §§ 606 ff. ZPO zu binden, ist unter diesem Blickwinkel bisher noch nicht in Erwägung gezogen worden. Eine analoge Anwendung des § 606 I 1 ZPO auf die Formulierung des Widerklageantrags kann insofern Abhilfe schaffen. Eine Regelungslücke kann ohne Weiteres angenommen werden. Auch erscheint die Planwidrigkeit naheliegend, vor allem wenn man sich vor Augen führt, dass sich in der Gesetzesbegründung keinerlei Ausführungen zu einer etwaigen Widerklagemöglichkeit finden. Eine pauschale Geltungsanordnung der allgemeinen Vorschriften und gleichzeitig das Stellen spezieller Anforderungen an die Formulierung von Klageanträgen scheint eine wenig stringente und nicht zu Ende gedachte Regelung darzustellen. Die Interessenlage ist dabei absolut vergleichbar. Die Gründe für eine alleinige Erwähnung der qualifizierten Einrichtung als Klägerin in § 606 I 1 ZPO mögen bei der Einleitung des Verfahrens noch Platz greifen, da nur diese aus Verbraucherschutzgesichtspunkten ein Verfahren einleiten können soll. Warum aus dieser positiven Formulierung jedoch mehr erwachsen soll als eine besondere Zuweisung einer Initiativklagebefugnis, erschließt sich nicht. Für die weiteren Regelungen im Verfahren sollen überwiegend, sofern keine abweichenden Anordnungen existieren, die

---

1721 *Röthemeyer*, Musterfeststellungsklage, ^{2}2020, § 610 Rn. 70 f.

1722 *Ders.*, Musterfeststellungsklage, ^{2}2020, § 610 Rn. 70 f.

1723 *Hettenbach*, WM 2019, 577, 579.

allgemeinen Verfahrensregeln angewendet werden, zu welchen auch die Widerklage gehört. Bei der Formulierung der Widerklageanträge befindet sich die Beklagtenseite in derselben Situation wie die Klägerin bei der Abfassung der Klageanträge. Es genügt, um den Charakter der Musterfeststellungsklage zu wahren, § 606 I 1 ZPO analog für die Formulierung der Widerklageanträge anzuwenden. Auf diese Weise wird beiden Parteien eine aktive Einflussnahme auf den Musterfeststellungsprozess ermöglicht, was verfassungsrechtliche Bedenken (vor allem im Hinblick auf den Grundsatz der prozessualen Waffengleichheit) ausräumt.

Anstatt formaljuristisch auf dem Unterschied zwischen herkömmlichem Zivilprozess und Musterfeststellungsverfahren zu beharren, ist die Zulassung einer speziellen Musterfeststellungswiderklage als verfassungsrechtlich unbedenklicher und praxistauglicher Weg vorzugswürdig. § 606 I 1 ZPO ist mithin analog auf die Formulierung der Widerklageanträge anzuwenden.

8. Ergebnis der Prüfung der Widerklagevoraussetzungen

Zusammenfassend lässt sich festhalten, dass die Voraussetzungen einer Widerklage – wenn auch mit gewissen Modifikationen im Hinblick auf nicht konnexe Widerklagen und die Antragsformulierung – auch im Musterfeststellungsprozess bejaht werden können. Dies stellt ein Indiz für die Zulässigkeit von Widerklagen im Musterfeststellungsprozess dar.

VII. Grundsätzliche Unzulässigkeit von Widerklagen, abgesehen jedoch von eng begrenzten Ausnahmen

Nachdem nunmehr eine Vielzahl von Interessen dargestellt wurden, ergibt sich die Notwendigkeit, diese in einen Ausgleich zu bringen. Gegen die Zulässigkeit von Widerklagen spricht das Spannungsverhältnis mit dem Recht der Angemeldeten aus Art. 103 I GG und der objektive Bedeutungsgehalt der Anmeldungserklärung zum Klageregister. Weder für noch gegen eine Widerklagemöglichkeit lässt sich der Wortlaut des § 606 I 1 ZPO und die fehlende Möglichkeit der Einleitung eines Musterfeststellungsverfahrens seitens der Beklagten anführen. Für die Zulassung von Widerklagen streitet der Gedanke der Prozessökonomie, die prozessuale Waffengleichheit und die Tatsache, dass die Voraussetzungen für eine Widerklageerhebung auch für das Musterfeststellungsverfahren gegeben sind.

1. Grundsätzliche Unzulässigkeit von Widerklagen im Musterfeststellungsprozess

Besonders schwer wiegt in der vorliegenden Konstellation das prozessuale Urrecht[1724] der Angemeldeten aus Art. 103 I GG. In der verfahrensrechtlich neuen Figur der gebundenen Nichtpartei[1725] liegt die wesentliche Neuerung gegenüber den bereits vorher bestehenden Klageverfahren. Der unwiederbringliche Verlust der prozessualen Eigenständigkeit und Selbstbestimmung, welcher im Partizipationsakt in Form der Anmeldungserklärung noch nicht vorhergesehen werden konnte, muss zu einem grundsätzlichen Ausschluss von Widerklagen im Musterfeststellungsprozess führen. Anderenfalls würde eine schon bei voraussehbarem Prozessverlauf verfassungsrechtlich bedenkliche Regelung nochmals verschärft und der angemeldete Verbraucher befände sich nach dem Ablauf des letztmaligen Anmeldungsrücknahmezeitpunktes nicht nur in der Hand der prozessführenden qualifizierten Einrichtung, sondern auch der Beklagten. Diese könnte, obwohl der Angemeldete in keiner Weise direkt mit ihr in Kontakt getreten ist, über die Reichweite der Bindungswirkung gem. § 613 I 1 ZPO disponieren. Auf der anderen Seite liegt zwar ein Eingriff in die prozessuale Waffengleichheit vor, doch ist dieser nicht endgültig. Der Beklagten ist es verwehrt im Musterfeststellungsprozess ihre Einwendungen geltend zu machen, doch kann sie diese – im Gegensatz zum von der Bindungswirkung betroffenen Verbraucher – in jedem Individualverfahren vorbringen. Es handelt sich somit mehr um eine zeitliche Verzögerung als um einen Ausschluss eines Rechts. Die Beklagte wird auf eine Vorgehensweise verwiesen, welche sie vor der Einführung der §§ 606 ff. ZPO ohnehin hätte einschlagen müssen. Auch ist dieser zeitliche Aufschub der ZPO nicht fremd. In § 595 I ZPO wird – zur Erhaltung der notwendigen Einfachheit des Urkundenprozesses[1726] – die Widerklagemöglichkeit ausgeschlossen. Möglich bleibt, was insofern die Vergleichbarkeit zur Musterfeststellungsklage herstellt, eine Widerklage im Nachverfahren nach Erlass eines Vorbehaltsurteils im Urkundenprozess. Der zeitliche Aufschub der Widerklagemöglichkeit stellt mithin kein Novum dar; einzig, dass er wegen Art. 103 I GG vorgenommen wird, ist neu. Der wesentliche Einschnitt

---

1724 BVerfGE 55, 1, 6 = NJW 1980, 2698; BVerfGE 70, 180, 188 = NJW 1986, 371, 372.

1725 *Röthemeyer*, MDR 2019, 6, 11.

1726 *Hahn/Mugdan*, Die gesamten Materialien zu den Reichs-Justizgesetzen, 1983, S. 391.

in die Rechte der Beklagten stellt die aufwendigere Verteidigung gegen jeden einzelnen Anspruch dar, wohingegen die qualifizierte Einrichtung eine umfassende Klärung in einem Prozess bewirken kann. Dies erscheint unter dem Blickwinkel, dass die Musterfeststellungsklage zur Verbesserung der Verbraucherrechtsdurchsetzung eingeführt wurde[1727], durchaus konsequent und folgerichtig.

2. Differenzierung anhand der verfolgten Feststellungsziele

Doch darf nicht übersehen werden, dass nicht jede Widerklage gleichermaßen unvorhersehbar und einschneidend ist. Ein vollständiger Ausschluss von Widerklagen erscheint daher als zu pauschal. Es ist vielmehr eine Differenzierung hinsichtlich der mit der Widerklage verfolgten Feststellungsziele vorzunehmen. Widerklageanträge, die hinter dem Umfang des öffentlich bekannt gemachten Feststellungsprogramms zurückbleiben bzw. naheliegende Einwendungen betreffen[1728], sind vom erteilten Prozessführungsmandat der angemeldeten Verbraucher mit umfasst. Mit diesen, im Feststellungsprogramm angelegten, klärungsbedürftigen Aspekten ist im Musterfeststellungsprozess zu rechnen.

a) Beispielsfälle

Zur Verdeutlichung des soeben angeführten Umfangs sollen vor der argumentativen Untermauerung zwei Beispielskonstellationen[1729] aufgezeigt werden.

Mit Feststellungsziel Nr. 5 hat der vzbv im Prozess gegen die VW AG die Festlegung der Berechnungsmethode einer etwaigen Vorteilsausgleichung beantragt. Es wäre als zulässiges Widerklageziel anzusehen, wenn die VW AG die Feststellung anstrebt, dass eine andere Berechnungsmethode heranzuziehen ist bzw. dass die Gewährung einer Vorteilsausgleichung

---

1727 BT-Drs. 19/2439, S. 32.

1728 Die Notwendigkeit der Einführungsmöglichkeit solcher Einwendungen in den Musterfeststellungsprozess ansprechend, jedoch dies allein in die Hände der qualifizierten Einrichtung legend: BeckOK ZPO/*Lutz*, § 610 Rn. 19 f.

1729 Die Anträge in beiden erwähnten Beispielen können eingesehen werden unter: https://www.bundesjustizamt.de/DE/Themen/Buergerdienste/Klageregister/Klagen/201802/Verfahren/Verfahrensstand.html (geprüft am 14.04.2020).

generell im Rahmen eines Schadensersatzanspruchs nach § 826 BGB in Betracht kommt.

Durch das Feststellungsziel Nr. 11 im Prozess gegen die VW AG sollte geklärt werden, dass die unter Nr. 1 gestellten Anträge mitsamt Hilfsanträgen auch gelten, wenn von der Musterbeklagten ein Software-Update im Hinblick auf die Motormanipulation aufgespielt wurde. Im Gegenzug könnte die Musterfeststellungsbeklagte feststellen lassen, dass das Software-Update den Schadstoffausstoß dauerhaft verringert hat bzw. im Rahmen der Schadensfeststellung zu berücksichtigen ist.

b) Systemkonformität der Widerklage mit den dargestellten Anträgen

Durch die Zulassung von Widerklagen in besagtem Umfang entsteht ein gewisser Gleichlauf zum Ergebnis des Klageänderungskapitels.[1730] Dort wurde festgestellt, dass aufgrund der uneingeschränkt anwendbaren Regelung der §§ 610 V 1, 269 ZPO und des fehlenden Anspruchs der Angemeldeten auf Durchführung des Musterfeststellungsverfahrens eine Klageänderung in Form der Beschränkung gem. § 264 Nr. 2 ZPO zulässig ist. Es kann somit zu abweichenden Bindungen im Vergleich zum ursprünglichen Feststellungsprogramm kommen, mit denen der Verbraucher aber aufgrund ihres geringeren Umfangs zu rechnen hat. Eben eine solche anderweitige Bindung, welche gewissermaßen im Umfang der ursprünglich Präsentierten angelegt ist, kann auch von Seiten der Beklagten gerichtlich beantragt werden. Entscheidend ist, dass der Verbraucher durch die Anmeldung zum Klageregister sein Einverständnis in eine weitreichendere Prozessführung gegeben hat, dessen Rahmen von der beabsichtigten Widerklage nicht überschritten wird. Wenn ein Zurückbleiben hinter der ursprünglichen Bindungswirkung seitens des Klägers für möglich und mit den Rechten der Angemeldeten vereinbar gehalten wird, spricht die prozessuale Waffengleichheit dafür, auch der Beklagten die Einführung von Feststellungszielen zu gestatten, die gewissermaßen in den Feststellungszielen des Klägers angelegt sind. Auch kann so eine gewisse Flexibilität des Musterfeststellungsverfahrens gewährleistet werden.

Als weiterer positiver Aspekt für die Zulassung der Widerklage in diesem Umfang ist das dem Gesetzgeber ohnehin wichtige Anliegen der

1730 Teil 2 Kapitel 2 § 5 Zusammenfassung der Ergebnisse hinsichtlich der Klageänderungsmöglichkeiten im Musterfeststellungsprozess (397).

Missbrauchsprävention[1731] zu nennen. Gerade die Beschränkung der Klagebefugnis durch § 606 I 2 Nr. 1–5 ZPO soll sicherstellen, dass nur Einrichtungen klagen können, von denen der Gesetzgeber keinen Missbrauch des Kollektivklageinstrumentes erwartet.[1732] Diesem Anliegen kann durch eine Widerklage weiter Vorschub geleistet werden. So kann durch die Einflussnahme auf das Feststellungsprogramm dubiosem Verhalten der Gegenseite Einhalt geboten werden.[1733] Anstatt umfassend dem Verhalten und Formulierungsgeschick der gegnerischen Prozesspartei ausgesetzt zu sein, kann die Beklagte selbst zum Gegenangriff übergehen und aus ihrer Sicht klärungsbedürftige Punkte in das Verfahren einbeziehen. Allein die Zulassung dieser Gegenangriffsmöglichkeit zeitigt eine präventive Wirkung und wird qualifizierte Einrichtungen von beabsichtigten missbräuchlichen Klagen abhalten.

Des Weiteren fördert die Zulassung das Anliegen des Gesetzgebers zur Schaffung eines wirksamen Mittels der Rechtsverfolgung, welches eine effiziente Verfahrensführung und zugleich ein faires Verfahren ermöglicht.[1734] Die Effizienzsteigerung steckt durch den Gedanken der Prozessökonomie bereits im Zweck der Widerklage, indem eine weitgehende Klärung in einem einzigen Rechtsstreit bewerkstelligt wird.[1735] Eine kleinteilige Klärung der Einwendungen der Beklagten in jedem Folgeverfahren wird vermieden, mehrere parallel laufende Beweisaufnahmen mit überwiegend gleichen Ergebnissen obsolet gemacht. Darüber hinaus werden der Beklagtenseite dieselben Rechte zugestanden wie dem Kläger, was im Hinblick auf ein faires Verfahren vorzugswürdig erscheint.

c) Freie Wahl des Widerklagegegners?

Im Interesse einer umfassenden Würdigung werden naheliegende, gegen die Zulassung einer Widerklage sprechende Aspekte an dieser Stelle aufgegriffen.

Gegen eine Befugnis zur Widerklageerhebung wird angeführt, dass es nicht im Belieben der Beklagten stehen könne, sich eine qualifizierte Einrichtung zur gerichtlichen Klärung ihres Anliegens aussuchen zu dür-

---

1731 BT-Drs. 19/2439, S. 16.
1732 BT-Drs. 19/2439, S. 23.
1733 So zur herkömmlichen Widerklage: *Hau*, ZZP 117 (2004), 31, 34.
1734 BeckOK ZPO/*Lutz*, § 606 Rn. 5 ff.
1735 Statt vieler: *Bork*, JA 1981, 385, 386; *Hau*, ZZP 117 (2004), 31, 35 f.

fen.[1736] Dieses Risiko besteht aufgrund der engen Sperrwirkung gem. § 610 I 1 ZPO, welche die Parallelität mehrerer Musterfeststellungsprozesse zulässt. Doch ist dieses Argument bei Lichte betrachtet nicht stichhaltig. Bei der Zulassung einer am Feststellungsprogramm orientierten Widerklage besteht kein freies Wahlrecht im Hinblick auf die qualifizierte Einrichtung, welche sich einem Gegenangriff der Beklagtenseite ausgesetzt sieht. Durch die Beschränkung des Umfangs der Anträge orientiert sich die Möglichkeit zur Erhebung einer Widerklage an den von der qualifizierten Einrichtung vorgebrachten Feststellungszielen. Eine freie Auswahl wird daher von vornherein ausgeschlossen. Aufgrund der Tatsache, dass die Sperrwirkung gem. § 610 I 1 ZPO an den Feststellungszielen ansetzt, gibt es für jedes Feststellungsziel nur eine qualifizierte Einrichtung, welche der Gefahr einer Widerklage ausgesetzt ist. Kritik geübt werden kann allenfalls am vom Gesetzgeber eingeführten Prioritätsprinzip[1737], welches er zur Bestimmung der prozessführenden qualifizierten Einrichtung eingeführt hat. Dies schlägt denklogisch auch auf die Bestimmung des Widerklagegegners durch. Allein die nicht sachgerechte Auswahl des Klägers darf nicht zu einer Verneinung der Widerklagemöglichkeit führen. Immerhin hat der Gesetzgeber durch die § 606 I 2 Nr. 1–5 ZPO in Kombination mit dem Prioritätsprinzip zum Ausdruck gebracht, dass er den nach diesen Kriterien bestimmten Kläger für geeignet zur Durchsetzung seiner selbst formulierten Feststellungsziele hält. Er muss sich aus dem gleichen Gedanken auch eine Widerklage gefallen lassen. Bei der Formulierung ihres Feststellungsprogramms sollte sich die qualifizierte Einrichtung gewahr werden, dass sie umfassend für deren Klärung zuständig ist, wenn sie die Klägerin im Musterfeststellungsverfahren wird.

Insgesamt lässt sich damit feststellen, dass Widerklagen im Musterfeststellungsprozess grundsätzlich unzulässig sind, jedoch mit Ausnahme von naheliegenden Einwendungen und hinter dem Umfang der Anmeldung zurückbleibenden Widerklagen. Die Zulassung derselben verletzt die Angemeldeten nicht in ihrem Recht aus Art. 103 I GG und ist zudem geeignet, die prozessuale Waffengleichheit zwischen den Prozessparteien zu wahren.

1736 *Waclawik*, NJW 2018, 2921, 2926.
1737 Statt vieler: Musielak/Voit/*Stadler*, § 613 Rn. 2.

VIII. § 15 KapMuG analog als Ersatz für die Widerklagemöglichkeit

Mit § 15 KapMuG ist in dieser Verfahrensart eine besondere Regelung für eine nachträgliche Erweiterung der Feststellungsziele im Sinne von § 2 I KapMuG geschaffen worden. Sie übernimmt in gewisser Weise die Funktion der Widerklage, indem auch dem Beteiligten ein Antragsrecht gegeben wird, durch welches er das Feststellungsprogramm erweitern kann. Als Alternative zum soeben vorgeschlagenen Weg der Zulassung einer Widerklage mit beschränktem Umfang wurde angedacht, § 15 KapMuG im Musterfeststellungsverfahren analog anzuwenden.[1738] Dafür wird die negative Formulierung des § 606 I 1 ZPO angeführt. Die angemeldeten Verbraucher bzw. die qualifizierte Einrichtung haben kein Interesse an der Einführung negativer Feststellungsziele, wodurch eine Regelungslücke im Gesetz entstehe. Aufgrund der enormen Geschwindigkeit des Gesetzgebungsprozesses könne die unterlassene Reglementierung auch nicht als beredtes Schweigen aufgefasst werden, zumal eine ausdrückliche Befassung mit Vorschlägen von Sachverständigen, welche auf die fehlende Antragserweiterungsmöglichkeit ausdrücklich hingewiesen haben, nicht stattgefunden habe. Auch die Interessenlage sei absolut vergleichbar, da beiden Verfahren eine Zweistufigkeit zugrunde liege, wobei einer für alle repräsentativ sowohl positive wie auch negative Feststellungsziele klären ließe. Die angestrebte Breitenwirkung könne nur durch die Zulassung einer Erweiterungsmöglichkeit erreicht werden. Bei zu vielen ungeklärten Fragen blieben die Musterverfahren ein stumpfes Schwert für die Betroffenen.

Diese Argumentation ist nicht überzeugend. Die Voraussetzungen einer Analogie sind nicht gegeben; es fehlt schon an einer Regelungslücke. Zum einen kann die Existenz der Regelung des § 15 KapMuG als Grundlage für einen Umkehrschluss genutzt werden, was eine Anwendung im Musterfeststellungsverfahren von vornherein ausschließen würde.[1739] Zum anderen hat die negative Formulierung des § 606 I 1 ZPO auch dann einen Anwendungsbereich, wenn sie lediglich auf die qualifizierte Einrichtung bezogen wird.[1740] Diese kann ein Interesse haben, das Nichtvorliegen naheliegender anspruchsausschließender Einwendungen oder das Nichtvorliegen von Gegenansprüchen feststellen zu lassen. Auch spricht die

---

1738 Dazu und zu den folgenden Argumenten: *Hettenbach*, WM 2019, 577, 580 f.

1739 Diesen Umkehrschluss ziehend: *Röthemeyer*, Musterfeststellungsklage, ^{2}2020, § 606 Rn. 61.

1740 *Weinland*, Die neue Musterfeststellungsklage, 2019, Rn. 59 f.

Anwendbarkeit der allgemeinen Vorschriften auf die §§ 606 ff. ZPO gegen das Vorliegen einer Regelungslücke.

Doch auch die weitere Voraussetzung einer Analogie in Form der vergleichbaren Interessenlage muss verneint werden. Der Begriff des Feststellungsziels gem. § 606 I 1 ZPO ist durch die zusätzliche Erwähnung des Rechtsverhältnisses nicht vollkommen deckungsgleich mit dem des § 2 I KapMuG. Vor allem ist jedoch die prozessuale Ausgangslage eine ganz andere. Nach § 6 I, II KapMuG formuliert das Prozessgericht einen Vorlagebeschluss, welcher das Feststellungsprogramm vorgibt. Die Entziehung dieser Handlung aus dem Pflichtenkreis der Beteiligten rechtfertigt es, den Beteiligten eine Einwirkungsmöglichkeit auf das staatlicherseits formulierte Feststellungsprogramm zu geben. Bei der Musterfeststellungsklage hingegen stellt sich die Formulierung des Feststellungsprogramms als privatautonomer Akt der qualifizierten Einrichtung dar, welcher vollständig in ihrem Verantwortungsbereich liegt. Eine gerichtliche Einwirkung auf Antrag eines Beteiligten nach dem Vorbild des § 15 KapMuG stellt sich als schwerwiegender Eingriff in die Dispositionsfreiheit der qualifizierten Einrichtung dar. Auch würden ihr als Klägerin so Feststellungsziele aufgezwungen, welche sie im Vorgang nicht zu klären beabsichtigte. In dem allgemeinen Regeln folgenden Musterfeststellungsprozess erscheint eine dialektisch angelegte Prozessstruktur wesentlich überzeugender als gerichtliche Eingriffe in den Verfahrensgang zuzulassen.

Insgesamt scheidet eine analoge Anwendung des § 15 KapMuG auf das Musterfeststellungsverfahren aus.

§ 4 Zusammenfassung der Ergebnisse hinsichtlich der Widerklagemöglichkeit im Musterfeststellungsprozess

Insgesamt lässt sich feststellen, dass die grundsätzlich anwendbare Widerklage im Musterfeststellungsprozess aufgrund seiner besonderen Struktur und der Rechte der angemeldeten Verbraucher einer verfassungskonformen Einschränkung bedarf. Die Ergebnisse sollen in aller Kürze dargestellt werden:

Drittwiderklagen unter Einbeziehung der Verbraucher – gleich ob in Form einer streitgenössischen oder isolierten Drittwiderklage – scheitern an einer analogen Anwendung des § 610 VI ZPO.

Bei Widerklagen gegen die qualifizierte Einrichtung ist zwischen dem Zeitpunkt vor und nach der letztmaligen Rücknahmemöglichkeit gem. § 608 III ZPO zu unterscheiden.

Vor dem Zeitpunkt der letztmöglichen Anmeldungsrücknahme sind Widerklagen gegen die qualifizierte Einrichtung unter Berücksichtigung einer angemessenen Bedenkzeit für den angemeldeten Verbraucher zur Rücknahme seiner Anmeldungserklärung zulässig.

Nach dem Ablauf des letztmöglichen Rücknahmezeitpunktes gem. § 608 III ZPO sind weitere Interessen zu berücksichtigen. Das Recht der Angemeldeten aus Art. 103 I GG sowie der objektive Bedeutungsgehalt ihrer Anmeldungserklärung sprechen gegen die Zulässigkeit von Widerklagen. Hingegen kann aus dem Wortlaut des § 606 I 1 ZPO und der fehlenden Möglichkeit der Beklagtenseite zur Einleitung eines Musterfeststellungsverfahrens weder ein positives noch ein negatives Argument hinsichtlich der Anwendbarkeit von Widerklagen gezogen werden. Für die Möglichkeit der Erhebung von Widerklagen spricht der Gedanke der Prozessökonomie, die prozessuale Waffengleichheit, das Vorliegen der allgemeinen Widerklagevoraussetzungen und die Vergleichbarkeit der Situation für die Beklagte mit der Zedentenwiderklage.

Eine analoge Anwendung des § 15 KapMuG auf das Musterfeststellungsverfahren scheidet aus.

Widerklagen sind grundsätzlich unzulässig, abgesehen jedoch von der Geltendmachung naheliegender Einwendungen und hinter dem Umfang der Anmeldung zurückbleibenden Widerklagen.

Kapitel Vier: Haftung der qualifizierten Einrichtung für eine unzureichende Prozessführung

Nachdem bisher das Musterfeststellungsverfahren mitsamt prozessualen Gestaltungsmöglichkeiten der Kläger- wie der Beklagtenseite im Zentrum der Betrachtung stand, soll dieses nunmehr verlassen werden. Nach dem Abschluss eines Musterfeststellungsverfahrens, welches zuungunsten der Angemeldeten ausgefallen ist, stellt sich die Frage einer Haftung der qualifizierten Einrichtung bzw. ihrer Anwälte für eine unzureichende Prozessführung. Als Annex zur Bindung an das Ergebnis des Musterfeststellungsurteils hat diese Konstellation für die vormals Angemeldeten eine überaus wichtige Bedeutung, zumal ein Regressanspruch die Bindung zumindest monetär zu nivellieren vermag.

Auf die haftungsrechtliche Brisanz der Prozessführung für die Angemeldeten wurde seit der Ankündigung des Erlasses der §§ 606 ff. ZPO hingewiesen.[1741] So gestaltet sich schon die Formulierung der Feststellungsziele im Vergleich zum herkömmlichen Zivilprozess als wesentlich schwierigere Aufgabe, da zu Beginn alle möglichen Prozesskonstellationen mitsamt Begründungsalternativen durchdacht und in Form von Haupt- und Hilfsanträgen prozessual unterbreitet werden müssen[1742], zumal Klageänderungen in einem späteren Stadium nur noch eingeschränkt möglich sind. Doch auch die Führung des komplexen Massenverfahrens wird manch qualifizierte Einrichtung an den Rand ihrer Leistungsfähigkeit treiben.[1743] All diese möglichen Quellen, aus denen ein vermeintlicher Fehler seitens der prozessführenden qualifizierten Einrichtung resultieren kann, haben zur Vorhersage einer dritten Phase der Musterfeststellungsprozesse geführt.[1744] Nach dem rechtskräftigen Abschluss des Musterfeststellungsprozesses und der anschließenden Individualrechtsverfolgung im Folgeprozess wird sich der vormals angemeldete Verbraucher in einem dritten Schritt haftungsrechtlich an die qualifizierte Einrichtung wenden, die seinen Anspruch vorgezeichnet hat.

1741 So z.B. bereits im Vorfeld des Erlasses: *Gsell*, WuM 2018, 537, 542.

1742 *Heese*, JZ 2019, 429, 435.

1743 Von einer Überforderung sprechend: *Stadler*, JZ 2018, 793, 801.

1744 Dazu: *Beckmann/Waßmuth*, WM 2019, 89, 96.

Im Haftungsprozess wird sodann ausschlaggebend sein, ob der qualifizierten Einrichtung bei der Prozessführung im weitesten Sinne ein Fehler unterlaufen ist. Die von den §§ 606 ff. ZPO gebotenen prozessualen Möglichkeiten müssen daraufhin untersucht werden, ob eine fehlerhafte Prozesshandlung den Sieg in der Hauptsache vereitelt hat oder eine tatsächlich mögliche, aber unterlassene Prozesshandlung das Obsiegen herbeizuführen geeignet gewesen wäre.[1745]

Obwohl die Haftung für die an ihrem Fortbestand interessierten qualifizierten Einrichtungen existenzielle Fragen aufwirft und daher zu einem Absehen von der Erhebung einer Musterfeststellungsklage einladen kann[1746], ist ihre Existenz, ihr Umfang und ihre Ausgestaltung bisher völlig ungeklärt.[1747] Durch das Offenlassen der Finanzierung der qualifizierten Einrichtungen hat der Gesetzgeber seine Vorstellung der flächendeckenden kollektiven Rechtsverfolgung nicht konsequent zu Ende gedacht und die Klageberechtigten zunächst auf Eigenmittel verwiesen.[1748] Inwieweit diese für die durchaus haftungsträchtigen Musterfeststellungsverfahren ausreichen werden, muss mit Skepsis abgewartet werden.

Im folgenden Kapitel sollen an erster Stelle die Folgen einer unzureichenden Prozessführung für die angemeldeten Verbraucher erörtert werden.

§ 1 Folgen einer unzureichenden Prozessführung für die Angemeldeten

Die Bindungswirkung gem. § 613 I 1 ZPO und auch die mit Ablauf der Rechtsmittelfrist einsetzende formelle Rechtskraft setzen voraus, dass zur umfassenden Gewährleistung von Rechtsfrieden auch der materiellen Rechtslage widersprechende Urteile zwischen den Parteien den Streit dauerhaft beilegen.[1749] Dies hat zur Folge, dass die rechtskräftig mit Bindungswirkung entschiedenen Feststellungsziele von den wirksam angemeldeten Verbrauchern nicht mehr in Frage gestellt werden können. Ein Fehler in

1745 Zum Begriff der mangelhaften Prozessführung: *Wieser*, ZZP 79 (1966), 246, 249 f.

1746 *Rohls*, in: Nordholtz/Mekat (Hrsg.), Musterfeststellungsklage, 2019, § 3 Rn. 95; *Guggenberger/Guggenberger*, MMR 2019, 8, 11; *Witte/Wetzig*, WM 2019, 52, 54; *Meller-Hannich*, Stellungnahme vom 07.06.2018, S. 13.

1747 *Schmidt*, WM 2018, 1966, 1970; *Röthemeyer*, VuR 2019, 87, 88.

1748 Musielak/Voit/*Stadler*, Vorbemerkung vor §§ 606 ff. Rn. 4.

1749 Zur Rechtskraft: *Kuttner*, Die privatrechtlichen Nebenwirkungen der Zivilurteile, 1908, S. 190.

der Prozessführung und ein daraufhin ergehendes negatives Urteil für die qualifizierte Einrichtung führen somit zu einem dauerhaften Anspruchsverlust.[1750] Die Beklagtenseite hat somit mit dem für sie günstigen Urteil die in Streit stehenden Aspekte endgültig geklärt. Die Feststellungsziele werden in der Regel derart zentrale Tatsachen und Anspruchsvoraussetzungen betreffen und so umfassend formuliert sein, dass ein Obsiegen aufgrund der festgelegten Bindungen ausgeschlossen sein wird.

Die Haftungsfrage stellt sich im Vergleich zum KapMuG in verschärfter Form, da den Angemeldeten in den §§ 606 ff. ZPO – im Gegensatz zum KapMuG – keinerlei Beteiligungsrechte eingeräumt sind.[1751] Auch kann der Angemeldete nicht im Wege des einstweiligen Rechtsschutzes Einfluss auf die Prozessführung der qualifizierten Einrichtung nehmen, etwa um von ihm erkannte fehlerhafte Handlungen zu verhindern bzw. zu beseitigen.[1752] Dies widerspräche zum einen der dem Angemeldeten zugedachten passiven Rolle im Musterfeststellungsprozess und würde ihn zum anderen dem verschuldensunabhängigen Schadensersatzanspruch des § 945 ZPO aussetzen, was ebenfalls mit der vom Gesetzgeber angedachten Prozesskostenrisikofreiheit[1753] unvereinbar wäre. M.a.W. ist der angemeldete Verbraucher ab dem Verstreichen der letztmöglichen Anmeldungsrücknahme der Prozessführung der qualifizierten Einrichtung hilflos ausgeliefert.[1754] Dies stellt das Risiko einer wirksamen Anmeldung zum Klageregister dar.[1755] Der angemeldete Verbraucher kann mithin erst im Regressprozess wieder aktiv werden.[1756] Der einzige Dialog, den der Angemeldete mit der qualifizierten Einrichtung nach dem Verstreichen der Anmeldungsrücknahmemöglichkeit führen kann, ist derjenige auf Sekundärebene. Auf diese Weise wird jedoch erreicht, dass im Außenverhältnis zur Beklagten eine endgültige und abschließende Entscheidung besteht, die nur im In-

---

1750 *Meller-Hannich*, NJW Beilage 2018, 29, 31; *Ring*, NJ 2018, 441, 445; *Schmidt*, WM 2018, 1966, 1972; *Kilian*, ZRP 2018, 72, 73; *Schroeder*, in: Nordholtz/Mekat (Hrsg.), Musterfeststellungsklage, 2019, § 11 Rn. 3.

1751 *Halfmeier*, ZRP 2017, 201, 204; *Heigl/Normann*, in: Nordholtz/Mekat (Hrsg.), Musterfeststellungsklage, 2019, § 2 Rn. 8.

1752 Zum einstweiligen Rechtsschutz gegen den Treuhänder: *Liebich/Mathews*, Treuhand und Treuhänder in Recht und Wirtschaft, ²1983, S. 175 f.; jegliche Einflussnahmemöglichkeit bei einer drohenden unzureichenden Prozessführung verneinend: *Balke/Liebscher/Steinbrück*, ZIP 2018, 1321, 1326.

1753 BT-Drs. 19/2439, S. 16.

1754 *Kilian*, ZRP 2018, 72, 73; *Röthemeyer*, Musterfeststellungsklage, ²2020, § 606 Rn. 2.

1755 *Ders.*, Musterfeststellungsklage, ²2020, Einführung Rn. 112.

1756 *Merkt/Zimmermann*, VuR 2018, 363, 371.

nenverhältnis zur qualifizierten Einrichtung noch in Frage gestellt werden kann.

Primäre Folge eines für die qualifizierte Einrichtung negativen Musterfeststellungsurteils ist der wirtschaftliche Verlust der Ansprüche der wirksam angemeldeten Verbraucher. Diese werden sich konsequenterweise um einen wenigstens monetären Ausgleich bemühen, was die Haftung des für den Prozessverlust Verantwortlichen virulent werden lässt.

§ 2 *Qualifikation des Rechtsverhältnisses zwischen der qualifizierten Einrichtung und dem Angemeldeten mitsamt daraus resultierender Haftung*

Als Grundlage für die Diskussion der Haftung soll zunächst im Blickpunkt stehen, ob und sodann welches Rechtsverhältnis zwischen der qualifizierten Einrichtung und dem Angemeldeten besteht. Eine Erörterung der grundsätzlichen Existenz eines Rechtsverhältnisses erscheint schon deshalb erforderlich, weil aufgrund der fehlenden rechtlichen Normierung zum einen eine Haftung schon pauschal mit der Eigenverantwortung der angemeldeten Verbraucher abgelehnt[1757] und zum anderen das Bestehen einer Sonderbeziehung von einem nicht unbeträchtlichen Teil der Wissenschaft in Abrede gestellt wird.[1758] Es erscheint daher im Interesse einer geordneten Darstellung geboten, zunächst zu der Entstehung einer rechtlichen Beziehung Stellung zu nehmen.

A. Bestehen einer rechtlichen Bindung

Ausgangspunkt für die Frage, ob eine rechtliche Beziehung zwischen der qualifizierten Einrichtung und dem angemeldeten Verbraucher entstanden ist, stellt abermals die Anmeldung zum Klageregister als einziger

---

1757 *Weinland*, Die neue Musterfeststellungsklage, 2019, Rn. 223 f.

1758 Gegen eine vertragliche Beziehung: *Rathmann*, in: Saenger (Hrsg.), Zivilprozessordnung, [8]2019, § 606 Rn. 5; für eine Haftung aus GoA: BeckOK ZPO/*Lutz*, § 606 Rn. 24 ff.; ein besonderes, unkündbares Prozessrechtsverhältnis annehmend: *Merkt/Zimmermann*, VuR 2018, 363, 371; eine Haftung der qualifizierten Einrichtung ablehnend und stattdessen auf deren Prozessvertreter verweisend: *Röthemeyer*, Musterfeststellungsklage, [2]2020, § 608 Rn. 30; das Entstehen eines Rechtsverhältnisses anzweifelnd: *Schmidt*, in: Baumbach/Lauterbach/Albers u.a. (Hrsg.), Zivilprozessordnung, [77]2019, Beilage zur 77. Auflage § 608 Rn. 7.

Kontakt zwischen der qualifizierten Einrichtung und den Verbrauchern dar. Bevor jedoch auf die Entstehung einer Sonderbeziehung aus der Anmeldung abgestellt wird, soll noch eine andere Variante einer Rechtsverhältnisbegründung Beachtung finden.

I. Bereits bestehende Mitgliedschaft in der qualifizierten Einrichtung

Es könnte sich anbieten, hinsichtlich der am Musterfeststellungsverfahren Beteiligten zwischen solchen zu unterscheiden, die lediglich eine Anmeldungserklärung zum Klageregister abgegeben haben und solchen, die schon vorher bzw. mit Erhebung der Musterfeststellungsklage Mitglied der qualifizierten Einrichtung geworden sind. Der Grundsatz der Vertragsfreiheit erlaubt es der qualifizierten Einrichtung, auch neben etwaigen Bindungen aus der Anmeldungserklärung weitere Rechtsverhältnisse abzuschließen[1759], was letztlich Folge der privatrechtlichen Struktur der qualifizierten Einrichtungen ist.

1. Prozessführung kraft Satzungsbestimmung?

Zunächst könnte ein vorbehaltsloser Beitritt eines Verbrauchers zu einer qualifizierten Einrichtung – sofern ein solcher von dieser zugelassen wird – bei einer entsprechenden Satzungsregelung die Führung eines Prozesses für seine Mitglieder im Wege der gewillkürten Prozessstandschaft erlauben, wenn der Beitritt als wirksame Ermächtigung ausgelegt werden kann.[1760] Eine weitere Anmeldung zum Klageregister würde damit obsolet.[1761] Doch sprechen zwei gewichtige Gründe dagegen.

Einerseits gebietet § 606 I 2 Nr. 3 und 4 ZPO den klagebefugten qualifizierten Einrichtungen, dass die gerichtliche Klärung verbraucherrechtlicher Streitigkeiten nicht den Hauptgegenstand ihrer Tätigkeit darstellen darf.[1762] Es müssen nach § 606 I 2 Nr. 3 ZPO aufklärende und beratende

1759 *Weinland*, Die neue Musterfeststellungsklage, 2019, Rn. 219.

1760 MüKo ZPO/*Lindacher*, Vorbemerkung zu § 50 Rn. 56.

1761 Von einer Wirkung der Musterfeststellungsentscheidung aufgrund der Mitgliedschaft in der qualifizierten Einrichtung ohne nähere Beleuchtung ausgehend, obwohl der Verein und nicht seine Mitglieder Partei des Verfahrens ist: *Hartmann*, VersR 2019, 528, 530.

1762 Auf diesen Umstand hinweisend: *Salger*, jurisPR-BKR 10/2018 Anm. 1; *Schweiger/Wiedeck*, CB 2019, 335, 338.

Tätigkeiten im Vordergrund stehen.[1763] Eine ausdrückliche Satzungsregelung, welche eigens auf die prozessuale Ermächtigung zur gewillkürten Prozessstandschaft gerichtet ist, scheint bei den qualifizierten Einrichtungen somit unwahrscheinlich.

Andererseits sollte zur Sicherstellung der Funktionsfähigkeit der Musterfeststellungsklage das Anmeldeverfahren gem. § 608 I ZPO als spezieller gegenüber vorher erklärten Ermächtigungen angesehen werden. Im Gegensatz zur gewillkürten Prozessstandschaft werden bei der Musterfeststellungsklage als besondere Form der ausschließlichen gesetzlichen Prozessstandschaft keine Ansprüche, sondern nur abstrakte Tatsachen und rechtliche Vorfragen geltend gemacht. Darauf ist die gewillkürte Prozessstandschaft nicht ausgelegt. Zudem wirkt der Prozess eines gewillkürten Prozessstandschafters ohne Weiteres für und gegen den Rechtsinhaber, welcher aber die Möglichkeit zur Partizipation am Prozess hat. Die §§ 606 ff. ZPO müssen hingegen in § 613 I 1 ZPO die Bindungswirkung erst anordnen und gewähren dem Angemeldeten keinerlei Mitwirkungsmöglichkeit. Die Anmeldung zum Klageregister stellt mithin ein aliud zur Ermächtigung im Sinne der gewillkürten Prozessstandschaft dar. Bei der Annahme einer gewillkürten Prozessstandschaft für die Mitglieder stünden somit zwei verschiedene Institute und Wirkungsmechanismen im Raum, was die Durchführung des Verfahrens an die Grenze der Unmöglichkeit triebe. Konsequenterweise müssen sich demnach auch die Mitglieder der qualifizierten Einrichtung zum Klageregister anmelden, falls sie an den Wirkungen des Musterfeststellungsprozesses teilhaben wollen.

2. Einflussnahmemöglichkeit aufgrund der Mitgliedseigenschaft

Eine davon zu differenzierende Frage ist, inwieweit eine Einflussnahmemöglichkeit und Schadensersatzansprüche aus der Mitgliedschaft im Falle einer unzureichenden Prozessführung folgen. Auch wenn die Mitgliedschaft in der Praxis nicht die Regel sein wird[1764], sollte diese mögliche Quelle der Haftung nicht außer Betracht gelassen werden.

Die Einflussnahmemöglichkeit richtet sich nach der Satzung, welche sich die qualifizierte Einrichtung gegeben hat. Jedoch ist bei qualifizierten

---

1763 Eine griffige Unterscheidung zwischen Aufklärung und Beratung in Bezug auf den nicht mehr existenten § 22a AGBG liefernd: *Brönneke*, in: ders. (Hrsg.), Kollektiver Rechtsschutz im Zivilprozeßrecht, 2001, S. 75, 76.

1764 *Röthemeyer*, Musterfeststellungsklage, ^{2}2020, § 606 Rn. 31.

Einrichtungen aufgrund ihrer Größe (nach § 606 I 2 Nr. 1 ZPO mindestens zehn Verbände oder 350 natürliche Personen) davon auszugehen, dass das einzelne Mitglied keinen maßgeblichen Einfluss auf die Prozessführung nehmen kann. Diese wird in aller Regel dem Vorstand übertragen worden sein. Auch die Wahl des Vorstandes als mittelbare Einflussnahme auf den Musterfeststellungsprozess kann nicht als eine dem Art. 103 I GG genügende, selbstbestimmte und eigenverantwortliche Einflussnahme angesehen werden. Auf die Haftung, welche letztendlich einen Ausgleich für die mangelnde Gehörsgewährung bei der Bindungswirkung darstellen soll, kann diese äußerst mittelbare Einflussnahme keinen Einfluss haben.

3. Haftungsanspruch aus dem Mitgliedschaftsverhältnis?

Eine Haftung der qualifizierten Einrichtung aus einem bestehenden Mitgliedschaftsverhältnis für eine unzureichende Prozessführung im Musterfeststellungsverfahren kommt jedoch nicht in Betracht. Zu differenzieren ist die vorliegend im Fokus stehende Haftung des Vereins von der Haftung des Vorstandes gegenüber den Mitgliedern[1765], die außer Betracht bleiben soll. Anerkannt ist, dass das Mitgliedschaftsverhältnis ein Schuldverhältnis begründet, welches bei schuldhafter Pflichtverletzung Schadensersatzpflichten auslösen kann.[1766] Auch wird das Vereinsmitglied als Dritter im Sinne des § 31 BGB angesehen[1767], sodass ein Anspruch nicht an der Zurechnung der schadensverursachenden Handlung an den Verein scheitern würde. Doch führt diese Sonderverbindung in Form des Mitgliedschaftsverhältnisses ungeachtet der privatautonomen Einschränkbarkeit der Haftung[1768] oder gesetzlich vorgesehener Privilegierungen[1769] nicht zu einer Haftung für eine unzureichende Prozessführung im Musterfeststellungsverfahren. Die Haftung aus dem Mitgliedschaftsverhältnis beschränkt sich auf solche Pflichten des Vereins, welche originär aus dem Mitgliedschaftsverhältnis herrühren. So stellt auch die Rechtsprechung bei einer Schadensersatzhaftung aus dem Mitgliedschaftsverhältnis darauf ab, ob spezifische Mitgliedschaftsrechte verletzt wurden.[1770] Allein aus der

1765 Zu letzterer Konstellation den Meinungsstand in aller Kürze darstellend: *Grunewald*, ZIP 1989, 962, 965.

1766 BGHZ 90, 92, 95; 110, 323, 334 f.

1767 BeckOGK BGB/*Offenloch*, § 31 Rn. 92 ff.

1768 Dazu: BeckOGK BGB/*ders.*, § 31 Rn. 148.

1769 Dazu: BeckOK BGB/*Schöpflin*, § 31a Rn. 11.

1770 BGHZ 90, 92, 95.

Mitgliedschaft folgt jedoch – wie soeben aufgezeigt – noch keine Befugnis der qualifizierten Einrichtung zur Führung eines Musterfeststellungsprozesses. Die Erhebung einer solchen Klage fällt aus dem üblichen Geschäftsbereich heraus, welcher durch die Satzung abgesteckt ist. Dafür spricht umso mehr, dass der Status als qualifizierte Einrichtung zur Erhebung von Musterfeststellungsklagen in jeglichem Rechtsgebiet befähigt, auch wenn sie thematisch nicht den satzungsmäßigen Aufgabenbereich tangieren. Für die Führung eines Musterfeststellungsverfahrens mit Bindungswirkung bedarf es mithin einer von der Mitgliedschaft gesonderten Verantwortungsübernahme in Form der Anmeldung zum Klageregister, welche sodann mit einer gesonderten Haftung einhergeht.[1771] Die Haftung für Unzulänglichkeiten im Musterfeststellungsverfahren bemisst sich mithin ausschließlich nach dem legitimierenden Akt zum Betreiben eines solchen mit Wirkung für die Angemeldeten. Beide Haftungsregime bestehen nebeneinander, aber für verschiedene Aufgabenbereiche. Dafür spricht auch, dass eine Haftung, die zusätzlich zu den satzungsgemäß gewährten Einflussnahmemöglichkeiten besteht, für das Mitglied eine zufällige Besserstellung gegenüber anderen Angemeldeten darstellen würde. Diese Zufälligkeit potenziert sich, wenn man sich vor Augen führt, dass entscheidendes Auswahlkriterium zur Führung eines Musterfeststellungsprozesses bei mehreren qualifizierten Einrichtungen die Priorität nach § 610 I 1 ZPO ist. Die Haftung aus einer weiteren Anspruchsgrundlage hinge demzufolge von der Geschwindigkeit des Klägers bei der Erhebung der Klage ab.

Allein aus einer bestehenden Mitgliedschaft folgt mithin keine Haftung für eine unzureichende Prozessführung im Musterfeststellungsverfahren.

II. Differenzierung zwischen prozess- und materiellrechtlicher Erklärung

Bevor auf die Frage des Entstehens einer rechtlichen Sonderbeziehung eingegangen wird, soll untersucht werden, ob durch die Anmeldung zum Klageregister eine prozessuale oder materiellrechtliche Erklärung seitens der angemeldeten Verbraucher abgegeben wurde.[1772]

1771 Zur Wechselbezüglichkeit zwischen Verantwortung und Haftung: *Löwisch/Rieble*, in: dies. (Hrsg.), Tarifvertragsgesetz, ^{4}2017, § 1 Rn. 1772.

1772 Ebenso die Trennung zwischen prozessualer Stellung und materieller Bindung hervorhebend: BT-Drs. 18/13426, S. 25.

1. Einordnung als materiellrechtliche Erklärung?

Vorgeschlagen wurde eine Einordnung als materiellrechtliche Erklärung mit der Folge eines materiellrechtlich zu qualifizierenden Rechtsverhältnisses.[1773] Dafür wird vorgebracht, dass sich die Erklärung nicht in einem bestehenden Prozessrechtsverhältnis[1774] vollziehe, sondern im davon zu trennenden Verhältnis zwischen qualifizierter Einrichtung und Angemeldetem.[1775] Aufgrund der Tatsache, dass der Angemeldete bewusst aus dem Musterfeststellungsverfahren herausgehalten werde und das Prozessrechtsverhältnis bereits mit der Rechtshängigkeit der Klage begründet würde, sei die Anmeldung zum Klageregister als materiellrechtliche Erklärung mit dementsprechenden Folgen zu beurteilen.[1776] Dies scheint auch auf den Gedanken der Musterfeststellungsklage als repräsentative Klage[1777] zu passen, welche in ihrem Innenverhältnis materiellrechtlichen Regelungen folgt.

2. Einordnung als prozessuale Erklärung

Positiv und folgerichtig daran ist, dass bei der Musterfeststellungsklage das Verhältnis zwischen qualifizierter Einrichtung und Beklagter (im Folgenden: Außenverhältnis) und dasjenige zwischen qualifizierter Einrichtung und Angemeldetem (im Folgenden: Innenverhältnis) unterschieden werden muss. Den Verhältnissen liegen unterschiedliche Interessenlagen zugrunde, was eine differenzierende Betrachtung erfordert.

Doch auch abgesehen davon, dass ein Prozessrechtsverhältnis zwischen Gericht und Kläger bereits mit Anhängigkeit und nicht erst mit Rechtshängigkeit begründet wird, vermag die materiellrechtliche Einordnung schon im Grundsatz nicht zu überzeugen.[1778] Die Abgrenzung danach, ob

1773 *Rohls*, in: Nordholtz/Mekat (Hrsg.), Musterfeststellungsklage, 2019, § 3 Rn. 99.

1774 Zum Prozessrechtsverhältnis generell: Musielak/Voit/*Musielak*, Einleitung Rn. 55 ff.

1775 *Rohls*, in: Nordholtz/Mekat (Hrsg.), Musterfeststellungsklage, 2019, § 3 Rn. 99.

1776 *Ders.*, in: Nordholtz/Mekat (Hrsg.), Musterfeststellungsklage, 2019, § 3 Rn. 99.

1777 *Witte/Wetzig*, WM 2019, 52, 55.

1778 Die Begründung eines privaten Rechtsverhältnisses ablehnend: *Weinland*, Die neue Musterfeststellungsklage, 2019, Rn. 214 ff.; einen rechtsgeschäftlichen Kontakt zum Angemeldeten verneinend: *Röthemeyer*, Musterfeststellungsklage, ^{2}2020, § 606 Rn. 31; vertragliche Beziehungen in Abrede stellend: *Koch*, MDR 2018, 1409, 1415.

eine Erklärung innerhalb oder außerhalb eines bestehenden Prozessrechtsverhältnisses abgegeben wird, mag für herkömmliche Prozesssituationen ein gangbarer Weg für die Kategorisierung sein. Bei der besonderen Konstellation der Musterfeststellungsklage erscheint sie jedoch ungeeignet.

a) Inhaltliche Fixierung der Anmeldungserklärung

Zunächst ist die Situation bei der Abgabe der Anmeldungserklärung zu berücksichtigen. Materiellrechtliche Erklärungen sind geprägt von einer privatautonomen Inhaltsbestimmung, wohingegen prozessuale Willenserklärungen inhaltlich stärker fixiert sind, um dem Grundsatz der Rechtssicherheit Rechnung zu tragen.[1779] Im Interesse eines geregelten Verfahrensgangs sollen materiellrechtliche Institute, wie z.B. die Anfechtung oder die Bedingung, bei prozessualen Willenserklärungen bzw. Prozesshandlungen ausgeschlossen sein.[1780] Überträgt man diese Überlegungen auf die Anmeldung zum Klageregister, fällt zunächst auf, dass die Angemeldeten in keiner Weise über den Inhalt der Erklärung disponieren können. Ihren Erklärungen wird ohne Weiteres der gesetzlich vorgesehene Inhalt beigemessen. Auch überwiegt bei der Anmeldung zum Klageregister die Rechtssicherheit die privatautonome Gestaltungsfreiheit. Für die Beurteilung der Zulässigkeit der Klage gem. § 606 III Nr. 3 ZPO ist es notwendig, die Anmeldungen mit der erhöhten Beständigkeit prozessualer Erklärungen zu versehen. Beispielhaft mag dafür der Grenzfall von 50 Anmeldungen angeführt werden, bei dem sich ein Angemeldeter bei der Abgabe seiner Anmeldungserklärung in einem erheblichen Irrtum im Sinne des § 119 BGB befand. Die Zulassung der Anfechtung mit der konsequenten Anwendung der Rückwirkung gem. § 142 I BGB müsste zu einer nachträglichen Unzulässigkeit der Musterfeststellungsklage führen, was sehr zum Leidwesen der übrigen Angemeldeten und der bisher errungenen Prozessergebnisse ginge. Auch müsste mangels expliziten Ausschlusses bei Annahme einer materiellrechtlichen Erklärung eine an den Prozesserfolg anknüpfende auflösend bedingte Anmeldungserklärung möglich sein. All diese typischen materiellrechtlichen Gestaltungselemente widersprechen diametral dem mit der Musterfeststellungsklage verfolgten Zweck in Form der abschließenden Befriedung der in Streit stehenden Verhältnisse.[1781]

1779 *Paulus*, Zivilprozessrecht, ^{6}2017, Rn. 346.
1780 *Ders.*, Zivilprozessrecht, ^{6}2017, Rn. 346.
1781 Zu diesem Zweck: BT-Drs. 19/2439, S. 17.

b) Voraussetzungen und Wirkungen im Prozessrecht normiert

Doch auch bei Zugrundelegung der gängigen Kriterien zur Abgrenzung zwischen materiellrechtlicher und prozessualer Erklärung[1782] ist die Annahme einer prozessualen Willenserklärung nur konsequent und folgerichtig. Prozesshandlungen sind solche – insofern kann eine Parallele zum Ausschluss der privatautonomen Gestaltungsfreiheit gezogen werden – deren Voraussetzungen und Wirkungen vom Prozessrecht vorgegeben werden.[1783] Dies ist bei der Anmeldungserklärung zum Klageregister zweifelsfrei der Fall. So wird durch § 608 I ZPO die Frist, durch § 608 IV ZPO die Form und der Adressat und mittels § 608 II ZPO der notwendige Inhalt der Anmeldungserklärung durch das Prozessrecht zwingend festgeschrieben. Die wesentliche Wirkung, abgesehen von der Verjährungshemmung gem. § 204 I Nr. 1a BGB, wird mit § 613 I 1 ZPO ausschließlich im Prozessrecht normiert.

c) Vollzug der Anmeldungserklärung außerhalb eines bestehenden Prozessrechtsverhältnisses

Einzig der am Beginn dargestellte Einwand, dass die Anmeldung nicht in dem bereits bestehenden Prozessrechtsverhältnis abgegeben wird, sondern in der Beziehung zwischen qualifizierter Einrichtung und Angemeldetem, spricht prima facie gegen die Einordnung als prozessuale Erklärung. Unschädlich ist jedoch, dass das Prozessrechtsverhältnis bereits durch die Klageeinreichung begründet wurde.[1784] Prozessuale Willenserklärungen werden nicht nur zu Beginn eines Verfahrens abgegeben, sondern auch in bereits laufenden Verfahren. Die Notwendigkeit von prozessualen Handlungen endet nicht mit der Anhängigkeit einer Klage, sondern wird durch diese erst ausgelöst. Dass die Erklärung nicht im bestehenden Prozessrechtsverhältnis abgegeben wird, sondern nur im Hinblick darauf, ist der besonderen Ausgestaltung der Musterfeststellungsklage geschuldet und vermag an der prozessualen Einordnung der Erklärung nichts zu ändern. Abzustellen ist auf die Wirkungen der Erklärung. Die Abgabe

---

1782 Diese darstellend: *Paulus*, Zivilprozessrecht, [6]2017, Rn. 348.

1783 *Ders.*, Zivilprozessrecht, [6]2017, Rn. 348.

1784 Das bei Abgabe der Anmeldungserklärung bereits bestehende Prozessrechtsverhältnis als Argument gegen die prozessuale Einordnung anführend: *Rohls*, in: Nordholtz/Mekat (Hrsg.), Musterfeststellungsklage, 2019, § 3 Rn. 99.

zielt auf die Inanspruchnahme des gesetzlich bereits festgeschriebenen Instituts[1785] und zeitigt damit Auswirkungen im Prozessrechtsverhältnis zwischen qualifizierter Einrichtung und Beklagter. Die Anmeldung stellt nach ihrer Konzeption die Alternative zu einer eigenen Klageerhebung dar, welche zweifellos als prozessuale Erklärung gewertet worden wäre. Die lediglich formalistische Einordnung anhand eines bestehenden Prozessrechtsverhältnisses trägt den Besonderheiten der §§ 606 ff. ZPO nicht ausreichend Rechnung, da die Anmeldung Auswirkungen auf einen Prozess zeitigt, in welchem der sich Anmeldende gerade nicht partizipiert.

d) Parallele zu den Ausführungen bei einer bereits bestehenden Mitgliedschaft

Zuletzt spricht für die Einordnung als prozessuale Erklärung, dass damit die unterschiedliche Behandlung im Vergleich zu einer gewillkürten Prozessstandschaft bei einer bereits bestehenden Mitgliedschaft aus der Natur der Sache erklärbar wird.[1786] Das materielle Rechtsgeschäft der Begründung der Mitgliedschaft vermag nicht die spezielle prozessuale Ermächtigung der qualifizierten Einrichtung zu ersetzen. Vielmehr stehen diese zwei Erklärungen schon aufgrund ihrer gänzlich unterschiedlichen Zweckausrichtung nebeneinander und vermögen sich weder zu ersetzen noch zu beeinflussen. Daher kann die Mitgliedschaft weder als Ermächtigung zur Prozessführung angesehen werden noch haftungsbegründend bei Fehlern in derselben wirken. Umgekehrt führt die Anmeldung zum Klageregister nicht zu einer Mitgliedschaft in der qualifizierten Einrichtung, zumal sie nur prozessuale Folgen nach sich zieht.

Es handelt sich bei der Anmeldung zum Klageregister auch bei der Beleuchtung der Beziehung zwischen qualifizierter Einrichtung und Angemeldetem um eine ausschließlich prozessuale Erklärung.

1785 S. dazu auch: Teil Zwei Kapitel Eins § 3 C. IV. 2. e) dd) Repräsentative Wahrnehmung des rechtlichen Gehörs durch die qualifizierte Einrichtung? (229); ähnlich, aber nicht den Schluss einer prozessualen Sonderverbindung ziehend: Musielak/Voit/*Stadler*, § 611 Rn. 17.

1786 Zu dieser Unterscheidung: Teil Zwei Kapitel Vier § 2 A. I. Bereits bestehende Mitgliedschaft in der qualifizierten Einrichtung (455).

III. Entstehen einer prozessualen Sonderverbindung mit Rücksichtnahmepflichten gem. § 241 II BGB

Bevor auf die genaue Einordnung einer etwaigen Sonderbeziehung eingegangen werden kann, soll deren Entstehung im Blickpunkt der Betrachtung stehen. Problematisch ist im Fall der Musterfeststellungsklage, ob durch die Anmeldung zum Klageregister überhaupt eine Sonderbeziehung zwischen den Angemeldeten und der klagenden qualifizierten Einrichtung zustande kommt.

1. Bedenken gegen die Annahme einer Sonderbeziehung

Prima facie sprechen gewichtige Gründe gegen die Annahme einer Sonderbeziehung. Der einzige Kontakt zwischen der qualifizierten Einrichtung und den Angemeldeten findet mittelbar über die Anmeldung zum Klageregister statt. Diese erinnert aufgrund ihres Charakters als rein prozessuale Erklärung[1787] an die Konstellation eines Prozessrechtsrechtsverhältnisses. Bei diesem lehnen selbst die Befürworter einer Sonderbeziehung eine Haftung für jeden prozessualen Fehler ab, indem eine solche ausschließlich dem Deliktsrecht unterstellt wird.[1788] Es erscheint daher konsequenter das Prozessrechtsverhältnis als öffentlich-rechtliche Sonderverbindung eigener Art zu begreifen, welches von vornherein kein Schuldverhältnis begründet.[1789] Die Anordnung von Sanktionen für die Verletzung dieses Rechtsverhältnisses ist dabei dem Prozessrecht vorbehalten.[1790]

Mit einer ähnlichen Argumentation wird der Annahme einer pauschalen Sonderbeziehungsentstehung bei einer nachbarlichen Gemeinschaft[1791] entgegengetreten. Ein nachbarliches Gemeinschaftsverhältnis muss aufgrund der grundsätzlich abschließenden gesetzlichen Regelungen eine aus zwingenden Gründen gebotene Ausnahme bleiben.[1792] Auch erscheint ein solches schon deshalb zweifelhaft, weil es nicht auf einem

---

1787 Teil Zwei Kapitel Vier § 2 A. II. Differenzierung zwischen prozess- und materiellrechtlicher Erklärung (458).

1788 *Rosenberg/Schwab/Gottwald*, Zivilprozessrecht, [18]2018, § 2 Rn. 21.

1789 BeckOGK BGB/*Riehm*, § 280 Rn. 86.

1790 BeckOGK BGB/*ders.*, § 280 Rn. 86.

1791 Dieser Begriff geht letztlich auf die Rechtsprechung des Reichsgerichts zurück. So ist er beispielsweise in RGZ 132, 51, 56 zu finden.

1792 BGHZ 28, 110, 114 = NJW 1958, 1580, 1581.

rechtsgeschäftlichen Kontakt, sondern lediglich dem tatsächlichen Nebeneinanderwohnen fußt.[1793]

Diese Einwände erscheinen auch bei der Annahme einer Sonderbeziehungsentstehung durch Anmeldung zum Klageregister nicht fernliegend, zumal der Kontakt zwischen Angemeldetem und qualifizierter Einrichtung in Form eines in wenigen Minuten ausfüllbaren Online-Kontaktformulars nicht sehr eng wirkt. Auch ereignet sich die Anmeldung in Bezug auf einen bereits anhängigen Prozess, was für eine abschließende prozessuale Rechtsfolgenanordnung in den §§ 606 ff. ZPO sprechen könnte. Diese sehen die Entstehung einer Sonderbeziehung nicht vor.

2. Situation bei der Musterfeststellungsklage

Doch greifen die soeben dargestellten Bedenken bei der Anmeldung zur Musterfeststellungsklage nicht. Es bietet sich an, zwischen Innen- und Außenverhältnis[1794] zu differenzieren. Das Außenverhältnis stellt dabei die Sphäre dar, mit welcher auch die Beklagtenseite in Berührung kommt. Dafür werden in den §§ 606 ff. ZPO abschließend, abgesehen von der nicht zu Ende gedachten Pauschalverweisung in § 610 V 1 ZPO, die prozessualen Befugnisse der qualifizierten Einrichtung festgelegt. Eben diese Festlegung trägt dem Erfordernis der Rechtssicherheit und Effizienz Rechnung, indem Streitigkeiten über die prozessuale Handlungsbefugnis zwischen Kläger und Beklagter vermieden werden.

Gänzlich anders stellt sich das Innenverhältnis zwischen Kläger und Angemeldetem dar. Zu diesem wurde in den §§ 606 ff. ZPO keine Regelung getroffen. Dieses Schweigen jedoch als Ausschluss einer Sonderbeziehungsentstehung zu begreifen, ginge zu weit. Zum einen ist das Bedürfnis nach einer abschließenden Regelung mangels Kontakts zu einem unbeteiligten Dritten nicht derart zwingend wie im Außenverhältnis. Zum anderen ist die unterlassene Normierung eher auf die enorme Geschwindigkeit des Gesetzgebungsprozesses zurückzuführen, welche die Gründlichkeit der vorhergehenden Überlegungen in Frage stellt.[1795] Dafür spricht auch, dass in der Beschlussempfehlung die Regierungsfraktionen ausdrücklich ihre Absicht erklärt haben der qualifizierten Einrichtung zusätzliche Mittel für den Abschluss einer Vermögensschadenhaftpflichtversicherung bereit-

---

1793 BeckOGK BGB/*Kazele*, § 1018 Rn. 93.

1794 Dazu: MüKo BGB/*Schubert*, § 164 Rn. 56.

1795 *Hettenbach*, WM 2019, 577.

zustellen.[1796] Dies zeugt davon, dass der Gesetzgeber zumindest implizit von einer eine Haftung begründenden Sonderbeziehung der qualifizierten Einrichtung ausgegangen ist. Jene Einsicht lässt sich letztlich auf den Grundsatz zurückführen, dass die Übernahme von Verantwortung mit einem Haftungsrisiko einhergeht.[1797]

Gegen eine im Innenverhältnis entstehende Sonderbeziehung, die ggf. haftungsauslösend zu wirken vermag, spricht auch nicht der mit der Musterfeststellungsklage verfolgte Effizienzgedanke. So droht zwar, dass im anschließenden, vom Verbraucher angestrengten Regressprozess der Musterfeststellungsprozess noch einmal neu aufgerollt werden muss.[1798] Dies lässt jedoch die Beklagte unberührt, sodass sie durch den Musterfeststellungsprozess wirtschaftlich eine abschließende Klärung im Hinblick auf die Ansprüche der Angemeldeten erhält. Darüber hinaus ist die Zulassung eines Regressprozesses nur die konsequente Fortführung der in den §§ 606 ff. ZPO angelegten Zweistufigkeit. Bei einem der materiellen Rechtslage entsprechenden Urteil wäre auch ein weiteres Verfahren erforderlich geworden, in welchem ebenfalls zumindest Ausschnitte aus dem Musterfeststellungsprozess zu prüfen gewesen wären, wie z.B. der Umfang der Bindungswirkung oder die Wirksamkeit der Anmeldung zum Klageregister. Allein der Wechsel des Blickwinkels hin zu einer Fehleruntersuchung vermag keinen derartigen Systembruch zu bewirken, welcher die Effizienz des Instituts aufhebt.

3. Entstehungsgrund für eine Sonderrechtsbeziehung mit Rücksichtnahmepflichten gem. § 241 II BGB

Abgesehen von der mangelnden Einschlägigkeit entgegenstehender Bedenken, sprechen durchschlagende Argumente für die Annahme einer Sonderrechtsbeziehung. So entspricht die Interessenlage exakt derjenigen der Entstehung von Rücksichtnahmepflichten.

Die Entstehung von Schutzpflichten nach § 241 II BGB hat ihre Grundlage nicht in Willenserklärungen, die zwischen den Parteien ausgetauscht

---

1796 BT-Drs. 19/2741, S. 24; im Jahr 2019 wurden vom Bund 30.000 € für den Abschluss einer Vermögensschadenshaftpflichtversicherung zur Durchführung von Musterfeststellungsklagen bewilligt: BT-Drs. 19/11277, S. 3.

1797 *Löwisch/Rieble*, in: dies. (Hrsg.), Tarifvertragsgesetz, [4]2017, § 1 Rn. 1772.

1798 Insofern auf die Gefahr einer unerwünschten Superrevisionsinstanz hinweisend: *Verbraucherzentrale Bundesverband*, Eine für alle – Musterfeststellungsklage in Sicht, S. 9 f.

werden, sondern in entgegengebrachtem Vertrauen.[1799] Unabhängig vom Willen der Parteien resultiert dieses letztlich auf der Gewährung einer Einflussnahmemöglichkeit auf eine fremde Rechtssphäre.[1800] Als Übertragung des Rechtsgedankens der culpa in contrahendo ist eine Preisgabe der Rechtsgüter an einen Dritten mit einer Pflicht zur Rücksichtnahme belegt.[1801]

Durch die Anmeldung zum Klageregister ermöglicht der Angemeldete der klagenden qualifizierten Einrichtung eine Einwirkung auf seine materiellrechtlichen Ansprüche. Der Transfer der Feststellungsziele in den Individualprozess gem. § 613 I 1 ZPO entscheidet über die wirtschaftliche Werthaltigkeit des Anspruchs des sich Anmeldenden. Er begibt sich mithin in die Hände der qualifizierten Einrichtung.[1802] Mit dieser wirtschaftlichen Einwirkungsmöglichkeit geht das Vertrauen einher, dass der Angemeldete nicht in seinen bestehenden Rechtsgütern verletzt wird. Es geht folglich nicht um einen Anspruch auf ordnungsgemäße Prozessführung, welchen der Angemeldete mangels Weisungs- oder Einflussnahmerechts auch gar nicht durchsetzen könnte. Vielmehr muss die qualifizierte Einrichtung Rücksicht auf die bestehenden Rechtsgüter des Angemeldeten nehmen. Welchen Umfang die Rücksichtnahmepflichten haben, bleibt einer Diskussion an späterer Stelle vorbehalten.[1803]

4. Verfassungskonforme Auslegung hin zu der Entstehung einer Sonderbeziehung mit Rücksichtnahmepflichten gem. § 241 II BGB

Wie bereits an früherer Stelle ausgeführt[1804], kann eine haftungsrechtliche Verantwortung den vorherigen Gehörsentzug verfassungsrechtlich zumutbar machen. Gibt es somit eine Möglichkeit der verfassungskonformen Anwendung der §§ 606 ff. ZPO, ist diese im Wege der verfassungskonfor-

1799 *Canaris*, JZ 1965, 475, 478.

1800 *Ders.*, JZ 1965, 475, 476 f.; *Stoll*, AcP 136 (1932), 257, 298.

1801 *Canaris*, JZ 1965, 475, 476 f.

1802 *Windau*, jM 2019, 404.

1803 S. dazu: Teil Zwei Kapitel Vier § 2 C. II. Pflichtenprogramm der qualifizierten Einrichtung aus § 241 II BGB (497).

1804 S. Teil Zwei Kapitel Eins § 3 C. IV. 2. g) cc) (2) (c) (bb) Haftungsanspruch als verhältnismäßiger Ausgleich (322).

men Auslegung zu wählen.[1805] Vorliegend kann die Verfassungsmäßigkeit über die Annahme einer Sonderbeziehung samt Rücksichtnahmepflichten hergestellt werden, sodass diese Interpretation des Gesetzes verfassungsrechtlich zwingend ist.

Aus rein praktischer Sicht kann durch eine drohende Haftung auch ein mittelbarer Druck auf die qualifizierten Einrichtungen erzeugt werden, ohne sie zugleich dem einem Wandel zugänglichen Willen der Angemeldeten zu unterwerfen. Dies wird die qualifizierte Einrichtung zum einen zur sorgfältigen Prüfung eines jeden prozessualen Schrittes anhalten[1806] und zum anderen eine notwendige Kontrolle[1807] gewährleisten. Die Haftung vermittelt ein Stück Einfluss, welchen die §§ 606 ff. ZPO ansonsten aus Effizienzgründen ausschließen.

IV. Ablehnung einer Sonderbeziehung aufgrund Billigkeitserwägungen

In der bisherigen wissenschaftlichen Diskussion wurde der Frage der Haftung der qualifizierten Einrichtung mehrmals und unter verschiedenen Gesichtspunkten mit dem Einwand der Unbilligkeit begegnet.

1. Einwände gegen eine Haftung der qualifizierten Einrichtung

So mache eine Haftung die Klageerhebung irrational[1808], zumal sie die klagende qualifizierte Einrichtung ins Messer laufen lassen würde.[1809] Verstärkend wirke, dass der Haftung kein angemessener Ausgleich gegenüberstehe[1810], da Nutznießer der Entscheidung letztlich nur die angemeldeten Verbraucher sind, welche aber bewusst von den Risiken des Musterfeststellungsverfahrens verschont werden. Dies beruht auf der grundsätzlichen Konstruktion der §§ 606 ff. ZPO, welche den qualifizierten Einrichtungen

---

1805 Dazu, dass immer diejenige Auslegung den Vorzug erhält, die mit der Verfassung übereinstimmt: *Larenz/Canaris*, Methodenlehre der Rechtswissenschaft, ³1995, S. 160.

1806 Eine großzügigere Beurteilung der Risiken bei mangelnder Haftung vorhersagend: *Geissler*, GWR 2018, 189, 192.

1807 *Stadler*, ZHR 2018, 623, 653 f.

1808 *Merkt/Zimmermann*, VuR 2018, 363, 371.

1809 Diese Formulierung wählend, obwohl der Verfasser selbst eine Haftung befürwortet: *Schmidt-Kessel*, Stellungnahme vom 08.06.2018, S. 3.

1810 *Guggenberger/Guggenberger*, MMR 2019, 8, 11.

eine altruistische Haltung zuschreibt.[1811] Trotz dieses abverlangten Altruismus erhält die wohl überforderte Einrichtung[1812] keinerlei finanzielle Unterstützung staatlicherseits speziell für die Erhebung von Musterfeststellungsklagen.[1813] Dabei ist der wunde Punkt der Finanzierung altruistischer Prozessführung im Kollektivrechtsschutz nicht neu, sondern stellt sich regelmäßig.[1814] Der Gesetzgeber hat auf das Problem der Finanzierung lediglich mit besonderen Regelungen zur Streitwertbestimmung reagiert. So ist der Streitwert gem. § 48 I 2 GKG auf 250.000 € gedeckelt, was eine Kalkulierbarkeit der Gerichts- und Anwaltskosten bewirken soll.[1815] Auch bestimmt sich der Streitwert nicht nach der Summe der angemeldeten Ansprüche, sondern nach dem Interesse der Allgemeinheit[1816], was dem Musterfeststellungsgericht einen weiten Spielraum bei der Streitwertbemessung nach § 3 ZPO[1817] belässt. Diese Regelungen seien für die qualifizierten Einrichtungen aufgrund ihres begrenzten Prozesskostenhaushaltes unverzichtbar.[1818] Das Risiko einer Haftung für alle angemeldeten Ansprüche widerspricht diesem Anliegen fundamental. Die qualifizierte Einrichtung erhebe die Musterfeststellungsklage als besondere Form der Verbandsklage im kollektiven Interesse, was jedoch eine individuelle Verpflichtung gegenüber dem Einzelnen ausschließe.[1819] Außerdem habe der Angemeldete in eigener Verantwortung über die Anmeldung und das Unterlassen der Rücknahme der Anmeldung entschieden, was gegen eine Haftung der qualifizierten Einrichtung spreche.[1820] Schließlich wird vor-

---

1811 *Halfmeier*, ZRP 2017, 201, 204; *Röthemeyer*, Musterfeststellungsklage, ^{2}2020, § 48 GKG Rn. 3; *Beckmann/Waßmuth*, WM 2019, 89, 91.

1812 *Stadler*, JZ 2018, 793, 801.

1813 Eine fehlende verbindliche Zusage finanzieller Unterstützung vermissend: *dies.*, ZHR 2018, 623, 650 f.; allerdings wurden dem vzbv 2019 30.000 € vom Bund für den Abschluss einer Vermögensschadenshaftpflichtversicherung zur Führung von Musterfeststellungverfahren bewilligt: BT-Drs. 19/11277, S. 3.

1814 *Micklitz/Stadler*, Das Verbandsklagerecht in der Informations- und Dienstleistungsgesellschaft, 2005, S. 5.

1815 *Thiery/Schlingmann*, DB 2018, 2550, 2554; *Verbraucherzentrale Bundesverband*, Eine für alle – Musterfeststellungsklage einführen, 29.09.2017, S. 20; *Koch*, MDR 2018, 1409, 1414.

1816 BT-Drs. 19/2439, S. 29.

1817 Zur Anwendbarkeit des § 3 ZPO auch für die Bestimmung des Streitwertes eines Musterfeststellungsprozesses: *Klüsener*, JurBüro 2018, 617; *Hartmann*, MDR 2018, 1477, 1478.

1818 *Verbraucherzentrale Bundesverband*, Eine für alle – Musterfeststellungsklage einführen, 29.09.2017, S. 20.

1819 *Ders.*, Eine für alle – Musterfeststellungsklage in Sicht, S. 9 f.

1820 *Weinland*, Die neue Musterfeststellungsklage, 2019, Rn. 223 f.

gebracht, dass bei einem drohenden hohen Haftungsrisiko von der Erhebung einer Musterfeststellungsklage seitens der qualifizierten Einrichtung Abstand genommen werden wird[1821], sodass sie in praktisch bedeutsamen Fällen nicht zum Einsatz komme.[1822]

2. Stichhaltigkeit der angeführten Argumente

Die soeben genannten Argumentationsstränge haben für sich, dass sie die praktische Wirksamkeit der Musterfeststellungsklage herbeizuführen versuchen. Sie wurzeln im Endeffekt alle in dem Anliegen, der qualifizierten Einrichtung die Erhebung einer Musterfeststellungsklage so risikolos und angenehm als möglich zu gestalten. Dies steht nicht von vornherein im Kontrast zum eigenen Gerechtigkeitsempfinden, zumal sich die qualifizierte Einrichtung ohne eine Gegenleistung zur prozessualen Verfechtung der selbst formulierten Feststellungsziele entschließt und sich die Verbraucher durch die Anmeldungserklärung hierauf einlassen. Aufgrund der Tatsache, dass die qualifizierte Einrichtung nicht von einem positiven Prozessausgang profitiert, soll sie auch nicht mit den negativen Folgen behelligt werden.

a) Übernahme von Verantwortung geht mit Haftung einher

Doch werden dabei – abgesehen von der verfassungsrechtlich zwingenden Vorgabe der Haftung[1823] – zum einen die Interessen der Angemeldeten außer Betracht gelassen und zum anderen rechtspolitisch vermeintlich Wünschenswertes mit rechtlicher Realität verwechselt. Das alleinige Abstellen auf eine Unbilligkeit der Haftung oder auf die Mittellosigkeit des potentiellen Schuldners stellt eine unbeachtliche petitio principii dar. Die vorgebrachten Argumente entfernen sich vom Gesetz und setzen nur am zu erzielenden Ergebnis an: Es soll nicht gehaftet werden, weil eine Haftung unbillig ist. Ein Aussagegehalt, welcher über eine zum Ausdruck

---

1821 Zur Frage der Versicherbarkeit des Risikos: Teil Zwei Kapitel Vier § 2 C. IV. 4. Versicherbarkeit des Risikos einer Haftung (506).

1822 *Verbraucherzentrale Bundesverband*, Eine für alle – Musterfeststellungsklage in Sicht, S. 9 f.

1823 Teil Zwei Kapitel Eins § 3 IV. 2. g) cc) (2) (c) (bb) Haftungsanspruch als verhältnismäßiger Ausgleich (322).

gebrachte Wunschvorstellung hinausgeht, ist damit nicht verbunden. Der Gesetzgeber hat sich bewusst mit den §§ 606 ff. ZPO für eine privatrechtliche Ausgestaltung entschieden, um die Effizienzvorteile privater Strukturen im Zivilverfahren zu nutzen.[1824] Mit einer privatrechtlichen Ausgestaltung geht aber auch eine Haftung einher.[1825] Durch die Inanspruchnahme der gesetzlichen Initiativklagebefugnis übernimmt die qualifizierte Einrichtung Verantwortung für das Musterfeststellungsverfahren.[1826] Die Zuweisung der alleinigen Verantwortung kommt nicht zuletzt im Ausschluss der zeitlich später rechtshängig werdenden Musterfeststellungsklagen gem. § 610 I 1 ZPO zum Ausdruck. Zur Verantwortung gehört im Privatrechtsystem die Haftung.[1827] Wird eine Haftung als zu streng empfunden, kann die qualifizierte Einrichtung schlicht von der Klageerhebung Abstand nehmen.[1828] Es wird – abgesehen vom rein gesellschaftlichen Anreiz eines Prestigegewinns – kein Druck auf die qualifizierte Einrichtung zur Erhebung einer Musterfeststellungsklage ausgeübt. Sie entschließt sich privatautonom zur Eingehung des Risikos und muss auch die daraus resultierenden Folgen tragen, sofern sie sich realisieren. Es kann keine Freiheit ohne Verantwortung geben.[1829]

b) Mittellosigkeit und Altruismus

Auch bleibt die qualifizierte Einrichtung bei einem Fehler des Anwalts nicht auf dem Schaden sitzen, da sie selbst Regress bei diesem nehmen kann.[1830] Das Argument der Mittellosigkeit vermag schon im Ansatz nicht zu überzeugen, zumal bereits die Existenz des Insolvenzrechts den Umgang mit mittellosen Schuldnern voraussetzt. Finanzielle Überforderungen können sich auch in anderen Lebensbereichen aus wirtschaftlich ungünstigen Verträgen oder falschen Einschätzungen der Rechtslage ergeben. So würde niemand auf die Idee kommen, einen wirtschaftlich nicht gut situierten Schuldner aufgrund seiner finanziellen Lage von jeglicher

1824 *Meller-Hannich*, 72. DJT, Band 1, 2018, A 1, A 50.

1825 *Schmidt-Kessel*, Stellungnahme vom 08.06.2018, S. 16.

1826 *Ders.*, Stellungnahme vom 08.06.2018, S. 16; *Heigl/Normann*, in: Nordholtz/Mekat (Hrsg.), Musterfeststellungsklage, 2019, § 2 Rn. 8.

1827 *Löwisch/Rieble*, in: dies. (Hrsg.), Tarifvertragsgesetz, ^{4}2017, § 1 Rn. 1772.

1828 *Rohls*, in: Nordholtz/Mekat (Hrsg.), Musterfeststellungsklage, 2019, § 3 Rn. 3.

1829 *Löwisch/Rieble*, in: dies. (Hrsg.), Tarifvertragsgesetz, ^{4}2017, § 1 Rn. 1772.

1830 Darauf bei einer Haftung der qualifizierten Einrichtung hinweisend: *Scholl*, ZfPW 2019, 317, 351 f.

Haftung freizusprechen. Dasselbe gilt für Altruismus im deutschen Privatrechtssystem. Zwar gibt es Regelungen, welche ein fremdnütziges Tätigwerden mit Haftungserleichterungen belohnen (z.B. §§ 680, 690 BGB). Doch führen diese zum einen nur zu einer Abmilderung der Haftung und nicht zu einem Komplettausschluss. Zum anderen enthält der im BGB niedergelegte Paradefall des altruistischen Handelns in Form des Auftrags nach §§ 662 ff. BGB keine Haftungsprivilegierung. Gutmenschentum wird nicht zwangsläufig mit Haftungsprivilegierungen oder gar einem -ausschluss bedacht.

c) Ungleiche Verteilung der Chancen und Risiken

Die alleinige Steigerung einer Inanspruchnahme des gesetzlichen Instituts vermag ebensowenig einen Haftungsausschluss zu begründen. Der Gesetzgeber hat mit der Gewinnabschöpfungsklage nach § 10 UWG bereits in der Vergangenheit eine Klage geschaffen, in welcher der Kläger in keiner Weise vom Ausgang des Verfahrens profitiert.[1831] Der eingeklagte unrechtmäßige Gewinn muss nach § 10 I UWG direkt an den Bundeshaushalt abgeführt werden. Auch in einem solchen Verfahren wird dem Kläger reiner Altruismus abverlangt, indem er das Risiko des Verfahrens in Form der Kosten im Unterliegensfall trägt, von einem positiven Prozessausgang jedoch in keiner Weise profitiert. Diese ungerecht scheinende Kosten-Nutzen-Verteilung führt bei § 10 UWG rein praktisch dazu, dass diese Klage nicht in Anspruch genommen wird.[1832] Die mangelnde Attraktivität wurde durch ein Urteil des BGH zementiert, indem eine Gewinnabschöpfungsklage unter Beteiligung eines externen Prozessfinanzierers, der sich im Falle des Obsiegens einen Teil des abgeschöpften Gewinns versprechen ließ, wegen Verstoßes gegen § 242 BGB als unzulässig abgewiesen wurde.[1833] Rechtpolitische Verfehlungen werden folglich auch in Zukunft mit einem Unterlassen der Inanspruchnahme sanktioniert. Warum jedoch bei der Musterfeststellungsklage zwanghaft an der getroffenen Regelung

---

1831 *Augenhofer*, Stellungnahme vom 12.06.2018, S. 3; insofern feststellend, dass es finanziell nichts zu gewinnen, aber viel zu verlieren gibt: *Halfmeier*, VuR 2015, 441.

1832 Die in der Praxis nicht erfüllbaren, hohen Anforderungen für die erfolgreiche Geltendmachung eines Gewinnabschöpfungsanspruchs als Grund für die unterlassene Inanspruchnahme des Instituts anführend: *Meller-Hannich*, GPR 2014, 92, 95.

1833 BGH NJW 2018, 3581, 3584.

operiert werden muss, um ihr einen praktischen Anwendungsbereich zu erhalten, ist nicht ersichtlich. Es bleibt vielmehr bei beiden Klagen dabei, dass der Gesetzgeber Risiko und Nutzen sehr ungleich verteilt.

Dem Entstehen einer Sonderverbindung mit Rücksichtnahmepflichten steht weder die Unentgeltlichkeit noch die Fremdnützigkeit entgegen.

B. Einordnung des prozessualen Rechtsverhältnisses

Nachdem nunmehr das Bestehen einer prozessualen Sonderverbindung festgestellt wurde, soll eine nähere Einordnung derselben erfolgen. Dies ist vor allem deshalb von Interesse, weil sich aus der konkreten Einordnung der Sonderverbindung durchaus Konsequenzen für die Haftung ergeben können. So können strengere oder mildere Haftungsmaßstäbe bzw. weitreichendere oder nur sporadisch ausgeprägte Einflussnahmemöglichkeiten aus der Anlehnung an vertypte Vertragsverhältnisse abgeleitet werden. Wichtig ist dabei nochmals herauszustellen, dass die Qualifikation aufgrund der prozessualen Ausformung der Sonderrechtsbeziehung nicht vom Willen der an der Sonderrechtsbeziehung Beteiligten abhängt. Die Sonderverbindung entsteht kraft Gesetzes und ist daher als gesetzliches Schuldverhältnis anzusehen. Maßstab ist allein die vom Gesetzgeber vorgenommene Ausprägung des Instituts, wie sie in den §§ 606 ff. ZPO ihren Niederschlag gefunden hat. Die prozessualen Vorschriften sind dabei als grundsätzlich abschließend anzusehen, sodass Analogien aus dem BGB nur in besonders begründungsbedürftigen Ausnahmefällen gezogen werden können.

I. Annahme eines besonderen, unkündbaren Prozessrechtsverhältnisses

Den prozessualen Charakter der Verbindung am stärksten in den Vordergrund rückend, wurde angenommen, dass es sich bei der Rechtsbeziehung zwischen qualifizierter Einrichtung und Angemeldetem um ein besonderes, unkündbares Prozessrechtsverhältnis handle.[1834] Aus der besonderen prozessualen Stellung der qualifizierten Einrichtung und der durch die Klageerhebung signalisierten Bereitschaft zur Führung des Prozesses entstehe die Pflicht das Musterfeststellungsverfahren fach- und sachgerecht

1834 *Schmidt-Kessel*, Stellungnahme vom 08.06.2018, S. 15; *Merkt/Zimmermann*, VuR 2018, 363, 371.

zu führen, wofür auch die Unkündbarkeit und die dementsprechende Abhängigkeit des Angemeldeten angeführt wird.[1835] Als mögliche Rechte aus dem Prozessrechtsverhältnis können §§ 609 IV 1, 2, 611 IV 1, 2 und 613 I 1 ZPO angeführt werden.

1. Ablehnung der Einordnung als besonderes Prozessrechtsverhältnis

Allerdings ist die Annahme eines besonderen Prozessrechtsverhältnisses nicht überzeugend. Diese Einordnung vermischt zwei Ebenen. Unzweifelhaft entsteht durch die Anhängigkeit der Musterfeststellungsklage ein Prozessrechtsverhältnis zwischen Kläger und Gericht und durch deren Zustellung an die Beklagte ein weiteres mit dieser, sodass schlussendlich eine Dreiecksbeziehung an Prozessrechtsverhältnissen vorliegt.[1836] Die nachträgliche Anmeldung des Verbrauchers vollzieht sich außerhalb dieser bereits entstandenen Rechtsverhältnisse.[1837] Die Deklarierung dieser sich gerade bewusst außerhalb einer Gerichtsbeziehung abspielenden Rechtsbeziehung als Prozessrechtsverhältnis würde diesen Begriff seines charakteristischen Merkmals berauben und ihn unnötig verwässern. Die Erkenntnis, dass vor Gericht nicht nur Rechtsbeziehungen zwischen den Parteien, sondern auch zum Gericht entstehen, ist Wesenselement des Prozessrechtsverhältnisses.[1838] Die Angemeldeten treten jedoch zum Musterfeststellungsgericht in keinerlei direkte Beziehung oder Kontakt, was den Begriff der prozessualen Sonderbeziehung passender erscheinen lässt. Die Anmeldungserklärung wird nicht zur Begründung, sondern lediglich im Hinblick auf das Prozessrechtsverhältnis abgegeben. Die Stellung der qualifizierten Einrichtung zwischen Gericht und Angemeldetem nimmt der Rechtsbeziehung das direkte gerichtliche Element, lässt aber noch genügend prozessuale Berührungspunkte, um von einer prozessualen Sonderbeziehung auszugehen.

Es liegt mithin kein besonderes Prozessrechtsverhältnis, sondern eine neuartige Sonderverbindung vor.

1835 *Schmidt-Kessel*, Stellungnahme vom 08.06.2018, S. 15.
1836 Musielak/Voit/*Musielak*, Einleitung Rn. 55.
1837 *Rohls*, in: Nordholtz/Mekat (Hrsg.), Musterfeststellungsklage, 2019, § 3 Rn. 99.
1838 Musielak/Voit/*Musielak*, Einleitung Rn. 55 ff.

2. Ablehnung der Unkündbarkeit

Auch ist die weitere Einordnung als unkündbares Verhältnis[1839] zu kurz gegriffen und dieser daher die Gefolgschaft zu versagen. Sowohl auf Seiten der qualifizierten Einrichtung als auch der Angemeldeten gibt es die Möglichkeit das Verhältnis nach einer erfolgreichen Anmeldung zu beenden, ohne dass es zu dem ursprünglichen Ziel in Form eines Urteils oder Vergleichsschlusses gekommen sein muss. Den Angemeldeten wird eine direkte Einwirkungsmöglichkeit auf die Sonderbeziehung gegeben, indem ihnen bis zum Zeitpunkt des § 608 III ZPO die frist- und sanktionslose Anmeldungsrücknahme erlaubt wird. Damit wird der vormals Angemeldete rechtlich nicht mehr vom Musterfeststellungsprozess betroffen und daher die Verbindung zwischen qualifizierter Einrichtung und Angemeldetem in Gestalt eines Angewiesenseins aufgelöst. Rechtlich ist diese Abstandnahme als Möglichkeit zur Kündigung der Sonderbeziehung zu werten.

Doch auch die qualifizierte Einrichtung kann sich – zumindest über einen Umweg – von der prozessualen Sonderbeziehung lossagen. Zwar ist eine Beendigungsmöglichkeit derselben für die qualifizierte Einrichtung nicht vorgesehen. Doch kann die qualifizierte Einrichtung unter den Voraussetzungen der §§ 610 V 1, 269 ZPO die Klage zurücknehmen und so das von ihr begründete Prozessrechtsverhältnis beenden.[1840] Aus der Perspektive, dass die Anmeldungserklärung im Hinblick auf das Prozessrechtsverhältnis abgegeben wurde, gerät der Hauptgegenstand der prozessualen Sonderbeziehung in Wegfall, womit dieses faktisch beendet wird. Ohne weitere Prozessführung zeitigt die Verbindung zwischen qualifizierter Einrichtung und Angemeldeten keine weiteren Wirkungen, sodass sie de facto ebenfalls beendet ist.

Es sind daher mittelbare wie unmittelbare Kündigungsmöglichkeiten vorhanden. Insgesamt ist daher nicht von einem besonderen, unkündbaren Prozessrechtsverhältnis auszugehen, sondern von einer unter gewissen Voraussetzungen kündbaren prozessualen Sonderverbindung. Zum näheren Inhalt der Verbindung wurde jedoch durch diese Einordnung noch nichts beigetragen. Eine Annäherung daran lässt sich am besten durch einen Abgleich mit vertypten Rechtsverhältnissen erreichen.

1839 *Schmidt-Kessel*, Stellungnahme vom 08.06.2018, S. 15; *Merkt/Zimmermann*, VuR 2018, 363, 371.

1840 Zu dieser Möglichkeit: Teil Zwei Kapitel Zwei § 3 E. II. 3. b) Beschränkung im Sinne des § 264 Nr. 2 ZPO (385).

II. Prozessuales Auftragsverhältnis

Zu überlegen ist, ob die vom Gesetzgeber in den §§ 606 ff. ZPO angeordneten Rechtsfolgen denjenigen eines Auftrags nach §§ 662 ff. BGB entsprechen, was eine Einordnung als prozessuales Auftragsverhältnis erlauben würde. Dafür ist ein Abgleich zwischen dem materiellrechtlichen Auftrag und der prozessualen Sonderverbindung notwendig.

1. Gemeinsamkeiten mit dem Auftragsrecht

Die charakteristischen Elemente eines Auftrags sind, dass er unentgeltlich und fremdnützig ausgeführt wird.[1841] Allein bei Betrachtung dieser Merkmale liegt eine Einordnung als prozessualer Auftrag nicht fern. Über § 606 I Nr. 3 und 4 ZPO werden verbraucherschutzfremde Motive für die qualifizierte Einrichtung ausgeschlossen, was für eine reine Interessenwahrnehmung zugunsten der Angemeldeten im Sinne der Fremdnützigkeit sprechen könnte.[1842] Dafür kann auch angeführt werden, dass die qualifizierte Einrichtung das Prozesskostenrisiko im Musterfeststellungsprozess allein trägt, jedoch in keiner Weise selbst von dem Prozessausgang profitiert. Die Unentgeltlichkeit lässt sich allein schon damit begründen, dass durch den Musterfeststellungsprozess keinerlei Kosten für die angemeldeten Verbraucher entstehen, insbesondere keine finanzielle Gegenleistung für die Prozessführung der qualifizierten Einrichtung vorgesehen ist.[1843]

2. Unterschiede zum Auftragsrecht

Doch wird bei der starken Betonung der Fremdnützigkeit und der Unentgeltlichkeit übersehen, dass weitere, ebenfalls prägende Bestandteile eines Auftrags zweifelsfrei nicht angenommen werden können. So kann die qualifizierte Einrichtung agieren, ohne von Weisungen der Angemeldeten abhängig zu sein.[1844] Eine effiziente und situationsangepasste Verfahrensführung wäre unmöglich, wenn jeder Angemeldete Einfluss auf

---

1841 Palandt/*Sprau*, § 662 Rn. 7 f.; MüKo BGB/*Schäfer*, § 662 Rn. 11.

1842 Für die Annahme eines materiellrechtlichen Auftragsverhältnisses: *Rohls*, in: Nordholtz/Mekat (Hrsg.), Musterfeststellungsklage, 2019, § 3 Rn. 97 f.

1843 *Ders.*, in: Nordholtz/Mekat (Hrsg.), Musterfeststellungsklage, 2019, § 3 Rn. 97 f.

1844 *Weinland*, Die neue Musterfeststellungsklage, 2019, Rn. 217.

den Kläger nehmen könnte. Auch wären rein praktische Probleme damit verbunden, wenn z.B. im Prozess gegen die VW AG 470.000 Angemeldete in unterschiedlicher Weise ihre eigenen Interessen durchzusetzen versuchen. Abgesehen von den Schwierigkeiten bei der Einwirkung auf die Einrichtung sieht das Auftragsrecht keinerlei Bestimmungen vor, wie im Falle von widersprüchlichen Weisungen vorzugehen ist.[1845] Eine innere Verfasstheit der Angemeldeten, welche es erlauben würde, die nicht oder anders Abstimmenden an eine Mehrheitsentscheidung zu binden, ist nicht zu verzeichnen.[1846] Zudem widerspräche eine Weisungsmöglichkeit der unabhängigen Rolle, welche der qualifizierten Einrichtung durch die §§ 606 ff. ZPO zugewiesen wurde.[1847] Durch die Ablehnung eines Weisungsrechts wird die Fremdnützigkeit wieder relativiert.

In derselben Weise entspricht auch die Kostenverteilung zwischen qualifizierter Einrichtung und den Angemeldeten nicht uneingeschränkt der typischen auftragsrechtlichen Vorstellung. Zwar mag die Prozessführung für die Angemeldeten mit keinerlei Kosten verbunden sein, doch ist das Element der Unentgeltlichkeit nicht die einzige kostenrechtliche Komponente in den §§ 662 ff. BGB. So stellen die §§ 669, 670 BGB die Unentgeltlichkeit nicht in Frage, doch verhindern sie, dass der Beauftragte auch die Lasten der Geschäftsführung tragen muss, obwohl diese im Interesse des Auftraggebers getätigt werden.[1848] Eine solche Aufwendungsersatz- oder gar Vorschusspflicht ist zulasten der Angemeldeten in den §§ 606 ff. ZPO nicht vorgesehen.[1849] Diese würde auch gegen die vom Gesetzgeber zur Überwindung jeglichen rationalen Desinteresses erstrebte kosten- und risikofreie Rechtsklärung sprechen.[1850] Eine für den Verbraucher nicht vorhersehbare Aufwendungsersatzpflicht kann diesen in derselben Weise von der Verfolgung seiner Ansprüche abhalten wie ein Prozesskostenrisiko. Der gesetzgeberische Zweck kann nur bei einem umfassenden Verständnis der Kostenfreiheit erreicht werden, was die prozessuale Sonderverbindung aber typologisch vom Auftragsrecht entfernt.

Auch ist die qualifizierte Einrichtung den Angemeldeten nicht für jeden prozessualen Schritt auskunfts- und rechenschaftspflichtig, wie dies § 666 BGB vorsieht.[1851] Die §§ 606 ff. ZPO sehen eine selbständige und

---

1845 *Röthemeyer*, Musterfeststellungsklage, ^{2}2020, § 608 Rn. 30.
1846 *Ders.*, Musterfeststellungsklage, ^{2}2020, § 608 Rn. 30.
1847 *Ders.*, Musterfeststellungsklage, ^{2}2020, § 608 Rn. 30.
1848 BeckOGK BGB/*Riesenhuber*, § 670 Rn. 1.
1849 *Weinland*, Die neue Musterfeststellungsklage, 2019, Rn. 222.
1850 BT-Drs. 19/2439, S. 16.
1851 *Weinland*, Die neue Musterfeststellungsklage, 2019, Rn. 217.

von den Angemeldeten unabhängige Verfahrensführung der qualifizierten Einrichtung vor. Dem angemeldeten Verbraucher wird vielmehr anheim gegeben, sich selbst über den laufenden Musterfeststellungsprozess informiert zu halten. Dies entspricht nicht der Vorstellung der §§ 662 ff. BGB, die von einem fremdbestimmten und kontrollierbaren Beauftragten ausgehen. Zuletzt ist eine Herausgabepflicht, wie § 667 BGB sie vorsieht, im Musterfeststellungsprozess nur schwer vorstellbar, sodass ihr jeglicher Anwendungsbereich fehlt. Die Klärung von abstrakten Rechtsfragen und generalisierten Tatsachen zielt von vornherein nicht auf ein konkretes Objekt ab, sodass die qualifizierte Einrichtung nichts erlangt.

Somit lässt sich feststellen, dass die Unentgeltlichkeit und Fremdnützigkeit der Prozessführung auf den ersten Blick ein Auftragsverhältnis zwar nahe legen. Doch werden diese Wesenszüge bei näherer Betrachtung relativiert durch die Ablehnung weiterer, prägender Bestandteile des Auftragsrechts. Die qualifizierte Einrichtung mag im Interesse der Angemeldeten handeln, jedoch nicht in deren Auftrag.[1852] Eine Einordnung der Sonderverbindung als prozessuales Auftragsverhältnis scheidet aus.

III. Prozessuales Repräsentationsverhältnis mit Geschäftsbesorgungscharakter

Als weitere, an eine vertypte Vertragsform angelehnte Einordnung wird die Bezeichnung als Repräsentationsverhältnis mit Geschäftsbesorgungscharakter vorgeschlagen.[1853] Prima facie scheint diese Begriffsfindung die Konstellation der Musterfeststellungsklage passend zu beschreiben. Einerseits wird ihr Charakter als repräsentative Klage[1854] hervorgehoben. Andererseits scheint sich die Tätigkeit der qualifizierten Einrichtung unter den Begriff der Geschäftsbesorgung fassen zu lassen. Diese ist gegeben bei einer selbständigen Tätigkeit wirtschaftlicher Art zur Wahrnehmung fremder Vermögensinteressen.[1855] Das Kriterium der Selbständigkeit vermeidet dabei die Schwächen, welche mit der Einordnung als Auftrag

1852 *Metz*, VuR 2018, 281; darauf hinweisend, dass ein Verband bei einer Verbandsklage durchaus auch eigene Interessen verfolgt: *Schäfer*, in: Basedow/Hopt/Kötz u.a. (Hrsg.), Die Bündelung gleichgerichteter Interessen im Prozeß, 1999, S. 67, 86.

1853 Diesen Begriff prägend und dabei eine materiellrechtliche Einordung für möglich haltend: *Schmidt-Kessel*, Stellungnahme vom 08.06.2018, S. 14.

1854 *Witte/Wetzig*, WM 2019, 52, 53.

1855 BGHZ 45, 223, 228 f.; BGH NJW-RR 2004, 989.

einhergehen, indem die prozessual unabhängige Stellung der qualifizierten Einrichtung[1856] hinreichende Berücksichtigung findet. Auch kann die Wahrnehmung fremder Vermögensinteressen angenommen werden, indem § 613 I 1 ZPO den Handlungen der qualifizierten Einrichtung nach der Anmeldung zum Klageregister Wirkungen für die Ansprüche der Verbraucher verleiht.

Doch vermag diese Einordung keinen Erkenntnisgewinn zu liefern, weshalb sie letztlich nicht überzeugend ist. Die Benennung als Repräsentationsverhältnis beschreibt die Stellung der qualifizierten Einrichtung im Musterfeststellungsprozess zutreffend, doch ist damit keinerlei Einordung in eine rechtliche Kategorie verbunden. Ohne einen wissenschaftlichen Erkenntnisverlust befürchten zu müssen, kann das Wort Repräsentationsverhältnis schlicht mit der rechtlichen Kategorisierung als Sonderbeziehung ersetzt werden.

Auch die Verbindung mit dem Begriff der Geschäftsbesorgung ist mehr deskriptiver als inhaltlicher Natur. Dieser ist offensichtlich angelehnt an § 675 I BGB, wobei weder Tatbestand noch Rechtsfolge zum Verhältnis zwischen der qualifizierten Einrichtung und den angemeldeten Verbrauchern passt. Die soeben angeführte weite Definition der Rechtsprechung darf nicht unabhängig von ihrer normativen Verankerung betrachtet werden. § 675 I BGB setzt zunächst einen Werk- oder Dienstvertrag voraus, der nicht ernsthaft zwischen Kläger und angemeldetem Verbraucher angenommen werden kann. Als Rechtsfolge ordnet § 675 I BGB die Anwendung von spezifischen Elementen aus dem Auftragsrecht an, wie zum Beispiel des Weisungsrechts und des Aufwendungsersatzanspruchs. Die Konsequenz der Zulassung dieser zentralen Institute zieht jedoch nicht einmal derjenige, welcher die Einordnung als Verhältnis mit Geschäftsbesorgungscharakter vornimmt. Obwohl dies bei einem gewöhnlichen Geschäftsbesorgungsverhältnis eine Selbstverständlichkeit darstellt, wird ein Weisungsrecht abgelehnt und ein Aufwendungsersatzanspruch nur als denkbar bezeichnet.[1857] Wenn das Vorliegen des Tatbestandes gar nicht behauptet wird und die Rechtsfolgen nicht gezogen werden, stellt sich die Frage nach der Richtigkeit und der Notwendigkeit einer solchen Einordnung. Die partikulare Heranziehung der Definition der Geschäftsbesorgung erscheint – nicht zuletzt wegen ihrer weiten Merkmale – aus dem Zusammenhang gerissen und nicht weiter zielführend.

1856 *Röthemeyer*, Musterfeststellungsklage, ^{2}2020, § 608 Rn. 30.

1857 *Schmidt-Kessel*, Stellungnahme vom 08.06.2018, S. 15 f.

Im Übrigen sprechen, mit Ausnahme des Kriteriums der Unselbständigkeit, die bereits zur Ablehnung eines prozessualen Auftragsverhältnisses angeführten Argumente gegen die Einordung als Geschäftsbesorgung. Der Neologismus eines Repräsentationsverhältnisses mit Geschäftsbesorgungscharakter bildet die prozessuale Sonderbeziehung nur deskriptiv, nicht normativ ab.

IV. Prozessuales Treuhandverhältnis

In der bisherigen wissenschaftlichen Diskussion um die Einordnung des Verhältnisses zwischen qualifizierter Einrichtung und angemeldetem Verbraucher hat die Möglichkeit der Annahme eines prozessualen Treuhandverhältnisses noch keine Berücksichtigung gefunden. Ein Grund dafür mag sein, dass sich die Rechtsfigur der Treuhand in der Praxis mangels gesetzlicher Regelung nicht als feststehende und in alle Einzelheiten durchdeklinierte Rechtsbeziehung darstellt, sondern mannigfaltige Gestaltungsvarianten aufweist, welche sich fortlaufend weiterentwickeln.[1858] Bereits das Reichsgericht hat festgestellt, dass es einen typischen Treuhandvertrag nicht gibt.[1859]

Aus diesem Grund sollen zunächst die allen Treuhandverhältnissen eigentümlichen Wesenszüge dargestellt werden, um sodann eine an diesen ausgerichtete Einordung der prozessualen Sonderverbindung vornehmen zu können.

1. Wesenszüge eines Treuhandverhältnisses

Entscheidendes Element der Treuhand ist, dass der Treuhänder eine auf Rechtsgeschäft oder Gesetz beruhende wirtschaftliche Einwirkungsmacht auf das Treugut besitzt.[1860] In den Fokus rückt daher der von den Beteiligten verfolgte wirtschaftliche Zweck, welcher den Ausschlag zur Einordung eines Verhältnisses als treuhänderisches gibt.[1861] Das Wesen der Treuhand wird folglich nicht von der gewählten Art oder dem zugrundeliegenden

---

1858 *Coing*, Die Treuhand kraft privaten Rechtsgeschäfts, 1973, S. 54.

1859 RGZ 127, 341, 345.

1860 *Liebich/Mathews*, Treuhand und Treuhänder in Recht und Wirtschaft, ^{2}1983, S. 63.

1861 *Dies.*, Treuhand und Treuhänder in Recht und Wirtschaft, ^{2}1983, S. 63.

Mittel bestimmt, sondern vom verfolgten Zweck.[1862] Charakteristisch ist die Einräumung einer im Außenverhältnis grundsätzlich unbeschränkten Handlungsmacht, welche der Treuhänder im eigenen Namen ausübt und welche lediglich im Innenverhältnis schuldrechtlichen Restriktionen unterworfen ist.[1863] Erst wenn die Zwecksetzung die wirtschaftlichen Merkmale einer Treuhand enthält, wird die Rechtszuständigkeit im Außenverhältnis zu einer Treuhand.[1864]

Im Unterschied zu einer Ermächtigung nach den §§ 182 f. BGB macht der Treuhänder kein fremdes, sondern ein ihm eingeräumtes eigenes Recht geltend.[1865] Die auf den Gegenstand bezogene Ermächtigung[1866] reicht daher grundsätzlich weniger weit als die übertragene Rechtsposition auf den Treuhänder. In welcher Form die Übertragung vorgenommen wird, spielt keine Rolle, sachlich ist sie jedoch auf die Wahrung nur bestimmter Rechte beschränkt.[1867] Besondere Schwierigkeiten ergeben sich in der Praxis dadurch, dass die essenziellen schuldrechtlichen Treuhandabreden nur sehr selten detailliert festgehalten werden, sondern vielmehr durch veraltete Formularverträge besiegelt werden.[1868] Die Reichweite der Rechtsposition der Treuhänder muss daher oftmals erst durch Auslegung ermittelt werden. Im Rahmen der eingeräumten Rechtsposition entsteht für den Treuhänder ein über seine persönlichen Interessen hinausgehendes zweckgebundenes Sondervermögen, bei welchem er auch die Anliegen des Treugebers in den Blick zu nehmen hat.[1869] Die Zweckbindung schlägt sich bei der Treuhand in der persönlichen Bindung des Treuhänders nieder, der in guter Treue an die Interessen bestimmter anderer Personen gebunden ist.[1870]

Als Destillat der Darstellung der zugrundeliegenden Interessenlage ergeben sich für die Treuhand die folgenden generellen Merkmale[1871]: Es

---

1862 *Beyerle*, Die Treuhand im Grundriss des deutschen Privatrechts, 1932, S. 7.

1863 MüKo BGB/*Schubert*, § 164 Rn. 28.

1864 *Liebich/Mathews*, Treuhand und Treuhänder in Recht und Wirtschaft, ^{2}1983, S. 68.

1865 MüKo BGB/*Schubert*, § 164 Rn. 38 ff.

1866 MüKo BGB/*dies.*, § 164 Rn. 38 ff.

1867 *Coing*, Die Treuhand kraft privaten Rechtsgeschäfts, 1973, S. 106 f.

1868 *Gernhuber*, JuS 1988, 355, 357 f.

1869 *Coing*, Die Treuhand kraft privaten Rechtsgeschäfts, 1973, S. 106 f.; *Baumstark*, Drittwiderklage, 2008, S. 176 ff.

1870 *Coing*, Die Treuhand kraft privaten Rechtsgeschäfts, 1973, S. 1 ff.

1871 Diese übersichtlich mitsamt Nachweisen aus Literatur und Rechtsprechung darstellend: *Liebich/Mathews*, Treuhand und Treuhänder in Recht und Wirtschaft, ^{2}1983, S. 55.

müssen sachlich begrenzte Rechte in eigener Rechtszuständigkeit und im eigenen Namen, aber in fremdem – zumindest nicht ausschließlich eigenem[1872] – Interesse wahrgenommen werden.

2. Abgleich mit dem Verhältnis zwischen qualifizierter Einrichtung und Angemeldetem

Bei einem Vergleich dieser Interessenlage mitsamt daraus abgeleiteten Merkmalen erweist sich die Validität der Einordung der Sonderbeziehung zwischen qualifizierter Einrichtung und Angemeldetem als prozessuales Treuhandverhältnis.

Das sachlich begrenzte Recht ist in dem Übergang der partiellen Prozessführungsbefugnis zu sehen, die im Regelfall mit der materiellen Rechtsinhaberschaft verbunden ist. Durch den Ausschluss der Individualprozessführungsbefugnis nach den §§ 610 III, 613 II ZPO wird die qualifizierte Einrichtung für die Dauer des Musterfeststellungsprozesses zur einzigen Stelle, welcher eine gerichtliche Einwirkungsmöglichkeit auf die Ansprüche der Angemeldeten zukommt; sie wird zur alleinigen prozessualen Ansprechpartnerin.

Die eigene Rechtszuständigkeit ergibt sich dabei aus einer Kombination aus der Erhebung der Musterfeststellungsklage und der Anmeldung der Verbraucher zum Klageregister. Der qualifizierten Einrichtung wurde mit der gesetzlichen Initiativklagebefugnis die Möglichkeit verliehen, sich eine ihr materiellrechtlich nicht zustehende Rechtsposition anzumaßen. Durch die vorherige Formulierung des Feststellungsprogramms legt sie selbst den sachlichen Umfang der begehrten Rechtsposition fest. Allein diese Handlung zeitigt jedoch noch keine Auswirkungen auf eine wirtschaftliche Position des Verbrauchers. Erst durch die Anmeldung zum Klageregister gem. § 608 I ZPO löst der Verbraucher eine Bindung an die Prozessführung der qualifizierten Einrichtung nach § 613 I 1 ZPO aus. Gesetzlich erhält die qualifizierte Einrichtung die wirtschaftliche Einwirkungsmacht auf die Ansprüche der Angemeldeten, indem ihre Prozessführung Rechtsfragen und Tatsachen im Rahmen des Feststellungsprogramms einer verbindlichen gerichtlichen Entscheidung zuführt.

1872 *Liebich/Mathews*, Treuhand und Treuhänder in Recht und Wirtschaft, ^{2}1983, S. 62; *Siebert*, Das rechtsgeschäftliche Treuhandverhältnis, 1933, S. 1.

Sie handelt dabei jedoch aufgrund der im Vorfeld vorzunehmenden selbständigen Formulierung der Ziele im eigenen Namen.[1873] Dies beruht letztlich auf der dogmatischen Konstruktion der Zuweisung der Feststellungsziele an die qualifizierte Einrichtung, um eine Abtretung mit damit einhergehendem Aufwand überflüssig zu machen. Durch die Klage in eigenem Namen wird ein stimmiges Konzept im Hinblick auf die Tatsache hergestellt, dass auch ausschließlich die qualifizierte Einrichtung und die Beklagte Prozessparteien[1874] werden. Mit der Zuweisung des Feststellungsprogramms als eigenes prozessuales Recht der qualifizierten Einrichtung wird darüber hinaus eine griffige Unterscheidung zur Ermächtigung nach den §§ 182 f. BGB gegeben, bei welcher der Ermächtigte trotz Befugnis nach wie vor ein fremdes Recht geltend macht.

Auch erfolgt die Prozessführung in fremdem Interesse. Die qualifizierte Einrichtung handelt – abgesehen von einem unschädlichen Nebenzweck im Hinblick auf den Prestigegewinn – altruistisch[1875], zumal sie selbst weder vom Ausgang des Verfahrens betroffen wird noch einen finanziellen Anreiz zur Klageerhebung hat.[1876] Durch die Abkoppelung der materiellen Rechtsinhaberschaft von der prozessualen Klageberechtigung wurde eine Prozessführung ermöglicht, die ausschließlich im Interesse von Personen erfolgt, welche nicht am Prozess beteiligt sind. Damit ist ein Auseinanderfallen von wirtschaftlicher Betroffenheit und rechtlicher Durchsetzungsmacht zu verzeichnen. Die Musterfeststellungsklage ist dabei nicht als Sammelklage ausgestaltet, welche die Interessen einzelner Verbraucher kulminiert, sondern als repräsentative Klage, welche das Verbot der Popularklage durchbricht.[1877]

Die qualifizierte Einrichtung handelt somit in eigener Rechtszuständigkeit und in eigenem Namen, jedoch in fremdem Interesse. Allein dies spricht schon sehr stark dafür, dass die der qualifizierten Einrichtung zugewiesene Position eine treuhänderische ist.

1873 *Stadler*, JZ 2018, 793, 798; *Rohls*, in: Nordholtz/Mekat (Hrsg.), Musterfeststellungsklage, 2019, § 3 Rn. 19.

1874 BT-Drs. 19/2439, S. 1.

1875 *Schneider*, BB 2018, 1986, 1997; *Röthemeyer*, Musterfeststellungsklage, ^{2}2020, Einführung Rn. 101.

1876 So schon zum Entwurf der Musterfeststellungsklage und zu Verbandsklagen allgemein: *Kranz*, NZG 2017, 1099, 1102; *Tilp/Schiefer*, NZV 2017, 14, 17; *Keßler*, ZRP 2016, 2, 3; *Link*, AuA 2017, 409, 412.

1877 *Witte/Wetzig*, WM 2019, 52, 53.

3. Weitere Gesichtspunkte zugunsten der Annahme eines prozessualen Treuhandverhältnisses

Doch sprechen abgesehen von derselben Interessenlage weitere Gesichtspunkte für die Annahme einer prozessualen Treuhandstellung.

Die der Musterfeststellungsklage immanente Effizienzsteigerungsbestrebung[1878] hat zu einem umfassenden Ausschluss der Verbraucher vom Musterfeststellungsverfahren geführt. Mit dieser Beschneidung von Rechten geht die Stärkung der Rechte der qualifizierten Einrichtung einher, die im Hinblick auf das von ihr formulierte Feststellungsprogramm uneingeschränkte Handlungsmacht im Außenverhältnis besitzt. Diese sehr weitreichenden Befugnisse im Außenverhältnis sind charakteristisch für die Treuhand, welche lediglich im Innenverhältnis intern wirkenden Pflichten unterliegt.[1879] Der Gesetzgeber geht von einer uneingeschränkten Prozessführungsmacht im Hinblick auf das Feststellungsprogramm aus, was er durch den nur partikularen Ausschluss eines prozessualen Verzichts gem. §§ 610 V 1, 306 ZPO zum Ausdruck bringt. Für alle übrigen prozessualen Handlungen erhält die qualifizierte Einrichtung diejenigen Rechte, welche sonst nur dem materiellen Rechtsinhaber zugedacht sind. Das Feststellungsprogramm und somit wirtschaftlich auch die Ansprüche der angemeldeten Verbraucher werden prozessual ausschließlich „in die Hand der qualifizierten Einrichtung“[1880] gelegt. Um dieser weitreichenden Macht und den damit einhergehenden Missbrauchsmöglichkeiten vorzubeugen, hat der Gesetzgeber strenge Voraussetzungen für die Befugnis zur Führung eines Musterfeststellungsprozesses in § 606 I 2 ZPO festgelegt. Nicht als Argument gegen eine umfassende Prozessführungsbefugnis lässt sich die eigens normierte gesetzliche Vertretungsmacht in § 611 I ZPO anführen, zumal sich diese gerade auf Vergleichsinhalte bezieht, welche über das Feststellungsprogramm hinausgehen. Die Frage, inwieweit ein von § 611 I ZPO abweichender Vergleich die angemeldeten Verbraucher bindet[1881], ist losgelöst von der Zuweisung der Prozessführungsmacht zu sehen, zumal es an der Anordnung einer Bindungswirkung nach dem

---

1878 BT-Drs. 19/2439, S. 17.

1879 MüKo BGB/*Schubert*, § 164 Rn. 28.

1880 Diese Formulierung wählend, ohne die Konsequenz eines Treuhandverhältnisses zu ziehen: *Windau*, jM 2019, 404; ähnlich, indem er von einem Unterwerfen unter das Schicksal der Musterfeststellungsklage spricht: *Salger*, jurisPR-BKR 10/2018 Anm. 1.

1881 Zu dieser Frage: Teil Zwei Kapitel Eins § 2 B. Abschluss eines außergerichtlichen Vergleichs (51).

Vorbild des § 613 I 1 ZPO fehlt und das Feststellungsprogramm der qualifizierten Einrichtung nur prozessual, nicht auch materiell zugewiesen ist.

Der durch den Ausschluss der Angemeldeten sowohl als Prozessparteien als auch als Nebenintervenienten bzw. Streitverkündeten gem. § 610 VI ZPO angestrebte Vereinfachungseffekt, verbunden mit einer ausschließlichen Rechtszuständigkeit der qualifizierten Einrichtung im Außenverhältnis, verfolgt ein gerade für das Treuhandrecht maßgebliches Anliegen. Der Treuhänder soll eine umfassende Rechtszuständigkeit für den Treugeber erhalten, um dem Dritten die Prüfung deren Umfangs ersparen zu können.[1882] Im Außenverhältnis kann sich die Beklagte im Musterfeststellungsverfahren, ebenso wie der Dritte gegenüber dem Treuhänder, auf die nicht von einer individuellen Absprache eingeschränkten Rechtszuständigkeit der qualifizierten Einrichtung verlassen. Damit kommt die für das Treuhandverhältnis kennzeichnende Unterscheidung zwischen Außen- und Innenverhältnis[1883] zum Ausdruck.

Auch lässt sich durch die Annahme einer prozessualen Treuhand die Stellung der qualifizierten Einrichtung mitsamt damit einhergehenden Befugnissen zwanglos erklären. Eine Modifikation von zentralen Ausprägungen des Treuhandrechts, wie sie etwa durch die Leugnung eines Weisungsrechts bei der Diskussion eines Auftrags- oder Geschäftsbesorgungsverhältnisses vorgenommen wurde, ist nicht notwendig. Die selbständige[1884], weisungsfreie Stellung der qualifizierten Einrichtung entspricht derjenigen eines Treuhänders, wie sie vertragsschließende Parteien in der Regel ausgestalten werden. Diese zieht es nach sich, dass die qualifizierte Einrichtung für das Musterfeststellungsverfahren temporär alleinige Ansprechpartnerin für das Feststellungsprogramm und damit wirtschaftlich für die Ansprüche der angemeldeten Verbraucher wird. Der Anspruch liegt „in der Hand der qualifizierten Einrichtung“[1885] und der Verbraucher ist ihrer Prozessführung auf „Gedeih und Verderben“[1886] ausgeliefert. Dadurch kommt die für das Treuhandrecht kennzeichnende persönliche Bindung des Treuhänders[1887] zum Ausdruck, die der Gesetzgeber durch in § 606 I 2 ZPO aufgestellte Seriositäts- und Nachhaltigkeitsanforderungen nur Stellen zuweist, welche er dafür für geeignet hält. Das Auseinanderfallen von wirtschaftli-

1882 *Liebich/Mathews*, Treuhand und Treuhänder in Recht und Wirtschaft, ^{2}1983, S. 76.

1883 MüKo BGB/*Schubert*, § 164 Rn. 32; *Henssler*, AcP 196 (1996), 37, 47.

1884 *Coing*, Die Treuhand kraft privaten Rechtsgeschäfts, 1973, S. 109 f.

1885 *Windau*, jM 2019, 404.

1886 Musielak/Voit/*Stadler*, § 613 Rn. 2.

1887 *Coing*, Die Treuhand kraft privaten Rechtsgeschäfts, 1973, S. 1 ff.

cher Betroffenheit und rechtlicher Durchsetzungsmacht soll durch diesen Filter für die Verbraucher etwas risikofreier gemacht werden.

4. Treugutübertragung

Die Tatsache, dass die qualifizierte Einrichtung den Umfang der ihr zu übertragenden partiellen Prozessführungsbefugnis selbst festlegt und nicht die sich Anmeldenden das Ausmaß der Prozessführungsmacht bestimmen, spricht nicht gegen die Annahme eines prozessualen Treuhandverhältnisses. Auf den ersten Blick kann es befremdlich wirken, dass die qualifizierte Einrichtung scheinbar nichts erhält, sondern den an der Anmeldung interessierten Verbrauchern eher einen Dienst anbietet, den sie im Vorfeld selbst festgelegt und deren Umrisse sie definiert hat. Doch darf der Schwerpunkt der Betrachtung nicht so sehr auf die Entstehung als vielmehr auf den Inhalt des Rechtsverhältnisses gelegt werden.[1888] Die Treuhand ist demnach eher als Zustand zu betrachten.[1889] Inhaltlich und aus einem wirtschaftlichen Blickpunkt hat das Verhältnis zwischen qualifizierter Einrichtung und Angemeldetem die prozessuale Durchsetzung der Ansprüche der Angemeldeten zum Gegenstand. Es geht im Kern um eine gebündelte prozessuale Interessenwahrnehmung der Angemeldeten.[1890] Als Treugut kann mithin die partielle Prozessführungsbefugnis angesehen werden, wie sie die qualifizierte Einrichtung im Vorfeld zugeschnitten hat. Die Abweichung von der herkömmlichen Herangehensweise, in welcher der Treugeber das Treugut überträgt und den Umfang der Rechtszuständigkeit festlegt, ist dem Wesenszug der Musterfeststellungsklage als Massenverfahren geschuldet. Eine individuelle Übertragung der Rechtszuständigkeit mitsamt Treugut ist, auch wenn sie standardisiert erfolgt, zu umständlich. Die Nachteile der Einziehungsklage nach § 79 II 2 Nr. 3 ZPO würden fortgeschrieben. Die vorherige Formulierung des Feststellungsprogramms gewährleistet zum einen Transparenz und Rechtssicherheit über den Umfang der Rechtszuständigkeit und zum anderen die Praktikabilität der Musterfeststellungsklage, indem eine vom Willen der Anmeldenden unabhängige Treugutübertragung angeboten wird, welche eine individuelle Aushandlung überflüssig werden lässt. Dadurch kann einer vorher unbestimmten Vielzahl von Interessenten ein Angebot über den Umfang der

1888 *Ders.*, Die Treuhand kraft privaten Rechtsgeschäfts, 1973, S. 87.
1889 *Ders.*, Die Treuhand kraft privaten Rechtsgeschäfts, 1973, S. 87.
1890 *Beckmann/Waßmuth*, WM 2019, 89, 91.

Rechtszuständigkeit gemacht werden, welches sie durch die Anmeldung zum Klageregister akzeptieren können. Die antizipierte Festlegung des Umfangs der prozessualen Treuhand kann effektiv und sinnvoll nur durch die qualifizierte Einrichtung bewerkstelligt werden, wohingegen ein individuelles Aushandeln gerade bei großen Verfahren praktisch nicht umsetzbar ist. Die Übertragung der partiellen Prozessführungsbefugnis, auf die es letztlich für die Begründung eines Treuhandverhältnisses ankommt, erfolgt durch die Anmeldung zum Klageregister im Umfang des vorher öffentlich bekanntgemachten Feststellungsprogramms. Insofern passt sich die Treuhand den neuen Gegebenheiten an, die ein Massenverfahren mit sich bringt. Das Treugut wird somit vorab vom Treuhänder festgelegt, was der Treugeber ohne privatautonomen Spielraum annehmen kann.

Zusammenfassend ist die Einordnung als prozessuales Treuhandverhältnis zwischen qualifizierter Einrichtung und Angemeldetem die überzeugendste Lösung.

5. Versuch der Einordnung in bestehende Treuhandarten

Im Interesse einer genauen dogmatischen Eingruppierung soll ein Abgleich der prozessualen Treuhandkonstellation mit den herkömmlichen Erscheinungsformen der rechtsgeschäftlichen Treuhand vorgenommen werden.

Je nach der Ausgestaltung des Aktes der Treugutübertragung lassen sich verschiedene Arten der Treuhand unterscheiden.[1891] Als zwei wesentliche und anerkannte Formen sollen vorliegend die fiduziarische und die Ermächtigungstreuhand im Fokus stehen. Inwiefern die Vollmachtstreuhand als weitere, eigenständige Art eines Treuhandverhältnisses anerkannt werden soll[1892], kann vorliegend dahinstehen, da sie durch die Begründung einer Doppelzuständigkeit – auf die es im vorliegenden Kontext ankommt – der Ermächtigungstreuhand gleicht.

Bei der fiduziarischen Treuhand findet eine Vollrechtsübertragung hinsichtlich des Treugutes statt, wobei lediglich im Innenverhältnis schuld-

1891 Einen umfassenden Überblick über die verschiedenen Erscheinungsformen gebend: *Coing*, Die Treuhand kraft privaten Rechtsgeschäfts, 1973, S. 90.

1892 Die Ablehnung der herrschenden Meinung konstatierend, sie jedoch als Quasitreuhand einordnend: *ders.*, Die Treuhand kraft privaten Rechtsgeschäfts, 1973, S. 97 f.

rechtliche Grenzen gesetzt werden.[1893] Die Verfügungsmacht im Außenverhältnis resultiert somit aus der Rechtsinhaberschaft. Dabei kommt es für die Vergleichbarkeit mit der prozessualen Treuhand darauf an, ob auf die partielle Prozessführungsbefugnis oder auf die Ansprüche der angemeldeten Verbraucher abgestellt wird. Mangels Abtretung der Ansprüche wird die qualifizierte Einrichtung nicht Inhaberin derselben, sodass eine Vollrechtsübertragung unter diesem Blickwinkel ausscheidet. Im Gegensatz dazu steht die partielle Prozessführungsbefugnis, welche für die Zeit der Musterfeststellungsklage unter der Voraussetzung der Anmeldung zum Klageregister ausschließlich der qualifizierten Einrichtung zugewiesen ist. Überzeugender erscheint es jedoch, auf die Ansprüche der Verbraucher – um die es wirtschaftlich geht – abzustellen, sodass mangels Abtretung nicht von einem fiduziarischen Treuhandverhältnis auszugehen ist. Dennoch wird lediglich die partielle Prozessführungsbefugnis in die Hände der qualifizierten Einrichtung gelegt, was zwar eine prozessuale Einwirkung, nicht jedoch eine solche aufgrund materieller Rechtsinhaberschaft erlaubt. Bei der fiduziarischen Treuhand hingegen wird aufgrund genuiner Rechtsinhaberschaft auf das Treugut eingewirkt. Das Einwirkungsobjekt und das Treugut sind somit identisch, was die Anordnung einer Bindungswirkung nach § 613 I 1 ZPO obsolet werden ließe. Die fiduziarische Vollrechts- kann nicht mit der Partikularübertragung im Musterfeststellungsprozess verglichen werden, sodass eine Kategorisierung als fiduziarische Treuhand ausscheidet.

Bei der Ermächtigungstreuhand wird dem Treuhänder über § 185 BGB ermöglicht über das Treugut im eigenen Namen zu verfügen, was zu einer Doppelzuständigkeit hinsichtlich des Treuguts führt.[1894] Sowohl der Treuhänder als auch der Treugeber können auf das Treugut einwirken. Dies scheint auf den ersten Blick der prozessualen Treuhandkonstellation zu entsprechen, wobei der Gesetzgeber die grundsätzlich bestehende prozessuale Doppelzuständigkeit über die §§ 610 III, 613 II ZPO ausgeschlossen hat. Doch ist bei genauerer Betrachtung keine wirkliche Doppelzuständigkeit gegeben. Der Verbraucher kann auch vor der Anmeldung zum Klageregister nicht in gleicher Weise Prozesse führen, da eine partielle Prozessführungsbefugnis im Rahmen eines vorher festgelegten Programms nur der qualifizierten Einrichtung vorbehalten ist. Hingegen kann auch nach einer Anmeldung zum Klageregister die qualifizierte Einrichtung – abgesehen von der einen Umkehrschluss zulassenden Regelung des § 611

1893 *Gernhuber*, JuS 1988, 355, 355 f.
1894 *Coing*, Die Treuhand kraft privaten Rechtsgeschäfts, 1973, S. 96.

I ZPO – nicht über die Ansprüche der angemeldeten Verbraucher verfügen. Mangels Identität der potentiellen Einwirkungsobjekte entsteht schon keine Doppelzuständigkeit, sodass auch eine Vergleichbarkeit zur Ermächtigungstreuhand ausscheidet.

Von beiden Arten der Treuhand unterscheidet sich die vorliegende Treuhandart durch ihre strenge Rechtsfolgenanordnung, die keiner privatautonomen Gestaltungsfreiheit zugänglich ist. Die Vielschichtigkeit, in welcher die rechtsgeschäftliche Treuhand in der Praxis auftritt, scheidet bei der prozessualen Treuhand somit von vornherein aus.

Die Verschiedenartigkeit der prozessualen Treuhand von den rechtsgeschäftlichen Treuhandarten macht ein Verständnis Ersterer als neue Treuhandform erforderlich, welche neben die bisherigen Treuhandarten tritt.

6. Differenzierung zwischen eigen- und uneigennütziger Treuhand

Eine eindeutige Zuordnung lässt sich hingegen hinsichtlich der Differenzierung zwischen Eigen- und Uneigennützigkeit treffen. Diese Unterscheidung beeinflusst den Umfang der Leistungs- und Schutzpflichten im Innenverhältnis.[1895] Das maßgebende Kriterium hierfür ist, in wessen hauptsächlichem Interesse die Treuhand geschaffen worden ist.[1896] Abgesehen von einem wirtschaftlich nicht messbaren Prestigegewinn handelt die qualifizierte Einrichtung bei der Erhebung einer Musterfeststellungsklage altruistisch.[1897] Sie erhält weder aus dem Urteil noch von Seiten der Angemeldeten eine finanzielle Entlohnung für ihre Klagetätigkeit. Auch aus den in ihre Hände gelegten Anspruchselementen zieht die qualifizierte Einrichtung keinerlei Erträge. Es handelt sich daher um eine uneigennützige Treuhand. Um dennoch eine effektive und den Verbrauchern dienliche Prozessführung sicherzustellen, wurden die Kriterien des § 606 I 2 ZPO als Seriositätsfilter aufgestellt.

V. Geschäftsführung ohne Auftrag

Eine Frage, die sich an der Schnittstelle zwischen dem Bestehen einer Sonderbeziehung mitsamt deren Einordnung und einer möglichen Haf-

1895 *Henssler*, AcP 196 (1996), 37, 42 f.
1896 *Coing*, Die Treuhand kraft privaten Rechtsgeschäfts, 1973, S. 89.
1897 *Schneider*, BB 2018, 1986, 1997.

tung der qualifizierten Einrichtung für eine fehlerhafte Prozessführung befindet, ist diejenige des Vorliegens einer Geschäftsführung ohne Auftrag nach den §§ 677 ff. BGB. Aufgrund des engen Zusammenhangs des Merkmals der Auftragslosigkeit mit dem Bestehen einer Sonderverbindung mit abschließender Rechtsfolgenanordnung wird die Behandlung des Instituts bereits im Rahmen der Einordung der Sonderverbindung und nicht erst bei der Haftung der qualifizierten Einrichtung vorgenommen.

Vorausgesagt wurden Regressprozesse gegen klagende qualifizierte Einrichtungen, zumal zumindest Ansprüche aus Geschäftsführung ohne Auftrag dem Grunde nach eröffnet seien.[1898] Diese Annahme liegt jedenfalls dann nah, wenn vertragliche[1899] oder sonstige Rechtsbeziehungen zwischen der qualifizierten Einrichtung und den Angemeldeten abgelehnt werden. Zumindest gedanklich ist die Geschäftsführung ohne Auftrag immer in Erwägung zu ziehen, wenn jemand (vermeintlich) für einen anderen tätig wird.[1900] Doch sprechen gewichtige Gründe gegen die Annahme einer Geschäftsführung ohne Auftrag, sodass diese letztendlich ausscheiden muss.

1. Die §§ 677 ff. ZPO passen nicht auf die Musterprozessführung

So bestehen im Ansatz Bedenken gegen die Anwendung der Geschäftsführung ohne Auftrag, da diese bereits nach ihrer Grundidee nicht auf die Prozessführung nach den §§ 606 ff. ZPO passt.[1901] *Vor* der Anmeldung zum Klageregister liegt schon gar kein fremdes Geschäft vor, welches den Rechtskreis der Verbraucher zu berühren geeignet ist. Die alleinige Erhebung einer Musterfeststellungsklage ändert für den Verbraucher nichts an seiner Rechtsstellung, zumal er nach wie vor unbehelligt seine Ansprüche in einem Individualprozess durchsetzen kann. Die Erhebung einer Musterfeststellungsklage stellt bei Lichte betrachtet ein Geschäft dar, zu welchem das Gesetz ausschließlich die qualifizierte Einrichtung ermächtigt. *Mit* der Anmeldung fallen ein mögliches fremdes Geschäft und die Kenntnis desselben zeitlich zusammen. Durch die Anmeldung gibt der Verbraucher zu

1898 *Meller-Hannich*, Stellungnahme vom 07.06.2018, S. 5.

1899 Eine GoA letztlich ablehnend, jedoch zuvor durchaus aufgrund mangelnder vertraglicher Beziehungen in Betracht ziehend: BeckOK ZPO/*Lutz*, § 606 Rn. 24 ff.

1900 *Kupfer/Weiß*, JA 2018, 894.

1901 Dazu und zu den in diesem Absatz vorgebrachten Argumenten: *Röthemeyer*, Musterfeststellungsklage, ^{2}2020, § 608 Rn. 32 ff.

erkennen, dass er über die Geschäftsführung informiert ist und akzeptiert durch die Anmeldung alles, was Gegenstand der Geschäftsführung – also insbesondere die Bindungswirkung gem. § 613 I 1 ZPO – sein kann. Eine Auftragslosigkeit liegt somit nicht vor. Folgerichtig wird vorgebracht, dass sich aus der Anmeldung zum Klageregister eine Berechtigung für die qualifizierte Einrichtung ergibt.[1902]

2. Die Führung eines Musterfeststellungsprozesses ist den qualifizierten Einrichtungen vorbehalten

Darüber hinaus ist zu beachten, dass die qualifizierte Einrichtung nach § 677 BGB das fremde Geschäft für einen anderen besorgen müsste. Auch wenn der Grundgedanken hinter der Geschäftsführung ohne Auftrag äußerst umstritten ist[1903], so ist diese doch geprägt von Altruismus und Fremdnützigkeit.[1904] Diese Kombination legt es nahe, dass zumindest eine Vorgehensweise im Raum steht, welche potentiell auch vom Geschäftsherrn hätte vorgenommen werden können. Bei der Erhebung einer Musterfeststellungsklage und der Führung des sich anschließenden Prozesses geht es um Handlungen, welche den Verbrauchern von vornherein verschlossen sind. Sie sind aus rechtlichen Gründen gehindert ihre Interessen in der Weise zu verfolgen, wie es die qualifizierte Einrichtung zu tun versucht. Die Prozessführung kann zwar im weiteren Sinne für die Angemeldeten vorgenommen werden, doch steht bei der gesetzlichen Exklusivzuweisung einer Handlungsoption die Annahme eines fremden Geschäfts, welches gerade für einen anderen vorgenommen werden soll, erheblich in Zweifel. Das Geschäft der qualifizierten Einrichtung durch die Inanspruchnahme der prozessualen Handlungsmacht überschattet die mittelbare Interessendurchsetzung für die Angemeldeten, was sich nicht zuletzt in den nicht existenten Einflussnahmerechten seitens der Verbraucher widerspiegelt.

1902 *Rohls*, in: Nordholtz/Mekat (Hrsg.), Musterfeststellungsklage, 2019, § 3 Rn. 100.

1903 Eine ausführliche Darstellung des Meinungsstands mitsamt wissenschaftlicher Auseinandersetzung damit liefert: Staudinger/*Bergmann*, Vorbemerkung zu §§ 677 ff. Rn. 9 ff.

1904 Statt vieler: MüKo BGB/*Schäfer*, § 677 Rn. 1.

VI. Zwischenergebnis zur Einordnung des prozessualen Rechtsverhältnisses

Die in den §§ 606 ff. ZPO vorgenommene Ausprägung des Rechtsverhältnisses zwischen qualifizierter Einrichtung und angemeldetem Verbraucher rechtfertigt den Schluss auf ein uneigennütziges prozessuales Treuhandverhältnis, welches durch die Anmeldung zum Klageregister zustande kommt. Eine andere Einordnung etwa als Auftrags- oder Repräsentationsverhältnis mit Geschäftsbesorgungscharakter vermag nicht zu überzeugen. Auch die Qualifikation als Geschäftsführung ohne Auftrag ist abzulehnen.

C. Haftung der qualifizierten Einrichtung

Abgesehen von der dogmatisch interessanten Einordnung der Sonderverbindung als prozessuales Treuhandverhältnis resultieren praktisch enorm wichtige Konsequenzen hieraus, indem sich für gewöhnlich die Haftung für fehlerhaftes Verhalten nach ihr beurteilt.[1905] Diese Haftungsrisiken spielen eine ausschlaggebende Rolle für die Klägerin bei der Erwägung zur Erhebung einer Musterfeststellungsklage, sodass die tatsächliche Inanspruchnahme maßgeblich von der Beurteilung dieser Frage abhängig ist. So ist bereits vorherzusehen, dass sich die angemeldeten Verbraucher im Falle einer für sie negativen Entscheidung im Musterfeststellungsprozess durch den Einwand der fehlerhaften Prozessführung bei der qualifizierten Einrichtung schadlos zu halten versuchen werden.[1906] Als Schuldner eines potentiellen Regressanspruchs werden die qualifizierten Einrichtungen für den Anspruchsverlust materiellrechtlich zur Verantwortung gezogen.

Diese Überlegung liegt aus verschiedenen Gründen nahe. Der Anwalt ist im Falle eines unzureichend geführten Prozesses gegenüber seinem Mandanten schadensersatzpflichtig.[1907] Auch bei einer materiellrechtlichen

1905 Musielak/Voit/*Stadler*, § 608 Rn. 2; die Haftungsfrage nur deshalb als umstritten ansehend, weil er das Bestehen einer vertraglichen Beziehung ablehnt: *Rathmann*, in: Saenger (Hrsg.), Zivilprozessordnung, [8]2019, § 606 Rn. 5.

1906 Dies als dritte Phase der Erprobung der Wirksamkeit der Musterfeststellungsklage bezeichnend: *Beckmann/Waßmuth*, WM 2019, 89, 96.

1907 Die Haftungsrisiken der Anwälte bei der Musterfeststellungsklage hervorhebend: *Schmaltz*, in: Nordholtz/Mekat (Hrsg.), Musterfeststellungsklage, 2019, § 10 Rn. 15.

Treuhand ist der Treuhänder bei einer ordnungswidrigen Verwaltung des Treuguts zum Ersatz des daraus entstehenden Schadens verpflichtet.[1908]

Doch ist bei der vorliegenden Konstellation zu beachten, dass keine der soeben erwähnten Situationen vorliegt. Weder agiert die qualifizierte Einrichtung wie ein mandatierter Anwalt im Prozess noch liegt ein materiellrechtliches Treuhandverhältnis vor. Diskussionsbedürftig ist somit, ob aus dieser Sonderverbindung überhaupt eine Haftung folgt oder ob aufgrund der besonderen Stellung der qualifizierten Einrichtung Einschränkungen derselben vorzunehmen sind. Immerhin handelt es sich um ein prozessuales Rechtsverhältnis, welches nicht zwangsläufig denselben Regeln wie das materielle Recht folgt. Auch stellt sich die Frage, ob nach der Art des begangenen Fehlers die Haftung einer differenzierten Beurteilung zugeführt werden sollte.

Dem üblichen Duktus widersprechend, soll zunächst die jedermann treffende außervertragliche deliktische Haftung der qualifizierten Einrichtung behandelt werden, um auf dieser aufbauend die Schutzbedürftigkeit der Angemeldeten in die Erwägungen zur Haftung aus der Sonderbeziehung einfließen lassen zu können.

I. Deliktische Verantwortlichkeit

Die Betrachtung einer möglichen deliktischen Haftung erfolgt, auch um den unterschiedlichen zugrundeliegenden Erwägungen Rechnung zu tragen, differenziert nach den drei Grundtatbeständen[1909], welche in den §§ 823 I, II und 826 BGB niedergelegt sind. Begonnen wird mit der Zentralvorschrift des § 823 I BGB.

1. § 823 I BGB

§ 823 I BGB liegt eine rechtsgutspezifische Differenzierung[1910] zugrunde, indem für eine Haftung die Betroffenheit eines in der Vorschrift aufgezählten Rechtsguts erforderlich ist.

Aus der Abstrahierung und der Formulierung als Feststellungen folgt, dass keine unmittelbare Betroffenheit eines absolut geschützten Rechts

---

1908 *Coing*, Die Treuhand kraft privaten Rechtsgeschäfts, 1973, S. 118.

1909 *Larenz/Canaris*, Schuldrecht II/2, S. 432.

1910 *Dies.*, Schuldrecht II/2, S. 375.

eintreten kann. Die Prozessführung wirkt nicht direkt auf absolute Rechtsgüter ein, sondern tangiert allenfalls Ausschnitte von Ansprüchen und Rechtsverhältnissen.

Dies soll exemplarisch an der Ablehnung der Verletzung eines sonstigen Rechts dargestellt werden. Für die Annahme eines sonstigen Rechts muss eine Vergleichbarkeit mit den übrigen Rechtsgütern in der Form vorliegen, dass auch diesem sowohl Zuweisungs- als auch Ausschlussfunktion zukommt.[1911] Dem folgend wird die Mitgliedschaft in einem Verein als sonstiges Recht anerkannt.[1912] Allerdings reicht die Haftung aus § 823 I BGB dabei nur so weit, wie die Verletzungshandlung auf die dem Rechtsinhaber eingeräumte Position bezogen ist, sodass nur ein mitgliedschaftsbezogener Eingriff haftungsauslösend sein kann.[1913] Durch die Prozessführung der qualifizierten Einrichtung wird nicht direkt auf das Mitgliedschaftsrecht eingewirkt, sodass ein mitgliedschaftsbezogener Eingriff zu verneinen ist.

Eine Haftung aus § 823 I BGB bei nicht ordnungsgemäßer Prozessführung scheidet mangels Einschlägigkeit eines absolut geschützten Rechtsguts aus.[1914] Es handelt sich um reine Vermögensschäden, für welche § 823 I BGB keine Kompensation gewährt.

2. § 823 II BGB

Als nächster deliktischer Tatbestand kommt § 823 II BGB in Betracht. Anders als § 823 I BGB verzichtet II auf eine enumerative Aufzählung von Rechtsgütern, was unter der Voraussetzung des Bestehens eines entsprechenden Schutzgesetzes auch primäre Vermögensschäden ersetzbar macht.[1915] Vor die Klammer gezogen werden dabei Verhaltenswei-

---

1911 Stellvertretend für viele: *Canaris*, FS Steffen, 1995, S. 85, 90; MüKo BGB/*Wagner*, § 823 Rn. 267.

1912 BGHZ 110, 323, 334 f.; *Wilhelmi*, in: Westermann/Grunewald/Maier-Reimer (Hrsg.), Bürgerliches Gesetzbuch, [15]2017, § 823 Rn. 41; *Mertens*, FS R. Fischer, 1979, S. 461, 468 ff.; *Schmidt*, JZ 1991, 157, 158 f.; MüKo BGB/*Wagner*, § 823 Rn. 306 ff.; *Larenz/Canaris*, Schuldrecht II/2, S. 394 f.

1913 MüKo BGB/*Wagner*, § 823 Rn. 273; *Schmidt*, JZ 1991, 157, 159; *Wilhelmi*, in: Westermann/Grunewald/Maier-Reimer (Hrsg.), Bürgerliches Gesetzbuch, [15]2017, § 823 Rn. 41.

1914 Dies ebenfalls feststellend: *Röthemeyer*, Musterfeststellungsklage, [2]2020, § 608 Rn. 35 f.

1915 *Larenz/Canaris*, Schuldrecht II/2, S. 431.

sen der qualifizierten Einrichtung, welche eine Strafbarkeit nach § 263 I StGB nach sich ziehen können. Bei Vermögensschädigungen stellen die strafrechtlichen Vorschriften gerade das Paradigma eines Schutzgesetzes dar[1916], sodass eine Haftung aus § 823 II BGB in Verbindung mit § 263 I StGB gegeben ist.

Als gerade von den § 606 I 2 Nr. 1–5 ZPO zu vermeidender Fall ist es vorstellbar, dass die qualifizierte Einrichtung den Prozess nur im Interesse der Beklagten führt, indem durch einen absichtlichen Prozessverlust in Kombination mit der Bindungswirkung nach § 613 I 1 ZPO die Ansprüche der angemeldeten Verbraucher faktisch wertlos werden. Die Merkmale eines Betruges können in dieser Konstellation bejaht werden. Insbesondere verfügt der Verbraucher durch die Anmeldung zum Klageregister über seinen Anspruch, zumal er Elemente desselben „in die Hand der qualifizierten Einrichtung"[1917] legt. Im Verstreichen der letztmaligen Anmeldungsrücknahmemöglichkeit gem. § 608 III ZPO liegt zugleich eine bezifferbare schadensgleiche Vermögensgefährdung[1918], welche einen Vermögensschaden im Sinne des § 263 I StGB darstellt. Die subjektiven Voraussetzungen, vor allem auch die Stoffgleichheit, liegen vor. Dennoch wird eine Herleitung der Haftung der klagenden qualifizierten Einrichtung auf diesem Weg in den allermeisten Fällen ausscheiden, da durch die besonderen Restriktionen des § 606 I 2 Nr. 1–5 ZPO – abgesehen von absoluten Ausnahmefällen – von sich redlich verhaltenden Klägern auszugehen ist.

Sodann könnte die Satzung der qualifizierten Einrichtung ein Schutzgesetz darstellen, die nach ihren Mindestanforderungen gem. § 606 I 2 Nr. 3 ZPO die Wahrnehmung von Verbraucherinteressen durch nicht gewerbsmäßige aufklärende und beratende Tätigkeit gewährleisten muss. Doch handelt es sich bei der Satzung nicht um ein Schutzgesetz gem. Art. 2 EGBGB. Zwar ist für die Annahme einer Rechtsnorm kein formelles Gesetz notwendig, sondern es genügen auch Rechtsverordnungen und Satzungen.[1919] Jedoch reicht dafür gerade kein von einer privatrechtlichen Institution – wie vorliegend der qualifizierten Einrichtung – erlassenes Binnenrecht.[1920] Die Haftung durch Schutzgesetz muss durch einen legislatorischen Akt Ausprägung einer präexistenten gesetzgeberischen Ent-

---

1916 *Dies.*, Schuldrecht II/2, S. 438.

1917 *Windau*, jM 2019, 404.

1918 Zu diesem Begriff mitsamt Einschränkungen: Kindhäuser/*Kindhäuser*, § 263 Rn. 110 f.

1919 MüKo BGB/*Wagner*, § 823 Rn. 479.

1920 Eine Haftung aufgrund DIN-Normen ablehnend: *Larenz/Canaris*, Schuldrecht II/2, S. 433.

scheidung sein[1921], was nicht durch privatautonome Vereinsentscheidung unterlaufen werden kann.

Auch die zweifelfrei die Voraussetzungen des Art. 2 EGBGB erfüllende Norm des § 606 I 2 Nr. 3 ZPO vermag nicht zu einer Haftung aus § 823 II BGB zu führen. Diese Norm bezweckt keinen Individualschutz. Die Entscheidung des Gesetzgebers gegen einen allgemeinen Vermögensschutz im Deliktsrecht muss durch die Berücksichtigung einer individuellen Vermögensposition eines eingrenzbaren Personenkreises im Schutzgesetz zumindest partiell aufgehoben worden sein.[1922] Mag der Gesetzgeber durch die Erwähnung der betroffenen Verbraucher[1923] auch für das jeweilige Musterfeststellungsverfahren einen bestimmbaren Personenkreis im Blick gehabt haben, so dient diese Norm ausschließlich der Missbrauchsprävention und der sachgerechten Aufgabenerfüllung seitens der qualifizierten Einrichtungen.[1924] Es steht mithin das Institut der Musterfeststellungsklage und nicht das Vermögen des einzelnen Verbrauchers im Vordergrund. Das steht auch in Einklang mit dem Wortlaut des § 606 I 2 Nr. 3 ZPO, der nur generell auf Verbraucherinteressen abstellt.

Eine Haftung aus § 823 II BGB scheidet aus – mit Ausnahme strafrechtlich relevanter Handlungen der qualifizierten Einrichtung.

3. § 826 BGB

§ 826 BGB ist im Gegensatz zu § 823 I, II BGB weder auf Rechtsgüter noch auf Schutzgesetzverletzungen beschränkt, was einen umfassenden Schutz auch primärer Vermögensschäden nach sich zieht.[1925] Mit dieser Öffnung auf Rechtsfolgenseite geht jedoch eine tatbestandliche Restriktion einher, indem das Merkmal der Sittenwidrigkeit vorliegen und sich der Vorsatz des Schädigers auch auf den Schaden beziehen muss.[1926] Unzweifelhaft haftet die qualifizierte Einrichtung bei Vorliegen dieser Tatbestandsvoraussetzungen, die insbesondere bei einem Zusammenwirken mit der Beklag-

---

1921 MüKo BGB/*Wagner*, § 823 Rn. 389.

1922 Zur Bezweckung des Individualschutzes unter Berücksichtigung der Wertungen des Deliktsrechts: BGHZ 66, 388, 390; *Knöpfle*, JuS 1967, 697, 699 f.; *von Bar*, Verkehrspflichten, 1980, S. 204.

1923 BT-Drs. 19/2439, S. 23.

1924 BT-Drs. 19/2439, S. 23.

1925 *Larenz/Canaris*, Schuldrecht II/2, S. 447.

1926 Statt vieler: *dies.*, Schuldrecht II/2, S. 454.

tenseite zur Schädigung der Angemeldeten gegeben sein werden.[1927] Es stellt sich nur die Frage, welcher der gängigen Fallgruppen diese Konstellation zugeschrieben werden kann.

In Betracht kommt eine Einordnung als Fall der Kollusion, da der Kläger mit der Beklagtenseite bewusst zum Nachteil der Angemeldeten zusammenwirkt.[1928] Dazu passt vor allem die selbständige Stellung der qualifizierten Einrichtung als prozessuale Treuhänderin, die im Außenverhältnis wirksam Verfügungen vornehmen kann, welche im Innenverhältnis untersagt sind. Dies hebt auch die Bedeutung des § 826 BGB hervor, an sich nicht rechtswidrige Handlungen durch die Motive und Intentionen der Beteiligten mit einer Schadensersatzpflicht zu belegen.[1929] Auch streitet die inhaltliche Nähe der Verleitung zum Vertragsbruch für diese Einordnung, wobei das Element des Vertrages durch die prozessuale Sonderverbindung zu ersetzen ist.

Daneben liegt jedoch auch die Fallgruppe der missbräuchlichen Inanspruchnahme staatlicher Verfahren nahe.[1930] Bisher wurde diese unter anderem angenommen bei der Anstrengung einer Klage, um den Druck des Gerichtsverfahrens für einen Vergleich zu nutzen, obwohl – wie der Kläger weiß – der geltend gemachte Anspruch unbegründet ist. Auch die nicht auf eine gleichmäßige Befriedigung aller Gläubiger abzielende Stellung eines Insolvenzantrags wurde als missbräuchliche Inanspruchnahme eines staatlichen Verfahrens verstanden. Verbindendes Element dieser Fallgruppe ist die Zweckwidrigkeit zur Erlangung eigener Vorteile.[1931] Dasselbe kann bei der Einleitung eines Musterfeststellungsverfahrens angenommen werden, welches nur auf einen faktischen Ausschluss der Ansprüche der Angemeldeten angelegt ist. Zweck der §§ 606 ff. ZPO ist es unter anderem, den angemeldeten Verbrauchern durch die massenhafte Klärung einheit-

---

1927 *Röthemeyer*, Musterfeststellungsklage, ²2020, § 608 Rn. 35 f.

1928 Diese Fallgruppe zugrundelegend: *ders.*, Musterfeststellungsklage, ²2020, § 608 Rn. 35 f.; eine mögliche Kollusion im Kontext eines Vergleichsschlusses im Musterfeststellungsverfahren als möglich erachtend: *Magnus*, NJW 2019, 3177, 3181.

1929 *Liebich/Mathews*, Treuhand und Treuhänder in Recht und Wirtschaft, ²1983, S. 180 ff.

1930 Allgemein eine Haftung aus § 826 BGB in dieser Fallgruppe unter Berufung auf Rechtsprechung und Lehre befürwortend: *Hopt*, Schadensersatz aus unberechtigter Verfahrenseinleitung, 1968, S. 164.

1931 *Larenz/Canaris*, Schuldrecht II/2, S. 461; ähnlich, aber dabei von streitwidrigem Parteiverhalten sprechend: *Häsemeyer*, Schadenshaftung im Zivilrechtsstreit, 1979, S. 133.

licher Fragen die individuelle Rechtsverfolgung zu erleichtern.[1932] Die Nutzung dieser gebündelten Vorfragenklärung zur umfassenden Abwehr und Versagung der Ansprüche der Angemeldeten widerspricht der angestrebten Förderung und Erleichterung der Verbraucherrechtsdurchsetzung diametral. Über die soeben erwähnten Beispiele hinaus wird nicht nur dem Zweck eines staatlichen Verfahrens zuwidergehandelt, sondern dieser sogar in sein Gegenteil verkehrt. Diese Missbrauchsmöglichkeit ist letztlich die Folge der Trennung der Klagebefugnis von der materiellen Anspruchsinhaberschaft, da die qualifizierte Einrichtung kein primäres wirtschaftliches Interesse (abgesehen von der Vermeidung einer eigenen Haftung) an einer Anspruchsdurchsetzung hat. Die Neuartigkeit dieser Trennung in den §§ 606 ff. ZPO lässt eine Zuordnung dieser Konstellation zur Fallgruppe der missbräuchlichen Inanspruchnahme staatlicher Verfahren naheliegender erscheinen als zum allgemeinen Topos der Kollusion.

Je nachdem, ob der Fokus mehr auf die Stellung der qualifizierten Einrichtung (dann eher Kollusion) oder auf den Zweck der Musterfeststellungsklage (spricht mehr für die missbräuchliche Inanspruchnahme staatlicher Verfahren) gelegt wird, kommt eine Zuordnung zu verschiedenen Fallgruppen in Betracht.

Eine Haftung der qualifizierten Einrichtung ist bei Vorliegen der Voraussetzungen des § 826 BGB unter dem Gesichtspunkt der missbräuchlichen Inanspruchnahme staatlicher Verfahren gegeben. Allerdings werden diese Fälle in der Praxis angesichts der Vorkehrungen in § 606 I 2 Nr. 1–5 ZPO die absoluten Ausnahmen darstellen.

II. Pflichtenprogramm der qualifizierten Einrichtung aus § 241 II BGB

Nachdem die Entstehung einer Sonderverbindung zuvor durch eine verfassungskonforme Auslegung hergeleitet wurde[1933], bleibt es nunmehr noch das Pflichtenprogramm der qualifizierten Einrichtung darzustellen. Umfang und Inhalt der Rücksichtnahmepflichten gem. § 241 II BGB hängen im konkreten Einzelfall vom angestrebten Zweck, der Verkehrssitte und den Anforderungen des redlichen Geschäftsverkehrs ab.[1934]

1932 BT-Drs. 19/2439, S. 17.

1933 Teil Zwei Kapitel Vier § 3 IV. Entstehen einer prozessualen Sonderverbindung mit Rücksichtnahmepflichten gem. § 241 II BGB (463).

1934 BGH NJW 2010, 1135, 1136; 2013, 3366, 3368.

Die Anmeldung zum Klageregister, welche letztlich die Musterprozessführung ermöglicht, hat den Zweck einzelne Elemente der Verbraucheransprüche feststellen zu lassen, um so bestimmte Vorfragen für den Folgeprozess verbindlich zu klären. Das in dieser Anmeldung zum Ausdruck gebrachte Vertrauen und die damit verbundene Einwirkungsmöglichkeit auf die Verbraucheransprüche seitens der qualifizierten Einrichtung[1935] sind maßgeblich für den Inhalt und Umfang der Rücksichtnahmepflichten gem. § 241 II BGB.

Zunächst bietet sich eine Differenzierung nach der Einwirkungsmöglichkeit an. So kann die alleinige Entscheidung der qualifizierten Einrichtung[1936] die Musterfeststellungsklage gem. § 269 I ZPO zurückzunehmen keine Pflichtverletzung darstellen, zumal sie gerade auf das Ausbleiben einer wirtschaftlichen Einwirkung auf den Verbraucheranspruch abzielt.[1937] Durch die Klagerücknahme wird eine Entscheidung vermieden und der vormals Angemeldete wieder auf seine nicht präjudizierte Individualrechtsdurchsetzung verwiesen.

1. Leistungstreuepflichten

Demgegenüber treffen die qualifizierte Einrichtung bei der Prozessführung Leistungstreuepflichten, die darin bestehen den angestrebten Zweck nicht ernsthaft zu gefährden oder gar zu vereiteln.[1938]

Eine Ausprägung davon stellt die Pflicht zur ordnungsgemäßen Prozessführung dar. Die qualifizierte Einrichtung muss erfolgsversprechende Beweise anbieten, Unzutreffendes bestreiten, dem Gericht Tatsachen und Rechtsausführungen schlüssig unterbreiten etc. Die prozessualen Möglichkeiten werden dabei von den §§ 606 ff. ZPO vorgegeben. Auf diese Weise wird das Vertrauen der Angemeldeten prozessual fortgeschrieben.

1935 Zu diesen Elementen als Entstehungsgrund von Rücksichtnahmepflichten: Teil Zwei Kapitel Vier § 3 IV. 3. Entstehungsgrund für eine Sonderrechtsbeziehung mit Rücksichtnahmepflichten gem. § 241 II BGB (465).

1936 Insoweit zwischen politischen und prozessualen Entscheidungen differenzierend: *Schmidt-Kessel*, Stellungnahme vom 08.06.2018, S. 16 f.

1937 Konstatierend, dass der Angemeldete in Erwartung eines für ihn positiven Urteils eine Klagerücknahme nicht hinnehmen muss, sodass auch diese haftungsauslösend sein kann: *Rohls*, in: Nordholtz/Mekat (Hrsg.), Musterfeststellungsklage, 2019, § 3 Rn. 101.

1938 Zu den Leistungstreuepflichten im Allgemeinen: BeckOGK BGB/*Herresthal*, § 311 Rn. 487.

Zur ordnungsgemäßen Prozessführung gehört vor allem auch, dem eigenen Prozessvertreter die notwendigen Informationen und Unterlagen zu liefern, welche diesem eine angemessene Prozessführung erlauben.

Damit zusammenhängend hat die qualifizierte Einrichtung bei mehreren sich bietenden Möglichkeiten den gefahrlosesten und sichersten Weg für die Angemeldeten einzuschlagen.[1939] Dieser ursprünglich für die anwaltliche Tätigkeit entwickelte Grundsatz muss aufgrund der Weisungsunabhängigkeit der qualifizierten Einrichtung erst recht gelten, um der erweiterten Einwirkungsmöglichkeit Rechnung zu tragen.

Aus dieser Weisungsunabhängigkeit resultiert darüber hinaus die Pflicht, dass die qualifizierte Einrichtung bei einer Prozessniederlage eine erfolgsversprechende Revision gem. § 614 S. 1 ZPO einlegt, wenn eine gewisse Wahrscheinlichkeit dafür streitet, dass das Rechtsmittel ein aus Sicht der Angemeldeten günstiges Urteil erwirkt. Dies ist vor allem dann der Fall, wenn in der Rechtsprechung gewichtige Stimmen vorhanden sind, die eine Entscheidung, welche aus der Perspektive der Angemeldeten günstig ist, rechtfertigt und das OLG diese Ansichten nicht oder nicht hinreichend gewürdigt hat.

2. Aufklärungs- und Beratungspflichten

Ein zweites Feld stellen die Aufklärungs- und Beratungspflichten dar, die umso eher angenommen werden können, wenn sich der eine Teil aufgrund seiner Unerfahrenheit auf die Fachkunde und Loyalität des anderen Teils verlässt.[1940]

Zur Beratungspflicht gehört, dass die qualifizierte Einrichtung den Angemeldeten auf Nachfrage die aktuelle Prozesssituation erläutert und verständlich macht. Auch eine realistische Einschätzung der Erfolgschancen ist abzugeben, wenn ein Angemeldeter danach fragt. Diese Pflicht besteht unabhängig davon, ob noch eine Rücknahme der Anmeldungserklärung möglich ist. Vor dem Ablauf des Zeitpunktes kann der Angemeldete selbst Konsequenzen aus den erhaltenen Informationen ziehen, danach ist seine Informierung eine Bestätigung seines entgegengebrachten Vertrauens.

1939 Stellvertretend für eine Vielzahl von Entscheidungen zu diesem Grundsatz, der für die anwaltliche Tätigkeit entwickelt worden ist: BGH NJW 1988, 486, 487.

1940 Allgemein dazu: MüKo BGB/*Ernst*, § 280 Rn. 103.

Zusätzlich ergibt sich aus der Fachkunde der qualifizierten Einrichtung grundsätzlich die Pflicht, die Angemeldeten über aktuelle Entwicklungen des Verfahrens zu informieren. Durch die Normierung der gerichtlichen Veröffentlichungspflicht nach § 607 III 1 ZPO in Kombination mit der Informierungsobliegenheit der Angemeldeten[1941] wurde diese teilweise auf das Musterfeststellungsgericht verlagert. Dennoch verbleibt die Verpflichtung der qualifizierten Einrichtung diese Anzeigen und Mitteilungen im Klageregister zu überwachen und ggf. zu konkretisieren, korrigieren oder klarzustellen, falls dafür Bedarf besteht.

Darüber hinaus muss die klagende qualifizierte Einrichtung die Angemeldeten auf ein weiteres Musterfeststellungsverfahren hinweisen und über die Zweckmäßigkeit einer weiteren Anmeldung aufklären, wenn dies zur Durchsetzung des Verbraucheranspruchs sachdienlich ist. Dies kann sich insbesondere dann ereignen, wenn mangels Klageänderungsmöglichkeit die Anstrengung eines weiteren Musterfeststellungsverfahrens erforderlich wird, welches zu einer umfassenderen Leitlinienbindung des Folgegerichts führt.

3. Nachwirkende Rücksichtnahmepflichten

Doch auch nach Abschluss des Musterfeststellungsverfahrens enden die Pflichten nicht, sondern wandeln sich in nachwirkende Rücksichtnahmepflichten.

Zum einen wandelt sich die Beratungspflicht dahingehend, dass statt einer Informierung über den Musterfeststellungsprozess nunmehr der Wirkmechanismus für das Individualverfahren darzustellen ist. Dem vormals Angemeldeten sind allgemeine Hinweise für den bevorstehenden Individualprozess zu geben, die jedoch keineswegs den Umfang einer anwaltlichen Beratung aufweisen müssen.

Zum anderen muss die qualifizierte Einrichtung bei einem ihr unterlaufenen Fehler in der Prozessführung den vormals Angemeldeten darüber aufklären, dass sich ein solcher ereignet hat und dass ggf. Haftungsansprüche daraus resultieren.[1942] Dies ergibt sich letztlich daraus, dass sich der an-

---

1941 Dass der Gesetzgeber von einer solchen ausgeht, zeigt sich in BT-Drs. 19 /2439, S. 25.

1942 Einen Überblick über die Rechtsprechung zur Aufklärungspflicht eines Anwalts über eigene Fehler gebend: *Vill*, in: Fischer (Hrsg.), Handbuch der Anwaltshaftung, [5]2020, § 2 Rn. 404.

waltlich nicht zwingend vertretene Verbraucher auf die ordnungsgemäße Prozessführung verlässt und erst dann Anlass für ein abweichendes Votum haben wird, wenn er darauf aufmerksam gemacht wird. Die fachliche Asymmetrie zwischen der qualifizierten Einrichtung und dem unerfahrenen Verbraucher rechtfertigt es, Letzterem zumindest einen Hinweis auf seine potentiellen Ansprüche zu geben.

Diese Aufzählung stellt keine abschließende Auflistung von Rücksichtnahmepflichten der qualifizierten Einrichtung dar. Im Laufe der angestrengten Musterfeststellungsverfahren werden sich noch Prozesskonstellationen ereignen, die Anlass für eine intensive Auseinandersetzung mit Rücksichtnahmepflichten der qualifizierten Einrichtung geben.

III. Eingreifen einer Haftungsprivilegierung?

In einem nächsten Schritt ist jedoch noch zu überlegen, ob sich aus der Stellung der qualifizierten Einrichtung Haftungsprivilegierungen oder gar -ausschlüsse ergeben.

Zum Teil wird von denjenigen, die eine Haftung für grundsätzlich einschlägig erachten, die Annahme einer Haftungsprivilegierung zugunsten der qualifizierten Einrichtung für fahrlässiges Verhalten vorgeschlagen.[1943] Dafür wird angeführt, dass angesichts der hohen summierten Beträge bei Massen- und Streuschäden und des damit einhergehenden immensen Haftungsrisikos eine Klageerhebung ansonsten irrational sei. Angezeigt sei vielmehr eine Differenzierung zwischen Fehlern der qualifizierten Einrichtung, für welche eine Privilegierung anzunehmen sei, und solchen des Prozessvertreters der Klägerin, die unproblematisch ohne Privilegierung zu behandeln seien.

1. Fehlender dogmatischer Anknüpfungspunkt für die Herleitung einer Haftungsprivilegierung

Weder überzeugt die Haftungsprivilegierung zugunsten der qualifizierten Einrichtung im Allgemeinen noch im Besonderen die daran anknüpfende Differenzierung zwischen Fehlern der Klägerin und solchen ihres Pro-

1943 Dazu und zu der folgenden Argumentation: *Merkt/Zimmermann*, VuR 2018, 363, 371.

zessvertreters. Allein das altruistische Handeln und die Verschiebung der Kosten-Nutzen-Relation vermögen keine Privilegierung zu rechtfertigen. Dafür können dieselben Argumente fruchtbar gemacht werden, die bereits für die Annahme eines Vertragsverhältnisses angeführt wurden.[1944] Speziell gegen die Herleitung der Haftungsprivilegierung kann angeführt werden, dass sie zum einen jeglicher gesetzlichen Grundlage entbehrt und zum anderen von den Befürwortern kein dogmatischer Ansatzpunkt geliefert wird. Die Privilegierung wird angenommen, weil sie passend erscheint. Ob es sich dabei um eine Analogie zu einer gesetzlichen Privilegierung oder eine teleologische Reduktion einer angenommenen Haftung handelt, bleibt vollkommen schleierhaft. Der Ausdruck von Vorstellungen, welche dem Gerechtigkeitsempfinden entsprechen, stellt mehr einen politischen Vorschlag als eine zwingende und stringente juristische Argumentation dar. Ohne eine Begründung für das Vorliegen der Voraussetzungen einer Rechtsfortbildung kann nicht von dem gesetzlichen Regelfall abgewichen werden.

2. Berücksichtigung weiterer Interessen

Darüber hinaus darf bei der Diskussion nicht nur einseitig auf die Belange der qualifizierten Einrichtung abgestellt werden. Im gleichen Maße, wie sie eine Haftung vermeiden will, ist diese für die Angemeldeten wichtig. Aus ihrer Warte handelt es sich durch das Aufstellen der besonderen Voraussetzungen in § 606 I 2 Nr. 1–5 ZPO um Einrichtungen, welche durch die vorherige Selektion des Gesetzgebers als besonders geeignet für die Musterfeststellungsklage erscheinen. Damit gehen eher erhöhte als abgeschwächte Haftungserwartungen einher. Hinzu kommt, dass durch § 606 I 2 Nr. 3 ZPO eine gewisse Erwartungshaltung der Verbraucher hergestellt wird, indem die Wahrnehmung von Verbraucherinteressen zur satzungsmäßigen Aufgabe der qualifizierten Einrichtung zählen muss. Die Berührung der Satzungsaufgaben erweckt aber auch bei der Unentgeltlichkeit der Dienstleistung den legitimen Erwartungshorizont der Verbraucher, dass die Handlung mit der regulären Professionalität ausgeführt wird.[1945] Auch die äußeren Rahmenbedingungen in Form der gerichtlichen Durch-

---

1944 Teil Zwei Kapitel Vier § 2 A. IV. Ablehnung einer Sonderbeziehung aufgrund Billigkeitserwägungen (467).

1945 Dieses Argument bei der Kollision von Profession und Unentgeltlichkeit anführend: *Grigoleit*, VersR 2018, 769, 785.

setzung der Verbraucheransprüche vermögen diesen Eindruck nicht zu widerlegen.[1946]

3. Möglichkeit der Differenzierung zwischen Fehlern der qualifizierten Einrichtung und ihres Prozessvertreters

In leicht abgewandelter Form kann das zuletzt erwähnte Argument auch speziell gegen die Differenzierung von Fehlern der qualifizierten Einrichtung und ihres Prozessvertreters verwendet werden. Es ist nicht einzusehen, warum gerade die einzige Stelle, mit welcher der Verbraucher in Kontakt tritt, lediglich privilegiert haften soll. Immerhin hat diese den Verbraucher zur Anmeldung seines Anspruchs zum Klageregister bewegt. Die Klärung der Anspruchselemente wurde in ihre Hände gelegt.[1947] Stattdessen den Prozessvertreter, welcher der überwiegenden Anzahl der Verbraucher nicht geläufig sein dürfte, ohne Einschränkung haften zu lassen, erscheint widersprüchlich. Nicht nur der Anwalt wird im Rahmen seines Tätigkeitsfeldes aktiv, sondern im weiteren Sinne auch die qualifizierte Einrichtung, indem es sich um die Durchsetzung von Verbraucherinteressen handelt, vgl. § 606 I 2 Nr. 3 ZPO.

Des Weiteren wird auch für eine Differenzierung keinerlei dogmatischer Ansatzpunkt genannt. Der alleinige politische Wunsch ist auch an dieser Stelle nicht ausreichend für eine Rechtsfortbildung.

Schließlich ist zu beachten, dass es für eine solche Differenzierung am praktischen Bedürfnis fehlen wird. In aller Regel werden die Fehler mehr in der technischen Verfahrensführung als in den Entscheidungen der qualifizierten Einrichtung liegen, sodass in den meisten Fällen einer potentiellen Pflichtverletzung ohnehin die qualifizierte Einrichtung Regress beim Anwalt nehmen kann.[1948] Trifft die qualifizierte Einrichtung jedoch selbst eine haftungsbegründende Entscheidung, muss sie sich ihrer politischen und rechtlichen Verantwortung gegenüber den handlungsunfähigen Angemeldeten stellen und für ihre Entscheidung haften.[1949]

1946 Eine Konkretisierung aufgrund der äußeren Umstände fordernd: *ders.*, VersR 2018, 769, 785.

1947 *Windau*, jM 2019, 404.

1948 *Schmidt-Kessel*, Stellungnahme vom 08.06.2018, S. 16 f.

1949 *Ders.*, Stellungnahme vom 08.06.2018, S. 16 f.

IV. Konkludenter Haftungsausschluss?

Bereits im Gesetzgebungsverfahren wurde neben einer Haftungsprivilegierung ein möglicher gesetzlicher Haftungsausschluss Gegenstand der Debatte.[1950] Ein solcher hat im Endeffekt keinen Eingang in die §§ 606 ff. ZPO gefunden, sodass die Annahme eines konkludenten Haftungsausschlusses erwägenswert erscheint.

1. Perspektive der klagenden qualifizierten Einrichtung

Dafür spricht – wie bereits bei der Diskussion um eine Haftungsprivilegierung – die Perspektive der Musterfeststellungsklägerin. Diese hat ein Interesse an ihrem existenziellen Fortbestand[1951], welcher bei einem Haftungsrisiko gegenüber einer bei Einreichung der Musterfeststellungklage nicht prognostizierbaren Masse an Angemeldeten ernsthaft bedroht ist. Diesem Befund entspricht, dass vor Einführung der §§ 606 ff. ZPO der kollektive Rechtsschutz vor allem im Bereich der Unterlassungsklagen in Anspruch genommen wurde, weil bei diesen der Streitwert und damit einhergehend das Prozesskostenrisiko nicht sehr hoch ist.[1952] Um diesem Anliegen etwas entgegenzukommen, hat der Gesetzgeber in § 48 I 2 GKG eine Streitwertdeckelung auf 250.000 € eingeführt, womit zumindest das Prozesskostenrisiko für die qualifizierten Einrichtungen begrenzt wird.[1953] Die Annahme eines konkludenten Haftungsausschlusses würde sich stimmig in dieses Gesamtkonzept einfügen.

2. Motivation zur Erhebung einer Musterfeststellungsklage

Abgesehen von der Tatsache, dass das Zustandekommen eines Haftungsausschlusses ohne weiteren Kontakt nach der Anmeldung dogmatisch schwierig zu konstruieren ist, sprechen die bereits gegen die Annahme einer Haftungsprivilegierung angeführten Argumente dagegen. Altruismus spricht noch nicht automatisch gegen eine Haftung. Dies gilt umso

1950 Vgl. dazu: *Lell*, Protokoll 19/15 BT Anhörung vom 11.06.2018, S. 36.

1951 *Rohls*, in: Nordholtz/Mekat (Hrsg.), Musterfeststellungsklage, 2019, § 3 Rn. 95.

1952 *Meller-Hannich*, 72. DJT, Band 1, 2018, A 1, A 76 f.

1953 *Heese*, JZ 2019, 429, 437; *Verbraucherzentrale Bundesverband*, Eine für alle – Musterfeststellungsklage einführen, 29.09.2017, S. 20.

mehr bei Vergegenwärtigung der Tatsache, dass auch die Führung eines Musterfeststellungsprozesses nicht von bedingungsloser Selbstlosigkeit getrieben ist.[1954] Die qualifizierten Einrichtungen werden sich vornehmend für solche Verfahren interessieren, denen eine erhöhte Publizität zukommt[1955], um ihre Bekanntheit zu erhöhen und ihre Streitbarkeit zu beweisen. Diese Vorteile müssen mit den Risiken abgewogen werden.

3. Endgültiger Schadenseintritt bei der qualifizierten Einrichtung?

Gegen einen konkludenten Haftungsausschluss spricht zudem, dass dieser in erster Linie den Prozessvertretern der Kläger zugute käme.[1956] Fehler werden letztlich in der überwiegenden Anzahl von Fällen in der technischen Verfahrensführung liegen und nicht in Entscheidungen, die genuin die qualifizierte Einrichtung getroffen hat.[1957] Bei Fehlern in der Prozessführung kann die qualifizierte Einrichtung jedoch Regress bei ihrem Prozessvertreter nehmen, sodass sie letztendlich den Schaden der Angemeldeten nicht zu tragen hat.[1958] Ein Haftungsausschluss würde somit im Gros der Fälle wirtschaftlich nicht die qualifizierte Einrichtung, sondern ihre Prozessvertreter entlasten. Für die seltenen Fälle einer originären Entscheidung der qualifizierten Einrichtung bietet das Haftungsrisiko eine mittelbare Steuerung der Klägerin[1959], welche ansonsten ohne Konsequenzen fremde Ansprüche präjudizieren könnte.

Der Gedanke der mittelbaren Steuerung leitet zu einem weiteren Gesichtspunkt über. Die qualifizierte Einrichtung hat es durch eigene Maßnahmen in der Hand ihre Haftung zu vermeiden. Eine Eigenhaftung kann schon dadurch ausgeschlossen werden, dass die qualifizierte Einrichtung ihren Prozessvertreter wahrheitsgemäß unterrichtet, ihm alle notwendigen Unterlagen liefert und sich nicht für eine unnötig riskante Prozessstrate-

---

1954 Ideelle Anreize der qualifizierten Einrichtung ausmachend und aufzählend: *Freitag/Lang*, ZZP 132 (2019), 329, 348.

1955 *Thiery/Schlingmann*, DB 2018, 2550, 2554.

1956 *Rohls*, in: Nordholtz/Mekat (Hrsg.), Musterfeststellungsklage, 2019, § 3 Rn. 101; *Schmidt-Kessel*, Stellungnahme vom 08.06.2018, S. 16 f.

1957 *Rohls*, in: Nordholtz/Mekat (Hrsg.), Musterfeststellungsklage, 2019, § 3 Rn. 101.

1958 *Schmidt-Kessel*, Stellungnahme vom 08.06.2018, S. 17 f.

1959 *Ders.*, Stellungnahme vom 08.06.2018, S. 18 f.

gie entscheidet.[1960] Dadurch kann sie vermeiden, dass sich ein Fehler ausschließlich in ihrem Pflichtenkreis ereignet. Wirtschaftlich kann die Tragung des Schadens dadurch vermieden werden, dass sich die qualifizierte Einrichtung Prozessvertreter aussucht, die angesichts einer geeigneten Berufshaftpflichtversicherung den Regressanspruch auch tatsächlich erfüllen können.[1961]

4. Versicherbarkeit des Risikos einer Haftung

Zuletzt soll das immer wieder im Rahmen eines konkludenten Haftungsausschlusses vorgebrachte Argument der Versicherbarkeit des Risikos einer näheren Betrachtung zugeführt werden. Als Argument für einen konkludenten Haftungsausschluss nach dem Parteiwillen wird die fehlende Versicherbarkeit des Risikos herangezogen.[1962] Ungeachtet der grundsätzlichen Überzeugungskraft dieses Arguments vermag auch dieser Topos in der vorliegenden Konstellation nicht für einen konkludenten Haftungsausschluss zu sprechen. Zwar ist das Haftungsrisiko nur schwer prognostizierbar, da die Anzahl der sich Anmeldenden zum Zeitpunkt der Einreichung der Klageschrift nicht vorhersehbar ist und zudem die Anmeldungen im Musterfeststellungsverfahren nicht auf ihre Wirksamkeit und Berechtigung geprüft werden. Dies wird sich auch in den Prämien der Versicherungen niederschlagen. Doch kann sich die qualifizierte Einrichtung über § 49b III 2 BRAO an den Prämien der Versicherung ihres Prozessvertreters beteiligen, welche jener in Anbetracht des Musterfeststellungsverfahrens abschließen wird.[1963] Auf diese Weise kann die Kostenlast im Rahmen der Mandatierung des Prozessvertreters angemessen aufgeteilt werden. Eigens für Prämienleistungen wurden dem vzbv Leistungen bewilligt[1964], welche die Finanzierung – zumindest für durchschnittliche Musterfeststellungsverfahren – sicherstellen. Bei Verfahren, welche diesen Rahmen deutlich übersteigen, sollte die qualifizierte Einrichtung vor Beginn des Prozesses sorgfältig abwägen, ob sie diesen finanziell bewältigen kann. Allein aus

1960 *Rohls*, in: Nordholtz/Mekat (Hrsg.), Musterfeststellungsklage, 2019, § 3 Rn. 101.

1961 *Ders.*, in: Nordholtz/Mekat (Hrsg.), Musterfeststellungsklage, 2019, § 3 Rn. 102 ff.

1962 Die Dogmatik darstellend sowie Kritik daran übend: *Grigoleit*, VersR 2018, 769, 783.

1963 *Röthemeyer*, Musterfeststellungsklage, [2]2020, § 608 Rn. 38 f.

1964 BT-Drs. 19/11277, S. 3.

diesem Grund eine Haftung zu versagen, wird den Interessen der Angemeldeten in keiner Weise gerecht.

Ein konkludenter Haftungsausschluss ist folglich abzulehnen.

D. Fazit zur Haftung der qualifizierten Einrichtung

Die qualifizierte Einrichtung hat eine Pflicht zur ordnungsgemäßen Prozessführung, welche aus dem prozessualen Treuhandverhältnis resultiert. Bei einer Verletzung dieser Pflicht macht sie sich schadensersatzpflichtig. Für ein Verschulden ihres Prozessvertreters hat sie nach § 278 BGB einzustehen, da dieser als Erfüllungsgehilfe für die ordnungsgemäße Wahrnehmung der treuhänderisch übertragenen Aufgabe eingesetzt wird. Weder eine Haftungsprivilegierung noch ein konkludenter Haftungsausschluss ist überzeugend. Eine deliktische Haftung kommt nur bei Einschlägigkeit der §§ 823 II BGB i.V.m. 263 StGB oder § 826 BGB in Betracht, was eine rare Ausnahme darstellen dürfte.

§ 3 Haftung des Anwalts der qualifizierten Einrichtung gegenüber den Angemeldeten

Als weiterer Akteur und potentieller Haftungsschuldner rückt der Prozessvertreter der qualifizierten Einrichtung in das Blickfeld. Auch für diesen hat die Frage der Haftung existenzielle Bedeutung, zumal sie ruinöse Ausmaße erreichen kann. Bereits bei Übernahme des Mandats muss sich der Anwalt Gedanken über eine geeignete Versicherung zur Abdeckung der Risiken aus dem Musterfeststellungsprozess machen.

Das Haftungsrisiko für den Prozessvertreter fließt dabei aus zwei Quellen: Zum einen droht eine Inanspruchnahme seitens der qualifizierten Einrichtung, welche Vertragspartnerin des Prozessvertreters ist, zum anderen wird lebhaft und mit den unterschiedlichsten Ergebnissen über eine direkte Haftung gegenüber den Angemeldeten aus den Instituten des Vertrags mit Schutzwirkung zugunsten Dritter oder der Drittschadensliquidation diskutiert. So wird ein Anwaltsvertrag mit Schutzwirkung zugunsten der Angemeldeten für unzweifelhaft einschlägig gehalten aufgrund der mangelnden Beteiligungsrechte.[1965] Weniger weitgehend wird dieses Insti-

1965 *Heese*, JZ 2019, 429, 437.

tut zumindest angedacht[1966] oder im Hinblick auf die Deckelung des Honorars als problematisch deklariert.[1967] Auf der anderen Seite wird der Vertrag mit Schutzwirkung zugunsten Dritter mangels einer Nähebeziehung der Angemeldeten zur Anwaltsdienstleistung[1968] oder wegen eines fehlenden berechtigten Gläubigerinteresses an der Einbeziehung abgelehnt.[1969] Schließlich wird die Konstellation von vornherein dem Anwendungsbereich der Drittschadensliquidation zugeschrieben, zumal es sich nicht um einen Fall der Schadenskumulation, sondern der -verlagerung handle.[1970]

Insgesamt lässt sich beobachten, dass die Haftung des Prozessvertreters als viel unproblematischer[1971] empfunden wird als diejenige der qualifizierten Einrichtung. Dies mag mit dem Stereotyp der überforderten qualifizierten Einrichtung und des zwingend mit einer Berufshaftpflichtversicherung ausgestatteten, hochspezialisierten prozessführenden Anwalts zusammenhängen[1972], was Letzterem einen gehörigen Teil seiner Schutzbedürftigkeit zu nehmen scheint.

Jedoch ist das Bild des hochspezialisierten Prozessvertreters nicht nur überzeichnet, sondern auch zu kurz gegriffen. Zwar mag die Gefahr des Verlustes objektiver Rechte dem täglichen Anwaltsrisiko entsprechen.[1973] Doch potenziert sich über die Bindungswirkung das Haftungsrisiko des Prozessvertreters, da neben seinem Mandanten jeder zum Klageregister Angemeldete von seiner Prozessführung betroffen ist. Hinzu kommt, dass er bei der Formulierung der Feststellungsziele erfolgsversprechende Verbraucheransprüche prognostizieren und an diesen ausgerichtet zentrale abstrakte rechtliche wie tatsächliche Voraussetzungen herausarbeiten muss. Diesen Schwierigkeiten, die mit einem nicht unerheblichen Arbeitsmehraufwand einhergehen, steht die maximale gesetzliche Nettovergütung von 6.308,40 € gegenüber.[1974] Ein wirtschaftlich arbeitender Prozessvertreter ist daher gezwungen, trotz der vielen Unklarheiten schnell zu pragmati-

---

1966 *Verbraucherzentrale Bundesverband*, Eine für alle – Musterfeststellungsklage in Sicht, S. 9 f.; *Koch*, MDR 2018, 1409, 1415.

1967 Musielak/Voit/*Stadler*, § 608 Rn. 2.

1968 *Weinland*, Die neue Musterfeststellungsklage, 2019, Rn. 225.

1969 BeckOK ZPO/*Lutz*, § 606 Rn. 24 ff.

1970 *Röthemeyer*, Musterfeststellungsklage, ^{2}2020, § 608 Rn. 38 f.

1971 Die Haftung des Anwalts für seine Fehler als unproblematisch bezeichnend: *Merkt/Zimmermann*, VuR 2018, 363, 371.

1972 Dieses Bild zeichnend: *Stadler*, JZ 2018, 793, 801.

1973 *Röthemeyer*, Musterfeststellungsklage, ^{2}2020, § 608 Rn. 38 f.

1974 Diesen Betrag in das Verhältnis zum Haftungsrisiko setzend: *Schneider*, BB 2018, 1986, 1997; daher davon ausgehend, dass Honorarvereinbarungen den Regelfall darstellen werden: *Kühling/Sackmann*, DuD 2019, 347, 351.

schen Ergebnissen zu gelangen. Auch darf der bei einer Direkthaftung gegenüber den Angemeldeten entstehende haftungsrechtliche Interessenkonflikt nicht ausgeblendet werden. Der Prozessvertreter ist vertraglich an die qualifizierte Einrichtung gebunden, muss jedoch zur Vermeidung seiner potentiellen Haftung auch die nicht immer gleich laufenden Interessen der Angemeldeten berücksichtigen. Dies kann ihn im Extremfall zu einer Entscheidung zwischen Handlungsoptionen zwingen, die sich diametral widersprechen. Vor diesem Hintergrund ist die Haftung des Anwalts alles andere als unproblematisch.

Bereits im KapMuG ist die Haftung des Musterklägervertreters gegenüber Beigeladenen, die nicht seine Mandanten sind, aus sehr ähnlichen Erwägungen diskutiert worden.[1975] Im Gegensatz zu dieser Diskussion verleiht die mangelnde Einflussnahmemöglichkeit der Angemeldeten im Musterfeststellungsverfahren der Haftungsfrage bei dem neuen prozessualen Institut eine ganz besondere Brisanz.

Nachdem im Folgenden der Vertrag zwischen dem Prozessvertreter und der qualifizierten Einrichtung rechtlich eingeordnet wurde, werden mögliche Haftungsansprüche der Angemeldeten gegen den Prozessvertreter erörtert. Der Fokus liegt dabei auf der Geschäftsführung ohne Auftrag, der Drittschadensliquidation und dem Institut des Vertrages mit Schutzwirkung zugunsten Dritter.

A. Einordnung des Vertrags zwischen Anwalt und qualifizierter Einrichtung

Einen ersten Anhaltspunkt für die Haftung des Anwalts liefert das Vertragsverhältnis, welches zwischen der qualifizierten Einrichtung und ihrem Prozessvertreter besteht. Dieses steht auch inmitten bei der Diskussion des Vertrags mit Schutzwirkung zugunsten Dritter und der Drittschadensliquidation, sodass eine vorherige Qualifikation als Weichenstellung für die spätere Betrachtung lohnenswert erscheint.

Entscheidend für die Einordnung in die gesetzlich geregelten Vertragstypen ist der vereinbarte Leistungsinhalt.[1976] Bei einem gewöhnlichen Anwaltsvertrag steht die Erbringung einer Tätigkeit in Form der gerichtlichen wie außergerichtlichen Vertretung im Mittelpunkt, was eine Einordnung

---

1975 *Kilian*, Ausgewählte Probleme des Musterverfahrens nach dem KapMuG, 2007, S. 98.

1976 BeckOGK BGB/*Teichmann*, § 675 Rn. 791 f.

desselben als Dienstvertrag mit Geschäftsbesorgungscharakter erlaubt.[1977] Nur wenn ausnahmsweise nach dem spezifischen Parteiwillen ein konkreter Leistungserfolg geschuldet wird, kann ein Werkvertrag angenommen werden.[1978] Dies ist zum Beispiel naheliegend bei der Beschränkung der Tätigkeit auf die Beantwortung einer konkreten Rechtsfrage in Gutachtenform.[1979]

Vorliegend geht es der qualifizierten Einrichtung um eine anwaltliche Prozessvertretung im Musterfeststellungsverfahren, die nach § 78 I 1 ZPO vor dem OLG zwingend ist. Ungeachtet der Besonderheiten der §§ 606 ff. ZPO prägt den Leistungsinhalt des Vertrages eben diese Tätigkeit, was die Annahme eines Dienstvertrags mit Geschäftsbesorgungscharakter rechtfertigt.

Zwar können nach § 606 I 1 ZPO auch einzelne Rechtsfragen Gegenstand des Musterfeststellungsverfahrens sein. Doch bezieht sich dies nicht auf die gutachtliche Beantwortung seitens des Rechtsanwaltes, sondern auf eine Veränderung der ansonsten zulässigen Anträge gem. § 253 II Nr. 2 ZPO, sodass eine gerichtliche Klärung einzelner Rechtsfragen zulässig ist. Die Beantwortung der konkreten Rechtsfrage ist nicht Aufgabe des Rechtsanwalts. Die Modifikation der zulässigen Anträge in § 606 I 1 ZPO verändert daher zwar den Pflichteninhalt des Vertrags, lässt aber die grundsätzliche Tätigkeit und damit auch den Charakter des Vertrags unangetastet. Auch beeinflussen die sich später anmeldenden Verbraucher den Pflichteninhalt des Vertrags nicht. Sie werden zwar von der Prozessführung des Anwalts betroffen, doch hat dieser sich lediglich zur prozessualen Vertretung der qualifizierten Einrichtung verpflichtet. Die Angemeldeten benötigen darüber hinaus mangels Parteistellung im Verfahren[1980] keine anwaltliche Vertretung. Zudem ist im Zeitpunkt des Vertragsschlusses mit der qualifizierten Einrichtung zur Einleitung eines Musterfeststellungsverfahrens durch Einreichung einer Klageschrift beim zuständigen OLG noch gar nicht absehbar, wer und wie viele Verbraucher sich zum Klageregister anmelden werden. Die Anmeldung ist zeitlich erst deutlich nach Vertragsschluss möglich. Eine nachträgliche Änderung des Vertrags oder eine vorherige Einbeziehung der in diesem Stadium unbekannten Verbraucher in denselben kann aufgrund der Unsicherheiten hinsichtlich der sich anmel-

---

1977 Palandt/*Sprau*, § 675 Rn. 23; *Zugehör*, NJW 2000, 1601, 1602.

1978 RGZ 88, 223, 227.

1979 BGH NJW 1996, 2929, 2931; *Ostler*, JA 1983, 109, 110.

1980 Statt vieler: *Dietsche*, in: Schäfer (Hrsg.), Der Gesetzesentwurf zur "Musterfeststellungsklage", 2018, S. 76, 80.

denden Verbraucher nicht gewollt sein. Der Anwalt verpflichtet sich somit zu einer durch die Besonderheiten der §§ 606 ff. ZPO modifizierten Vertretung in einem Prozess, in welchem der Angemeldete aus Effizienzgründen bewusst keine Rolle spielen soll. Der fehlende Einfluss auf das Verfahren setzt sich damit in der Ausgrenzung aus den vertraglichen Regelungen zur Bewerkstelligung desselben fort.

Zwischen der qualifizierten Einrichtung und ihrem Prozessvertreter besteht mithin ein Dienstvertrag mit Geschäftsbesorgungscharakter.

B. Haftung des Prozessvertreters gegenüber den Angemeldeten über das Institut der Geschäftsführung ohne Auftrag

Bevor die Institute der Drittschadensliquidation und des Vertrags mit Schutzwirkung zugunsten Dritter zur Sprache kommen, soll eine Haftung aufgrund eines in der Geschäftsführung ohne Auftrag wurzelnden gesetzlichen Schuldverhältnisses in den Blick genommen werden. Obwohl zwischen den Angemeldeten und dem Prozessvertreter keine vertragliche Beziehung besteht, handelt dieser dennoch mit Auswirkungen auf den Rechts- und Interessenkreis der Ersteren, was grundsätzlich dem Bild einer Geschäftsführung ohne Auftrag zu entsprechen scheint. Dies gilt umso mehr, wenn man sich vergegenwärtigt, dass die alleinige Kenntnis von der Geschäftsführung die Anwendbarkeit der §§ 677 ff. BGB nicht ausschließt.[1981]

Dennoch sprechen gewichtige Gesichtspunkte gegen die Annahme einer Geschäftsführung ohne Auftrag in diesem Verhältnis.

I. Fehlende Geschäftsführereigenschaft

Zunächst ist schon die Geschäftsführereigenschaft des Prozessvertreters der qualifizierten Einrichtung zu verneinen. Allein die Tatsache, dass der Prozessvertreter rein tatsächlich Handlungen mit Auswirkungen auf den Rechtskreis der Verbraucher vornimmt, begründet noch nicht seine Eigenschaft als Geschäftsführer, zumal diese vielmehr mittels einer normativ verstandenen Geschäftsführungsabsicht bestimmt wird.[1982] Ebenso wie auf vertraglicher Ebene kann sich auch der Geschäftsführer eines Ge-

---

1981 Staudinger/*Bergmann*, Vorbemerkung zu §§ 677 ff. Rn. 56.

1982 Staudinger/*ders.*, Vorbemerkung zu §§ 677 ff. Rn. 181.

hilfen bedienen.[1983] Wertend und rechtlich betrachtet stellt sich der Musterfeststellungsprozess als ein solcher der qualifizierten Einrichtung dar. Ihr Prozessvertreter ist im Rahmen des zwischen ihnen bestehenden Vertragsverhältnisses weisungsunterworfen, sodass die Handlungen desselben der qualifizierten Einrichtung zuzurechnen sind. Die entscheidende Willensbildung findet ausschließlich bei der qualifizierten Einrichtung statt, wohingegen der Prozessvertreter beratend wirkt und die Entscheidungen prozessual umzusetzen versucht. Diese Konstellation ist auch dem an der Anmeldung interessierten Verbraucher bewusst, der durch die Anmeldung ausschließlich die qualifizierte Einrichtung zur prozessualen Durchsetzung des Feststellungsprogramms „mandatiert". Zwar mag auch die Kanzlei bzw. der Prozessvertreter aufgrund eines gewissen Rufs Einfluss auf die Entscheidung zur Anmeldung haben, doch ist allein die qualifizierte Einrichtung die für den Verbraucher agierende Partei, in deren Hände[1984] er seine Ansprüche legt. Als im Lager[1985] der qualifizierten Einrichtung stehend, vollzieht der Prozessvertreter den Willen des Mandanten im Prozess, was – bei unterstellter Einschlägigkeit der §§ 677 ff. BGB – seine Geschäftsführergehilfeneigenschaft begründet. Eine Geschäftsführung ohne Auftrag zwischen Angemeldeten und Prozessvertreter scheidet mithin von vornherein aus.

II. Kein Fremdgeschäftsführungswille

Doch selbst wenn man die Expertise des Prozessvertreters zur Begründung seiner Geschäftsführerstellung ausreichen lässt, fehlt ihm als pflichtengebundener Geschäftsführer der Fremdgeschäftsführungswille bzw. handelt er aufgrund eines Vertragsverhältnisses, welches die Rechtsfolgen seines Handelns umfassend regelt.[1986]

Dies wird besonders deutlich, wenn man sich die verschiedenen, zeitlich versetzten Ansatzpunkte für eine Geschäftsführung ohne Auftrag vor Augen führt. Im Zeitpunkt des Vertragsschlusses und der daraufhin erfolgenden Verfassung und Einreichung einer Musterfeststellungsklageschrift

1983 *Lent*, Der Begriff der auftragslosen Geschäftsführung, 1909, S. 147 ff.

1984 *Windau*, jM 2019, 404.

1985 Diese Formulierung nutzend: Staudinger/*Bergmann*, Vorbemerkung zu §§ 677 ff. Rn. 322.

1986 Zu den Meinungsverschiedenheiten um die Zuordnung zu einem der beiden Merkmale, ohne dass damit Auswirkungen in der praktischen Rechtsanwendung verbunden sind: Staudinger/*ders.*, Vorbemerkung zu §§ 677 ff. Rn. 309 ff.

beim zuständigen OLG kann mangels öffentlicher Bekanntmachung im Klageregister noch keine Anmeldung stattfinden. Eine Berührung des Rechts- und Interessenkreises der Verbraucher scheidet mangels Einschlägigkeit des § 613 I 1 ZPO von vornherein aus. Der Prozessvertreter handelt zweifelsfrei nur aufgrund seiner eigenen vertraglichen Verpflichtung.

Mit der Anmeldung zum Klageregister mögen weitere Pflichten für die qualifizierte Einrichtung begründet werden, doch vermag dies die Willensrichtung des Prozessvertreters und dessen Vertrag nicht zu verändern. Es bestehen nach wie vor dieselben vertraglichen Verpflichtungen zur qualifizierten Einrichtung, aufgrund derer er tätig wird. Aus diesem Vertragsverhältnis ergibt sich umfassend, zu welchen Handlungen der Anwalt verpflichtet ist und nach welchen Maßstäben er zu haften hat. Diesen Pflichten will der Anwalt – wie bereits vor der Anmeldung einer unbekannten Zahl von Verbrauchern – gegenüber seinem Mandanten entsprechen. Eine Berücksichtigung der individuellen Interessen der einzelnen Angemeldeten sollte aus Effizienzgründen ausgeschlossen und nicht durch die Hintertür der Haftung des Prozessvertreters aus diesem Institut wieder eingeführt werden. Der Ausschluss aus dem Musterfeststellungsprozess und die nicht gewährte Einflussnahmemöglichkeit auf die Klägerin seitens der angemeldeten Verbraucher muss denklogisch auch zu einer Unabhängigkeit des Prozessvertreters von den Angemeldeten führen. Auf diese Weise ist sichergestellt, dass der Prozessvertreter allein aufgrund der Weisungen seiner Mandantin handelt, was wiederum den Fremdgeschäftsführungswillen zu den Angemeldeten ausschließt.

III. Unterstellte Geschäftsführung ist nicht auftragslos

Schließlich ist eine unterstellte Geschäftsführung nicht auftragslos. Die §§ 677 ff. BGB halten subsidiäre Regelungen bereit, welche nur dann eingreifen, wenn das Gesetz oder ein Vertrag keine abschließenden Regelungen bereithält.[1987] Bei der Anmeldung zum Klageregister ist die Klageschrift bereits verfasst und die qualifizierte Einrichtung hat ihren Prozessvertreter schon bestimmt. Der Verbraucher billigt daher durch seine Anmeldung die – zudem nach § 78 I 1 ZPO zwingende – Vertretung der qualifizierten Einrichtung durch den von ihr gewählten Prozessvertreter. Die Vornahme der Handlungen für und gegen die Angemeldeten durch den Prozessvertreter ist daher mittels der „Mandatierung“ der qualifizier-

---

1987 Staudinger/*ders.*, Vorbemerkung zu §§ 677 ff. Rn. 187.

ten Einrichtung legitimiert. Das Entstehen des prozessualen Treuhandverhältnisses zur qualifizierten Einrichtung regelt mithin umfassend die Rechtsverhältnisse zwischen Angemeldeten und qualifizierter Einrichtung bzw. ihrem Prozessvertreter und nimmt der Prozessführung mit Bindungswirkung für den Verbraucher das Verdikt der Auftragslosigkeit. Dies zeigt sich nicht zuletzt daran, dass zum Beispiel durch § 610 V 2 ZPO auch prozessuale Handlungen untersagt worden sind, was demonstriert, dass der Gesetzgeber die Rechtsfolgen der Anmeldung auch in prozessualer Hinsicht abschließend regeln wollte. Die Annahme einer Auftragslosigkeit des Prozessvertreters gegenüber den Angemeldeten würde dem eklatant widersprechen.

C. Haftung über das Institut des Vertrags mit Schutzwirkung zugunsten Dritter

Nachdem eine originäre Rechtsbeziehung zwischen dem Prozessvertreter der qualifizierten Einrichtung und den Angemeldeten nicht besteht, ist zu überlegen, ob den Angemeldeten der Schutz einer anderen vertraglichen Beziehung zuteil wird. Insofern kommt in Betracht, dass der Anwaltsvertrag zwischen der qualifizierten Einrichtung und ihrem Prozessvertreter Schutzwirkung zugunsten der Angemeldeten zeitigt, zumal das Institut des Vertrags mit Schutzwirkung zugunsten Dritter einen oft bemühten Schwerpunkt der beruflichen Dritthaftung darstellt.[1988] Zur Vermeidung einer möglichen Haftung wurde den Prozessvertretern bereits im Vorfeld zu einer aktiven Informationspolitik geraten.[1989] Die mangelnden Beteiligungsrechte zögen unzweifelhaft eine Einstandspflicht nach sich.[1990]

Vermissen lassen vor allem die eine Haftung befürwortenden Stimmen eine genaue Auseinandersetzung mit den Voraussetzungen des Vertrags mit Schutzwirkung zugunsten Dritter. Inwiefern zum Beispiel der Ausschluss von Beteiligungsrechten zur Einschlägigkeit desselben führt, wird nicht näher beleuchtet.[1991] Dies mag daran liegen, dass bei beruflichen Fehlern der Anwälte eine Berufshaftpflichtversicherung im Hintergrund steht, der eine Zahlungspflicht nach dem Gerechtigkeitsempfinden

1988 *Zugehör*, NJW 2008, 1105.
1989 *Röthemeyer*, MDR 2019, 6, 10 f.
1990 *Heese*, JZ 2019, 429, 437.
1991 S. nur: *ders.*, JZ 2019, 429, 437.

eher zugemutet wird als der altruistisch handelnden qualifizierten Einrichtung.

Bei dieser scheinbar zwingenden Verteilung der Risiken wird jedoch übersehen, dass es sich bei der Ausdehnung der vertraglichen Haftung nicht um den Regel-, sondern den Ausnahmefall handelt, dessen Voraussetzungen zur Verhinderung einer inflationären Nutzung dieser Rechtsfigur eng ausgelegt werden müssen.[1992] Ausgangspunkt für die Prüfung der Einschlägigkeit des Vertrags mit Schutzwirkung zugunsten Dritter ist die Auslegung des Vertrages, dessen Wirkung auf eine dritte Person erstreckt werden soll, anhand der Kriterien der Leistungsnähe, der Gläubigernähe und der Erkennbarkeit derselben bei bestehender Schutzbedürftigkeit des Dritten mangels eigenen vertraglichen Anspruchs aufgrund des Schadensereignisses.[1993] Erst wenn all diese Voraussetzungen gegeben sind, ist eine Wirkungserstreckung des Vertrages gerechtfertigt. Bevor die einzelnen Kriterien dargestellt werden, sollen zunächst einige Gesichtspunkte angesprochen werden, die prima facie gegen die Einschlägigkeit eines Vertrags mit Schutzwirkung zugunsten Dritter sprechen.

I. Mögliche Aspekte gegen eine Haftung aus einem Vertrag mit Schutzwirkung zugunsten Dritter

Zunächst könnte gegen eine Erstreckung der vertraglichen Wirkungen auf die Angemeldeten sprechen, dass im Zeitpunkt des Vertragsschlusses zwischen der qualifizierten Einrichtung und ihrem Prozessvertreter in keiner Weise vorhersehbar ist, wer eine Anmeldungserklärung zum Klageregister abgeben wird. Zwar ist es nicht notwendig, dass der potentielle Schuldner die Namen oder die Zahl der Dritten kennt, solange ihm bekannt ist, dass seine Leistung potentiell auch für Dritte bestimmt ist.[1994] Jedoch war die Höhe der Haftung in den vom BGH entschiedenen Fällen für den Schuldner vorhersehbar, was einer Haftungsausweitung entgegengewirkt hat.[1995] Für den das Mandat übernehmenden Prozessvertreter ist im Grundsatz ersichtlich, dass sich seine Handlungen von vornherein über § 613 I 1 ZPO auf nicht am Verfahren Beteiligte auswirken. Doch kristallisiert sich der

1992 *Zugehör*, NJW 2000, 1601, 1604.
1993 Statt vieler: *ders.*, NJW 2008, 1105, 1105 f.
1994 BGH NJW 1995, 392; BGH ZIP 2004, 1814, 1817.
1995 Zu dieser Wechselwirkung zwischen Haftungserweiterung und Gläubigernähe: *Sieber*, Vertragliche Dritthaftung von Berufsträgern, 2009, S. 78.

wirtschaftliche Wert des Verfahrens erst deutlich nach Vertragsschluss heraus, wenn die Verbraucher nach der öffentlichen Bekanntmachung der Musterfeststellungklage die Gelegenheit zur Anmeldung erhalten. Die Höhe der Haftung ist daher für den Prozessvertreter in keiner Weise vorhersehbar, was zu einer – im Fall des BGH nicht zu befürchtenden – unvorhersehbaren Haftungsausweitung führen kann. Diese Unvorhersehbarkeit spricht gegen einen Vertrag mit Schutzwirkung zugunsten Dritter, da sich ein potentieller Schuldner bei Vertragsschluss nicht auf ein solches Risiko einlassen würde.

Nicht gegen die Annahme eines Vertrags mit Schutzwirkung zugunsten Dritter spricht, dass es sich vorliegend um einen Fall der Risikoverlagerung handelt, da über § 613 I 1 ZPO allein die Angemeldeten den Verlust objektiver Rechte zu befürchten haben.[1996] Diese Konstellation wird zwar typischerweise von der Drittschadensliquidation erfasst, wohingegen der Vertrag mit Schutzwirkung zugunsten Dritter in der Regel Fälle der Risikokumulation abdeckt.[1997] Doch erhebt allein dieses Stereotyp das Merkmal der Risikokumulation nicht zur Voraussetzung für einen Vertrag mit Schutzwirkung zugunsten Dritter.[1998] Vielmehr steht die Erhöhung des Haftungsrisikos aufgrund der Interessen des Schuldners unter höheren Voraussetzungen als die Ersatzfähigkeit eines Drittschadens mangels originärer Schadensentstehung beim Anspruchsinhaber. Bei Vorliegen der Voraussetzungen eines Vertrags mit Schutzwirkung zugunsten Dritter können die Fälle der Risikoverlagerung erst recht unter dieses Institut gefasst werden.

Zudem steht auch nicht entgegen, dass die Angemeldeten nicht lediglich von den Rücksichtnahmepflichten gem. § 241 II BGB betroffen werden, sondern von den Hauptpflichten des Anwaltsvertrags. Auch wenn der Paradefall für einen Vertrag mit Schutzwirkung zugunsten Dritter die Verletzung einer vertraglichen Rücksichtnahmepflicht darstellt, liegt der Mehrzahl der höchstrichterlich entschiedenen Fälle die Einbeziehung in die Leistungspflicht zugrunde.[1999] Gerade beim Anwaltsvertrag geht es immer um die Verletzung von Hauptpflichten[2000], zumal bei diesem

---

1996 Generell zu einer Risikoverlagerung auf den Dritten bei Annahme eines Vertrages mit Schutzwirkung zugunsten Dritter: *Bell*, Anwaltshaftung gegenüber Dritten, 1996, S. 84 f.

1997 *Zugehör*, NJW 2000, 1601, 1605.

1998 *Bell*, Anwaltshaftung gegenüber Dritten, 1996, S. 84 f.

1999 *von Caemmerer*, FS Wieacker, 1978, S. 311, 313.

2000 *Bell*, Anwaltshaftung gegenüber Dritten, 1996, S. 83 f.

viele typischen Nebenpflichten zu Hauptpflichten erhoben sind, um eine umfassende und sachgerechte Beratung des Mandanten sicherzustellen.

II. Leistungsnähe

Nach dem Willen der am Anwaltsvertrag Beteiligten sollen die Angemeldeten zwar aufgrund des intendierten umfassenden Ausschlusses aus dem Musterfeststellungsverfahren kein eigenes Recht im Hinblick auf die Anwaltsleistung erwerben, sodass ein Vertrag zugunsten Dritter gem. §§ 328 ff. BGB von vornherein ausscheidet. Doch kommen sie mit der anwaltlichen Dienstleistung über § 613 I 1 ZPO in Berührung, womit eine Leistungsnähe im Sinne des Instituts des Vertrags mit Schutzwirkung zugunsten Dritter vorliegen kann. Diese liegt vor, wenn der Dritte typischerweise und bestimmungsgemäß mit der geschuldeten Leistung in Kontakt kommt[2001], was durch Auslegung anhand der erkennbaren Umstände bei Vertragsschluss zu ermitteln ist.[2002] Mag dieses Kriterium für einzelne Dritte oder einen engen und überschaubaren Personenkreis noch leicht zu beantworten sein[2003], so liegt bei der Musterfeststellungsklage aufgrund der Unvorhersehbarkeit des Anmeldeverhaltens die gegenteilige Situation vor.

Entscheidend für die Ermittlung der Leistungsnähe ist zunächst die Bestimmung der in Rede stehenden Pflicht. So wurde bereits konstatiert, dass die Angemeldeten bestimmungsgemäß nicht mit dem anwaltlichen Rat in Berührung kommen, da sie selbst und ohne Beratung des Prozessvertreters der qualifizierten Einrichtung über die Anmeldung zum Klageregister entscheiden würden.[2004] Die Leistung des Anwalts diene nicht als Grundlage der Vermögensdisposition des Verbrauchers.[2005] Dies trifft zu, zumal die anwaltliche Beratung weit im Vorfeld der Klageerhebung stattfindet, in welchem die Verbraucher noch gar keine Möglichkeit zur Anmeldung ihrer Ansprüche haben. Dennoch greift dieses Ergebnis zu kurz, da sich die Pflicht des Prozessvertreters der qualifizierten Einrichtung nicht in der Beratung zur Klageerhebung erschöpft. Entscheidende und die Angemeldeten treffende Pflicht ist vielmehr diejenige zur ordnungsge-

---

2001 MüKo BGB/*Gottwald*, § 328 Rn. 184.
2002 *Zugehör*, NJW 2000, 1601, 1603.
2003 *Ders.*, NJW 2008, 1105, 1106.
2004 *Weinland*, Die neue Musterfeststellungsklage, 2019, Rn. 225.
2005 *Ders.*, Die neue Musterfeststellungsklage, 2019, Rn. 225.

mäßen Prozessführung. Daher soll eben diese Pflicht zur Ermittlung der Leistungsnähe dienen.

Dabei treten bei der vorliegenden Fallgruppe des Drittbezugs der Leistungspflichten Eingrenzungsschwierigkeiten auf.[2006] Letztlich wird durch die mehr oder weniger strenge Handhabung des Kriteriums über den allgemeinen Vermögensschutz, den die deliktische Haftung gerade nicht bieten soll, disponiert. Zielführend erscheint insofern eine Würdigung der Gesamtumstände, insbesondere nach den Vorstellungen der vertragsschließenden Parteien.

Die Zielrichtung der schuldnerischen Pflicht[2007] ist das Erreichen einer umfassenden Rechtsklärung mit Breitenwirkung für die Angemeldeten über § 613 I 1 ZPO. Sie erfolgt zwar auf der Grundlage der vertraglichen Vereinbarung mit der qualifizierten Einrichtung, soll jedoch nach der Intention der Klage und damit auch des darauf gerichteten Vertrags allein den Dritten zugute kommen.[2008] Der Dritte ist somit ausschließliches Objekt der vertragsgemäßen Dienstleistung[2009], indem er alleiniger Benefiziar derselben ist.[2010] Darauf zielt auch die qualifizierte Einrichtung als Gläubigerin der Leistung ab. Nach ihrer Vorstellung bezweckt das Ergebnis der Anwaltstätigkeit eine Verbesserung der Rechtslage nur bei den Angemeldeten[2011], indem die Folgeprozesse derselben von der Klärung streitträchtiger Vorfragen befreit werden. Durch diese angestrebte Begünstigung werden die Angemeldeten bestimmungsgemäß in Leistungsnähe des Prozessvertreters gerückt, da sie von einer Schlechtleistung sogar stärker betroffen werden als die Mandantin selbst.[2012]

Nach den bei Vertragsschluss erkennbaren Umständen liegt eine Leistungsnähe der Angemeldeten in Bezug auf die anwaltliche Pflicht zur ordnungsgemäßen Prozessführung vor.

2006 *Martiny*, JZ 1996, 19, 23.

2007 Entscheidend darauf abstellend: *ders.*, JZ 1996, 19, 24.

2008 Der Intention des Vertrages eine ausschlaggebende Bedeutung beimessend: *Grunewald*, AnwBl 2000, 209, 211.

2009 *Dies.*, AnwBl 2000, 209, 212.

2010 *Köndgen*, in: Lorenz (Hrsg.), Einbeziehung Dritter in den Vertrag, 1999, S. 3, 36 f.

2011 Auf die Vorstellungen des Mandanten hinsichtlich einer Rechts- oder Vermögensverbesserung abstellend: *Bell*, Anwaltshaftung gegenüber Dritten, 1996, S. 110 f.

2012 Zu dem Gedanken der Begünstigung: *Bell*, Anwaltshaftung gegenüber Dritten, 1996, S. 110 f.; zur Annahme der Leistungsnähe, wenn der Dritte ebenso wie der Gläubiger mit den Gefahren des Schuldverhältnisses in Berührung kommt: *Gernhuber*, FS Nikisch, 1958, S. 249, 270 f.

III. Gläubigernähe

1. Das Merkmal der Gläubigernähe

Als nächstes Kriterium ist die weit problematischere Gläubigernähe zu betrachten. Die Interpretation der Gläubigernähe ist über die Jahre einem Wandel unterlegen, was verschiedene Ansätze zur Konkretisierung des Merkmals nach sich zog.[2013] Gemeinsam ist ihnen der Ansatzpunkt in der Beziehung zwischen Gläubiger und Drittem, indem ein berechtigtes Interesse des Gläubigers an der Einbeziehung des Dritten in das Schutzgefüge des Vertrages verlangt wird.[2014] Lediglich die an diese Beziehungen zu stellenden Anforderungen haben sich durch den Wechsel in der Interpretation verändert. Vergegenwärtigen sollte man sich dabei, dass der Umgang mit dem Ausnahmeinstitut eng gehandhabt werden sollte, um es nicht zur Regel mutieren zu lassen.[2015] Es darf keine allgemeine Risikohaftung für bestimmte Berufsgruppen etabliert werden, die typischerweise auch im Drittinteresse handeln.[2016]

Ursprünglich wurde von der Rechtsprechung gefordert, dass der Gläubiger für das Wohl und Wehe des Dritten verantwortlich ist bzw. eine Rechtsbeziehung mit personenrechtlichem Einschlag zwischen Gläubiger und Drittem vorliegt.[2017] Weder das eine noch das andere kann für das Rechtsverhältnis zwischen qualifizierter Einrichtung und Angemeldetem angenommen werden. Die Rechtsbeziehung beschränkt sich vielmehr auf ein prozessuales Treuhandverhältnis ohne besondere persönliche Prägung, wie sie z.B. bei einem Arbeits- oder Mietvertrag angenommen werden kann. Im Besonderen ist die qualifizierte Einrichtung für das über die prozessuale Klärung des Feststellungsprogramms hinausgehende Wohlergehen der Angemeldeten in keiner Weise verantwortlich.

In Weiterentwicklung dieser Rechtsprechung wird es nunmehr für ausreichend gehalten, wenn seitens des Vertragsgläubigers ein besonderes Interesse an der Einbeziehung besteht und die Auslegung des Vertrages

---

2013 Die verschiedenen Auslegungsmöglichkeiten als alternative Ansatzpunkte für die Bejahung der Gläubigernähe darstellend: Palandt/*Grüneberg*, § 328 Rn. 17a; *Sieber*, Vertragliche Dritthaftung von Berufsträgern, 2009, S. 72 f.

2014 BGHZ 133, 168, 173; *Leyens*, NJW 2018, 217, 220; *Sieber*, Vertragliche Dritthaftung von Berufsträgern, 2009, S. 72 ff.

2015 *Zugehör*, NJW 2000, 1601, 1604.

2016 *Ders.*, NJW 2008, 1105, 1110.

2017 BGHZ 51, 91, 96 = NJW 1969, 269, 272; BGHZ 56, 269, 273 = NJW 1971, 1931, 1932; BGH NJW 1977, 2208, 2209; BGH NJW-RR 2017, 888, 889 f.

ergibt, dass in Anerkennung dieses Interesses der Dritte in den Vertragsschutz einbezogen werden soll.[2018] Im Interesse einer umfassenden Darstellung soll für die Prüfung dieses Kriteriums zunächst die vorliegend vertretene Ansicht der Haftung der qualifizierten Einrichtung aus einem prozessualen Treuhandverhältnis zugrundegelegt werden. Sodann wird eine Parallelbetrachtung angestellt unter der Prämisse, dass die qualifizierte Einrichtung für Fehler in der Prozessführung nicht haftet. Dies ist vor allem deshalb interessant, weil von verschiedener Seite eine Haftung der qualifizierten Einrichtung zwar abgelehnt, dafür jedoch auf den Prozessvertreter derselben verwiesen wird.[2019] Die Gangbarkeit dieser Vorgehensweise entscheidet sich am Merkmal der Gläubigernähe.

2. Gläubigernähe bei Annahme einer Haftung der qualifizierten Einrichtung

Bei der Annahme einer Haftung der qualifizierten Einrichtung kann ein berechtigtes Interesse an der Einbeziehung der Angemeldeten in den Schutzbereich des Vertrags angenommen werden.[2020] Dieses ergibt sich aus der drohenden Schadensersatzverpflichtung bei Verletzung der bestehenden Rücksichtnahmepflichten.[2021] Der drohende Anspruch rückt den Angemeldeten rechtlich gesehen näher an die qualifizierte Einrichtung, was grundsätzlich auch die berechtigte Erwartung derselben begründet, dass der Prozessvertreter haftungsvermeidend agiert. Doch ergibt die Auslegung des Vertrags nicht, dass in Anerkennung dieses Interesses der Angemeldete in den Vertragsschutz einbezogen werden soll. Der Prozessvertreter rechnet bei Abschluss des Anwaltsvertrags vielmehr damit, dass sich die Angemeldeten zunächst an die qualifizierte Einrichtung halten, mit der sie in einem Näheverhältnis stehen. Dafür spricht auch das Merkmal der Schutzbedürftigkeit, welches den Vertrag mit Schutzwirkung zugunsten Dritter ausschließt, wenn dem Dritten ein gleichwertiger Schadensersatz-

2018 BGHZ 159, 1, 8 f. = NJW 2004, 3035, 3037; BGHZ 133, 168, 173 = NJW 1996, 2927, 2928; BGHZ 181, 12, 16; BGH NJW-RR 2017, 888, 890.

2019 So u.a.: *Verbraucherzentrale Bundesverband*, Eine für alle – Musterfeststellungsklage in Sicht, S. 9 f.

2020 Für ein Gläubigerinteresse bei drittbezogenen Hauptleistungspflichten, bei denen der Schaden von vornherein nur beim Dritten eintreten kann: *Sieber*, Vertragliche Dritthaftung von Berufsträgern, 2009, S. 73 f.

2021 Allgemein ein berechtigtes Interesse bei drohender Schadensersatzverpflichtung bejahend: *Martiny*, JZ 1996, 19, 23.

anspruch aus demselben Ereignis zusteht.[2022] Als ein solcher kann der Schadensersatzanspruch aus dem prozessualen Treuhandverhältnis angesehen werden.

Die qualifizierte Einrichtung erscheint insofern mehr als ein Sprachrohr der Angemeldeten gegenüber dem Prozessvertreter. Auch wäre es für den Anwalt schwierig, sowohl die Interessen seines Mandanten als auch die nicht notwendigerweise damit einhergehenden Belange der Angemeldeten zu wahren, zu was ihn die Erstreckung des Vertragsschutzes zwingen würde. Zudem spricht gegen eine Auslegung zugunsten eines Einbezugs der Angemeldeten, dass dem Prozessvertreter eine Masse von mandantenähnlichen Personen aufgezwungen wird, welche er nicht ablehnen kann. Das ansonsten von einer persönlichen Vertrauensbeziehung geprägte Vertragsverhältnis[2023] würde ersetzt durch eine ohne Weiteres in wenigen Minuten elektronisch zu bewerkstelligende Anmeldungserklärung.

Vor diesem Hintergrund erscheint es trotz berechtigten Interesses an der Einbeziehung der Angemeldeten in die Vertragswirkung seitens der qualifizierten Einrichtung nicht vertretbar den Vertrag dahingehend auszulegen, dass der Prozessvertreter dieses Interesse anerkennt und eine unvorhersehbare Haftungserweiterung billigt. Die Gläubigernähe ist somit zu verneinen.

3. Gläubigernähe bei Ablehnung einer Haftung der qualifizierten Einrichtung

Unter der Annahme, dass die qualifizierte Einrichtung nicht für eine ordnungswidrige Prozessführung haftet, ist schon das berechtigte Interesse abzulehnen. Ein solches kann sich mangels Schadensersatzanspruchs nicht aus einer drohenden Haftung ergeben. Auch genügt die allgemeine Verbraucherschutzstellung der qualifizierten Einrichtung[2024] nicht für eine berechtigte Erwartung zur Einbeziehung jedes Einzelnen in den Schutzbereich des Vertrages mit dem Prozessvertreter. Das Interesse bestimmt sich nach der Funktion, in welcher der Vertragsgläubiger handelt.[2025] Werden

2022 BGHZ 133, 168, 173 = NJW 1996, 2927, 2928.

2023 *Zugehör*, NJW 2008, 1105, 1110.

2024 Für die Annahme, dass die qualifizierte Einrichtung ausschließlich im kollektiven Interesse handelt: *Verbraucherzentrale Bundesverband*, Eine für alle – Musterfeststellungsklage in Sicht, S. 9 f.

2025 *Zugehör*, NJW 2008, 1105, 1107.

ausschließlich kollektive Interessen verfolgt, kann nicht die Erwartung des Vertragsgläubigers entstehen, dass sein Vertragspartner die Interessen jedes Einzelnen wahrt. Ansonsten würde das Pflichtenprogramm des Schuldners weiter gehen als dasjenige des Vertragsgläubigers. Dies widerspricht dem Zweck des Vertrags mit Schutzwirkung zugunsten Dritter, welcher die Vertragswirkung zwar ausdehnen, jedoch nicht erweitern soll.

Auch bei Ablehnung eines Schadensersatzanspruchs gegen die qualifizierte Einrichtung ist die Gläubigernähe zu verneinen.

D. Haftung über das Institut der Drittschadensliquidation

Alternativ zur Haftung über den Vertrag mit Schutzwirkung zugunsten Dritter wird die Drittschadensliquidation für einschlägig gehalten.[2026] Für diese spricht, dass bei einem Misserfolg bei der prozessualen Durchsetzung der Feststellungsziele auf den ersten Blick kein Fall der Schadenskumulierung, sondern der Schadensverlagerung vorliegt, welcher typisch für die Drittschadensliquidation ist.[2027] Die Verlagerung des faktischen Verlusts materieller Rechte auf die Angemeldeten ist zwangsläufige Folge der Trennung der materiellen Anspruchsinhaberschaft von der Klagebefugnis. Die Möglichkeit der Klage, ohne eine materielle Rechtsposition inne zu haben, geht notwendig mit dem Vorteil einher bei negativem Prozessausgang keinen materiellen Rechtsverlust erleiden zu müssen.

Auch lässt sich die Konstellation der Musterfeststellungsklage zwanglos unter eine Fallgruppe der Drittschadensliquidation fassen. Wird auf die gesetzliche Risikoverteilung geblickt, scheint die Fallgruppe der obligatorischen Gefahrentlastung[2028] naheliegend zu sein. Über die Bindungswirkung gem. § 613 I 1 ZPO tritt der Verlust materieller Rechte ausschließlich bei den Angemeldeten ein, welche in keiner vertraglichen Beziehung zu dem Prozessvertreter der qualifizierten Einrichtung stehen. Das Risiko der Prozessführung wird – abgesehen von dem Prozesskostenrisiko – allein den Angemeldeten zugeschrieben. Eine ähnliche Wertung trifft § 447 BGB, welcher die Gefahr des Untergangs des Gutes ab Übergabe an die Transportperson allein dem Käufer zuweist. Aufgrund seiner Normierung in den §§ 606 ff. ZPO und der geregelten Risikozuweisung bietet es

---

2026 *Röthemeyer*, Musterfeststellungsklage, ^{2}2020, § 608 Rn. 38 f.

2027 *Ders.*, Musterfeststellungsklage, ^{2}2020, § 608 Rn. 38 f.

2028 BGHZ 40, 91, 100 = NJW 1963, 2071, 2074; BGH NJW 1970, 38, 41; BGH MDR 1980, 123.

sich an, § 613 I 1 ZPO als prozessuale Gefahrentlastungsnorm zu bezeichnen.

Wird der Fokus mehr auf das prozessuale Treuhandverhältnis gelegt, rückt dies die Klagekonstellation in Richtung der Obhutsfälle.[2029] Zwar wird bei der Anmeldung zum Klageregister keine körperliche Sache in die Verwahrung der qualifizierten Einrichtung gegeben. Doch ist die Situation insoweit vergleichbar, als die qualifizierte Einrichtung Rechtsgüter in Form von Anspruchselementen seitens der Verbraucher anvertraut bekommt, welche durch den Fehler eines Dritten wirtschaftlich beschädigt bzw. wertlos werden.

Schließlich kann bei einer Akzentuierung der prozessualen Stellung der qualifizierten Einrichtung auch der Fallgruppe der mittelbaren Stellvertretung[2030] bzw. der fiduziarischen Treuhand[2031] das Wort geredet werden. Die qualifizierte Einrichtung handelt in selbständiger prozessualer Stellung letztlich für Rechnung der angemeldeten Verbraucher. Diese werden wirtschaftlich von dem Ergebnis des Prozesses betroffen, wohingegen allein der qualifizierten Einrichtung die Prozessführungsmacht zukommt.

So wie bereits beim Vertrag mit Schutzwirkung zugunsten Dritter soll eine differenzierte Betrachtung danach erfolgen, ob ein Haftungsanspruch gegen die qualifizierte Einrichtung für einschlägig erachtet wird oder nicht.

I. Drittschadensliquidation bei Annahme eines Haftungsanspruchs gegen die qualifizierte Einrichtung

Bei der Annahme eines Haftungsanspruchs ist die Konstellation der Drittschadensliquidation schon gar nicht gegeben. Erforderlich ist, dass die Voraussetzungen eines Schadensersatzanspruchs für die qualifizierte Einrichtung bis auf den Schaden gegeben sind, wohingegen der Angemeldete den Schaden hat, ohne dass ihm eine Anspruchsgrundlage für dessen

---

2029 BGHZ 40, 91, 101 = NJW 1963, 2071, 2074; BGH NJW 1969, 789, 790; BGH NJW 1985, 2411 = WM 1984, 1233, 1234.

2030 BGHZ 25, 250, 258 = NJW 1957, 1838, 1839; BGHZ 40, 91, 100 = NJW 1963, 2071, 2074; BGH NJW-RR 1987, 880, 881 = WM 1987, 581, 582; BGH NJW 1998, 1864, 1865 = WM 1998, 335, 336.

2031 Die Einschlägigkeit der Drittschadensliquidation bei der mittelbaren Stellvertretung und der Treuhand als notwendige Konsequenz der Zulassung der beiden Institute bezeichnend: *Diehle*, Rechtsträgerschaft für fremde Rechnung und Schadenseintritt beim Dritten, 1969, S. 94 f.

Kompensation zur Verfügung steht. Das Vorliegen eines Schadens ist bei der Bejahung eines Haftungsanspruchs gegen die qualifizierte Einrichtung jedoch nicht zu leugnen. Durch die zu unterstellende fehlerhafte Leistung des Prozessvertreters ist der qualifizierten Einrichtung ein Haftungsschaden entstanden, zumal sie den Angemeldeten für den Verlust ihrer Ansprüche kompensationspflichtig ist. Es besteht somit gar nicht die Notwendigkeit den Schaden eines Dritten zu liquidieren. Die qualifizierte Einrichtung hat damit einen eigenen Schadensersatzanspruch aufgrund eines originär bei ihr eingetretenen Schadens.

II. Drittschadensliquidation bei Ablehnung eines Haftungsanspruchs gegen die qualifizierte Einrichtung

Die Verneinung eines Schadensersatzanspruchs gegen die qualifizierte Einrichtung zieht hingegen prima facie die für eine Drittschadensliquidation typische Lage nach sich: Die qualifizierte Einrichtung hat aufgrund des mit ihrem Prozessvertreter geschlossenen Vertrages grundsätzlich einen Schadensersatzanspruch, jedoch mangels Anspruchsverlusts keinen materiellen Schaden. Die Angemeldeten verlieren dagegen ihre materiellen Ansprüche, ohne dass ihnen eine einschlägige (vertragliche) Anspruchsgrundlage zur Seite steht.

Der Schaden, den die qualifizierte Einrichtung durch die Tragung der Prozesskosten im Unterliegensfall erleidet, muss differenziert werden von dem Schaden, den der materielle Anspruchsverlust nach sich zieht. Die qualifizierte Einrichtung kann Ersatz der Kosten von ihrem Prozessvertreter verlangen, die ihr aufgrund ihres Unterliegens gem. § 91 I 1 ZPO auferlegt wurden, falls der Prozess bei ordnungsgemäßer Führung erfolgreich zu sein versprach. Dieser rein durch die Einleitung des Prozesses entstandene Schaden ist zwangsläufige Folge der Veranlassungshaftung[2032] und beruht daher auf einer anderen Quelle als der durch einen materiellen Rechtsverlust bedingte Schaden. Die Kompensationsmöglichkeit des Schadens aus der Veranlassungshaftung schließt somit nicht die Liquidation des Drittschadens der Angemeldeten aus.

2032 Zöller/*Herget*, § 91 Rn. 2.

Allerdings ist bei näherer Betrachtung das Kriterium der Schadensverlagerung zu verneinen.[2033] Formal betrachtet kann schon nicht von einer Schadensverlagerung gesprochen werden, da die klagende qualifizierte Einrichtung mangels Anspruchsinhaberschaft von vornherein keinen Anspruchsverlust durch den Prozess erleiden kann. Gegenstand der Musterfeststellungen sind keine materiellen Rechte der qualifizierten Einrichtung. Es handelt sich daher nicht um eine *Verlagerung* eines Schadens, sondern um eine von Anfang an feststehende gesetzliche Risikoverteilung.

Auch aus Sicht des Anwalts kann nicht von der Situation einer Schadensverlagerung gesprochen werden. Bei Übernahme des Mandats zur Führung des Musterfeststellungsprozesses kann aus der Perspektive des Anwalts bei seinem Mandanten kein materieller Rechtsverlust eintreten. Das sonst der Schadensverlagerung eigentümliche Bewusstsein des Handelnden, dass durch sein Zutun ein Schaden entsteht[2034], liegt bei dem Prozessvertreter der qualifizierten Einrichtung nicht vor. Die Korrektur einer gesetzlichen Risikozuweisung, welche nicht die Merkmale einer überraschenden Schadensverlagerung aufweist, kann nicht über das Institut der Drittschadensliquidation bewerkstelligt werden.

Selbst bei Ablehnung eines Haftungsanspruchs gegen die qualifizierte Einrichtung scheidet das Institut der Drittschadensliquidation mangels Vorliegens einer Schadensverlagerung aus.

E. Fazit zur Haftung des Prozessvertreters im Musterfeststellungsverfahren

In aller Kürze lassen sich die wesentlichen Thesen über die Haftung des Prozessvertreters der qualifizierten Einrichtung gegenüber den Angemeldeten wie folgt zusammenfassen:

Eine Haftung des Prozessvertreters gegenüber den Angemeldeten scheidet unter jeglichem Gesichtspunkt aus. Für die Annahme einer Geschäftsführung ohne Auftrag fehlt es schon an der Geschäftsführereigenschaft des Prozessvertreters.

Das Institut des Vertrags mit Schutzwirkung zugunsten Dritter scheitert sowohl bei Annahme als auch bei Ablehnung einer Haftung der qualifi-

---

2033 Eine Schadensverlagerung mit dem Argument bejahend, dass sich durch die Bindungswirkung der Verlust materieller Rechte bei den Angemeldeten realisiere: *Röthemeyer*, Musterfeststellungsklage, ^{2}2020, § 608 Rn. 38 f.

2034 Dieses Bewusstsein ohne Weiteres voraussetzend: MüKo BGB/*Henssler*, § 688 Rn. 24.

zierten Einrichtung gegenüber den Verbrauchern an dem Merkmal der Gläubigernähe.

Eine Drittschadensliquidation liegt bei der Annahme der Haftung der qualifizierten Einrichtung schon in ihrem typischen Erscheinungsbild nicht vor. Bei Ablehnung eines Haftungsanspruches muss die Schadensverlagerung verneint werden, zumal von vornherein kein materieller Schaden in Form eines Anspruchsverlusts bei der qualifizierten Einrichtung eintreten kann.

Letztlich führt dieses Ergebnis dazu, dass eine Haftung nur innerhalb der jeweiligen Sonderrechtsverhältnisse stattfindet. Die Angemeldeten können sich bei einer ordnungswidrigen Prozessführung an die qualifizierte Einrichtung halten, welche bei einem Anwaltsfehler wiederum Regress bei ihrem Prozessvertreter nehmen kann. Dies führt zu einer interessengerechten Verteilung der Haftungs- und Insolvenzrisiken. Durch den privatautonomen Entschluss zur Mandatierung des Prozessvertreters kann sich die qualifizierte Einrichtung an einen Anwalt halten, welcher entweder über genug liquide Mittel oder eine ausreichende Versicherungsdeckung verfügt, um den Regressanspruch auch wirtschaftlich mit Leben zu erfüllen.[2035] Jeder hält sich somit an den von ihm ausgesuchten Schuldner. Den Schaden hat im Endeffekt derjenige zu tragen, der ihn verursacht hat.

2035 *Rohls*, in: Nordholtz/Mekat (Hrsg.), Musterfeststellungsklage, 2019, § 3 Rn. 102 ff.

Teil Drei: Zusammenfassung der wesentlichen Ergebnisse

Zusammenfassend lässt sich festhalten, dass der Gesetzgeber mit dem Erlass der §§ 606 ff. ZPO einen beherzten, wenn auch verfassungsrechtlich bedenklichen Schritt im Kollektivrechtsschutz getan hat. Zumindest als Diskussionsgegenstand für Weiterentwicklungen in diesem Bereich, welche die europäischen Bestrebungen mittelfristig zweifelsfrei erforderlich werden lassen[2036], eignen sich die neu eingeführten Vorschriften hervorragend. Ob jedoch auf längere Sicht Musterfeststellungsklagen die prozessuale Realität prägen, muss mit Skepsis abgewartet werden. Gesegnet mit dem Reiz des Unbekannten sind bis zur Abgabe der vorliegenden Untersuchung acht Musterfeststellungsklagen öffentlich bekannt gemacht worden. Dies ist immerhin mehr als von ihren Gegnern bei der Einführung prognostiziert, welche die §§ 606 ff. ZPO als lex VW abkanzelten. Doch spätestens bei den ersten Haftungsprozessen wegen misslungener Prozessführung werden sich die qualifizierten Einrichtungen des Risikos einer Musterfeststellungsklage Gewahr werden, was ihren Altruismus in zukünftigen Verfahren auf die Probe stellen wird. Doch auch die bereits anhängigen Verfahren werden durch die Erforderlichkeit eines Rückgriffs auf allgemeine prozessuale Institute noch spannendes Anschauungsmaterial für den Umgang mit der Pauschalverweisung in § 610 V 1 ZPO liefern. Die praktische Tauglichkeit, die sich zumindest theoretisch nicht unmittelbar erschließt, wird sich erst mit dem Abschluss der Folgeverfahren erweisen und damit durchaus noch einige Zeit in Anspruch nehmen.

Abgesehen von diesen rechtspolitisch geprägten Ausblicken fügt sich die Musterfeststellungsklage nicht ohne Weiteres in die bisher auf den Zweiparteienprozess ausgelegte Zivilprozessordnung ein, was letztlich den Ausschlag für diese Untersuchung geliefert hat. Als juristischer Beitrag zum prozessualen Institut lassen sich folgende, im Vorgang entwickelte Thesen aufstellen:

2036 Darauf hinweisend, dass aufgrund der angestrebten Mindestharmonisierung der Richtlinie die §§ 606 ff. ZPO zwar nicht unmittelbar rechtlich bedroht sind, jedoch zumindest einer inhaltlichen Prüfung standhalten müssen: *Schweiger/Vogt*, CB 2019, 279, 284.

1. Die Bindung an einen von der qualifizierten Einrichtung abgeschlossenen Vergleich (Kapitel Eins § 2) unterliegt keinen verfassungsrechtlichen Bedenken.
2. Tauglicher Gegenstand der Feststellungsziele und somit auch der Bindungswirkung können nur auf der Ebene des Ober- und Untersatzes ansetzen. Die Subsumtion im Einzelfall bleibt dem Richter des Folgeprozesses vorbehalten (Kapitel Eins § 3 A).
3. Die Musterfeststellungsklage weist einen Streitgegenstand sui generis auf, der sich deutlich vom herkömmlichen zweigliedrigen Streitgegenstandsbegriff unterscheidet (Kapitel Eins § 3 B. I. 1. f).
4. Der Begriff des Betroffenseins in § 613 I 1 ZPO steht dem Ausdruck des Abhängens gem. § 608 I ZPO wesentlich näher als demjenigen des Zugrundeliegens nach § 204 I Nr. 1a BGB. Ein Betroffensein ist dann anzunehmen, wenn die Feststellungsziele mitsamt deren zugrundeliegenden Lebenssachverhalt entscheidungserheblich für das Urteil des Folgegerichts sind (Kapitel Eins § 3 B. I. 2).
5. Bei der neu eingeführten Bindungswirkung gem. § 613 I 1 ZPO handelt es sich um ein Institut sui generis (Kapitel Eins § 3 B. II. 9).
6. Durch die Ausgestaltung der §§ 606 ff. ZPO ist weder der Dispositionsgrundsatz (Kapitel Eins § 3 C. I) noch der Justizgewährungsanspruch (Kapitel Eins § 3 C. II) noch der Vorrang des Individualrechtsschutzes (Kapitel Eins § 3 C. III) verletzt bzw. unzulässig eingeschränkt. Vielmehr steht der Anspruch auf rechtliches Gehör nach Art. 103 I GG im Fokus der Betrachtung (Kapitel Eins § 3 C. IV).
7. Der Anspruch auf rechtliches Gehör ist auf die angemeldeten Verbraucher anwendbar (Kapitel Eins § 3 C. IV. 1) und ihm wird durch die Ausgestaltung der §§ 606 ff. ZPO nicht genügt (Kapitel Eins § 3 C. IV. 2. c).
8. In die Anmeldung zum Klageregister kann weder ein Verzicht auf den Anspruch auf rechtliches Gehör hineininterpretiert werden noch wäre ein solcher verfassungsrechtlich zulässig (Kapitel Eins § 3 C. IV. 2. d).
9. Bei der Stellung der qualifizierten Einrichtung im Musterfeststellungsprozess handelt es sich um eine neue Form der ausschließlichen gesetzlichen Prozessstandschaft, wobei das neuartige Element die Optionsmöglichkeit durch die Anmeldung zum Klageregister ist. Diese neuartige Ausprägung der Prozessstandschaft wird den Anforderungen an die repräsentative Wahrnehmung des rechtlichen Gehörs nicht gerecht (Kapitel Eins § 3 C. IV. 2. e).
10. Bei der Rechtfertigung des Eingriffs in das rechtliche Gehör ist zwischen Streu- und Massenschäden zu unterscheiden. Eine Rechtferti-

gung bei Massenschäden scheidet aus. Für die Fallgruppe der Streuschäden rechtfertigt das kollidierende verfassungsrechtliche Gut der Bewährung des Rechts/Lenkungsfunktion des Haftungsrechts den Eingriff in Art. 103 I GG. Jedoch steht bei Streuschäden die praktische Wirksamkeit der Musterfeststellungsklage erheblich in Zweifel, da sie nicht geeignet ist das rationale Desinteresse der Verbraucher zu überwinden (Kapitel Eins § 3 C. IV. 2. f).

11. Als Folge der Annahme eines Verstoßes gegen Art. 103 I GG kommt eine Rechtsfortbildung auf der Ebene des einfachen Gesetzesrechts aufgrund mangelnder praktischer Umsetzungsmöglichkeiten und der entgegenstehenden Belange der Beklagtenseite nicht in Betracht. Einzig die Möglichkeit einer sekundären Inanspruchnahme der qualifizierten Einrichtung für den Verlust objektiver Rechte vermag eine Kompensation für die Verkürzung des Anspruchs auf rechtliches Gehör der Verbraucher darzustellen (Kapitel Eins § 3 C. IV. 2. g).
12. Die Pauschalverweisung in § 610 V 1 ZPO auf die Klageänderungsvorschriften gem. §§ 263 f., 267 ZPO kann aufgrund des Spannungsverhältnisses mit dem Anspruch auf rechtliches Gehör keine uneingeschränkte Geltung beanspruchen. Es ist zwischen Klageänderungen vor und nach dem letztmöglichen Anmeldungsrücknahmezeitpunkt gem. § 608 III ZPO zu unterscheiden (Kapitel Zwei § 1).
13. Klageänderungen vor dem Ablauf des letztmaligen Rücknahmezeitpunktes nach § 608 III ZPO können bei Belassung einer ausreichenden Bedenkzeit für die Verbraucher zur Entscheidung einer Anmeldungsrücknahme zugelassen werden (Kapitel Zwei § 2).
14. Klageänderungen nach Ablauf des letztmaligen Anmeldungsrücknahmezeitpunktes gem. § 608 III ZPO sind nur nach den §§ 610 V 1, 264 Nr. 2 ZPO in Form der Beschränkung zulässig. Weitere Klageänderungsmöglichkeiten sind im Musterfeststellungsverfahren nicht zuzulassen (Kapitel Zwei § 3).
15. Subjektive Klageänderungen scheiden im Musterfeststellungsprozess sowohl auf Kläger- als auch Beklagtenseite von vornherein aus (Kapitel Zwei § 4). Ein Wechsel des Prozessvertreters auf Klägerseite ist hingegen nach allgemeinen Grundsätzen möglich (Kapitel Zwei § 5).
16. Auch die generell anwendbare Widerklage kann aufgrund verfassungsrechtlicher Spannungen im Musterfeststellungsprozess nicht uneingeschränkt zugelassen werden (Kapitel Drei § 1).
17. Drittwiderklagen, gleich ob streitgenössisch oder isoliert, die zur Einbeziehung eines Verbrauchers in das Musterfeststellungsverfahren füh-

ren, scheitern an einer analogen Anwendung des § 610 VI ZPO (Kapitel Drei § 2).

18. Auch bei der Zulassung von Widerklagen ist nach dem Zeitpunkt der letztmaligen Anmeldungsrücknahmemöglichkeit zu unterscheiden. Widerklagen vor dem Verstreichen der Rücknahmemöglichkeit können bei Belassung einer ausreichenden Bedenkzeit für die Rücknahmeentscheidung seitens der angemeldeten Verbraucher zugelassen werden (Kapitel Drei § 3 A).
19. Nach Verstreichen der letztmaligen Rücknahmemöglichkeit der Anmeldung sind Widerklagen grundsätzlich unzulässig, abgesehen jedoch von der Geltendmachung naheliegender Einwendungen und hinter dem Umfang der Anmeldung zurückbleibenden Widerklagen (Kapitel Drei § 3 B).
20. Durch die Anmeldung zum Klageregister entsteht zwischen dem angemeldeten Verbraucher und der qualifizierten Einrichtung eine Sonderbeziehung (Kapitel Vier § 2 A. III.) in Form eines prozessualen Treuhandverhältnisses (Kapitel Vier § 2 B. IV).
21. Eine Haftung der qualifizierten Einrichtung für eine unzureichende Prozessführung aus deliktischen Anspruchsgrundlagen scheidet in aller Regel aus. Nur bei Einschlägigkeit der §§ 823 II BGB i.V.m. 263 I StGB und/oder § 826 BGB kommt eine solche in Betracht, was jedoch den absoluten Ausnahmefall darstellen dürfte (Kapitel Vier § 2 C. I).
22. Die prozessführende qualifizierte Einrichtung ist mannigfaltigen Rücksichtnahmepflichten gem. § 241 II BGB ausgesetzt, bei deren Verletzung sie den Angemeldeten gegenüber haftet. Das Handeln ihres Prozessvertreters muss sie sich nach § 278 BGB zurechnen lassen (Kapitel Vier § 2 C. II).
23. Die Haftung wird weder durch eine Haftungsprivilegierung (Kapitel Vier § 2 C. III.) noch durch einen konkludenten Haftungsausschluss (Kapitel Vier § 2 C. IV) eingeschränkt bzw. ausgeschlossen.
24. Eine Haftung des Prozessvertreters direkt gegenüber den angemeldeten Verbrauchern scheidet aus. Eine Geschäftsführung ohne Auftrag scheitert schon an der fehlenden Geschäftsführereigenschaft des Prozessvertreters (Kapitel Vier § 3 B). Eine Haftung aus dem zwischen der qualifizierten Einrichtung und ihrem Prozessvertreter abgeschlossenen Anwaltsvertrags (Kapitel Vier § 3 A) über die Grundsätze des Vertrags mit Schutzwirkung zugunsten Dritter scheitert an der Gläubigernähe bzw. der nicht vorhandenen Schutzbedürftigkeit der angemeldeten Verbraucher (Kapitel Vier § 3 C. III). Die für die Drittschadensliquidation charakteristische Anspruchssituation liegt bei der Annahme einer

Haftung der qualifizierten Einrichtung für unzureichende Prozessführung schon im Grundsatz nicht vor, sodass auch eine Haftung über dieses Institut ausscheidet (Kapitel Vier § 3 D. I).

Literaturverzeichnis

Adolphsen, Jens, Zivilprozessrecht, 6. Aufl., Baden-Baden 2020.

Ahrens, Hans-Jürgen, Der Beweis im Zivilprozess, Köln 2015.

Amam, Anna, Musterfeststellungsklage, Abmahnfähigkeit und DSGVO – Kommt die Abmahnwelle jetzt ins Rollen?, in: Taeger, Jürgen (Hrsg.), Die Macht der Daten und der Algorithmen – Regulierung von IT, IoT und KI, Edewecht 2019, S. 101–109.

Arens, Peter, Streitgegenstand und Rechtskraft im aktienrechtlichen Anfechtungsverfahren, Bielefeld 1958.

Arndt, Adolf, Die Verfassungsbeschwerde wegen Verletzung des rechtlichen Gehörs, NJW 1959, S. 1297–1301.

Augenhofer, Susanne, Stellungnahme zum Entwurf eines Gesetzes zur Einführung einer zivilprozessualen Musterfeststellungsklage (BT-Drucksache 19/2439 und 19/2507) sowie zum Entwurf eines Gesetzes zur Einführung von Gruppenverfahren (BT-Drucksache 19/243) (zit. *Augenhofer*, Stellungnahme vom 12.6.2018).

—, Musterfeststellungsklage – offene Fragen zur Verjährung, VuR 2019, S. 83–87.

Balke, Michaela/Liebscher, Thomas/Steinbrück, Ben, Der Gesetzesentwurf zur Einführung einer Musterfeststellungsklage – ein zivilprozessualer Irrweg, ZIP 2018, S. 1321–1332.

Bamberger, Georg/Roth, Herbert/Hau, Wolfgang/Poseck, Roman (Hrsg.), BeckOK BGB, 53. Edition, München 2020 (zit. BeckOK BGB/*Bearbeiter*).

Basedow, Jürgen, Trippelschritte zum kollektiven Rechtsschutz – Aktionismus in Berlin und Brüssel, EuZW 2018, S. 609–614.

Baumbach, Adolf/Lauterbach, Wolfgang/Albers, Jan/Hartmann, Peter (Hrsg.), Zivilprozessordnung – Mit FamFG, GVG und anderen Nebengesetzen, 77. Aufl., München 2019.

Baumfalk, Walter/Gierl, Walter, Zivilprozess – Stagen und Examen, 11. Aufl., Baden-Baden 2013.

Baumstark, Norbert, Drittwiderklage, Hamburg 2008.

Baur, Fritz, Der Anspruch auf rechtliches Gehör, AcP 153 (1954), S. 393–412.

Baus, Christoph/Schaper, Johann Christoph, Legislativer Parforceritt, https://www.lto.de/recht/hintergruende/h/musterfeststellungsklage-entwurf-beschlossen-regierung-klagen-unternehmen-vergleiche-verbraucher/ (geprüft am 14.4.2020).

Beck, Lukas, Musterfeststellungsklageverfahren und einheitliche Tatsachenfeststellungen, ZIP 2018, S. 1915–1919.

—, Die neue Musterfeststellungsklage – Überblick und Gedanken zur Prozessführung, WPg 2019, S. 586–592.

Beck, Simon Markus/Scheel, Tobias, Zivilprozessrecht im Assessorexamen, 4. Aufl., München 2016.

Beckmann, Martin J./Waßmuth, Guido, Die Musterfeststellungsklage – Teil I, WM 2019, S. 45–51.

—, Die Musterfeststellungsklage – Teil II, WM 2019, S. 89–96.

Bell, Martin, Anwaltshaftung gegenüber Dritten, Bonn 1996.

Bender, Bernd, Zur Methode der Rechtsfindung bei der Auslegung und Fortbildung gesetzten Rechts, JZ 1957, S. 593–602.

Bettermann, Karl August, Anmerkung zum Urteil des BayVerfGH vom 2.2.1962 (Vf. 109 – VI – 61), JZ 1962, S. 673–678.

Beyerle, Franz, Die Treuhand im Grundriss des deutschen Privatrechts, Weimar 1932.

Bork, Reinhard, Die Widerklage, JA 1981, S. 385–390.

Bork, Reinhard/Roth, Herbert (Hrsg.), Kommentar zur Zivilprozessordnung, 23. Aufl., Tübingen 2016 (zit. Stein/Jonas/*Bearbeiter*).

Bötticher, Eduard, Die Gleichheit vor dem Richter – Rede anlässlich der Feier des Rektorwechsels am 11. November 1953, Hamburg 1954.

Braun, Johann, Lehrbuch des Zivilprozeßrechts – Erkenntnisverfahren, Tübingen 2014.

Braunroth, Anna, Die zivilprozessuale Musterfeststellungsklage – ein Instrument zur kollektiven Durchsetzung des AGG?, VuR 2018, S. 455–461.

Brönneke, Tobias, Die Neuregelung der Klagebefugnis – Die Bedeutung des Eintrags in die Liste klagebefugter Verbraucherverbände nach § 22a AGBG, in: ders. (Hrsg.), Kollektiver Rechtsschutz im Zivilprozeßrecht – Gruppenklagen, Verbandsmusterklagen, Verbandsklagebefugnis und Kosten des kollektiven Rechtsschutzes, Baden-Baden 2001, S. 75–85.

Brüggemann, Dieter, Rechtliches Gehör im Zivilprozess, JR 1969, S. 361–370.

Bruns, Alexander, Instrumentalisierung des Zivilprozesses im Kollektivinteresse durch Gruppenklagen?, NJW 2018, S. 2753–2757.

Bund der Versicherten e.V., Stellungnahme Bund der Versicherten e.V. (BdV) zum „Entwurf eines Gesetzes zur Einführung einer zivilprozessualen Musterfeststellungsklage" (RegE) vom 11.6.2018, https://www.bundestag.de/blob/559572/b0ec8243f23d04f66dabc756051aa896/kleinlein_bdv-data.pdf (geprüft am 14.4.2020).

Calavros, Constantin, Urteilswirkungen zu Lasten Dritter, Bielefeld 1978.

Canaris, Claus-Wilhelm, Ansprüche wegen „positiver Vertragsverletzung" und „Schutzwirkung für Dritte" bei nichtigen Verträgen, JZ 1965, S. 475–482.

—, Der Schutz obligatorischer Forderungen nach § 823 I BGB, in: Deutsch, Erwin/Klingmüller, Ernst/Kullmann, Hans Josef (Hrsg.), Festschrift für Erich Steffen zum 65. Geburtstag am 28. Mai 1995 – Der Schadensersatz und seine Deckung, Berlin 1995, S. 85–99 (zit. *Canaris.*, FS Steffen).

Claus, Marietta, Die vertragliche Erstreckung der Rechtskraft, Köln 1973.

Coing, Helmut, Die Treuhand kraft privaten Rechtsgeschäfts, München 1973.

Deiß, Johannes, Regierungsentwurf zur Einführung einer Musterfeststellungsklage, DB 2018, S. 1262.

—, Chaos bei der Anmeldung von Forderungen zum Klageregister?, 2019, www.zpoblog.de/?p=7323 (geprüft am 14.4.2020).

Deiß, Johannes/Graf, Johanna/Salger, Louisa, Rechtsmissbräuchliche Anmeldungen zum Klageregister einer Musterfeststellungsklage, BB 2019, S. 1674–1677.

Deutscher Anwaltverein, Stellungnahme des Deutschen Anwaltvereins durch die Ausschüsse Bank- und Kapitalmarktrecht, Zivilrecht und Zivilverfahrensrecht zum Gesetzesentwurf der Bundesregierung für ein Gesetz zur Einführung einer prozessualen Musterfeststellungsklage (Stand 9.5.2018, BR-Drs. 176/18) (zit. *Deutscher Anwaltverein*, Stellungnahme vom Mai 2018).

—, Stellungnahme des Deutschen Anwaltvereins durch die Ausschüsse Zivilverfahrensrecht und RVG und Gerichtskosten zum (inoffiziellen) Referentenentwurf des Bundesministeriums der Justiz und für den Verbraucherschutz für ein Gesetz zur Einführung einer Musterfeststellungsklage (zit. *Deutscher Anwaltverein*, Stellungnahme vom Februar 2017).

Diehle, Heinrich, Rechtsträgerschaft für fremde Rechnung und Schadenseintritt beim Dritten – Zur Drittschadensliquidation bei Treuhand und mittelbarer Stellvertretung, Münster 1969.

Dietsche, Hans-Jörg, Die Musterfeststellungsklage nach den Entwürfen des Bundesjustizministeriums – Konstruktion, Funktionsweise und offene Fragen, in: Schäfer, Matthias (Hrsg.), Der Gesetzesentwurf zur „Musterfeststellungsklage", Sankt Augustin/Berlin 2018, S. 76–91.

Dreier, Horst (Hrsg.), Grundgesetz-Kommentar – Band I–III, 3. Aufl., Tübingen 2018.

Dunkel, Monika, Neue Runde in der VW-Klageschlacht, https://www.capital.de/wirtschaft-politik/neue-runde-in-der-vw-klageschlacht (geprüft am 14.4.2020).

Dünkel, Heiko, Kollektiver Rechtsschutz bei Datenschutzrechtsverstößen – Durchsetzung der DSGVO durch deutsche Verbraucherverbände, DuD 2019, S. 483–487.

Ebbing, Frank, Class Action – Die Gruppenklage: Ein Vorbild für das deutsche Recht?, ZVglRWiss 103 (2004), S. 31–56.

Eichholtz, Stephanie, Die US-amerikanische Class Action und ihre deutschen Funktionsäquivalente, Tübingen 2002.

Engisch, Karl, Wahrheit und Richtigkeit im juristischen Denken, München 1963.

Epping, Volker, Grundrechte, 8. Aufl., Heidelberg/Berlin 2019.

Epping, Volker/Hillgruber, Christian (Hrsg.), BeckOK Grundgesetz, 42. Edition, München 2019 (zit. BeckOK GG/*Bearbeiter*).

Fenn, Herbert, Die fristgebundene Widerklage – ein Anschluss„rechtsmittel" erster Instanz?, AcP 163 (1963), S. 152–177.

Foerste, Ulrich, Zur Notwendigkeit reziproker Anwendung des § 93 ZPO, in: Bruns, Alexander/Kern, Christoph u.a. (Hrsg.), Festschrift für Rolf Stürner zum 70. Geburtstag – 1. Teilband Deutsches Recht, Tübingen 2013, S. 273–288 (zit. *Foerste*, FS Stürner).

Fölsch, Peter, Der Regierungsentwurf zur Einführung der Musterfeststellungsklage, DRiZ 2018, S. 214–217.

—, Einzelne Aspekte zur Musterfeststellungsklage aus richterlicher Sicht, DAR Extra 2018, S. 736–740.

Freitag, Robert/Lang, David, Kollektive Rechtsdurchsetzung zwischen Markt und Regulierung – Legal Tech und gesetzliche Kollektivverfahren im Wettbewerb, ZZP 132 (2019), S. 329–358.

Fries, Martin, Verbraucherrechtsdurchsetzung, Tübingen 2016.

Gängel, Andreas, Erste Erfahrungen mit der Musterfeststellungsklage, NJ 2019, S. 378–380.

Gansel, Timo, Die Musterfeststellungsklage und ihre Überraschungen – ein erster Eindruck, VuR 2019, S. 1–3.

Gaul, Hans Friedhelm, Die „Bindung" an die Tatbestandswirkung des Urteils, in: Bettermann, Karl August/Löwisch, Manfred u.a. (Hrsg.), Festschrift für Albrecht Zeuner zum siebzigsten Geburtstag, Tübingen 1994, S. 317–351 (zit. *Gaul*, FS Zeuner).

Gebauer, Martin, Zur Bindungswirkung des Musterentscheids nach dem Kapitalanleger-Musterverfahrensgesetz (KapMuG), ZZP 119 (2006), S. 159–176.

Geiger, Caroline, Kollektiver Rechtsschutz im Zivilprozess – Die Gruppenklage zur Durchsetzung von Massenschäden und ihre Auswirkungen, Tübingen 2015.

Geissler, Dennis, Die geplante (deutsche) Musterfeststellungsklage und die (europäische) Sammelklage: Fluch oder Segen für die deutsche Industrie?, GWR 2018, S. 189–192.

Gernhuber, Joachim, Drittwirkungen im Schuldverhältnis kraft Leistungsnähe – Zur Lehre von den Verträgen mit Schutzwirkung für Dritte, in: Bötticher, Eduard/Nikisch, Arthur (Hrsg.), Festschrift für Arthur Nikisch, Tübingen 1958, S. 249–274 (zit. *Gernhuber*, FS Nikisch).

—, Die fiduziarische Treuhand, JuS 1988, S. 355–363.

Gottwald, Peter, Class Actions auf Leistung von Schadensersatz nach amerikanischem Vorbild im deutschen Zivilprozess?, ZZP 91 (1978), S. 1–38.

Gottwald, Uwe, Die Klageänderung im Zivilprozess, JA 1998, S. 219–225.

Greger, Reinhard, Anmerkung zum Teilurteil des OLG Karlsruhe vom 22.4.1975 (8 U 168/74), ZZP 88 (1975), S. 452–455.

Grigoleit, Hans Christoph, Unentgeltliche Verträge und Gefälligkeitsverhältnisse – Die Perspektive des Haftungsrechts –, VersR 2018, S. 769–789.

Groß, Rolf, Klageänderung und Klagerücknahme, 1959.

—, Das Verhältnis der Klageänderung zur Klagerücknahme, ZZP 75 (1962), S. 93–104.

—, Zur Klageänderung im Zivilprozess, DRiZ 1964, S. 14–16.

—, Klageänderung und Klagerücknahme, JR 1996, S. 357–359.

Grunewald, Barbara, Auskunftserteilung und Haftung des Vorstands im bürgerlichrechtlichen Verein, ZIP 1989, S. 962–967.

—, Die Haftung des Rechtsanwalts gegenüber Nichtvertragspartnern, AnwBl 2000, S. 209–213.

Grunsky, Wolfgang, Grundlagen des Verfahrensrechts: eine vergleichende Darstellung von ZPO, FGG, VwGO, FGO, SGG, 2. Aufl., Bielefeld 1974.

Grzeszick, Bernd, Die rückwirkende Verjährungshemmung bei der Musterfeststellungsklage aus verfassungsrechtlicher Sicht, NJW 2019, S. 3269–3274.

Gsell, Beate, Kollektive Klagerechte und ihre Bedeutung im Mietrecht, WuM 2018, S. 537–544.

Gsell, Beate/Krüger, Wolfgang/Lorenz, Stefan/Reymann, Christoph (Hrsg.), beck-online Großkommentar zum Zivilrecht, Stand: 1.2.2020, München 2020 (zit. BeckOGK BGB/*Bearbeiter*).

Gsell, Beate/Meller-Hannich, Caroline/Stadler, Astrid, Musterfeststellungsklagen in Verbrauchersachen, NJW-aktuell 2016, S. 14–15.

Guggenberger, Leonid/Guggenberger, Nikolas, Die Musterfeststellungsklage – Staat oder privat? – Ein verfehltes Gesetz und bessere Alternativen, MMR 2019, S. 8–14.

Gurkmann, Jutta, Die Musterfeststellungsklage: Anmerkungen zu Lücken im kollektiven Rechtsschutz und dem Gesetzesentwurf des BMJV zur Einführung der Musterfeststellungsklage, in: Schäfer, Matthias (Hrsg.), Der Gesetzesentwurf zur „Musterfeststellungsklage", Sankt Augustin/Berlin 2018, S. 46–75.

Gurkmann, Jutta/Wernicke, Stephan, Musterklage einführen?, DRiZ 2018, S. 92.

Gursky, Karl-Heinz/Jacoby, Florian/Peters, Frank/Repgen, Tilman/Schilken, Eberhard (Hrsg.), J. von Staudingers Kommentar zum Bürgerlichen Gesetzbuch – Mit Einführungsgesetz und Nebengesetzen, Neubearbeitung 2015, Saarbrücken/Berlin 2015 (zit. Staudinger/*Bearbeiter*).

Habbe, Julia Sophia/Gieseler, Konrad, Einführung einer Musterfeststellungsklage – Kompatibilität mit zivilprozessualen Grundlagen, BB 2017, S. 2188–2191.

Haertlein, Lutz, Neue Aufgaben für den Zivilprozess: Der kollektive Rechtsschutz – Hallesches Symposion zum Zivilverfahrensrecht am 6. Oktober 2007, ZZP 121 (2008), S. 249–257.

Hahn, Karl/Mugdan, Benno, Die gesamten Materialien zu den Reichs-Justizgesetzen – Auf Veranlassung des Kaiserlichen Reichs-Justizamts herausgegeben; 8 Bände (Bd. 1–3 je in 2 Abt.), 1883, Aalen 1983.

Halfmeier, Axel, Der Anspruch der Verbraucherverbände auf Kostenerstattung anläßlich der Durchsetzung von Unterlassungsansprüchen nach UWG und AGB-Gesetz, in: Brönneke, Tobias (Hrsg.), Kollektiver Rechtsschutz im Zivilprozeßrecht – Gruppenklagen, Verbandsmusterklagen, Verbandsklagebefugnis und Kosten des kollektiven Rechtsschutzes, Baden-Baden 2001, S. 137–161.

—, Vorglühen zur Musterfeststellungsklage, VuR 2015, S. 441–443.

—, Auswahl und Funktion des Musterklägers im Kapitalanleger-Musterverfahren, ZIP 2016, S. 1705–1712.

—, Musterfeststellungsklage: Nicht gut, aber besser als nichts, ZRP 2017, S. 201–204.

—, Zu den Voraussetzungen einer Musterfeststellungsklage bezüglich Schadensersatzansprüchen von Käufern abgasmanipulierter Diesel-Pkw – Besprechung des Beschlusses des BGH vom 30.7.2019, EWiR 2019, S. 737–738.

Halfmeier, Axel/Rott, Peter, Verbandsklage mit Zähnen? – Zum Vorschlag einer Richtlinie über Verbandsklagen zum Schutz der Kollektivinteressen der Verbraucher, VuR 2018, S. 243–250.

Halfmeier, Axel/Rott, Peter/Feess, Eberhard, Evaluation des Kapitalanleger-Musterverfahrensgesetzes – Forschungsvorhaben im Auftrag des Bundesministeriums der Justiz, Frankfurt a.M. 2009.

Hamann, Andreas, Rechtliches Gehör, AnwBl 1958, S. 141–148.

Hartmann, Peter, Streit- und Gegenstandswerte bei Musterfeststellungen, MDR 2018, S. 1477–1479.

—, Drei Hauptmerkmale im neuen Musterfeststellungsverfahren, VersR 2019, S. 528–530.

Häsemeyer, Ludwig, Schadenshaftung im Zivilrechtsstreit, Heidelberg/Hamburg 1979.

Haß, Detlef, Die Gruppenklage – Wege zur prozessualen Bewältigung von Massenschäden, München 1996.

Hau, Wolfgang, Widerklageprivileg und Widerklagelast, ZZP 117 (2004), S. 31–58.

Heese, Michael, Die Musterfeststellungsklage und der Dieselskandal – Stationen auf dem langen deutschen Weg in die prozessuale Moderne, JZ 2019, S. 429–440.

—, Nutzungsentschädigung zugunsten der Hersteller manipulierter Diesel-Kraftfahrzeuge?, VuR 2019, S. 123–130.

Heintzmann, Walther, Vollstreckungsklausel für den Rechtsnachfolger bei Prozeßstandschaft, ZZP 92 (1979), S. 61–70.

Henckel, Wolfram, Parteibegriff und Rechtskrafterstreckung, ZZP 70 (1957), S. 448–465.

—, Die Klagerücknahme als gestaltende Verfahrenshandlung, in: Bettermann, Karl August/Zeuner, Albrecht (Hrsg.), Festschrift für Eduard Boetticher zum 70. Geburtstag am 29 Dezember 1969, Berlin 1969, S. 173–195 (zit. *Henckel*, FS Boetticher).

—, Einziehungsermächtigung und Inkassozession, in: Paulus, Gotthard/Diederichsen, Uwe/Canaris, Claus-Wilhelm (Hrsg.), Festschrift für Karl Larenz zum 70. Geburtstag, München 1973, S. 643–660 (zit. *Henckel*, FS Larenz).

Henkel, Wolfram, Sanktionen bei Verletzung des Anspruchs auf rechtliches Gehör, ZZP 77 (1964), S. 321–371.

Henssler, Martin, Treuhandgeschäft – Dogmatik und Wirklichkeit, AcP 196 (1996), S. 37–87.

Herzog, Roman/Scholz, Rupert/Herdegen, Matthias/Klein, Hans H. (Hrsg.), Grundgesetz – Kommentar, 58. Ergänzungslieferung, München 2010 (zit. Maunz/Dürig/*Bearbeiter*).

Hess, Burkhard/Kruis, Ferdinand (Hrsg.), Kölner Kommentar zum KapMuG – Gesetz über Musterverfahren in kapitalmarktrechtlichen Streitigkeiten (Kapitalanleger-Musterverfahrensgesetz – KapMuG), 2. Aufl., Köln 2014.

Hesse, Konrad, Grundzüge des Verfassungsrechts der Bundesrepublik Deutschland, 20. Aufl., Heidelberg 1999.

Hettenbach, Dieter, Negative Musterfeststellungsklagen?, WM 2019, S. 577–581.

Hirsch, Günter, Paralleljustiz? Der Verbraucher hat die Wahl. FAZ vom 19.2.2015, https://www.faz.net/aktuell/politik/staat-und-recht/gastbeitrag-paralleljustiz-der-verbraucher-hat-die-wahl-13436239.html (geprüft am 14.4.2020).

Hoffmann, Jan Felix, Defizite im Recht der Prozesskostenerstattung – Erledigung und »materiell-rechtliche« Kostenerstattungspflichten, ZZP 125 (2012), S. 345–383.

Höland, Armin, Kollektiver Rechtsschutz im Arbeitsrecht und im Verbraucher- und Wettbewerbsrecht – Vergleichende Überlegungen, in: Creutzfeldt, Malte/Thüsing, Gregor u.a. (Hrsg.), Arbeitsgerichtsbarkeit und Wissenschaft – Festschrift für Klaus Bepler zum 65. Geburtstag, München 2012, S. 221–240 (zit. *Höland*, FS Bepler).

Hopt, Klaus J., Schadensersatz aus unberechtigter Verfahrenseinleitung – Eine rechtsvergleichende Untersuchung zum Schutz gegen unberechtigte Inanspruchnahme staatlicher Verfahren, München 1968.

Huber, Ulrich, Rechtskrafterstreckung bei Urteilen über präjudizielle Rechtsverhältnisse, JuS 1972, S. 621–628.

Ihering, Rudolf von, Der Kampf um's Recht, 15. Aufl., Wien 1903.

Industrie- und Handelskammer, Entwurf eines Gesetzes zur Einführung einer zivilprozessualen Musterfeststellungsklage – Gesetzesentwurf der Bundesregierung (BT-Drs 19/2439) inhaltsgleicher Gesetzentwurf der Fraktionen der CDU/CSU und SPD (BT-Drs 19/2507),

Jacoby, Florian, Der Musterprozeßvertrag – Die gewillkürte Bindung an gerichtliche Entscheidungen, Tübingen 2000.

Jansen, Barbara/Birtel, Thomas, Kollektiver Rechtsschutz und gesetzgeberische Überlegungen zur Einführung einer Musterfeststellungsklage, in: Czerwenka, Beate/Korte, Matthias/Kübler, Bruno M. (Hrsg.), Festschrift zu Ehren von Marie Luise Graf-Schlicker, Köln 2018, S. 63–72 (zit. *Jansen/Birtel*, FS Graf-Schlicker).

Jauernig, Othmar, Rechtskrafterstreckung kraft Vereinbarung, ZZP 64 (1951), S. 285–306.

—, Subjektive Grenzen der Rechtskraft und Recht auf rechtliches Gehör, ZZP 101 (1988), S. 361–384.

— (Hrsg.), Jauernig – Bürgerliches Gesetzbuch – Mit Rom-I-, Rom-II-VO, EuUnthVO/HUntProt und EuErbVO: Kommentar, 17. Aufl., München 2018 (zit. Jauernig/*Bearbeiter*).

Jung, Marcus, Musterklage – Das stumpfe Schwert für Verbraucher, AnwBl 2017, S. 185.

Kähler, Lorenz, Kein Vergleich, FAZ Einspruch 2020 (6.4.2020).

Kappus, Andreas, Musterfeststellungsklage zur „Flucht“ des modernisierungswilligen Vermieters aus den „Fesseln“ des Mietrechtsanpassungsgesetzes – Besprechung des Urteils des OLG München vom 15.10.2019, NZM 2019, S. 933–941.

Keßler, Jürgen, Verbraucherschutz reloaded – Auf dem Weg zu einer deutschen Kollektivklage?, ZRP 2016, S. 2–4.

Kilian, Matthias, Musterfeststellungsklage – Meinungsbild der Anwaltschaft, ZRP 2018, S. 72–75.

Kilian, Thomas, Ausgewählte Probleme des Musterverfahrens nach dem KapMuG, Baden-Baden 2007.

Kindhäuser, Urs/Neumann, Ulfrid/Paeffgen, Hans-Ullrich (Hrsg.), Strafgesetzbuch, 5. Aufl., Baden-Baden 2017 (zit. Kindhäuser/*Bearbeiter*).

Kingreen, Thorsten/Poscher, Ralf, Grundrechte – Mit ebook: Lehrbuch, Entscheidungen, Gesetzestexte, 35. Aufl., Heidelberg 2019.

Kirschstein-Freund, Steffen, Voraussetzungen und Grenzen der isolierten Drittwiderklage, KTS 2004, S. 41–50.

Klimesch, Martin, Musterfeststellungsklage: Mieterhöhung nach altem Recht bei 11 Monate späterem Baubeginn?, IMR 2019, S. 488.

Klüsener, Werner, Die Musterfeststellungsklage, JurBüro 2018, S. 617–618.

Knöpfle, Robert, Zur Problematik der Beurteilung einer Norm als Schutzgesetz im Sinne des § 823 Abs. 2 BGB, JuS 1967, S. 697–702.

Knöringer, Dieter, Die Streitverkündung, §§ 72–74 ZPO, JuS 2007, S. 335–341.

Koch, Harald, Prozeßführung im öffentlichen Interesse – Rechtsvergleichende Entwicklungsbedingungen und Alternativen objektiver Rechtsdurchsetzung, Frankfurt a.M. 1983.

—, Die Funktionäre des Sozialschutzes im Prozeß – Ein rechtsvergleichender Überblick, KritV 1991, S. 386–401.

—, Sammelklage und Justizstandorte im internationalen Wettbewerb, JZ 2011, S. 438–445.

Koch, Raphael, Wider- und Drittwiderklage, JA 2013, S. 95–100.

—, Die Musterfeststellungsklage – Überblick über die (sic!) und Bewertung der neuen Regelungen, MDR 2018, S. 1409–1416.

Kohte, Wolfhard, Mehr Rechtsdurchsetzung – auch im Verbraucherrecht, VuR 2018, S. 321–323.

Köndgen, Johannes, Die Einbeziehung Dritter in den Vertrag, in: Lorenz, Egon (Hrsg.), Einbeziehung Dritter in den Vertrag – Mit Vorträgen von Johannes Köndgen und Walter Bayer, Karlsruhe 1999, S. 3–49.

Korte, Stefan, Die Wider- und Drittwiderklage, JA 2005, S. 534–539.

Kranz, Dagmar, Der Diskussionsentwurf zur Muster-Feststellungsklage – ein stumpfes Schwert?, NZG 2017, S. 1099–1103.

Krausbeck, Elisabeth, Der Enwurf für eine Musterfeststellungsklage liegt vor, https://verfahrensrecht.uni-halle.de/2017/01/05/der-entwurf-fuer-eine-musterfeststellungsklage-liegt-vor/ (geprüft am 14.4.2020).

—, Der Diskussionsentwurf eines Gesetzes zur Einführung einer Musterfeststellungsklage für Verbraucherstreitigkeiten, DAR 2017, S. 567–571.

—, Kollektiver Rechtsschutz im Zivilprozess – Zusammenfassung und Bewertung des Gutachtens für den Deutschen Juristentag 2018 vor dem Hintergrund von Musterfeststellungsklage und „New Deal", VuR 2018, S. 287–293.

Krey, Volker, Zur Problematik richterlicher Rechtsfoltbildung contra legem (I), JZ 1978, S. 361–368.

Kruis, Ferdinand, Beseitigungsanspruch nach § 8 UWG statt Musterfeststellungsklage? – Hard cases make bad law – Zugleich Besprechung OLG Dresden v. 10.4.2018 – 14 U 82/16, ZIP 2019, S. 393–403.

Kühling, Jürgen/Sackmann, Florian, Die Musterfeststellungsklage nach Datenschutzverstößen – ein unkalkulierbares Risiko für Unternehmen?, DuD 2019, S. 347–352.

Kupfer, Tim/Weiß, Johannes, Geschäftsführung ohne Auftrag, JA 2018, S. 894–901.

Kurth, Eberhard, Das rechtliche Gehör im Verfahren nach der Zivilprozessordnung, Bonn 1965.

Kuttner, Georg, Die privatrechtlichen Nebenwirkungen der Zivilurteile, München 1908.

Lammenett, Hartmut, Nebenintervention, Streitverkündung und Beiladung – Prozessuale Institute der Drittbeteiligung und die Möglichkeiten ihrer Angleichung im Zivilprozeß und den Verwaltungsstreitverfahren, Köln 1976.

Lange, Sonja, Das begrenzte Gruppenverfahren – Konzeption eines Verfahrens zur Bewältigung von Großschäden auf der Basis des Kapitalanleger-Musterverfahrensgesetzes, Tübingen 2011.

Larenz, Karl/Canaris, Claus-Wilhelm, Lehrbuch des Schuldrechts, 13. Aufl., München 1994 (zit. *Larenz/Canaris*, Schuldrecht II/2).

—, Methodenlehre der Rechtswissenschaft, 3. Aufl., Berlin/Heidelberg 1995.

Leifeld, Janis, Die parteibezogene Konnexität als Kriterium für die Zulässigkeit der isolierten Drittwiderklage, ZZP 126 (2013), S. 509–521.

Lent, Friedrich, Der Begriff der auftragslosen Geschäftsführung, Leipzig 1909.

—, Der Umfang der Interventionswirkung des § 68 ZPO, ZAkDR 1940, S. 129.

Lerche, Peter, Zum „Anspruch auf rechtliches Gehör", ZZP 78 (1965), S. 1–31.

Leufgen, Andrea, Kollektiver Rechtsschutz zugunsten geschädigter Kapitalanleger, Baden-Baden 2007.

Leupold, Petra, Tauwetter im kollektiven Rechtsschutz, VuR 2018, S. 201–203.

Leyens, Patrick C., Expertenhaftung: Ersatz von Vermögensschäden im Dreipersonenverhältnis nach Bürgerlichem Recht, NJW 2018, S. 217–222.

Liebich, Dieter/Mathews, Kurt, Treuhand und Treuhänder in Recht und Wirtschaft – Ein Handbuch, 2. Aufl., Herne 1983.

Liebscher, Thomas/Steinbrück, Ben, Die Präklusion verspäteter Erweiterungsanträge im Kapitalanleger-Musterverfahren nach § 15 KapMuG, ZIP 2016, S. 893–898.

Link, Peter, Sammelklage – quo vadis?, AuA 2017, S. 409–412.

Lorenz, Dieter, Die verfassungsrechtlichen Vorgaben des Art. 19 Abs. 4 GG für das Verwaltungsprozeßrecht, in: Erichsen, Hans-Uwe/Hoppe, Werner/von Mutius, Albert (Hrsg.), System des verwaltungsgerichtlichen Rechtsschutzes – Festschrift für Christian-Friedrich Menger zum 70. Geburtstag, Köln 1985, S. 143–159 (zit. *Lorenz*, FS Menger).

Löwisch, Manfred/Rieble, Volker (Hrsg.), Tarifvertragsgesetz – Kommentar, 4. Aufl., München 2017.

Loyal, Florian, Probleme der neuen erstinstanzlichen Zuständigkeit der Oberlandesgerichte für Musterfeststellungsverfahren, ZIP 2019, S. 2049–2050.

Lüke, Gerhard, Zur Erledigung der Hauptsache, in: Bökelmann, Erhard/Henckel, Wolfram/Jahr, Günther (Hrsg.), Festschrift für Friedrich Weber zum 70. Geburtstag am 19. Mai 1975, Berlin 1975, S. 323–335 (zit. *Lüke*, FS Weber).

Lüke, Wolfgang, Die Beteiligung Dritter im Zivilprozeß – Eine rechtsvergleichende Untersuchung zu Grundfragen der subjektiven Verfahrenskonzentration, Tübingen 1993.

—, Zivilprozessrecht I – Erkenntnisverfahren und Europäisches Zivilverfahrensrecht, 11. Aufl., München 2020.

Lutz, Gesa, Stellungnahme für den Deutschen Bundestag – Ausschuss für Recht und Verbraucherschutz – zum Entwurf eines Gesetzes zur Einführung einer zivilprozessualen Musterfeststellungsklage BT-Drucksache 19/2439 und BT-Drucksache 19/2507 sowie zum Entwurf eines Gesetzes zur Einführung von Gruppenverfahren BT-Drucksache 19/243 (zit. *Lutz*, Stellungnahme vom 8.6.2018).

Magnus, Robert, Die Wirkungen des Vergleichs im Musterfeststellungsverfahren, NJW 2019, S. 3177–3182.

Mansel, Heinz-Peter, Musterfeststellungsklage: Keine Verjährungshemmung bei Rechtsmissbrauch, WM 2019, S. 1621–1625.

Marotzke, Wolfgang, Urteilswirkungen gegen Dritte und rechtliches Gehör, ZZP 100 (1987), S. 164–211.

Martiny, Dieter, Pflichtenorientierter Drittschutz beim Vertrag mit Schutzwirkung für Dritte – Eingrenzung uferloser Haftung, JZ 1996, S. 19–25.

Maunz, Theodor/Schmidt-Bleibtreu, Bruno/Klein, Franz/Bethge, Herbert (Hrsg.), Bundesverfassungsgerichtsgesetz – Kommentar, Hrsg.: Maunz, Theodor, 57. Aufl., München 2019.

Mekat, Martin, Bekanntmachungsvoraussetzungen der Musterfeststellungsklage, GWR 2019, S. 92.

Mekat, Martin/Nordholtz, Christian, Die Flucht in die Musterfeststellungsklage – Prozesstaktische Überlegungen zu Individualklagen bei Musterfeststellungsverfahren, NJW 2019, S. 411–414.

Meller-Hannich, Caroline, Stellungnahme zum Entwurf eines Gesetzes über die Einführung von Gruppenverfahren, BT-Drs. 18/1464 (zit. *Meller-Hannich*, Stellungnahme vom 4.3.2015).

—, Stellungnahme zum Entwurf eines Gesetzes zur Einführung einer zivilprozessualen Musterfeststellungsklage BT-Drucksache 19/2439 und 19/2507 sowie zum Entwurf eines Gesetzes zur Einführung von Gruppenverfahren BT-Drucksache 19/243 (zit. *Meller-Hannich*, Stellungnahme vom 7.6.2018).

—, Zivilprozessrecht und materielles Zivilrecht, in: Kern, Bernd-Rüdiger/Lilie, Hans (Hrsg.), Jurisprudenz zwischen Medizin und Kultur – Festschrift zum 70. Geburtstag von Gerfried Fischer, Frankfurt am Main 2010, S. 297–308 (zit. *Meller-Hannich*, FS G. Fischer).

—, Das Kapitalanleger-Musterverfahrensgesetz (KapMuG) – Eine Zwischenbilanz, ZBB 2011, S. 180–191.

—, Kollektiver Rechtsschutz in Europa und Europäischer Kollektiver Rechtsschutz – Mechanismen in den Mitgliedstaaten, europäische Entwicklungen und Ausblick, GPR 2014, S. 92–98.

—, Kollektiver Rechtsschutz in der „Dieselaffaire“, BRJ 2017, S. 119–122.

—, Kollektiver Rechtsschutz – Neue Instrumente im Zivilprozess, DRiZ 2018, S. 298–301.

—, Sammelklagen, Gruppenklagen, Verbandsklagen – bedarf es neuer Instrumente des kollektiven Rechtsschutzes im Zivilprozess?, NJW Beilage 2018, S. 29–32.

—, Sammelklagen, Gruppenklagen, Verbandsklagen – Bedarf es neuer Instrumente des kollektiven Rechtsschutzes im Zivilprozess? – Gutachen A zum 72. Deutschen Juristentag, in: Ständige Deputation des Deutschen Juristentages (Hrsg.), Verhandlungen des 72. Deutschen Juristentages – Leipzig 2018 Band 1, München 2018, A 1–A 107 (zit. *dies.*, 72. DJT, Band 1).

Meller-Hannich, Caroline/Nöhre, Monika, Ein zeitgemäßer Rahmen für Zivilrechtsstreitigkeiten – Aktuelle Herausforderungen an die gerichtliche und außergerichtliche Rechtsdurchsetzung, NJW 2019, S. 2522–2527.

Merkt, Hanno/Zimmermann, Jennifer, Die neue Musterfeststellungsklage: Eine erste Bewertung, VuR 2018, S. 363–373.

Merten, Detlef/Papier, Hans-Jürgen (Hrsg.), Handbuch der Grundrechte in Deutschland und Europa – Grundrechte in Deutschland – Einzelgrundrechte II, Heidelberg 2013.

Mertens, Hans-Joachim, Die Geschäftsführerhaftung in der GmbH und das ITT-Urteil, in: Wiedemann, Herbert/Lutter, Marcus/Stimpel, Walter (Hrsg.), Festschrift für Robert Fischer, Berlin/Boston 1979, S. 461–475 (zit. *Mertens*, FS R. Fischer).

Metz, Rainer, Musterfeststellungsklage: Endlich!, VuR 2018, S. 281–283.

Michael, Lothar/Morlok, Martin, Grundrechte, 7. Aufl., Baden-Baden 2020.

Micklitz, Hans.-W./Stadler, Astrid, Das Verbandsklagerecht in der Informations- und Dienstleistungsgesellschaft – Forschungsvorhaben im Auftrag des BMVEL : Endbericht, Bd. 1, Münster-Hiltrup 2005.

Müller, Matthias J., Zivilprozessuale Musterfeststellungsklage: Sperrwirkung nach § 610 III ZPO und Forderungszession, GWR 2019, S. 399–401.

Münch, Joachim, Grundfragen des Zivilprozesses – Sinngehalte der Lehre vom Prozesszweck, in: Bruns, Alexander/Münch, Joachim/Stadler, Astrid (Hrsg.), Die Zukunft des Zivilprozesses – Freiburger Symposion am 27. April 2013 anlässlich des 70. Geburtstages von Rolf Stürner, Tübingen 2014, S. 5–51.

Münchener Kommentar zum Bürgerlichen Gesetzbuch, *Säcker, Jürgen/Rixecker, Roland/Oetker, Hartmut/Limperg, Bettina* (Hrsg.), 8. Aufl., München 2019 (zit. MüKo BGB/*Bearbeiter*).

Münchener Kommentar zur Zivilprozessordnung, *Rauscher, Thomas/Krüger, Wolfgang* (Hrsg.), 5. Aufl., München 2016 (zit. MüKo ZPO/*Bearbeiter*).

Musielak, Hans-Joachim/Voit, Wolfgang, Grundkurs ZPO – Eine Darstellung zur Vermittlung von Grundlagenwissen im Zivilprozessrecht (Erkenntnisverfahren und Zwangsvollstreckung) mit Fällen und Fragen zur Lern- und Verständniskontrolle sowie mit Übungsklausuren, 14. Aufl., München 2018.

— (Hrsg.), Zivilprozessordnung – Mit Gerichtsverfassungsgesetz, 16. Aufl., München 2019 (zit. Musielak/Voit/*Bearbeiter*).

Nieder, Michael, Die Parteien der Widerklage, 1969.

—, Sonderregeln der Widerklage in Fällen von Drittbeteiligung, MDR 1979, S. 10–13.

Nordholtz, Christian/Mekat, Martin (Hrsg.), Musterfeststellungsklage – Einführung | Beratung | Gestaltung, Baden-Baden 2019.

Nordholtz, Christian/Wiebking, Laramarie, Ohne MFK-Anmeldung keine Aussetzung analog § 148 I ZPO, GWR 2019, S. 251.

OLG Frankfurt am Main, Presseinformation vom 25.2.2019 – Nr. 13/2019, https://ordentliche-gerichtsbarkeit.hessen.de/pressemitteilungen/rasanter-anstieg-der-dieselverfahren-bei-den-hessischen-landgerichten (geprüft am 14.4.2020).

Ostler, Fritz, Stellung und Haftungsrisiko des Rechtsanwalts in Zivilsachen, JA 1983, S. 109–116.

Palandt, Otto (Hrsg.), Bürgerliches Gesetzbuch – Mit Nebengesetzen insbesondere mit Einführungsgesetz (Auszug) einschließlich Rom I-, Rom II- und Rom III-Verordnungen sowie EU-Güterrechtsverordnungen, Haager Unterhaltsprotokoll und EU-Erbrechtsverordnung, Allgemeines Gleichbehandlungsgesetz (Auszug), Wohn- und Betreuungsvertragsgesetz, Unterlassungsklagengesetz, Produkthaftungsgesetz, Erbbaurechtsgesetz, Wohnungseigentumsgesetz, Versorgungsausgleichsgesetz, Lebenspartnerschaftsgesetz, Gewaltschutzgesetz, 79. Aufl., München 2020 (zit. Palandt/*Bearbeiter*).

Paulus, Christoph G., Zivilprozessrecht – Erkenntnisverfahren, Zwangsvollstreckung und Europäisches Zivilprozessrecht, 6. Aufl., Berlin/Heidelberg 2017.

Peter, Matthis, Zivilprozessuale Gruppenvergleichsverfahren – Einvernehmliche Streitbeilegung im kollektiven Rechtsschutz, Tübingen 2018.

Pfaff, Dieter, Widerklagezuständigkeit bei prorogationswidriger Klageerhebung – Zur Auslegung von Gerichtsstandsvereinbarungen, ZZP 96 (1983), S. 334–356.

Pollmann, Tobias, VW-Musterfeststellungsklage: Der Vergleich aus rechtsökonomischer Sicht, https://www.zpoblog.de/musterfeststellungsklage-vergleich-oekonomische-analyse-des-rechts-tobias-pollmann/ (geprüft am 14.4.2020).

Posser, Herbert/Wolff, Heinrich Amadeus (Hrsg.), BeckOK VwGO, 52. Ergänzungslieferung, München 2020.

Prütting, Hanns/Gehrlein, Markus (Hrsg.), Zivilprozessordnung – Kommentar, 10. Aufl., Köln 2018.

Rechberger, Walter H., Neue Herausforderungen an das Prozessrecht: Die Bewältigung von Kumul- und Großschäden, in: Nakamura, Hideo/Fasching, Hans W. u.a. (Hrsg.), Festschrift für Kostas E. Beys, dem Rechtsdenker in attischer Dialektik – Zum 70. Geburtstag am 25. November 2003 = Timētikos tomos tu Kosta E. Mpeē ōs ainos tēs attikēs dialektikēs, Athen 2003, S. 1309–1331 (zit. *Rechberger*, FS Beys).

Reichold, Klaus/Hüßtege, Rainer/Seiler, Christian (Hrsg.), Zivilprozessordnung – FamFG Verfahren in Familiensachen, EGZPO, GVG, EGGVG, EU-Zivilverfahrensrecht, 41. Aufl., München 2020 (zit. Thomas/Putzo/*Bearbeiter*).

Reiter, Julius/Methner, Olaf/Schenkel, Bénédict, Die neue Musterfeststellungsklage: Ein Feld anwaltlicher Beratung?, DAR Extra 2018, S. 733–736.

Reuschle, Fabian, Ein neuer Weg zur Bündelung und Durchsetzung gleichgerichteter Ansprüche – Zum Entwurf eines Kapitalanleger-Musterverfahrensgesetzes (KapMuG), WM 2004, S. 2334–2343.

Riehm, Thomas, Abwägungsentscheidungen in der praktischen Rechtsanwendung – Argumentation, Beweis, Wertung, München 2006.

—, Anmerkung zum Urteil des BGH vom 13.3.2007 (VI ZR 129/06), JZ 2007, S. 1001–1004.

—, Deliktischer Schadensersatz in den „Diesel-Abgas-Fällen“, NJW 2019, S. 1105–1111.

Riehm, Thomas/Bucher, Stefanie, Die Drittwiderklage, ZZP 123 (2010), S. 347–361.

Riesner, Sabine, Sisyphusaufgabe: Vereinbarkeit von effektivem kollektiven Verbraucherschutz mit der Vermeidung einer kommerziellen Klageindustrie?, ZIP 2019, S. 1507–1515.

Ring, Gerhard, Die neue zivilprozessuale Musterfeststellungsklage, NJ 2018, S. 441–446.

Röhl, Helmut, Das rechtliche Gehör, NJW 1964, S. 273–279.

Rosenberg, Leo/Schwab, Karl Heinz/Gottwald, Peter, Zivilprozessrecht, 18. Aufl., München 2018.

Röthemeyer, Peter, Das rechtliche Gehör im Musterfeststellungsverfahren – Die Stellung des Anmelders und die Notwendigkeit eines „gehörsfreundlichen“ richterlichen Prozessmanagements, MDR 2019, S. 6–11.

—, Die Leistungsphase nach dem Musterfeststellungsurteil, MDR 2019, S. 1421–1427.

—, Musterfeststellungsklage und Individualanspruch – Zur Kritik und zu den Entwicklungsmöglichkeiten, VuR 2019, S. 87–93.

—, Musterfeststellungsklage – Spezialkommentar zum 6. Buch ZPO, 2. Aufl., Baden-Baden 2020.

Rüping, Hinrich, Der Grundsatz des rechtlichen Gehörs und seine Bedeutung im Strafverfahren, Berlin 1976.

Rüßmann, Helmut, Einziehungsermächtigung und Klagebefugnis, AcP 172 (1972), S. 520–554.

Rüßmann, Helmut/Eckstein-Puhl, Christine, Prozesstaktik mit rechtlichen Tücken, JuS 1998, S. 441–445.

Rüthers, Bernd/Fischer, Christian/Birk, Axel, Rechtstheorie – Mit juristischer Methodenlehre, 10. Aufl., München 2018.

Saenger, Ingo (Hrsg.), Zivilprozessordnung – Familienverfahren, Gerichtsverfassung, Europäisches Verfahrensrecht : Handkommentar, 8. Aufl., Baden-Baden 2019.

Salger, Carsten, Das Musterfeststellungklagegesetz – Stärkung des kollektiven Rechtsschutzes in Deutschland?, jurisPR-BKR 10/2018 Anm. 1.

Sannwald, Rüdiger, Übergang auf die Kostenklage nach „Erledigung" der Hauptsache vor Rechtshängigkeit, NJW 1985, S. 898–900.

Schack, Haimo, Drittwirkung der Rechtskraft?, NJW 1988, S. 865–873.

Schäfer, Hans-Bernd, Anreizwirkung bei der Class Action und der Verbandsklage, in: Basedow, Jürgen/Hopt, Klaus J. u.a. (Hrsg.), Die Bündelung gleichgerichteter Interessen im Prozeß – Verbandsklage und Gruppenklage, Tübingen 1999, S. 67–97.

Schäfers, Dominik, Zur Zuständigkeit der Gerichte in kartellrechtlichen Musterfeststellungsverfahren nach den §§ 606 ff. ZPO, ZZP 132 (2019), S. 231–260.

Schellhammer, Kurt, Zivilprozess – Gesetz – Praxis – Fälle, 15. Aufl., Heidelberg 2016.

Schilken, Eberhard, Der Zweck des Zivilprozesses und der kollektive Rechtsschutz, in: Meller-Hannich, Caroline (Hrsg.), Kollektiver Rechtsschutz im Zivilprozess – Hallesches Symposion zum Zivilverfahrensrecht am 6. Oktober 2007 – Tagungsband, Baden-Baden 2008, S. 21–52.

—, Nebenintervention und Beiladung – das KapMuG und künftige Optionen, in: Richardi, Reinhard/Wilhelm, Jan/Lobinger, Thomas (Hrsg.), Festschrift für Eduard Picker zum 70. Geburtstag am 3. November 2010, Tübingen 2010, S. 709–725 (zit. *Schilken*, FS Picker).

—, Zivilprozessrecht, 7. Aufl., München 2014.

—, Überlegungen zur Umsetzung der Empfehlungen der Europäischen Kommission zum kollektiven Zivilrechtsschutz in Deutschland, in: Limperg, Bettina/Bormann, Jens u.a. (Hrsg.), Recht im Wandel europäischer und deutscher Rechtspolitik – Festschrift 200 Jahre Carl Heymanns Verlag, Köln 2015, S. 125–136 (zit. *Schilken*, FS 200 Jahre Carl Heymanns Verlag).

Schlacke, Sabine, Überindividueller Rechtsschutz – Phänomenologie und Systematik überindividueller Klagebefugnisse im Verwaltungs- und Gemeinschaftsrecht, insbesondere am Beispiel des Umweltrechts, Tübingen 2008.

Schlosser, Peter, Gestaltungsklagen und Gestaltungsurteile, Bielefeld 1966.

—, Urteilswirkungen und rechtliches Gehör – Zum Beschluss des Bundesverfassungsgerichts vom 1.2.1967 – 1 BvR 630/64, JZ 1967, S. 431–437.

Schmidt, Andreas (Hrsg.), Hamburger Kommentar zum Insolvenzrecht – InsO – InsVV – SchVG – Haftungsrecht – Steuerrecht – Strafrecht, 7. Aufl., Köln 2019.

Schmidt, Eike, Verbraucherschützende Verbandsklagen, NJW 2002, S. 25–30.

Schmidt, Karsten, Die Vereinsmitgliedschaft als Grundlage von Schadensersatzansprüchen – Positive „Vertragsverletzung“ und „sonstiges Recht“ im Innenrecht des Vereins, JZ 1991, S. 157–162.

Schmidt, Rolf, Grundrechte – Sowie Grundzüge der Verfassungsbeschwerde, 24. Aufl., Grasberg bei Bremen 2019.

Schmidt, Uwe, Widerruf von Verbraucherdarlehen und Musterfeststellungsklage – ein Gedankenexperiment, WM 2018, S. 1966–1973.

Schmidt-Kessel, Martin, Stellungnahme zum Entwurf eines Gesetzes zur Einführung einer zivilprozessualen Musterfeststellungsklage zur Anhörung im Rechtsausschuß am 8.6.2018 (zit. *Schmidt-Kessel*, Stellungnahme vom 8.6.2018).

Schneider, Burkhard, Auf dem Weg zu Securities Class Actions in Deutschland? – Auswirkung des KapMuG auf die Praxis kapitalmarktrechtlicher Streitigkeiten, BB 2005, S. 2249–2258.

—, Die zivilprozessuale Musterfeststellungsklage, BB 2018, S. 1986–1998.

Schoch, Friedrich/Schneider, Jens-Peter/Bier, Wolfgang (Hrsg.), Verwaltungsgerichtsordnung – Kommentar, 37. Ergänzungslieferung, München 2019.

Scholl, Bernd, Die Musterfeststellungsklage nach §§ 606 ff. ZPO – Eine kritische Würdigung mit Bezügen zum französischen, niederländischen und US-amerikanischen Recht, ZfPW 2019, S. 317–355.

Scholz, Rupert, Individualer oder kollektiver Rechtsschutz? – Zum Verfassungsproblem der Zulassung von Sammel-, Gruppen- und Verbandsklagen, ZG 2003, S. 248–263.

Schreiber, Klaus, Die Prozessführungsbefugnis im Zivilprozess, Jura 2010, S. 750–753.

Schröder, Jochen, Internationale Zuständigkeit – Entwurf eines Systems von Zuständigkeitsinteressen im zwischenstaatlichen Privatverfahrensrecht aufgrund rechtshistorischer, rechtsvergleichender und rechtspolitischer Betrachtungen, Opladen 1971.

Schulte, Michael, Die kollektive Geltendmachung von Verbraucherschäden im UWG – Eine rechtspolitische und rechtsvergleichende Untersuchung unter besonderer Berücksichtigung der US-amerikanischen class-action, Göttingen 1982.

Schultes, Hans-Jörg, Beteiligung Dritter am Zivilprozeß, Köln 1994.

—, Teilnahme an Musterverfahren, in: Meller-Hannich, Caroline/Haertlein, Lutz u.a. (Hrsg.), Rechtslage – Rechtserkenntnis – Rechtsdurchsetzung – Festschrift für Eberhard Schilken zum 70. Geburtstag, München 2015, S. 469–480 (zit. *Schultes*, FS Schilken).

Schwab, Karl Heinz, Rechtskrafterstreckung auf Dritte und Drittwirkung der Rechtskraft, ZZP 77 (1964), S. 124–160.

Schwartz, Harald, Gewährung und Gewährleistung des rechtlichen Gehörs durch einzelne Vorschriften der Zivilprozeßordnung, Berlin 1977.

Schweiger, Matthias M./Meißner, Alexander, Praktische Aspekte der Rechtsentwicklung bei Unterlassungs- und Musterfeststellungsklagen in Verbrauchersachen – Teil 1, CB 2018, S. 240–247.

Schweiger, Matthias M./Vogt, Mona Marie, Aktuelle Rechtsentwicklung bei Unterlassungs- und Musterfeststellungsklagen in Verbrauchersachen – Teil 1, CB 2019, S. 279–284.

Schweiger, Matthias M./Wiedeck, Carla, Aktuelle Rechtsentwicklung bei Unterlassungs- und Musterfeststellungsklagen in Verbrauchersachen – Teil 2, CB 2019, S. 335–339.

Selle, Hans Gerhard, Die Verfahrensbeteiligung des notwendigen Streitgenossen und des notwendig Beigeladenen, 1976.

Sendmeyer, Stefanie, Zivilprozessrecht – Erkenntnisverfahren und Zwangsvollstreckung, 3. Aufl., München 2019.

Sieber, Dorothée M., Vertragliche Dritthaftung von Berufsträgern – Homogenisierung und Normativierung als Maximen einer konzeptionellen Neuentwicklung der Haftungsdogmatik, Münster 2009.

Siebert, Wolfgang, Das rechtsgeschäftliche Treuhandverhältnis – Ein dogmatischer und rechtsvergleichender Beitrag zum allgemeinen Treuhandproblem, Marburg 1933.

Sievers, Alexander, Die zivilprozessuale Musterfeststellungsklage: Eine neue Klageart ward geboren, DAR Extra 2018, S. 730–733.

Sinaniotis, Lambros, Prozeßstandschaft und Rechtskraft – Beitrag zur Lehre von der Rechtskrafterstreckung aus prozessualen Gründen, ZZP 79 (1966), S. 78–98.

Sodan, Helge/Ziekow, Jan (Hrsg.), Verwaltungsgerichtsordnung – Großkommentar, 5. Aufl., Baden-Baden 2018.

Stadler, Astrid, Bündelung von Verbraucherinteressen im Zivilprozess, in: Brönneke, Tobias (Hrsg.), Kollektiver Rechtsschutz im Zivilprozeßrecht – Gruppenklagen, Verbandsmusterklagen, Verbandsklagebefugnis und Kosten des kollektiven Rechtsschutzes, Baden-Baden 2001, S. 1–51.

—, Das neue Gesetz über Musterfeststellungsverfahren im deutschen Kapitalanlegerschutz, in: Bittner, Ludwig/Klicka, Thomas u.a. (Hrsg.), Festschrift für Walter H. Rechberger zum 60. Geburtstag, Wien/New York 2005, S. 663–678 (zit. *Stadler*, FS Rechberger).

—, Rechtspolitischer Ausblick zum kollektiven Rechtsschutz, in: Meller-Hannich, Caroline (Hrsg.), Kollektiver Rechtsschutz im Zivilprozess – Hallesches Symposion zum Zivilverfahrensrecht am 6. Oktober 2007 – Tagungsband, Baden-Baden 2008, S. 93–125.

—, Beseitigungsklage durch Verbände im AGB-Recht, in: Meller-Hannich, Caroline/Haertlein, Lutz u.a. (Hrsg.), Rechtslage – Rechtserkenntnis – Rechtsdurchsetzung – Festschrift für Eberhard Schilken zum 70. Geburtstag, München 2015, S. 481–497 (zit. *Stadler*, FS Schilken).

—, Die internationale Anerkennung von Urteilen und Vergleichen aus Verfahren des kollektiven Rechtsschutzes mit opt-out Mechanismen, in: Geimer, Reinhold/Kaissis, Athanassios/Thümmel, Roderich C. (Hrsg.), Ars aequi et boni in mundo – Festschrift für Rolf A. Schütze zum 80. Geburtstag, München 2015, S. 561–578 (zit. *Stadler*, FS Schütze).

—, Kollektiver Rechtsschutz – Chancen und Risiken, ZHR 2018, S. 623–655.

—, Kollektiver Rechtsschutz quo vadis?, JZ 2018, S. 793–802.

—, Musterfeststellungsklagen im deutschen Verbraucherrecht?, VuR 2018, S. 83–89.

Steineke, Sebastian, Die Musterfeststellungsklage: Eine chronologische Betrachtung aus parlamentarischer Sicht, in: Schäfer, Matthias (Hrsg.), Der Gesetzesentwurf zur „Musterfeststellungsklage", Sankt Augustin/Berlin 2018, S. 112–123.

Stern, Klaus/Becker, Florian (Hrsg.), Grundrechte-Kommentar, 3. Aufl., Köln 2019.

Stickelbrock, Barbara, Inhalt und Grenzen richterlichen Ermessens im Zivilprozeß, Köln 2002.

Stoll, Heinrich, Abschied von der Lehre von der positiven Vertragsverletzung, AcP 136 (1932), S. 257–320.

Stürner, Rolf, Verfahrensgrundsätze des Zivilprozesses und Verfassung, in: Grunsky, Wolfgang/Stürner, Rolf u.a. (Hrsg.), Festschrift für Fritz Baur – Hrsg. von Wolfgang Grunsky, Tübingen u.a. 1981, S. 647–666 (zit. *Stürner*, FS Baur).

Teplitzky, Otto, Der Streitgegenstand in der neuesten Rechtsprechung des I. Zivilsenats des BGH, WRP 2007, S. 1–5.

Thiery, Claus/Schlingmann, Matthias, Musterfeststellungklage: „Wilder Westen" oder alles halb so wild?, DB 2018, S. 2550–2554.

Tilp, Andreas/Schiefer, Marc, VW Dieselgate – die Notwendigkeit zur Einführung einer zivilrechtlichen Sammelklage, NZV 2017, S. 14–19.

Tolksdorf, Klaus, „Sammelklagen" von registrierten Inkassodienstleistern – eine unzulässige Erscheinungsform des kollektiven Rechtsschutzes?, ZIP 2019, S. 1401–1411.

Ullmann, Eike, Zur Bedeutung der gewillkürten Prozeßstandschaft im Warenzeichen- und im Wettbewerbsrecht, in: Erdmann, Willi/Mees, Hans-Kurt u.a. (Hrsg.), Festschrift für Otto-Friedrich Frhr. v. Gamm, Köln 1990, S. 315–325 (zit. *Ullmann*, FS v. Gamm).

Verbraucherzentrale Bundesverband, Eine für alle – Musterfeststellungsklage in Sicht – Stellungnahme des Verbraucherzentrale Bundesverbands (vzbv) zum Gesetzentwurf der Bundesregierung zur Einführung einer zivilprozessualen Musterfeststellungsklage vom 9. Mai 2018,

—, Vergleich zwischen vzbv und Volkswagen steht: Wie es jetzt weitergeht, https://www.verbraucherzentrale.de/wissen/vertraege-reklamation/kundenrechte/vergleich-zwischen-vzbv-und-volkswagen-steht-wie-es-jetzt-weitergeht-29738 (geprüft am 14.4.2020).

—, Eine für alle – Musterfeststellungsklage einführen – Stellungnahme des Verbraucherzentrale Bundesverbands (vzbv) zum Diskussionsentwurf eines Gesetzes zur Einführung der Musterfeststellungsklage vom 27. Juli 2017, Berlin 2017.

Vill, Gerhard, in: Fischer, Gero (Hrsg.), Handbuch der Anwaltshaftung – Unter Einbeziehung von Steuerberatern und Wirtschaftsprüfern, 5. Aufl., Bonn 2020.

Vollkommer, Gregor, Neue Wege zum Recht bei kapitalmarktrechtlichen Streitigkeiten – Erste Erfahrungen mit dem Gesetz zur Einführung von Kapitalanleger-Musterverfahren, NJW 2007, S. 3094–3098.

—, Musterfeststellungsklage: Ablehnung der öffentlichen Bekanntmachung, MDR 2019, S. 536–537.

—, Musterfeststellungsklage: Feststellung der Klagebefugnis, MDR 2019, S. 725–726.

Vollkommer, Max, Der Grundsatz der Waffengleichheit im Zivilprozess – Eine neue Prozessmaxime?, in: Gottwald, Peter/Prütting, Hanns (Hrsg.), Festschrift für Karl Heinz Schwab zum 70. Geburtstag, München 1990, S. 503–520 (zit. *Vollkommer*, FS Schwab).

Vollkommer, Max/Greger, Reinhard/Heinemann, Jörn, Anwaltshaftungsrecht, 4. Aufl., München 2014.

von Bar, Christian, Verkehrspflichten – Richterliche Gefahrsteuerungsgebote im deutschen Deliktsrecht, Köln 1980.

—, Empfehlen sich gesetzgeberische Maßnahmen zur rechtlichen Bewältigung der Haftung für Massenschäden?, in: Verhandlungen des Deutschen Juristentages, München 1998, A 1–A 104 (zit. *ders.*, 62. DJT, Band 1).

von Caemmerer, Ernst, Verträge zugunsten Dritter, in: Behrends, Okko/Dießelhorst, Malte u.a. (Hrsg.), Festschrift für Franz Wieacker zum 70. Geburtstag, Göttingen 1978, S. 311–324 (zit. *von Caemmerer*, FS Wieacker).

Vorwerk, Volkert/Wolf, Christian (Hrsg.), BeckOK ZPO, 35. Edition, München 2020 (zit. BeckOK ZPO/*Bearbeiter*).

Vorwerk, Volkert/Wolf, Christian (Hrsg.), Kapitalanleger-Musterverfahrensgesetz – (KapMuG), Kommentar, 2. Aufl., München 2020.

Vossler, Norbert, Anmerkung zum Beschluss des BGH vom 30.9.2010 (Xa ARZ 191/10), NJW 2011, S. 460–463.

Votsmeier, Volker, Mehr als 206.000 Dieselkläger haben ihre Rechtsschutzversicherung in Anspruch genommen, https://www.handelsblatt.com/unternehmen/industrie/dieselskandal-mehr-als-206-000-dieselklaeger-haben-ihre-rechtsschutzversicherung-in-anspruch-genommen/25382352.html (geprüft am 14.4.2020).

Waclawik, Erich, Die Musterfeststellungsklage, NJW 2018, S. 2921–2926.

Wagner, Gerhard, Neue Perspektiven im Schadensersatzrecht – Kommerzialisierung, Strafschadensersatz, Kollektivschaden, in: Verhandlungen des Sechsundsechzigsten Deutschen Juristentages – Stuttgart 2006, München 2006, A 11–A 135 (zit. *Wagner*, 66. DJT, Band 1).

—, Kollektiver Rechtsschutz – Regelungsbedarf bei Massen- und Streuschäden, in: Casper, Matthias/Janssen, André u.a. (Hrsg.), Auf dem Weg zu einer europäischen Sammelklage?, München 2009, S. 41–86.

Wagner, Klaus-R., Zur neueren Rechtsprechung des BVerfG und BGH betreffend Art. 103 I GG bis Ende 2013, BauR 2014, S. 461–465.

—, Zur neueren Rechtsprechung des BVerfG und BGH betreffend Art. 103 I GG bis Ende 2017, BauR 2018, S. 23–27.

Wagner, Tobias, Die Widerklage, JA 2014, S. 655–659.

Waldner, Wolfram, Aktuelle Probleme des rechtlichen Gehörs im Zivilprozess, Friedrich-Alexander-Universität Erlangen-Nürnberg 1983.

—, Der Anspruch auf rechtliches Gehör, 2. Aufl., Köln 2000.

Walsmann, Hans, Die streitgenössische Nebenintervention, Leipzig 1905.

—, Der Verzicht – Allgemeine Grundlagen einer Verzichtslehre und Verzicht im Privatrecht, Leipzig 1912.

Walther, Richard, Klageänderung und Klagerücknahme, Köln u.a. 1969.

Wanner, Viola, Das KapMuG als allgemeine Regelung für Massenverfahren, Baden-Baden 2010.

Waßmuth, Guido/Asmus, Thomas, Der Diskussionsentwurf des BMJV zur Einführung einer Musterfeststellungsklage, ZIP 2018, S. 657–667.

Weber, Franziska/van Boom, Willem, Neue Entwicklungen in puncto Sammelklagen – in Deutschland, in den Niederlanden und an der Grenze, VuR 2017, S. 290–297.

Weinland, Alexander, Die neue Musterfeststellungsklage – Einführung, München 2019.

Westermann, Harm Peter/Grunewald, Barbara/Maier-Reimer, Georg (Hrsg.), Bürgerliches Gesetzbuch – Handkommentar mit AGG, EGBGB (Auszug), ErbbauRG, HausratsVO, LPartG, ProdHaftG, UKlaG, VAHRG und WEG, 15. Aufl., Köln 2017.

Wieser, Eberhard, Die Interventionswirkung nach § 68 ZPO, ZZP 79 (1966), S. 246–294.

—, Zur »Widerklage« eines Dritten gegen einen Dritten, ZZP 86 (1973), S. 36–45.

Wilhelmi, Rüdiger, Risikoschutz durch Privatrecht – Eine Untersuchung zur negatorischen und deliktischen Haftung unter besonderer Berücksichtigung von Umweltschäden, Tübingen 2009.

Windau, Benedikt, Spannungen im „Dreiecksverhältnis" der Musterfeststellungsklage, jM 2019, S. 404–410.

Winkelmeier-Becker, Elisabeth, Die Ausgestaltung einer Musterfeststellungsklage als Instrument zur Stärkung des kollektiven Rechtsschutzes für Verbraucher, in: Schäfer, Matthias (Hrsg.), Der Gesetzesentwurf zur „Musterfeststellungsklage", Sankt Augustin/Berlin 2018, S. 92–111.

Winkelmeier-Becker, Elisabeth/Dietsche, Hans-Jörg, Die Verbesserung des kollektiven Rechtsschutzes für Verbraucher in der rechtspolitischen Diskussion – Überlegungen zu möglichen Instrumenten und einer Musterfeststellungsklage, ZG 2018, S. 47–59.

Witte, Jürgen Johannes/Wetzig, Marc Simon, Die Musterfeststellungsklage: Placebo oder Allheilmittel für den deutschen Verbraucherschutz? – Ein Kommentar zur Einführung der Musterfeststellungsklage aus rechtsvergleichender Sicht, WM 2019, S. 52–59.

Wolf, Manfred, Rechtliches Gehör und die Beteiligung Dritter am Rechtsstreit, JZ 1971, S. 405–409.

Wolff, Heinrich Amadeus/Brink, Stefan (Hrsg.), BeckOK Datenschutzrecht, 30. Edition, München 2019.

Woopen, Herbert, Kollektiver Rechtsschutz – Das Desaster naht, IWRZ 2018, S. 160–166.

—, Kollektiver Rechtsschutz – Ziele und Wege, NJW 2018, S. 133–138.

Wundenberg, Malte, Class actions: Möglichkeit der Etablierung und ihre Grenzen im deutschen Kapitalmarktrecht, ZEuP 2007, S. 1097–1121.

Würtenberger, Gert/Freischem, Stephan, Stellungnahme der GRUR zum Diskussionsentwurf eines Gesetzes zur Einführung einer Musterfeststellungsklage, GRUR 2017, S. 1101–1103.

Zeiss, Walter/Schreiber, Klaus, Zivilprozessrecht, 12. Aufl., Tübingen 2014.

Zeuner, Albrecht, Der Anspruch auf rechtliches Gehör, in: Dietz, Rolf/Hübner, Heinz (Hrsg.), Festschrift für Hans Carl Nipperdey zum 70. Geburtstag, 21 Januar 1965, München u.a. 1965, S. 1013–1040 (zit. *Zeuner*, FS Nipperdey).

—, Rechtliches Gehör, materielles Recht und Urteilswirkungen – Vortrag 25. April 1974, Karlsruhe 1974.

Zimmer, Mark/Weigl, Veronika, Massenklagen – auch für Arbeitnehmer?, BB 2019, S. 183–185.

Zöller, Richard (Hrsg.), Zivilprozessordnung – Mit FamFG (Paragraphen 1–185, 200–270, 433–484) und Gerichtsverfassungsgesetz, den Einführungsgesetzen, mit Internationalem Zivilprozessrecht, EU-Verordnungen, Kostenanmerkungen: Kommentar, Hrsg.: *Zöller*, Richard, 32. Aufl., Köln 2018 (zit. Zöller/*Bearbeiter*).

Zuck, Rüdiger, Die Grundrechtsrüge im Zivilprozess, Münster 2008.

—, Die Konkurrenz von Verfahrensgrundrechten, in: Blaurock, Uwe/Bornkamm, Joachim/Kirchberg, Christian (Hrsg.), Festschrift für Achim Krämer zum 70. Geburtstag am 19. September 2009, Berlin 2009, S. 85–103 (zit. *ders.*, FS Krämer).

—, Die Gewährleistung effektiven Rechtsschutzes im Zivilprozess, NJW 2013, S. 1132–1135.

Zugehör, Horst, Die Haftung des Anwaltsnotars als Treuhänder, ZNotP 1997, S. 42–47.

—, Berufliche „Dritthaftung" – insbesondere der Rechtsanwälte, Steuerberater, Wirtschaftsprüfer und Notare – in der deutschen Rechtsprechung, NJW 2000, S. 1601–1609.

—, Uneinheitliche Rechtsprechung des BGH zum (Rechtsberater-)Vertrag mit Schutzwirkung zu Gunsten Dritter, NJW 2008, S. 1105–1110.

Register

FSC
www.fsc.org
MIX
Papier | Fördert gute Waldnutzung
FSC® C083411

Kolibri 360 GmbH
Ferdinand-Jühlke-Straße 7
99095 Erfurt, Deutschland
produktsicherheit@kolibri360.de